2023
靖江年鉴

靖江年鉴编纂委员会　编

方志出版社
Publishing House of Local Records

图书在版编目（CIP）数据

靖江年鉴 . 2023 / 靖江年鉴编纂委员会编 .—北京 :
方志出版社 , 2023.9
ISBN 978-7-5144-5787-2

Ⅰ . ①靖… Ⅱ . ①靖… Ⅲ . ①靖江—2023—年鉴
Ⅳ . ① Z525.34

中国国家版本馆 CIP 数据核字 (2023) 第 188461 号

责任编辑：陈　菁
责任校对：刘玉霞
责任印制：梅中英
出 版 者：方志出版社
地　　址：北京市朝阳区潘家园东里 9 号（国家方志馆 4 层）
邮　　编：100021
网　　址：http://www.zgfzcb.cn
发　　行：方志出版社图书营销中心（010-67110500）
印　　刷：江苏光明印刷有限公司
开　　本：787 毫米 ×1092 毫米　1/16
印　　张：23.25
字　　数：658 千字
版　　次：2023 年 9 月第 1 版
印　　次：2023 年 9 月第 1 次印刷
定　　价：85.00 元

2023
靖江年鉴

供稿单位审稿人员

马　鉴　王　伟　王　标　王　毓　王文泽　王田煜　王国平　王彦军　王海清　王森红
毛红霞　卞正洪　尹志华　卢　忠　卢云霞　卢新初　叶玉东　史骥涛　乐建新　兰　峰
吕宏坤　朱　强　朱　靖　朱庆荣　朱来章　朱荣琪　朱惠健　朱新宇　刘　冬　刘　矛
刘　权　刘　伟　刘　骥　刘春林　刘昭东　刘振东　汤毅钧　许　凯　孙立翔　孙桂芳
孙鹏建　苏孔兴　杜正宇　李华兵　李志军　杨晓波　杨锦华　吴志钧　吴金凤　何剑君
汪东初　沙旭东　沈永江　宋　立　张　忠　张　荣　张　俊　陆　炜　陆　铭　陆林峰
陈卫军　陈亚中　陈丽霞　陈海涛　陈焕新　邵　铭　邵春宁　邵剑江　邵勇文　范红梅
范新宏　周劲明　赵　峰　赵小华　赵明华　赵金君　郝蕴罡　冒金山　施泉国　闻韵萍
耿志红　夏灵峰　顾　静　顾灿红　顾振亚　钱灿兴　钱栋贤　徐　跃　徐　琳　徐　婷
徐永清　徐建军　徐啸宇　高　军　高　健　高永祥　郭东升　海　磊　陶　伟　陶　敏
黄　圣　黄洪涛　曹琴霞　龚　帅　龚银钢　梁维东　蒋永龙　蒋国庆　曾靖杰　褚　雷
褚剑云　蔡　昊　蔡　斌　熊　能　缪立强　潘　颖　鞠晔红

供稿单位分管人员

王　刚　王　宇　王　艳　王　雷　王汝荣　王建林　王桂彬　王海庆　方　蕾　卢旭东
卢建昊　朱　洁　朱　萍　朱　强　朱玉华　朱利亚　朱建忠　朱艳明　朱晓宇　朱康勇
乔邦阳　刘　号　刘　俊　刘　琪　刘　锋　刘　强　刘　耀　刘红军　刘育猛　刘晓刚
刘凌燕　刘静琰　羊　铭　汤荣华　许　琳　孙　超　孙红银　花　耘　李　育　李　剑
杨　浏　杨　强　杨　鑫　杨伟程　杨任飞　吴　双　吴思宇　吴俊杰　佘金洲　沈　强
沈为民　完　慧　宋山海　宋心燕　张　立　张丽云　张明华　张轶群　陆　帅　陈　亮
陈永东　陈建明　陈星亮　陈朝阳　邵　炀　范静洁　郁香萍　侍　嵘　周　燕　周浒城
周浣纱　赵永忠　闻海彬　洪　锋　祝　敏　姚　明　姚　烽　姚　蔚　秦　栋　耿小平
耿昌林　夏艺萍　顾红军　顾艳娟　顾鸿涛　钱　军　钱　炜　倪　洋　徐　进　徐　敏
徐志斌　徐国彬　展旭东　陶　钢　陶建东　梅　笛　曹　芳　曹　雷　曹　霞　曹琴霞
盛小卫　盛征宇　韩　英　缪瀚文　薛卫东　缪金桂　瞿伯清

靖 江

靖江市测绘勘察院有限公司　编制

靖江市城区图

靖江市测绘勘察院有限公司 编制

审图号：苏 M（2023）第 004 号

编辑说明

一、《靖江年鉴》是系统记述靖江市自然、政治、经济、文化、社会等方面情况的综合性年度资料性文献。2002 年出版首卷，本卷年鉴为第 22 卷。

二、本卷年鉴以马克思列宁主义、毛泽东思想、邓小平理论、“三个代表”重要思想、科学发展观、习近平新时代中国特色社会主义思想为指导，坚持辩证唯物主义和历史唯物主义的立场、观点和方法，记载 2022 年度靖江发生的大事、要事、新事，为领导决策提供依据，为各界人士了解靖江提供信息，为续修地方志积累资料。

三、本卷年鉴采用条目式记事体，分类编纂。设类目、分目、条目 3 个层次。少数分目下设子目。

四、本卷年鉴设专记、大事记、靖江概览、中国共产党靖江市委员会、靖江市人民代表大会、靖江市人民政府、政协靖江市委员会、靖江市纪委 靖江市监委、民主党派·群众团体、法治、军事、经济管理、开放型经济、开发园区、农业、工业·建筑业、商贸服务业 · 旅游业 · 房地产业、金融业、城市建设与管理、乡村振兴、自然资源 · 生态环境保护、港口 · 口岸、科学技术、教育、文化、卫生健康、体育、就业与社会保障、社会事务、公共安全、精神文明建设、街道·办事处·镇、人物·荣誉栏、附录 34 个类目，有分目 187 个、子目 34 个、条目 1063 个，卷首图片 68 幅，随文图片 81 幅，表格 64 个，索引 2021 条。

五、本卷年鉴专记设文明城市测评六连冠和靖江开发区晋升国家级经济技术开发区 10 周年 2 个分目，突出靖江地方特色和年度特点。与 2022 卷相比，增设“居民服务业”“其他非银行金融机构”“行业科技”3 个分目，提升年鉴信息的全面性。卷首图片设喜迎中共二十大、喜庆中共二十大、活力省运会、高质量发展 4 个专题。

六、本卷年鉴中的“人物”分三类:“新任市领导”收录 2022 年新任的市级领导;“中国好人”“江苏好人”分别收录 2022 年入选“中国好人”“江苏好人”的先进人物。

七、本卷年鉴由全市各镇（街道、园区、办事处）、各部门供稿并审核。文中数据及有关内容由市统计、保密部门把关。

八、本卷年鉴卷首有详细目录，卷末按主题分析法编制索引。目录前设有部分组织机构简称、全称对照表。文中外币注明币种，人民币不作标注。缩略词语首次出现时加括注，重复出现时不加括注。同一栏目内相邻条目为同一作者的，只在最后一个条目下署名。未署名图片均由靖江市融媒体中心提供。

九、数字用法、标点符号用法分别采用国家标准《出版物上数字用法》（GB/T 15835—2011）、《标点符号用法》（GB/T 15834—2011）；计量单位采用国家技术监督局 1993 年 12 月发布的《量和单位》系列国家标准，个别遵从习惯。

靖江名片

全国文明城市

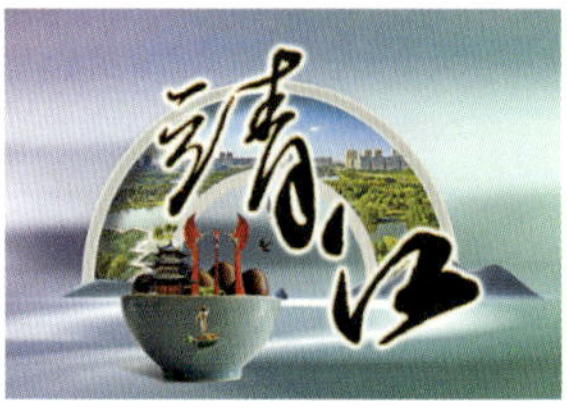

中国四季美食名城

国家卫生城市

国家园林城市

中国汤包之乡

中国河豚美食之乡

中国山水盆景名城

国家级船舶出口基地

全国健康城市建设示范市

中国蕙兰“解佩梅”之乡

中国建筑之乡

全国义务教育发展基本均衡市

中国宝卷传承文化之乡

全国科普示范市

国家级电子商务进农村综合示范县

数说靖江

全市总面积
655.58平方千米

地区生产总值
1226.18亿元

人均地区生产总值
184902元

一般公共预算收入
75.07亿元

常住人口
66.16万人

三次产业结构比例
2.2:55.5:42.3

社会消费品零售总额
248.55亿元

进出口总额
43.08亿美元

沿江港口货物吞吐量
2.37亿吨

城乡居民人均可支配收入
50252元

城乡居民人均消费支出
35806元

国家高新技术企业
315家

养老机构
35家

各类学校
109所

人均公共文化体育设施面积
2.12平方米

喜迎中共二十大

8月8日，2022首届中国大运河优秀少儿曲艺节目展演——靖江市“喜迎二十大 强国复兴有我”主题曲艺献礼活动举行

6 月，“勿忘昨天苦难辉煌”——靖江市年轻干部“我以我诗献给党”原创作品展演举行

8月15日，由市委网信办主办的“喜迎二十大　强国复兴有我”“习语问答”全民网上竞答赛开赛

10月9日，团市委、市教育局、市少工委联合举办“喜迎二十大 争做好队员”主题队日示范活动

2022年，各地、各部门开展“我与国旗合个影 我为祖国送祝福”主题教育活动

10月16日，靖城街道江山路社区居民集中观看中共二十大开幕式

10 月 31 日，“‘理响’江之阳——共话二十大 逐梦向未来”理论宣讲活动举行

11 月 2 日，20 余名听障人士在滨江新区办事处康阳社区的馨港湾内，“聆听”中共二十大精神宣讲

11 月 11 日，“声临‘企’境——学习二十大 奋进新征程”理论宣讲活动走进城南园区的江苏赛德力制药机械制造有限公司

11 月 6 日，靖江市“喜庆党的二十大·奋进新时代新征程”主题游线体验活动举行

11 月 3 日，靖城街道文化站开展“喜庆二十大 团结心向党”主题文艺演出活动

喜庆党的二十大
靖江经济技术开发区晋升国家级开发区10周年
靖江市第40届文艺节

12 月 15 日，靖江市举办“喜庆党的二十大”靖江经济技术开发区晋升国家级开发区10 周年、靖江市第 40 届文艺节文艺演出

活力省运会

6月20日—9月2日，全省2000余名运动健儿在靖江赛场奋力拼搏，用实力和汗水一次次刷新奖牌榜，展现了敢于争先、永不言弃的体育精神。靖江市作为第二十届省运会的分赛场，共承办了青少年部橄榄球、柔道、散打、羽毛球、少儿体适能（趣味田径、触式橄榄球）等5个项目的7场比赛，是泰州市三市三区中承办赛事最多的两个市（区）之一，本届省运会集体球类项目首金也在靖江产生。

省运元素扮靓靖江

6 月 10 日，在印象城开展“全民迎省运 · 激扬新活力”快闪表演

7 月 24 日，第二十届省运会青少年部柔道项目比赛现场

8 月 11 日，第二十届省运会青少年部少儿体适能（触式橄榄球）比赛现场

8 月 17 日，第二十届省运会青少年部橄榄球比赛现场

8 月 29 日，第二十届省运会青少年部羽毛球赛男子双打决赛现场

9 月 7 日，第十一届省残运会第一阶段赛开赛

高质量发展

4 月，道道全粮油靖江有限公司入选 2022 年省级智能制造示范工厂名单，成为靖江首家省级“智能工厂”，图为道道全粮油靖江有限公司智能生产线

工业经济

6月，艾兰得C2M工业互联网平台上线，在行业内首推“互联网+营养品”模式，图为工人在线上平台了解订单生产信息

8 月，深国际智慧物流港区项目入选 2022 年度省重大项目计划

工业经济

12月，江苏国信靖江发电有限公司投资的全球首个与煤电耦合的熔盐储热示范工程在靖江投运

2 月，全球首制 11.1 万吨级双燃料成品油轮在靖江顺利交付

4 月，新时代造船向希腊船东交付的第 100 艘新船

工业经济

11 月，新扬子造船为日本 LEPTA 船东建造的首制 3500TEU 集装箱——“MAERSK ACADIA”轮从船厂码头解缆启航

9 月，全国船舶舾装标准化工作组成立大会在靖江举行，江苏亚星锚链股份有限公司担任组长单位，牵头制定全国船用系泊索缆国家标准。图为靖江锚链企业生产现场

7月，生祠镇生态型高标准农田建设试点项目施工现场

7月22日，2022靖江旅游节暨生祠荷花节开幕

10月，澄靖园区五圩村机械化秋收现场

现代农业

10月10—19日，央视多个频道聚焦靖江香沙芋丰收，报道靖江提高香沙芋种植水平、发展规模种植的相关做法

1月1日，靖江商业新地标印象城开业

商贸服务业

1 月 23 日，靖江团市委组织“团橡中国年”青年助农直播年货节专场活动

夏日夜市现场

商贸服务业

11月，靖江电商企业工作人员将打包好的货物进行分类，为“双十一”提前做准备

8月，省靖中专校建成产教融合综合示范基地

9月，渡江实验学校建成投用

社会事业

9月1日，“筑梦新时代 担当创未来”靖江市“开学第一课”面向学生开讲

9月8日，靖江市庆祝第38个教师节主题活动暨首届“红烛奖”颁奖仪式举行

社会事业

城北医院建设现场

10 月 12 日，暖“新”医院揭牌成立

11 月 4 日，靖江援藏抗疫人员圆满完成任务，返回靖江

12 月 9 日，靖江市启动重点人群健康状况调查

社会事业

1月4日，靖江市第十一届春节联欢晚会完成录制

1 月 5 日，2022 靖江市新年音乐会完成录制

11 月 18 日，第 40 届文艺节新创文艺节目调演举办

社会事业

8月，庞余亮以散文集《小先生》荣获第八届鲁迅文学奖散文杂文奖

1 月，靖江市首部镇志《孤山镇志》出版发行

5 月 17 日，开展“传承渔家文化 留住美好记忆”主题活动，组织学生走进八圩社区渔文化展示馆，了解家乡渔文化

精神文明

10 月，泰州市新时代文明实践中心建设工作现场推进会在靖江召开

9月，建成网络安全主题公园

10月，西来镇丰产村建成红色村史馆，作为文明实践的重要阵地

公交站台公益广告焕然一新，构筑靖江文明风景线

精神文明

1月22日，“温暖新春 志愿同行”新时代文明实践活动在西来镇新时代文明实践所举办

4月，江苏省第五届“书香家庭”颁奖现场

7月5日，"靖善靖美 多彩绽放"靖江市首届"靖美"典型颁奖典礼举行

9月，江阴—靖江工业园区办事处开展"我们都是收信人"主题道德实践活动

江苏凤城—梅里500千伏输变电工程靖江段现场

重点工程

重点工程

G40 沪陕高速平广段扩建工程靖江段有序推进

张靖皋长江大桥主体工程开工

江阴靖江长江隧道左线盾构段突破 1000 环

丽园（2022 年）

生态环境

马洲岛（2022 年）

花海公园（2022 年）

十圩港沿岸风光（2022 年）

生态环境

新桥长江湿地生态公园（2022年）

靖江市体育中心小游园(2022年)

西来科技植物园(2022年)

生态环境

部分组织机构简称、全称对照表

简称	全称	简称	全称
市委	中共靖江市委员会	市科协	靖江市科学技术协会
市人大	靖江市人民代表大会	市工商联	靖江市工商业联合会
市政府	靖江市人民政府	市文联	靖江市文学艺术界联合会
市政协	政协靖江市委员会	市残联	靖江市残疾人联合会
市纪委	靖江市纪律检查委员会	市委政法委	中共靖江市委政法委员会
市监委	靖江市监察委员会	市检察院	靖江市人民检察院
市委办	中共靖江市委员会办公室	市法院	靖江市人民法院
市人大办	靖江市人民代表大会常务委员会办公室	市武警中队	武警靖江市中队
市政府办	靖江市人民政府办公室	市人防办	靖江市人民防空办公室
市政协办	政协靖江市委员会办公室	市发改委	靖江市发展和改革委员会
市委统战部	中共靖江市委统一战线工作部	市税务局	国家税务总局靖江市税务局
市委巡察办	中共靖江市委巡察工作办公室	市市场监管局	靖江市市场监督管理局
市文明办	靖江市精神文明建设指导委员会办公室	市应急局	靖江市应急管理局
市委编办	中共靖江市委机构编制委员会办公室	市消防大队	泰州市消防救援支队靖江市大队
市台办	靖江市人民政府台湾事务办公室	市国资办	靖江市人民政府国有资产监督管理办公室
市侨办	靖江市人民政府侨务办公室	市口岸办	靖江市口岸办公室
市侨联	靖江市归侨侨眷联合会	靖江海关	中华人民共和国靖江海关
市外办	靖江市人民政府外事办公室	靖江出入境边防检查站	中华人民共和国靖江出入境边防检查站
民盟靖江市基层委员会	中国民主同盟靖江市基层委员会	靖江航道处	长江靖江航道管理处
团市委	共青团靖江市委员会	靖江引航站	长江引航中心靖江引航站
市妇联	靖江市妇女联合会	靖江开发区	靖江经济技术开发区
		市工信局	靖江市工业和信息化局

简　称	全　称	简　称	全　称
市住建局	靖江市住房和城乡建设局	农发行靖江支行	中国农业发展银行靖江市支行
市供销总社	靖江市供销合作总社	工行靖江支行	中国工商银行股份有限公司靖江支行
市烟草局	靖江市烟草专卖局	农行靖江市支行	中国农业银行股份有限公司靖江市支行
市盐务局	靖江市盐务管理局	中行靖江支行	中国银行股份有限公司靖江支行
市烹协	靖江市烹饪餐饮行业协会	建行靖江支行	中国建设银行股份有限公司靖江支行
市城管局	靖江市城市管理局	交行靖江支行	交通银行股份有限公司靖江支行
市综合指挥中心	靖江市区域社会治理现代化综合指挥中心	邮储银行靖江市支行	中国邮政储蓄银行靖江市支行
靖江生态环境局	泰州市靖江生态环境局	长江商业银行	江苏长江商业银行股份有限公司
市供电公司	国网江苏省电力有限公司靖江市供电分公司	市农村商业银行	江苏靖江农村商业银行股份有限公司
市邮政公司	中国邮政集团公司江苏省靖江分公司	人保财险靖江支公司	中国人民财产保险股份有限公司靖江支公司
市科技局	靖江市科学技术局	国寿靖江支公司	中国人寿保险股份有限公司靖江支公司
省靖中	江苏省靖江高级中学	太保寿险靖江支公司	中国太平洋人寿保险股份有限公司靖江支公司
市一中	靖江市第一高级中学	太保产险靖江支公司	中国太平洋财产保险股份有限公司靖江支公司
省靖中专校	江苏省靖江中等专业学校	申万宏源证券靖江人民中路营业部	申万宏源证券股份有限公司靖江人民中路营业部
市社科联	靖江市哲学社会科学界联合会	电信靖江分公司	中国电信股份有限公司靖江分公司
市文体旅游局	靖江市文体广电和旅游局	移动靖江分公司	中国移动通信集团江苏有限公司靖江分公司
市史志办	靖江市党史方志办公室	联通靖江分公司	中国联合网络通信有限公司靖江市分公司
市卫生健康委	靖江市卫生健康委员会	江苏有线靖江分公司	江苏有线网络发展有限公司靖江分公司
市人社局	靖江市人力资源和社会保障局		
市医保局	靖江市医疗保障局		
市退役军人局	靖江市退役军人事务局		
市民宗局	靖江市民族宗教事务局		
市关工委	靖江市关心下一代工作委员会		
市地方金融监管局	靖江市地方金融监督管理局		
人行靖江市支行	中国人民银行靖江市支行		

目　录

专　记

大 事 记

靖江概览

中国共产党靖江市委员会

靖江市人民代表大会

靖江市人民政府

政协靖江市委员会

靖江市纪委 靖江市监委

民主党派·群众团体

法　治

军　事

经 济 管 理

开放型经济

开发园区

农 业

工业·建筑业

商贸服务业·旅游业·房地产业

金融业

城市建设与管理

乡村振兴

自然资源·生态环境保护

港口·口岸

科学技术

教育

文化

卫生健康

体育

就业与社会保障

社会事务

公共安全

精神文明建设

街道·办事处·镇

人物·荣誉栏

附 录

索 引

文明城市测评六连冠

【概况】2022年，靖江市在县级全国文明城市省级测评中，位列全省第6；全年6次文明城市长效管理泰州市级测评中，连续6次第一。靖江市委宣传部（靖江市创建办）由此被泰州市评为2022年泰州市深化全国文明城市创建工作专项"骏马奖"。"全国文明城市"是反映城市整体文明水平的最高荣誉称号，是含金量最高、影响力最大的城市品牌，是反映城市整体文明水平的综合性荣誉称号，是国内城市综合类评比中的最高荣誉，也是最具价值的城市品牌。根据中央文明办部署，全国文明城市三年评一次。

【创建举措】2022年，靖江市多措并举，通过系列创建活动，提升城市形象和市民人文素质。

强化领导，健全机制。根据靖江市全国文明城市创建市领导挂钩联系制度要求，市委、市政府主要领导深入创建一线挂钩联系，推动形成"一级带着一级干、一级为一级做示范"的局面。各级"路长"天天跑街，发现问题就地协调解决，守护文明。市创建办常态化开展督查，建立健全从任务布置、工作推进到问题交办、整改落实的全周期闭环管理机制。

深化创建，改善民生。靖江市立足"创建为民"工作目标，围绕小区物业、城市缆线、交通秩序、道板黑化、店铺规范等方面，深入实施"八大提升行动"，推动16个涉及民生的子项目。2022年，改造老旧小区42个，涉及115栋住宅楼、2929户居民，面积36.5万平方米。推广"公厕联盟"，实现城区公厕无盲区；实施"清水入江工程"，打通水系堵点，建设街角绿地和口袋公园，打造更有质感、更具活力的滨江都市。

培育文明，提升风尚。实施新思想"入心"工程、核心价值观"五进五树"等主题实践活动，让理想信念融入群众、扎根群众。深耕文明实践阵地，打造50个文明实践点、50个文明实践基地，形成市、部门（单位）和镇街、村（社区）文明实践志愿组织三级网络，招募志愿者定期至基层开展志愿服务活动。至年末，全市注册志愿者超15万人，每年开展各类志愿服务活动6.5万余场，"兰沁橼香"志愿服务品牌深入人心、落地生根。以立德树人为目标，开展各类教育实践活动，乡村"复兴少年宫"全覆盖，"靖有礼"文明实践活动常态化开展，完善未成年人活动阵地，净化未成年人成长环境，引领未成年人文明向善。"小靖说文明"品牌厚植文明理念，"文明交通曝光台"开展移风易俗宣传，持续涵养文明新风。

全域联动，汇聚合力。统筹全域联动，组建专项工作组，精准发力、有效督导各项创建任务落细落实。出台《靖江市镇（街道、园区、办事处)全国文明城市创建常态长效管理考核办法》,推进城乡联动创建。发挥“啄木靖江”市民随手拍、市民巡访团、外卖(快递)小哥检“茬”官监督作用,构建问题收集、限时整改、反馈渠道闭环体系,推动创建工作落到实处、取得实效。

【特色亮点】 “啄木靖江”微信公众号 开设“啄木靖江”微信公众号,邀请市民共当“啄木鸟”,发动群众“找茬挑刺”围绕城市文明建设、公共服务等方面提出意见建议,通过“随手拍”等方式曝光不文明现象,充分发挥市民监督作用,全年及时发现、反馈整改城市建设中的各类问题800余件,构建问题收集、限时整改、反馈渠道闭环体系,推动创建工作落到实处、取得实效。

建设“志愿之城” 成立“兰沁橡香”志愿服务总队,组建志愿服务队伍490支,打造由100支队伍组成的“东线第一帆”志愿者联盟,定期赴基层开展志愿服务活动。构建市、部门(单位)和镇街、村(社区)文明实践志愿组织三级网络,志愿者总数突破12.5万人,每年开展各类志愿服务活动6.5万余场,“兰沁橡香”志愿服务品牌深入人心、落地生根,形成“我为人人、人人为我”的良好社会风尚。

首届“靖美”典型颁奖典礼 7月5日,靖江市举行“靖善靖美 多彩绽放”首届“靖美”典型颁奖典礼。颁奖典礼由市文明委主办,分“宜居花”“睦邻花”“志愿花”“幸福花”“榜样花”5个篇章,对各类“靖美”典型进行表彰,并以短片形式展现“靖美”典型的文明风采。“靖美家庭”“靖美人物”代表作现场分享。颁奖典礼通过新华社现场云,央视频,“智慧靖江”App,“靖江发布”、“今靖江”抖音、视频号、微博同步直播。

【创建重要工作会议】 7月26日,靖江市召开深化全国文明城市创建推进会。会议指出,要突出重点、把握关键,聚焦测评体系,吃透指标要求、补齐失分短板、守牢安全底线,切实增强工作针对性和实效性。要抓好城市管理,提升城市整洁度,体现城市秩序感,打造城市高颜值,提档功能品质,完善城市社区功能,加速老城更新步伐,注重城乡一体化建设,提升文明素养,注重教育引导、典型引航、法治引领。会议要求,要压实责任、众志成城,以创则必成、决战决胜的毅力魄力展现创建新气象。要全城发力,组织领导再坚实。要全民参与,氛围营造再浓厚。要全面到位,督查考核再严实。会议强调,基础设施要“精准”提升,经得起“细看”。市容环境要“精美”打造,经得起“细查”。公共秩序要“精细”管理,经得起“细评”。乡风文明要“精致”描绘,经得起“细感”。城市气质要“精心”涵养,经得起“细品”。

11月7日,靖江市召开深化全国文明城市创建工作推进会。会议强调,要坚持全面达标与重点突破并重,硬件建设与软件建设并重,集中治理与长效管理并重,城区创建与镇村创建并重。会议要求,要组织再加强,全面凝聚创建合力。全市各级干部要牢固树立“一盘棋”思想,切实把各项创建工作组织到位、落实到位、推进到位。工作合力要再凝聚,宣传氛围要更浓厚,督查问责要更严格。

靖江开发区晋升国家级经济技术开发区10周年

【概况】 1992年6月,靖江经济技术开发区设立,规划面积4.54平方千米。1993年11月,被江苏省人民政府批准为省级开发区,更名为“江苏省靖江经济开发区”。2012年11月,经国务院批准同意,正式升格为国家级经济技术开发区,为泰州地区唯一的国家级经济技术开发区。开发区聚焦高质量发展,探索实践出“市镇联动”“区镇一体”“管委会+公司”“拿地即开工”等系列改革创新举措,确保开发建设事业蓬勃发展。至2022年,开发区先后获“国家级新技术船舶特色产业基地”“国家知识产权试点园区”“国家级优秀物流园区”“江苏省自贸试验区联动创新发展区”“江苏省特色创新(产业)示范园区”“江苏省高端装备制造业示范产业基地和特色产业基地”等荣誉。

【综合实力】 实施转型升级战略,推进产业结构战略性调整,提升经济发展水平,开发区运行呈现稳中有进态势。主要指标较快增长。地区生产总值年均增长8.9%,工业开票销售、服务业开票销售、一般公共预算收入分别达918.66亿元、733.13亿元、24.03亿元,分别为2012年的2倍、3倍、1.9倍。创新能力加速提升。累计新增“四上”企业(规模以上工业企业、资质等级建筑业企业、限额以上批零住餐企业、国家重点服务业企业)418家,新增高新技术企业148家,高新技术产业产值占工业总产值比重达45.1%，比2012年增加20%。创成省级以上研发机构52家，建成沈保根、钟志华等一批院士工作站。产业结构调整显著。第二产业实现由造船"一业独大"到"多业并举"的转型；第三产业总量连跨五个百亿台阶，2015年靖江港成为长江北岸首个亿吨大港，泰州唯一的国家级保税物流中心(B型)顺利封关运作。三个产业比例分别为0.7∶52.6∶46.7，全区对外开放度、发展影响力、抗风险能力有效提升。

【产业集群】 注重项目建设，注重提质扩量，依托大产业、大项目、大企业和大平台开展大招商，先后吸引芬兰科尼、德国凯傲、英国吉凯恩等16家外企，中信泰富特钢集团、中国商飞公司、深国际智慧物流园、青山控股集团等18家大型国企(民企)至开发区兴业。2012—2022年，累计新开工亿元以上项目706个，新竣工亿元以上项目528个，其中吉凯恩大飞机结构件、赛德力医药离心机、大中智能电机等9个项目入选省重大项目库。累计完成投资2000余亿元，实际利用外资14.27亿美元。新项目落户推动产业集群化发展，形成以青山为链主的金属材料产业链、以凯飞为龙头的航空零部件产业链、以卓然为依托的高端装备产业链、以恒艾为支撑的健康营养产业链、以新程为代表的汽车配件产业链、以深国际为引领的港口物流产业链，呈现链主、链核、链群齐头并进的特色产业集群。

【发展环境】 围绕打造"泰州最佳营商地"，加快构建市场化、法治化、国际化营商环境，推动有效市场和有为政府的更好结合，促进资源要素高效配置。拓展发展空间。科学制订、适时调整土地利用、产业发展、城镇建设等规划，至2022年，开发控制面积达102平方千米，形成"一区四园"发展格局。增强承载能力。相继建成"12+1"创新载体发展平台，大健康、精密制造、航空零部件、智能重装等一批特色园区见形见效。提升营商环境。建立市领导挂钩联系制度，推进"1230"和"五个最"营商政策落地，实施"靖心服务项目建设"行动计划，增强"企业吹哨、部门报到"的主动服务意识和能动服务效率，做到"包办墙外事、帮办墙内事""无事不受扰、办事不求人"，创造青山项目从考察到开工8个月的"靖江速度"，全区营商环境满意率94%，至2022年，开发区获泰州"骏马奖"共3批次。

【产城融合】 践行"以港兴业、以产兴城，港产城一体化"的发展思路，统筹兼顾生产、生活、生态空间，实现由产向城、产城融合的转变。完备基础配套。累计投入近100亿元，建成阜前路、城西大道、新建北路、润新路等骨干道路，完成水、电、路、网、气等"七通一平"，实现功能区与拓展区的无缝衔接，开发区与主城区的互联互通。完善公共设施。建成常州大学怀德学院、省靖中专校、城北实验学校、新港城初中、新港城幼儿园等学校，形成高低搭配、立体覆盖的全龄化教育体系。国际汽贸城、万都五金城、百富绅家居、新港天街等商贸配套投入运营，持续完善城北眼科医院、新桥医院服务功能，渔婆农贸批发市场成为泰州最大的农产品批发市场，提升人民群众生活的便利度、体验感。健全社会保障。投资新建港阜、中鼎、杨太、富江等21个中大型安置小区，交付安置房2万余套，建成人才公寓1200余套。新型城乡居民养老保险参保率95%，失地农民基本保障覆盖率100%。

【生态保护】 深入践行"两山"理论，实施"长江大保护"战略，严格按照"坚决不欠新账、逐步还清旧账"原则，走好生态优先、绿色发展之路。开展263专项行动。累计减少化工生产企业42家、砖瓦生产企业8家，治理畜禽养殖场249家、关停拆除188家。加强水污染防治，疏浚整治河道1136条，编制"一河一策"实施方案，建立河长负责制，实现长效管理。持续加大环保设施投入。建有综合污水处理厂5座，工业污水处理厂1座，铺设污水管网287千米，新增绿化面积740万平方米。国信靖江电厂机组超低排放和供热扩能工程全面完成，供热管网实现区域全覆盖。华晟重金属防控中心、固废综合处置中心、共享涂装中心等投入运营，酸洗中心、铸造中心等加快推进。深入推进长江岸线综合整治。"三个三分之一"沿江发展规划得到确立，"不开发区"智慧获《人民日报》头版点赞，码头治理、排污口整治等长江保护修复举措获《人民日报》专版报道。出台靖江内河船舶码头岸电建设统一标准，建成一批岸电示范项目，六助港成为江苏首个"安全与防污染管理示范内港池"。港区抑尘防尘设施设置到位，全区餐饮油烟、燃煤锅炉等污染源有效控制，成功获批省级生态工业园区。

大事记

1 月

4 日　中国共产党靖江市第十三届委员会第二次全体会议召开，市委常委会主持会议。市委书记张长平作题为《扛起光荣使命 谱写靖江篇章 奋力当好现代化建设“东线第一帆”》的工作报告。全会审议通过《中国共产党靖江市第十三届委员会第二次全体会议决议》《中共靖江市委常委会 2021 年度抓党建工作的情况报告》。

5 日　市十六届人大常委会举行第四十一次会议，听取并审议市长陈锋剑代表市政府所作的关于提请人事任免议案的报告等，表决通过人事任免等事项。任命朱庆荣为副市长、市公安局局长；接受曹祥辞去副市长、市公安局局长职务的请求。

是日　“修志问道 以启未来”《孤山镇志》首发仪式举行。《孤山镇志》系靖江出版发行的第一部镇志，全书共 30 万字。

7 日　全市领导干部警示教育大会召开。

是日　靖江市与中国水产科学研究院淡水渔业研究中心共同申报的“长江靖江段渔业生境修复及重建技术示范”案例获评 2021 年长江水生生物保护修复优秀案例，受到农业农村部通报表扬。

8—11 日　中国人民政治协商会议靖江市第十四届委员会第一次会议召开。市委书记张长平作题为《埋头苦干，勇毅前行，团结奋斗向未来》的重要讲话。会议选举赵国庆为政协靖江市第十四届委员会主席，沈南松、庞余亮、李建新、徐婷为政协靖江市第十四届委员会副主席。

9—12 日　靖江市第十七届人民代表大会第一次会议召开。市长陈锋剑作政府工作报告。会议公布老城有机更新等 2022 年 10 项政府民生实事重点项目，通过《关于〈政府工作报告〉的决议》《关于靖江市 2021 年国民经济和社会发展计划执行情况与 2022 年国民经济和社会发展计划的决议》等。会议选举范敏为靖江市第十七届人民代表大会常务委员会主任，何卫东、赵建国、季士发、羊兴为靖江市第十七届人民代表大会常务委员会副主任；选举陈锋剑为市长，罗晓东、张佳炜、邵春宁、于政、陈新猛、陆钧涛、朱庆荣为副市长；选举王国祥为市监察委员会主任。

12 日　385 米世界第一高输电铁塔工程在新桥镇封顶。该铁塔是国家电力发展“十三五”规划重点项目——泰州凤城至无锡梅里 500 千伏输电线路工程的重要组成部分，分别坐落在长江两岸的江阴市利港镇和靖江市新桥镇。

14 日　179 志愿者协会会长姚炜平入选 2021 年 12 月“中国好人榜”。

18 日　江苏广播电视总台城市频道《江苏最美人物》栏目在靖江完成录制，马桥镇徐周中心村党委书记徐忠祥获省委宣传部评选的江苏省“最美基层干部”称号。

21 日　党史学习教育总结会议召开。

是日　出台《靖江市关于禁

启动仪式。

是日 扬子江金融控股有限公司在新加坡证券交易所主板上市。

是日 中建钢构江苏有限公司焊接培训中心主任邱明辉被中华全国总工会授予“全国五一劳动奖章”。

29日 国内最大直径盾构机“聚力一号”在靖江始发,江阴靖江长江隧道进入全面掘进施工阶段。

是日 在泰州市2021年度综合考核总结表彰大会上,靖江市获泰州市(区)综合考核第一等次,靖江市委获泰州市“争当表率、争做示范、走在前列”好班子。

30日 在发热门诊就诊人员中发现1名核酸检测阳性人员,经专家组诊断,为确诊病例(轻型)。市新冠肺炎疫情联防联控指挥部将城南办事处中桥村后继盛圩等12处为封控区,将富阳路以南、人民南路以西、中圩路以北、城西大道以东区域;富阳西路以南、六圩港西路以西、东进路以北、四圩路以东区域;江丰路以南、人民路以西、横港北路以北、车站路以东区域;恒天商务广场区域划为管控区,靖江其他区域为防范区。

5月

11日 市委常委会(扩大)会议暨市疫情防控工作领导小组会议召开,学习贯彻习近平总书记在中央政治局常务委员会会议上的重要讲话精神,听取疫情防控工作开展情况以及下一步复工复产复课工作安排的汇报。

12日 《人民日报》在《大家谈·我们这十年》栏目中,推介靖江便民利民改革实践经验做法。

13日 靖江市学习贯彻习近平总书记在庆祝中国共产主义青年团成立100周年大会上的重要讲话精神座谈会召开,市委书记张长平出席座谈会并为“青春之帆”青年突击队授旗。

16日 飞煌(靖江)智能装备产业园项目在泰州市分会场参加全省外资项目“云签约”活动。

20日 全市2021年度综合考核总结表彰大会召开。

23日 市政协举办《靖江老味道》编纂工作启动仪式,“靖江老底子”系列丛书编纂工作正式启动。

27日 泰州市“祥泰行动5号”军地联合防汛抢险演练在靖江现场演练堤防险情巡查、排除渗水和漫溢险情。

是日 “强国复兴有我”群众性主题宣传教育活动暨“礼赞新时代 扬帆向未来”大型融媒体新闻行动启动仪式举行。

5月 中央电视台财经频道《经济信息联播》“船舶市场观察”专题以《江苏靖江:船舶陆续交付 出口稳步增长》为题,介绍靖江船舶制造及出口情况;以《利润传导 环保驱动 绿色动力船舶需求增长》为题,介绍靖江造船向绿色环保节能型船舶转型的做法;以《供应链遇难题 造船业物流成本大幅提高》为题,介绍靖江造船业破解供应链难题的经验。

是月 人民网、新华网、环球网等30多家省内外主流媒体平台集中报道靖江市打赢高质量发展“翻身仗”的奋进之路。

6月

2日 市金融服务乡村振兴党建联盟成立。

7日 中央电视台新闻频道《新闻直播间》栏目重点报道靖江市税务局服务重大项目建设新举措。

9—10日 省长许昆林至江苏新时代造船有限公司、靖江先锋半导体科技公司等调研。

15日 夹港战斗纪念碑、东线第一帆纪念公园入选省第二批100个红色地名。

16日 陕西省咸阳市委副书记郭柱国带领咸阳市党政代表团至靖江考察交流,推进新阶段对口协作合作工作。郭柱国一行实地参观滨江新城展示馆、恒艾健康服务产业园等。

20日 第二十届省运会青少年部橄榄球(17~18岁组)比赛在靖江开赛。

22日 泰州市(靖江)代表队获第二十届省运会青少年部橄榄球(17~18岁组)男子组第一名,摘得省运会集体球类项目首金。

是日 泰州市“携手港澳台 祥泰同心行”系列活动启动仪式在靖江举行。

24日 “泰州记忆”讲堂首场活动——靖江宝卷文化专场在靖江举行。江苏省非物质文化遗产(宝卷)代表性传承人刘正坤,靖江宝卷研究专家黄靖应邀参加讲堂并先后作宝卷讲唱现场演示和靖江宝卷知识讲座。市史志办通过展板、实物展示等形式介绍靖江宝卷等非遗项目。

26日 市委宣传部、市文联、市文明办和市文体旅游局联合主办举行“荷风莲韵映初心”“七一”演颂会。该活动分为“荷”风·立心济世、“荷”平·国盛家安、“荷”美·复兴圆梦3个篇章。

28日 靖江市外籍人才服务专区在市政务服务中心揭牌。此为靖江在全省首创的线上、线下同步服务的县级市外籍人才服务专区。

29日 第二十届省运会青

少年部武术(散打)项目在靖江开赛。

30日　靖江市应急管理综合行政执法大队揭牌成立。

7月

3日　《靖江年鉴》、《靖江市志》、《伟大的渡江在靖江》、《孤山镇志》、靖江竹编制作技艺、兰花“解佩梅”等靖江元素亮相第十二届江苏书展。泰州市级非物质文化遗产——靖江竹编制作技艺传承人张建国现场展示竹编制作技艺,让参观群众体验靖江竹编的魅力。“学习强国”江苏学习平台、《现代快报》南京客户端等媒体报道靖江竹编制作技艺。

5日　“靖善靖美 多彩绽放”首届“靖美”典型颁奖典礼举行,共评出15个“靖美小区”、20个“靖美楼道”、10个“靖美实践项目”(2个提名奖)、20个“靖美家庭”、10个“靖美人物”(7个提名奖)。

11日　江苏艺术基金2022年度资助项目——大型红色锡剧《江姐》在靖江外国语学校北校区礼堂成功首演。

13日　市新冠肺炎疫情防控流调作战中心启动。该中心设立综合协调、信息流转、现场流调等工作组,实行后台一体化运作,实现各流调部门“多轨合一”,遇到紧急情况可立即同步启动、同轨运转。

15日　省广播电视总台融媒体新闻行动《行走新时代鱼米之乡》节目走进马桥镇徐周村、生祠镇利珠村,用文字、画面和声音记录靖江全面推进乡村振兴的崭新画卷。

17日　中央电视台综合频道和新闻频道同步播出的《朝闻天下》栏目以《江苏靖江:粮食烘干煤改电 助力夏粮颗粒归仓》为题,报道靖江全力推进粮食烘干设备“煤改电”的举措。

20日　靖江市应急管理学院揭牌成立。

21日　第二十届省运会青少年部柔道比赛在靖江开赛。

22日　靖江市产才融合样板区建设“揭榜挂帅”大会举行。IMO远洋船舶LNG储能系统研发与产业化等6个产业人才双创项目,高层次人才计划全过程服务等6个人才工作创新创优项目现场签约。人才项目、人才载体、人才生态、人才队伍等四大类20个重点攻坚项目现场揭榜挂帅。

是日　2022靖江旅游节暨生祠荷花节在生祠镇东进村开幕,活动全程通过“紫牛新闻”App面向全省直播。

23日　举行“民盟助力乡村振兴实践基地”揭牌仪式暨“党盟同心 振兴同行”西来助力行动启动仪式。

25日　靖江市甬金金属科技有限公司高品质宽幅精密不锈钢板带生产制造项目签约奠基仪式在靖江经济技术开发区举行。

26日　全国人大常委会委员、农工党中央专职副主席、农工党中央长江生态环境保护民主监督工作领导小组副组长兼办公室主任杨震至靖江,开展长江生态环境保护民主监督工作。杨震一行先后实地调研长江“十年禁捕”主题文化走廊、斜桥镇区域社会治理现代化综合指挥中心等。

28日　举行“强国复兴有我”群众性主题宣传教育活动“最美退役军人”颁奖仪式,朱杰、王跃军、朱灿、刘文鑫、宗瑾瑜、徐智博、肖峰、印建新、陈奇、沈勇获评“最美退役军人”。

29日　由泰州市政府主办的“12345·政风热线”市(区)长上线日——大型全媒体直播靖江专场活动举行。市长陈锋剑带领相关部门单位、镇(街道、园区)主要负责人走进直播间,现场听取群众意见建议,接受百姓咨询投诉。

8月

1日　靖江市被省委、省政府、省军区评为“江苏省第十二届双拥模范城”,实现省级双拥模范城“十连冠”。

是日　兰峰任市人武部党委书记、上校政治委员。

5日　省农业农村厅、财政厅公布2022年省级现代农业产业高质量发展示范园建设名单,靖江市现代农业产业高质量发展示范园入选。

8日　首届中国大运河优秀少儿曲艺节目展演——靖江市“喜迎二十大·强国复兴有我”主题曲艺献礼活动举行。

11日　全省实施首席法律咨询专家制度工作推进会在靖江召开。

13日　中国共产党靖江市第十三届委员会第三次全体会议召开。市委常委会主持会议。市委书记张长平代表市委常委会作工作报告。全会审议通过《中国共产党靖江市第十三届委员会第三次全体会议决议》。

15日　罗晓东任市委副书记、统战部部长,孙鹏建任靖江市委委员、常委、组织部部长。

17日　市第十七届人大常委会举行第五次会议,听取并审议市长陈锋剑代表市政府所作的关于提请人事任命议案报告等,表决通过人事调整事项。任命王瑾为副市长,接受罗晓东、陈新猛辞去副市长职务的请求。

是日　市城南办事处、市文体旅游局选送的快板书《第一帆》

获省“五星工程奖”。省“五星工程奖”每两年举办一届，是江苏省群众文艺的政府最高奖。

19日　市纪委监委举行“靖扬清风·廉润马洲”清风讲堂暨微电影《清·情》首映式。

24日　省安全生产督导组至靖江督查重点行业领域百日攻坚行动工作情况。

25日　市著名作家庞余亮散文集《小先生》获第八届鲁迅文学奖。

是日　第二十届省运会青少年部羽毛球比赛在靖江开赛。

27日　“青春百年 墨舞省运”泰州市青年书法家协会首届会员作品巡展走进靖江。

31日　市人大常委会召开基层人大代表履职平台规范化建设推进会。与会人员现场观摩城南办事处“靖心”人大代表工作站、西来镇封家村“山海情”人大代表联系点等。

是月　第二十届省运会青少年部少儿体适能(趣味田径、触式橄榄球)项目在靖江开赛。

9月

7日　省第十一届残疾人运动会乒乓球、游泳比赛在市体育中心举行，来自13个设区市代表队的159名运动员参赛。

8日　庆祝第38个教师节主题活动暨首届“红烛奖”颁奖仪式举行。郑彬、刘建东、秦海燕、周元、杨建忠、王国军、弓玉娇、蔡卫良、刘艳、张春兰获得首届“红烛奖”。

16日　省人大常委会副主任曲福田带领调研组至靖江，开展《江苏省长江船舶污染防治条例(草案)》立法调研。

是日　靖江首个“苏服办”便民服务点在斜桥邮政支局揭牌成立。

21日　《人民日报》的《绿色》版面头条刊登《百里江岸舒展美丽画卷》，介绍靖江多措并举推进长江保护修复的成功实践。

26日　共青团靖江市第十九次代表大会召开。

30日　“初心如炬　征途如虹”方祖岐寄语靖江诗书画作品展在马洲美术馆开展。在开展仪式上，方祖岐委托家人向家乡赠送作品集《一个老兵的家国情怀》。该展依托市档案馆馆藏档案，共展出方祖岐诗书画作品79幅。

9月　市委书记张长平的署名文章《让“靖美”品牌绽放大美》在2022年第17期《群众》(思想理论版)刊登。文章从“用‘靖美’点靓文明风尚”“用‘靖美’点赞文明风采”“用‘靖美’点燃文明风范”等3个方面介绍“靖美”品牌的锻造之路和优秀成果。

10月

6日　《新华日报》头版头条刊发报道《产业为先绿色打底奏响乡村振兴曲 靖江共建共享铺展共富新画卷》，介绍靖江推进乡村振兴、促进共同富裕的好做法、新成就。

9日　“新时代颂”2022江苏美术摄影主题联展暨靖江市“喜迎二十大·勇当第一帆”主题书画影展在马洲美术馆开展。

11日　民盟靖江市第九次盟员大会召开。

12日　省人大常委会副主任许仲梓带领执法检查组至靖江，检查《江苏省职业教育校企合作促进条例》贯彻实施情况。

14日　《靖江市行政许可事项清单(2022年版)》正式印发。该清单共包含280个行政许可事项，涉及全市32个市级部门(单位)。

25日　市委召开疫情防控专项巡察反馈会。

11月

1日　泰州市“同心助力”产业转型升级工作推进会在靖江召开。

是日　靖江市179志愿者协会志愿者、“走河”民间河长公益团民间河长顾静被水利部、全国总工会、全国妇联评为“全国最美河湖卫士”。

4日　援助西藏抗疫的7名医务工作者完成任务回到靖江。8月11日，从市人民医院、市中医院抽调刘佳、谭超、丁洁、吴天杭、冷静、缪佳、翟茹钰7名医务工作者参加省援藏抗疫医疗队奔赴拉萨，历时78天，圆满完成核酸检测任务。

9日　全省港口码头大气污染防治暨封闭式料仓建设现场会在靖江召开，启动全省港口码头大气污染治理工程。

是日　“一脉‘香’承，‘芋’见靖江”2022年靖江市“芋头集”开幕式暨乡村振兴“产业＋电商”推介会在马桥镇G12农乐谷举办。

是日　泰州市新时代现实题材原创剧目巡演首场演出在东兴镇新时代文明实践所举行，巡演剧目为泰州市淮剧团创排的淮剧《大喇叭开始广播啦》。

11日　靖江市的中粮粮谷小麦精加工等6个项目参与泰州(上海)城市及产业投资环境推介会集中签约，总投资额超70亿元。

是日　泰州市农业设施确权登记颁证工作启动仪式在靖江举行。

18日　中国商用飞机有限责任公司总经理赵越让一行至靖江考察，交流推动靖江航空航天事业发展事宜。

是日　江苏省农业融资担保有限责任公司靖江分公司揭牌成立。

20日　《新华日报》“北京西路瞭望”公众号发布靖江市委书记张长平署名文章《争朝夕争上游 当好现代化建设“东线第一帆”》。文章从3个方面介绍靖江学习贯彻中共二十大精神的工作思路和具体举措。

22日　学习贯彻中共二十大精神市委宣讲团开展首场集中宣讲活动，市委宣讲团团长、市委书记、市志愿服务总队总队长张长平至城南办事处鼎和花苑社区，宣讲中共二十大精神。

是日　举行靖江市工匠学院揭牌暨产业工人队伍建设改革汇报交流活动。

23日　在“应检尽检”“落地检”和外地协查等人员核酸检测中发现6例初筛阳性，经省市专家组诊断，均为无症状感染者。

29日　2022年全国制造业百强县(市)榜单发布，靖江位列全国县级市第21位。

12月

5日　申强任市委委员、常委、副书记，免去陈锋剑的市委副书记、常委、委员职务。

6日　马桥镇民兵爱国主义教育基地揭牌成立。该基地位于马桥镇三爱村，系靖江首个镇级民兵爱国主义教育基地。

是日　中央电视台《新闻直播间》栏目聚焦冬季能源保供情况，报道江苏省煤炭物流靖江基地保障电煤运输稳定供应的相关举措。

8日　竞争力智库、北京中新城市规划设计研究院等机构发布《中国城市基本现代化监测报告2022》。靖江位列“2022中国县级市基本现代化指数前100名”榜单第20位。

13日　靖江市残疾人联合会第六次代表大会召开。

14日　举行城市党建“靖”提升行动重点课题研讨沙龙，靖江市新业态新就业群体党建指导中心同时揭牌。

15日　举行2022中国(靖江)高质量发展高峰论坛暨靖江经济技术开发区晋升国家级开发区10周年活动。

是日　国信靖江能源基地扩建等29个产业项目现场集中签约落户靖江经济技术开发区，总投资金额331亿元。

是日　举行“喜庆党的二十大”靖江经济技术开发区晋升国家级开发区10周年、靖江市第40届文艺节演出。

16日　市委常委会会议召开，研究部署安全生产、疫情防控等重点工作。

是日　中央电视台新闻综合频道《焦点访谈》栏目以靖江造船产业为例，报道展示靖江造船企业依靠创新绿色发展获得国际船舶市场欢迎的成功经验。

是日　《光明日报》头版刊登的《谋民生之利 筑幸福之基》一文，以西来镇丰产村人居环境改善为例，报道靖江经济发展与民生改善良性互动的成效。

17日　江苏国信靖江发电有限公司投资的“与煤电耦合的熔盐储热调频调峰及安全供汽技术”示范工程正式投入运行。

18日　中国水产科学研究院淡水渔业研究中心水生动物疫病研究专业试验基地暨长江下游水生生物资源养护研究基地奠基仪式在孤山镇通太村举行。

22日　市第十七届人大常委会举行第八次会议。会议听取并审议市政府关于2022年政府民生实事重点项目完成情况等报告，表决通过有关事项及人事事项。任命黄颖锋为副市长，朱君贤为副市长(挂职，时间一年)。

25日　由靖江市委宣传部、铜陵市委宣传部、枞阳县委宣传部联合主办的“彼岸的畅想—王开云彩墨作品展”在中国国家画院美术馆开展。此次展览共展出其近10年来创作的《水墨云烟》《南山春晓》等134幅作品。

27日　市公安局交警大队车辆管理所被公安部评定为“全国一等县级车辆管理所”。

30日　中国共产党靖江市第十三届委员会第四次全体会议召开。市委常委会主持会议。市委书记张长平代表市委常委会作工作报告。市委副书记申强作小结讲话。全会审议通过《中国共产党靖江市第十三届委员会第四次全体会议决议》《关于深入学习贯彻党的二十大精神在新征程上全面推进中国式现代化靖江新实践的决定》《中共靖江市委常委会2022年度抓党建工作的情况报告》。

是日　市第十七届人大常委会举行第九次会议，决定任命申强为副市长，同意接受陈锋剑辞去市长的请求，决定由申强代理市长职务。

31日　市委书记张长平带队至市人民医院、中医院等慰问一线医务工作者，向元旦期间坚守工作岗位和新冠肺炎疫情防控战线的全体医护人员致以诚挚问候和节日祝福。

是日　靖江经济技术开发区成立三十周年纪念主题曲《风从江上来》及MV正式发布。

12月　市委宣讲团成员分赴各地各部门，开展学习贯彻中共二十大精神宣讲。

靖江概览

自然地理

【地理位置】 江苏省靖江市地处北纬31°56′～32°08′,东经120°01′～120°33′,南濒长江,与张家港、江阴、常州隔江相望,东与如皋相邻,西北与泰兴接壤。靖江是中国东部水陆交通要冲,处于江苏省中轴线与长江的交汇点,水运发达,沪陕高速、沿江高等级公路、345国道(新江平路)横贯东西,京沪高速(广靖高速段)、盐锡线(原姜八公路)纵穿南北,江阴长江大桥连接两岸。境域内地势低平,唯有一座孤山耸立于中部,东西距离43千米,南北距离18千米,总面积655.58平方千米,其中陆地面积569.16平方千米、水域面积86.42平方千米,拥有长江岸线52.3千米。

【气候水文】 2022年,靖江全年气温偏高;降水正常,但分布不均;日照偏多。

气温 年平均气温17.4℃,较常年偏高0.8℃。其中,2月、9月、10月、12月气温偏低,5月正常略偏低,其余各月均比常年偏高或略偏高。其中,12月和2月、10月气温分别偏低1.5℃和1.0℃,3月、8月分别偏高2.8℃和2.6℃。3月平均气温12.8℃和上旬平均气温12.4℃均为历史同期最高;中旬平均气温13.8℃,仅次于历史同期的15.1℃(2002年)。6月平均气温27.0℃,仅次于历史同期的27.6℃(2005年);下旬平均气温29.4℃,仅次于历史同期的29.7℃(2005年)。8月平均气温30.8℃,仅次于历史同期的31.3℃(2013年);上旬平均气温32.7℃,仅次于历史同期的33.3℃(2013年);中旬平均气温32.9℃,为历史同期最高。10月3日最高气温36.9℃,为历史同期最高。11月平均气温14.9℃,仅次于历史同期的15.6℃(2011年);下旬平均气温14.0℃,仅次于历史同期的14.5℃(2014年)。年极端最高气温41.1℃,出现在8月12日;年极端最低气温-4.8℃,出现在12月25日。年内地面最低温度≤0℃的天数有51天。

降水 年降水总量941.9毫米,较常年偏少231.3毫米。其中,1月、3月、4月、9月、11月偏多,2月、5月、6月、7月、8月、12月偏少,10月降水正常。3月、11月降水量分别为135.2毫米和92.4毫米,较常年同期偏多77%和70%,3月下旬降水量78.7毫米,低于历史同期的117.7毫米(1991年)和110.2毫米(1993年)。5月、8月降水量分别为6.3毫米和23.1毫米,较常年同期偏少93%和87%,其中,5月降水量为历史同期最低,上旬降水量0.0毫米,与2019年同期持平;8月降水量23.1毫米,高于历史同期的16.7毫米(1967年)和22.9毫米(1983年)。9月中旬降水量121.9毫米,低于历史同期的169.5毫米(2016年)和151.9毫米(1977年)。全年日降水量≥0.1毫米的有102天,≥1.0毫米的有71天,≥10.0毫米的有30天,≥25.0毫米的有12天,≥50.0毫米的有3天。一日最大降水量66.4毫米,出现在9月

13日;最大1小时降水量39.7毫米,开始时间在7月16日05时31分;最大24小时降水量66.8毫米,开始时间在9月13日02时48分。年内最大积雪深度3厘米,出现在2月7日。年内最长连续降水天数6天,出现在10月4—9日;年内最长连续无降水天数17天,出现在3月27日至4月12日。6月23日入梅,比常年6月19日推迟4天;7月11日出梅,属正常(常年7月12日);梅雨期有18天,属略偏短年份(常年24天)。梅雨量108.3毫米,较常年梅雨量偏少60%(常年242.6毫米)。全年梅雨期降水具有过程性、间隙性等特点,且多伴随出现强对流天气。6月23日,生祠镇利珠村极大风速24.4米/秒(10级);7月10日,西来镇1小时最大降水量26.5毫米,均属梅雨期历史少见。

日照　年日照时数2688.4小时,较常年偏多615.7小时。年日照百分率61%。仅11月比常年偏少2%,其余各月均比常年偏多或正常偏多,6月比常年偏多77%。1月中旬日照时数75.5小时,低于历史同期的86.5小时(2021年)和81.1小时(1963年);3月日照时数221.0小时,低于历史同期的233.5小时(2001年)和229.0小时(2006年),上旬日照时数93.1小时,为历史同期最多;4月日照时数255.4小时,仅次于历史同期的256.9小时(2005年),上旬日照时数103.9小时,为历史同期最多;6月日照时数285.2小时,中旬日照时数104.1小时、下旬日照时数90.0小时,均为历史同期最多;7月日照时数295.1小时,低于历史同期的338.0小时(1964年)和296.4小时(1971年);10月中旬日照时数99.9小时,为历史同期最多。

【灾害性天气】全年气象灾害主要有高温、大风、台风、大雾、暴雨、寒潮、干旱、连阴雨等,以高温、大风、大雾对城乡居民生活和企业正常生产的影响较明显。

高温　全年≥35.0℃以上高温日41天。8月2—16日出现持续高温酷热天气,其中12日极端最高气温41.1℃,为有资料记载以来的最高纪录。

大风　全年≥8级大风日出现2天,分别在7月26日和9月15日。其中,7月26日的大风,导致46户居民房屋受损。

台风　9月4—6日和13—16日,分别受11号台风“轩岚诺”

2022年靖江市气象资料一览表

表1

要素		1月	2月	3月	4月	5月	6月	7月	8月	9月	10月	11月	12月	年平均或合计
气温(℃)	月平均值	5.1	4.7	12.8	17.2	20.9	27.0	30.1	30.8	23.2	17.6	14.9	4.6	17.4
	历年平均值	3.7	5.7	10.0	15.9	21.3	24.8	28.7	28.2	24.0	18.6	12.6	6.1	16.6
	距平均值	1.4	-1.0	2.8	1.3	-0.4	2.2	1.4	2.6	-0.8	-1.0	2.3	-1.5	0.8
降水(毫米)	月合计	74.4	24.6	135.2	108.4	6.3	108.3	157.8	23.1	137.7	51.5	92.4	22.2	941.9
	历年平均值	57.2	54.6	76.2	74.4	94.7	196.9	200.0	178.9	88.6	59.8	54.5	37.4	1173.2
	距平均值	17.2	-30.0	59.0	34.0	-88.4	-88.6	-42.2	-155.8	49.1	-8.3	37.9	-15.2	-231.3
日照(小时)	月合计	139.9	153.7	221.0	255.4	271.7	285.2	295.1	278.9	211.3	237.5	151.3	187.4	2688.4
	历年平均值	134.1	134.3	161.6	186.1	199.8	161.1	207.5	214.6	186.0	181.8	154.3	151.5	2072.7
	距平均值	5.8	19.4	59.4	69.3	71.9	124.1	87.6	64.3	25.3	55.7	-3.0	35.9	615.7

说明:历史资料年限为1991—2020年

(徐　清)

和12号台风“梅花”影响。

大雾　全年大雾日13天。其中,3月12日和14日、10月23日、11月21日的雾霾天气对靖江轮渡、高速公路运输和市民出行有较严重影响。

暴雨　年内3次暴雨,分别出现在7月16日、9月13日和9月15日。

寒潮　11月29—30日出现1次寒潮。

干旱　5—8月降水持续偏少,对工农业生产稍有影响。

连阴雨　1月22—30日出现连续阴雨。

历史人文

【建置沿革】 靖江古称马洲、马驮沙,是长江中的沙洲,孤山屹立江心,后因海潮逆江,泥沙沿孤山之麓不断积聚而成陆地。三国吴赤乌元年(238年)设建置为毗陵郡延陵县暨阳乡。赤乌二年(239年)为吴主孙权牧马之洲,属毗陵郡。两晋属暨阳县(今江阴市)。明洪武二年(1369年)属江阴县。明成化七年(1471年)置靖江县,属常州府。1949年1月28日,靖江城解放。中华人民共和国成立后,先后隶属于泰州、扬州专区。1983年3月由扬州市代管。1993年7月14日撤县建市。1996年7月19日,地级泰州市设立,靖江改由泰州市代管至今。

【行政区划】 全市设1个街道、8个镇、3个市政府办事处,有76个社区居民委员会934个居民小组、181个行政村3336个村民小组。设有1个国家级靖江经济技术开发区、1个省级江阴—靖江工业园区经济开发区。市政府驻滨江新区办事处。

【人口状况】 年末全市常住人口66.16万人,其中城镇常住人口46.09万人,城镇人口比重69.66%。全年出生人口0.24万人,出生率3.62‰;死亡人口0.56万人,死亡率8.44‰;自然增长率为-4.82‰。年末全市户籍总人口63.82万人,其中男性31.44万人、女性32.38万人。全年户籍登记出生人口2288人,户籍注销人口5687人。

【文化源流】 靖江文化底蕴丰厚。清乾隆年间陈瑞的泼墨山水画《深山藏古寺》被收为清内宫珍品。清道光年间郑汝英的纪实文章《沧江平浪记》记述靖江人民不屈不挠的抗英斗争。清末何星榆的诗歌《新乐府·东门桥》讴歌抗倭义士席上珍的伟大民族精神。民国时期和中华人民共和国成立后学者、名流辈出,作家陈笑雨、翻译家蒋天佐、古典文学家刘拜山、历史学家夏东元、红学家张锦池等著作众多,影响深远。民间文艺源远流长,靖江宝卷被誉为中国民间艺术的“活化石”。2007年,靖江获“中国宝卷传承文化之乡”称号。2008年6月,靖江宝卷被列入国家级非物质文化遗产名录扩展项目。

【名胜古迹】 钟楼观音画像碑　靖江现存最古老的地面文物。始建于明隆庆三年(1569年),明崇祯九年(1636年)重建,清同治十年(1871年)重修。钟楼建筑古朴坚实,结构精巧,钟楼门上“阿弥陀佛”4个字为邑人刘坦吾所书。1983年被列为县级文物保护单位。原有大钟于“文化大革命”中被毁。1985年,县政府重修钟楼并新铸铜钟。1995年被列为江苏省省级文物保护单位。2001年、2014年重修。2002年钟楼广场建成。

四眼井　建于明崇祯十年(1637年),深约7米,中间最大直径约3米,井的上方用青砖砌成等距离(0.7米)的4个井眼,故名四眼井。井上有四角亭1座,亭南有记刻于石上,井水四季清澈。1983年被列为县级文物保护单位,1995年被列为江苏省省级文物保护单位。2013年整修。

四眼井

2022年靖江市各级文物保护单位一览表

表2

名　称	年代	级别
钟楼观音画像碑	明代	省级
四眼井		
魁星阁	清代	
印庄巡检司衙署旧址		
刘国钧故居	当代	
蹑云坊	明代	市(县)级
摩崖石刻		
明代石刻		
文昌宫		
青龙寺	清代	
梅花阁		
桂花厅		
西来寺		
关圣寺		
旧志五桥		
1945年叶飞将军率部南下途经驻留之地	现代	
经伦庵烈士墓		
吴氏老宅		
陈毅题词	当代	
靖江革命烈士纪念碑		
马洲书院		
夹港战斗纪念碑		
岳庙(1986年重建)		
郁建兴墓		

魁星阁　清光绪十七年(1891年)迁于靖城东南隅文昌庙高1.5米的旧石基上。阁高14米,共3层,底层较大,向上逐渐缩小,形似宝塔。阁呈六角形,18只飞檐高高翘起,古朴而有气势。1932年后经过4次修葺。1983年被列为县级文物保护单位。2006年被列为江苏省省级文物保护单位。2013年大修。

刘国钧故居　位于生祠镇中街,占地面积5000平方米,为爱国民族实业家刘国钧早年的住所。由故居本体及国钧堂、事迹展览馆、弘毅园、善余厅、花圃等纪念配套设施组成,构造颇具江南园林特色。西侧为复原的刘国钧故居。2006年被列为江苏省省级文物保护单位。

印庄巡检司衙署旧址　印庄巡检司衙署始设于明洪武年间,隶属泰兴,初设在保全乡印庄曹董桥北(今泰兴市河失镇),清乾隆年间移至季市。印庄巡检司衙署位于季市镇东街90号,遗存房屋为清代风格建筑,硬山式砖木结构,坐北朝南,面向季市镇东街,南北长74米,东西宽36米,占地面积1687.1平方米,总建筑面积965平方米,由东西两路多进院落及西侧马厩组成。印庄巡检司衙署是泰州地区唯一遗存的低级别署衙。2010年5月被列为市县级文物保护单位。2017—2018年,季市镇对印庄巡检司衙门进行修缮。2019年3月被列为江苏省省级文物保护单位。

梅花阁和桂花厅　梅花阁与桂花厅均始建于清道光十八年(1838年)。梅花阁建筑结构以木构架为主,抬梁式构造,最有特色的是门前"船底檐"形状的翻轩檐廊。桂花厅原位于梅花阁正南方,有5间厅屋。现桂花厅于1964年由市政建设委员会拆除崇圣寺系列建筑后建造,主体仿梅花阁,与梅花阁东西相望,所用木材为杉木和楠木,均是崇圣寺中拆除的大雄宝殿和藏经阁的部分材料,折合成材约20立方米。1983年被列为县级文物保护单位。

马洲书院　南宋咸淳二年(1266年)、明崇祯十一年(1638年)、清嘉庆年间(1796—1820年)、清道光三十年(1850年),先后4次在西沙下六圩港北、靖城南门外、西沙流泗港永宁桥附近及城内东南隅建马洲书院,均因历经沧桑而无存。清光绪三十一年(1905年),清政府明令废科举、兴学堂后,靖江在城内东南隅马洲书院旧址建"口"字形两层楼房1幢,创办靖江县高等小学堂。该楼房为木质结构,沿正方形天井而建,内有大小房屋几十间,上下两层皆以回廊环绕,是典型的书院式建筑。民国16年(1927年)属靖江县立初级中学,中华人民共和国成立后属靖江县初级中学(后改称靖城中学、市一中)。1983年,年久失修、已成危房的"口"字形楼被列为县级文物保护单位。翌年,经县政府批准,靖城中学在原址翻建一仿古建筑作为校图书馆,仍取名马洲书院。该建筑为七间二层"一"字楼,硬山造,长25.5米、宽8.6米、高12.4米。

蹑云坊　位于孤山南山门,建于明万历四十二年(1614年)。该坊为花岗岩石料,两柱单门,高3.6米、宽2.8米,额刻"蹑云"二字。柱为方形,正面刻楹联一副:"对此长江,左蠡烟波今宛在;位当绝顶,西湖风物定何如"。额、联均为当时县令赵应旟题书。1993年被列为县级文物保护单位。2006年重修,时楹联字迹已模糊,故由邑内人士重书。

岳庙　始建于南宋建炎年间,原坐落于生祠镇南,历史上屡毁屡建。自民国起,刘国钧曾3次修建岳庙。1936年重建,1956年迁建,1966年拆毁,1986年又重建,占地面积2800平方米,宋式结构,整体建筑庄重雄伟。庙内有赵朴初手书"岳忠武穆生祠堂"匾额和"精忠贯日"题词,另有"尽忠报国"、岳飞像石刻以及韩世忠、黄炎培诗碑等。1993年被列为市级文物保护单位。

(朱苏钢)

【名特产品】 蟹黄汤包　以猪肉、鸡肉、蟹肉、蹄筋或上等肉皮熬成胶冻状作馅,成形后上笼蒸熟。此时的汤包皮薄如纸、雪白晶莹、形如玉菊、汤色清亮、鲜而不腻,以姜丝、香醋佐之,风味更加独特,吃时口诀"轻轻提、慢慢移,先开窗、后喝汤"。汤包单只重量不小于100克,蟹肉含量不小于肉馅重量的50%。1999年,靖江汤包被中国烹饪协会评为全国四大名点之一,与上海南翔小笼包、天津狗不理包子、扬州富春包子一起驰名中外。2007年,靖江获评"中国汤包之乡"称号。

猪肉脯　精选优质新鲜猪肉,运用传统工艺和现代科学技术,采用独特配方,加以多种天然香辛调料精工制作。味道香醇,口味鲜美,甜中微咸。1994年12月,"双鱼"牌猪肉脯被认定为江苏省名牌产品。2001年8月,获首届中国食品博览会金奖。2019年3月,企业通过ISO 9001质量管理体系认证和HACCP食品安全控制体系认证。2017年,靖江猪肉脯获国家地理标志证明商标。

香沙芋　靖江主要特色农副产品之一,口感细腻,味道甘美,营养丰富,经去皮保鲜处理后,可在0℃~5℃的环境中储存2个月不发生褐变,深受广大消费者欢迎。其水分、蛋白质、脂肪、纤维素、碳水化合物、维生素B1、维生素C等成分指标均达到省无公害地方产品标准,被认定为省无公害农产品,并通过省质量标准体系认证。2012年,靖江香沙芋获农业部农产品地理标志认证。2014年,获国家地理标志证明商标。2019年,"靖江香沙芋"农产品区域公用品牌入选中国农业品牌目录。

靖江特色农副产品香沙芋

综　述

【概况】 2022年，靖江全面落实中央和省委、泰州市委决策部署，围绕“跻身全省高质量发展第一方阵，争当长三角一体化发展先行市”目标，攻坚克难、真抓实干，踔厉奋发、勇毅前行，新冠肺炎疫情防控精准高效，经济运行稳中向好，产业质态明显提升，城市更新有序推进，民生福祉持续改善，社会治理全面优化，迈出开创靖江现代化建设新局面的坚实步伐。

【信息调研】 2022年，在全市范围组建信息员队伍，深化办公室“全员办信息”研判报送机制。全年被省委、泰州市委采用信息205条，其中《丰县事件互联网舆情综述》获省委主要领导批示，《创新“微网格”汇聚基层社会治理“大力量”》得到泰州市委主要领导肯定，党委信息工作排名在泰州实现进位。完成各类文稿200余篇，形成城市更新、营商环境、智改数转等调研课题50余项，3篇文章被《新华日报》“北京西路瞭望”公众号专栏发布。

【督促问效】 聚焦市委全会目标任务推进、书记批示件办理、高质量考核、新冠肺炎疫情防控、基层减负等重要内容，发起、参与各类专项督查34次，现场督查127次，召开现场协调会11次，办理书记批示件12个批次185件，印发《效能专报》3期、《靖心服务专报》18期、《疫情防控每日督查通报》151期、《督查交办单》49份，有效保障市委各项决策部署落地落实。

【国安宣传工作】 以“4·15”全民国家安全宣传教育日为契机，多形式、全方位开展国家安全宣传教育，举办群众性宣传活动16次，悬挂横幅1263条，发放国安宣传图册、宣传小礼品2万余份，进一步提高全民维护国家安全的意识。

【档案工作】 精心策划“喜迎二十大·档案颂辉煌”国际档案日主题活动，2篇作品获2022年国际档案日全国主题征文优秀奖。积极推行机关档案“三合一”制度，选取6家试点单位，“一对一”指导分类方案、归档范围和保管期限表编制，推动档案管理规范化、制度化、常态化发展。市档案馆成功获评江苏省县(市、区)国家综合示范档案馆。《数字治理背景下档案业务在线监督指导模式研究》成为泰州市唯一入选2022年江苏省档案局科技项目。

市委重要会议

【市委全委会议】 1月4日，中国共产党靖江市第十三届委员会第二次全体会议召开，市委常委会主持会议。市委书记张长平作题为《扛起光荣使命 谱写靖江篇章 奋力当好现代化建设“东线第一帆”》的工作报告。全会审议通过《中国共产党靖江市第十三届委员会第二次全体会议决议》《中共靖江市委常委会2021年度抓党建工作的情况报告》。

8月13日，中共靖江市委十三届三次全体会议召开。学习贯彻习近平在省部级主要领导干部专题研讨班上的重要讲话精神、中央政治局会议精神，贯彻落实省委和泰州市委工作会议精神。动员全市坚定信心、调优状态，高扬东线第一帆，拼搏奋进争上游，不折不扣完成全年目标任务，推动现代化建设各项事业迈上新台阶。市委书记张长平作题为《高扬“东线第一帆”拼搏奋进争上游 以实际行动迎接党的二十大胜利召开》的工作报告。全会审议通过《中国共产党靖江市第十三届委员会第三次全体会议决议》。

12月30日，中共靖江市委十三届四次全体会议召开。贯彻落实中共二十大以及中央经济工作会议精神，落实省委十四届三次全会、省委经济工作会议和泰州市委六届四次、五次全会决策部署。动员全市围绕新时代新征程党的使命任务，勠力同心、勇毅前行，深入贯彻中共二十大精神，坚决扛起第一帆使命，在新征程上全面推进中国式现代化靖江新实践。市委书记张长平作题为《深入贯彻中共二十大精神 坚决扛起第一帆使命 在新征程上全面推进中国式现代化靖江新实践》的报告。全会审议通过《中国共产党靖江市第十三届委员会第四次全体会议决议》《关于深入学习贯彻党的二十大精神在新征程上全面推进中国式现代化靖江新实践的决定》《中共靖江市委常委会2022年度抓党建工作的情况报告》。

【市委主要工作会议】 1月7日，市委召开全市领导干部警示教育大会。会议强调，要紧密团结在以习近平为核心的党中央周围，在省委、泰州市委领导下，始终坚持反腐倡廉常抓不懈、拒腐防变警钟长鸣，埋头苦干、勇毅前行，奋进新征程、勇当第一帆。

1月20日，市委常委会召开党史学习教育专题民主生活会。按照“学史明理、学史增信、学史崇德、学史力行”和“学党史、悟思想、办实事、开新局”目标要求，查找差距不足，明晰整改举措。市委常委班子成员逐一进行对照检查，并开展批评与自我批评。

1月21日，市委召开全市党史学习教育总结会。市委书记、市委党史学习教育领导小组组长张长平强调，要不断从百年党史中汲取智慧和力量，深刻领悟“两个确立”的决定性意义，增强历史自觉，把握历史主动，更好地扛起“争当表率、争做示范、走在前列”光荣使命，走好具有靖江特色和内涵的社会主义现代化建设之路。

4月14日，市委召开全市党的建设工作会议。贯彻落实中共十九大和十九届历次全会精神，全面贯彻落实省、市党代会精神，

4月14日，中共靖江市委召开全市党的建设工作会议

总结上年党建工作，部署全年党建任务。

4月15日，市委召开农村会议。部署2022年“三农”重点工作。会议强调，要全力争创乡村振兴示范市，加快实现农业农村现代化，为全市高质量发展提供“三农”工作应尽支撑。

5月13日，市委召开学习贯彻习近平在庆祝中国共产主义青年团成立100周年大会上的重要讲话精神座谈会。会议强调，全市各级团组织和广大青年要始终沿着习近平指引的方向砥砺奋进、再立新功，在扛起新使命、谱写新篇章中绽放绚丽的青春光彩。

5月20日，市委召开2021年度全市综合考核总结表彰大会。通报2021年度全市综合考核结果和改革创新奖获奖名单，为先进集体和先进个人颁奖授牌。会议强调，全市要锚定“全省前十二、泰州争第一”目标，持续拼搏奋进，矢志勇争第一，坚决扛起现代化建设“东线第一帆”，以实际行动迎接中共二十大胜利召开。

5月24日，市委人才工作领导小组会议召开。会议贯彻落实中央、省委、泰州市委人才工作会议精神，审议通过《中共靖江市委人才工作领导小组工作规则》《中共靖江市委人才工作领导小组办公室工作细则》《中共靖江市委关于建立落实党管人才原则六项机制的意见》《中共靖江市委关于推进新时代人才强市建设，打造高水平产才融合样板区的意见》，讨论通过《2022年全市人才工作要点》以及成立靖江市产才融合发展促进会相关事项。

6月16日，市委召开全市工业经济高质量发展暨“智改数转”工作会议。会议强调，要高扬现代化建设“东线第一帆”，致力智改数转、聚力智造强市，开创靖江工业经济高质量发展新局面。会议印发靖江市制造业“智改数转”三年行动方案，为工业十强、三十强企业，税收贡献先进工业企业以及省、泰州市市长质量奖（含提名奖）获奖企业颁奖授牌。

7月9日，市委举办全市领导干部“领帆攻坚”讲坛第三讲，聚焦“聚力推动项目建设大提升”主题，开展交流研讨。会议提出，要在项目建设主战场上率先高扬“东线第一帆”精神旗帜，在开发开放主阵地上率先汇聚“拼搏奋进争上游”思想共识，以项目建设推动经济发展提质增效。

7月18日，市委召开人大工作会议。会议强调，要深入学习贯彻习近平关于坚持和完善人民代表大会制度的重要思想，认真落实中央、省委和泰州市委人大工作会议精神，着力加强和改进新时代市人大工作，更好地把人民代表大会制度优势转化为发展优势、治理效能，为全市奋力当好现代化建设“东线第一帆”，凝聚智慧和力量。会议印发《关于新时代坚持和完善人民代表大会制度、加强和改进人大工作的实施意见》。

7月22日，市委举行市产才融合样板区建设“揭榜挂帅”大会，深入贯彻落实中央、省、泰州市委人才工作会议精神，推进市产才融合发展。省、泰州市有关领导以及市领导张长平、陈锋剑等共同按下启动键，正式发出市产才融合样板区建设攻坚项目“揭榜挂帅”出征令。

7月25日，总投资20亿元的甬金高品质宽幅精密不锈钢板带生产制造项目签约奠基仪式在靖江开发区举行。市委书记张长平指出，甬金项目的落户，是青山集团彰显链主优势，激活项目进驻“葡萄串”效应的重要标志，也是市抢抓长三角一体化重大战略，坚定不移构建千亿级金属新材料产业集群的生动实践，更是全市上下“大抓项目、抓大项目”的案例典范。是日，市委召开新型金属材料产业推介座谈会。

8月31日，市委召开“勇挑大梁 多作贡献”工作部署会。会上，市委考核办通报1—7月高质量发展考核指标完成情况。市统计局就下半年主要经济指标进行分析研判。市发展改革委、科技局、工信局、商务局对各自负责的指标发展形势进行分析预判并提出推进落实的方法途径。

9月3日，市委召开全市营商环境“大走访、大排查、大整治、大提升”百日提升行动部署会，贯彻国务院第九次大督查相关工作要求，落实省委、省政府和泰州市委、市政府关于优化营商环境的各项决策部署，全面整治营商环境领域突出问题，聚力做优公平高效的营商环境，为经济社会高质量发展提供坚强有力的环境支撑。

9月8日，庆祝第38个教师节主题活动暨首届“红烛奖”颁奖仪式在省靖中举行。市委书记张长平出席活动并为首届“红烛奖”获奖者颁奖。张长平强调，市委、市政府将一以贯之地重视和支持教育事业，推动经费向教育投入、项目向教育倾斜、力量向教育集中，全心办好人民满意的高质量教育。教育部门和学校要切实担负起主体责任，在政治上关心教师、在工作上支持教师、在生活上体贴教师，让广大教师舒心从教、安心从教。各地各部门要强化服务意识，常怀爱教之心、多做利教之事、善解办教之忧，努力为学生成长、学校教学创造安全、健康、稳定的社会环境。

12月15日,2022中国(靖江)高质量发展高峰论坛暨靖江经济技术开发区晋升国家级开发区10周年活动举行。青山控股集团有限公司董事长、中化学装备科技集团有限公司总经理、普华永道综合商务咨询合伙人等100多位企业家代表、重要客商和行业精英出席活动。 (沈宇阳)

改革创新

【概况】 2022年,靖江锚定“跻身全省高质量发展第一方阵,争当长三角一体化发展先行市”目标,围绕“致力民生、聚力转型”两大主题,协调推进各领域改革,制定包括经济、生态文明、金融、农村、城乡一体化、民主法治、社会民生、宣传文化、党建和纪检监察等九大领域共计28条改革要点任务,罗列18条改革方案清单,督促各部门、属地在原有工作基础上进一步创新思维、大胆实践、干出成效,抓好根本性、全局性、制度性重大改革。

【经济领域改革】 打造现代化产业发展增长极。引进培育“链主”“链核”“链源”项目,支持高端外资项目投资,打造战略性新兴产业集群。深化“亩均论英雄”“米均论英雄”改革,构建资源集约利用综合评价体系,探索出台差别化价格政策,同步推进低效用地整治、低端企业改造提升。全面推进“智改数转”提质行动,深入实施产业基础再造工程,打造智造强市。

构建科技创新生态体系。成立市科技创新委员会,开展产业创新链分析研究,组织重点行业关键核心技术攻关。优化科技创新主体培育,加快建设上海—靖江离岸孵化科创飞地,打造“六个一”集成创新服务体系,实现高企“三年倍增”目标。聚力新型研发机构改革,出台企业“飞地”研发机构认定管理办法,跨区域、跨领域、跨组织开展“揭榜挂帅”关键技术研发,推动产学研深化合作。完善科技创新积分管理,设立头部企业培育库,制定出台创新型领军企业扶持政策,提升企业创新能力。

推进财税体制和国企改革。深化预算管理制度改革,加快构建全方位、全过程、全覆盖的预算绩效管理格局。深化税收征管改革,全面落实减税降费政策,优化税收营商环境。完善国有企业监督管理机制,开展低效闲置资产专项整治,提升国有企业运营效率和综合竞争力。

持续优化营商环境。制定实施优化营商环境三年行动计划,完善项目预审工作机制,深化开发区区域评估试点示范,制度化、系统化兑现“1230”承诺,推动“签约即挂牌、拿地即开工、竣工即投产”常态化实现。深化“放管服”改革、商事改革、企业注销便利化改革,开展企业“1+X”审批、“1+N”注销试点,探索高频事项并联办理、“电水气网”联合报装以及“标准地”“告知承诺”“非必要不前置”等制度创新。在泰州率先实现乡镇“一业一证”全程网办,办事群众“一次不用跑”。

创新开放型经济体制。加快园区国有公司实体化转型步伐,在园区建设、运营、招商、管理模式上持续探索创新。聚焦临港物流、冷链仓储等高端港口服务业,高效整合优质岸线资源,强化港口港区港城联动。充分发挥保税物流中心(B型)功能,优化外贸结构,推进沿江仓储物流企业稳中提质,为“十四五”期末晋升综合保税区奠定基础。深入推进跨江融合发展,以市场化方向调整完善江阴—靖江工业园区体制机制,打造高质量跨江融合发展先行区。

【生态文明领域改革】 持续开展美丽靖江建设。深入推进“健康长江靖江行动”,开展长江入河排污口排查整治,抓好长江靖江段十年禁捕。以河湖长制为抓手,扎实开展幸福河湖建设,开展农村生活污水社会化治理试点,建成水环境监测网络。致力打造以马洲岛为核心的“一站六点”国家级生物多样性观测体系。运用激光雷达、VOCs走航等科技手段开展监测溯源,实现污染物精确定位、靶向治污。

创新生态文明建设推进体系。组建市委生态文明建设委员会,设置“两办十专委”工作架构,构建党委全面抓总、专业分项推进、上下高效联动的生态文明建设推进体系。研究制定《关于构建生态产品价值实现机制的实施方案》,健全完善市场交易体系,探索多元化实现路径,充分释放生态产品价值。

深入推进碳达峰碳中和。研究制定碳达峰碳中和实施意见及重点领域行动方案,形成具有靖江特色的“1+N”政策体系。加快淘汰“两高”项目落后产能,严格落实新上项目减量替代措施。大力发展清洁能源,推进屋顶分布式光伏开发试点。

【金融改革】 防范化解系统性金融风险。压降政府性债务,加强融资平台公司经营性债务管控,推进国有企业融资平台公司清理整合。健全监测预警等机制,抓好金融风险防范化解。强化金融服务实体经济。健全金融支持实体经济体制机制，建立企业上市工作联席会议制度，出台上市挂牌奖励政策，实施高新技术企业上市培育行动。完善跨境人民币结算企业融资支持机制，推进跨境金融创新。探索应用“积分贷”等新型投融资形式，推进设立天使、产业投资基金，推动科技金融深度融合。

【农村领域改革】 全面推进乡村振兴。构建低收入农户增收及经济薄弱村发展的长效机制，精准落实26条扶持政策，巩固拓展脱贫攻坚成果与乡村振兴有效衔接。加快农业现代化步伐，探索农业社会化全流程服务，应用“互联网+”，推动供销为农服务网络与连锁商超网络“两网融合”，实施地产时蔬出村进城工程，促进农村一、二、三产业深度融合发展。实施农村人居环境整治提升五年行动，梯次培育生态宜居美丽示范镇村。加强高标准农田建设，推动现代农业产业园区提档升级。年内，全市农业设施确权登记实现泰州地区“首证首贷”，首批省级宅基地线上审批试点落地靖江，乡村治理、新型农村集体经济发展等“靖江模式”在全省推广，新型农业经营主体获评“全国示范”。

深化共同富裕体制机制创新。把握城乡统筹核心内涵，强化政策供给，建立共同富裕统计监测体系，研究推进共同富裕行动路径。深化农村集体产权制度改革和合作社股份制试点，加强农村产权交易市场体系建设，探索推进“政经分开”，因势利导、因地制宜引进培育一批富民产业，发展壮大新型集体经济。全市经营性收入50万元以上的行政村占比达84.7%，农村居民人均可支配收入超3.2万元，比上年增长7.4%，城乡居民收入差距逐年缩小，农民群众的获得感幸福感显著增强。

【城乡一体化改革】 健全国土空间用途管制制度。落实国土空间用途管控，统筹优化全市空间布局、产业布局、功能布局，完成“三区三线”（“三区”：生态空间、农业空间、城镇空间，“三线”：永久基本农田控制线、生态保护红线、城镇开发边界）划定工作。有序推进市、镇、村三级规划编制，着力破解农村集中居住和流量指标归还难题。

加强城市建设管理。加快推动江阴—靖江长江隧道、盐泰锡常宜铁路、张靖皋过江通道等重大交通设施建设，加速公铁水联动，构建内畅外联、无缝对接、智慧高效的现代综合交通运输体系。完善“大城建”推进机制，规划建设最美滨江公路，启动城市阳台区域设计，力争三年内实现老旧小区改造全覆盖，推动城市更新提质增效。

【民主法制领域改革】 推进人大和政协工作创新。健全人大监督工作机制，完善民生实事项目人大代表票决制，牢固践行全过程人民民主。围绕市委、市政府中心工作，创新“1+N”提案督办工作机制，促进系列重点提案真正办出实效，推动提案办理提质增效。

深化统战和群团改革。健全新的社会阶层人士统战工作机制，制定《新的社会阶层人士教育培训规划》，打造“靖英荟”实践创新基地，支持引导新的社会阶层人士投身经济社会高质量发展。加强民营经济统战工作，支持工商联（商会）优化服务体系，促进民营经济健康发展。深入推进“红石榴家园”建设和宗教场所规范管理，防范化解统战领域重大风险。深化共青团基层组织改革，以新时代少先队工作为抓手，健全青少年权益保护工作机制，打造“佳佳护苗”未成年人监护监督新模式。

深入推进平安靖江、法治靖江建设。健全落实平安靖江建设领导责任制和工作协调机制。深化安全生产专项整治三年行动，全域创建安全发展示范城市。深化基层消防安全管理机构改革、应急管理综合行政执法改革，完善防灾减灾救灾等应急体系。深化国防动员体制改革，构建现代国防动员体制下的城市民兵与人防专业队联动联防机制。推动“智慧侦查”机制改革。加快建设人民法庭纠纷快速处理中心。

加强市域社会治理创新。完善多元共治格局，加速推进区域社会治理现代化。落实《关于完善网格化机制夯实社会治理基础的工作意见》及配套文件，推进网格队伍专业化建设。健全完善“大数据+网格化+铁脚板”机制，实施“品格靖江”创新工程，打造高品质网格工作品牌。

【社会民生领域改革】 办好人民满意的教育。健全党对教育工作领导机制，进一步提升“双减”改革质效。优化教育资源配置，家校社协同推进五育融合，促进义务教育优质均衡发展，推动基础教育、职业教育高质量发展。持续深化中小学教师招聘招引改革，加强教师队伍、校长队伍建设，扎实抓好师德师风建设。

推进医药卫生体制改革。建好省级区域医疗中心，开展公立医院综合改革示范建设，推动乡镇卫生院达标建设，健全分级诊疗服务体系。持续深化医保综合柜员制改革，开展医保公共服务进社区、金融网点试点工作，积极推进医保付费方式改革。全面加强公共卫生应急管理体系建设，健全完善重大疫情防治体系。

完善社会保障和就业制度。落实国家统筹降低社会保险费率部署安排，深入实施全民参保计划，推进公共设施和社区适老改造，加快建成15分钟养老生活圈。全面落实就业优先政策，健全支持灵活就业和新就业形态机制，加大援企稳岗力度。抓好重点群体帮扶，加强新业态新就业群体关爱服务工作，构建“服务+组建+引领”一体化协同高效工作机制。

加强产业工人队伍建设改革。强化政策集成，实施“政治引领、创新创业、赋能成长、普惠服务”四大工程，推动思想引领、建功立业、素质提升、地位提高、队伍壮大等措施落实。加强产改联动，发挥试点单位作用，创新培训、发展体系，构建“互联网+职业培训”模式，打造省级职业技能培训基地，造就一支高素质的产业工人队伍。

【宣传文化领域改革】 加强和改进思想政治工作。深入实施新思想“入心工程”，建立基层党委(党组)中心组“三巡六学”制度。深化习近平新时代中国特色社会主义思想和习近平对江苏工作重要指示精神的学习宣传研究阐释，加强理论武装工作体系建设。用好红色教育资源，讲好红色故事，弘扬“东线第一帆”精神，巩固拓展党史学习教育成果并形成长效机制。健全意识形态领域风险防控机制，深化网络文明建设，推动网上网下文明建设有机融合。

完善文化生产经营管理机制。贯彻落实《江苏省加快推进媒体深度融合发展的实施方案》，推动内容、技术、机制融为一体，策、采、编、发流程再造，构建全媒体传播体系。建强“学习强国”靖江融媒号，组建“靖网e家”媒体联盟，构建线上线下一体、外宣内宣联动的主流传播格局。发挥文化产业政策激励引导作用，健全现代文化产业体系。抓好长江国家文化公园建设契机，全力争创省旅游度假区。

推进公共文化服务体系建设。争创全国文明典范城市，实施“迎省运，做文明有礼靖江人”风尚培育计划。打造“靖美”品牌，评选一批“靖美小区、靖美楼道、靖美家庭、靖美人物、靖美实践项目”。持续抓好“八礼四仪”养成教育，擦亮“靖有礼”文明礼仪养成教育品牌。实施公共文化服务效能提升工程，推进公益小剧场建设，扶持创排和引进一批小剧场剧目。

7月5日，“靖善靖美 多彩绽放”首届“靖美”典型颁奖典礼举行

【党的建设制度和纪检监察体制改革】 加强各领域党组织建设。实施“支部领富、党员带富”创业致富先锋工程，探索延伸“埭组党建”模式，全面推行村书记专职化管理，梯次落实“雁阵培育计划”。实施城市基层党建“靖”提升行动，深入开展“五有五化”社区工作者职业体系建设。积极培树新业态新就业群体“新心相融”党建品牌，打造“马洲红驿”党群服务矩阵。启动国有企业党建“双品双优”创建。深化非公企业党建“四同八助”实践。提升机关党建“先锋联盟”运转质态。开展骥商精英双百行动。实施名师名医锻造计划。深化“青靖马洲”人才专项行动。设立镇街园区专职“人才秘书”，选聘一批企业人才专员。

深化干部人事制度改革。出台《关于进一步砥砺广大干部在新征程上奋力担当作为的行动方案》，推进“砺行动”激励干部担当作为。建立“三帮带三指导三问效”(帮思想铸魂、帮能力提升、帮工作创优，指导调查研究、指导科学决策、指导解决问题，谈心点评、交流互评、述职测评)工作机制。出台加快年轻干部培养选拔实施办法。升格成立市委人才工作领导小组，推出党管人才“六项机制”(党管人才领导机制、人才工作运行机制、人才多元评价机制、人才服务保障机制、人才资金管理机制、人才考核激励机制)，高规格组建“东线第一帆”决策咨询委员会，全面实施一把手“唯实唯勤”人才项目。出台《关于推进新时代人才强市建设，打造高水平产才融合样板区的意见》，成立市产才融合发展促进会。

抓深抓实纪检监察体制改革。深化派驻机构改革，实施“室组”联动监督、“组组”交叉监督，推动监督资源重组、质效提升。优化完善“126”工作体系，强化对“一把手”和领导班子的监督。围绕常态化疫情防控更加精准有效，开发“清单＋平台”监督模式。巩固大数据监督信息化先发优势，做好医疗保障、敬老养老、安全生产等重点行业问题建模。持续深化派出监察员办公室改革，完善“十个一”履职制度，开展异地监督、专项监督，着力破解“熟人社会”监督难题。 （沈宇阳）

组织工作

【概况】 2022年，全市有基层党组织2047个，其中党（工）委146个、党总支181个、党支部1720个；有党员39786人，其中男性29685人、女性10101人。全年发展新党员340人。

【基层组织建设】 年内，推行“强支九策”，实施城乡基层党组织建设专项整顿“八个一”（组织一次集中走访、开展一次换届“回头看”、进行一次全面自查、完成一次综合研判、抓好一次集中整顿、举办一次教育轮训、兴办一批好事实事、形成一批长效机制）行动，全覆盖完成村（社区）“到进访”，解决群众诉求1.2万余个。优化队伍结构，调配村书记43人，优选“兴村特岗”人员157人、专职网格员209人。强化能力培育，实施“青蓝工程”“专职强能”培训，首届村干部大比武获奖数和“金牌社工”认定数均位列泰州市（区）第一。建立“三分三提”（分类、分岗、分级，提升素质、提高待遇、提振动力）专业管理体系，实现村书记、社区干部、“两新”党务工作者专业化管理全覆盖，马桥镇党委、城南园区办事处党委“书记项目”，分别获泰州市“十佳书记项目”第一名、第八名，市委组织部获唯一优秀组织奖。聚焦操作性、时效性、引领性、迫切性“四性”标准，创新实施“345”（市镇村三级联动，绿牌表扬、蓝牌鼓励、黄牌提醒、红牌警示四色管理，常态化、专项性、诊断式、服务式、调研式五项督导）工作法，指导257个村（社区）立项实施491个“放亮”项目，推出《放亮》专栏12期，展示“绿牌”项目做法成效36个。组织评选全市十佳、优胜项目，均入选泰州百佳，获评最佳项目数和入选百佳项目数均位列泰州市（区）第一。实施流动党员“乡愁党建工程”，开展摸排攻坚、强基安家、先锋培育、服务暖心“四大行动”，建设“流动党员之家”，开设接待窗口270个，建立不同类型流动党员党组织13个，组织主题活动30余场。成立泰州市首个乡村金融服务党建联盟，带动涉农贷款103亿元，促进村集体增收1300万元，3个村入选首批泰州“十佳案例”，作为唯一的县级市在全省组织部长会议上交流相关经验。创设3000万元发展资金，扶持村级产业集群，“万盛模式”入选省百村联合调研案例。开展城市基层党建“靖”提升行动，举办治理难题研讨沙龙，设立城市综合网格444个、网格党组织127个、楼栋党小组336个，引导42个城市社区结对183家单位，联动实施项目134个，新打造“靖善靖美”驿站23个，实质化运营社区居家养老服务中心37个，常态化开展人气集聚活动

2022年靖江市基层党组织设置一览表

表3 单位：个

党委（工委）										党总支部					党支部				
总数	其中									总数	其中				总数	其中			
	镇党委	机关党委	园区党委	事业性质党委	企业党委	党工委	村级党委	社区党委	其他党委		机关	企业	事业	其他		机关	企业	事业	其他
146	8	16	3	13	23	11	21	46	5	181	9	20	17	135	1720	290	615	218	597

2022年靖江市党员队伍结构一览表

表4　　　　单位:人

总数	性别		年龄					学历					
	男	女	35岁及以下	36岁至45岁	46岁至55岁	56岁至60岁	61岁及以上	研究生	本科	大专	中专	高中	初中及以下
39786	29685	10101	6706	5686	6851	4224	16319	806	10586	8070	2881	7048	10395

2022年靖江市发展新党员一览表

表5　　　　单位:人

总数	性别		年龄		学历				
	男	女	35岁及以下	36岁及以上	本科及以上	大专	中专	高中	其他
340	176	164	222	118	220	92	15	11	2

1235场次,12个“红管馨园”小区获评省、市级党建物业工作示范点。落实“抓园促企”工作机制,出台《关于加强和提升开发园区党建工作的实施办法》,建立督导、联系、述职、例会四项制度,常态开展党建工作联络指导,落实助企项目348个,“四同八助”(“四同”:同心、同行、同力、同赢,“八助”:助定战略、助强管理、助聚人心、助建文化、助攻难关、助兴人才、助联内外、助美声誉)工作获中组部《党建研究》推介。

【干部队伍建设】 年内,完成市、镇两级人大、政府和市政协换届工作。结合换届后市各班子建设,推行“三帮带、三指导、三问效”工作机制,调配一把手38人、交流市管干部314人,其中激励性25人、培养性76人、考验性3人。加强年轻干部培养,出台《关于加强优秀年轻干部培养选拔工作的实施意见》,实施年轻干部“268”(至2026年年末,全市配备“85后”正科职干部20人左右,“90后”副科职干部60人左右,“95后”中层干部80人左右)培养工程,通过笔试、即兴演讲、主题面谈、无领导小组讨论、同题调研等5轮筛选程序,对49名优秀年轻干部进行综合比选,掌握一批相对成熟和有培养潜力的优秀年轻干部,纳入组织视野重点观察、重点培养。坚持好干部用当其时,新配备“90后”科级干部5人、“92后”3人。坚持把好政治素质关,建立“2345”(“两个关键”:前道关口抓识别,后道关口抓使用;“三个结合”:日常与专项结合、重点和全面结合、监督与鉴别结合;“四个创新”:信息化记实考察、评分化精准考察、差异化区分考察、常态化联合考察;“五个紧盯”:紧盯思想看,在立场态度上检验政治忠诚;紧盯三圈看,在工作生活中研判政治定力;紧盯关键看,在紧要关头上辨识政治担当;紧盯事上看,在重点任务中分析政治能力;紧盯行为看,在纪律规矩中甄别政治自律)评价体系。深入实施一线工作法,对45个班子进行“家家到”调研,“疫”线联考联督做法受到《中国组织人事报》图文报道。强化干部能力建设,举办“领帆攻坚”讲坛、专业能力提升班,深化“青锐·扬帆”计划,组建“靖心服务队”,选派81名干部深入项目一线。坚持严管厚爱,深化干部监督“三色管理”机制,新纳入“红码”和“黄码”管理31人,向62名新提拔干部发放“关爱卡”,完善618份“家底档案”,出台《靖江市容错裁定工作实施办法(试行)》。

【人才队伍建设】 年内,出台《关于建立落实党管人才原则六项机制的意见》,从健全党管人才领导机制、运行机制、评价机制等6个方面提出22项务实举措,构建更具优势的现代化人才发展治理体系。以市级人才工作“书记项目”为牵引,带动各领域“唯实唯

4 月 29 日，“靖候英才·携手江来”名企云聘直播带岗活动举办

勤”人才项目 27 个，强化“一把手”抓“第一资源”。统筹市场引才、以才引才等渠道，组织申报 249 个高层次人才项目，实施“乐业马洲·四季招聘”行动，举办百企千才云端引才对接会、高校引才直播周等招聘活动近百场，新增就业青年人才 3211 人，培养引进实用型人才 6000 余人。建成沪靖科创飞地，投运中科光电（靖江）研究中心、先进金属材料产研中心，持续拓宽人才事业空间。做强“马洲英才”政策磁场，引进国家级人才 13 人，海外引才工程申报入选实现零的突破。聚焦人才“三立所盼”（立足之地、立身之技、立业之本），成立泰州市（区）层面首个外籍人才服务专区，创新打造“靖心靖享”人才服务云上空间，全年共为 1005 名用户开展人才认定，为 752 名人才办理生活补贴，实现服务“一键上云”“一网通办”。

【公务员管理】 2022 年，新招录公务员 54 人、公务员登记 184 人、转正定级 128 人、调任 11 人。组织全市 2161 名公务员（含参照公务员法管理事业单位工作人员）参加泰州公务员网络培训，参训率、完成率均为 100%，组织 80 名新录用公务员（含参照公务员法管理事业单位工作人员）和党政青年人才初任培训，组织 233 人参加“公文与写作”“演讲与口才”“调研与策划”等 12 期专题讲座。

【综合考核“四个专项”激励行动开展】 年内，以考核贡献度为主要标准，对全市 2021 年度综合考核作出贡献的 237 个单位和个人进行梯度化激励。其中，“好班子”8 个、“好班长”10 人、“好干部”26 人、职级晋升 51 人、记功 15 人、嘉奖 59 人、健康休养 68 人。

【强化综合考核“争先六条”制定】 年内，市委组织部制定《进一步强化综合考核推动高质量发展的意见》，通过 6 条具体规定，对责任分解、调度指导、督查惩戒等推进举措予以明确，进一步优化考核运行体系，压实考核工作责任。

【“砺行动”方案发布】 年内，市委组织部围绕激励干部担当作为的难点、堵点，研究出台“砺行动”方案，从能力提升、实绩考核、职级晋升、容错纠错、关心关爱等方面开展八项硬核行动，全方位、全过程激励干部担当作为。

【《靖江市容错裁定工作实施办法（试行）》出台】 年内，面向项目建设、乡村振兴一线收集意见、建议 46 条，细化提出 10 类可予容错情形和 13 种不予容错事项，明确被容错干部 14 个具体方面不受影响。成立容错裁定委员会工作机构，构建“申请—受理—认定—反馈”闭合链条，为 7 名干部容错减责或免责。

【年轻干部献礼二十大主题系列活动】 6 月，启动年轻干部“以青春之我·创青春之靖江”献礼二十大主题系列活动，组织 300 多名年轻干部先后开展“我以我诗献给党”原创作品展演、学习贯彻中共二十大精神“我与靖江共奋进”主题 MV 讲演比赛，引导年轻干部在回望辉煌历程中坚定理想信念、校准青春“初心”，在推进火热实践中扛起使命担当、跑出青春“速度”。

【“红动省运·锋领健身”行动开展】 5 月 25 日，围绕“迎省运·当先锋”主题，举办党员助力启动仪式和“红动省运·锋领健身”主题党日活动，发动全市 2000 余基层党组织开展“我为省运做什么”主题讨论，先后成立赛事组织、环境整治等 15 个“攻坚支部”、62 个党员先锋队，引导广大党员干部率先垂范，积极作为。

【新业态新就业群体“新心相融”品牌打造】 2022 年，靖江在全省率先成立新业态新就业群体综合党委，推出“新心相融”党建品牌,实施“新业、新锐、新声、新火”四大工程,通过“建组织、强队伍、优服务、善治理”不断进阶,致力以党建品牌引领新业态行业提质发展、新就业群体锋彩尽显。创设城市检“茬”官,成立货运司机“先锋车队”,打造网络主播公益助农平台,引领8000余新就业人士广泛参与新冠肺炎疫情防控、文明创建、乡村振兴等中心工作。

【全省首家船舶制造产业链党委成立】 2022年,以江苏新时代造船等“链主”企业为核心,联合30余家上下游企业和高校党组织筹建党建发展共同体,围绕组织共建、党员共管、服务共推、阵地共享、产业共促等开展工作,同步配套建立定期会商、联动共建、开放合作、产业协同、述评联系等运转机制,为全市船舶制造产业链高质量发展注入“红色动能”。

【“五一五新”系列活动】 2022年,围绕“献礼党的二十大、接续奋斗争一流”主题,在全市各级党组织开展一次专题主题党日、开播一个党史知识“随身听”和“学习新精神”六进活动、“奋进新征程”主题讨论等“五一五新”系列活动,累计1600多个党支部开展专题主题党日活动,11万余人次通过党史知识“随身听”回顾党的历次全国代表大会主要内容,30多个先进典型分享经验做法、展示特色品牌,7580余名在职党员进社区服务群众2.6万余人次,万余名党员参与“履行新使命”网络竞赛,3万多名党员通过“三学三先”推动中共二十大精神入脑入心、落地生根。

【“靖”系列党员关爱品牌打造】 2022年,市委组织部针对市流动党员群体,开展“靖有爱”暖心行动,线上开通“靖有礼”小程序组织抢购“五大”虎年礼包,线下开展“家书抵万金”“家燕归巢”培训等活动,送上“靖”味年货,使其感受到党组织和“第二故乡”的温暖和尊重。针对中华人民共和国成立前老党员群体,开展“靖真情”关爱行动,加大关心关爱力度,提高生活补贴标准、给予医疗帮扶、开展健康服务、提供养老优待,以组团服务、开发老党员志愿服务项目等方式,提升老党员的获得感、归属感。

【“泰州日”走进江苏科技大学系列活动承办】 围绕“泰有引力、靖聚英才”主题,承办“泰州日”走进江苏科技大学系列活动,设置泰州人才发展推介会、“泰爱才”专场招聘会、船舶产业创新合作论坛等活动,打响“泰州日”全国第一站、高校首发站。活动现场聘请科创委咨询委员10人、高校就业导师5人,签约产学研合作项目4个、人才培养项目2个,达成校企合作24项,达成就业意向287人,线上靖江船舶专场直播招聘受众12万人(次)。

【高水平产才融合样板区建设】 2022年,靖江出台《推进新时代人才强市建设,打造高水平产才融合样板区的意见》,以产才融合为主题,举办产才融合样板区建设“揭榜挂帅”大会,四大类20个产才融合攻坚项目被认领推进。 (童昱俊)

宣传工作

【概况】 2022年,全市宣传思想战线坚持以习近平新时代中国特色社会主义思想为指导,紧扣迎接保障、学习宣传、贯彻落实中共二十大主线,围绕服务全市高质量发展中心大局,增强思想凝聚力、文明创建力、文化软实力,高质量发展、党建考核取得“二连冠”。

【思想教育】 市委中心组集中学习30次、交流研讨9次,获评省基层党员冬训工作示范市,一批示范镇(街道)、先进个人、优秀冬训宣讲视频被表彰。组织“靖听理响·道理说进你心里”“礼赞新时代 追梦复兴路”“你惑我解”等分众化、互动化理论宣讲活动千余场。强化“学习强国”学习平台,连续3次被评为泰州市推广应用优秀学习组,活跃度泰州第一;平台用稿排名、总积分居泰州前列。

【新闻宣传】 围绕重大主题,加大在中央和省级重要媒体平台宣传力度,《人民日报》《光明日报》《经济日报》、央视、新华社客户端等中央媒体累计用稿(片)83篇(条),其中《人民日报》8篇、《光明日报》5篇、《经济日报》2篇、央视49条、新华社客户端19条。省级主流媒体用稿(片)2000余篇(条),其中《新华日报》头版28篇、头条1篇(独立成篇15篇),平均每月一篇有余,为全省县市(区)中最多;《江苏新时空》用片29条,新闻外宣首次实现大满贯。开展“礼赞新时代·扬帆向未来”大型融媒体新闻行动,策划“奋进新征程 建功新时代”“喜迎二十大”系列专栏,获评江苏省县级融媒体中心“重大主题精品生产”优秀案例。参与“我们的新时代,‘苏’说美好生活”江苏县级融媒体中心大联动活动,获评融媒传播奖。作品《老卞在线——从电话走向互联网》获评全国县级融媒体中心优秀作品季度赛秋赛三等奖。

11月14日，第四十届文艺节——业余文艺团队展演

【文化建设】 组织“文艺花开40年”十个“一”系列文化活动71场，推进梨园雅韵润童心——市戏曲曲艺进校园项目，建成泰州首家摄影主题城市书房——牧城书驿(中天站)，获泰州市新创文艺节目调演一等奖3个，占泰州市总数一半。《小先生》获鲁迅文学奖，快板书《第一帆》、情景诗朗诵《追星·追梦》分获省五星工程奖、省“喜迎二十大·筑梦向未来”主题比赛特等奖，《中国活宝卷调查》入围“第十五届中国民间文艺山花奖”。锡剧《江姐》获省艺术基金年度资助，《天鹅赛舟》入展第十三届中国艺术节优秀摄影作品展，王开云彩墨作品展为靖江首次在中国国家画院举办。

【“扫黄打非”工作】 以“新风”“正道”集中行动为载体，开展涉未成年人有害出版物及信息等专项整治行动。全年累计办理“扫黄打非”案件24起，处理有害信息2000多条，收缴盗版出版物近300册。清查校园周边非法出版物，深入整治规范校园内外出版物发行秩序，杜绝有害出版物流入校园、流进课堂、流向学生。开展“绿书签”行动，推进邮校共建“护苗”工作站，组建“护苗”宣讲员队伍，开展未成年人保护法、防沉迷、绿色阅读、安全上网等宣讲进校园157场次。组织“影润童心，护苗成长”绿书签公益观影活动50余场次。加强基层站点建设，建成城北实验学校“护苗”工作站。成立邮网联盟，构建“扫黄打非”工作新格局。全年被省新闻出版局官网、新华网、“交汇点”、《现代快报》等省级以上媒体采用信息100余篇。

【印刷出版发行】 开展新闻出版年度核验工作，109家发行单位、70家印刷企业通过核验。开展新闻出版行业安全生产、百日安全生产攻坚专项行动，组织专项检查20余次，检查印刷企业60余家，出版物发行单位100余家。凤凰新华靖江分公司靖江书城获评江苏省最美书店。

【传媒管理】 严格新闻审核，落实“三审”(初审、复审、终审)制度。加强汉字使用规范管理，专项整治新闻出版领域不规范使用汉字问题。指导融媒体中心开展2021年度报纸核验和报纸出版质量综合评估工作。开展2021年度新闻记者证核验工作。加强对辖区内自媒体检查，联合市委网信办、公安局、市场局、靖城街道约谈“恋爱语音”App负责人，要求网站加强对主播及内容监管，对涉黄主播进行封号。专项整治涉民族宗教有害网络直播和短视频，加强网络平台监管，推动平台完善自主发现、应急处置工作机制，提高涉民族宗教类有害网络直播和短视频等内容的安全风险评估能力。开展网络社交平台有害信息专项整治，查处利用社交平台账号、群组等购销传播有害出版物，以及利用评论区引流淫秽色情网站等行为。

【全民阅读】 印发《靖江市书香城市建设指标体系任务分解表》，明确书香城市创建目标任务、方法路径。创建成为江苏省书香城市建设示范市。开展“线上+线下”阅读活动，打造“书香靖江”读书节、“靖显风华”等阅读品牌。实施“全民阅读”“三百”行动，推进“书香百企”创建，创新制定《靖江市“书香百企”建设指标体系》，分类打造“书香百企”样板。推进阅读空间和阅读组织建设。牧城书驿(中天站)获评泰州“最美阅读空间”。年内，参加“我的书屋·我的梦”农村少年儿童征文和书画作品比赛，两件作品获省奖、18件作品获泰州市奖。通过公益短信群发、公众号、电影院等平台载体宣传居民阅读指数民调，居民阅读指数实现新提升。

【版权管理】 加大版权知识宣传，开展“相约‘4·26’相聚云课堂”知识产权周宣传活动，围绕著作权登记等为企业答疑解惑。发动著作权人进行版权作品登记,全年登记300余件。开展“剑网”行动,打击侵权盗版行为,公安局办理的“4·18”重大侵犯著作权案受到公安部表彰。

【电影工作】 强化影院新冠肺炎疫情防控常态化检查督查,确保影院运营平稳有序。落实惠民利企政策,开展“礼赞新时代 奋进新征程”优秀影片“五进”展映活动,全年放映2172场次。发放省级影院复工复业补贴资金7.6万元,中央级和省级电影专资奖补86.29万元,惠及全市14家影院。

【首场中共二十大精神理论宣讲活动举行】 10月24日,“理响满山——学习党的二十大精神 扛起新征程责任担当”理论宣讲活动在孤山镇勤丰村举行,此为泰州市首场中共二十大精神理论宣讲活动。活动采用情景式宣讲方式展开,企业职工、社区网格员、志愿者等以4段生活场景“还原”,展示孤山镇发生的变化。5名“百姓名嘴”结合中共二十大报告原文,围绕高质量发展、高效能治理、高水平文明、高品质生活展开理论宣讲。

【“六讲六学”理论宣讲活动开展】 年内,围绕学习宣传贯彻中共二十大精神,组建市委宣讲团、百姓名嘴、银发先锋、青年讲师、思政名师、企业红领6支队伍,针对基层党员干部、城乡居民、新业态群体、企业职工和学校师生等实际需求,开展“六讲六学”理论宣讲活动260余场。《新华日报》、交汇点、人民网、“学习强国”、《泰州日报》等媒体先后100余次报道市“六讲六学”活动开展情况。

【“无声课堂‘理响’飞扬”中共二十大精神宣讲】 年内,针对聋人等特殊群体,组织特殊教育工作者、手语老师等专业人士,开展主题宣讲,确保中共二十大精神学习“‘一’个都不少”。11月2日,“无声课堂‘理响’飞扬”中共二十大精神宣讲在滨江新区办事处康阳社区举行,通过手语向20余名听障人士“宣讲”中共二十大精神。

【首届文艺精品兰花奖设立】 2022年,首次设立文艺精品兰花奖,以激发广大文艺工作者投身文艺创作。根据《靖江文艺精品兰花奖评选办法》,经首届文艺精品兰花奖评选委员会评选,共评出获奖作品41件。其中,《半个父亲在疼》(文学类)、《中国活宝卷调查》(文学类)、《两世欢》(文学类)、《相思树》(戏剧曲艺类)获文学精品兰花奖特别奖,《半途迷路》《云鹤松风—画家张晓寒转》等7件文学类作品、《共奔小康路》《雪域阳光》《浴火重生》等10件美术类作品、《粟裕〈诗一首〉》《毛泽东〈沁园春词二首〉》等5件书法类作品、《喂食》等4件摄影类作品、《信仰的红》等4件音乐类作品、《望岳情》等4件戏剧曲艺类作品、舞蹈类作品《天使之歌》、影视(含广播剧)类作品《泵船上的“家”》获文艺精品兰花奖。

【首届“靖美”典型颁奖典礼举行】 7月5日,举行“靖善靖美 多彩绽放”首届“靖美”典型颁奖典礼。经基层推荐申报、部门实地察看、项目现场演示、媒体公示等程序,首届“靖美”典型评选活动共评出“靖美小区”15个、“靖美楼道”20个、“靖美实践项目”10个(2个提名奖)、“靖美家庭”20个、“靖美人物”10个(7个提名奖)。

2022年《人民日报》、央视等国家级媒体重点用稿(片)汇总一览表

表6

日期	媒体	标题(选题)
1月13日	《人民日报》	输电工程跨越长江385米高塔封顶
3月6日	《人民日报》	昂首奋进新征程——十三届全国人大五次会议开幕侧记
4月2日	《人民日报》(海外版)	长江岸边有孤山
4月18日	《人民日报》	担保助力,小微企业融资更轻松
5月12日	《人民日报》	用上好政策 过上好日子(大家谈·我们这十年②)

续表 6

日期	媒体	标题(选题)
6月6日	《人民日报》	图片报道:6月4日,工作人员假期坚守岗位,在江苏凤城至梅里500千伏长江大跨越工程输电铁塔上进行跨江作业
9月21日	《人民日报》	长江禁渔、码头治理、排污口整治,江苏靖江多措并举推进长江保护修复 百里江岸舒展美丽画卷
10月31日	《人民日报》	聚焦主责主业 勇担国企使命 江苏省国信集团 奋力打造一流国有资本投资运营公司
1月13日	《光明日报》	长江大跨越输电钢管塔封顶
2月22日	《光明日报》	国内最大直径盾构机“聚力一号”刀盘下井安装
5月31日	《光明日报》	坚持就业优先:夯实民生之基　增进百姓福祉
9月19日	《光明日报》	“新扬子412”轮出江试航
12月16日	《光明日报》	谋民生之利　筑幸福之基——靖江市丰产村:改革创新,共享红利
2月22日	《经济日报》	图片新闻(江苏靖江国内最大直径盾构机“聚力一号”刀盘进行吊装下井)
9月19日	《经济日报》	巨轮试航(长江干线今年最大尺寸新造集装箱船在江苏靖江离泊并出江试航)
1月1日	央视财经频道《厨王争霸》栏目	中华面食大会—馅活儿
1月2日	央视新闻频道《晚间新闻》栏目	江苏靖江:长江隧道“匠心一号”盾构机始发
1月7日	央视新闻频道《新闻直播间》栏目	警惕身边的火患　使用电吹风不慎易引发火情
1月12日	央视新闻频道《新闻联播》栏目	泰州凤城至无锡梅里500千伏线路长江跨域工程在靖江新桥封顶
1月13日	央视新闻频道《朝闻天下》栏目	江苏385米高输电铁塔工程封顶 将提升新能源输送和消纳能力
1月24日	央视财经频道《生财有道》栏目	云聚中国年——江苏靖江:鲜香美味迎新春
2月21日	央视社会与法频道《一线》栏目	江苏靖江:意外窃贼
2月26日	央视新闻频道《朝闻天下》栏目	关注粮食安全　信号强!政策传导效应显现
3月3日	央视财经频道《消费主张》栏目	采访全国人大代表杨恒俊
3月5日	央视综合频道《2022中国诗词大会》	靖江山水盆景为诗词出题

续表 6

日期	媒体	标题(选题)
3 月 24 日	央视网站《直播中国》	靖江:猪肉脯之乡 山水盆景名城
4 月 18 日	央视中文国际频道《美食中国》栏目	大师家常菜(1)
4 月 18 日	央视财经频道《生财有道》栏目	走进春天里丨江苏靖江:草木知春到 百花斗芳菲
5 月 4 日	央视新闻频道《朝闻天下》栏目	江苏:江阴靖江长江隧道“聚力一号”盾构机始发
5 月 10 日	央视财经频道《第一时间》栏目	船舶市场观察 供应链遇难题 造船业物流成本大幅提高
5 月 10 日	央视财经频道《第一时间》栏目	船舶市场观察 利润传导 环保驱动 绿色动力船舶需求增长
5 月 10 日	央视财经频道《第一时间》栏目	船舶市场观察 江苏靖江:新船陆续交付 出口稳步增长
5 月 15 日	央视新闻频道《朝闻天下》栏目	江苏:新冠肺炎疫情防控 靖江今天起有序恢复生产生活秩序
5 月 15 日	央视新闻频道《新闻直播间》栏目	江苏:新冠肺炎疫情防控 靖江今天起有序恢复生产生活秩序
5 月 15 日	央视财经频道《第一时间》栏目	新冠疫情防控 江苏靖江:今天起有序恢复生产生活秩序
5 月 16 日	央视社会与法频道《天网》栏目	夜遁江心
5 月 22 日	央视新闻频道《新闻直播间》栏目	江苏靖江:感受生物多样性之美 国家一级保护动物黄胸鹀现身马洲岛
6 月 2 日	央视新闻频道《新闻直播间》栏目	江苏凤城至梅里长江大跨越工程架线过半
6 月 3 日	央视综合频道《新闻联播》栏目	江苏凤城至梅里长江大跨越工程架线过半
6 月 7 日	央视新闻频道《新闻直播间》栏目	精准施策纾困解难助力企业稳定发展
6 月 16 日	央视新闻频道《朝闻天下》栏目	长三角船舶产业集群 政府企业合力疏堵点 船企产能已正常
7 月 17 日	央视综合频道《朝闻天下》栏目	江苏靖江:粮食烘干煤改电 助力粮颗粒归仓
8 月 4 日	央视农业农村频道《中国三农报道》栏目	江苏靖江:金融支持为芦笋产业赋能
9 月 2 日	央视财经频道《正点财经》栏目	江苏靖江:零食边角料生产企业利润增长明显
9 月 19 日	央视综合频道《新闻联播》栏目	长江今年最大尺寸集装箱船出江试航
9 月 19 日	央视新闻频道《新闻直播间》栏目	长江今年最大尺寸集装箱船出江试航
9 月 19 日	央视中文国际频道《今日环球》栏目	长江今年最大尺寸集装箱船出江试航

续表 6

日期	媒体	标题(选题)
9月24日	“央视频”App《生财有道》栏目	2022 丰收节直播丨丰收中国——感受物产丰美的中国
10月15日	央视财经频道《味道》栏目	我的家乡菜·泰州篇(上)“靖江蚬肉馄饨、鳝鱼韭菜焖蛋”
10月18日	央视新闻频道《朝闻天下》栏目	江苏靖江:在希望的田野上 万亩香沙芋喜获丰收
10月18日	央视新闻频道《新闻直播间》栏目	江苏靖江:在希望的田野上　万亩香沙芋喜获丰收
10月18日	央视新闻频道《新闻直播间》栏目	江苏靖江:在希望的田野上　万亩香沙芋喜获丰收
10月18日	央视新闻频道《共同关注》栏目	金秋好“丰”景·江苏靖江:专业合作社助力　万亩香沙芋喜获丰收
10月18日	央视财经频道《正点财经》栏目	金秋“丰”景 江苏靖江:专业合作社助力香沙芋丰收
10月19日	央视财经频道《第一时间》栏目	金秋“丰”景 江苏靖江:专业合作社助力　万亩香沙芋喜获丰收
11月18日	央视财经频道《正点财经》栏目	高端装备制造产业调查　装备制造企业向中高端转型　高端机床国产化率有待提升
11月21日	央视综合频道《新闻联播》栏目	中国文学盛典·鲁迅文学奖之夜在京举行——靖江作家庞余亮散文集《小先生》获评散文杂文奖
12月3日	央视新闻频道《新闻30分》栏目	江苏泰州沿江塔吊加装大风自动预警装置
12月4日	央视新闻频道《新闻直播间》栏目	今天是国家宪法日　各地开展形式多样宪法法律知识宣传活动
12月4日	央视综合频道《新闻联播》栏目	各地采取多种形式宣传普及宪法法律知识
12月6日	央视新闻频道《朝闻天下》栏目	冬季能源保供　长江沿线开辟绿色通道　确保电煤稳定供应
12月6日、7日	央视中文国际频道《中国新闻》栏目	新闻观察:能源保供进入迎峰度冬关键期——长江沿线运煤传播“随到随泊　快进快出”
12月16日	央视综合频道、央视新闻频道《焦点访谈》栏目	2022 中国外贸稳中提质——聚焦靖江造船业带动整体经济高质量提升
1月11日	新华社客户端	靖江法院“三举措”构筑涉污企业快速退出机制
1月13日	新华社客户端	新华社丨两座385米高输电铁塔在江苏结顶
3月3日	新华社客户端	早春时节建设酣
3月6日	新华社客户端	攻坚克难　砥砺奋进——从政府工作报告看2022年中国发展新走向

续表 6

日期	媒体	标题(选题)
3月11日	新华社客户端	全国人大代表杨恒俊:"税力量"为富民强村添劲添彩
4月6日	新华每日电讯	梨花风起正清明——靖江:不误农时 播种希望
4月29日	新华社客户端	新华社丨国产超大直径盾构机"聚力一号"在江阴靖江长江隧道开始掘进
4月29日	新华社客户端	国产超大直径盾构机"聚力一号"在江阴靖江长江隧道开始掘进
6月13日	新华社客户端	横跨2550米!世界最高输电铁塔跨江架线完工
6月21日	新华社客户端	江苏:交通建设投资增长加快 稳经济"压舱石"作用凸显
6月24日	新华社客户端	江苏夏粮收购进度快质量好价格高—靖江创新服务方式
7月14日	新华社客户端	新华社丨江苏靖江:葡萄熟了
9月14日	新华社客户端	实时图文直播丨靖江抗击台风"梅花"
9月20日	新华社客户端	瞰中国丨江苏靖江:"新扬子412"轮出江试航
11月14日	新华社客户端	智慧广电示范项目丨靖江数字农业物联网应用及优质粮食溯源平台
11月27日	新华社客户端	江苏靖江:千亩草莓映红"致富路"
12月6日	新华社客户端	全国煤炭产量和销量实现双增长　确保电煤稳定供应
12月14日	新华社客户端	江苏靖江:改造公共照明设施　助力乡村振兴
12月14日	新华社日语版	江苏靖江:改造公共照明设施　助力乡村振兴

2022年《新华日报》、"江苏新时空"等省级重点媒体重点用稿(片)汇总一览表

表 7

日期	媒体	标题(选题)
1月13日	《新华日报》	"代表履职票"助推民生实事走实走心
1月13日	《新华日报》	图片新闻:高385米的世界最高输电铁塔在江苏靖江顺利封顶
2月9日	《新华日报》	激活产才融合新动能　攀登园区建设新高峰 靖江新年"项目大提升"战鼓擂响
3月4日	《新华日报》	靖江一年新接造船订单超日本

续表 7

日期	媒体	标题(选题)
3月14日	《新华日报》	乘着春风再出发,扛起使命谱新篇
5月14日	《新华日报》	泰州:乘势而上,演绎更多新传奇
5月15日	《新华日报》	踔疾步稳,加快重大项目实施进程
5月18日	《新华日报》	泰州8个重大外资项目“云签约”
6月10日	《新华日报》	我省多地获国办督查表扬激励
5月27日	《新华日报》	靖江书写高质量发展新答卷,凭实绩论英雄,扛起“东线第一帆”
5月31日	《新华日报》	靖江市出台党管人才“六项机制”——管得有力　管得有度　管得有效
6月11日	《新华日报》	许昆林在泰州调研时强调:争分夺秒抓工作推进 全力以赴稳经济大盘
6月12日	《新华日报》	许昆林主持召开专题会议:部署推动全省船舶产业高质量发展
6月17日	《新华日报》	把公平正义落实到每一起案件中——访党的十八大、十九大代表,靖江市人民法院副院长、三级高级法官陈燕萍
6月21日	《新华日报》	致力“智改数转”聚力智造强市靖江制造“上天入海”增优势
7月24日	《新华日报》	产业蝶变　人才集聚 生态示范——靖江打造高水平产才融合样板区
8月3日	《新华日报》	构筑“大数据+防护网+快反应”体系,靖江探索警网深融治理新实践
9月18日	《新华日报》	靖江开发区以“链主”项目吸引高新产业集聚发展——“葡萄串”效应助力“二次创业”
10月6日	《新华日报》	产业为先绿色打底奏响乡村振兴曲——靖江共建共享铺展共富新画卷
10月9日	《新华日报》	泰州一体推进“五个环境”建设——百日攻坚,擦亮“泰好办”品牌
10月10日	《新华日报》	靖江新桥从“靠江吃江”转向“守江护江”——“东线第一帆”系上“绿丝带”
11月13日	《新华日报》	与江共生江苏探路(靖江马洲岛生态)
11月14日	《新华日报》	加速构建“一张网治理、一个平台指挥、一套体系运行”新格局——靖江区域社会治理跳动“智慧芯”
12月14日	《新华日报》	靖江斜桥全力服务项目建设、保障产业发展　区镇协同,再造产城融合新优势

续表 7

日期	媒体	标题(选题)
12月16日	《新华日报》	统筹“新”和“旧”,共筑富强梦——从基层实践看乡村产业振兴(靖江市万盛村、德胜村案例)
12月18日	《新华日报》	善用“引”和“留”,共走振兴路——从基层实践看乡村人口流变(靖江德胜村案例)
12月19日	《新华日报》	兼顾“外”和“内”,共绘“和美”图——从基层实践看乡村空间重塑(靖江万盛村案例)
12月29日	《新华日报》	靖江西来打造一流营商环境——塑“西心办”品牌 聚“发展红”势能
1月1日	“江苏新时空”	节日我在岗:江苏省多条过江通道正在紧张建设
1月3日	“江苏新时空”	元旦假期,江苏交通运输运行平稳有序
2月21日	“江苏新时空”	江阴靖江长江隧道项目重大部件吊装全部完成
5月16日	“江苏新时空”	传统产业稳中加固 新兴产业不断壮大 江苏“蓝色经济”平稳运行
5月17日	“江苏新时空”	生态环境持续向好 江苏频现珍稀鸟类行踪
5月23日	“江苏新时空”	对比去年 物种数共增长857种 江苏生物多样性保护取得积极成效
6月10日	“江苏新时空”	许昆林在泰州调研时强调:争分夺秒抓工作推进 全力以赴稳经济大盘
6月11日	“江苏新时空”	许昆林主持召开专题会议:部署推动全省船舶产业高质量发展
6月17日	“江苏新时空”	江苏公布最新县(市、区)地表水环境质量排名(1—5月)——泰州靖江市排名第一
7月5日	“江苏新时空”	用好红色资源 创新学习形式 江苏扎实推动党史学习教育常态化长效化
8月24日	“江苏新时空”	高温大“烤”验 基层植保测报员:“虫口夺粮”的“庄稼卫士”
8月25日	“江苏新时空”	重大项目进行时 江阴靖江长江隧道左线工程破千米
8月27日	“江苏新时空”	【治污染 促发展】江苏公布最新县(市、区)地表水环境质量排名(1—7月)——泰州靖江市排名第一
9月18日	“江苏新时空”	泰州靖江:秋藕最补人 亩产五千斤
9月20日	“江苏新时空”	长江今年最大尺寸集装箱船试航

续表 7

日期	媒体	标题(选题)
9月21日	"江苏新时空"	江苏公布最新县(市、区)地表水环境质量排名(1—8月)——泰州靖江市排名第一
9月26日	"江苏新时空"	八项跨江工程同步施工 江苏过江通道建设全面提速
10月1日	"江苏新时空"	稻花香里说丰年 瓜果飘香蟹满仓 农民分享丰收喜悦
10月12日	"江苏新时空"	潮起东方——在这里,看见江苏
10月23日	"江苏新时空"	为交通强国贡献江苏力量 捷报频传 我省重大交通项目持续推进
10月25日	"江苏新时空"	风吹稻田千重浪 机器轰鸣谷满仓
10月27日	"江苏新时空"	江苏通报最新县(市、区)地表水环境质量排名(1—9月)——泰州靖江市位列第一
10月29日	"江苏新时空"	"稀客"来了 江苏多地观测到越冬鸟类
10月30日	"江苏新时空"	1—9月江苏规上工业同比增长4.5%(靖江造船产业助力江苏迈向"造船强省")
11月9日	"江苏新时空"	聚焦源头治理 江苏加快推进港口码头封闭式料仓建设(靖江国信秦港港务)
11月13日	"江苏新时空"	新的"宇宙快递"已发出! 江苏智慧助力天舟五号货运飞船"使命必达"(东华测试)
11月17日	"江苏新时空"	我省公布今年1—10月县(市、区)地表水环境质量排名——泰州靖江排名全省第一
12月27日	"江苏新时空"	雪中送炭 便民暖心 我省各地积极保障特殊人群药品需求——靖江为全市48家幼儿园的14000多名在园幼儿免费发放对乙酰氨基酚口腔崩解片
12月31日	"江苏新时空"	假期出行首日 车流客流平稳有序 铁路迎来客流高峰 适时增开列车保障出行

(卢 钰 王晓梅 范 婷)

统战工作

【概况】 2022年,市委统战部立足"创特色、创品牌、创经验"要求,谋准、谋实、谋细各项重点工作。年内,新认定无党派人士178人,实现镇级侨联组织、新的社会阶层人士联谊会全覆盖。

【党外人士思想引领】 深入开展"祥泰同心·统一战线献礼党的二十大"主题宣传教育,在"同心马洲"微信公众号开辟"学习新语·学原文""统战干部·谈感悟"专栏,举办"喜庆党的二十大 共绘同心圆"书画、摄影作品展等活动20余场次;面向统战成员宣讲中共二十大精神4场次。召开党外人士情况通报会,传达学习重要会议精神,征求意见、建议;协助民盟靖江市基层委员会完成换届,打造“盟员之家”活动阵地;围绕“智改数转”“智慧养老”等专题,组织民主党派成员、无党派人士开展调研协商活动6次,收集意见、建议100余条,其中2条被《江苏信息》采用。

【“同心助力”三大行动】 年内,开展统战领域“同心助力”转型升级、“同心助力”乡村振兴、“同心助力”社会治理三大行动。助力产业转型,联合城北园区共同打造“同心助力”发展服务中心,牵头引进高层次人才12人、专业技术人才143人;协助招引LNG储能系统生产制造等签约项目7个,引进产学研合作项目13项。助力乡村振兴,主动对接民盟省委、泰州市委,开展“党盟同心 振兴同行”活动;协助生祠镇、马桥镇分别牵手民建泰州市委法律服务委员会和民革泰州市委中山博爱法律服务团,助推乡村法治建设;促成光伏发电项目落户经济薄弱村,村集体经济增收20余万元。助力社会治理,引导鼓励统一战线成员发挥专业优势,开展“矛盾化解、碧水蓝天、文化惠民、清朗网络、暖心关爱、协商监督”六大行动,化解各类矛盾100多个,引导2万余名统战成员投身文明城市创建,募集资金200余万元用于扶贫济困、爱心助学。

【统战文化街区建设】 年内,在十圩港景观带沿线打造统战文化街区,街区全长约1千米,有“心连心”主题雕塑、连心廊、同心亭、红线角等同心元素,从南到北依次坐落着同心荟、同心广场、马洲艺文馆,内设党外知识分子之家、工商联工作室、“红石榴驿站”总站3个活动场所,构建统战人士互相学习交流、共话合作发展的综合型阵地。

【基层组织建设】 9月23日,举行镇级侨联组织全覆盖集中授牌仪式,市侨联为各镇级侨联组织进行授牌。各镇以此为契机,陆续召开镇侨联成立大会并选举产生镇级侨联领导班子,以组织建设夯实基层侨联工作基础,在泰州范围内率先实现镇级侨联组织全覆盖。11月17日,举行镇级新的社会阶层人士联谊会全覆盖现场会暨“同心助力”社会治理行动队出征仪式,标志着全市新的社会阶层联谊会实现镇级全覆盖,并率先在泰州启动“同心助力”社会治理六支行动队出征仪式,为广泛联系和团结新阶层人士开辟新渠道、搭建新平台、创建新载体。

【特约人员工作】 11月,召开全市特约人员工作会议。解读泰州市委办、市政府办《关于建立健全特约人员工作制度的实施意见》,明确特约人员职责、权利和义务,规范特约人员聘请程序。文件明确应聘请特约人员的11家单位均完成聘请工作,全市52名特约人员活跃在各单位监督岗位上,参与“营商环境百日提升”、乡镇生活污水处理等专项监督活动,在推动政策落实、畅通民主渠道、密切联系群众等方面发挥重要作用。

【交流交往】 3月,组织靖江、香港两地书法家,围绕“万众一心,以艺抗疫”主题,创作线上战“疫”书画作品10余幅。6月,承办“携手港澳台 祥泰同心行”系列活动靖江站活动,通过宣传片推介、诗歌朗诵表演、现代创新企业考察、新农村发展探访等活动,让生活在港澳台地区的靖江人士及时了解家乡的发展变化。

(徐　洋)

机构编制管理

【概况】 2022年,市委编办坚持把加强党的领导贯穿到机构编制工作全过程、各领域,践行精编简政新使命,走机构编制特色发展之路,迈出机构编制高质量发展的坚实步伐。

【体制机制改革】 推进应急管理综合行政执法改革,在原市安全生产监察大队基础上,组建市应急管理综合行政执法大队,同步调整全市各镇(街道)应急管理机构设置。推动综合行政执法体制改革,规范行政执法队伍事业编制管理,完成商务执法向市场监管领域的划转整合,建立职责明确、边界清晰的市场监管领域综合行政执法体制。锁定管理全市6支综合、5支专业执法队伍,做到“一个领域一队伍”。推进国防动员体制改革,调整优化发展改革、住建、人民防空相关职能。完善农业产业园区体制机制建设,规范江苏省靖江现代农业产业园区管理办公室职责和内设机构。服务保障市全国文明城市创建,设立市新时代文明实践指导中心,挂“市志愿者服务促进中心”牌子,承担市新时代文明实践中心办公室事务性、辅助性工作。按照泰州市委编办关于加强文保和考古工作的要求,优化市博物馆宗旨和业务范围。推进未成年人保护工作，调整优化未成年人救助保护机构。

【重点领域创新】 推进国有企业改革创新，制定《江苏广宇建设集团有限公司治理结构、领导职数和人员控制数设置方案》，建立完善国资公司适应现代企业制度的体制机制。加强对利用国有资产举办的新型研发机构的培育引导和服务监管，探索“国有资产＋事业单位＋运营公司”新模式，发出全省首张县级新型研发机构“事业单位法人证书”，为产才融合发展提供原动力，更好实现人才集聚与研发创新的优势叠加。推进消防体制改革，设置新港城、城南办事处、孤山等专职消防队，在市安全生产宣传教育中心加挂市消防安全指导服务中心牌子。

【事业单位体制机制优化】 推动市教师发展中心、市劳动监察大队规格升格。优化城市管理体制机制，调整设置12个内设机构。根据工作实际，调整医疗保险中心内设机构，在市能源发展中心增设内设机构。推进粮食体制调整，从完善粮食安全保障体系、提升储备能力建设、夯实粮食监管职责入手，调整优化市粮食物资储备中心内设机构。优化政务服务体制，科学合理优化调整市政务服务中心内设机构及其规格。调整市市场监督管理局所属事业单位机构编制事项，为食品安全提供支撑。

【机构编制法制化】 制定《靖江市推进机构编制制度体系两年规划(2022—2023)》，打造具有靖江特点的机构编制“1+X”（落实1个《靖江市贯彻〈中国共产党机构编制工作条例〉实施细则》，出台X个配套制度和规范性文件）制度体系。协调市委编委会学习泰州市贯彻落实《中国共产党机构编制工作条例》实施办法。坚持依法行政、依法管理，推进全市行政权力清单动态调整，依法依规动态调整市住建局、交通运输局等22个部门的456项县级行政权力事项。加强法治建设，设置滨江新区办事处等人大秘书岗位，配强司法局行政复议工作人员，增强基层法治队伍力量。

【刚性约束机构编制】 加强机构编制资源计划和统筹管理，提升管理使用效能。年内，共下达非参公事业编制67名用于部门加强队伍建设。下达卫生系统事业编制计划66名、备案制管理控制数额95名，核定基层卫生室合同制人员控制数300名，下达教育系统编制计划150名，用于补充教育卫生系统紧缺型人才。落实退役军人服务保障工作，下达营级及以下军转干部和随军家属安置编制使用计划、符合政府安置条件退役士兵编制使用计划。强化事业单位常态化管理，年检公开365家事业单位法人年度报告，实现年检通过率100%。全年办理事业单位登记业务139件。做好机关事业单位证书换领工作，新增登记机关1家，到期《事业单位法人证书》换领50家。开展事业单位法人公示信息抽查，按照分类选取、随机抽查原则，在全市事业单位法人中，按总数3%的比例，随机抽取11家事业单位，对其开展法人公示信息抽查，并对其中4家开展实地核查。完成中文域名系统数据梳理和发票申领工作，缴费域名443个。

【编外人员管理】 全面规范编外用工，严控编外人员总量，统筹编内编外人员“大循环”。将部门编外人员纳入季度招聘计划，从严审批编外用工计划数。规范镇(街道)编外人员计划管理，细化用工范围、指标核定、用工形式等，实行总量控制，额度统筹使用。锁定编外人员存量，建立编制使用与编外人员消化挂钩机制，引导各镇(街道)从聘用编外人员用工向购买服务转变。

【基层“审批、监管、执法”协调联动】 突出审批站“前哨”、监管细“观察”、执法强“裁判”作用，构建“审管执”相互分离又相互协调的运行机制，致力审批、监管、执法不留空档，事前、事中、事后无缝衔接。按照“一镇街一特色”标准，围绕社会治理、产业发展、便民服务等六大领域，组织9个镇(街道)有序打通“审管执”互联共治的“神经阻塞”，加强前后台融合互通，形成西来镇“三地五联五互”、孤山镇“全域服务”等一批有影响力和辐射带动力的典型做法，为破解审批、监管、执法之间的难点堵点问题提供参考借鉴。深化基层“三整合”改革，筛选六大领域17个社会治理典型案例，形成《靖江“审管执”联动实践案例选编》。

（陈希铭）

对台事务

【概况】 2022年，市台办强化服务精准施策、围绕中心主动作为、深化交流多措并举,各项工作取得明显成效。年内,走访慰问台胞、台商41人次,协调解决涉台诉求5件,办结率100%。

【台企服务】 年内,市台办通过微信转发、实地走访、电话联系等方式广泛宣传省、市惠企纾困政策,帮助台企争取惠企政策落到实处。会同相关部门开展云聘"直播带岗""海外名校优生江苏行"等人才招聘活动,助力台资企业招聘急需人才10人,帮助缓解用工难题。靖江胜新空调制冷设备有限公司等台资企业多次向所在属地捐款、捐物,计10余万元,相关做法被新华网宣传报道2次。台企江苏恩高光学材料有限公司研发的免喷涂车身一体化材料等黑科技,用于传递冬奥会火炬的5G无人车上,被国家级、省级等多家媒体宣传报道。

【海峡两岸交流交往】 年内,举办第四届"青春台来 亲靖一家"两岸青少年交流活动,以及"台眼看家乡"暑期实践活动,通过线上、线下两期活动,组织台湾青少年看家乡、两岸青年人才畅谈创新创业,促进两地青少年心灵契合,活动被中国台湾网公众号"今日台湾"、江苏省外宣动态报道。

【台胞台属系列活动】 年内,组织开展"喜迎二十大 筑梦向未来"学习宣传教育系列活动,走进红色教育基地、参观图文展览、歌唱红色歌曲、诵读红色经典故事等。组织"同心悦己 美丽绽放"妇女读书分享会,邀请女性台胞分享读书心得,展现女性风采,致敬女性力量;开展"靖台一家亲 传承端午情"端午主题活动,组织台胞台属观看文艺演出、学习包粽子,共同感受中华传统文化;举办"中秋月圆夜 共话两岸情"联欢会,邀请台胞台属观看文艺演出、制作中秋花灯,共度传统佳节。

【涉台宣传教育】 5月,会同斜桥镇举办"靖台一家亲 同心共逐梦"涉台宣传教育"三进"活动启动仪式。在孤山镇蹑云社区、江阴—靖江工业园区办事处莲沁苑、靖城街道小关庙社区开展专题讲座、参观涉台宣教作品展、观看文艺表演等活动。在各类学校举行宣传教育知识竞赛线下、线上等活动。组织斜桥中学、斜桥中心学校、新港城初中、省靖中专校4支参赛队伍参加宣传教育知识竞赛线下活动。在常州大学怀德学院开展"情比金坚,两岸一家亲"知识线上竞答活动,微信公众号线上答题参与者1100余人次。在《靖江日报》开设《同心逐梦 台湾人在靖江》专栏,推介具有代表性的两岸婚姻家庭、靖江胜新空调制冷设备有限公司等台企、台湾青年代表以及市对台工作的特色亮点,相关经验做法被中央台办《台湾工作通讯》、省台办《台湾工作动态》宣传推广。 (许 乐)

侨 务

【概况】 2022年,市侨办、侨联以优化服务为重点,凝聚侨心,汇聚侨力,各项工作取得新成效。全年共开展线上联系42批次,接待华侨73人次,走访慰问重点归侨侨眷66户,处理来信2件,接待来访33人次,为归侨侨眷解决实际问题9件,办结率100%。城南办事处获评江苏省侨联新侨创新创业基地,生祠镇丽园获评江苏省华侨文化交流基地。

【为侨服务】 年内,夯实基层侨联工作基础,在泰州市(区)率先实现镇级侨联组织全覆盖。优化服务机制,建立同心助力企业转型升级平台,为广大企业提供创业创新人才全方位服务;做强"连心侨——维护侨益"品牌,累计为1000余名侨胞侨眷以及"走出去"人员提供优质高效服务。发挥海外侨团作用,帮助企业引进人才和技术。协调相关部门为侨企提供"点对点"服务,帮助解决用工融资难题。与市教育局联合开展"培土育苗"公益捐赠活动。常态化做好重点节日走访慰问工作,开展联谊活动2次。处理靖江在乌克兰留学人员安全撤离、新冠肺炎疫情防控期间回国探望病危父亲等疑难问题4个。

【涉侨对外交往】 年内,组织2名华文教师加入省"云课堂",线上为印尼泗水开明三语学校学生教中文。6月,组织靖城中学与德国华达中文学校、市第一实验幼儿园与西班牙马德里哆来咪文化学校签订友好合作协议。7月,承办2022"亲情中华·为你讲故事"江苏网上常规营第三期泰州靖江段,吸引来自美国、加拿大、菲律宾等22个国家的2000余名海外华裔青少年相聚"云端",领略靖江蟹黄汤包、肉脯等特色美味,寻访岳王庙、刘国钧故居、季市古镇等名胜古迹,了解书法、绘画、饮茶等文化瑰宝。推荐捷克华人史建萍为省侨联"助梦大使",为省内和海外专业侨社团之间搭建联谊的桥梁。配合做好海外华裔青少年大运河文化线上体验活动泰州课程摄制工作，让海外华裔青少年学习了解并体验靖江传统文化。

【留学生服务】 年内，启动“以靖心统战·聚返靖留心”品牌人才项目，创新“三跟踪三服务”工作法，打造“1234”留心返靖体系，引导靖江欧美同学会（留学人员联谊会）自行举办创新创业座谈会、赴无锡市惠山区学习交流、参观“青春百年墨舞省运”作品巡展等活动5次。利用“留橼会”服务驿站，收集整理116位理工科硕士以上留学生资料，与市相关企业做好双向对接，引进海外人才。 （侯 胤）

港澳事务

【概况】 2022年，市委统战部准确把握新时代港澳工作的使命任务，紧扣中心、服务大局，着力发挥港澳同胞独特优势作用，充分挖掘“关系网”，深化“朋友圈”，为靖江发展献策献力。年内，接待服务至靖江参观考察、探亲观光的港澳同胞4批17人次。

【联络联谊】 2022年，开展在靖江港胞、港眷走访慰问活动，听取其意见、建议，针对性帮助、协助处理问题5件。运用“留橼会”服务驿站等功能载体，与在港澳留学生保持常态化沟通，扩大“港靖”交流融合“朋友圈”。

【服务经济】 年内，定期走访港澳资企业，梳理汇总企业反映的困难和问题，协调相关部门帮助企业解决难题，为企业发展保驾护航。持续推进“靖香开放”靖港结对共建品牌工作。

（侯 胤）

老干部工作

【概况】 2022年，全市有离休干部131人（含垂直部门和异地安置），其中年龄最大的102岁，最小的87岁，平均年龄92.5岁。抗日战争时期参加革命工作的16人，解放战争时期参加革命工作的115人。市委老干部局获评江苏省老干部工作先进集体、全省老干部工作部门优秀信息宣传单位、泰州市老干部工作“知重负重”好集体，老干部系统5人获评泰州市老干部工作“唯实唯勤”好干部。

【老干部思想组织建设】 年内，市委召开老干部工作会议2次，通报全市经济建设和社会事业发展情况。组织老干部代表参观考察经济社会建设重点项目2次。为全市离退休干部订阅《银潮》杂志1000份、《靖江日报》111份。完善离退休党组织保障，按100%比例全额返还党费。紧扣“六有一提升”示范创优标准，推动离退休干部党组织建设双覆盖双增强。围绕思想引领，组织全市离退休干部党组织开展多种形式的主题党日活动。选送城南街道鼎和花苑银龄党支部、孤山镇老干部党支部两项主题党日活动方案，经过初选、复赛、决赛等环节，获全市创意主题党日策划设计大赛“十佳精品”。鼎和花苑银龄党支部主题党日案例“说文解字话实干，银发先锋显担当”被泰州市老干部局推送至“江苏老干部”微信公众号，作为优秀案例重点推介。围绕组织扩面，在推进103家建制性支部提档升级基础上，以推进“三合一、四同步”（老干部社团协会、离退休干部功能型党组织、志愿服务队等组织设置“三合一”，社团协会负责人、离退休干部功能型党组织书记、志愿服务队队长等牵头人选配“三合一”，社团协会成员、离退休干部功能型党组织党员、志愿服务队队员等成员登记“三合一”；组织同步建立、资格同步年审、人员同步改选、工作同步推进）为突破，全面推广“1+2”组织模式，创新打造“靖银盟”党建共同体，实现全市涉老组织和城市社区离退休干部功能型党组织两个全覆盖。先后创成全省离退休干部先进集体1个，省六有一提升示范党支部1个，泰州市“五星级”离退休干部党支部6个。

【老干部服务保障】 年内，市委老干部局统筹推进智慧助老、健康养老、品质惠老工作，全方位提升服务保障水平。运用“智能技术＋定制服务＋守望互助”，为离休干部提供足部护理、中医推拿等个性化养老服务；为独居、空巢离休干部安装一键式智能呼叫器，发放“定位”黄手环，实现24小时连接子女。精准对接江苏省荣昌济困基金会，启动“暖巢行动”适老化改造项目，重点围绕“如厕洗浴安全、夜晚行走明亮、居室温暖节能、智能监测互助、其他服务预留”5个方面，免费为空巢、高龄离退休干部家庭安装智能化设施，切实提升老干部居家生活品质。该项目得到中组部老干部局高度关注，并在“离退休干部工作”微信公众号上推介。研究制定《靖江市离休干部医疗、养老“一人一策两清单”实施方案》，在全市遴选专业技能强、服务态度好的全科医生，组建家庭医生服务团队32支，优化离休干部就医绿色通道，提供健康管理、上门巡诊等9大类高标准医疗服务。年内，投入离休干部医疗费统筹资金1100万元，实现离休干部年度自付医疗费总和不超过本年度医疗费总额2.5%。完善家庭医生签约服务考核奖励机制，投入专项财政资金17.1万元，全面落细、落实离休干部家庭医生签约服务。创新实施“颐爱相随”离休干部遗属专项关爱行动，深入了解离休干部遗属信息、意见和建议，分批次帮助困难离休干部遗属实现“银心愿”。成立由74名低龄老干部、245名助老志愿者组成的“靖心守望·智慧互助”服务总队和服务支队，举办“志愿服务大集市”，开展政策宣讲、心理咨询等助老服务。

【老干部志愿服务】 紧扣“选用管评”，推动老干部以志愿服务“小切口”融入为民服务“大主题”。建立由1018人组成的“银发人才库”，涵盖党务、科技、农业、医疗、教育、基层治理6个领域。组建市级层面“银发生辉”志愿服务队9支、镇级层面和主要行业领域“银发人才”工作站11个、“老党员工作室”17个。围绕庆祝中国共产党成立100周年、“迎接、庆祝二十大”，开展“老少心向党，喜迎二十大”主题宣讲、“党的光辉照我心、童心喜迎二十大”主题征稿等系列活动，组织主题宣讲20余场，受益青少年5000余人次。围绕“赞歌颂党恩　永远跟党走”和“献礼二十大 文化进万家”主题，组织各类老干部社团开展文化惠民演出30余场次、主题书画影邮展38场次。组织市老科协开展科技志愿服务，指导农业技术项目10个，撰写调研报告10余篇，印发科普宣传资料2000余份。连续第13年举办老干部文艺节，连续13年参演市文艺节展演和老年春晚文艺演出，全方位、多角度展示老干部社团工作成果。与融媒体中心联合开设《银发先锋》专栏节目，全年播出专题节目78期。评选出“最美老干部志愿服务团队”7支，“最美‘银发系列’志愿者”15人，离退休干部优秀党员21人，离退休干部系统优秀党务工作者24人。市法院机关党委获评全省法院“银耀天平”法律志愿服务组织工作先进集体。

（陈　佳）

党校教育

【概况】 2022年，市委党校坚持以习近平新时代中国特色社会主义思想为指导，深入学习贯彻中共二十大精神，以实干、实绩、实效推动党校事业高质量发展。围绕师资队伍，实施“青蓝结对”工程帮带培养6人，引导青年教师提高教学质量，开发精品课程；开展“百课争流”优课竞赛，以赛促教、以赛促学、以赛促研；出台《青年教师绩效考核暂行办法》，通过“规定动作+自选动作”，量化任务清单，实行积分考核，建立正向激励与反向惩戒并重的良性竞争机制。推进教学精品工程，围绕习近平新时代中国特色社会主义思想开发新课“论马克思主义的知信行合一”，获评泰州市委党校系统精品课。

【干部培训】 加强党的理论教育和党性教育。牵头完成全市村（社区）干部党性教育轮训，举办培训班13期，受训人员1800人次；组织教师赴基层宣讲69场次，覆盖6708人次。5名业务骨干入选市委宣讲团，助推中共二十大精神“飞入寻常百姓家”。深化教学改革，开发情景模拟教学案例教材2个，运用于初任公务员培训；开展党建工作创新，探索基层党员教育培训新载体，建成市首个“农家党校”，开展巡回宣讲17场次，典型做法先后获《新华日报》、“学习强国”学习平台等媒体平台推介。

【科研资政】 完成省委党校、泰州市委党校立项课题6个，组织提交论文11篇。其中，论文《社会保障事业高质量可持续发展之路径研究——以江苏省泰州市为例》获泰州市委党校系统征文一等奖，《基层党校干部培训高质量发展路径研究——以中共靖江市委党校为例》等9篇论文获三等奖；《“东线第一帆”的精神意蕴及其传承》在《泰州论坛》发表。聚焦全局性、战略性问题，完成重点调研课题4篇，其中，《社会保障事业高质量可持续发展之路径研究——以江苏省泰州市为例》获泰州市委党校系统理论研讨会优秀论文一等奖。聚焦创新实践路径难题，完成《“双碳”背景下泰州产业结构优化路径研究》等调研报告；聚焦热点难点问题开展调查研究，结合靖江乡村振兴实际，完成《打造数字乡村“主引擎” 解码乡村振兴“新密钥”——靖江市打造数字乡村赋能乡村振兴的探索与思考》等调研报告。

（张　旭）

人大重要会议

【市第十七届人大第一次会议】 1月9—12日，市第十七届人民代表大会第一次会议在外国语学校北校区礼堂召开。大会应到代表267名，实到262名。大会选举产生新一届市人大常委会组成人员、市政府领导班子和市监委、法院、检察院主要负责人，以及靖江出席泰州市第六届人民代表大会代表，表决通过市人大法制委员会、财政经济委员会、社会建设委员会组成人员名单。范敏当选市人大常委会主任，何卫东、赵建国、季士发、羊兴当选市人大常委会副主任，丁啸宇等30名代表当选市人大常委会委员。陈锋剑当选市长，罗晓东、张佳炜、邵春宁、于政、陈新猛、陆钧涛、朱庆荣当选副市长。王国祥当选市监察委员会主任，杨锦华当选市法院院长，冒金山当选市检察院检察长。王瑾等59名代表当选出席泰州市第六届人民代表大会代表。大会宣布2022年政府民生实事重点项目投票表决结果。会议以举手表决的方式，通过《关于政府工作报告的决议》《关于靖江市2021年国民经济和社会发展计划执行情况与2022年国民经济和社会发展计划的决议》《关于靖江市2021年预算执行情况与2022年预算的决议》《关于靖江市人民代表大会常务委员会工作报告的决议》《关于靖江市人民法院工作报告的决议》《关于靖江市人民检察院工作报告的决议》。

【市第十七届人大常委会会议】 年内，市第十七届人大常委会共举行9次常委会会议。

第一次会议 1月25日召

1月9—12日，市十七届人民代表大会第一次会议召开

开。会议听取并审议市长陈锋剑代表市政府所作的《关于人事任命议案的报告》,市人大常委会主任范敏受市人大常委会主任会议委托所作的《关于提请任免人事议案的报告》,听取部分拟任命人员发言,听取并审议市人大常委会2022年度工作要点(草案)和议题安排。会议表决通过有关事项。范敏向新任命人员颁发任命书,新任命人员进行宪法宣誓。

第二次会议　4月7日召开。会议听取王国祥代表市监察委员会所作的《关于整治群众反映强烈的问题工作情况的报告》,审议通过《关于进一步加大旧城改造力度全面提升老城有机更新的议案的决议》《市人大常委会议事规则》《市人大常委会组成人员守则》。

第三次会议　5月25日召开。会议听取并审议市政府《关于承办省运会相关项目准备情况的报告》,听取市人大常委会社会建设和教科文卫工委《关于承办省运会相关项目准备情况的调查报告》。听取并审议市政府《关于2021年度行政事业性国有资产管理情况的专项报告》,审议市政府《关于2021年度国有资产管理情况综合报告》,听取市人大常委会财经工委《关于行政事业性国有资产管理情况的调查报告》。听取并审议市政府《关于2021年度环境状况和环境保护目标完成情况的报告》,听取市人大常委会环资城建工委《关于2021年度环境状况和环境保护目标完成情况的调查报告》。听取并审议市法院、检察院部分任命人员履职情况报告;听取市人大常委会监司工委《关于市法院、检察院部分任命人员履职情况的调查报告》,并对部分任命人员履职情况进行测评。会议审议并表决通过市人大常委会《关于加强人大代表履职管理的实施意见》《关于市人大代表履职积分管理办法》《关于进一步加强人大宣传工作的意见》《关于开展"枝叶关情您呼我应"主题活动的意见》。表决完成后,范敏作了讲话。

第四次会议　7月27日召开。会议听取并审议市政府《关于靖江市2021年财政决算草案及2022年上半年预算执行情况的报告》《关于2021年度靖江市本级预算执行和其他财政收支的审计工作报告》《关于靖江市2022年国民经济和社会发展计划上半年执行情况的报告》。审议通过《关于全面落实生态环境状况报告制度的实施方案》《关于进一步加强基层人大代表履职平台规范化建设的指导意见》《关于进一步加强市人大信息化建设的意见》。表决通过市人大常委会《关于批准靖江市2021年财政决算的决议》。

第五次会议　8月17日召开。会议听取并审议市长陈锋剑代表市政府所作的《关于提请人事任命议案的报告》,听取拟任命人员发言。听取并审议市住建局、靖江生态环境局接受人大代表评议和自查自纠工作情况的报告,对被评议部门工作情况进行测评。会议表决通过人事调整事项,范敏向新任命人员颁发任命书,新任命人员进行宪法宣誓。

第六次会议　9月27日召开。会议听取市人大常委会主任会议、市检察院提请的有关人事任免议案的报告,听取部分拟任命人员发言。听取并审议市政府《关于市十七届人大一次会议以来代表建议办理情况的报告》《关于2021年度市本级财政预算执行和其他财政收支审计工作报告中指出问题纠正情况和处理结果的报告》。会议听取并审议市政府部分组成部门主要负责人履职情况报告,对有关负责同志履职情况进行测评。审议并表决通过相关人事任免事项、辞职事项。审议并表决通过《靖江市人民代表大会常务委员会关于讨论决定重大事项的规定》。范敏向新任命人员颁发任命书,新任命人员进行宪法宣誓。

第七次会议　11月29日召开。会议听取并审议有关人事事项;听取并审议《关于召开靖江市第十七届人民代表大会第二次会议的决定(草案)》《关于深入学习宣传贯彻党的二十大精神 推动新时代人大工作高质量发展的决议(草案)》《靖江市人民代表大会常务委员会人事任免办法(草案)》《靖江市人民代表大会常务委员会规范性文件备案审查办法(草案)》。会议审议市政府《关于提请审议〈靖江市2022年预算调整及地方政府债务限额调整方案(草案)〉的议案及说明》,审议市人大常委会《关于靖江市住建局工作的评议意见(草案)》《关于泰州市靖江生态环境局工作的评议意见(草案)》。

第八次会议　12月22日召开。会议听取并审议市人大常委会主任会议《关于提请补选泰州市第六届人大代表的议案》、市政府《关于提请人事任免议案的报告》、市法院《关于提请人事任免等议案的报告》,会议听取并审议《市政府2022年政府民生实事重点项目完成情况报告》,听取并初审市政府《关于靖江市2022年国民经济社会发展计划执行情况与2023年计划安排草案的报告》《关于靖江市2022年预算执行情况与2023年预算草案的报告》，听取并审议市政府《营商环境百日提升行动进展情况报告》《关于“进一步加大旧城改造力度，加快推进老城有机更新的议案”实施情况的汇报》《关于全市幸福河湖建设情况的汇报》，听取并审议市人大常委会执法检查组《关于靖江市贯彻实施〈中华人民共和国长江保护法〉和〈江苏省长江水污染防治条例〉情况的执法检查报告(草案)》。会议审议关于召开靖江市第十七届人民代表大会第二次会议有关事项，征求对人大常委会、市政府、市法院、市检察院工作报告稿的意见建议。会议对民生实事重点项目完成情况进行满意度测评。表决通过有关事项及人事事项。范敏向新任命人员颁发任命书，新任命人员进行宪法宣誓。

第九次会议　12月30日召开。会议传达学习市委十三届四次全会精神。会议听取并审议市政府、市监委《关于提请人事任免议案的报告》，市政府《关于2023年度民生实事候选重点项目形成情况的报告》，市人大常委会代表资格审查委员会《关于市十七届人大代表变动及补选情况的报告(草案)》。原则通过《靖江市人民代表大会议事规则(草案)》，表决通过有关事项及人事任免事项。范敏向新任命人员颁发任命书，新任命人员进行宪法宣誓。

【市第十七届人大常委会主任会议】 年内，市第十七届人大常委会共举行14次主任会议。

第一次主任会议　1月24日召开。会议审议并原则通过市人大常委会和市政府人事调整事项，讨论2022年人大常委会工作要点和议题安排(草案)，审议通过《人大常委会主任会议议事规则》以及十七届人大常委会一次会议议程(草案)、日程。

第二次主任会议　2月16日召开。会议研究通过《关于进一步加强市人大常委会机关建设的意见》《市人大常委会各工委对口联系部门(单位)分工安排》《2022年度市人大常委会领导联系基层人大工作安排》《2022年度市人大常委会主任接待代表日活动安排》。

第三次主任会议　3月23日召开。会议审议有关人事事项，讨论《常委会议事规则(草案)》《常委会组成人员守则(草案)》以及市十七届人大一次会议主席团交办的“老城有机更新项目议案”的处理意见，听取市人大常委会监司工委《关于群众反映强烈的问题整治工作调查情况的汇报》和市选举委员会办公室《关于市镇两级人大换届选举工作总结情况的汇报》。研究确定2022年重点建议，研究通过2022年评议部门工作方案，通过市第十七届人大常委会第二次会议议程(草案)和日程安排。

第四次主任会议　4月25日召开。会议听取市政府《关于义务教育阶段“双减”工作情况的报告》、市法院《关于现代化诉讼服务体系建设工作情况的报告》，讨论通过2022年政府民生实事重点项目监督安排相关事项。

第五次主任会议　5月19日召开。会议听取市人大常委会社会建设和教科文卫工委《关于承办省运会相关项目准备情况的调查报告》、财经工委《关于行政事业性国有资产管理情况的调查报告》、环资城建工委《关于2021年度环境状况和环境保护目标完成情况的调查报告》、监司工委《关于市法院、市检察院部分任命人员履职情况的调查报告》，讨论《关于加强人大代表履职管理的实施意见(草案)》《市人大代表履职积分管理办法(草案)》《关于进一步加强市人大宣传工作的意见(草案)》《关于开展“枝叶关情　您呼我应”主题活动的意见(草案)》，通过市第十七届人大常委会第三次会议议程(草案)和日程安排。

第六次主任会议　6月27日，市第十七届人大常委会举行第六次主任会议。会议听取市政府《关于帮扶企业纾困解难政策落实和促进经济平稳发展情况的报告》《关于加强农业面源污染防治情况的报告》《关于科技创新服务体系建设情况的报告》，讨论通过《2022年度镇(街道、办事处)人大工作考核实施方案》。

第七次主任会议　7月21日召开。会议听取市人大财政经济委员会《关于靖江市2021年财政决算及审计结果的审议意见(草案)》、市人大常委会财经(预算)工委《关于2022年上半年国民经济和社会发展计划及预算执行情况的调查报告》，讨论市人大常委会《关于全面落实生态环境状况和环境保护目标完成情况报告制度的实施方案(草案)》《关于进一步加强基层人大代表履职平台规范化建设的意见(草案)》《关于进一步加强市人大信息化建设的意见(草案)》，通过市十七届人大常委会第四次会议议程(草案)和日程安排。

第八次主任会议　8月16日召开。会议原则通过市委向市人大常委会党组通报的人事调整事项,通过市第十七届人大常委会第五次会议议程(草案)和日程安排。

第九次主任会议 8月25日召开。会议听取市政府《关于2022年民生实事重点项目推进情况的汇报》《关于财政预算绩效管理工作情况的汇报》《关于村庄规划编制推进情况的汇报》、市检察院《关于未成年人检察工作情况的汇报》,讨论通过本届人大常委会五年工作规划,研究部署高质量考核人大指标有关事项。

第十次主任会议 9月21日召开。会议原则通过市委向市人大常委会党组通报的有关人事事项,听取市人大常委会财经(预算)工委《关于审计发现问题整改落实情况的调查报告》、相关工委《关于市政府部分组成部门主要负责人履职情况的调查报告》、人代联工委《关于代表建议办理情况的调查报告》,审议市人大常委会《关于讨论决定重大事项的规定(草案)》。通过《市人大常委会组成人员和"一府一委两院"联系人大代表实施方案》《关于开展"营商环境创一流 百日攻坚见成效"专题询问实施方案》,通过市第十七届人大常委会第六次会议议程(草案)和日程安排。

第十一次主任会议 10月26日召开。会议听取市政府关于《靖江市现代农业产业高质量发展示范园创建情况的汇报》《关于乡镇生活污水处理提质增效情况的汇报》,听取东兴镇人大主席团、滨江新区办事处人大工委工作情况汇报。

第十二次主任会议 11月23日召开。会议原则通过市委向市人大常委会党组通报的有关人事事项、市法院报告的有关人事调整事项。审议《关于深入学习宣传贯彻党的二十大精神推动新时代人大工作高质量发展的决议(草案)》《关于召开市十七届人大二次会议的决定(草案)》。听取市人大财经委员会《关于2022年财政预算调整及地方政府债务限额调整方案(草案)的审查报告》、农业农村工委《关于幸福河湖建设情况的调查报告》、环资城建工委《关于老城有机更新实施情况的调查报告》。审议《关于靖江市贯彻实施〈中华人民共和国长江保护法〉和〈江苏省长江水污染防治条例〉情况的执法检查报告(草案)》《靖江市人民代表大会常务委员会人事任免办法(草案)》《靖江市人民代表大会常务委员会规范性文件备案审查办法(草案)》。通过市第十七届人大常委会第七次会议议程(草案)和日程安排。

第十三次主任会议 12月21日召开。会议原则通过有关人事事项,会议通过有关表彰事项。原则通过市人大财政经济委员会《关于靖江市2022年国民经济社会发展计划和财政预算执行情况及2023年计划和预算草案的初审报告》《关于2022年政府民生实事重点项目实施情况的调查报告》。原则通过市第十七届人民代表大会第二次会议有关事项和市人大常委会报告稿,征求对市政府、市法院、市检察院工作报告稿等的意见建议;通过市第十七届人大常委会第八次会议议程(草案)及日程安排。

第十四次主任会议 12月30日召开。会议听取并审议有关人事事项和《市十七届人大代表变动及补选情况的报告(草案)》,审议《靖江市人民代表大会议事规则(草案)》。通过市第十七届人大常委会第九次会议议程(草案)及日程安排。

代表工作

【概况】 至2022年末,靖江有全国人大代表1名、江苏省人大代表4名、泰州市人大代表58名、靖江市人大代表263名。确定59项重点议题,听取和审议市政府、市法院、市检察院专项工作报告32个,开展调研、集中视察、工作评议、重点建议督办、民生实事督查活动35次,作出决议、决定7项,形成调查报告24篇、重点调研成果8篇,发出审议意见、评议意见、执法检查报告12份,依法任免国家机关工作人员106人次。制定规范性文件备案审查办法,接收市政府备案的规范性文件2件,并向泰州市人大备案人大规范性文件6件。

【代表履职管理】 提请市委转发人大常委会党组《关于充分发挥人大代表主体作用,推进全过程人民民主的实施意见》。在泰州地区率先出台人大代表履职管理意见,实行积分制管理办法,完善代表量化考核和述职机制,开设靖江人大"代表网络学院"和"代表云讲堂"。执行"双联"工作制度,常态化开展主任接待代表日、五级代表回选区访选民等活动。围绕党委政府中心工作、人大重点议题和社情民意中的关注点,轮番邀请代表参加人大常委会和"一府一委两院"的各类座谈会、督查督办会、听证会、论证会以及调研视察、执法检查等,并把代表

6月21日，市人大常委会举行"枝叶关情 您呼我应"主题活动启动仪式

意见建议纳入相关专报、纪要。创新开展"枝叶关情 您呼我应"主题活动，选定32个民生小微事项，实施问需、问事、问计、问政、问效"五问"闭环式监督。开展"学习宣传贯彻二十大千名人大代表进万家"活动，组织近千名五级人大代表，与万名群众共同学习宣传贯彻中共二十大精神。

【代表调研】 围绕推进"亩均论英雄""米均论英雄"，推进"智改数转"行动，打造"专精特新"集群开展调研，推动资源要素向重大项目、创新项目集聚。围绕社会治理创新，开展以网格化管理完善社会治理、乡镇农产品质量重点网格化监管等调研。

【代表视察检查】 开展长江大保护"一法一条例"执法检查，配合省人大在靖江开展长江船舶污染防治条例（草案）立法调研，视察公安局长江大保护技防中心建设情况、全市防洪排涝工作情况，推进"健康长江靖江行动"。视察综合性养老实施情况、教育卫生重点项目实施情况，聚焦"一老一小"两个重点群体。配合省、泰州市人大在靖江开展消防条例、全民健身条例等立法调研，开展职业教育校企合作促进、妇女儿童权益保护等"一法一条例"执法检查。

【调研询问和工作评议】 围绕打造最优营商地目标，分6个组调研询问督促整改，推进市营商环境百日攻坚行动落地见效。围绕全面建设生态样板，开展住建和生态环境部门的工作评议。

【民生实事督办】 2022年政府10项民生实事重点项目18个子项目，交由12家牵头部门及相关单位和属地政府具体实施。建立"专题督、日常查、定期报、年终审"的全过程监督机制，对老城有机更新、中心城区消防救援能力建设项目、院前急救系统提升完善项目、体育惠民"村村享"项目、"乐业马洲"就业品牌项目、残疾人辅助性就业和居家托养项目推进情况等进行专项督查、中期评估和年底满意度测评，助推十大民生实事项目真正落地生根。

议案建议

【督办议案建议】 围绕纵深推进老城更新，以一号议案的督办为抓手，紧扣改善人居环境、完善城市规划、传承历史文脉等重点环节持续发力，推动老城逐步活化复兴。增强代表建议办理实效，完善人大常委会和政府领导挂件督办、确定部门承办、市委市政府督查室专项督查的办理机制，着力加强代表建议办理工作。市十七届人大一次会议以来代表提出的121件议案建议，已全部办结。其中被采纳或实施的70件，正在解决或列入计划逐步解决的48件，因条件所限或与现行政策规定不符暂时不能解决的3件。建议办成率97.52%，代表满意率达到100%。

【视察一号议案办理情况】 4月7日，市十七届人大常委会二次会议作出《关于对进一步加大旧城改造力度 全面提升老城有机更新议案的决议》，对市十七届人大一次会议代表提出的一号议案予以立案。11月14日，市人大常委会组织部分市人大代表视察一号议案办理情况。代表们现场视察老旧小区改造、省生活垃圾分类达标小区建设、老城有机更新、老城更新路网提升等项目。

（刘云飞）

靖江市十七届人大一次会议优秀代表建议一览表

表 8

建 议 篇 目	建议人
关于进一步加大旧城改造力度，加快推进老城有机更新的议案	耿爱群等 11 名代表
关于有序推进老城改造的议案	卢新初等 10 名代表
关于设立东兴沿江产业园区的议案	陈伟等 11 名代表
关于加快绿色低碳转型发展，建设工业碳账户体系的议案	毛红霞等 10 名代表
关于推动农村闲置低效集体建设用地有偿退出的议案	龚建军等 10 名代表
关于江平路土桥集镇段大修的议案	闻霞等 10 名代表
关于进一步提高滨江新城生活便利度的议案	钱勇武等 10 名代表
关于创新城乡联动机制，加快季市古镇保护性开发的议案	朱浩基等 10 名代表
关于组织申报“中国汤包文化之乡”的议案	夏永平等 11 名代表
关于规范涉企第三方服务的建议	陈艺炜等 2 名代表
关于对都市现代农业产业园进行提档升级的建议	刘红林
关于农村农田基础设施全覆盖的建议	奚正华等 2 名代表
关于加快推进我市现代农业园区提档升级的建议	陆桂清
关于规范、改进新建和改扩建地下管线规划审批流程的意见	朱建国
关于加快推进老城区安装电动汽车充电桩的建议	陈　蕾
关于构建养老服务体系，提升社区服务水平的建议	刘　宁
关于加强网格化工作的建议	倪红娟
关于解决法院“执行难”问题的建议	朱旭斌
关于进一步为基层减负的建议	杨惠娟
关于加强我市政府采购代理机构管理的建议	张　剑

综　述

【概况】 2022年，靖江市政府统筹推进新冠肺炎疫情防控和经济社会发展，做好“六稳”“六保”工作，各项事业取得全面进步。全市实现地区生产总值1226.18亿元，比上年增长5.3%。一般公共预算收入75.07亿元，比上年下降1.2%。城乡居民人均可支配收入50252元，比上年增长6.0%。

【督查督办】 紧扣市政府中心工作，创优督查方式，狠抓督查督办，围绕《政府工作报告》明确的年度重点工作任务、市政府主要领导交办的重点事项等，开展各类督查60余次，编发通报43期，对督查发现的问题和情况如实反馈，及时提出解决对策，做到“督必果、果必真、真必报”，确保各项重点任务按序时推进、按期限完成。坚持将民生关切作为督查工作的出发点和落脚点，及时规范办理泰州市长信箱241件、靖江市长信箱445件，办结率均为100%。持续完善建议提案会商机制，凝聚各责任单位的办理共识，全年办理市人大代表建议、政协委员提案317件，见面率、答复率、满意及基本满意率保持在100%。（蒋锦源）

【信息调研】 持续淬炼“笃信笃行，驰而不息”信息工作品牌，挖掘地方特色。每周督促办公室全员报送信息1次，每月联系各单位1遍，坚持召开信息工作例会和信息点评。全年上报政务信息439篇，获省政府办公厅、泰州市政府办采用100余篇，9篇被国办采用，其中深化通关便利改革、高校毕业生就业情况、构建罕见病诊疗体系等5篇获国务院领导批示。（陆丹娜）

重要会议

【市政府常务会议】 1月20日，召开市政府第一次常务会议，传达全国、全省粮食和物资储备工作会议精神及相关领导批示，讨论《2022年度政府工作报告》重点工作任务分解，部署推进疫情防控百日提升、安全生产百日攻坚相关工作，研究恒大靖江项目复工方案、生态环境突出问题整改等事项。

5月28日，召开市政府第二次常务会议，传达学习国务院、省、泰州市关于稳经济相关政策，国务院、省关于疫情应对处置方案及《信访工作条例》，听取全市“信访突出问题攻坚化解年”行动推进情况、市党政领导挂钩化解重大（较大）风险隐患整改推进情况汇报，讨论《2021年度靖江市市长质量奖获奖单位（讨论稿）》《靖江市制造业智能化改造和数字化转型三年行动方案（2022—2024年）（讨论稿）》《关于扩大禁止燃放烟花爆竹范围区域的建议方案（讨论稿）》《靖江市高标准农田建设规划（2021—2030年）（讨论稿）》《靖江市市级财政专项资金管理办法（讨论稿)》《关于给予特定群体住院医疗费用补助的建议方案(讨论稿)》《关于向特定学生群体提供在校就餐补助的建议方案(讨论稿)》《特殊时期困难残疾人社保补贴帮扶政策(讨论稿)》。

7月16日,召开市政府第三次常务会议,传达学习《国务院联防联控机制综合组关于新型冠状病毒肺炎防控方案(第九版)》和江苏省减灾委全体会议精神;通报重点行业领域安全生产百日攻坚行动进展情况;讨论《靖江市深化应急管理综合行政执法改革实施方案(讨论稿)》《靖江市促进企业上市(挂牌)的若干政策措施(讨论稿)》《靖江市贯彻落实〈法治政府建设实施纲要(2021—2025年)〉实施方案(讨论稿)》《关于进一步加强高污染燃料管理的通告(讨论稿)》《关于限制高排放机动车通行的通告(讨论稿)》《关于划定靖江市禁止使用高排放非道路移动机械区域的通告(讨论稿)》;听取百合苑、丽水湾、宝丽广场二期等项目实行证缴分离情况的汇报。

10月7日,召开市政府第四次常务会议,传达学习习近平总书记致2022全国专精特新中小企业发展大会的重要贺信精神、国务院系列会议精神,习近平总书记、李克强总理关于安全生产的重要指示批示精神,习近平总书记《努力建设人与自然和谐共生的现代化》文章,《江苏省全域"无废城市"建设工作方案》《江苏省"无废城市"建设指标体系》,国家、省、泰州市医改工作领导小组关于深入学习福建省三明市医改经验进一步深化医药卫生体制改革的文件精神,习近平总书记在农民丰收节上的祝贺和慰问精神,中共中央办公厅国务院办公厅印发《乡村建设行动实施方案》,全国自建房安全专项整治"百日行动"巩固提升动员部署会议精神,省委省政府《关于贯彻信访工作条例的实施意见》《关于更加有效发挥统计监督职能作用的实施意见》;部署安全生产、环保督察整改事项和大气污染防治百日攻坚行动、医改、自建房安全专项整治、信访、统计监督等相关重点工作;听取2023年度预算编制的原则性意见、"十四五"专项规划编制情况;讨论《靖江市行政许可事项清单(讨论稿)》《靖江市国有土地上房屋征收重置价格和装饰装潢补偿标准(讨论稿)》《2021年度企业科技创新积分兑现建议方案(讨论稿)》《关于支持房地产市场稳定发展的意见(讨论稿)》《2022年靖江市企业科技创新积分管理计分标准(讨论稿)》《靖江市公安机关警务辅助人员管理办法(讨论稿)》;研究国有企业投资重大项目,落实一、二级重度残疾人医保救助政策,靖江江阴长江隧道靖江西互通地方配套项目委托代建,信访问题专项资金等事宜。

12月21日,召开市政府第五次常务会议,讨论《2023年政府工作报告(讨论稿)》《关于2022年国民经济和社会发展计划执行情况与2023年计划安排的报告(讨论稿)》《关于靖江市2022年预算执行情况和2023年预算草案的报告(讨论稿)》;研究2023年民生实事建议项目。

【全市性工作会议】 3月11日,召开深入打好污染防治攻坚战工作推进会,对突出生态环境问题集中整改进行再动员、再部署。会议要求,要强化组织推进,以更加自觉的行动凝聚工作合力。要加强组织领导,深化协调联动,严格督查考核。会议指出,要快节奏抓好交办问题的整改。各地各部门要立即行动,对照整改要求,迅速制订完善整改方案,倒排工作进度,加快推进问题整改,确保迅速取得明显成效。要高标准抓好同类问题的整改。针对一些区域性、结构性、行业性问题,深挖根源、找准症结,举一反三、由点及面,落实好相应的整改措施。要严要求抓好整改问题的到位。进一步排细进度计划,实施专班负责,落实闭环管理,严防问题反弹反复;同时加强督查问责,压实各方责任,形成工作合力,确保各项措施全面到位。

3月21日,召开水环境综合治理会议,分析存在的水环境突出问题,研究部署整改工作。会议指出,靖江因水而生,因江而兴,推进黑臭水体整治,全面提升水环境质量,不仅是落实"长江大保护"政治责任的体现,更是对群众强烈期盼的回应。各地各部门要切实强化政治意识,坚决扛起责任担当,狠抓突出问题整改,迅速拿出果断举措,全力以赴做好督察迎检、配合、整改各项工作,推动全市生态文明建设不断取得新成效。

4月28日,召开全市防汛抗旱工作暨河长制工作会议。会议强调,上年全市上下认真践行习近平生态文明思想,聚焦幸福河湖,聚力河岸共治,统筹推进水资源保护、水污染防治、水环境治理、水生态修复等重点工作,全市河湖面貌和水生态环境明显改善。2022年,各地、各部门要进一步提高政治站位,从严从实推进长江大保护、水环境整治攻坚、生态河道建设等工作,持续提升河长制工作的系统性、协同性和实效性，为靖江奋力当好现代化建设"东线第一帆"提供坚强水环境支撑。会议指出，汛期将至，防汛抗旱工作即将进入全年的关键期，同时河长制工作也到了全面强化、全力攻坚的提升期，要以临战的状态主动应对，力保平稳安全度汛。

5月23日，召开"三区三线"划定工作部署会。会议提出，要加强"三区三线"的政策研究。依托技术专家，研究吃透政策，强化技术支撑；加强与周边城市交流，学习先进经验做法。要加强空间布局的研究。同步推进镇级国土空间规划和村庄规划编制工作，摸清摸准底数，做好各类基础信息搜集。要加强项目可行性研究。重点关注农民集中居住区、殡葬用地等民生项目和基础设施项目，注重经济社会生态效益相统一。

6月16日，召开第二十届省运会靖江市执委会工作推进会，动员全市上下对照目标任务和序时要求，做到节奏更快、氛围更浓、责任更实，以省运会的圆满举办迎接中共二十大胜利召开。会议指出，要全面做好组织筹备，以最大决心办出赛事精彩。要强化认识抓执行，夯实责任抓推进，查漏补缺促提升。会议强调，要全程做好服务保障，以最优标准赢得大家喝彩。相关部门要强化精细管理，优化疫情防控、安全保卫、交通出行、行政接待等各项预案，针对性地开展人员培训、压力测试和实战训练，推动各服务板块融合磨合，全面提升综合保障能力。要全力做好氛围营造，以最实举措展现靖江风采。要提标形象展示，提优城市环境，提升宣传质效，真正把省运会办成全民共建共享的盛会。

7月26日，召开深化全国文明城市创建推进会。会议强调，做好创建迎检工作，时间紧迫、任务繁重，必须紧起来、冲起来，做到全员参与、全力以赴。基础设施要"精准"提升，经得起"细看"。要加快完善市政基础设施，加快推进老旧小区改造，加快提档公共文化阵地。市容环境要"精美"打造，经得起"细查"。要规范整治城市缆线，加强重要点位打造，注重城乡接合部整治。公共秩序要"精细"管理，经得起"细评"。要进一步整治交通秩序，规范经营秩序，提升公共秩序。乡风文明要"精致"描绘，经得起"细感"。要提升乡村风貌，治理生态环境，推进移风易俗。城市气质要"精心"涵养，经得起"细品"。要注重文明培育，开展文明实践，加强文明宣传。

8月2日，召开"15分钟医保服务圈"建设暨医保重点工作推进会，进一步深化"15分钟医保服务圈"省级示范市建设，加快医疗保险征缴扩面，推进医疗保障事业高质量发展。会议指出，"15分钟医保服务圈"和参保扩面事关全市高质量发展大局、事关人民群众健康福祉，各地各相关部门要以高度的使命感、责任感、紧迫感，咬定目标、精准发力，强化组织、形成合力，推动医保高质量发展继续走在前列，以优异的成绩迎接中共二十大胜利召开。

9月1日，召开市政府全体（扩大）会议暨全市政府系统廉政工作会议。会议指出，要围绕高质量发展主线，致力营造平稳健康的经济环境。高质量发展，关键是"比"，核心是"干"。会议要求，要紧紧围绕喜迎中共二十大主题，致力营造国泰民安的社会环境。会议强调，要紧紧围绕加强党的建设主责，致力营造风清气正的政治环境。始终把廉洁从政、为民执政、实干勤政作为立身之本、从政之要、应尽之责，以扎扎实实的作风勇挑重担、多作贡献。

9月22日，召开政银企对接座谈会。会议指出，保持经济平稳健康发展尤为紧要，部门、属地要牵线搭桥、保驾护航，充分发挥引导作用，积极组织多种形式的产融对接活动。企业要切实增强金融机构的投资信心和产品支持。财政、金融监管等部门要贯彻落实省、市国资国企改革等会议精神要求，继续做好金融风险防范化解工作，引导国有企业有序推进降成本、调结构、促发展、防风险等各项工作，健全长效化产融合作机制，促进金融更好服务实体经济。希望银行争取信贷规模、政策倾斜，加大贷款投放力度，助力靖江经济社会发展。

9月23日，举行危化品运输车辆交通事故"双盲"应急演练，涵盖通知出警、信息报送、交通管控、伤员转移、消防处置、人员疏散、危化品堵漏、危化品倒罐等15个科目，进一步提高全市应急管理部门与高速管理单位多方快速反应、协同配合、联动处置和应急响应能力。

12月8日，召开全市根治欠薪集中整治专项行动推进会，确保全面完成年度根治欠薪任务，坚决维护社会和谐稳定大局。

12月29日，召开全市安全生产和疫情防控工作会议。会议强调，要严格落实安全生产责任，有力有效做好疫情防控，统筹做好年终各项工作，牢牢守住安全生产、疫情防控底线，确保人民群众度过一个欢乐祥和的节日。会议指出，各地各部门要充分发挥好在疫情防控和抓安全生产过程中形成的属地兜底优势、部门联系优势，对安全生产、疫情防控等当前重点工作专项部署、专班推进、专报落实，形成闭环。要全力抓好年终岁尾安全生产，加快推进冬季专项治理行动，加强冰冻雨雪等极端天气安全防范，强化重点时段安全管控，及早完善应急预案，有针对性地做好防范部署；要全力落实冬春火灾事故防控，全面开展劳动密集型企业排查整治，深化“祥泰高层”行动，强化商场市场和大型商业综合体消防安全专项整治，不断提升消防安全管理水平；要积极提升发热门诊服务能力，加快推进疫苗接种，加强重点人群精准服务，加快做好重症医疗资源准备，加强对医护人员的关心关爱，加强基层医疗机构药品供应保障，做好城市运行保障工作。

民生实事重点项目

【老城有机更新项目】 2022年，靖江市启动老城核心区项目建设，老城中部核心片区更新规划通过专家评审，完成与中心城区控规的衔接落图，按程序形成法定规划统筹推进，同步开展核心区域文旅商业策划，创新搭建“文产融合”运营操盘体系。推进连片开发，高标准建设济川门历史文化街区(14、15号地块)，形成初步设计成果，结合天一国际、德诚广场商业现状和未来预期，进行整体运营策划。观海门历史文化街区(12号地块)完成施工招标并启动建设。华明(华源)地块(34、35号地块)以打造华明1970工业遗址公园为主题，建设高品质完整社区，年内，完成土壤调查专家评审并形成风险评估报告。推进路网连通，改造胜利街、布市里路、新西北路，延伸永兴街等支线道路，形成城市微循环交通系统，骥江中路恢复机动车道通行。提升改造老旧小区42个。全面完成雨污分流、消防安全整治、非机动车充电设施安装、电力专项整治等工作，共新增电动自行车集中充电位3500个。推进外墙、道路、绿化、垃圾分类、停车位改建、增设无障碍设施等工作，小区内共增设停车位600余个，小区住宅楼出入口增设无障碍设施60个。实施空调位整修、屋顶修漏、楼道维修等工作。鼓励和支持增设电梯，实行市级财政补贴，全市共加电梯25台。推进城区活水工程，通过沟通水系、提升改造泵站等措施进一步改善城区河道水环境，完成九圩港苏源热电路南涵管拆建工程。展泗港泵站提升改造及过江平路涵管拆建工程、真武河泵站提升改造工程完成项目可研申报及审批立项、初步设计方案审批、初设概算审查等工作，西小圩西段管涵及十圩港泵站改建工程列入十圩港整治工程内实施，完成项目初步设计方案并通过省水利厅技术审查。高标准实施城区低压居民用电分拆改造，通过电表拆分，实行“一户一表”规范管理，完成长江环保设备厂等处共458户改造，提升安全运行水平，改善用户用电体验。

【乡镇生活污水处理提质增效项目】 推进乡镇污水管网建设和“十必接”排水户接管。全面排查各镇污水管网覆盖情况，分析评估存在问题，科学制定管网建设方案，完成16.7千米乡镇污水管网建设；开展乡镇镇区范围内“十必接”排水户排查，建立问题和任务清单，交办各实施单位实施，完成“十必接”排水户接管1200户；城北、新桥、季市、生祠污水处理厂进水COD浓度和进水BOD浓度均达泰州污水治理精准攻坚目标责任状考核目标。开展居住小区雨污分流和“阳台水”改造。完成斜桥镇(开发区)东阜社区、城北园区新佳新村、西来镇见龙新村C区及澄靖园区大华苑、澄江小区、教师新村雨污

乡镇生活污水处理提质增效项目施工现场

分流和“阳台水”改造工程。提升管网检测修复水平。开展沿河污水管道、倒虹管检测,边检测边修复,对需重点开挖修复的管道按照先急后缓的原则,在对市民交通出行不造成较大影响的前提下治根治本,累计检测乡镇污水管网100.4千米,修复管网缺陷85处。加快消除乡镇黑臭水体。全面摸清乡镇黑臭水体底数,开展控源截污、内源治理等整治工作,江阴—靖江工业园区完成江防村15组袁家圩后沟河道清淤工程,西来镇完成建新港整治,生祠镇完成派出所门口和新政府门口河道疏浚、生态护坡建设以及陆家港(刘国钧故居西侧段)整治;马桥镇完成江平路铭坤史家埭后河道清淤。加强雨污水管网在线监测。通过在各乡镇雨污水主管网、终点泵站、重力自流管安装智慧监测设备,将数据接入平台,实时监测进出水水质、泵站流量,并绘制地下管网热力图,年内完成设备安装和调试,安装点位131个。

【中心城区消防救援能力建设项目】 优化整合社区(村)中心消防站,实施老旧小区消防安全提升工程,提升中心城区火灾防控水平。靖城、城南、孤山、滨江、江阴—靖江工业园区完成15个社区(村)中心消防站营房建设和办公、生活设施配备,为每站配备2吨泡沫水罐消防车1辆,各属地选配87名专兼职消防安全员并完成业务培训,年内消防站全面投入试运行。建立社区(村)中心消防站运行保障机制,市财政按照每站每年20万元给予各属地社区(村)中心消防站运行补助。各属地结合老旧小区改造计划,完成47个老旧小区的消防车道划设,增设室外消火栓33个。

【院前急救系统提升完善项目】 完善院前急救体系,合理配置和优化院前急救资源,更好满足群众急救需求。优化调度系统。完善指挥调度规范,出台《靖江市120调度中心工作方案(试行)》;增编调度员至10名,加强培训与考核,遵循就近、就急、就专科的原则,科学合理调派急救资源,提高快速响应水平,实现3分钟出车率100%。强化资源配置。健全站点设施设备,更新院前急救车辆4辆,其中负压车3辆,全市监护型车辆及负压型车辆配比达标,实现急救车辆配备率100%、急救站点覆盖率100%。提升急救实效。扩充急救队伍,在原有201人急救队伍基础上再培训增加72人;建立与“119”联动机制,建设1家“119+120”联动急救站试点,开展“救在身边、守护生命”道路救援联合演练。加强过程管理。修订《靖江市120急救站点考核标准》等文件,考核院前转运、院内救治等各环节工作,提升院前医疗急救机构的服务能力和技术水平;加强急救信息化建设,启动院前医疗急救电子病历应用工作,基本实现急救质控达标率100%。增强应急能力。建成救护车洗消中心;在公共场所投放8台自动体外除颤仪,开展公众急救知识技能培训30场共1552人次;开展群众满意度回访测评,群众满意度基本达100%。

【青少年学生身体素质提升项目】 系统实施青少年体育“5621”项目和“护眼亮睛”行动,推动青少年文化学习和体育锻炼协调发展。确定篮球、田径(橄榄球)、乒乓球、羽毛球(柔道)、足球5个项目作为靖江市特色体育项目,每个项目布局6所小学、2所初中、1所高中,完成设施配置、课程安排、活动训练、竞赛梯队建设等工作。组织开展各项目校、市两级比赛,并在泰州市级比赛中获得38个单项第一;橄榄球、柔道等项目获省运会冠军10个、金牌18块。实施中小学校全覆盖的教室照明改造提升工程,改造33所中小学989个教室,秋季学期开学时全面竣工投用;试点建成5个学生健康体检教室,均配置自动化视力筛查设备及其他体检设备,并完成2轮全覆盖的学生视力筛查和数据分析;挂牌成立靖江市中小学生近视防控基地,集成宣传教育、培训指导、筛查建档、近视矫正等服务功能,指导全市中小学、幼儿园及家庭做好儿童及青少年近视防控工作。

【村庄规划编制及推动农民集中居住建设项目】 推进“多规合一”实用性村庄规划编制,结合“三区三线”划定初步成果,将城镇开发边界外以及骑跨边界的147个行政村纳入村庄规划编制范围,其中,完成孤山镇通太村、生祠镇七一村、靖城街道友仁村3个行政村规划编制,99个村庄规划编制形成初步成果,45个行政村启动招投标。确定马桥、孤山两镇作为试点推行农民集中居住,年内开工建设马桥镇徐周村集中居住点、孤山镇集中居住点。

【体育惠民“村村享”项目】 结合城市总体规划及百姓健身需求,出台体育惠民“村村享”实施方案,投入资金500万元,提档升级全市行政村(社区)健身场地,推进80个健身路径网点(其中43个老旧健身设施网点)、20个篮球场、3个笼式足球场、76张室外乒乓球桌的建设以及斜桥兴阜公园、季市公园、马洲公园等6个体育公园的提升改造工作，年内完成场地设施安装和验收。

【特殊失能老人养老保障项目】出台《靖江市特殊困难失能老人关爱服务管理办法》，通过政府购买服务，对失能的特殊困难群体养老实现全保障。及时向全市符合条件的33名失能老人发放《亲情照料提醒函》，并根据老年人养老服务需求，制定养老服务项目，由第三方服务机构按600元/月标准为失能老人提供政府购买居家养老上门服务；同时由特殊困难失能老人家庭成员对其进行亲情照护服务，按600元/月标准进行补贴；每月及时完成特殊困难失能老人增减变动和居家养老上门服务质量跟踪回访。

【"乐业马洲"就业品牌项目】靖江市聚焦企业用工和重点群体，开展"乐业马洲"就业专项行动，全市实现城镇新增就业1.5万人。开展"乐业马洲·四季招聘"专场活动。举办"春风送岗""夏季职引""就在金秋""暖冬选岗"等线上、线下招聘活动20场，固定日招聘会112场，累计提供就业岗位5万余个，为企业解决技能人才缺口5360人，企业用工需求得到基本满足。开展"乐业马洲·高校引才"专场活动。举办"高校引才"校园招聘32场、"靖候英才·携手江来"高校毕业生就业促进活动18场、直播带岗等线上招聘会12场，累计引进高校毕业生2086人(高层次人才421人)。开展"乐业马洲·拓岗援助"专场活动。实施就业援助"暖心行动"、就业培训"技能提升行动"和家门口就业"护航行动"，举办专场招聘活动9场，提供就业岗位5000余个；举办育婴员、退捕渔民针对性技能培训等73个班次，培训2740人；开发公益性岗位2603个，实现困难人员就业2945人。

【残疾人辅助性就业和居家托养项目】为有效解决特殊困难残疾人家庭就业难、照料压力重等民生难点，靖江市针对难以正常就业的残疾人提供辅助性就业服务，出台《靖江市残疾人辅助性就业管理办法》等文件，通过比对就业年龄段内未参加企业社保残疾人信息、逐户上门宣传辅助性就业政策等途径，推进服务常态化、优质化运营；筛选适合残疾人辅助性就业劳动产品，储备电子高压包、化妆用品加工等产品种类28项；全市27个残疾人辅助性就业场所共为390名残疾人提供辅助性就业服务。针对特殊失能残疾人提供居家托养服务，招标确定2022年度残疾人居家托养服务机构，为全市220名有需求的残疾人开展居家托养服务，全年开展服务24640次；提升服务供给能力，开展居家托养服务人员业务培训，加强信息化监管平台建设，定期对居家托养服务对象进行实地探访、问卷调查。（蒋锦源）

电子政务

【市政府门户网站建设】2022年，政府门户网站发布信息6201条，及时转载国务院、省政府网站信息分别为83条、420条，审核录用部门信息5054条。新冠肺炎疫情防控期间，政府网站快速响应，解惑释疑、回应关切、传递政府权威声音，及时准确发布新冠肺炎疫情防控、复工复产、惠企政策相关信息37条。政民互动持续开展。全年开展意见征集16次，在线访谈6次。持续推进政府网站监测和整改，坚持第三方服务常态化监测，全年开展自查自纠4次，落实省政府抽查和泰州市政府检查整改任务12次。加强信息安全建设，开展应急演练3次，及时处置各类风险隐患16次。加强值班读网工作，落实全站信息三级审核发布机制，全年未发生信息安全事故。

【政府信息公开】严格公开落实《中华人民共和国政府信息公开条例》要求，围绕市委、市政府中心工作，加强重点领域的信息公开工作，进一步公开透明行政权力。全年通过市政府门户网站和政务新媒体等主动公开政府信息8865条，其中政务动态信息5054条、信息公开目录信息1115条、其他概况类信息32条，组织发布、转载《政策简明问答》和政策解读16次。全年新受理政府信息公开申请145件(网上申请96件、邮寄方式申请49件)，均按照《中华人民共和国政府信息公开条例》和《江苏省政府信息公开申请办理答复规范》办结。办理的145件申请中，全部或部分公开的73件、不予公开10件、无法提供49件、不予处理10件、逾期未补正视为放弃依申请公开3件。建立健全政务信息审核、发布和公开制度，优化政府信息公开撰写、报送、审核、发布等流程，确保信息公开内容严谨全面、用词用句清晰准确、公开流程及时规范。组织各单位学习《中华人民共和国政府信息公开条例》，定期指导、检查和通报信息公开情况，确保工作质量。建设管理部门网站和政务新媒体，严格落实网络意识形态责任制，完善信息发布审核机制，确保政府网络信息内容安全。规范政务新媒体管理，政务新媒体数量精简至8个。

【电子政务平台】 全年通过协同办公平台流转公文7350件，其中省、泰州等上级文件3218件，全面提升公文流转效率。通过建议提案网上办理系统，办理完成121件人大代表建议、196件政协委员提案，满意率和基本满意率100%。及时规范办理泰州市及靖江市市长信箱686件，办结率100%。 （孔 旦 刘秦余）

行政审批服务

【概况】 2022年，靖江市推进政务服务事项统一集中受理，全市41个部门（单位）的1517项行政权力事项、476项公共服务事项全部进驻政务中心（分中心）统一集中办理，实现“大厅之外无审批”。全年办理各类审批服务事项515852件，承诺件时限压缩度96.2%、即办件占比99.8%、不见面事项占比100%。优化窗口设置，围绕办件数量、办理频次、阶段性集中办理等群众办事需求打造综合窗口70余个，实现前台综合受理、后台分类审批、窗口统一出件。对标“数字政府”建设要求，升级改造江苏政务服务网靖江旗舰店，优化用户在线检索、身份认证、材料递交、流程可视等功能，推动事项办理“网上可办”向“网上好办”转变。

【“一件事”改革】 深化“一件事一次办”改革，整合涉及多部门、多层级、多环节的审批事项，通过联合办理、全程代办、限时办结等措施，推出“一件事一次办”事项52个，其中“独生子女奖励金发放”“高校新生连续性资助”为全省首创，“人才服务”“电水气网联合报装”为泰州首推，申报材料压减约50%，办理时间缩短约80%。深化“一业一证”改革，在泰州地区率先实现“一业一证”办理向网上延伸并覆盖所有乡镇。

【企业服务】 锚定“1230”服务目标，在开发区打造“靖省心”工作室，扎根一线服务项目审批。实施重大项目建设审批“一件事”改革，优化设置“线上专窗”“线下专区”“热线专席”，升格“项目管家”包保。创新“承诺即发证、开工后核验”审批模式，实行社会投资小型低风险项目告知承诺制审批，工程建设项目审批全流程在30天内办结，施工许可证办理1周内办结，该创新做法被《新华日报》头版报道。推动企业开办再升级，常态化实现8个小时内办结企业开办全流程。深化企业开办“泰融易”一站式服务，开拓政银合作新渠道，企业登记由“一点办”变成“多点办”。设立泰州地区首个“证照联办”服务专窗，实现营业执照与许可证同步办理，填补企业准入准营空白。在泰州首推集群注册登记模式，推动市场主体集群集聚发展，打破传统“一址一照”限制。

【公共资源交易】 2022年，市公共资源交易中心完成各类交易项目308项，交易金额32.56亿元。其中，建设工程项目117个，成交金额24.36亿元，分别占总成交项目数、总成交金额的37.99%、74.82%；水利工程项目29个，成交金额2.17亿元，分别占总成交项目数、总成交金额的9.42%、6.67%；政府采购成交项目33个，成交金额1.38亿元，分别占总成交项目数、总成交金额的10.71%、4.23%；交易目录外项目129个，交易金额4.65亿元，分别占总成交项目数、总成交金额的41.88%、14.28%。所有建设工程、政府采购、水利工程项目全部采用不见面开标，不见面交易率达100%。大力推广电子保函和中标贷，共计1838家投标企业办理4005份电子保函，投标保函转化率达79%，减轻企业资金占用9.09亿元；中标贷金融服务平台上线后，为7家企业提供融资服务2129万元。构建“互联网＋公共资源交易”新模式，推广电子保函代替投标保证金，全年为1800余家投标企业办理电子保函，减轻企业资金占用9.09亿元。建设工程、政府采购、水利工程等领域招投标实现“全流程电子化”，全面落实“不见面开标”“零跑腿采购”。深入推行“中标贷”服务，为7家企业提供2129万元融资服务。推行两个“免于提交”，实现工程建设项目领域9个事项“免证办”。

【中介服务】 2022年，“网上中介超市”入驻中介机构386家，承接涉审事项46项。开展中介服务领域百日提升行动，实施中介领域突出问题专项治理，集中排查中介服务机构脱钩改制、中介服务市场秩序规范、中介服务收费、中介服务要素公开等，整治行业乱象。制定《优化营商环境涉审中介服务事项网上运行和管理规范》，被作为泰州市地方标准推行。

【便民服务】 依托建成的12个

便民服务中心和209个便民服务站,通过窗口前移、委托受理、远程审批等方式,推动服务事项下沉至基层一线办理。在各业务专区、分中心及镇(街道)便民服务中心设立24个"办不成事"服务专窗,建立"横向到边、纵向到底、内外联动"的便民惠企"兜底"服务机制。打造"一镇一特色"服务品牌,孤山镇建成"公共服务综合信息平台",下沉20余项服务事项至村(社区)办理。马桥镇、西来镇分别打造"马上办好""西望您来"服务品牌,让办事群众简便快办、即办即走。靖城街道"在靖城 事竟成"代办团队帮助特殊群体上门服务,方便困难群众。梳理高频政务服务事项100项,生成"一事一码",实现办事指南指尖速查、"码"上阅知、精准服务。创新推出"政银合作""政邮合作"服务模式,与多家银行、邮政公司开展政务合作,实现"审批事项线上线下申报,审批结果快递送达"。指导斜桥镇邮政支局成立泰州首个"苏服办"便民服务点,下沉办理多个高频服务事项。推进政务服务"跨省通办",通过全程网办、异地代收代办、多地联办等,推进135个高频事项实现"跨省通办"。

(高　琳)

外　事

【概况】 2022年,靖江市严格落实中央、省、市关于因公临时出国管理规定,全年办理因公出国团组1批3人次。

【服务涉外企业】 邀请泰州外办至靖江举办"外事服务进企业"专场活动,面向全市重点涉外企业推介APEC商务旅行卡、宣传海外领事保护等服务,助力优化靖江涉外营商环境。推广"泰州市邀请外国人来华信息系统",为涉外企业办理来华邀请函4批11人次。

【友城交流】 4月27日,在《泰州晚报》友城之窗版块发表文章《安斯巴赫市——兼具古老与现代的德国小城》,宣传友城安斯巴赫的概况及与靖江交流交往情况。邀请地区行政长官路德维希博士参加江苏省"一带一路"国际友城交流周活动,并录制祝贺视频。通过信函、邮件等方式加强与友城安斯巴赫交流,不断创新友城合作机制,通过一系列交流活动,促进友城工作提质增效。

【新冠肺炎疫情防控】 完善联防联控工作机制,牵头建立涉外协调转运组(对接昆山转运协调组),优化工作方案,搭建工作专班,理顺工作流程。根据泰州市统一部署,先后安排4批工作专班,至昆山参与入境人员转运,1人被省涉外协调转运组评为"防护服规范脱卸优秀标兵",31人获得省涉外协调转运组颁发的对接上海转运抗疫工作纪念证书。

(周　芮)

对口帮扶与支援

【概况】 2022年,靖江市落实摘帽不摘责任、摘帽不摘政策、摘帽不摘帮扶和摘帽不摘监管的"四个不摘"要求,深化靖江、永寿对口帮扶。全年财政援助资金2000万元,实施帮扶项目15个;打造乡村振兴项目投入结对资金210万元,实施乡村振兴项目10个,持续推动镇村结对、劳务协作、人才交流、社会帮扶、产业合作等。持续开展与辽宁省本溪市桓仁满族自治县对口合作,在靖江设立桓仁满族自治县健康产品展销中心,实现年销售额85万元。全年在国家级、省级、泰州市级新闻媒体上发布帮扶典型案例各1篇。

【帮扶协作机制】 2022年,靖江市、永寿县两地转型升级镇村结对帮扶模式,9对村村、9对村企、

6月16日,靖江—永寿(苏陕)对口协作暨全面推进乡村振兴联席会在靖江召开

2对医院、2对学校、1对村社开展结对共建,打造乡村振兴模式。两地完成领导互访及调研,召开高层联席会议2次,签订《靖永乡村振兴有效衔接劳务协作协议书》《医疗协作共建战略合作协议》《教育协作共建框架协议》。选派18名专技人才至永寿县开展结对交流活动,接收31名永寿专业技术交流人才。开展党政干部培训30人次,乡村振兴专技人才培训371人次。

【劳务协作】 靖江市、永寿县两地人社部门精准推进劳务协作,深化职业技能培训和转移就业协作,全年累计帮助永寿农村劳动力到江苏省就业90人,其中脱贫劳动力57人;除江苏以外其他地区帮助就业60人,其中脱贫劳动力33人;陕西省内就近就地转移77人,其中贫困劳动力48人。开展就业创业培训66人次。

【社会帮扶】 2022年,靖江动员社会力量投入帮扶资金154.8万元,捐物折款68.7万元。江苏省荣昌济困基金会通过靖永协作工作联络组,为永寿县100名困难学生发放总价值23.2万元的当季"生活礼包",并对18名品学兼优学生每人发放助学金1000元。深化消费帮扶,联合多个部门、经营单位成立攻坚党支部,推动陕货进靖江。年内,消费帮扶累计1032万元,其中消费帮扶专馆销售金额262万元。

(林 莹)

信 访

【概况】 2022年,靖江市受理群众来访1088批3021人次,其中集访121批1751人次;办理网信类信访件1257件,网上信访占比84.44%;信访事项及时受理率100%,按期办结率100%,群众满意率99.41%。

【积案化解】 推动"信访突出问题攻坚化解年"行动,市委常委会定期听取情况汇报,市委市政府主要领导多次批示指示,带头会商研究疑难信访问题。市委市政府分管领导靠前指挥,督导督办重点信访事项。市党政领导聚焦"十大信访领域",主动挂联包案、条线接访下访、会办积案难案。市信访联席办坚持"周研判、旬会办、月调度",统筹协调在一线、化解矛盾在一线、督查指导在一线,推动信访积案化解。年内信访突出问题攻坚化解率达98.6%。

【条例宣传】 4月,中共中央、国务院印发《信访工作条例》,市委常委会、市政府常务会议第一时间组织专题学习,组织全市学习宣传贯彻该条例。开展"信访法制宣传月"活动,推动条例学习宣传进党校、进机关、进企业、进基层,全年宣传宣讲80余场次。

【规范流程】 规范初信初访受理办理,严格首接首办责任,强化过程管理、闭环问效,初信初访接处办理以"程序规范"倒逼"实体规范"。落实《泰州市联合接访工作办法》,明晰党政领导值班接访、职能部门联合接访、社会力量参与接访、集体访联合接待和应急处置以及强化访情分析研判等内容,重要来访事项接待处置规范有力。

【基层阵地建设】 拓展"人民满意窗口"线上、线下创建路径,设置特殊对象"彩虹"连心卡,推行责任心、爱心、耐心、细心"四心工作法",帮助群众解决困难。指导镇街和村(社区)按照"有阵地、有队伍、有机制、有保障"创建标准,推行信访事项"一站式管理、一窗式受理、一条龙办理、一揽子解决"。全市13个镇街"人民满意窗口"建成率达100%。马桥镇、斜桥镇获评全省2022年度"人民满意窗口"建设质量提升工程先进单位。

(王 波)

机关事务服务

【财务管理】 制定靖江市机关事务管理标准(财务管理规范),对靖江市机关事务服务中心财务管理的运行成本、经费管理、资产管理、政府采购、内控管理、合同管理、内部审计、制度建设等制定规范和标准。建立健全资产管理制度,合理配备并有效使用资产,加强仓库物资和固定资产的管理。全年新增固定资产466.12万元,场租收入85.1万元,缴纳税费12.7万元。

【办公用房管理】 贯彻落实《泰州市党政机关办公用房管理办法》,做好党政机关办公用房集中统管,从严执行党政机关办公用房配置标准,降低机关办公用房运行成本。定期组织开展专项督查,保持巡查高压态势,杜绝违规多占面积超标使用办公用房的现象。优化办公用房布局和功能,优先整合现有闲置资源,合理调配,统筹调剂使用,推进办公用房资产管理数字化,办公家具调剂管理节约化,出租房管理市场化,体现集中集约管理优势和成效。落实国资办减租文件精神,出租公房房租应减尽减，全年收取房屋租金31.3万余元。

【公务用车管理】 公务用车服务中心参与泰州市委全会、省靖中高品质发展大会等重要接待保障十余次，全年共派车10756车次，未发生安全责任事故。运用“线上+线下”模式，常态化开展公务用车规范使用检查。采取“抽查+专题”方式，专项检查各保留用车单位、派驻单位、保留业务用车的事业单位主管部门、公务租车费用较高的单位以及市属国有企业公务用车情况，未发现违规使用公务用车现象。印发《关于重申公务租车管理相关规定的通知》，进一步明晰与重申租赁纪律。持续推进“一张网”建设，切实推进公务用车智能化管理平台系统2.0落地。逐步提升新能源汽车在公务用车更新中的占比，全年党政机关新能源汽车更新比例达42.1%。

【机构节能管理】 全市有11家公共机构单位申报节约型机关创建，累计创成节约型机关单位共39家。制定公共机构节能管理红绿灯监管制度，与国家电网洽谈行政中心合同能源管理模式，同时与国信电厂洽谈光伏发电事宜，为节能减排顺利推进打下基础。召开全市公共机构能耗统计培训会，依托省能源管理平台加强数据统计与分析工作。强化督查，通过实地督查、电话督促、微信督查等方式，开展高效能公共机构节能督查工作。坚持日常宣传与集中宣传相结合，组织开展“全国低碳日”“公共机构节能宣传周”等节能宣传活动，通过LED屏、宣传栏、微信公众号、发放节能倡议书、节能扇等手段营造节能宣传氛围。

【设备维保服务】 规范80000号接听与报修，实行一站式即时服务，回访满意率达100%。加强对设备设施的维护管理，坚持每日巡查，发现故障及时处置，保障设备设施正常运行。全年完成行政中心智慧大院升级改造项目、主楼部分给水管道改造项目、高压配电设备电气预防性试验及维护保养项目、行政中心及联检大楼雨污水管道疏通检测服务项目、行政中心消防设施设备改造项目、联检大楼消防设施更换等12个重点工程，完成零星修理243次。

【安保服务】 按照通行证办理审核制度，严控审批机动车出入许可办理；加强门卫管控和院内管控，坚持夜间巡查和流动巡查相结合，及时排除安全隐患。严格把关车辆识别系统的录入审批，缓解行政中心停车供需矛盾。落实市行政中心新冠肺炎疫情防控主体责任，根据防控要求调整管控措施，常态化开展来访人员双码查验及体温检测，全年累计测试体温42800余次，日均前哨码扫码3000余次，确保市行政中心稳定、有序运转。

【餐饮服务】 全年定期召开“质控会”，强化食堂餐饮管理、调优餐饮品质、拓宽“靖享吃”外卖服务，提供更安全、更安心、更满意的就餐服务，提升机关后勤服务水平和质量。通过公众号“改膳记”栏目向机关干部展示后厨现场，公开透明操作过程、环境卫生，让就餐人员吃得放心、安心。打造“靖享吃”特色亮点，开展“节能宣传周”“靖享吃美食课堂”等主题活动，持续提升“靖享吃”外卖服务品牌影响力。机关干部职工就餐满意度明显提升，连续三年满意率达95%以上。

【会务服务】 全年接待各类会议1823场(含重要接待70场)，其中大型会议364场(含视频会议276场)、中型会议560场、小型会议899场。开展“师徒帮带”活动，从会议室保洁、会议对接、摆台等开始进行言传身教，形成一对一定向指导。利用晨会时间进行会务技能训练，提升会议中心整体工作水平。 (陈 钊)

3月4日，第一期“靖享吃”美食课堂举办

政协重要会议

【市政协第十四届一次会议】 1月8—11日,市政协召开第十四届一次会议。市委书记张长平在开幕式上发表题为《埋头苦干,勇毅前行,团结奋斗向未来》的讲话。会议听取并审议市政协十三届常委会工作报告和关于提案工作情况的报告。与会委员列席市第十七届人民代表大会第一次会议,听取和讨论政府工作报告及其他报告。会议举行名人名家讲座,进行大会发言,表彰先进,选举产生市十四届政协主席、副主席、秘书长和常务委员。会议通过《中国人民政治协商会议靖江市第十四届委员会第一次会议决议》。闭幕式上,新当选的市政协主席赵国庆发表讲话《汇力扬帆勇向前》。

【市政协十四届常委会议】 年内,市政协共举行4次常委会议。

第一次常委会议 3月4日召开。会议审议通过各专门委员会组成人员名单、市政协2022年工作要点及主要工作安排、2022年度重点协商议题和市政协关于开展“谱写履职新篇 汇力扬帆远航”主题活动的意见。市政协主席赵国庆从“把牢政协工作的正确方向、强化服务大局的履职担当、展现品质政协的良好形象”三方面,对做好全年政协工作提出要求。

第二次常委会议 6月27日召开。会议专题协商靖江推进“智改数转”,打造“智”造强市工作。审议通过《市政协关于进一步加强和改进反映社情民意信息工作的意见(修订案)》《市政协关于加强政协委员履职管理考核的意见(修订案)》《市政协常务委员述职办法》。

第三次常委会议 9月23日召开。会议听取和讨论市委、

1月8日,政协靖江市第十四届委员会第一次会议召开

市政府关于提案办理情况的报告。会议围绕“提升社会治理网格化管理水平”进行专题协商。会议审议通过《市政协常委会工作规则》《市政协提案工作规则》《市政协协商工作规则》。

第四次常委会议　12月27日召开。会议协商通过有关委员调整的人事事项,审议通过《关于召开市政协十四届二次会议的决定》。会议审议通过市政协十四届二次会议议程(草案)和日程安排,会议执行主席、秘书长和副秘书长名单,各次会议报告人、主持人名单。会议审议第二次全会常委会工作报告(稿)和提案工作报告(稿);审议通过2022年度先进集体和先进个人名单;审议通过2023年工作要点及主要工作安排、2023年度协商计划。会议征求对政府工作报告(稿),法院、检察院工作报告(稿),国民经济和社会发展计划报告(稿)、财政预算报告(稿)的意见和建议。

【市政协十四届主席会议】 年内,市政协共举行11次主席会议。

第一次主席会议　2月28日召开。会议审议市政协2022年工作要点及主要工作安排(草案);审议2022年度重点协商议题(草案);审议各专门委员会组成人员建议名单;审议市政协关于开展主题活动的意见(草案)。会议还审议市政协十四届一次会议提案复审情况,研究确定2022年度主席督办重点提案名单,审议通过重点提案督办方案。审议通过各专门委员会对口联系部门、单位名单,市十四届政协委员参加界别小组和基层委员联络委员会活动划分名单;审议通过市政协十四届一次常委会议议程(草案)和日程安排。

第二次主席会议　4月13日召开。会议审议《市政协关于进一步加强和改进反映社情民意信息工作的意见》;审议通过市政协社情民意特邀信息员名单。会议听取4月相关协商议题会前准备情况。

第三次主席会议　4月20日召开。会议听取开发区、港口集团公司、靖江海关及市财政局、商务局、市场监管局、税务局、人民银行靖江市支行相关工作情况介绍,协商靖江保税物流中心(B型)运营升级工作。

第四次主席会议　5月24日召开。会议协商了加强靖江高技能人才队伍建设工作。

第五次主席会议　6月20日召开。会议审议《市政协关于加强政协委员履职管理考核的意见(修订草案)》;审议了民主评议市城管局工作方案;审议市政协专题协商议事月活动方案;审议市政协十四届二次常委会议议程(草案)和日程安排(草案)。

第六次主席会议　7月19日召开。会议专题协商靖江2021年度财政决算情况和2022年上半年税收情况,听取了财政局、税务局相关情况汇报。

第七次主席会议　8月17日召开。会议专题协商提高中小学教育教学质量工作。

第八次主席会议　9月23日召开。会议审议通过《市政协主席会议工作规则》。审议《市政协常务委员会工作规则(修订稿)》《提案工作规则(修订稿)》和《协商工作规则(草案)》;审议市政协十四届三次常委会议议程(草案)和日程安排(草案)。

第九次主席会议　10月24日召开。会议专题协商老城有机更新重点项目建设工作。

第十次主席会议　11月14日召开。会议专题协商推进高标准农田示范区项目建设工作。

第十一次主席会议　12月26日召开。会议协商有关人事事项。会议审议《关于召开市政协十四届二次会议的决定(草案)》,会议议程(草案)和日程安排(草案),会议执行主席、秘书长和副秘书长建议名单,各次会议报告人、主持人建议名单。会议审议了第二次全会常委会工作报告(稿)和提案工作报告(稿);审议了2022年度先进集体和先进个人建议名单;审议了2023年工作要点及主要工作安排(草案)、2023年度协商计划(草案);审议通过了市政协十四届四次常委会议建议方案。

协商议政与民主监督

【概况】 2022年,市政协有13个界别、256名政协委员。有泰州市政协委员25人。其中,工商联界委员履职小组26人,经济界委员履职小组31人,科技界委员履职小组23人,教育界委员履职小组19人,医药卫生界委员履职小组18人,文体新闻界委员履职小组21人,工青妇界委员履职小组18人,港澳台侨少数民族宗教界委员履职小组19人,农业农村界委员履职小组18人,城乡建设界委员履职小组19人,社会保障救济福利界委员履职小组20人,中共、特邀界委员履职小组24人。是年,市政协以“谱写履职新篇 汇力扬帆远航”主题活动为载体,依靠全体委员,团结社会各界,充分发挥协商民主重要渠道和专门协商机构作用。科技界小组、医药卫生界小组、文体新闻界小组、工青妇界小组、港澳台侨少数民族宗教界小组、城乡建设界小组、社会保障救济福利界小组、中共、特邀界小组获评市政协先进界别小组。城南办事处、江阴—靖江工业园区办事处、滨江新区办事处、西来镇、季市镇、东兴镇、生祠镇等委员联络委员会获评先进政协委员联络委员会。工商联界小组、经济界小组、教育界小组、农业农村界小组和靖城街道、斜桥镇、孤山镇、马桥镇、新桥镇等联络委员会获评"有事好商量"协商议事工作先进集体。印鸿、朱全球、朱国庆、刘海金、花耘、李爱红、杨浏、何娟、沈为民、宋旭贤、张卫忠、张红球、苗志坚、范锦筠、闻晓明、闻韵萍、姚飞、姚蔚、姚璐、耿志红、顾徐娜、顾道勇、顾蓓、钱灿兴、高峰、高跃猛、曹雷、曹新亚、曾靖杰、蔡斌、潘颖获评优秀政协委员。卢国锋、张金玲、陆兴松、陈阳、陈和平、邵佳、邵铭、施键、夏银锋、展旭东、黄鹏、常冬梅获评"谱写履职新篇，汇力扬帆远航"主题活动先进个人。王燕、毛汉文、毛梦婷、石蕾、叶爱国、朱磊、刘鹏、刘溪玲、杨晓柳、陆伟、陈明月、周敏、周霜、胡仁宇、侯胤、徐奔、徐亮、徐晗、殷莹玮、黄桢、韩钖、韩柯、臧煜获评优秀政协工作者。

【调研视察】 年内，市政协坚持把调查研究作为政协履职的重要前提，作为发展协商民主的重要环节，全方位、多视角为全市经济社会发展献计献策。围绕高新技术企业培育、突出生态环境问题整改、老城有机更新重点项目建设等开展视察，提出意见和建议，就推进"智改数转"、靖江保税物流中心(B 型)运营升级、高技能人才队伍建设、提高靖江中小学教育教学质量、提升社会治理网格化管理水平等进行多次专题调研，为市委市政府科学决策提供参考。与无锡、昆山、启东等地政协，围绕"老城有机更新融入靖江历史文化元素""新型城镇化建设机制体制创新""加强中医特色专科建设"等开展走访调研活动。

【提案工作】 市政协十四届一次会议以来，共收到提案 282 件，经审查，立案 196 件，办结 196 件。创新"提案 +"产生机制，在泰州首创"聚力民生 ·1+N"系列重点提案督办模式，精选院前急救体系、城市交通路网等 5 个方面的重点提案及 24 件关联提案进行合并捆绑打包，推动提案工作督办一件、解决一片。创新"提案 +"协商机制，通过"提案 + 专题协商"，开展"专家、专业、专题"式的提案督办，通过"提案 + 即时协商"，促进提办双方在共商中寻求对策、推动工作。创新"提案 +"督办机制，推行"三商四会六步"(办前"预商察民情"、办中"约商汇民智"、办后"会商聚民心"，召开"提案双方见面会、多方协商会、督办推进会、提案评价会"，围绕"访初衷、走基层、广调研、商对策、督落实、回头看")提案督办新模式，全链条推动提案办理落地有声。市政协第十四届二次会议对二十佳提案的提案者予以表彰。

2022 年度市政协二十佳提案一览表

表 9

提案名称	提案人(界别、委员联络委员会)
关于增强民营企业法商意识，打造"最优营商地"的建议	唐明澍　曹新亚
关于推动消费互联网与产业互联网融合创新发展的建议	顾　蓓
关于进一步优化营商环境，提升高质量发展水平的建议	城南办事处委员联络委员会
关于推动乡村振兴发展的建议	斜桥镇委员联络委员会
关于鼓励高层次人才引进，创建"智造"靖江的建议	黄智钢

续表 9

提案名称	提案人(界别、委员联络委员会)
关于进一步用好政府引导性扶持性奖励资金,加强营商环境建设的建议	曾靖杰
关于推动新型村级集体经济发展的建议	江阴—靖江工业园区办事处委员联络委员会
关于深化模式创新,壮大村级集体经济的建议	东兴镇委员联络委员会
关于推进旧城改造保留文化基因的几点建议	张卫忠
关于建设靖江快速路网,打造高质量城市交通网的建议	城乡建设界
关于有序推进村庄规划编制,引导农民集中居住的建议	沙旭东
关于加强对政府安置房质量安全管理的建议	褚　雷
关于充分发挥市人民医院“五 +1”救治中心区域效应的建议	高　峰
关于进一步强化我市院前急救体系建设的建议	沈为民
关于构建学校—家庭—社会组织三方联动机制提升青少年心理健康水平的建议	团市委
关于充分发挥“五社联动”在居家养老服务中作用的建议	闻　毅
深耕志愿服务沃土 加大志愿培训力度	工青妇界
关于深化农村基层自制组织“政经分开”改革的提案	新桥镇委员联络委员会
关于建立健全防范打击电信网络诈骗综合治理机制的建议	顾国华
关于加强我市政府采购代理机构管理的建议	张　剑

【信息工作】 年内,市政协发挥信息“直通车”效力,全年共编报社情民意信息 240 余篇,《在基层党建工作中加大宗教治理权重》等 10 余篇社情民意信息被上级政协录用,《关于进一步优化防疫工作和群众生活就医保障的建议》《加强农村自建房管理》等信息获市委、市政府主要领导批示。

【“联动融合”协商活动】 年内,市政协根据市委点题,将“提升社会治理网格化水平”列为年度重点协商议题,创新“联动融合”协商机制,实行政协协商与基层协商议题联议、平台联动、形式组合、主体融合。共组织市、镇、村三级协商 274 场次,3500 余人次参加,收集意见建议 200 余条,100 余条建议得到即时转化,形成东兴镇“警格 + 网格”协同治理、江阴—靖江园区办事处小区“能人”赋能社区治理等一批协商成果。在一线协商基础上,市政协常委会开展专题协商,会议纪要获市委书记张长平批示,有效促进网格化治理综合协调、职责划分、队伍建设等问题解决,《新华日报》以《联动融合协商助力靖江社会治理网格化水平提升》为题,在重要版面刊发报道。

【委员培训活动】 6 月 9 日,市政协邀请泰州市政协副秘书长、办公室主任王林为委员们作专题培训。王林围绕习近平总书记关于加强和改进人民政协工作的重要思想,结合自身政协工作经验,分别从“人民政协的光辉历程”“深刻认识新时代人民政协的新方位新使命”“人民政协重要经常性工作”等方面为委员们作了专题辅导。

文化活动

【“书香政协”工作受省政协肯定】 在4月14日上午召开的全省政协深化委员读书活动座谈会上，靖江“书香政协”活动作为特色亮点，被泰州市政协推介，得到省政协主席张义珍肯定。近年来，市政协认真学习习近平总书记关于加强和改进人民政协工作的重要思想，深入贯彻全国政协“多读书、读好书、善读书”的工作要求，启动“书香政协”活动，形成线上线下相结合、读书履职相促进的工作格局，营造书香委员显真功、书香政协话共识的浓厚氛围。市政协因地制宜建设近50个“政协书屋”，展出近万册优质书籍，注入政协元素。组织多场读书分享会，市政协副主席率先开讲，有力推动书香社会建设，多位委员家庭获评全市“书香家庭”称号。政协文史资政功能也不断深化，《靖江550年》一书得到市委大力赞扬，组织编撰的《伟大的渡江在靖江》一书获评泰州市“五个一工程”奖。相关经验做法被《中国政协》刊载、在全省宣传推广。

【“书香政协”委员读书活动】 6月9日，市政协举行“书香政协”委员读书活动启动仪式，引导全体政协委员勤学习、多读书、勇担当、善履职。活动邀请泰州市政协副秘书长、办公室主任王林为“特聘导师”，聘请5位市政协委员为“阅读导师”，并宣读活动实施方案、颁发“阅读导师”聘书、介绍荐读书目。7月24日，市政协举行“书香政协 悦读马洲”读书分享会，泰州市文联主席、靖江市政协副主席、作家庞余亮以“跟着鲁迅回《故乡》”为题，与委员们畅谈名作《故乡》背后的故事。市政协主席会议成员向政协各界别小组赠送精选书籍。

7月28日，第九期容湖论坛举办

【“靖江老底子”之《靖江老味道》编纂工作启动】 5月23日，市政协举办《靖江老味道》编纂工作启动仪式。《靖江老味道》主要内容为“追忆旧时光，留住老味道”，将从节气、时令、地域、民俗等不同角度，系统整理流传至今的、已失传或即将失传的靖江传统名菜名点与风味美食。

【容湖论坛】 7月28日，市政协以“助企纾困解难题 营商环境再优化”为主题，举办第九期容湖论坛。论坛聚焦疫情影响下企业发展存在的痛点、难点，围绕优化营商环境、减轻企业负担、保障改善民生、激发市场活力等内容进行深入探讨与交流。市行政审批局、市发改委主要负责人分别介绍政务服务便民利企的相关举措、全市优化营商环境情况及助企纾困各项举措。政协委员代表与部门负责人面对面解疑惑、谋发展，餐饮业税费减免、服务业困难企业缓缴社保费、自主创业扶持、产业项目审批流程、智改数转惠企政策等众多热点问题得到细致全面的解答。省发改委法规处处长郭奇应邀出席论坛，围绕如何进一步激发市场主体活力和社会创造力、用更优营商环境为发展赋能，为靖江全力构筑营商环境新高地提供方向和思路。

【2022年度政协奖学金颁奖】 8月19日，市政协举行2022年度政协奖学金颁奖仪式，为61名品学兼优的学龄孤儿和贫困学生颁发政协奖学金。2007年起，全市累计已有1259人次获得资助、受到鼓舞、取得成长，并有多人在政协奖学金的激励下考取理想的学校。 （朱澄洁）

靖江市纪委 靖江市监委

综　述

【概况】 2022年，全市纪检监察组织围绕中心、服务大局，持之以恒正风肃纪反腐，全市党风廉政建设和反腐败斗争取得新成效，纪检监察工作高质量发展再上新台阶，为勇当现代化建设“东线第一帆”提供了坚强保障。全市设开发区纪工委1个、镇(街道、园区、办事处)纪(工)委13个。全市各级纪检监察组织共立案362件，给予党纪政务处分368人，采取留置措施10人，移送司法机关11人。市纪委监委牵头负责的党建考核指标位列泰州第一。

【市十三届纪委第二次全体会议】 1月29日，市十三届纪委第二次全体会议召开。市委书记张长平出席会议并讲话。市委常委、市纪委书记、市监委主任王国祥主持会议并作题为《坚持不懈推进党风廉政建设和反腐败斗争向纵深发展 为奋力当好现代化建设“东线第一帆”提供坚强保障》的工作报告。全会学习贯彻习近平总书记在十九届中央纪委六次全会上的重要讲话和中纪委书记赵乐际代表中央纪委常委会所作的工作报告，认真学习贯彻省委书记吴政隆在省纪委十四届二次全会上的讲话和省纪委书记王常松代表省纪委常委会所作的工作报告，认真学习贯彻泰州市委书记朱立凡在泰州市纪委六届二次全会上的讲话和泰州市纪委书记沈峻峰代表泰州市纪委常委会所作的工作报告。审议通过纪委工作报告和中共靖江市第十三届纪律检查委员会第二次全体会议决议。

【全市领导干部警示教育大会】 1月7日，全市领导干部警示教育大会召开。市委书记张长平出席会议并讲话。市长陈锋剑主持会议。与会人员共同观看警示教育片《赌输的人生》。

【纪检监察队伍建设】 深化全员培训，探索“研训一体化”培训模式，启动导师带教计划，举办纪法沙龙、案例分享会等培训20余场，受训1000余人次，实现全员培训全覆盖，相关做法被《中国纪检监察报》报道。优化队伍作风。开展“三访三问”(访机关问效能、访村居问民生、访企业问发展)集中走访行动，收集意见建议41条、相关诉求22条、问题13条，及时督促相关部门解决问题。强化争先创优，评选纪检监察“十佳工作品牌”，完善考核比武、亮榜晒绩机制，形成比学赶超浓厚氛围。加强风险防范，开展全市纪检监察干部廉政风险排查防控和谈心谈话活动，梳理排查廉政风险点291个，收集意见建议20余条。加大培养使用力度，选拔任用中层干部16名，交流轮岗8名。坚持刀刃向内，运用监督执纪“第一种形态”处理纪检监察干部1人。

执纪审查

【概况】 2022年，全市检举控告量、初次举报量、重复举报量分别比上年下降38%、26%、71%，信访转立案率、初信初访办结率和实名举报办理群众满意率分别比上年提高7%、11%、9%。严格依规依纪依法、安全文明办案，全年实现零事故、零投诉。树立“铁纪仁心”执纪理念，全市运用“四种形态”处理974人次，其中“第一种形态”占比62.5%。制发“三色清风卡”362张，不断强化“治未病”。坚持案件查办和以案促改同时发力、同向发力、综合发力，全年共制发纪检监察建议书31份，努力发挥“查处一批案件、总结一类规律、治理一个领域”的效应。

【专项治理】 深入基层调研摸底，制定《靖江市2022年度“清风行动”实施方案》，在泰州“6+4”（行政审批中介服务领域突出问题、景观绿化工程建设领域突出问题、职业技能培训管理领域突出问题、惠民富民补贴管理发放领域突出问题、村集体领办专业合作社突出问题、政府购买第三方服务领域突出问题6个专项治理，基层民生信访处置质效双提升、生态环境、文明城市创建、疫情防控4个专项监督行动）的基础上，因地制宜以城乡居民养老保险、村集体应收未收款为切口开展专项治理，形成“6+4+2”“专项治理＋专项监督”“一盘棋”。“大数据＋铁脚板”精准突破，运用大数据思维和信息化技术优化治理方式，通过“线上比对分析＋线下走访核查”构建问题关联图谱，精准发现问题线索。立案查办违纪违法案件171起，批评教育帮助和处理387人，采取留置措施6人，移送司法机关处理5人，挽回经济损失926万余元，督促出台《靖江市村集体应收款项管理细则（试行）》《进一步规范村集体领办经营性公司相关规定（试行）》等100余项制度。

党风廉政建设

【廉政宣传】 2022年，加大新闻宣传力度，在省级及以上宣传平台发表重点稿件25篇。做优做精《靖江日报》纪检专版、“清廉马洲”微信公众号，开设“推进高质量‘廉洁村居’建设”“我的家风故事”等系列专题专版30多个。升级打造廉洁文化阵地，以“东线第一帆”纪念公园、弯腰沟红色教育基地、苏北革命纪念馆等多个廉洁文化“地标”为站点，精心提炼渡江战役、山水盆景、市树香橼、市花兰花、夏仕港闸等富有靖江特色的“名片”中的廉洁元素，打造廉洁文化阵地8个。

【廉政教育】 2022年，创新开展新任职市管干部家庭助廉活动，组织100余名领导干部家庭成员通过视频方式进行廉洁寄语。面向全市行政执法人员，重点聚焦安全生产领域乱象，拍摄制作《“多变”的执法》警示教育专题片。面向村（社区）干部，开展“廉洁教育进村居”行动，着力化解村居干部在新形势下涉纪涉法工作中的“急难愁盼”问题。围绕《靖江市村（社区）干部履职行为负面清单》，筹备制作系列警示教育微动漫。

【廉政文化】 配合上级完成江苏历代贤吏老年归隐篇相关素材收集，创作完成“板桥竹风”历代贤吏微动漫系列脚本。整理季振宜、刘国钧、柳溥庆等本土人物勤政廉政故事，形成“马洲历代贤人贤吏故事”合集。举办廉政微电影《清．情》首映式，制作廉政微视频《你被什么吸引》，征集《廉洁之光》《清风徐来》等优秀文学、摄影作品10余个。其中，《清·情》入围全国廉洁文化微电影微视频征集展播作品。以纪检干部、融媒体主播、百姓名嘴为主体组建宣讲队伍，精心打磨《老焦和小焦》《小题大做的2700元》等宣讲作品9个，在全市开展“清廉马洲·学纪守廉”巡回宣讲活动，推动廉洁文化进机关、进校园、进医院、进社区、进家庭。

【廉洁村居建设】 开展“清欠”集中攻坚，推动村集体资金应收款“回笼”4800余万元。编制《村居干部履职行为负面清单》《违纪违法典型案例汇编》《农村工作制度“口袋书”》等，指导出台《规范新型农村集体经济组织发展实施意见》，推动村居权力制约制度清单化、规范化。突出“一地一品”，提炼形成“访一次、访一处、访一级”专项监督、“三清三Lian”等特色做法和制度性成果。

【中央八项规定精神落实】 2022年，靖江市构建落实中央八项规定精神立体监督机制，开展“酒局”、“牌局”、违规公款吃喝、违规收送礼品礼金等专项检查，共查处问题43起，党纪政务处分69人，推动全市日常公用经费支出和其他运转类支出明显压降。突出对形式主义、官僚主义问题整治，查处问题32个，处理人员49人。坚持解决共性问题、多发问题和建章立制相结合，纠治“四风”与加强思想教育相结合，对中共十九大以来“四风”问题开展“回头看”，督促完善公务用车管理、商务接待等15项制度机制。

派驻监督

【概况】 2022年，市纪委监委派驻纪检监察组发挥监督保障执行、促进完善发展作用，结合驻在部门权力运行关键点、风险多发点、群众关注点，明确重点监督事项、重点监督对象和监督方式，努力推动派驻监督制度优势转化为治理效能，实现“有形覆盖”到“有效覆盖”的提升。全年立案68件，“第一种形态”处置92人，主动约谈641次。

【清廉公安建设】 发挥派驻监督制度优势，加强与市公安局党委主要负责人交流沟通，建立完善常态化会商研判党风廉政建设和反腐败工作机制，与市公安局党委开展6次全面从严管党治警专题会商。做实做细日常监督，主动协助市公安局党委加快构建公安特色“大监督”格局，推动驻在部门党内监督、政治监督、督察监督、审计监督等各类监督统筹衔接、贯通协调、形成合力，全年参加公安“大监督”会议8次，发现问题65条，查处各类案件16起16人。（郑钦之）

巡　察

【概况】 2022年，市委巡察机构精准把握巡察定位，增强创新动能，提升巡察质效，深化成果运用，推进新时代巡察工作高质量发展。全年完成3轮常规巡察和巩固拓展脱贫攻坚成果同乡村振兴有效衔接、疫情防控两项专项巡察。积极开展上下联动巡察，配合完成生态环境突出问题专项巡察、重点高中交叉巡察、农业农村系统联动巡察。

【市委第一轮常规巡察】 2021年10月至2022年1月，对市属7家国有企业党组织及其分(子)公司、代管公司开展常规巡察，提出立行立改建议9个，发现问题107个，移交问题线索16件。2021年11月至2022年1月，完成巩固拓展脱贫攻坚成果同乡村振兴有效衔接落实情况专项巡察，坚持与持续巩固拓展脱贫攻坚成果相结合、同农村改革重点任务统筹推进相结合、同农村人居环境整治提升相结合，找准制约有效衔接的堵点难点痛点，共发现6个方面18个问题，有效推动精准扶贫、民生工程等领域补短板、惠民生、求实效。

【市委第二轮常规巡察】 4—6月，结合靖江廉洁村居建设部署，采取“巡镇带村”模式，巡察4个镇(街道、办事处)及52个村(社区)党组织。巡察期间紧盯重点领域和关键环节，加强横向对比分析，着眼于权力配置和运行制约机制，共查找镇级问题179个、村(社区)问题338个，移交问题线索28件，充分发挥巡察震慑、遏制、治本作用。

【市委第三轮常规巡察】 10—12月，对市自然资源规划局、住建局、交通运输局、水利局和供销总社5个党组织开展为期2个月的常规巡察，对农业农村局开展上下联动巡察，强化常规巡察与上下联动巡察、巡察监督与联动治理结合工作，深入发现领域性、系统性、典型性问题。

【疫情防控专项巡察】 8—9月，市委巡察组对靖江开发区、8个镇和11个疫情防控重点单位进行疫情防控专项巡察。巡察期间，4个专项巡察组按照“摸清底数、听取民意、察出实情、解决问题”的要求，坚持从被巡察单位的态度和行动上看政治觉悟，从人民群众和企业代表的访谈中看落实效果，共听取汇报33次，召开座谈会8次，个别谈话396人，实地走访212次，查阅资料5318件，巡察发现问题156个，移交问题线索2个，提出意见建议60条。

【巡察整改成效群众评议】 坚持走群众路线，深化构建“三一三化”(一轮一评议、一年一评估、一届全覆盖，推动评议工作规范化、制度化、系统化)评议机制，对全市被巡察党组织常态化开展巡察整改成效群众评议工作，扎实推动以巡促改、以巡促建、以巡促治。全年完成20个村(社区)和7家国有企业巡察整改成效群众(职工)评议工作，线上、线下参与群众6186人，取得良好社会反响。通过评议发现问题27个，提出意见建议38条，群众评议满意度均在98.8%以上。（朱　姣）

中国民主同盟靖江市基层委员会

【概况】 2022年,民盟靖江市基层委员会坚持以习近平新时代中国特色社会主义思想为指引,深入学习贯彻中共二十大精神,认真开展“矢志不渝跟党走、携手奋进新时代”政治交接主题教育活动。积极参加泰州市委统战部“同心助力·乡村振兴”主题实践活动,打造“党盟同心 振兴同行”助力发展品牌,在全省率先设立“民盟助力乡村振兴实践基地”,成立“同心助力”乡村振兴服务团,为续写乡村振兴新篇章贡献民盟力量。成立民盟常州大学怀德学院联合支部,探索建设渡江支部,为基层组织建设探索新思路。推进民盟泰州市委在靖江市开放大学设立的职业教育实训服务基地建设,助力职业教育和产业发展融合。至年末,民盟靖江市基层委员会有支部委员会11个,盟员170人。是年,民盟靖江市基层委员会获评民盟泰州市思想宣传先进集体、参政议政先进集体、社会服务先进集体。

【参政议政】 2022年,民盟靖江市基层委员会围绕中心、服务大局,调动盟内外参政议政资源和力量,开展调查研究,参与政治协商,反映社情民意。市政协十四届一次会议期间,盟员沈为民代表民盟靖江市基层委员会以《实施优化生育政策,建设生育友好城市,为我市高质量发展注入人口资源动力》为题、盟员马丽以《关于在“双减”中发挥教师队伍作用,推动教育“质效双增”的建议》为题分别进行口头发言,得到市委、市政府主要领导的肯定。年内,两会期间提交集体提案11件,个人提案26件,其中《关于进一步强化我市院前急救体系建设的建议》被市政协表彰为“二十佳”提案。9名盟员被市纪委监委、法院、检察院等部门聘为行风监督员、人民监督员、人民陪审员、政府素质教育督学等,切实履行民主监督职能。盟员黄金木撰写的《警惕村镇银行与农村商业银行的挤兑风险》获许昆林省长和马欣副省长批示。盟员沈为民撰写的《强化消费端引导,推进碳普惠机制》获盟省委第九届江苏生态文明建设研讨会优秀论文。盟员陈素志撰写的《践行全过程人民民主理念,推动新时代人民政协工作创新发展》入选泰州市政协“人民政协在全过程人民民主中的定位和作为”理论研讨会论文汇编。

【社会服务】 2022年,民盟靖江市基层委员会根据各支部盟员的专业特点,定期举办“靖盟讲堂”,为群众提供社会服务。教育支部、省靖中支部、市一中支部举办学科专题讲座,开展送教下乡“名师工作室教师牵手农村送课”活动,助推教育均衡发展。卫生支部在显华书院举办健康讲座,为市民提供健康指导和义诊服务。法治支部参加“工伤探视”公益项目,开展困境儿童帮扶、社区老人普法等活动。文化支部开展送文化下乡活动。新冠肺炎疫情期

7月23日，"民盟助力乡村振兴实践基地"在西来镇龙飞村揭牌

间，卫生支部、文化支部投身抗疫一线，守护人民群众的生命健康和安全；盟员秦逸创作歌曲《我们都是敲门人》，记录靖江人民守望相助、共克时艰的温暖情谊。

【"党盟同心 振兴同行"西来助力行动启动】 7月23日，"民盟助力乡村振兴实践基地"揭牌仪式暨"党盟同心 振兴同行"西来助力行动启动仪式举行。活动中，民盟江苏省委在西来镇龙飞村设立的乡村振兴实践基地揭牌成立。民盟靖江市基层委员会被授予民盟泰州市委员会"同心助力"乡村振兴服务团称号。西来镇龙飞村、丰产村、桐村村与靖江市绿化工程有限公司成立西来镇乡村振兴"一棵树"经济发展联盟。

【民盟靖江市基层委员会完成换届选举】 10月11日，民盟靖江市第九次盟员大会召开。大会听取并审议毛雨华代表民盟靖江市基层委员会所作的工作报告。大会选举产生新一届民盟靖江市基层委员会，徐婷当选为主任委员，吴彬、沈为民、刘西亚当选为副主任委员，刘小平任秘书长，王振宇、蒋镌、江昀、徐劲松、朱艳娟、郑利群、吕建军、陈素志担任基层委员会委员，根据工作需要成立秘书处，刘小平兼任秘书长，钱晓燕、林莹担任副秘书长。

（钱晓燕）

靖江市总工会

【概况】 2022年，市总工会下辖1个国家级经济技术开发区总工会、2个镇(街道)总工会、11个镇(园区、办事处)工会、15个系统工会，12家直属工会。全市累计有各级劳模516名，其中全国劳模6名，省级劳模(含享受)175名，泰州市劳模(含享受)251名，靖江市劳模84名。市总工会四次蝉联省文明单位，获评省财务竞赛一等奖、泰州特等奖，泰州市"安康杯"竞赛优秀奖，工会惠民行动获评"我为群众办实事"实践活动优秀案例。实施"职工创新成长"工程助力产改，关爱服务新就业形态劳动者、推进职工服务中心赋能创优等做法在省总相关会议上作经验交流，被"学习强国"学习平台、《工人日报》、人民网、《新华日报》、《泰州日报》等国家级、省市级媒体推介。

【中共二十大精神学习宣传】 2022年，市总工会召开工会系统学习贯彻中共二十大精神市委宣讲团报告会。开设"喜迎(庆)二十大 建功新时代"系列宣传教育活动12场，组织万余名职工参与中共二十大网络知识竞赛。集中收看中共二十大直播，通过党组会议、支部会议、全员会议等方式开展专题学习、集中学习、交流分享、知识竞赛等，及时跟进学、持续深入学、结合实际学的氛围浓厚。举办学习贯彻中共二十大精神专题报告会，中共二十大代表黄强授课，全市200名工会干部、职工和学生代表聆听宣讲。举办送理入"新"——"学二十大精神 展劳动者风采"理论宣讲，引导新就业形态劳动者听党话、跟党走。

【"产改"工作】 2022年，市总工会落实"产改"典型打造年工作要求，将船舶、装备制造等特色行业企业纳入试点，"产改"工作覆盖全市150家企业。紧扣"思想引领、技能提升、空间拓展、待遇提高"总要求，试点企业勇探索、出新招、求实效，涌现出江苏扬子江港务有限公司"阳光班组"、江苏靖江互感器股份有限公司"创新改善之星"等优秀案例。

【劳动技能竞赛】 2022年，市总工会、人社局联合举办"技工技能节"，带动乡镇"一镇一赛"和企业"技能比武"活动开展，年内组织各级劳动和技能竞赛100余场。23人获泰州市级以上竞赛奖项，其中2人获国家级技能竞赛一等奖。

【"职工创新成长工程"启动】 2022年，市总工会启动靖江市"职工创新成长工程"，构建"群众创新、孵化培育、成果转化"三位一体赋能机制，组织职工创新成果评选，其中14个项目获评"靖江市职工创新成果"，6个项目获泰州"三十佳"，吴兴燕、吴俊2名职工的创新成果入选首届大国工匠创新成果展，黄俊的创新成果获中华全国总工会20万元创新补助，江苏仅两项目上榜，是泰州唯一。开展"五小"（小发明、小创造、小革新、小设计、小建议）评比，征集职工"微创新"项目219个。聘请95名劳模工匠、技能大师及专家担任创新成长导师，推动劳模先进和青年产业工人的双向交流、定向匹配，以"名师带徒"、项目合作等方式，为"五小"项目申报人提供技术指导480人次，解决技术难题97项。

【新就业形态劳动者关爱服务】 2022年，市总工会发挥工会组织密切联系职工的天然优势，主动融入新就业形态劳动者群体，开展蹲点式、体验式、问需式、慰问式调研及送温暖、送健康系列服务，解决户外休憩、就餐、饮水、充电等实际困难。成立泰州首个新就业群体工会联合会、网络配送行业工会联合会、园区物流业联合工会，吸纳货运物流、快递等四大行业20余家企业劳动者加入。开展送慰问、送体检、送安全、送法律、送技能"五送"活动，组织首届网约配送行业技能竞赛、"最美外卖骑手"评选活动，新增"户外劳动者驿站"33个。

【职工普惠服务】 2022年，市总工会打造"益起来·工会服务大集市"，促进工会资源、社会资源和职工需求的精准对接，靖江祥瑞信息科技有限公司、靖江农村商业银行等27家单位入驻大集市，达成工伤探视、共建"户外劳动者驿站"等多个服务，新增职工服务基地6家、就业服务基地10家。开展职工需求线上调研活动，根据5669份职工需求清单，分类开展新兴职业培训、特殊群体帮扶等服务，惠及1200余名职工。开展"幸福企业"建设活动，推动企业、职工共建共享，助力职工体面劳动、舒心工作、全面发展，打造省级试点单位1家、泰州试点单位6家。推出"靖工惠"网上平台，链接"江苏工会"App，3万余名职工实名认证并评议工作。

8月5日，市总工会高温期间慰问女司机

【弘扬劳模精神、劳动精神、工匠精神】 2022年，市总工会选树各级五一劳动奖章获得者107人，举办劳模工匠"进机关、进企业、进社区、进校园、进乡村"活动10场次。成立"靖江工匠学院"，开设"工匠云课堂"，邀请创新专家、技术骨干直播授课，全年培训职工2万人次。组建劳模工匠"技术帮"，加强学习交流、项目合作、技术指导，协助企业解决技术难题，带动青年职工提升技能。推进劳模（工匠）创新工作室建设，倪加明劳模创新工作室获评省示范性劳模创新工作室。

【就业帮扶】 2022年，市总工会开展"春风行动""乐业马洲 夏季职引"就业服务活动，举办"线上+线下"招聘会，为困难职工、转岗待岗职工、农民工等群体提供岗位2865个。为110名建档的困难职工提供生活救助、子女就读、医疗救助、疫情补助等个性化、精准化服务，累计发放帮扶资金206万元。实施靖工暖"新"行动，赠送500份医疗互助保险，为新就业形态劳动者筑牢健康屏障。开展"关爱圆梦"活动，联合24家单位为困难职工子女提供勤工俭学、社会实践岗位329个。

【和谐劳动关系建设】 2022年，市总工会开展夏季安康"送安全、送法律、送清凉"活动，慰问一线职工3.5万余人次。推进拖欠农民工工资隐患、侵害妇儿权益、社会矛盾风险隐患等专项排查活动，劳动领域政治安全防线进一步筑牢。启动劳动法律监督评估专项行动,158家企业进行全面“体检”。加强劳动关系三方沟通和协调机制,百人以上企业能级工资专项集体合同签订率超95%,江苏新时代造船有限公司获评“省集体协商示范企业”,特殊钢有限公司、江苏骥江轮渡有限公司能级工资集体协商获评泰州市“十佳”案例。靖江持续开展“安康杯”竞赛活动,华汇渡运获全国“安康杯”竞赛活动优胜单位。　（郇远征）

5月13日,靖江市举行学习贯彻习近平总书记在庆祝中国共产主义青年团成立100周年大会上的重要讲话精神座谈会

共青团靖江市委员会

【概况】 2022年,靖江市有基层团委45个,基层团工委6个,基层团总支41个,基层团支部1303个,有团员14468人。

【青少年思想引领】 2022年,团市委组织青年讲师团、红领巾巡讲团以讲促学,宣讲党的理论精神,走进学校、企业、农村、社区、网络,在全市青少年中掀起学习热潮。开展“学习二十大、永远跟党走、奋进新征程”系列理论宣讲130余场,参与的青少年人数超十万。组织各级团干部、团代表、委员用“青言青语”宣传阐释中共二十大精神,小范围、分众化、互动式开展学习研讨20余场。召开学习习近平总书记在庆祝中国共产主义青年团成立100周年大会上的重要讲话精神座谈会,制作发布原创歌曲《青春之帆》。依托“东线第一帆”“弯腰沟”省级青年学习社及线路,开展党的青年运动史、建团100周年大会精神、新时代的伟大成就和中共二十大精神等专题学习活动,青少年参学覆盖率达100%。聚焦学习贯彻中共二十大精神,推动“新时代故事汇”向下扎根,通过金句研读、交流分享等形式,开展系列研学活动,筑牢全市团员青年坚定不移跟党走的崇高信念。选树各类青年先进典型,邵青林获评全国优秀共青团员,实验学校五(4)中队获全国优秀少先队集体,陶兴获江苏青年五四奖章,20个集体、个人获评省级及以上荣誉。

【品牌项目建设】 2022年,团市委持续深化“啄木靖江”品牌内涵,聚焦市容秩序、环境卫生、市政设施、社区秩序、文明交通等民生领域“关键小事”,动员新业态新就业群体青年融入社区网格治理体系,聘任城市检“茬”官50余名,通过巡访各类不文明行为,查改城市治理顽疾,让新业态新就业群体成为基层治理共建共治共享的生力军。全年共反馈问题230条,闭环整改率超95%,精准助力靖江争创全国文明典范城市。实施青春助力乡村振兴建功行动,举办“乡村振兴好青年”能力素质提升培训班。招募“乡村振兴”大学生志愿者12名,实现镇街全覆盖,为乡村振兴积蓄青年力量。围绕助农增收,开展中国青年年货节等公益助农直播5场,直播销售额超10万元,近20万人次进入直播间观看。依托各类“青”字号品牌,迅速响应市疫情防控指挥部号召,动员全市团员青年冲锋在前,招募并培训青年志愿服务队109支、志愿者5000余人,第一时间下沉一线,深入小区、村街、企业,组织青年企业家捐款捐物,有序开展防疫工作。

【青少年服务】 2022年,团市委参与“泰州日”走进江苏科技大学活动,承办“泰有引力·靖聚英才”青才集市,吸引1000余位师生打卡。开展“企业直通车——产才融合专列”“靖江青年城市体验营”“靖江有爱·四季交友”等青年交流交往等活动20余次。实施共青团促进大学生就业行动,与常州大学怀德学院联合开展大学生社区实践计划,实现社区服务与大学生就业帮扶双向奔赴。深入开展“青靖马洲”高校学生暑期社会实践活动,设置见习岗位500余个，推出“学思践悟”四部曲，带领青年学子在实践中学本领、长才干、做贡献。实施“梦想改造+”关爱计划，年内建成梦想小屋39间，惠及困境青少年40人。持续开展“希望工程”圆梦行动，年内募集资金30.5万元，帮助71名贫困新生圆梦大学。对点帮扶陕西省永寿县困难学子28人，发放资助金1.4万元。开设“青仔公益暑托班”14个，实现全市镇域全覆盖，守护青少年健康成长。

【基层组织建设】 2022年，团市委以换届为契机，组织新一届团代表入站，深入推进“一专一站两联”（加强团的专门委员会、县域团代表联络站建设，建立委员联系团代表、团代表联系团员青年的“两联”工作机制）工作。出台《靖江市县域共青团基层组织改革“四大行动”实施方案》，从改革团的工作力量选用机制、改革组织设置和动员机制、改革团员发展和教育管理机制、推动完善党的领导机制等方面，制定“青燕群飞”“青垒提质”“青苗沃育”“青炬领航”四项青春行动，细化落实30项任务清单持续推进。严格落实团支部工作清单制度，规范开展“三会两制一课”（支部大会、支部委员会、团小组会，团员教育评议制度、团员年度团籍注册制度，团课）等工作，举办示范性入团仪式，新发展团员690人、新建社会领域团组织90个，深化全团带队职责，建成4家社区少工委，构建“家—校—社区”三级阶梯式培养体系。

【共青团靖江市第十九次代表大会召开】 9月26—27日，共青团靖江市第十九次代表大会召开。大会选举产生共青团靖江市第十九届委员会。王瑞玲等25人当选为委员、王怡玲等10人当选为候补委员，同时选举产生36名出席共青团泰州市第六次代表大会代表。闭幕式后，召开共青团靖江市第十九届委员会第一次全体会议，会议选举产生共青团靖江市第十九届委员会常务委员会委员以及书记、副书记。蒋永龙当选为团市委书记，邵炀、祁铭当选为团市委副书记，胡仁宇当选为团市委挂职副书记，倪飞当选为团市委兼职副书记。

（陈启昂）

靖江市妇女联合会

【概况】 2022年，市妇联在引领、联系、服务妇女方面进一步发挥优势，倾力打造“靖”字妇女工作品牌，开创靖江妇女工作新局面。“靖”世芳华从统筹、预防、处置、关爱、保障、研判全方位分解出具体工作目标，将网格员每季度走访服务困境妇女儿童、镇村妇女儿童维权工作站建设以及常态化开展妇女儿童权益保障风险隐患排查工作等分别纳入网格化社会治理和平安建设考核体系之中。推动女性网格员与妇联执委“双向互动、交叉任职”，将非妇联执委的女性网格员按照程序增补为妇联执委，全市1126个网格中674名女性网格员均为妇联执委，覆盖率100%。摸排新业态新领域的女性群体分布情况，指导靖江市电商中心、“一城两街”商圈成立妇联组织。

【“靖”帼同行，助企纾困】 2022年，市妇联聚焦政策扶持、金融支持、培训赋能、温情关爱，持续厚植女性“双创”新沃土，整合各方资源，广搭平台，多方联合，不断拓展妇女创业创新渠道。围绕市委、市政府中心工作，开展“‘靖’帼双创·益企惠”主题沙龙活动，解读稳企惠企政策，发布金融机构惠企服务项目，13家银行女性副行长与13位女企业负责人签订银企合作金融顾问服务意向书。联合人行靖江支行、市税务局、总工会等部门共同开展“女性创业贷”、“暖心服务 税企同行”、女性专场招聘会等活动，共计办理女性创业贷业务151笔，发放贷款2026.5万元，超100家企业提供近2000个岗位，帮助女

6月1日，市妇联开展“‘靖’心守护 童心童行”留守儿童关爱活动

性创业者实现就业增收梦想。“学习强国”学习平台、《中国妇女报》、中国妇女网等平台推广靖江“双创”活动。

【“靖”心守护,关爱妇女儿童】 2022年,靖江市高标准推进“三全”(社区全域、父母全程、家庭类型全覆盖)社区家庭教育支持行动,实施家庭教育“七彩梦工场”,抓好11个试点社区建设,形成以点带面、人人参与、家家受益的局面,受到社区家长的欢迎。该行动被“学习强国”学习平台、《中国妇女报》等媒体宣传推广。创新推出“‘靖’心守护·她安康”三年行动计划,并纳入《靖江市“十四五”妇女发展规划》,为全市86名低收入妇女赠送三年期财产安全和健康保险,保障总额达1200余万元。在市区域社会治理指挥中心服务平台中添加困境妇女儿童类别,将网格员每季度对困境妇女儿童服务走访一次纳入网格工作事项,确保第一时间发现风险隐患。该项工作被泰州政法委《工作简报》采用,成为可推广可复制的“靖江经验”。

(吴 筠)

靖江市科学技术协会

【概况】 2022年,市科协辖市级学会(协会)7个,全市有镇(街道、园区、办事处)、开发区科协13个,高校科协1个,企业科协121个。行政村和社区均建有科普分会或科普工作领导小组。年内,市科协组织参加江苏省全民科学素质大赛网络赛,获评省优秀单位。

【科普宣传服务】 2022年,市科协围绕青少年科学素质行动,组织参加各类省级竞赛,省靖中代表队在江苏省中小学生“金钥匙”科技竞赛中获特等奖。开展“科学家精神”校园宣讲活动,联合市全民阅读办、教育局、妇联等单位,开展“我和妈妈学科学 美丽家乡我代言”抖音科普短视频征集。联合市卫健委、应急局举办“‘疫’路平安 科普同行”微信有奖竞答。与市科技局、西来镇、开发区共同举办“点亮科学梦 一起向未来”主题科普实践活动。开展安全科普进校园巡讲,增强学生安全意识,提高防范能力。开发“趣科普”研学游线路和课程,组织军人子女、困境儿童等对象走进科普教育基地。开展“喜迎二十大 科普向未来”系列主题活动,邀请紫金山天文台工程师樊莉平为省靖中、省靖中专校师生送去“探秘太阳系、关爱地球村”天文科普讲座,邀请省科技服务中心科普大篷车开进滨江学校,邀请泰州科技馆“科普实验秀”走进东兴镇中心学校、外国语学校。印发《靖江市全民科学素质行动规划纲要实施意见(2021—2025年)》,对“十四五”期间推进全域科普,提升全民科学素质的总体要求、重点任务、重要举措、保障措施作出全面规划和部署。发展壮大科普志愿服务队伍,全市各村(社区)设有科普志愿者服务队,有科普志愿者注册人数4208人,“科普中国”信息员注册人数4224人,全年开展科技志愿服务活动近百场次。打造科普宣传阵地,继续办好《科普之声》《科普新说》《科普快讯》等广播电视专栏节目,“科普靖江”微信公众平台平均每周推送信息2~3期,向科普工作领导小组成员单位、科技型企业、科技工作者代表等赠阅《江苏科技报》416份。

【产学研合作】 2022年,市科协收集整理企业技术需求66项,联系上海市高校科技发展中心,发布靖江市企业技术、人才需求33项,邀请专家“揭榜攻关”。组织东华测试联合省动力学会,申报“科创江苏”会企合作项目企业创新发展行动,共建“结构安全性检测及健康管理科技创新平台”。院地“云”端牵手,与市科技局、科技镇长团等单位联合举办“靖江—上海理工大学产学研技术在线交流会”“产学研‘云诊断’”“泵阀产业创新发展论坛”等活动,发布最新科技成果128项,为企业解决技术难题14个,完成专利信息登记56家,创新资源平台注册55家。邀请泰州学院4名专家教授至江苏艾兰得营养品有限公司、江苏金三力机械制造有限公司、江苏鑫安警用器械制造有限公司3家企业,为企业解决技术难题提供初步方案。部署开展“科技赋能 助力创新”主题活动,采取备案制形式新建企业科协20家,培育示范企业科协15家。“建强传统产业企业科协,助力靖江‘智改数转’实质化推进”项目获评省科协“四服务一加强”创新创优项目。

【服务科技工作者】 2022年,市科协走访慰问20名先进科技工作者代表,通过“学习强国”学习平台、《江苏科技报》、泰州市科协网站、《靖江日报》、“科普靖江”微信公众号等平台,宣传各类先进科技工作者、青少年科技创新活动、院地产学研深度融合等。举荐4名科技工作者参评“最美泰州人”科技工作者篇先进典型、“泰州市第十二届优秀科技工作者”等泰州市级荣誉;2人入选泰州市科学家精神宣讲团成员；9人入选泰州市科技创新智库专家成员；推荐6名科技工作者作为省、市青年科技人才托举工程培养对象；推荐自然科学优秀论文14篇；推荐3名科技工作者参评“科创江苏”企业创新达人。引导科技工作者建言献策，征集报送软课题4篇和建议5篇。

（高　珂）

靖江市工商业联合会

【概况】 2022年，市工商联锚定民营经济健康发展、民营经济人士健康成长“两个健康”工作主题，以“迎接宣传贯彻党的二十大”为主线，开展“同心筑梦跟党走 凝心聚力促发展”主题宣教活动，深入开展“弘扬刘国钧精神 争做新时代企业家”主题实践活动，着力助企纾困解难、优化发展环境、夯实组织体系，充分发挥桥梁纽带和助手作用。至年底，全市有镇（街道、园区、办事处）商会11个，行业商会11个，异地商会6个，其他商会3个，其中注册登记商会20个，会员2325个（家），民营企业调查点63个。是年，市工商联被评为全国工商联民营企业调查点工作先进基层单位，被全国工商联媒体评为“构筑非公经济舆论阵地”先进单位。

【调查研究】 年内，市工商联走访企业、商会180余家，召开政企沟通座谈会5次，发放调查问卷400份，及时收集意见和建议并反馈相关部门，形成《关于疫情下民营企业发展现状及对策建议》等调研报告。3月，泰州统战部至靖江调研指导“幸福民企”创建工作，参观相关企业文化中心、党员组织生活馆，了解企业在党建引领下构建“幸福民企”以及在经营管理、市场布局等方面的情况。4月，泰州统战部至靖江调研，走访会员企业华达汽车科技股份有限公司、江苏新时代造船有限公司、顺达模具科技有限公司、佳尔福科技有限公司，详细了解企业在疫情常态化形势下生产经营情况和发展中遇到的难题。11月，泰州市工商联至靖江，围绕民营企业创新发展开展专题调研，走访会员企业江苏张氏纺织有限公司、江苏大翔科技有限公司、顺达模具科技有限公司，了解企业生产经营、科技创新情况，并与靖江互感器股份有限公司、顺达模具科技有限公司、靖江海鸿塑胶科技有限公司、江苏迈能高科技有限公司、江苏沙龙机电科技有限公司负责人进行座谈交流，肯定靖江民营企业在科研创新上取得的成果，并对企业创新发展提出新要求。

6月24日，市工商联开展民企苏州行学习交流活动

【参政议政】 年内，市工商联承办政协提案2件。工商联界别向市政协提交提案40件，收集、整理提案线索、社情民意30条，组织民营企业调查点开展专项调研10次，民营企业入库率和问卷填报率位居全省前列。

【服务地方经济建设】 年内，市工商联与无锡市、高邮市、泰兴市及湖北省老河口市等地工商联缔结友好商会，开展座谈交流，为市内外民营企业考察、投资、业务洽谈等经贸活动搭建交流平台。开展“民企服务月”活动，举办“推动智改数转，加快转型升级”主题线上、线下培训交流会4期。组织企业负责人参加线上“学习强企”云课堂，密集推出“云智汇”矩阵活动。组织企业负责人代表至发达地区和知名高校、研究院游学、研修，学习先进理念，激发企业创新发展活力。创建“市工商联公益物流交流平台”，助推民营企业打通物流堵点。梳理、编印《疫情防控惠企政策汇编》并分送所属商会及会员企业2000余册，让企业用足用活政策。开展营商环境“大走访、大排查、大整治、大提升”百日攻坚行动，集中走访企业80余家、商会25家，协调解决防疫、生产、融资方面问题25项,助力民企在困境中求发展。联合市委统战部召开民营经济统战工作协调机制会议,推进“幸福民企”创建活动。联合市司法局、泰州市律师协会靖江分会启动深化“万所联万会”机制暨“小微企业法律服务月”启动仪式,推进“产业链+法律服务”纾困解难循环活动。加强与市法院、司法局等部门合作,深化“法治体检进民企”机制,成立靖江市商会商事调解中心并聘任首批9名调解员,护航民营经济行稳致远。与市民政局建立协作机制,推进所属商会注册登记工作。联合工信、金融、税务等部门开展数字经济发展、金融惠企服务、企业财税政策宣讲等活动,联合市妇联、人行靖江支行举办“助企纾困促发展‘靖’帼双创益企惠”主题沙龙,服务企业高质量发展。组织泰州市工商联在靖江企业家常委、执委及靖江市工商联企业家常委64人至无锡市太工疗养院进行健康体检。

【主题实践活动】 年内,市工商联(总商会)持续在全市民营企业中开展“弘扬刘国钧精神 争做新时代企业家”主题实践活动,开展“国钧讲堂”系列活动。分批次组织常委、执委参加全省构建“幸福民企”现场观摩会,至张謇企业家学院参加省、市工商联理想信念教育培训班。组织30余名商会会长、常委、执委至苏州市开展“砥砺奋进谱新篇 建功献礼二十大”学习交流活动,参观昆山沪光汽车电器股份有限公司、友达光电(苏州)有限公司、江苏现代低碳技术研究院、苏州大学相城机器人与智能装备研究院,了解企业的产业产品、制度文化、商业模式、业态创新等,学习企业转型发展、创新发展的成功经验。围绕“学习中共二十大,担当新使命,奋进新征程”主题,组织50余名常委、执委至无锡市红色教育基地开展现场学教活动。举办“企业科技创新、智改数转”专题讲座,为会员企业创新发展及智改数转工作提供指引,明确相关工作路径和方法。拓展理想信念教育平台,刘国钧故居、东线第一帆纪念公园通过泰州市委统战部、泰州市工商联民营经济人士理想信念教育基地考察验收。开展“幸福民企”创建活动,申报、认定江苏新时代造船有限公司等23家会员企业为泰州市星级“幸福民企”。

【十三届二次常委会召开】 9月16日,市工商联(总商会)召开十三届二次常委会暨“国钧讲堂”活动。市工商联十三届常委会全体成员参加活动。会议选举张丹为市工商联副主席。

【扶贫济困】 2022年,市工商联组织开展对口扶贫工作,向陕西省永寿县捐赠扶贫助困资金25万元,用于慰问永寿县贫困大学生、大病患者以及困难群体。挂钩帮扶东兴镇海镇村,推进实施民生实事帮扶项目。开展“关爱服务月”活动,落实党员结对帮扶机制,组织开展困难群众、弱势群体、老党员等走访慰问活动。

【支持新冠肺炎疫情防控工作】 年内,市工商联(总商会)发布《致全市民营企业和基层商会的一封信》,动员民营企业、商会组织支援抗疫,展现担当。市青商会筹集并定向捐赠5万元,支援马桥镇新冠肺炎疫情防控。市空调行业商会捐赠资金10万余元,购买防疫物资慰问城北园区、孤山镇奋战在物流闭环管理第一线的工作人员。北京靖江企业商会将募集的10万元善款定向捐赠马桥镇慰问抗疫一线人员。南京市靖江商会通过多方努力采购1000套防护服运抵靖江,用于一线防疫。深圳靖江商会组织会员捐款捐物,协助防控隔离,被江苏省政府驻深圳(广州)办事处评为“勠力同心 抗击疫情”乐善好施商会。会员单位江苏张氏纺织有限公司捐赠4000套总价值60万元的抗菌免洗袜,江苏鑫润冶金机械制造有限公司捐赠资金50万元,江苏艾兰得营养品有限公司捐赠总价值28万元维生素C含片、矿泉水等物资,江苏恒义工业技术有限公司捐赠资金10万元,江苏古方通健康科技有限公司捐赠1120盒价值8.7万元姜枣茶,江苏斯卡露生物科技有限公司捐赠价值8万元健康养生食品,江苏华辉建筑装饰工程有限公司捐赠价值近8万元斯卡露健康养生食品,江苏晓燕现代供应链有限公司捐赠价值7.68万元物资,新程汽车工业有限公司捐赠资金5万元,江苏春意商贸有限公司捐赠3万元物资,靖江市金秋实业有限公司捐赠资金2万元,靖江市乐尔乐服饰有限公司捐赠2000套防护服支持疫情防控。

【商会活动】 年内,靖城街道商会联合市工信局召开靖江市智能制造能力成熟度宣贯暨星级上云宣传活动,深入贯彻落实《靖江市制造业智能化改造和数字化转型三年行动方案(2022—2024年)》,准确了解全市企业智能制造发展水平,加快推动“智改数转”工作。斜桥镇商会组织开展“走访高企解难题、助力创新谋发展”企业走访活动,深入高新技术企业,鼓励企业坚定走创新驱动、转型发展之路，助推经济高质量发展。市青商会召开“马洲青商 逐梦远航”2022年会暨四届二次会长办公会议，会议总结商会2021年工作和部署2022年工作，吸收新入会的会员，并为2021年度爱心会员单位授牌；开展“风华正茂正青春 红色走访铭初心”走访交流、“青商面对面”普法宣传等活动。市女企业家商会召开年会，增补商会副会长、吸收新会员，邀请相关人员现场作“企业工会组织建设”“女性幸福与成功”专题知识讲座，开展新税法知识培训；组织近40名女企业家会员至浙江方太集团游学，深入了解企业先进文化和管理经验，助力会员企业创新发展。市泵阀行业商会举办泵阀制造与管理培训班，邀请江苏大学专家教授走进靖江，帮助全市泵阀企业了解行业创新态势，助力泵阀企业转型发展；举办创新发展论坛暨“企业在创新链中的未来”培训班，帮助全市泵阀企业家构建创新战略思维，激发企业家创新活力；举办创新发展论坛(质量篇)，引导泵阀企业追求品质、塑造品牌，共谋高质量发展。市空调行业协会召开第四届会员代表大会，选举产生协会第四届理事会领导班子，举办“智改数转”主题讲座。市紧固件行业商会召开会员大会暨“正版正货”示范项目培训会，进一步推动紧固件行业标准化、协同化生产，加强紧固件行业与外界的交流合作。南京市靖江商会召开二届三次会员大会，会议总结商会2021年工作和部署2022年工作，为新入会的会员企业授牌，对在新冠肺炎疫情防控中表现突出的会员给予表彰。深圳市江苏靖江商会开展“助企发展”专题走访活动，了解会员企业新动态，探讨发展新思路，征询会员企业对商会工作的建议意见，促进会员企业交流合作。是年，市女企业家商会被表彰为江苏省工商联系统先进集体，靖城街道商会、青年商会、泵阀行业商会被认定为2021—2022年度江苏省“四好”商会。

（祝水良）

靖江市文学艺术界联合会

【概况】 2022年，市文联下设作家协会、书法家协会、美术家协会、摄影家协会、戏剧家协会、音乐家协会、民间文艺家协会、朗诵协会8个协会，另有公安文联、教育文联、市文联消防救援大队分会、靖城街道文联、新桥镇文联5个基层文联，会员800余人。年内，市文联编印文艺丛刊《孤山》2期，刊登发表靖江本地作者及域外作家优秀文学作品70余篇。开展“幽兰花开沁马洲——靖江文艺精品兰花奖”评选，该项工作获评泰州市文联工作创新奖。实施靖江文艺“名师带徒”计划，从各协会选聘13位名师，与相应协会的入选学徒结成14对师徒对子，壮大靖江文艺人才队伍。全年挖掘青年文艺新星14人，吸纳具有代表性和影响力的新文艺群体31人。开展异地交流，组织书法家协会、美术家协会至陕西省永寿县开展“靖永共迎二十大 翰墨丹青颂辉煌”文化交流活动。定期组织各协会开展能力提升培训班，组织美术家协会举办“水色江南”2022年靖江市水彩画创作培训班，组织朗诵协会、音乐家协会联合开展“朗诵作品的音乐选配”公益讲座等，提升文艺工作者的综合素养。是年，靖江市文联被泰州市文联表彰为泰州文联先进单位。

【文联活动】 2022年，市文联坚持以人民为中心的创作导向，聚焦中共二十大主题主线，开展各类文艺创作。紧扣中共二十大、新冠肺炎疫情防控等重大主题，举办“翰墨飘香”迎春书法小品展，开展“‘艺’心与共 同心抗‘疫’”书画作品创作，组织书法家协会开展抗疫主题作品捐赠活动，组织开展“喜迎二十大 筑梦向未来”青少年教育实践活动、“童心里的诗篇”“童话里的世界”征集评选活动，组织开展“翰墨颂党恩”老年书画影作品展、“初心如炬 征途如虹”方祖岐寄语靖江诗书画作品展，举办“礼赞新时代 奋进新征程”新时代颂2022江苏美术摄影主题联展暨靖江市“喜迎二十大·勇当第一帆”主题书画影展，依托“靖江文艺”微信公众号，线上推出“春天的纪念”线上朗读会、“喜迎二十大 勇当第一帆”主题文艺作品网络展、“喜迎二十大 奋进新进程”2022靖江水彩画作品展等。以人为本推进文艺惠民工程。围绕“强国复兴有我”群众性主题宣教活动，组织市书法家协会在马洲艺文馆创作室举办“临与创的关系”书法讲座。与市文明办联合主办“我们的节日·端午‘爱国心 报国情 强国梦’”主题沉浸式阅读沙龙活动。主办“荷风莲韵映初心”“七一”演颂会。组织市戏剧家协会开展“志愿靖江 与爱同行”送戏进社区活动。参加2022靖江市文化科技卫生“三下乡”“温暖新春 志愿同行”新时代文明实践活动。与市消防大队联创共建，开展“欢乐过六一 消防伴成长”阅读活动、“笔墨颂党恩·联建传深情”书法家协会与消防大队联建活动。“情系火焰蓝　共诵初心红”市朗协走进消防大队等活动。

【协会活动】 作家协会　2022年，协会以《靖江日报》《泰州晚报》《扬子晚报》等报刊副刊为主要阵地培养和挖掘文学人才，全年刊登发表会员作品80余篇。围绕市委、市政府中心工作，组织“童心里的诗篇”“童话里的世界”“梦想与担当”主题征稿评选。开展“喜迎二十大 勇当第一帆”主题征文活动，征集作品296件。配合完成市政协《马洲文化》的编纂以及《靖江老味道》的写作、编辑、出版。协助市文联开展文艺丛刊《孤山》的组稿工作，组织一批接地气的作者写身边人，说身边事，谈身边变化。

书法家协会　2022年，协会配合市委宣传部、市文联举办第九届“翰墨飘香”2022年迎春书法小品展。与香港联动开展抗疫书法展并组织展示9幅作品。配合市文联参加“‘艺’心与共　同心抗‘疫’”书画作品创作，捐赠50幅书法作品给一线医务工作者。举办“临与创的关系”书法讲座，开展“笔墨当随时代”端午雅集沙龙活动。为元林大学、残联开展主题为“书法的临习与创作”培训讲座，与市消防大队开展“笔墨颂党恩·联建传深情”联建活动。协助市委宣传部、市文体旅游局、文联在马洲美术馆举办“喜迎二十大·勇当第一帆”主题书画影展，共展示书法作品53幅。参加全市2022年“三下乡”集中志愿服务活动，现场为群众写春联、送福字。

美术家协会　2022年，举办为期12天的“2022年水彩画创

10月9日，市民在马洲美术馆观赏“新时代颂2022”江苏美术摄影主题联展

作培训班”。组织会员为全市部分公益培训活动提供帮、教、学服务，全年累计辅导美术爱好者1000余人次。举办2022“墨润马洲”文化惠民书画影作品巡回展活动和线上展，参观人次达9万余人。组织美术作品参加“迎新春虎年美术作品”线上展览，《靖江日报》同步展出。组织美术作品参加“同心抗疫以画抒情”线上作品展，在“靖江文艺”公众号、《靖江日报》、“泰州美协”微信公众号展出，组织美术作品参加泰州“新时代颂”2022江苏美术摄影主题联展暨泰州市第六届“祥泰之州”美术书法摄影展。组织43幅美术精品参加“喜迎二十大·勇当第一帆”美术书法摄影作品展。

摄影家协会　2022年，协会参与2022年靖江市文化科技卫生“三下乡”——“温暖新春 志愿同行”新时代文明实践活动，免费为群众拍摄照片并现场打印赠送。与市作家协会联合开展采风创作活动，深入基层进行摄影创作。与靖江开发区联合开展“辉煌三十年 再攀新高峰”摄影大赛，组织会员走进开发区，作品深度展现开发区30年新气象、新风貌。依托2022靖江旅游节暨生祠荷花节，组织开展下基层集中采风活动。组织作品参加“喜迎二十大 勇当第一帆”主题文艺作品征集活动、“新时代颂”2022江苏美术摄影主题联展暨泰州市第六届“祥泰之州”美术书法摄影展，200余幅(组)摄影作品在江苏省、泰州市展出。组织开展以无人机航拍为主题的评片交流研讨活动，提升会员的拍摄技巧。年内，有30余幅摄影作品在省级以上摄影专业艺术展览中获奖，50余幅摄影作品在泰州市级摄影专业艺术展览、评比活动中获奖。

音乐家协会　2022年，协会加强对文化传播的深层次研究，组织以西方流行音乐史、歌唱艺术、华语流行歌曲发展史等主题的多场专题讲座。开展“春之声”中小学艺术节、“喜庆党的二十大”靖江市第40届文艺节、“阳光下成长”2022靖江市中小学舞

蹈比赛等活动。根据泰州市委宣传部要求组织靖江籍词曲作家陈震、徐松、殷剑钢等人进行《渡江》组歌创作录制。

戏剧家协会　2022年,协会打造的革命现代锡剧《江姐》入选江苏艺术基金2022年资助项目并进行首演。围绕抗疫主题创作出微电影《抗疫无代沟》、戏曲联唱《我是一个靖江人》等一系列文艺作品。

民间文艺家协会　2022年,在"东线第一帆"纪念馆,举办"孝道与宝卷"专题讲座,与市史志办联合举办"泰州记忆·靖江宝卷文化专场"活动。协同市史志办拍摄乡土文化传承微电影《星火传承　"经"久不息》,协同市非遗办编校《靖江活宝卷文库》。组织泥哨、竹编展示与制作参与市委宣传部举办的"品读靖江—外国友人看靖江"活动。

朗诵协会　2022年,协会组织参与"学习强国"学习平台"一起读课文"活动,其中3件作品被泰州平台采用。承办"爱国心 报国情 强国梦"——"我们的节日"端午沉浸式阅读沙龙活动。参与协办市委宣传部、市文联主办的"荷风莲韵映初心""七一"演颂会活动。组织开展"情系火焰蓝 共诵初心红——迎八一 市朗协走进消防大队"活动。组织部分会员录制中共二十大报告音频版,配合图文在"靖江发布"微信公众号、"智慧靖江"App进行刊播。

【基层文联活动】　市公安文联　2022年,组织策划"石榴籽文化节"。在"礼赞二十大·永远跟党走"泰州公安机关书画摄影作品评选活动中,会员获一等奖1个、三等奖5个、优秀奖4个。在泰州首届"见义勇为好新闻"评选活动中,沈悦获一等奖、薛飞获二等奖。在"打击防范养老诈骗"行动中制作12种创意海报,拍摄制作《筑牢反诈网,守护夕阳红》搞笑幽默快板。公安民警的10余篇原创文学、摄影、漫画、书法作品被"学习强国"学习平台以及其他全国平台刊载录用。参与"一起向未来"2022年泰州公安工作报告会的策划、筹备和演出。

7月29日,市朗诵协会走进市消防救援大队开展"情系焰蓝　共诵初心红"联创共建活动

消防救援大队分会　2022年,举办"滚烫青春,愉阅偕行"悦读有爱、"书香滋润心灵,雅言溢满消防"读书会等专题活动。诗朗诵《都是英雄》获泰州市消防救援队伍"一队一精品"文艺节目一等奖。围绕"喜迎二十大,奋进新征程"等主题,组织开展"笔墨颂党恩、联建传深情""情系火焰蓝、共诵初心红"等活动。

靖城街道文联　2022年,组织幼儿围绕迎接中共二十大胜利召开主题用国画颜料和宣纸进行创作。开展"喜迎二十大 挥毫庆六一"志愿服务活动,组织书法志愿者开设书法公益课。组织来自靖城中学、滨江学校、实验天水分校、城北实验学校近80名青少年参观团结路社区举办的书画展,与多家联创共建单位共同开展主题为"喜迎二十大 欢乐度中秋"的中秋节文艺演出,举办"喜庆二十大　团结心向党"主题文艺演出活动。

新桥镇文联　2022年,组织开展"书香润泽童心　强国复兴有我"主题活动。举办"我们的节日·重阳""喜庆二十大,忠孝传真情"活动,组织开展新桥镇"二十四节气"传承与探究系列活动24期,该活动面向新桥镇域内青少年,每期约50名小朋友参加,通过专家讲座、课堂讲学、自主观测、自主探究、"理论+实践"的活动方式,配套研学课程、户外实践、劳动课程等,让青少年全面系统了解"二十四节气",感受中国文化的源远流长。

【5人获第三届"方祖岐将军文艺奖"】　经市文联评选,庞余亮、范锡林、曹滨、卢颖江、田箫语5人获评第三届"方祖岐将军文艺奖"。7月28日,市文联对获奖者进行表彰。2019年奖项设立

以来,靖江已有 14 名文艺工作者获得该荣誉。

【靖江、永寿两地开展深度文化交流】 8 月 16—19 日,市文联组织部分文艺爱好者至陕西省永寿县开展文化交流活动。期间,靖江、永寿两地书画家围绕“在乡村振兴全面开展的大环境下如何推动文化振兴”主题举行文化交流座谈会。举行“国恒·兰橼书画奖”颁奖仪式,该奖项由靖江市文联设立,分设书法奖 3 名、美术奖 3 名,对永寿县在书法、美术方面有突出创作成绩的青年作者予以精神鼓励和物质奖励。

【“新时代颂”主题书画影展开展】 10 月 9 日,“新时代颂”2022 江苏美术摄影主题联展暨靖江市“喜迎二十大·勇当第一帆”主题书画影展在马洲美术馆开展,此次展览也是 2022 年紫金文化艺术节靖江市群众文化活动之一。活动由市委宣传部、市文体旅游局、文联联合举办,市书法家协会、美术家协会、摄影家协会组织文艺爱好者采风创作,共征集主题文艺作品 1131 件,先期展出 130 余幅书法美术摄影精品。作品内容紧扣“喜迎二十大·勇当第一帆”主题,围绕靖江“长三角智造市、一体化示范区、高质量幸福城”发展定位,艺术展现中共十八大以来靖江的划时代巨变和历史性跨越。

【文艺名师带徒仪式举行】 11 月 3 日,市文联举行“文艺薪火靖相传 携手奋进新征程”文艺名师带徒仪式。靖江文艺“名师带徒”计划由市文联负责实施,按照文学类、美术类、书法类、摄影类、戏剧类、音乐舞蹈类、朗诵类、民间艺术类等,从各协会选聘 13 位名师,与相应协会的入选学徒结成 14 对师徒对子。名师中有国家级会员 5 人,省级会员 8 人。活动中,师徒代表签订靖江文艺“名师带徒”计划协议书,“名师带徒”以 3 年为一个周期,协议签订后一个月内,选聘的名师向市文联提交 3 年培养计划,入选的学徒提交 3 年创作规划。

(陈 婷)

靖江市残疾人联合会

【概况】 2022 年,全市共有持证残疾人 14042 人,其中,视力残疾 1394 人,听力残疾 1026 人,言语残疾 53 人,肢体残疾 7655 人,智力残疾 1905 人,精神残疾 1685 人,多重残疾 324 人。年内,靖江市上线实施残疾人辅助性就业政策“2.0 版”获江苏省残联系统 2022 年度创新创优项目,“入户居家托养做‘+’法 努力实现残疾人高品质生活”“建立‘靖联心’心理健康服务站 共同关注心理健康问题”“简化服务流程 规范辅具发放——靖江市构建辅具适配发放精准化体系”三个项目获泰州市残联系统 2022 年度创新创优项目,市残联被泰州市委市政府评为江苏省第二十届运动会组织运行和备战参赛工作先进集体。

【残疾人就业】 2022 年,市残联依托“云端”送岗,共发布 46 家企业 276 个岗位的招聘信息,新增残疾人就业 146 人。开展“订单式”职业技能培训,279 名残疾人接受盲人按摩、插花、网络直播、手工制作等培训。推进精准就业,为 197 人次提供职业能力测评服务。打造创业孵化基地,设立创业一条街 1 条、农贸公益摊位 60 个、盲人医疗按摩机构 2 家、盲人保健按摩机构 8 家,实现灵活就业和创业残疾人 557 人。聚焦应届毕业生就业,对全市 9 名应届残疾高校毕业生实行“一人一策”就业专项帮扶,安排专人定期沟通联系,就业率 100%。新冠肺炎疫情期间各项惠残措施有效落实。发放稳岗补贴,对全市 10 家盲人按摩机构一次性发放帮扶解困资金补贴 2 万元。发放残疾人辅助性就业生活

9 月 7 日,江苏省第十一届残疾人运动会第一阶段比赛在市体育中心开幕

补贴，为395名辅助就业对象发放新冠肺炎疫情造成机构停运期间基本生活补贴21.33万元。提高用人单位达比例和超比例安排残疾人就业补贴和奖励标准，发放补贴和奖励近30万元。鼓励符合条件的残疾人学习汽车驾驶技能，为37名残疾人发放汽车驾驶证培训补贴5.4万元。

【残疾人康复服务】2022年，靖江市出台《孤独症儿童基本康复服务全覆盖行动实施方案》，开展0～17周岁疑似发育障碍儿童少年日常信息筛查工作，及时掌握辖区内残疾儿童动态信息。全年筛查儿童29873人次，发现疑似残疾儿童35名。康复在训儿童125名。发放辅助器具345件，实施家庭无障碍改造40户。精神残疾人享受免费服药466人，住院救助19人，8884残疾人签约家庭医生服务，为77名贫困白内障患者实施免费手术。市级阵地充分发挥示范功能，率先成立“靖联心”心理健康服务站，以电话咨询、面对面交流和宣传培训的形式为全市残疾人及其家庭、从事残疾人事业的工作者提供心理干预、用药指导、康复训练、健康宣教等专业性、公益性援助服务。是年开展心理健康讲座1次，心理咨询服务83人次。

【扶残助残】2022年，市残联推进“家电圆梦”行动，发放微波炉44台、冰箱58台、电热水器34台。开展认领微心愿主题活动，赠送文具、食品、书籍等，为119名残疾儿童圆梦。启动“馨港湾·志愿助残”项目，由8家社会组织为128户残疾人家庭提供针对性志愿服务。创新网络助残模式，参与省残疾人基金会“99公益”网络募捐项目，共募资金43.8万元，38家爱心企业、6644人次参与线上捐赠。联合市文体旅游局共同开展残疾人文化周活动，市、镇两级开展象棋、读书、书画交流等一系列文体活动近40场次，参与残疾人约800人次。发挥电视、电台、报纸等传统媒体和新媒体作用，宣传惠残政策，塑造自强自立、扶残助残典型。全年在报纸、电视等新闻媒体开设专栏、专版24期。

【残疾人保障】2022年，市残联建立完善残疾人两项补贴（困难残疾人生活补贴、重度残疾人护理补贴）动态调整机制，继续做好残疾人城乡居民基本养老保险和精准医疗救助等扶贫工作，进一步建立健全残疾人家庭风险防范机制。残疾人两项补贴对象122767人次，发放补贴4456万元。分别为2419名残疾人缴纳城乡居民基本养老保险近57万元，为5966名重残人员提供精准医疗救助，残疾人家庭农村危房改造2户，为12243名残疾人投保意外伤害保险约98万元。建立市残疾人法律援助工作站，由专职律师每周一天在工作站值班，为持证残疾人提供公共法律服务。规范公示制度，做好拟评定残疾人员公示，接受社会监督。围绕“12345”政务服务热线及来信来访诉求，及时答复处理。加强与基层残联联系，及时沟通、处理信访领域重大风险事项，切实维护好残疾人合法权益。

【残疾人文体活动】2022年，靖江市完成省残运会靖江赛区办赛工作，共接待来自全省13个设市区代表队388名运动员、教练员、裁判员和工作人员。靖江残疾人运动员获得金牌4枚、银牌4枚。做好文艺课程培训，开设二胡、书法、美术、声乐残疾人艺术培训班65班次。落实残疾人文化创业，持续做好书画爱好者文艺创作的日常管理。常态化开展专门协会活动，通过无障碍观影、板铃球友谊赛、插花等活动，丰富各类残疾人精神文化生活。

【市残联第六次代表大会召开】12月13日，市残联第六次代表大会召开。会议全面总结过去五年市残联工作取得的成绩，谋划部署今后五年的目标任务，选举产生市残联新一届主席团委员。随后召开的六届一次主席团会议上，靖江市副市长于政当选市残联第六届主席团主席，陆汇杰、高军、沈永江、徐跃、王海清、陈焕新刘兴非、张魏当选为副主席，推举高军为执行理事会理事长。

（居　沁）

靖江市红十字会

【概况】2022年，全市红十字系统有12个镇（街道、园区、办事处）红十字会、103个村（社区）标准化红十字服务站、5所江苏省红十字示范学校、3所泰州市红十字示范学校、市人民医院和市中医院2家红十字冠名医院，团体会员180家。是年，靖江7名造血干细胞捐献者获泰州市见义勇为专项奖励。

【救护培训】2022年，市红十字会联合市教育局开展“‘救’在身边·校园守护”行动，新生培训百分之百、救护员培训千余人；联合市应急局在全市重点企业开展应急救护技能“万人普及计划”;创新开展“交通安全‘救’在身边”红十字主题宣传活动,提升红十字“救在身边”品牌的传播力和影响力。全年累计完成普及性培训 6607 人,初级救护员培训 368 人, CPR+AED(心肺复苏术、除颤仪)培训 7324 人,救护员培训 650 人。加大救护师资培训力度,市红十字会在泰州市红十字应急救护技能竞赛中获团体二等奖,华洪军获个人二等奖。

6 月 14 日,市红十字会开展无偿献血暨造血干细胞捐献宣传活动

【人道救助】 2022 年,市红十字会助力新冠肺炎疫情防控工作,累计接收疫情捐赠款物 220.7 万元,所有捐赠款物遵照捐赠意愿并结合疫情防控需要,及时拨付、执行到防疫一线。组织开展靖江第 12 次“博爱万人捐”活动,募集款物 195.88 万元,其中,结合“99 公益日”上线“靖江博爱光明行”“靖江 AED 苏护行动”等筹资 39.19 万元,携手江苏省荣昌济困基金会一起为公益助力利用字节跳动(抖音)平台推送“暖巢行动”项目募集善款 62.9 万元,开展“汇聚点滴爱心,传播博爱精神”红十字募捐箱清理活动汇集善款 0.35 万元。加大护佑生命基金救助力度,累计救助血液病、罕见病、低年龄段的重大疾病患者 44 人次,发放救助金 31.43 万元。常态化开展“博爱送万家”活动,累计发放各类救助款物 253.73 万元,惠及困难群众 7877 人次。实施“安全童伴”困境儿童家庭守护项目,支援陕西省永寿县款物共计 15 万元。

【博爱家园建设】 2022 年,市红十字会机构实现全覆盖。依托原 103 个村(社区)红十字服务站阵地,融入“博爱家园”建设的要素,新建博爱家园 9 个,实现每个镇(园区、办事处)全覆盖。坚持高起点规划、高标准推进、全过程指导,将博爱家园融入新时代文明实践中心(所、站),指导各村(社区)博爱家园完善组织架构,强化人道服务,常态化开展救护培训、防灾演练、疫情防控、“三献”宣传等活动,打造群众身边的红十字会。

【备灾救灾救援体系建设】 2022 年,市红十字会主动融入靖江应急救援体系建设,落实防灾减灾救灾联动工作机制,联合市应急局开展防灾减灾演练。加强红十字救援队建设,完善各项管理制度,年内,举办综合培训演练 2 次。成立“博爱健康志愿服务队”,对招募的 55 名队员开展核酸采集与救护技能培训,实行平时“备勤”与战时“全勤”管理相结合,配合全市新冠肺炎疫情防控工作。建成近 180 平方米的备灾救灾物资储备库,并严格按照江苏省红十字会救灾救援物资(县级)储备标准配全储备物资,切实提高防灾、救灾能力。

【“三献”工作】 2022 年,市红十字会、卫健委、团市委联合开展“拯救生命,献在开始”无偿献血暨造血干细胞捐献宣传及第八个“世界骨髓捐献者日”宣传活动。加强与市血站的业务联系,提高造血干细胞采样质量,累计完成有效采样 135 例,落实上门再动员无休息日工作制度,再动员 15 例,高分辨检测 5 例。开展遗体器官捐献宣传活动,年内实现遗体捐献 1 例。

【红十字精神宣传】 2022 年,市红十字会加强网站、微信公众号等自媒体建设,推进相关平台融合发展。与市融媒体中心开展合作,在“今靖江”微信公众号推出“喜迎二十大 生命爱相髓”靖江红十字会捐髓英雄志,介绍 7 位靖江捐髓者。在“99 公益日”期间推出靖江红十字会公益网络筹资项目,汇聚社会人道力量。中共二十大召开前夕在《靖江日报》上发布“非凡十年 · 红十字特刊”,回顾总结红十字会发展历程和工作成效,提升社会知晓度和影响力。 (丁翔云)

政法和综合治理

【概况】 2022年,靖江政法战线以社会治理现代化建设为重点,以巩固深化政法队伍教育整顿成果为保障,提高平安法治建设水平,推动政法工作高质量发展,确保全市社会大局安全平稳。市委政法委、市法学会实施首席法律咨询专家制度工作经验在全国、全省推广;市法院被省高院评为全省法院执行裁判、政治工作、法律志愿服务工作先进集体;市检察院被评为全国检察宣传先进单位、江苏省文明单位、江苏省"五四红旗团支部";市公安局交警大队车管所、出入境管理大队分别获评"全国一等县级车辆管理所""全国公安机关爱民模范集体";靖江市被评为全省"治理重复信访、化解信访积案"专项工作先进市、泰州市"七五"普法先进市。2022年度,靖江群众安全感99.58%,位居全省前列、泰州第一。

【社会治理现代化建设】 加强网格基础规范建设,动态调整网格布局,城区专职网格员全员到位。创新"微网格"加强社会治理的经验做法,被泰州市委办以专报形式刊发,获泰州市委主要领导批示肯定。实现网格党建全覆盖,推动以2万余名在职党员为骨干的"红色志愿者"、"三官一律"(法官、检察官、警官,律师)等社会多方力量进网格,参与基层治理,与网格员、群众形成多元共治的基层社会治理新格局;加快建设网格信息平台,制定《靖江市网格化数字管理平台(一期)建设方案》,推动全市"1+3"(网格化GIS可视平台、实有人口管理、实有房屋管理、网格员动态管理)网格化数据管理平台建设,突破现有平台端口技术壁垒,实施"泰治理"与"12345热线""数字城管"三大基础平台融合共治工程,建设全市网格员联动调度指挥平台,推动基层社会治理服务更加精准化和智能化。制定《2022年全市推进市域社会治理现代化工作要点》《2022年全市社会治安重点地区和突出治安问题排查整治工作要点》,开展基层社会治理短板弱项集中整顿行动,共排查短板问题317个,全部整改到位。实施"品格靖江"创新工程,以网格为载体,放大"警网融合""红蓝管家"等品牌示范效应,打造一批深入人心的"五治"网格品牌,先后在《长安评论》、《新华日报》头版、《江苏法治报》头版头条刊载。结合靖江实践,全力打造一批高品质的网格品牌,《靖江探索警网深融治理新实践》《"红蓝管家"创新社会治理》先后在《新华日报》《江苏法治报》等刊载。

【平安靖江建设】 制定市平安建设领导小组及办公室工作规则、平安靖江建设领导小组九个专项工作组工作规则,更好地保障平安靖江建设各项任务有效落实。坚持把维护政治安全摆在首位，圆满完成重大安保任务。常态化开展扫黑除恶斗争，制定《全市扫黑除恶斗争工作要点》《〈反有组织犯罪法〉宣传贯彻实施方案》等指导性文件。始终保持对黑恶势力的高压态势。开展信息网络、自然资源、交通运输、工程建设等重点行业专项整治行动，破获公安部督办非法采砂案件1起，抓获犯罪嫌疑人8人，扣押涉案砂石4400余吨。推进各项专项行动，第一时间成立市特殊困难群体救助帮扶和妇女儿童权益问题专项排查整治工作领导小组并组建工作专班，制定专项整顿方案，印发《严重精神障碍患者最新监护以奖代补政策实施办法》，落实以奖代补资金，做到"应发尽发""应管尽管"；高规格成立打击整治养老诈骗专项行动办公室，对上级转办、部门移交、群众举报、主动摸排掌握的各类线索，组织精干力量，逐条核实处置，确保全部查清见底；督促成立市打击治理电信网络诈骗违法犯罪领导小组及办公室，组织召开"关于建立健全防范打击电信网络诈骗综合治理机制的建议"重点提案督办现场会，推动反诈工作有序有效开展。组织群防群治力量，教育引导群众自省自警，自我教育，从源头上减少电信网络诈骗的发生。

【法治建设】 年内对城东派出所、马桥派出所开展执法检查，对江阴园区法庭开展执法评议。抽取100件案件开展集中执法评查，通报并整改问题瑕疵19项。落实"信访突出问题攻坚化解年"行动部署要求，梳理排查泰州市委政法委交办的涉法涉诉信访突出问题案件15件，明确市级包案领导、责任单位和具体责任人，全力推进包案化解，全部化解(办结)到位。围绕"泰州最优营商地"的目标定位，制定《"优化营商环境 市场法治护航"三大专项行动实施方案》，组织"法律巡诊服务团"深入30余家企业开展"法治体检"。开展司法救助，秉承"应救尽救"原则，重点救助生活困难的涉法涉诉信访人、未成年被害人、低保户等，共组织4次集中救助活动，累计向57人发放救助金49.03万元。

【首席法律咨询专家制度实施】 全面落实首席法律咨询专家制度，组建5大专家库、明确103名法律专家，让他们唯实唯勤居首席、全心全意做专家，成为党委、政府中心工作的首席智囊，企业、行业健康发展的首席顾问，百姓、群众民生幸福的首席秘书。在首席法律咨询专家制度下，法治精神成为了解决问题过程中各方的行为规范。先后成立护航船舶企业发展研究会、民法典研究会、首席法律咨询专家工作站。1月19日，靖江在中国法学会座谈会上作经验交流，8月11日，全省实施首席法律咨询专家推进会在靖江召开。相关经验做法被《法治日报》《民主与法制》《群众》等多家国家级、省级媒体报道。

【政法队伍建设】 坚持以"迎接党的二十大""学习好宣传好贯彻好党的二十大精神"为主线，分层分级举办全市政法干部政治轮训班，轮训对象涵盖全体政法干警、镇(街道)政法委员以及市信访局、市区域社会治理综合指挥中心等工作人员，通过书记上党课、专题座谈、邀请专家、红课比赛等多种方式，确保习近平法治思想深入人心，党史学习教育、廉政警示教育常态深化。邀请市纪委书记和派驻纪检组组长为政法干警作廉政报告，组织全市政法系统开展"新时代政法干警'十个严禁'"宣传活动、家庭家教家风系列活动，举办"清廉马洲 学纪守廉"廉政大讲堂等活动。坚持和加强党对政法工作的绝对领导，组织开展全市政法领导干部政治忠诚剖析会议、政法委员述职会议，完善落实重大事项请示报告、市委政法委列席民主生活会和重要会议、党委政法委员会议等制度机制。组织召开巩固政法队伍教育整顿成果推进全面从严管党治警工作会议，以市委名义出台《关于巩固政法队伍教育整顿成果推进全面从严管党治警的实施意见》。认真贯彻执行中共中央组织部等8个部门联合印发的《关于进一步推动市县级政法机关领导干部交流的指导意见》，全面摸排政法系统应交流未交流政法干部情况，加强与市委组织部沟通联系，推动政法干部交流工作及时、规范落实到位。

【市法学会民法典研究会成立】 6月2日，市法学会民法典研究会成立大会暨第一次学术研讨会在市法院举办，吸纳33名来自政法部门、行政机关、律师群体和相关领域人士成为研究会会员。

【许玲玲获评江苏省"最美网格员"】 年内，滨江新区办事处文兴社区1号网格专职网格员许玲玲获评江苏省"最美网格员"。许玲玲自任职以来，秉持"做好平凡点滴事，服务居民心连心"的工作要求，以做实网格、增强治理能力为着力点，坚持党建引领，全力打造“红色物业”“红色网格”“金牌管家”，践行群众路线，抓牢抓实网格服务、安全治理等民生工作。同时，许玲玲创新基层治理，探索推行“微治理”，定期共商“微难题”，切实提升居民的“微幸福”。 （秦 天）

法治政府

【概况】 2022年，全市坚持以习近平法治思想为指引，做好依法治市、行政执法监督、行政复议和行政应诉、合法性审查与规范性文件管理等工作。

【依法治市】 适时调整中共靖江市委全面依法治市委员会、委员会办公室及4个协调小组成员名单。拟定下发《〈法治靖江建设规划(2021—2025年)〉重要举措分工方案》《靖江市贯彻落实〈法治政府建设实施纲要(2021—2025年)〉实施方案》等文件，召开全面依法治市委员会会议，统筹谋划法治工作重大问题；召开全面依法治市委员会办公室全体会议，充分发挥市委依法治市办统筹协调、指导督促、检查推动的作用，推进“一办四组”实质化运作。将习近平法治思想列入全市各级党委(党组)理论中心组核心内容、列入全市干部教育培训及基层党员冬训必修课程，年内组织市委常委会会议、市政府常务会议专题学习3次，全市近6000名机关工作人员参加集中学习。联合市委宣传部在全市开展《习近平法治思想学习纲要》专题学习活动，真正把习近平法治思想植入群众心中。聚力开展法治政府建设示范创建、“法治小区”试点建设，全力推动“援法议事”全覆盖，做好2022年度法治为民办实事项目。对全市所有镇(街道、办事处)和12家重点执法单位开展法治建设督察，确保法治建设工作有序推进。年内将阳光国际、莲沁苑、丁香公寓、中鼎花苑、石碇湾新村5个小区作为靖江首批“法治小区”申报泰州市“法治小区”建设示范点。

【行政执法监督】 召开基层综合执法规范化建设专项推进会，对基层综合执法规范化建设工作进行部署。对政府购买服务协议清理整顿，深入排查基层将行政管理职责(行政执法)交由第三方行使的风险隐患，规范政府履职管理行为。对全市赋权事项专项评估，联合市编委办、市行政审批局等单位开展“三整合”改革行政执法检查。制定行政执法人员考核培训方案，要求各单位在规范制定开展执法人员培训的同时加强执法辅助人员的培训管理。

【合法性审查与规范性文件管理】 规范市政府重大行政决策，修订并施行《靖江市重大行政决策实施办法》。严把文件审查关，对102件政府文件、合同、协议等开展法制审核，对30件安全生产事故调查报告批复开展法制审核，提出审查意见22份。审查政府签订的合同、协议6件。做好规范性文件清理和汇编工作，对市政府现行有效的240件规范性文件进行全面清理，其中继续有效162件、废止58件、失效20件、拟修改21件。

【行政复议及应诉】 由市政府办公室印发《关于进一步加强依法行政提升行政应诉工作质效的意见》，规范行政复议案件受理、审理、结案等程序，提高办案质量。受理行政复议案件174件，办结166件；办理79件行政应诉案件，行政机关负责被诉事项工作人员出庭率100%。逐个案件分析了近三年的行政诉讼败诉情况，报呈市政府主要领导阅。组建长江大保护行政应诉律师团，有序做好应诉工作。

（刘 圳）

公 安

【概况】 2022年，市公安局落实战疫情、防风险、保安全、护稳定、促发展各项措施，治安类、纠纷类、交通类警情均下降，社会治安秩序持续向好，群众安全感测评位居全省前列、泰州第一。

【治安管理】 积极响应省厅部署要求，紧盯基层网格化治理实践中的实际问题，在东兴派出所试点“网格＋警格”协同治理模式，提升基层社会治理能力和水平，相关做法被《新华日报》头版报道；强化消防监管，定期与消防救援大队召开联席会议，通报派出所消防监督管理情况，强力推进消防安全监管落实落细；全年未发生一起因肇事肇祸严重精神障碍患者引发的恶性案件；对全市剧毒涉危单位、易制爆涉危单位、行业场所等开展常态化检查，全面落实监管责任；深入开展打击整治枪爆违法犯罪、黄娼赌违法犯罪等专项行动，收缴各类枪支12支，各类子弹794发，管制刀具12把，销毁各类废旧炮弹31

枚。受理涉黄赌刑事案件 35 起，治安案件 125 起，采取强制措施 54 人，行政处罚 525 人。针对夏季治安特点，对全市社会面进行 8 轮集中清查。累计出动警力 9000 余人次，清查人员密集场所 500 余处，出租房屋、中小旅馆 900 余家，整改各类安全隐患 120 处，捣毁农村流动赌场 1 个，采取刑事强制措施 5 人，抓获逃犯 1 名。

【户政管理】 2022 年，全市登记户籍人口 638204 人，流动人口 121693 人，房屋出租户 24532 户。受理审核出生 2288 人，死亡 5687 人，迁入 1189 人，迁出 2932 人，办理二代居民身份证 25780 人，居住证 6687 张。开展全市群租房“清患安居”暨“迎接省运、动态清零”专项整治行动，其间，将大型企业、校园周边、城中村等群租房作为整治重点，严格实施重大隐患挂牌督办、整改销号，及时消除安全风险，实现安全隐患“动态清零”目标。

【案件侦破】 快侦快破严重暴力犯罪，加大盗抢骗、食药环、枪赌毒等犯罪打击力度，常态化开展扫黑除恶斗争，年内破获 9 类涉恶案件 70 起，抓获犯罪嫌疑人 136 人，破获现行命案 2 起，连续 19 年命案全破，破获涉案百万元以上电信网络诈骗案件 8 起，破获“4·18”制售非法出版物案件获公安部贺电表彰，破获公安部督办非法捕捞水产品案和非法采砂案等，获评省长江禁渔执法监管先进集体。

【巡逻防控】 建成便衣巡逻队、PTU 机动队、武装巡逻队、铁骑巡逻队，按照重点盯控、动态巡线、责任分区、全域快反的“点、线、面”圈层布局总框架，在 2 个警务工作站、2 个街面快反屯兵点双层布警的基础上，设置 5 个重点巡防部位、33 条重点巡防路线、7 个“1、3、5 分钟”快速反应圈，最大限度把警力装备压向街头路面，提高见警率、管事率和治安控制力。紧扣“市县主战、派出所主防”职能定位，推进巡处一体化改革，科学细化巡区划分，优化街面警务支点职能，明晰巡防勤务运转模式，明确警务站处置 37 类警情的具体类型和责任，细化警情接处和自处标准，确保警情处置更快捷、应急处突更高效、服务群众更有力，实现警情快处、街面快反、基层减负。2022 年，2 个街面警务工作服务站累计接处警 2932 起，自处警办结率 100%。

【网络安全保卫】 网安部门积极化解网上各类风险隐患，维护网上社会秩序稳定。全年开展境内外反恐、有害信息清理、网络谣言专项打击等工作；上报网络谣言及有害信息 1847 条，报送专项信息 628 条，相关工作获部省领导批示 1 次，侦破 1 起侵犯著作权案，获公安部七局贺电表扬。聚焦网络违法犯罪生态打击治理策略，推进“净网 2022”专项行动，快侦快破非法控制计算机信息系统、组织考试作弊等网络犯罪案件 18 起，抓获犯罪嫌疑人 85 人，公诉 48 人。利用电子数据勘验技术打击各类违法犯罪，全年共协助各类案事由查询 7647 次，研判案件形成有效情报 693 起，协助侦破案件 54 起，抓获犯罪嫌疑人 360 人；受理委托勘验各类案件 198 起，勘验电子物证 581 个，比上年增长 62.7%，支撑刑事案件 171 起，协助抓获犯罪嫌疑人 185 名。深化平安互联网创建、网络资产等拉网式专项检查，重点组织开展全市教育、组织、户外大屏等重点领域专项检查 3 批次，走访检查联网单位 33 家次，发现整改各类网络安全隐患 912 处，并依法实施行政处罚，共办理涉网行政案件 96 起，其中 2 起被评为省级典型案例。

【禁毒工作】 2022 年，市公安局积极适应常态化疫情防控条件下禁毒形势发展变化，依托打击涉毒整治百日攻坚、“清源断流”行动、“苏安・祥泰”行动，聚力开展专业缉毒攻坚，强化涉毒案件深挖查证，建立健全情报交流与办案协作机制，全面发挥情报引领警务实战作用，加大公开查缉力度，提升缉毒执法效能，加强涉毒风险防控能力，大力巩固禁毒宣传教育成果。

【食品药品和环境犯罪侦查】 2022 年，食药环侦大队紧扣破案攻坚，主侦大案要案，先后破获“4·18”制售非法出版物案件、“20210831 生产、销售、提供假药案”、“20221011 危害国家重点保护植物案”等极具影响力的案件，“4·18”制售非法出版物案件获公安部贺电。全年共办理食药环类案件 30 起，其中省厅督办案件 1 起，公诉 45 人。开展了打击环境犯罪“清水蓝天”“打击非法捕捞水产品”“打击食品、药品行业非法添加”“打击假冒伪劣涉疫物资”“打击买卖运输野生动物制品”等专项行动，针对百姓入口的食品、保健品等开展了“羊肉汤内非法添加罂粟”及“保健品行业专项整顿行动”，全市范围内共向面制品经营场所及性保健品经营场所分别发放告知书30余份和50余份，对全市20余家羊肉汤店及30余家性保健品经营场所进行突击检查，有效净化面制品市场及性保健品市场，有效震慑了市范围内食药环类犯罪。2022年疫情防控期间，联合市监部门对全市范围内的药店进行摸排检查，对售卖防疫物资的情况进行摸排，有效维护了疫情防控用品的市场秩序。

【水域治安管理】 2022年4月，市水警大队被江苏省禁捕退捕办评为年度长江禁渔执法监管先进集体，实现全市水域不发生重大刑事治安案件、不发生水上重大交通事故和船舶污染事故、不发生负有直接监管责任的安全生产事故的目标。深入推进河长制工作，构建长江水域"网格+警格+水格"三格融合的治理新模式。高标准启动长江大保护技防中心建设，以长江水源地周边区域为重点开展一期技防建设，打造"监控全覆盖、要素全管控"的沿江智能化、立体化技防体系，维护辖区内长江水域治安秩序和生态环境。全面实行"五巡"（人巡、车巡、船巡、无人机巡、视频巡）机制，对长江等重点水域开展全天候、全覆盖、全领域的巡查管控，全年排查消除安全隐患30余起，化解矛盾纠纷20余起。建立多部门同频共振、全资源融合共享的联动打击格局，与市交通运输局、海事、农业农村局和各镇（办事处）协同整治长江"三无船舶"、内河港道违规网具、电鱼等非法捕捞违法行为。自侦并指导全市派出所共立涉渔涉砂类刑事案件14起，抓获嫌疑人34人，移诉15人，公诉6人；查办无证驾驶机动船舶23起，移交渔政部门行政处罚17起。

【经济犯罪侦查】 2022年，市经侦大队依法打击各种经济犯罪。按照"苏安行动"部署要求，走访经侦重点对象419人，走访金融管理部门、市场监督管理局、税务部门等部门20余次，走访大型企业28家、金融机构5家，会同市金融办累计排查风险机构52家，发现犯罪线索2条，开展防范非法集资宣传20余次。建立经侦重点人员滚动摸排机制，提前摸排"大唐天下"重点人员1人，河南村镇银行重点人员1人，筛选出近3年涉及经侦信访重点人员18人。2022年，经侦大队办理"6.06"串通投标案、于某等人涉嫌非法吸收公众存款案等案件。推进云端行动，成功发现2条商贸领域数据协同、1起反洗钱数据协同线索、1起涉税数据协同线索，办结非法集资陈案22起，非法集资陈案处置率95.7%。

【出入境管理】 强力推进助企纾困、出国境政策，加强涉外重点群体签证回访工作，成立全省县级市首家外籍人才服务专区，积极构建政府部门和企业、外籍人才之间的"连心桥"。与靖江边检签订《二十大安保战略合作协议》，立足各自工作特点，凝聚打击合力，加大协作力度。疫情防控期间，通过企业走访、面见询问、情报获取和实质性审查全面掌握不同出境群体人员底数和出境事由。积极开展各项清查专项行动，牵头办理妨害国（边）境刑事案件21起，重特大案件1起，公诉嫌疑人29名。

【中共二十大安保】 10月1日起，市公安机关启动一级加强勤务，全市861名公安民警、1707名辅警放弃休假、加班加点，日夜奋战安保第一线，全市刑事、治安警情"双下降"，重大案（事）件"零发生"。

【"主战主防"职能体系完善】 坚持"一切面向实战、一切为了实战"的理念，深化"市县主战、派出所主防"实战化职能体系建设，建成智慧侦查中心，成立刑侦专业队，建立主办侦查员制度，专业队直接抓获犯罪嫌疑人数大幅上升。建成"一站式、一体化、一条链"执法办案管理中心，建设刑事速裁法庭，成立预审办案队集中攻坚，人均公诉数为原来的8.3倍，执法问题下降23.46%，移诉率上升23%。

【安全生产整治】 精心组织"苏安行动""百日行动"等专项行动，开展群租房、危化品等专项整治，督促整改各类安全隐患1200余处。开展"苏安·护行"整治，全年现场共查处各类交通违法行为135185起，其中饮酒驾驶1024起（含醉驾281起），全市亡人交通事故数和死亡人数分别比上年下降26.92%、28.57%，实现"减量控大"目标。

【服务企业群众举措创新】 出台《优化营商环境保障企业发展10条措施》，构建靖江、张家港、如皋政务服务"跨城通办"三方协议，让群众办事省心省力，为企业发展保驾护航；深化警邮共建、警保联动、警银合作、警医共享等机制，构建3千米交管服务网络，交警大队车管所蝉联"全国一等县级车辆管理所"殊荣；成立"留椽会”留学生服务驿站,打造泰州首家县级公安机关“线上+线下”外籍人才服务专区,出入境管理大队获评“全国公安机关爱民模范集体”荣誉称号。

【警网融合共治】 创新“警格+网格”协同治理新模式,在试点镇实行镇综合指挥中心和派出所综合指挥室一体化运行,矛盾纠纷调处率达100%,可防性案件零发生,该经验做法被《人民公安报》《新华日报》等20多家主流媒体集中报道。建立“靖法平”工作机制,加强公检法司深度协同协作,为应对各种矛盾纠纷、执法风险打好坚实基础。试点实行“交所融合”警务运行新模式,实现了派出所和交警中队的业务融合、勤务整合、资源共享。

【“靖安好”前哨码系统推广应用】 自主研发“靖安好”前哨码系统,提高涉疫数据核查效率,提升场所防疫能力,优化疫情防控模式,构筑防疫“大数据+防护网+快反应”模式,有86万余人次注册应用“靖安好”。

【全警实战练兵工作】 成立“实训办”,举行全警大练兵活动,开展业务能手培训班、领导干部培训班、基层民警警情处置培训班等,形成练兵合力。自主研制微课程14部,其中2个视频在省公安厅微课程评比中获奖。大力推进公安科研投入、科技创新,民警自主研发的“滚动式脱落细胞粘取器”项目获评公安部科技强警二等奖,“单警多功能腰带”项目获评泰州市局科技强警一等奖。

【文化育警】 组织策划“110第二届警察文化节”“喜迎二十大·忠诚保平安”“一起来断案”等活动,其中“一起来断案”法治主题宣传获《人民日报》《新华日报》等主流媒体报道,《送别英雄钱卫》组图荣获第六届平安中国“三微”比赛摄影类三等奖,原创漫画《抗疫一线警事》被江苏政法微博、平安江苏微博、学习强国等平台转发。打造“档案育警”新载体,成功创建“江苏省示范档案室”。 (朱 霞)

检 察

【概况】 2022年,市检察院围绕市委中心工作忠诚履职,“四大检察”(刑事检察、民事检察、行政检察、公益诉讼检察)取得新的成效。年内,市检察院获评“全国检察宣传先进单位”“江苏省文明单位”“江苏省五四红旗团支部”“泰州市检察机关先进检察院”等称号。公益诉讼助力长江生态保护工作经验被最高检《检察工作简报》转发,护航民企工作得到江苏省人大常委会领导批示肯定。

【刑事检察】 全年批准逮捕各类犯罪嫌疑人145人,提起公诉521件711人。贯彻总体国家安全观,依法惩治和防范危害国家安全犯罪。落实《中华人民共和国反有组织犯罪法》,常态化开展扫黑除恶斗争,起诉聚众斗殴、寻衅滋事等犯罪21人。依法严惩危害人民群众生命财产安全的犯罪,起诉故意杀人、抢劫等严重暴力犯罪13人,起诉盗窃、诈骗等侵犯财产犯罪106人。重点打击非法集资、合同诈骗、金融诈骗等涉众型经济犯罪,起诉44人,维护金融市场法治秩序。加强监检衔接,受理监委移送职务犯罪12人。在依法从严惩处严重刑事犯罪的同时,对社会危害不大的初犯、偶犯、过失犯、未成年犯,落实少捕慎诉慎押刑事司法政策和认罪认罚从宽制度,完善起诉必要性审查机制。依法不捕30人,不起诉150人,不捕率17%,不诉率19%,认罪认罚适用率97%,刑事案件总量比上年下降12%。从严惩治侵害未成年人权益犯罪,依法批捕9人,起诉16人。对涉轻罪未成年人不捕2人,相对不起诉12人,附条件不起诉3人,开展帮教、心理疏导42人次,封存未成年人犯罪记录12件。加强未成年被害人保护救助,与公安机关会签《关于提前介入性侵害未成年人案件侦查工作实施办法》,提前介入案件13起。与市妇联、市关工委联合制定《关于进一步做好未成年人家庭教育指导工作的意见》,通过“检察训诫”“督促监护令”等方式,推动解决家庭监护不当问题。

【诉讼监督】 做强刑事诉讼监督,监督立案35人,监督撤案65人,追捕7人,追诉18人,提请抗诉3件,对不需要继续羁押的8名犯罪嫌疑人依法建议释放或变更强制措施。“黄某某等人诈骗抗诉案”被省检察院汇编为刑事抗诉典型案例。完善刑罚执行监督,纠正刑事执行活动违法51件,纠正监外执行不当22件,纠正财产执行不当26件。做细行政诉讼监督,开展行政非诉执行专项监督,“某家政公司逃避劳动监察行政处罚非诉执行检察监督案”被省检察院评为典型案例。深化“智慧检察”,开发法律监督模型，建成“公益诉讼快检分中心”“公益调查协作指挥中心”“行政执法与刑事司法衔接信息平台”等融合一体的大数据中心。

【民事检察】 持续抓好民法典贯彻实施，加大民事诉讼监督力度，保障人民群众各项民事权利。提出7件民事再审检察建议，法院全部裁定再审。开展虚假诉讼专项监督，办理的“刘某某等民间借贷虚假诉讼监督案”刊登于《江苏省人民检察院公告》，成为全省检察机关的参考性案例。在办理某公司破产职工债权确认纠纷案中，通过支持起诉，帮助26名职工拿到225.9万元工资，该案被省检察院发布为“保障农民工工资支付工作典型案例”。

【公益诉讼检察】 聚焦公共安全、生态环境、食品药品安全等领域，办理公益诉讼案件65件，发出行政诉前检察建议38件，向法院提起民事、行政公益诉讼7件。密切关注与群众息息相关的公园、商场、小区等场所，运用检察建议推动消除安全隐患，做法得到《检察日报》头版报道。针对餐具清洗消毒不合格、农产品农药残留超标、水产品镉超标等问题，推动有关部门履行监管职责。开展“公益诉讼助力乡村振兴”专项活动，通过公益诉讼调查、现场公开听证、制发检察建议等方式，推动修复乡村危旧桥梁，努力筑牢基层“连心桥”“幸福桥”，该做法得到省检察院简报转发。“督促整治废旧船舶非法拆解行政公益诉讼案”为最高检公益诉讼情况专刊选登，“积极履职筑牢长江生态安全网”工作经验获最高检转发。

【控告申诉检察】 市检察院共发出社会治理类检察建议18件，助推市域社会治理现代化。实行“首次申诉的信访案件”全部由院领导包案办理机制，推行检察公开听证，邀请人大代表、政协委员、人民监督员等参与评议，听证化解率100%。突出抓好司法救助工作，救助因案陷入生活困境的受害方53人，发放救助金43万元。开展行政争议化解，推动解决某园区企业用房所有权确权问题，促进案结事了政和。

【专业化人才建设】 加大专业化人才培养力度，打造涉众型经济犯罪、职务犯罪、电信诈骗等领域的专业化办案团队，3篇调研文章在《人民检察》等核心期刊发表，2项课题分获最高检、中国犯罪学学会立项，1名法警获评“全省警务技能标兵”，1名检察官获评“全省公益诉讼优秀办案能手”荣誉称号，1名干警获评“全国检察宣传先进个人”。微电影《婚》《检察官的决定》等多部短片在国家、省级平台推广，反诈普法短视频被“江苏政法”等微信公众号采用，获评泰州市“七五”普法先进单位。深化政法队伍教育整顿成效，开展检务督察，推动纪律作风向好向优。加强司法办案监督制约，常态化开展案件流程监控、案件质量评查、业务数据核查等工作。落实重大经济活动合规性审查机制，出台《内部审计工作暂行规定》，做法得到《检察日报》报道、省检察院简报转发、泰州市检察院领导批示肯定。

（秦文雯　朱秀婕）

法　院

【概况】 2022年，市法院忠实履行宪法法律职责，全年共受理各类案件16708件，办结15108件，先后荣获各类表彰48次，全年共有13篇调研文章、案例评析获得省级以上载体录用或表彰，其中1篇入选《江苏法院公报》参阅案例，2篇被国家法学核心期刊收录。

【刑事审判】 全年审结各类刑事案件585件，判处罪犯1010人，做到宽严有据、罚当其罪。推进扫黑除恶斗争常态化开展，审结聚众斗殴、寻衅滋事、故意毁财等涉恶案件21件，对36人依法追究刑事责任。严惩网络领域犯罪，审结开设赌场、诈骗等犯罪案件41件276人，其中，对以销售商品为名操控赔率开设网络赌场的辛某某犯罪集团80人判处八年至一年不等的有期徒刑，累计判处罚金278万余元，并追缴违法所得。加大对提供广告推广、支付结算、转移资金等下游犯罪的惩处力度，审结洗钱、帮助信息网络犯罪活动及掩饰、隐瞒犯罪所得等犯罪案件84件173人。严惩贪污腐败犯罪，审结贪污、受贿、行贿等职务犯罪案件8件9人，落实“行贿受贿一起查”要求，对通过行贿手段中标的公司法定代表人姚某某判处有期徒刑三年十个月，并处罚金30万元。严厉打击涉老诈骗、侵害未成年人等犯罪行为，审结相关案件9件，依法追究36人刑事责任。推进以审判为中心的刑事诉讼制度改革，严格遵循证明标准，对遗漏事实的案件，强化与公诉机关沟通协调,建议补充侦查、追加起诉,坚决防范错案发生。

【民商事审判】 全年审结民商事案件7740件,公正高效化解各类纠纷。推进审级职能定位改革,促进审判质效稳步提升,其中92%以上的案件服判息诉,调解撤诉率名列泰州第一。审结买卖合同、物业合同等合同类案件3059件,完善市场规则治理。审结交通事故、相邻关系等侵权类案件974件,在“陆某雨夜死亡索赔案”中,变“判案”为“探案”,改变“坐堂问案”方式,深入现场调查,依职权调取关键证据,查明陆某系被肇事货车的挂钩带倒致死,根据双方过错依法作出判决。审结金融借款、民间借贷等案件1848件,严格资金来源、借款交付等关键事实审查,依法对套取银行贷款转贷行为认定无效,对虚报交付金额的原告包某处以司法罚款5万元。审结教育、医疗、住房等案件214件。审结劳动争议案件384件,促成60%以上的案件以调解或撤诉方式结案。审结婚姻家庭案件742件,对遭受家庭暴力的孙某美等3人签发人身安全保护令。

【执行工作】 全年执结各类案件5959件,执行到位金额9.36亿元,“3+1”(无财产可供执行案件的办理合格率、有财产可供执行案件在法定期限内实际执结率、执行信访的办结率、近三年执行案件整体执结率)核心指标均为100%,名列泰州第一。与市公安局、市税务局等单位召开联席会议,共同出台公安机关协助查找被执行人、涉税执行联动等实施意见。全面升级“854”执行模式(核对立案信息和初次接待、制作发送格式化文书、网络查控、收发委托执行请求、录入失信被执行人信息、网络拍卖辅助工作、接待来访、接处举报电话8类事务性工作,视频会商、4G单兵连通与执法记录仪使用、执行公开、舆情监测、决策分析5类技术服务,繁简分流管理、流程节点管理、执行案款管理、终本案件管理4项管理职责),实现简案快执、难案攻坚,执行结案平均用时下降15天,有财产可供执行案件法定审限内执结率100%。组织凌晨执行、夜间执行30余次,限制高消费2999人,腾房清场32处,司法网拍成交2.74亿元。开展根治欠薪专项行动,执结相关案件189件,帮助追回劳动报酬520余万元。强化沟通交流机制,全年执行信访案件比上年下降53%,执行信访办结率100%;依法审查执行异议、复议案件170件。执裁庭被评为“全省法院执行裁判工作先进集体”。

【法治营商环境优化】 审结涉股东知情权、股权转让及公司内部治理等案件427件,依法保护中小投资者合法权益。审结知识产权案件253件,审结相关刑事案件8件,其中,对生产、制作、销售假“双鱼”肉脯的徐某某等6人依法追究刑事责任。开展“优化法治化营商环境执行年”1+4专项行动,对失信企业进行“信用体检”,分类施策,帮助257家企业修复信用,移送破产审查企业86家。服务保障新旧动能转换,审结天一国际购物中心有限公司等破产、清算案件68件,化解不良债权79亿元,推动66家“僵尸企业”有序退出市场,释放闲置土地12.8公顷、低效厂房3.67万平方米。其中,江苏百德惠生态农业有限公司破产清算案被评为江苏法院破产典型案例、“执转破”优秀案例。

【重大风险防范化解】 推行“示范性裁判+联调联处”模式,妥善化解涉群涉稳纠纷200余件。针对“产权式商铺”运营信息不透明的情形,支持40余户商铺业主要求受托公司公布租金收取等原始凭证的诉讼请求。针对受疫情因素影响引发的各类合同纠纷,注重衡平各方利益,助力企业共克时艰,全年审、执结涉疫情纠纷234件,其中对租用国有房屋的某民营医疗机构,参照国家相关政策,依法判决减免部分租金。防控安全生产领域风险,审结重大责任事故犯罪等案件7件,对7人追究刑事责任。深化行政执法与刑事司法衔接,协同推进重点行业领域整治。

【融入基层社会治理】 加强非诉讼纠纷解决机制建设,落实“大数据+网格化+铁脚板”治理机制,组织法官进网格、审务进基层301人次,协助基层组织化解纠纷。持续深化“1+4+N”(党委统一领导,人民调解、行政调解、行业调解、司法调解四大调解方式和N家单位入驻)多元解纷平台,协调24个调解组织进驻江苏微解纷人民调解诉源治理平台,依托“陈燕萍代表工作室”“驻庭人民调解室”,诉前化解各类纠纷1676件。会同市司法局成立行政争议多元调处中心,派员至泰州市医药高新区法院参与涉靖江行政案件审理,促进行政争议实质性化解。与村居社区联建共建,指导制定村规民约,其中江阴—靖江工业园区法庭指导莲沁苑社区制定的《居民房屋租赁管理公约》,被泰州中院作为社会治理成果予以推介。斜桥法庭与东升村共同打造“无讼村”,被评为泰州优秀人民法庭。推动“数助治理”,针对安全生产、行业治理等问题,发出司法建议16篇,1篇被评为“全省法院优秀司法建议”,上报信息32篇,被评为“全省法院信息工作表现突出法院”。

【智慧法院建设】 优化“一站式”诉讼服务模式,提供网上立案、联络法官、电子阅卷、在线庭审等35项服务,建立平台应用律师评价制度,全年完成跨域立案、网上立案5034件,线上开庭、调解1457次,办结诉讼咨询、案件查询等事项1.2万余件,用户满意度99.54%。强化“集约式”送达模式,运用电子送达平台,通过“信息跑路+邮政跑腿”破解“送达难”问题,开展电子送1.3万余次,成功率76%以上。深化“无纸化”办案模式,成立审判辅助事务中心,集中办理排期、扫描等辅助事务,随案同步生成电子卷宗28万页。全年通过信息化手段,节省群众、干警出行770余万千米,节约纸张100余万张,相当于减排二氧化碳2900余吨,被国家发展改革委、财政部等评为“节约型机关”。

【破产清算案被评为典型案例】 3月25日,市法院审理的江苏百德惠生态农业有限公司破产清算案入选江苏法院破产审判典型案例。本案中坚持最大程度保护农户利益,市法院指导管理人根据资产实际情况,进行分类分块打包处置,通过线下竞价方式,最大程度提升破产财产的变价率和变价速度。坚持最大程度维护当地经济特色,发挥协调联动机制作用,争取各村委会的支持,确保流转土地顺利交棒给买受人。坚持广泛宣传破产法治观念,市法院主动深入农户,讲解企业破产制度的功能、程序,争取农户对破产制度的认识、理解和支持,有效化解企业破产给农户带来的恐慌情绪。

【异地联动集中调解】 8月,市法院“陈燕萍代表工作室”、知产庭会同泰兴市法院“何健忠调解工作室”、泰兴市知识产权局,针对一批泰兴地区的侵权纠纷案件,在被告共同所在地泰兴进行集中调解,高效化解一批侵权纠纷。在两地联动调解下,这批案件的所有被告均与原告达成调解协议并当场履行赔偿义务。

(蔡 佳)

司法行政

【概况】 2022年,各级各类调处组织共受理纠纷11024起,调解成功11021件,调解成功率99.99%;公共法律服务中心接待来电、来访咨询6614人次,受理法律援助案件936件;办理公证2628件。国家宪法日当天,中央电视台《新闻30分》点赞靖江普法宣传工作;《“五张清单”推动村居法律顾问精准服务》获得省司法厅领导的批示。

【公共法律服务】 创新村居法律顾问分类组团服务。在村(社区)法律顾问全覆盖的基础上,创新村(社区)法律顾问分类组团服务模式,制定《靖江市村居法律顾问分类服务工作方案》,法律顾问精准服务工作成效获得省司法厅领导的批示。持续深化“万所联万会”工作机制。依托工商联收集靖江民营企业法律需求,搭建律师事务所对接商会法律服务平台,定期开展宣讲走访、点单约课等“定制式”法律服务,深入民营企业开展“一对一”法治体检。依托名优律师成立“律师法律服务流动诊所”,为民营企业量身定做法律服务方案。定期开展“产业链+法律服务”联盟活动。组织律师服务团走访船舶、空调、警用装备等重点产业链,以船舶产业为试点,组织法律服务团走进船舶企业和配套企业,紧扣船舶产业链上企业法律需求重点,帮助企业查找、梳理经营管理中的各种法律风险,提出合规应对措施及合理化建议。全年提供法律咨询3189次,开展专题法治讲座168场,帮助解决劳动纠纷213起。

【法律援助】 开展妇女儿童权益保障问题专项排查整治行动,通过对涉妇女儿童案件回访、加强与律所收案对接等方式,排查梳理权益受侵害妇女儿童的法律援助需求。依托市法律援助中心、各镇(街道)法律援助工作站、村(社区)联络点,市人社局、法院、总工会等法律援助工作站,构建“纵向市镇村三级贯通、横向多行业有效覆盖”的法律援助服务网络,“一站式”为农民工维权。全年接待来电、来访咨询6614人次,受理法律援助案件936件。

【律师管理】 坚持质量立所,规范强所,加强培养本地律师人才,推动靖江律师事务所走规范化、规模化、专业化发展道路。动员全市符合条件的公职人员申报公职律师,鼓励国有企业和规模较大的民营企业建立公司律师制度,做好公司律师申请的政策辅导和业务指导工作,提升公职律师、公司律师占比。年内新增公司律师机构1家,公司律师2名;新增公职律师机构2家、公职律师3名,具有执法权的机构公职律师覆盖率36.67%。

【矛盾纠纷调处】 执行重大事项零报告制度,强化重点领域矛盾风险防范,针对排查出来矛盾风险,分门别类向相关单位和责任主体推送,逐一确认疏导稳控和解决方案,明确责任领导、牵头单位、目标任务、时限要求。开展矛盾纠纷"大排查、大调解、促和谐"和服务业领域纠纷排查化解专项行动,加强对多发性、涉民生、涉众型等矛盾纠纷的多元化解,组织开展人民调解员协会第二届会员代表大会暨全市调解骨干培训班,完善人民调解员学习、培训、考评、奖惩等各项管理制度,开展分层分级培训、人民调解员岗位练兵、优秀人民调解案例评选等活动。

【普法与依法治理】 落实落细普法责任制。制定"谁执法谁普法"责任清单和联动事项清单,实现"谁执法谁普法"责任单位联络员制度、以案释法工作制度、媒体公益普法制度有序运行。按时间节点发放普法重要工作提示单、普法重点任务督办单。配优配强普法宣传队伍,市镇两级建成"八五"讲师团、习近平法治思想宣讲团和民法典宣讲团,组建学校法治辅导员库,全面调整法治副校长,强化"法律明白人"培养运用。开展"典到为止"民法典学用实践。以"三官一律"(法官、检察官、警官,律师)为主体,组建民法典讲师团,开展"民法典六进"110场次。在报纸、电视台、广播电台、门户网站开设释法说案专栏;针对企业需求,组织律师志愿团队和村(居)法律顾问进厂开展普法服务5轮次;指导村(居)两委、党员先锋等,用好法典思维破解"三治"(自治、法治、德治)难题、倡导绿色经营等。创新创优国家省法治文化示范载体培育。选点生祠镇东进村,培育红绿蓝三色法治文化,创成国家级民主法治示范村。以新桥镇为核心,探索打造以"红、绿、蓝、古、金"五色为标志的法治文化特色园区,争创省级法治文化特色园。选定天水公园打造习近平法治思想主题公园,分为靖听习语、靖典传承、靖心向党、靖山靖水4个板块,年内建成一期项目。

【警法融合】 深化"靖法平"工作机制。组织"靖法平"机制座谈会,城东、城南、滨江、新桥4家派出所挂牌成立警法融合工作室,通过公、检、法、司深度协作,实现"矛盾不上交、服务不缺位、平安不出事"的工作目标。与2021年同期相比,全市警情纠纷调解率上升8.2%,调解成功率上升12.1%,行政诉讼败诉率下降21%,民转刑案件显著减少。

【司法所规范化建设】 组织各司法所学习《全国司法所工作规范》,对照工作规范内的工作职责和工作制度,司法所规范化建成率100%。根据各司法所建设基础和辖区常住人口数量以及服务需求,全面梳理各司法所组织机构、人员力量、队伍素质、基础设施、经费保障等情况和存在问题,明确工作举措,完善中型、小型司法所基础建设。

【司法干部队伍建设】 领导班子严格落实《党委(党组)全面从严治党主体责任规定》,召开全面从严治党工作会议,将全面从严治党与司法行政业务工作同部署、同落实、同检查、同考核。建立长效机制,持续巩固政法队伍教育整顿成果。编排选送机关红课《喜迎二十大 走好新时代的长征路》,获靖江市机关红课决赛三等奖。年内共选拔任用10名中层干部,交流轮岗13名中层干部,充实、优化中层干部队伍。

【靖江宪法法律知识宣传工作央视报道】 12月4日,央视《新闻联播》《新闻直播间》聚焦全国各地开展宪法法律知识宣传情况,报道靖江宣传普及宪法知识,使宪法法律融入日常生活、走近人民群众的典型举措。12月4日,央视《新闻联播》报道全国各地开展宪法法律知识宣传情况,"全国人民调解能手"吴鞋银在江阴—靖江工业园区办事处莲沁苑社区法治长廊带领居民学习宪法的镜头亮相其中;《新闻直播间》的报道镜头聚焦东兴镇"兴声大喇叭"接地气普法宣传,旺稼村村居法律顾问季冬通过广播,向村民宣传中共二十大精神和习近平总书记关于宪法的重要论述。靖江把开展"宪法宣传周"宣传活动作为学习宣传贯彻中共二十大精神的重要抓手,依托各类法治阵地开展宣讲,让宪法家喻户晓、深入人心。还专题部署"法治护航"行动,推动法治型政府建设"大提级",为市场主体提供坚强的法治保障,通过深入企业,以规范行政执法促进营商环境优化,以柔性执法助力企业合规发展,让法治惠民见实效。

(刘 圳)

军事

靖江市人民武装部

【概况】 2022年，市人武部紧扣建军百年奋斗目标，围绕完善国防动员体系，强化政治引领，抓紧动员准备，夯实基层基础，确保以备战打仗为中心的各项任务圆满完成。

【思想政治建设】 坚持思想领先，始终把理论武装作为思想政治建设的重要抓手，确保部队建设的正确方向。以“忠诚维护核心、矢志奋斗强军”为主题统教育、抓教育，推开“干部当教员+文职职工上讲台”群众性备课授课模式，拓展教育途径；关注“国防时报”“中国民兵”微信公众号时政新闻、前沿理论、热点动态、身边经验，延伸教育触角；下发必读书目，课堂领学、每周自学，使理论学习与政治教育深度融合；利用“学习强国”学习平台、“军职在线”App，每天学习新资讯；利用主题党日，过“政治生日”，开展“重温党史军史、传承红色基因”活动。

【日常战备】 狠抓战备工作落实，坚持好两级战备值班制度。结合春节、“五一”等节假日战备，组织对担负战备任务的民兵应急排不打招呼拉动演练。采取“过方案”的形式，修订完善应急维稳、抗洪抢险等非战争行动应急预案和节日战备应急方案。与市水利局、市应急管理局等部门建立信息互通制度，配齐防汛物资器材，重要时段组织民兵分队沿江巡堤。5月下旬，组织参加泰州市“祥泰行动5号”军地联合防汛抢险演练，强化任务执行能力。

【指挥训练】 独立抓领训，圆满完成全市民兵情报信息员集训任务。骨干抓强训，4月下旬，圆满完成优秀民兵“四会”教练员强化训练，6名教练员参加军分区比武。集中抓轮训，5月下旬，组织民兵应急连进行轮训备勤。6月上旬，组织便携式地空导弹连集中训练。

【征兵工作】 严格落实一年两次征兵要求，及时调整征兵领导机构人员。加强征兵宣传，深入群众家中宣传征兵政策。坚持将廉洁征兵摆在突出位置，特别是注重发挥廉洁征兵监督员的作用，所有量化打分由廉洁征兵监督员现场全过程监督并签名。新兵本专科毕业生占比46.53%，大专以上学历占比90.10%。

【党的建设】 按照“军队党的建设走在全党前列”总要求，持续推动贯彻军委党建会议精神落实落地。以党委中心组理论学习为主阵地，第一时间学习贯彻相关会议讲话精神，班子成员对标看齐意识不断强化。围绕建设“办事有原则、干事有智慧、处事有正气、共事有感情”的班子，着力打造“合金型”班子，自觉把“军政协同、正副齐心、及时沟通”作为基本准则，提升班子团结质量。始终把贯彻民主集中制作为根本党性要求，提出“不学习民主集中制就没有共同语言,要做到凝心聚力,首先就要学好贯彻好民主集中制”,议事中把“与上对表、与法对标、与下对情”作为把关定向的重要原则,决策中把“先期论证、专家咨询、纠错问责”作为确保科学的有效方法。严格规范党内组织生活,从严落实报告个人事项、过双重组织生活、缴纳党费、汇报思想等制度,班子成员轮流上党课,以普通党员身份参加组织生活成为自觉。(徐正禹)

武警靖江中队

【概况】 2022年,市武警中队狠抓中心工作和经常性基础性工作,突出发挥好党支部的战斗堡垒作用,中队全面建设成效显著,圆满完成各项任务。

【思想政治建设】 市武警中队始终把思想政治工作摆在首位。学习贯彻中共二十大精神,利用网络精品“小视频”和“手机视频”教学,提高参与积极性,采取课后“谈感悟”“小总结”,强化战斗精神。广泛开展谈心活动,干部每月与每名战士普遍谈心2~3次,班长骨干每周与班里战士谈心1~2次。

【执勤训练】 深入落实新时代执勤安保工作,开展专勤专训、执勤隐患排查治理活动,确保固定执勤目标绝对安全。及时分析执勤形势、明确责任分工、制定相关措施,先后召开支委会议12次,队务会研究执勤编组近45次,修订执勤方案8次。开展“夏送清凉、冬送温暖”活动、每月干部替战士站哨活动、干部骨干普遍谈心交心活动。按照“训战一致、训勤一致”的原则,与市巡特警大队联合研究巡逻任务的形势实际、联动处置战法。协调看守所更换防护措施,硬化路面,做好监区监控工作。

【后勤综合保障】 严格落实伙食管理制度,建立健全监督机制,发挥好经济民主组作用,每月审核大项经费,定期向中队党支部汇报伙食管理情况。开展“美食交流”活动,安排炊事员到共建单位学习烹饪。购置净水机、烤箱、饭盒保温车各1台、空调13台,改造网络学习室,更新图书室的书籍,购置500多本书籍。优化官兵训练环境,改造绿化训练场,增加购买训练器材13套。

(任振方)

人民防空

【概况】 2022年,市人防办落实第七次全国人民防空会议精神,履行“战时防空、平时服务、应急支援”职责使命任务能力,被江苏省人民防空办公室评为2022年县市区人防工作先进单位。

【人防工程建设和维护管理】 做好与市行政审批局、市税务局等单位的沟通联系,认真落实人防工程应建尽建要求。年内,建成市人防宣传教育训练基地。及时发放人防工程平时使用证。加强人防工程的日常巡查和安全隐患排查,开展人防工程的安全检查工作,全市已竣工人防工程检查率100%。加强人防车位租金单独列账管理工作,确保人防车位租金单独列账工作的有序推进,方便维管工作的开展。

【人防指挥通信管理】 完成《靖江市防空方案》的完善修订编制。利用人防警报监管系统进行实时巡管,完成6台警报器的建设任务。成功组织“9·18”防空警报试鸣,全市防空警报鸣响率100%;组织文昌苑小区居民开展防空疏散演练,参演居民及保障人员近260人。开展9支人防专业队整组训练工作,组织50名专业队骨干开展短期脱产训练,率先在泰州市组建人防指挥工程抢险抢修、平战转换专业队伍。做好人防指挥所的运行维护和联调测试;组织3次人防机动指挥所外出拉动训练,参与市政府重大活动保障服务,提升人民防空的应急支援能力。

【人防宣传教育建设】 完成城北实验学校100平方米的人防宣教馆建设,进行防空警报模拟、新老“三防”知识等内容布展;组织全市19所学校48名教师进行人防师资力量提升训练;开展第二期全市人防师生夏令营活动,组织城北实验学校、天水分校等4所学校49名师生参加活动,收到活动体会34篇,评选出优秀奖11人次;继续向全市中小学校发放《人防知识读本》近1万本,夯实人防知识进校园工作。组织全市中小学学生参加泰州市中小学生人防书画竞赛及征文活动,59名学生的作品及征文获得表彰,5名老师被评为优秀指导老师。协同团结路、前进、文昌苑等社区错时开展人防知识宣讲、青少年人防知识讲座、中秋节会演等宣传活动6次。积极进行人防通讯的挖掘和组稿,共采编信息15篇。(罗蕾)

经济管理

宏观经济管理运行状况

【概况】2022年,靖江实现地区生产总值1226.18亿元,增长5.3%,成功入围全省首批民营经济高质量发展示范县(市、区)培育名单。其中,第一产业增加值27.30亿元,增长3.3%;第二产业增加值680.23亿元,增长7.2%;第三产业增加值518.65亿元,增长3%。全年三次产业结构比例为2.2∶55.5∶42.3。人均地区生产总值为184902元,比上年增长7.5%。现代农业稳步发展。新增高标准农田2573.33公顷,获评泰州市四星级现代农业产业示范园2个、三星级示范园3个,入选泰州市首批、唯一乡村振兴先行市、全省首批现代农业产业高质量发展示范园建设名单。工业生产稳定增长,全市实现工业开票1786.6亿元,增长7.1%;规模以上工业总产值1377.1亿元,增长14.3%;规模以上工业增加值410.2亿元,增长9.2%;制造业增加值占地区生产总值的比重为37.7%。现代服务业发展提速,实现社会消费品零售总额248.55亿元,增长2.2%。成功举办靖江旅游节、“苏新消费·靖享人生”等一系列消费促进活动,靖江电商创业中心创成国家级电子商务示范基地,滨江休闲水街获评省级夜间文化和旅游消费集聚区。全年完成进出口总额43.08亿美元,增长22.2%。全年一般公共预算收入75.07亿元,同口径增长6.7%。其中,税收收入49.85亿元。靖江本级一般公共预算收入68亿元,增长0.7%。市发展改革委聚焦高质量发展主线,全面落实“疫情要防住、经济要稳住、发展要安全”重大要求,多项高质量考核牵头指标位列泰州第一。

【能耗管控】启动燃煤电厂存煤日报制度,督促企业制定电煤保供方案和应急预案,确保迎峰度夏电力供应。牵头遏制“两高”项目盲目发展,摸排全市拟建、在建及存量“两高”项目信息,建立清单台账,实施分类处置,加强能源消费“双控”。

【政策储备】印发实施《靖江市“十四五”现代服务业发展规划》,制定《靖江市服务业高质量发展若干意见》,组织编制《靖江市饮用水水源地安全保障规划(2022—2025年)》,密切跟踪重大项目运行情况,连续报送专报,提出应对建议。

【经济运行调度】强化对经济运行形势分析,每季度组织20家重点企业做好省经济运行监测网络平台调查问卷填报工作。密切监测重要商品价格变动情况,定期向省价格监控平台报送各类价格监测数据工作。加强应急物资储备体系建设,成功应对本土疫情物资储备考验,有力保障生产生活、应急救灾和疫情防控物资需求。

【重大项目建设】不断完善新项目联合会审机制,依托“靖心服务队”持续做好项目服务,助推

深国际智慧物流港区被纳入省重大项目投资计划

重大项目落地建设。2022年新开工5亿元(3000万美元)以上项目27个,计划总投资244亿元,认定竣工项目18个,实际完成投资103.7亿元。深国际智慧物流港区、赛德力医药离心机、大中智能电机、省煤炭物流二期4个项目纳入2022年省重大项目投资计划,为近十年入选数量之最。科学编制2022年重点政府投资项目计划,排定27个市领导挂钩重点工程。严格落实国家、省市关于基础设施建设的工作部署,排定新开工500万元以上基础设施项目19个,计划总投资56.8亿元;有序推进第二过江通道、张靖皋大桥、232省道、中医院等一批重大基础设施和民生项目。

【改革创新发展】 积极培育战略性新兴产业,组织申报赛德力离心机智能生产和诊断中心建设、恒义新能源汽车零部件扩产等17个项目作为省、泰州市级战新储备项目。支持和鼓励企业研发机构提升建设水平,靖江特殊钢有限公司、江苏华洋新思路能源装备股份有限公司2家企业获批省级工程技术研究中心,江苏迈能高科技有限公司的江苏省空气源热泵变容恒温热水模块工程研究中心获批省工程研究中心,靖江特殊钢有限公司的泰州市特种管材工程研究中心、江苏恒力制动器制造有限公司的泰州市线控制动(BBW)工程研究中心、春意环境科技有限公司的泰州市热泵空调机组工程研究中心、江苏永昊高强螺栓有限公司的泰州市航空发动机等高端装备用高强度紧固件工程研究中心4家工程研究中心被认定为泰州市级工程研究中心。新增泰州市级工程技术研究中心8家。推进现代服务业载体建设,江苏东华测试技术股份有限公司获批第二批省先进制造业和现代服务业深度融合试点单位,靖江粮食产业园入选第二批省级现代服务业高质量发展集聚示范区。推进国有粮食企业和储备粮管理体制机制改革,在全省县级市中率先注册成立公益性地方储备粮管理公司。南方小麦交易市场被认定为2021—2022年度泰州市农产品电商龙头企业,成功挂牌江苏股权交易中心"农业(乡村振兴)板",在第十二届中国粮油榜中获评"中国十佳粮油创新典范企业"特别奖。开展营商环境百日提升行动,打造"泰州最优营商地",设立泰州首个"证照联办"服务专窗,常态化实现8个小时内办结企业开办全流程。积极落实组合式减税降费政策,全年累计减退缓税费23.46亿元。着力完善区域协调、城乡融合发展体制机制,制定《2022年度靖江市新型城镇化和城乡融合发展工作要点》,开展江阴—靖江高质量跨江融合专题调研,促进区域融合发展。

【社会信用体系】 加强信用信息归集。全年归集行政处罚信息1029条、行政许可信息1275条,归集合同信息6533条、履约信息6481条,归集信用承诺数据52833条,数量均位列泰州第一。探索信用数据应用。加大信用信息在财政资金发放、评优评先等各项管理中的应用程度,信用审查累计审查企业9078家,企业查询报告20份,自然人查询报告32份。做好企业信用服务。开展"信用关爱日"活动,为失信企业提供信用修复培训,全年累计召开两期信用修复培训会。全年共23家企业通过信用管理培训,5家企业申报成功市级示范。开展专项治理活动。对信用领域1870条行政处罚、884条失信被执行人、45条重大税收违法案件企业信息摸排,有序实施退出清单。对近300家失信被执行企业进行"一企一档"现场调查行动。按月通过"信用泰州"、《靖江日报》、户外电子屏等同步公示"红黑名单"。省级试点申创。成功申报省级创新信用管理与服务县级试点,以"构建以信用为基础的新型监管机制"为主攻方向,探索打造县域社会信用体系特色。在全国城市信用状况监测平台发布的7月全国城市信用状况监测排名中，靖江排名跃升至第26名，列泰州市第一名。

【长江经济带绿色发展】 深入实施长江大保护和沿江生态环境保护修复，累计新增绿化面积13.33公顷，新桥镇沿江区域获批“省级湿地公园”。沿江生态修复示范段荣获首批全省生态文明建设典型，泰州唯一。推动长江经济带生态环境保护修复重点项目建设，累计新开工项目18个，完成总投资7.37亿元。组织申报中央预算项目资金，重点实施靖江市水源水质预警能力建设项目，全力保障市民群众饮水安全。统筹推进省和泰州市长江经济带生态环境警示片3个问题的整改验收销号。

【价格和收费管理】 动态调整涉企收费清单，公布《2022年度靖江市本级政府定价管理的经营服务性收费目录清单》《2022年度靖江市行政事业性收费项目目录》。加强重要民生商品价格监测，科学分析预判价格走势，及时掌握市场价格动态，疫情防控期间每日发布《疫情防控应急价格监测专报》，统筹协调生活必需品市场供应，全力保障人民群众生活需求。密切关注物价指数变动情况，及时启动社会救助和保障标准与物价上涨挂钩联动机制，发放各类价格临时补贴557.53万元，惠及困难群众45348人次，有效保障困难群众基本生活。

【靖江项目入选省重大项目清单】 2月，省发改委印发《2022年江苏省重大项目清单》。大中技术股份有限公司智能电机入选先进制造业类重大项目，泰州赛德力医药离心机入选战略性新兴产业(生物技术和新医药)类重大项目，江苏省煤炭物流靖江基地二期工程入选基础设施(交通)类重大项目。大中智能高效电机项目总投资10.2亿元，其中一期设备投入3亿多元，引进精加工智能生产线、自动化装配生产线、全自动嵌线生产线，一期项目全部达产后，可年产智能型超高效电机30万台。赛德力离心机项目投资50亿元，占地18.8公顷，总投资约20亿元，新建厂房12.4万平方米。项目选用国内外先进的设备，采用互联网、移动互联网、云计算、大数据、物联网等信息通信技术，优化研发与设计、生产与制造、营销与服务各个环节。江苏省煤炭物流靖江基地二期工程项目投资11.83亿元。此外江阴—靖江工业园区大明重工有限公司大型装备项目也入选先进制造业类重大项目。8月24日，深国际智慧物流港区项目调入2022年省重大项目，该项目是本次中期调整中泰州唯一一个成功调入的重大项目。深国际智慧物流港区项目总投资22.8亿元，年度计划投资13亿元。项目依托靖江市岸线资源，以及深国际在现代物流、港口业务的强大资源实力，建设10万吨级码头泊位2个，同时配备智能化物流装卸输送系统，在工程技术创新进步等方面先行先试，打造国际领先的集环保、智慧、节能、绿色于一体的现代化散货智能物流枢纽基地。

【东华测试入选省两业融合深度试点】 4月，江苏东华测试技术股份有限公司入选《第二批江苏省先进制造业和现代服务业深度融合试点单位清单》。东华测试试点项目“江苏重大工矿设备智能故障预测与健康管理服务平台”立足产品制造技术与服务管理，通过科技创新及运用智能化、数字化信息平台，促进服务业与制造业的融合。

【宏源重工参加丝博会省团集中签约】 8月14—18日，靖江宏源重工科技有限公司在第六届丝绸之路博览会上参加省团集中签约仪式。签约后，该公司投资设立陕西巨格科技有限公司，入驻陕西蓝田三元科技创新园，以精密加工为主，生产新能源汽车电池配件。

【2家企业获省级疫情保供补助】 8月，省财政厅、省发展改革委联合下发《关于下达2022年省现代服务业发展专项资金(疫情防控物流企业及重点农批市场补助)预算指标的通知》，对疫情防控期间承担重要物资保供的物流企业及重点农产品批发市场给予补助。江苏国信秦港港务有限公司和江苏省扬子江现代粮食物流有限公司榜上有名，各获得30万元资金支持。江苏国信秦港港务有限公司在新冠疫情防控期间，完成约30万吨的省内煤炭储备工作，为省内外电厂客户接卸、转运、储备电煤34船次共128万吨，为全省增产增供、保民生、保发电提供支撑。扬子江粮食物流作为靖江市政策性粮食保管单位及应急协议动态储备食用豆油承储单位，及时安排物流与人员，共完成政策性粮食出库9000吨，应急协议动态储备食用豆油进出库轮换16680桶计315吨；作为小麦集散地及北粮南运、沿海向内陆转运枢纽点，扬子江粮食物流积极配合周边市场做好粮食中转服务，2—4月，码头共完成作业量26.68万吨，保障区域粮食的供给。 (张　楠)

财　政

【概况】 2022年,靖江全年实现财政总收入(含江阴—靖江工业园区)216.28亿元,其中一般公共预算收入75.07亿元,同口径增幅6.7%。市级一般公共预算收入67.99亿元,增长0.7%;财政总支出190.09亿元,其中一般公共预算支出103.44亿元。是年,市财政局被省财政厅评为"2021年度全省法治财政标准化管理优秀单位、年度连续三年以上先进单位"。

【财政收入】 年内,靖江实现本级财政总收入(不含江阴—靖江工业园区)201.95亿元;一般公共预算收入67.99亿元,比上年增长0.7%。一般公共预算收入中,税收收入42.98亿元,比上年增长-18.8%;非税收入25.01亿元,比上年增长71.2%。

【财政支出】 全年完成财政总支出190.09亿元。落实组合式减税降费政策,全年累计减退缓税费23.46亿元,其中增值税留抵退税11.56亿元、制造业中小微企业缓缴税费10.46亿元、小微企业"六税两费"(资源税、城市维护建设税、房产税、城镇土地使用税、印花税、耕地占用税、教育费附加和地方教育费附加)减半减免1.44亿元。严格落实社保费缓缴政策,对符合条件的市场主体缓缴养老、失业、工伤、医保等社会保险费,全年累计缓缴0.97亿元。减免国有房屋租金1470处,减免金额0.41亿元。加大"泰信保"普惠金融政策支持力度,全年新增贷款8.16亿元。实施"靖江市高新技术企业倍增三年行动计划",全年组织申报高新技术企业228家。探索"财政+金融"支持科技创新新模式,开展"小微贷""苏科贷"业务,全年累计投放优惠贷款超12亿元。提高财政支农强度,全年发放农机购置补贴371.92万元、耕地地力保护补贴3035.25万元、种粮农民一次性补贴1389.33万元、稻谷补贴1696.15万元,兑付农业高质量发展奖补资金1320.89万元。投入11690万元,新建高标准农田2573.33公顷,创建省级农田示范片4个;安排3737万元用于孤山灌区续建配套与节水改造工程;安排城乡公交一体化运营补贴5660万元,助力城乡客运一体化发展;投入1077.82万元,用于农村公路建设和管养。指导镇村成功申报扶持村集体发展项目11个,获省、市级补助资金630万元。强化财政金融协同支农,推动江苏省农业融资担保有限责任公司靖江市分公司成立。多措并举稳定和扩大就业,全年发放富民创业担保贷款贴息、稳岗返还等政策,全年发放贷款贴息977.95万元,惠及创业者606人,发放7080家企业稳岗返还资金4444.82万元。安排资金2.06亿元用于落实教师补贴发放;累计投入2.58亿元,推进学校建设项目,统筹用于办学条件改善,教育装备购置等;开展帮困助学,发放各级各类助学金1337.39万元。拨付城乡居民基本养老保险基金补助资金2.75亿元,城乡居民基础养老金标准稳步提高至每人每月245元;实施社会救助和保障标准与物价上涨挂钩联动机制,发放价格临时补贴376万元,惠及困难群众30322人次;发放各类社会救助兜底保障金8299万元;提高优抚对象抚恤和生活补助标准,发放生活补助6785万元。统筹安排疫情防控专项资金1.97亿元,支持保障常态化疫情防控。投入基本药物补助经费3113万元,基本公共卫生服务补助资金6170万元,提高基本公共医疗卫生服务水平。安排546.98万元,提高公共文化服务供给质效。安排1356.11万元,助力支持省运会顺利开展。启动体育惠民"村村享"工程,安排专项资金500万元,对全市部分村(社区)全民健身场地提档升级。安排老旧小区改造资金14037万元,加快推进老城有机更新。

2022年靖江市财政收入完成情况表

表10　　　　单位:万元

项　目	完成情况		
	累计完成	2021年同期	增减(%)
一、一般公共预算收入	750681	760003	-1.2
税收收入	498545	611505	-18.5

续表 10

项　目	完成情况		
	累计完成	2021 年同期	增减(%)
增值税	196317	274126	-28.4
其中:直征增值税	170775	246219	-30.6
免抵调库	25542	27907	-8.5
企业所得税	91167	100203	-9.0
个人所得税	20073	16465	21.9
城市维护建设税	28682	37453	-23.4
房产税	32347	23480	37.8
印花税	10633	11395	-6.7
城镇土地使用税	42568	20716	105.5
土地增值税	20869	40890	-49.0
车船税	4915	4699	4.6
耕地占用税	158	3728	-95.8
契税	44322	74473	-40.5
环境保护税	6456	3870	66.8
其他税收	38	7	442.9
非税收入	252136	148498	69.8
行政性收费收入	21401	52245	-59.0
罚没收入	8597	10481	-18.0
专项收入	59062	30685	92.5
其中:教育费附加收入	12796	17022	-24.8
国有资源(资产)有偿使用收入	61768	32030	92.8
其他收入	101308	23057	339.4
二、国有资本经营收入	28652	139886	-79.5
三、政府性基金收入	1020094	1047114	-2.6
其中:土地出让金收入	1014770	1034244	-1.9
四、上划中央收入	363375	449605	-19.2
增值税	196317	274126	-28.4
其他税收	38	7	442.9
消费税	156	470	-66.8
企业所得税	136751	150305	-9.0

续表 10

项　目	完成情况		
	累计完成	2021 年同期	增减(%)
个人所得税 60%	30113	24698	21.9
五、财政总收入	2162802	2396608	-9.8
税收总收入	861920	1061110	-18.8
财政及其他部门总收入	1300882	1335498	-2.6
附:出口退税 100%	195523	191118	2.3
税收比重 %	66.4	80.5	

说明:收入包含江阴—靖江工业园区

2022 年靖江市财政支出情况表

表 11　　单位:万元

预算科目	调整预算数	累计支出	占预算(%)	2021 年同期	与 2021 年比较	
					增减额	增长(%)
一、公共财政预算支出	1047600	1034379	98.7	1139633	-105254	-9.2
1. 一般公共服务支出	107300	114430	106.6	108913	5517	5.1
政府办公厅(室)及相关机构事务支出	41985	42692	101.7	41492	1200	2.9
2. 国防支出	3160	1508	47.7	6041	-4533	-75.0
3. 公共安全支出	60600	58817	97.1	65542	-6725	-10.3
4. 教育支出	154700	124219	80.3	152512	-28293	-18.6
5. 科学技术支出	8400	12406	147.7	10494	1912	18.2
6. 文化旅游体育与传媒支出	17670	19094	108.1	17012	2082	12.2
7. 社会保障和就业支出	131500	154715	117.7	120679	34036	28.2
8. 卫生健康支出	89700	96286	107.3	89079	7207	8.1
9. 节能环保支出	9100	18167	199.6	8961	9206	102.7
10. 城乡社区支出	212885	194062	91.2	302978	-108916	-35.9
11. 农林水支出	69340	69980	100.9	67043	2937	4.4
12. 交通运输支出	33720	25271	74.9	28793	-3522	-12.2
13. 资源勘探工业信息等支出	13050	15049	115.3	12696	2353	18.5
14. 商业服务业等支出	27050	32948	121.8	32777	171	0.5
15. 援助其他地区支出	4000	3996	99.9	3996	0	0.0
16. 自然资源海洋气象等支出	18100	11819	65.3	22742	-10923	-48.0

续表 11

预算科目	调整预算数	累计支出	占预算(%)	2021年同期	与2021年比较	
					增减额	增长(%)
17. 住房保障支出	62700	57925	92.4	65458	-7533	-11.5
18. 粮油物资储备支出	3785	2558	67.6	3794	-1236	-32.6
19. 灾害防治及应急管理支出	5000	5840	116.8	5401	439	8.1
20. 债务付息支出	15500	14968	96.6	14632	336	2.3
21. 债务发行费用支出	130	116	89.2	29	87	300.0
22. 预备费	—	—	—	—	0	—
23. 其他支出	210	205	97.6	61	144	236.1
二、国有资本经营预算支出	27588	21552	78.1	27482	-5930	-21.6
三、政府性基金支出	840028	844985	100.6	916810	-71825	-7.8
1. 科学技术支出	—	—	—	—	—	—
2. 文化旅游体育与传媒支出	40	116	290.0	31	85	274.2
3. 社会保障和就业支出	—	—	—	—	—	—
4. 节能环保支出	—	—	—	—	—	—
5. 城乡社区支出	795108	761997	95.8	864489	-102492	-11.9
6. 农林水支出	—	—	—	—	—	—
7. 交通运输支出	—	—	—	—	—	—
8. 资源勘探工业信息等支出	—	—	—	—	—	—
9. 其他支出	23000	61081	265.6	33446	27635	82.6
10. 债务利息支出	21800	21711	99.6	18742	2969	15.8
11. 债务发行费用支出	80	80	—	102	-22	-21.6
12. 抗疫特别国债安排的支出	—	—	—	—	—	—
四、财政总支出	1915216	1900916	99.3	2083925	-183009	-8.8

说明：支出不含江阴—靖江工业园区

【绩效管理】 完善政府债务管理制度，落实债务风险防范化解责任，严防政府法定债务风险，严格实行债务预算管理和限额管理，守牢不发生系统性风险的底线。完善预算管理一体化系统建设，加强预算编制、预算执行、预决算公开在一体化系统中的应用，实现预算全流程闭环管理。开展2021年项目类支出绩效评估，将评估结果与完善政策、调整预算安排有机衔接，从源头上提高预算编制质效。落实评价管理，促使单位规范使用财政资金，对11个项目、1个部门整体、1个镇级政府开展财政重点绩效评价，涉及资金7.97亿元。紧扣国企改革三年行动收官时点，全面完成112项改革任务。督促指导50家国有企业采取清理注销、股权并购、资产划转等方式，按期全面完成清理整合工作。制定"十四五"靖江市国资系统国有资本布局优化和结构调整规划，统筹全市国企布局优化和结构调整，促进国有资本向产业链中高端集聚。 （王　丹）

国有资产监督管理

【概况】 2022年,市国资办以打造特色鲜明国企党建品牌、构建科学国资国企发展布局、筑牢风险防控底线为抓手,全面深化国有企业改革,推进国资、国企高质量发展。

【国有企业党建】 夯实党建制度体系,明确国资办党委运行工作机制,完善党建工作要点、支部规范化标准化建设要求、党建工作考核等机制,细化党建责任清单和任务清单。打造党建特色品牌、推进党建项目创新,开展国企党组织“双品双优”三年行动,着力创建领航型、服务型、活力型、清廉型“四型”国企。开展“七一”专题党课、新任职党支部书记培训、喜迎中共二十大主题征文、中共二十大宣传等活动。开展党风廉政建设,制定《关于进一步推进市属国有企业全面从严治党的意见》《关于进一步加强和规范市属企业商务接待管理的通知》等系列文件,健全和落实廉政风险防控机制。

【国有企业改革】 督促国有企业和相关部门紧扣国企改革收官时点,对照重点任务量化指标和评估要求,在“七一”前全面完成国企治理体系建设、经理层任期制和契约化管理、健全市场化经营机制、低效闲置资产专项整治等112项改革任务。有序推进平台清理整合。通过清理注销、股权并购、资产划转等方式实现资产资源优化整合。2022年列入清理整合范围的50家国有企业,全部完成清理注销工作。优化考核指标体系。出台《2022年度靖江市国有企业综合考核实施办法》,科学全面设置考核指标,将高质量发展成效、党建考核、治企兴企满意度作为国企综合考核的内容。

【国有企业实体化运行】 江苏华靖资产经营有限公司定位为资产运营商和公共产品运营商,在粮食购销、安全供水、污水治理、交通运输等领域中取得积极成效。投资江阴第二过江通道北接线、光伏发电等省重点基础设施和新能源建设项目,推进与中粮贸易有限公司、省农垦集团进行股权合作,竞拍并购优质资产;设立港发华京一期产业投资基金,投资先锋半导体、江苏零界智能家居等项目。靖江市城市建设投资发展(集团)有限公司统筹新城建设和老城更新,推进“一城两街”新商圈、金融商务区等重点工程建设并着力推进老城成片开发;与中交上海航道局有限公司、朗诗集团股份有限公司等企业接洽,竭力促成省级旅游度假区、房地产、产业招商等领域的深度合作;江苏广宇建设集团有限公司与华润(集团)有限公司合作落地商品房开发项目1个,与上海、无锡多家设计院合作,落地EPC项目3个。靖江港口集团有限公司定位为港口和园区建设开发的发展商,围绕“平台化服务、实体化发展”两大定位,参与沿江港口码头资源开发,有序推进青山产业园、凯飞民营航空结构件、苏农内港池码头等工程建设;深入推进保税物流实体化转型运营,让“黄金岸线”产生黄金效益。

【国有企业资产管理】 盘活存量资产,开展国企低效闲置资产专项整治行动,督促国有企业全面梳理存量资产情况,筛选出具备一定盘活条件的项目,精准制定盘活方案,推动国有资产保值增值。同时国有企业通过梳理现有存量项目,对接金融机构,拓展项目融资渠道。推进国有资产优化整合。加大推动老城区行政事业单位房产的整合力度,促进国有企业实体化运营。全面落实上级助企纾困政策,印发《2022年国有房屋租金减免操作细则》和《扩大减免范围的补充通知》等文件,督促企业落实减租政策要求,推动相关市场主体复商复市。

【国企运营风险防范】 加强企业监管。督促国有企业健全法务、资金、风险控制等防控体系,抓好企业“关键少数”和“关键岗位”的管理,强化对重要环节、重要领域的监管。规范融资管理。严格落实年度融资计划管理,分类设定靖江国有企业新增融资成本上限,强化融资比选。鼓励国有企业抢抓政策窗口期,优化融资结构。落实风险防范措施。出台文件明确市属企业对所属企业管理的权责利关系,构建科学、系统的母子公司管理体系;及时掌握全市对外借款及担保的清收化解情况等;组织开展国有企业违规担保、资产管理、薪酬管理等专项检查,堵塞管理漏洞。 (王　丹)

税　务

【概况】 2022年,组织各项税费收入214.57亿元,比上年增收78.06亿元,增长57.18%。其中,税收收入73.77亿元,比上年减收18亿元,下降19.61%;征收非税收入140.80亿元,比上年增收96.06亿元,增长214.72%。完

2022年税务部门收入分项目情况表

表12 单位:万元,%

项目	累计征收实绩			
	本期数	上年同期	增减额	增长
一、税务部门收入	2145736	1352675	793062	58.63
(一)税收收入	737749	917755	-180006	-19.61
税收收入还原留抵退税	853409	951337	-97928	-10.29
其中:中央级	307743	388496	-80753	-20.79
其中:地方级	430006	529259	-99253	-18.75
地方公财还原留抵退税	487836	546050	-58214	-10.66
其中:省级	-40481	-11754	-28727	—
其中:县级	470487	541012	-70526	-13.04
1. 国内增值税	367260	491003	-123743	-25.20
其中:直接收入	331960	445703	-113743	-25.52
免抵调库	35300	45300	-10000	-22.08
2. 国内消费税	156	470	-314	-66.83
3. 营业税	76	13	63	482.40
4. 企业所得税	130869	157962	-27092	-17.15
5. 个人所得税	47858	39642	8216	20.73
6. 资源税		0	0	—
7. 城镇土地使用税	38800	17207	21593	125.49
8. 城市维护建设税	25619	33789	-8170	-24.18
9. 印花税	8485	9993	-1509	-15.10
10. 土地增值税	19464	38583	-19119	-49.55
11. 房产税	28705	20400	8305	40.71
12. 车船税	4914	4699	215	4.59
13. 车辆购置税	16683	23956	-7273	-30.36
14. 契税	42662	74473	-31811	-42.71
15. 耕地占用税	107	2062	-1955	-94.82
16. 环境保护税	6092	3504	2589	73.89
(二)非税收入	1407987	434920	973067	223.73
1. 教育费附加	19275	25961	-6686	-25.75
2. 社会保险费	451633	399087	52546	13.17
3. 其他	937079	9872	927207	9392.31
二、海关代征“两税”	113811	147589	-33779	-22.89

成地方公共预算收入43亿元。累计办理征前减免及各类退税62.48亿元,比上年增长32.19%。其中,征前减免28.57亿元,比上年增长16.58%;政策性退库17.89亿元,比上年增长118.82%;出口退税16.02亿元,比上年增长9.88%。

【主体税种入库情况】 增值税入库36.73亿元,比上年下降25.20%。企业所得税入库13.09亿元,比上年下降17.15%。个人所得税入库4.79亿元,比上年增长20.73%。消费税入库156万元,比上年下降66.83%。“地方十税”(房产税、车船使用税、城镇土地使用税、城乡土地增值税、城市维护建设税、印花税、契税、耕地占用税、环境保护税、资源税)入库17.48亿元,比上年下降14.59%。

【纳税服务】 构建税费服务新体系。落实“一口进、一口出”工作机制和省税务局12366提升计划,推动主办税厅、各延伸点以及外驻窗口融入政务服务体系,推进153个税费服务事项跨区域通办、特服号规范整合,实现集成办理、一窗受理、一厅联办,最大限度减少流程跨机构流转。拓展线上服务新维度。建立线上办税为主,线下办税托底的办税模式,实现事前精准引导、事中快速处理和事后需求响应。通过发放服务卡、增加导税员、建立税企联络群等途径开展全方位、多维度宣传辅导,全年组织纳税人学堂培训13次,发送政策提醒等316批次,宣传辅导纳税人近50万户次。批量化、一体化处理高频业务事项,线上办税比例96.13%。“江苏税务”App户均活跃度和业务办理总量排名泰州第一。“以下游促上游”方式推动“全电发票”

受票数排名泰州第一。落实指标管理新要求。开展营商环境百日攻坚专项行动,结合各级满意度调查和监测结果,部门联动、跟踪整改弱项指标,全年各类指标综合考核排名在泰州并列第一。细化服务投诉和舆情分析,开展留抵退税定向体验、"走流程、听建议"活动,做好各渠道工单、好差评监控回访,及时快速响应纳税人个性化需求,实现减税退税"零投诉"、政务服务各系统有效差评"零记录"。

【税收改革】 聚焦"做实县局,做好分局"目标,选调业务骨干成立税收大数据应用、税务监管支持、集中深度分析、综合风险应对、运维保障5个专业团队并集中办公,在第二过江通道、沪陕高速改造业务专班基础上,组建张靖皋大桥税收业务专班,完善"数据集成+深度分析+提示提醒+递进应对"机制,整合推进联动分析、联动评估、联动检查。加强数据应用培训,完成省税务局"以数治税"能力提升达标考核,BIEE数据产品通过泰州市税务局集中评审。细化内部职能监督风险事项135个,风险防控措施505个,开展专项执法督察及内部职能管理风险督察21项。严格落实"首违不罚"清单,核实、整改"首违不罚"疑点数据830条。利用"专项分析系统"实时监控企业所得税汇缴数据,2021年度汇缴申报面99.42%,补缴税款2.39亿元。利用金税三期系统及外汇管理部门等三方资料,持续跟踪企业享受税收协定减免政策情况,甄别"实质性投资控股管理活动",防范择协避税等行为。市政府出台《关于进一步推进税收协同共治新体系建设实施意见》,为推动税收共治提供制度保障。市政府专门召开沿江码头高质量发展推进会,市各有关部门围绕提升亩产税收积极建言献策,形成共治合力。主动协调政府综合治税成员单位,规范并采集综合治税数据2万余条,实现应对成效3348.38万元。完善与法院的司法协税护税机制,全年参与破产案件10起,申报税收债权2183.31万元,入库税费1853.49万元,清缴往年税收债权211.22万元。推进房产交易一体化平台使用,与国土、住建、民政部门加强信息共享,与发改委价格认定中心加强存量房评估监管。深化与环保等部门的税源调查和网格管理,加强税种联动管理,征管能力显著提升。

【依法治税】 监管方式立体升级。跨部门开展年度税收风险监管事项梳理,实现问题多发行业、领域、环节和税费种立体化监管,全年完成各类应对任务1030户次、应对成效52142万元、入库税款35740万元,其中集中深度分析团队完成各类应对任务97户次、应对成效15019万元、入库税款10501万元。针对行业性、普遍性或代表性的税收风险,及时上报案例、特征、发展趋势等信息,配合上级做好相关指标模型的验证优化。重点监管规范落实。狠抓交通运输、成品油、建筑房地产等重点行业,发票代开、房土两税、土增清算、出口退税、增值税即征即退等重点领域,关联交易、厂房出租等重点事项监管。按月做好留抵退税"一册三表"维护,完善"事前预警、事中阻断、事后打击"全过程风险防控链条,累计缴回59户、涉及税款696.52万元;留抵退税督察核查疑点98条、追缴税款103.6万元。税费同管精耕细作。坚持税费皆重和小税精管,全年入库环保税0.61亿元,比上年增长73.89%;城镇土地使用税3.88亿元,比上年增长125.49%;房产税2.87亿元,比上年增长40.71%;个人所得税4.79亿元,比上年增长20.73%。稳步推进非税收入职责划转,入库国有土地出让金92.97亿元、水土保持补偿费280万元;建立企业欠费联防联控机制,实现机关事业单位养老保险及职业年金代征月度申报率和入库率100%,均处于泰州前列。

(闫　鹏)

审　计

【概况】 2022年,市审计局共完成审计项目18个,完成的审计项目查出管理不规范问题金额4.02亿元、非金额计量问题116个,提出审计建议59条,促进被审计单位建立健全规章制度6项,向市委、市政府报送审计信息专报、审计要情7篇。

【财政绩效审计】 以提高财政资金使用绩效为重点,全面审计2021年靖江市本级预算执行和其他财政收支情况,重点审计市工信局、市机关事务服务中心、市文体旅游局等6个部门的财务收支情况,揭示政府性资金收、支、管、用等流程控制环节中存在的问题,从体制、机制、制度和政策层面分析原因,有针对性地提出审计建议。市人大常委会听取和审议"同级审"工作报告和整改情况报告,充分肯定审计在财政资金提质增效、规范运行管理、推动政策措施贯彻落实等方面发挥的积极作用。

【经济责任审计】 准确把握经济责任审计工作定位,针对贯彻执行党和国家重大经济方针政策决策部署、经济社会发展规划和重大经济事项决策执行效果等方面存在的问题,依法履行经济责任审计监督职能。全年实施经济责任审计项目6个,同步开展自然资源资产离任审计项目1个。全面揭示被审计单位政策落实不到位等突出问题44个,涉及金额5241.25万元。

【固定资产投资审计】 加大对政府投资的重点工程、重点项目的审计监督力度,实施固定资产投资审计项目5个,其中2021年度结转跟踪审计项目2个。完成2019—2021年高标准农田建设及效果情况审计调查、东天生港及雅桥港河道整治工程竣工决算审计,跟进232省道建设项目跟踪审计、渡江实验小学建设情况跟踪审计。配合市纪委"清风行动"联动开展2020—2021年绿化管养情况审计调查,推动规范绿化工程建设和养护管理。

【项目审计】 组织做好重大政策落实、重大项目推进情况的跟踪审计工作。抽调2人参与泰州市养老服务体系建设政策措施落实情况专项审计调查,抽调1人参与宿迁市优化营商环境情况专项审计调查,派出8人赴泰兴开展老旧小区改造项目实施情况专项审计调查,抽调2人参与宿迁市地方政府隐性债务化解情况及融资平台公司经营管理、风险防范审计,派出6人参与靖江市津补贴专项督查,抽调2人参与泰州市委对医药高新区(高港区)津补贴专项巡察。

【内部审计】 探索推行内审人员"以审代训"新模式,采用"一对一"指导、实战锻炼等方式,对多名内审人员进行互动式轮训。提请市政府召开全市镇街内部审计工作推进会,推动落实组建镇、街道党(工)委审计委员会及办公室,增强审计监督的及时性和审计监督合力。 (吴文波)

统　计

·靖江市统计局·

【概况】 2022年,市统计局统筹第五次全国经济普查各项准备工作,推进统计规范化建设,加强统计基层基础,有效提高数据质量、优化统计服务,为全市高质量发展提供更优更准的数字基础。

【基层基础建设】 年初,完成2022年度村级统计协管员选聘工作,完善资金预算安排,形成完备的市、县、乡镇(街道)、村(社区)四级统计工作体系。成立攻坚小组,根据各属地"四上"(规模以上工业企业、资质等级建筑业企业、限额以上批零住餐企业、国家重点服务业企业)企业入库现状,梳理游离在库外的单位类型,发挥督导专班作用,通过"专场座谈会+常态化走访"的形式,推动高成长型企业"倍增翻番",累计新增"四上"企业321家。聘请第三方专业机构,协同开展限额以上住宿餐饮业单位规范化建设提升工程,对统计基础工作薄弱、统计台账不规范的企业和大个体,开展持续3个月的现场帮扶指导,实现帮扶单位统计基础工作的规范化运行。

【数据质量管控】 修订完善《靖江市统计业务流程规范化标准》,规范数据生产流程,建立全员、全流程、全领域的数据质量管控体系,通过集中培训、上门辅导、远程教育等方式,全年累计对镇、村及新增规模以上企业统计工作人员开展岗位培训20多场次,参培对象500余人次。全面开展实时核查,加强对基层源头数据质量检查的实时查询和在线审核监测,做好企业报表的"即报即审"工作,完善部门数据互联互通机制,由统计、发改、工信、商务、住建等部门协同论证,常态化开展"一套表"调查单位数据与行政记录比对,及时通报统计数据报送和审核情况。

【统计监督】 组织推进统计造假不收手不收敛问题专项纠治工作,制定印发《靖江市统计造假不收手不收敛问题专项纠治工作实施方案》,围绕"四必查一结合"(查权力干预、查"数据寻租"、查执法不严、查入退库,紧密结合重点工作),开展自查自纠。针对统计专项督察,制定《靖江市贯彻落实省统计专项督察反馈意见整改工作方案》,落实各项整改措施。加大对统计违纪违法行为的信用惩戒力度,建立健全统计诚信评价体系,发布"红名单"企业,定期开展统计执法监督检查,全年累计检查企业80家。开展统计普法宣传,组织各级领导干部学习统计法律法规,开展"数说新时代 奋进新征程"统计开放日活动,累计发放各类法律读本

500 余册。

【统计服务】 推进《靖江统计月报》《靖江社会经济概览》《靖江统计年鉴》等统计公共服务产品扩容提质,准确把握社会各界对统计服务的需求。全年撰写统计信息 100 余篇、分析材料 62 篇。及时解读测算体系和核算方案,针对地区生产总值等高质量考核指标,及时开展培训指导,累计召开各类分析、培训会议 30 余次。强化研判预警,加强对高质量考核支撑指标的跟踪监测,紧盯经济社会发展趋势,分专业、分部门、分乡镇,开展汇总监测,建立主要经济指标"月调度、季盘点"工作机制,累计撰写各类动态 52 篇。及时分析各项指标,为高质量发展建言献策。

(黄　凯)

·国家统计局靖江调查队·

【概况】 2022 年,国家统计局靖江调查队以"完善基础强实效、凝心聚力亮形象"为工作主线,以"基层基础推进年"和"调查服务优化年"为两个抓手,推进各领域各方面重点工作。

【城乡住户一体化调查】 加强住户调查业务培训,实时监控住户调查平台记账情况,不定期通报电子记账进度情况;按季召开居民增收形势分析会,及时形成内容翔实、特色突出的评估报告和分析材料。加强日常访户,全年走访 296 户次;关心关爱记账户,年终对 200 户低收入记账户、10 户困难家庭记账户送去慰问。12 月 1 日起,启动新一轮住户调查大样本轮换工作。

【农作物面积遥感测量和粮食产量调查】 规范开展农作物面积遥感测量和粮食产量调查,做好踏田估产、实割实测、数据审核等关键环节工作。坚持全员参加粮食产量调查工作机制,到测产一线跟点督促、业务指导,确保操作流程规范;高度重视野外实地调查,实时跟踪遥感测量各阶段工作进度,研究解决具体困难和问题。靖江全年粮食播种面积 3.7 万公顷,比上年增加 240 公顷,比上年增长 0.65%;粮食总产 27.1 万吨,比上年增加 0.16 万吨,比上年增长 0.59%;粮食综合公顷产 7327.5 千克,与去年持平。

【采购经理调查】 2022 年,国家统计局靖江调查队编制并按月发布靖江百优制造业 PMI,为政府领导决策、企业经营提供可靠参考依据。该调查通过对制造业前 100 强企业的采购经理开展问卷调查,通过对企业生产、订货、采购、价格、库存、人员、供应商配送、采购方式等企业采购及其相关业务活动情况的判断,计算出最终指数,真实反映靖江重点产业的变化,并以此为平台围绕百优制造业企业生产经营运行开展 7 次专题调研,为相关部门提供有效的统计信息支撑。

【统计法治建设】 2022 年,国家统计局靖江调查队坚持依法统计依法治统,充分发挥统计监督职能作用,持续加大统计执法检查力度,不断创新普法教育方式,提供坚实统计法治保障。召开 7 次统计法治建设领导小组会议,落实 5 个方面 19 项重点工作;建设"法治文化室",用好法治"图书角",常态化开展法治学习;对 39 个调查对象开展数据质量抽查,对 6 家企业开展统计执法检查;全面清理纠正违反统计法律法规文件和做法,严格落实领导干部违规干预统计工作记录制度;落实"八五"普法宣传教育规划,开展"送法下乡""送法入企""送法进户"活动,营造良好统计法治环境。

【统计服务】 2022 年,国家统计局靖江调查队聚焦江苏调查总队和市委、市政府信息要点,为党委、政府科学决策提供及时准确全面的统计调查数据和分析研究成果。建立一支覆盖镇街统计站、辅助调查员、调查对象的信息联络员队伍。开展专题调研 23 项,完成工作信息 119 篇、调查信息 69 篇、调查分析 30 篇、工作交流 6 篇,其中,工作信息被江苏调查总队采用 90 篇,国家统计局采用 17 篇,《中国信息报》采用 1 篇;调查信息被江苏调查总队采用 32 篇,经总队采编被省委办、省政府办采用 11 篇、国家统计局采用 8 篇;调查分析被总队内网采用 17 篇,国家统计局采用 2 篇;工作交流被江苏调查总队采用 5 篇,国家统计局采用 2 篇。

(张馨丹)

市场监督管理

【概况】 2022 年,市场监管部门严格落实"疫情要防住、经济要稳住、发展要安全"重大要求,推进"优服务促发展、强监管保安全、好作风提效能",推动多项工作取得优异成绩。

【新冠肺炎疫情防控】 第一时间安排全体干部职工下沉一线开

展防疫工作,连轴作战130余天,累计检查各类市场主体44263家次,对防控不力的市场主体责令歇业整改76家,通报曝光211批次。发挥"集中监管仓+电子化溯源+铁脚板督导+应急化处置"疫情防控机制作用,督促进口冷链食品生产经营主体落实"三专"(专用通道进货、专区存放、专区销售)、"三证"(出入库必有检验检疫证明、核酸检测证明、消毒证明)、"四个不得"(不得贮存生产经营"无检验检疫证明、核酸检测证明、消毒证明、追溯信息"的进口冷链食品)要求,在"江苏冷链"系统上报备162家企业,累计申报2.19万吨。开展冷链食品及包装、环境等常态化新冠病毒核酸检测,完成冷链食品及包装样品采集检测1350个,环境样品900个,检测结果均为阴性。发挥药店"哨点监测"作用,登记"四类"(退热药、止咳药、抗生素和抗病毒药品)药品购买人员信息121.13万条,汇总上报外地及健康码、行程码异常人员信息5794条。开展药店疫情防控巡查8600余家次,督促整改192家次。成立药店防疫物资保供专班,建立重点品种每日监测制度,定期召开重点连锁企业调度会。牵头全市退热类药品应急保供工作,督促指导零售连锁药店紧急储备退热药品75540盒。向市人民医院、中医院发放退热药8000瓶;委托教育、民政、总工会向全市4~6岁幼儿、养老院和福利院、困难职工发放退热药2万人份。严格落实农产品批发市场"外防输入"责任,牵头建设全省首个农副产品集中装卸点,会同城建集团、公安、卫健委、农业农村局、渔婆市场等部门,抽调40余名工作人员成立工作专班24小时驻守,协调农产品保供车辆通行,累计接收保供车辆3860台次,流转农副产品3.28万吨。确定靖江市江江蔬菜有限公司、靖江市中意食品有限公司、靖江市趣捌佰食品商行3家保供单位,准备20辆厢式冷藏车,为企事业单位及政府部门配送蔬菜、肉蛋等物资11吨。重点人员核酸检测"应检尽检"。组织进口冷链食品在流通、运输等过程中有接触人员累计核酸36456人次,进口冷链食品在销售直接人员接触人员累计核酸12354人次,"四小行业"从业人员累计核酸114056人次;农贸市场从业人员、快递外卖从业人员核酸检测率100%。加强市场价格秩序监管,出动执法人员500余人次,检查大型超市120余家,农贸市场80余家,现场发放《规范价格行为提醒函》40余份,受理并处理"12345"市长热线、"12315"价格咨询、价格投诉举报共计262余件。集中约谈大型商超负责人,针对疫情期间某超市大白菜趁"疫"涨价问题,第一时间开展执法检查,查办浙江鑫省好多超市(日选季市加盟店)大白菜趁"疫"涨价案件,没收违法所得34.96元,罚款入库5000元。

【外资企业登记】 推进注册登记便利化改革,发布外商投资企业登记注册办事指引,将提交材料规范制作成"二维码",将审批流程从3个工作日压减为2个工作日,实现外资企业注册登记"全天候、零见面、最多就近跑一次"。年内办理新设外商投资企业登记13件,注册资本7.5亿元人民币,实现外资企业开办半日办结。办理变更66件,注销3件,备案6件,实行"容缺后补"6件,所有办件全部实行"一次性告知制",全部在承诺时限内办结,好评率100%。

【食品经营许可登记】 落实《靖江市优化营商环境推进审批服务便民利企50条意见》,对"食品经营许可证"新设、注销、变更、延续、补证以及小餐饮备案、仅从事预包装食品销售备案推行无纸化审批,通过江苏省食品经营许可系统实行"一网通办"。全年网上办理食品许可业务3018个,完成仅销售预包装食品备案"即申即办"431个,小餐饮备案526个,办结时限大大缩短。商品条码办理。做好各类组织机构商品条码注册、续展、变更、注销工作,为165家企业办理条码注册、续展、变更。

【助企纾困】 深化"放管服"改革,统筹推进"稳增长、保主体"行动,成立工作专班,推行"一线"工作法,推行"问需于企、梳理交办、督查反馈"的全链条闭环工作机制。走访市场主体967家,收集问题诉求658个,帮助解决问题651个,出台相关政策文件5个。开展"你点我办、你评我改"活动,形成20条具有靖江特色的服务清单,累计收集市场主体"点单"311条,帮助办理事项307个。积极搭建银企对接平台,与市地方金融监管局联合举办"创投机构面对面"靖江专场活动,推动标准制修订企业对接资本市场,为25家标准制修订企业授信10亿余元。推进知识产权质押融资工作,帮助25家企业融资1.8亿元。

【包容审慎监管】 在泰州率先推行包容审慎监管,出台市场监管领域首违不罚适用规范，从执法检查、立案审查、案件处理、行政指导 4 个方面持续优化轻微违法处置机制，推行“一次告知、二次提醒、三次约谈、四次处罚”。累计实施柔性执法事项 423 件，实施从轻处罚 308 起，减轻处罚 129 起，免于处罚 2 起，减免金额 437 余万元。

【特种设备安全监管】 全市有特种设备使用单位 4570 家，特种设备总量 23427 台，在用 21202 台。其中锅炉 103 台、压力容器 2201 台、电梯 6606 台、起重机械 8940 台、移动式汽车罐车 52 台、厂内专用机动车辆 3352 台。另有压力管道 977.40 千米、气瓶 440810 个。累计新登记特种设备 1680 台，办理特种设备告知 1698 起，办理停用、注销 610 台。开展特种设备日常监督检查，完成 199 家重点单位和 135 家日常检查任务，全市在用特种设备定检率保持 100%。开展特种设备安全大检查及百日攻坚等系列行动，依托特种设备智慧管理云平台，督促企业落实安全生产责任制和风险报告制度；出动检查人员 2927 人次，检查使用单位 1786 家次，发现一般隐患 1178 条、严重隐患 23 条，立案处罚 27 起，其中某机械配件厂未经许可擅自生产中压汽包特种设备案参加市局典型案件交流。启动特种设备安全专项治理行动，组织 1343 家企业签订安全生产承诺书，开展警示教育专题培训 14 场次，发放安全教育 U 盘 1329 个；组织特种设备安全“专家”会诊，聘请 3 名特种设备专家和执法人员组成检查组，对全市特种设备重点使用单位进行全面体检，全力保障特种设备安全运行。

【小锅炉安全监管】 聚焦整治，重点聚焦城郊接合部、乡镇、集贸市场、小作坊、食品加工户、小洗澡堂等生产加工和经营场所使用的 4 蒸吨 / 小时以下的锅炉，重点检查水位计、安全阀等安全附件及连锁装置运行情况，安全制度落实情况，共出动人员 144 人次，检查单位 67 家次，排查小锅炉 78 台；发现隐患 6 条，已整改隐患 6 条。

7 月 26 日，市市场监督管理局开展液化石油气气瓶检查

【电梯安全监管】 推进“96333”电梯应急救援平台建设，平台覆盖在用电梯 6313 台，平台接处报警电话 623 起，解困人员 645 人次；派出救援人员到达现场平均用时 12 分 05 秒，现场施救平均用时 5 分 23 秒，救援耗时缩短 15%。开展电梯鼓式制动器专项整治，排查免拆解保养电梯鼓式制动器 958 台，已拆解保养电梯鼓式制动器 2013 台，更换铁质等导磁材料松闸顶杆 149 台。配合推进老旧小区加装电梯工作，配合市住建局对 46 家老旧小区开展电梯加装现场勘察工作，办理老旧小区电梯开工告知 10 台，使用登记 6 台。主动对现有 27 台老旧小区加装电梯的安全管理现状进行现场调研，形成调研报告提交市政府领导审阅。对全市 25 家电梯维保单位开展星级评定，共评出三星电梯维保单位 5 家、二星电梯维保单位 6 家。

【工业产品质量监管】 组织开展燃气具及配件产品、电动自行车及配件产品、十类重点工业产品质量安全专项整治和塑料污染、大气污染治理专项行动，检查生产销售单位 232 家，抽检重点工业产品 38 个批次，发现问题企业 31 家，立案 28 件；针对检查中质量问题较突出燃气具及配件产品、电动自行车及配件产品，分区域召开燃气具及配件产品、电动自行车及配件产品、风机盘管产品、水泥制品等质量培训暨行政约谈会，组织企业开展质量承诺，发放产品质量安全风险告知书和海报 300 余份。开展消费品质量提升行动，抽检 9 类产品 98 个批次，不合格 7 个批次（服装 4 个批次、家具 1 个批次、电器 1 个批次、排水管 1 个批次），针对不合格产品性质,采取行政约谈、质量培训、专家问诊等方式,指导企业查明问题根源、制定有效整改措施,严格按标组织生产,提升产品质量合格率。配合省、市开展产品质量合格率和消费品质量合格率抽检工作,省抽11类产品18个批次,泰州市抽8类产品120个批次,均合格。

【信用监管】 率先在全省开展年报精细化管理工作,市场主体按引导帮扶、重点关注、异常清退和主动申报4种情况分类建库、分别施策。至6月30日,企业年报率98.7%。深化“双随机、一公开”监管,首次统筹整合全市32个部门的联合抽查计划,创新建立部门联合监管规范化工作机制,率先结合信用风险分类管理精准实施抽查。全市共有28个部门参与联合抽查,靖江市本级联合抽查市场主体1042家,比上年提升12%。全市全年采取“双随机、一公开”方式检查市场主体2550家,其中市本级2054家,比上年减少1500家,降低43%。开展“稳企强链、助企塑信”活动,主动通知并指导失信企业及时申请信用修复,要件齐全的均当场修复。全年办理经营异常移出204家次、行政处罚信用修复31家次,严重违法失信企业修复2家、企业信用查询181家次,修复数为上年的5.4倍。减缓失信行为认定。年内依法将615家失信企业列入经营异常名录,有22家住所失联企业暂缓列入经营异常名录。

【网络交易监管】 网络市场监管部门联席会议成员单位调整为市场监管局、市发展改革委、市网信办、市工信局、市公安局、市商务局、市文体旅游局、市自然资源和规划局、税务局、人民银行靖江支行、市供销合作总社。8—11月,牵头成员单位开展“网剑行动”网络市场监管专项行动,围绕服务集中促销、野生动物商品、疫情防控商品信息、禁售长江非法捕捞渔获物、“蟹卡”等时令商品经营行为、销售禁售商品等内容加大专项监测力度,共监测电子商务平台1个、网店2694个、网站2808个、微信公众号722个、其他289个,共立案14起,其中外卖平台对入网食品经营者未尽审查义务案1起,价格违法案1起,不支持7天无理由退款案1起,违法广告案11起。组织电商开展诚信教育,新增泰州市“诚信网店”3家。

【特殊食品、化妆品监管】 开展元旦、春节保化品市场专项整治,共检查保健食品化妆品经营单位124家,出动执法人员260人次。开展特殊食品(涉老)宣传25次,其中线上宣传21次,线下宣传4次。开展化妆品经营使用专项检查,共抽查化妆品经营单位32家,抽检化妆品19批次,查办经营无中文标签的化妆品案1件。

【广告监管】 组织开展2022年度优秀公益广告征集工作,围绕“强国复兴有我”“绿色生活,你我同行”主题动员广告企业开展公益广告创作,共征集作品90余篇。在泰州市级公益广告作品评比中,有13幅作品获奖,其中2幅作品获二等奖、3幅作品获三等奖、8幅作品获优秀奖,获奖率占泰州1/3。

【合同监管】 开展汽车销售、物业服务领域格式合同整治,出动执法人员128人次,检查企业39家(其中汽车销售单位19家,物业服务单位20家),收集格式合同35份,检查出问题合同5份,发出责令整改通知书5份,纠正违法格式条款15条。

【价格监管】 组织教育收费专项检查,指导自查自纠121家,抽查民办幼儿园3家、中小学校3家,针对检查中发现的收费项目、收费标准不齐全、广告宣传不规范等问题现场责令整改;组织物业服务收费专项检查,检查物业服务企业6家,发现3家存在收费公示不规范的行为,现场责令改正。组织行业协会商会、中介机构收费专项检查,出动274人次,检查中介机构62家、行业协会商会75家,发现8家中介机构、4家行业协会商会收费标准未按规定进行公示,1家行业协会存在提供服务时服务台账不齐全,均当场责令整改。开展航运交通收费专项检查,检查航运交通单位7家,立案4起,结案3起;开展供水、供电、供气民生领域价格收费行为专项检查,立案1起。及时调查处理群众价格投诉举报,积极化解价格矛盾纠纷,共计处理格类投诉举报410件,其中商品药品价格及明码标价类156件、液化气类110件、拖车费停车费类80件、转供电类9件、其他55件,均已全部办结。

【生产许可证获证企业证后监管】 组织全市17家工业产品生产许可证获证企业开展年度自查工作,发现问题企业11家,督促靖江市鑫旺包装材料有限公司、江苏三江水泥制造有限公司2家获证条件发生变化的企业分别办理许可证注销和变更手续,督促其他 9 家企业及时抓好问题整改，持续保持获证条件。配合省市场监管局对道道全粮油靖江有限公司公司和靖江市正圣包装材料有限公司 2 家新发证企业开展现场核查。

【认证和检验检测机构监管】 组织全市 CMA(检验检测机构资质认定标志)检测机构开展自查工作,对靖江市速达机动车检测有限公司等 4 家新办检测机构开展巡查、指导;对 2 家建材机构开展报告抽查;对 40 余家质量管理体系获证、15 家检验检测机构组织开展“双随机”监督检查;累计发现问题 80 余个,发现不规范行为 7 家。

【质量品牌培育】 江苏双鱼食品有限公司获得由中国质量认证中心颁发的“同线同标同质预包装食品认证证书”,这是中国质量认证中心在泰州颁发的第一张、在江苏省颁发的第三张“三同”预包装食品认证证书。江苏三江电器集团股份有限公司的干衣机用直流无刷电动机、江苏赛德力制药机械制造有限公司的卧式刮刀卸料过滤型离心机、江苏民生重工有限公司的移动式液化石油气焊接钢瓶、江苏双鱼食品有限公司的双鱼猪肉脯获评“江苏精品”。江苏光芒新能源股份有限公司、江苏永昊高强度螺栓有限公司、无畏警用装备有限公司、靖江新舟合金材料有限公司获评“泰州品质”。江苏赛德力制药机械制造有限公司获评省质量信用 AAA 级企业,江苏航天动力机电有限公司、卓然(靖江)设备制造有限公司、江苏东方成套设备制造集团有限公司获评省质量信用 AA 级企业,靖江市永盛光电科技有限公司等 18 家企业获评省质量信用 A 级企业。靖江特殊钢有限公司和江苏赛德力制药机械制造有限公司分获泰州市市长质量奖和提名奖。

【标准化】 指导 14 家单位参与制定各级标准 23 个,其中国际标准 1 个、国家标准 14 个、行业标准 6 个、团体标准 2 个。亚星锚链股份有限公司制定的《船舶与海洋技术——海洋系泊链》国际标准获首届江苏省标准创新贡献奖项目奖三等奖。4 月,江苏大中电机股份有限公司 4 项企业标准、江苏长江商业银行股份有限公司《营业网点服务标准》入选全国企业标准“领跑者”名单;3 家企业获评泰州市专利标准融合创新示范企业,10 家企业获评泰州市专利标准融合创新企业,2 家单位获批江苏省标准化试点项目。2 家单位获评泰州市标准创新奖二等奖。

【知识产权管理】 开展知识产权高质量创造攻坚行动,全市发明专利拥有量 2440 件,当年发明专利授权量 332 件。加大知识产权优势企业培育力度,江苏艾兰得营养品有限公司被认定为国家知识产权示范企业,靖江先锋半导体科技有限公司、江苏恒力制动器制造有限公司、江苏永昊高强度螺栓有限公司 3 家企业被认定为国家知识产权优势企业;加强知识产权项目上争工作。江苏亚星锚链股份有限公司获批商标品牌培育和保护项目(工业品牌),靖江市泵阀行业商会获省“正版正货”示范行业创建项目,靖江市城北实验学校获批泰州市中小学知识产权教育试点学校,江苏永昊高强度螺栓有限公司、江苏靖江互感器股份有限公司获批泰州市高价值专利培训计划项目,江苏江山聚源生物技术有限公司、江苏皓日汽车零部件有限公司获得泰州市专利奖金奖。5 月,“靖江河豚”成功注册地理标志证明商标。全市万企有效注册商标企业数 1104 家。推动企业知识产权管理标准化工作,引导 25 家企业实施备案,7 家企业开展绩效评价工作。加强知识产权全链条保护,推进专利纠纷行政裁决工作,共梳理并撤回 1012 件涉嫌非正常专利申请,调解处理 6 件专利侵权纠纷,调查 1 例无资质专利代理案件。以“护企维权”为侧重点,开展商标、专利、地理标志侵权假冒专项执法,查处侵犯注册商标专用权案 22 起,移送公安 2 起。

【计量】 组织开展全市集贸市场在用计量器具和乡镇卫生院医用计量器具的免费检定工作,对 35 家集贸市场完成 2884 台电子秤检定工作,合格率 100%;对 16 家镇级卫生院完成包括多参数监护仪、医用超声诊断仪超声源、心电图机、血压计、医用诊断 X 射线辐射源在内的 741 台计量器具检定工作,合格率 100%。

【专项整治】 围绕民生领域价格、粮食市场等开展专项整治,启动“春雷 1 号”“雳剑 2022”专项行动,查处各类市场主体违法案件 430 件,移送 5 件。其中食品类 231 件、药械类 13 件、工业产品质量类 75 件、特种设备类 27 件、价格类 7 件、知识产权类 22 件。靖江某电子商务有限公司涉嫌发布食品虚假广告案入选 2022 泰州市场监管“春雷 1 号”

专项执法行动十大典型案例。开展无证无照经营专项整治，发现无证（照）经营户66户，涉及食品、餐饮、托管、废旧品回收处理和服装销售等行业，其中3户主动关闭，58户无证（照）经营户补办证照，依法取缔4户，立案查处13件，罚没款15.01万元。对长期不经营企业进行税务调查和实地核查，通过靶向式清理，依法吊销364户。开展校外培训机构整治，与市委宣传部等部门联合搭建校外培训广告管控组织架构，加强部门间沟通协作，排查和清理广告197条次，立案查处1起。开展医美整治，组建市级医美整治工作专班，检查经营单位37家，其中有照有证7家，有照无证25家，美容美发信息备案单位5家，立案查处7起。开展长江禁渔整治，检查农贸市场及周边、水产经营店、餐饮、渔具店等涉渔经营者的经营行为，拆除或清除含有“江鲜”“长江水产品”“野生”等广告，共出动执法人员9386人次，检查各类主体15638户次。牵头各属地排查承办5桌以上宴会的餐饮单位及农村红白喜事场所、农贸市场的既有建筑，在摸清底数的基础上，加强隐患排查工作。累计排查建筑382家，发现隐患2家，均完成整改。

【消费维权】 开展“共促消费公平”、“3·15”消费维权年主题系列宣传，借助“今靖江”微信公众号平台和靖江交通广播，在全市组织开展“消费维权知识”有奖答题竞赛，参与线上答题人数超1000人。推进网格化接诉处置机制，提升消费维权保护工作效能，受理各类投诉举报6335件，消费纠纷调解成功率和消费者满意率持续提升；办结平台工单4000余件，受理处置职业打假人举报信件200百余件。牵头组织开展“2022年央视‘3·15’晚会”曝光问题专项排查整治工作，出动执法人员440人次，检查电动自行车销售店47家，医疗美容整形机构3家，酸菜及粉丝经营超市、餐饮店100家，电线电缆生产销售企业和使用单位15家，校园周边文具店34家，检查中共发现问题15个，其中立案查处6件，责令改正5件。开展放心消费创建活动，新增线下实体店无理由退货企业200余家；江苏晓燕现代供应链有限公司、靖江泰达汽车销售服务有限公司、靖江市欣欣家电城有限公司、泰州市亿博文化办公用品有限公司、靖江市永乐家电销售有限公司、靖江市宝瑞汽车销售服务有限公司获评省级放心消费创建示范单位。

【法治建设】 处理行政复议案件96件，其中42件已终止，10件维持，44件驳回申请，发生诉讼1起，为二审案件，裁立、驳回上诉，维持原裁。全年法治审核案卷95个。开展形式多样的“八五”普法；选报普法素材《市场监管人的七夕告白》获得省局优秀奖；积极组织“百万党员学宪法党章”活动，选送1名选手参与“学好党的二十大，纪念宪法四十周年”演讲比赛。

【公平竞争审查】 发挥市公平竞争审查联席会议办公室牵头作用，指导各成员单位在严格自我审查的基础上，适当引入第三方评估机构对存量文件定期开展评估，全市共审查增量文件282件，清理存量文件39件。建立公平竞争审查工作措施，建立重大政策措施、公平竞争审查会市制度、公平竞争审查、抽查制度、约谈制度，不断提升审查质量水平，共完成规范性文件公平竞争审查83次，建议修改文件条款15条。

【检验检测】 为企业免费提供标准300余份。对生产和流通领域的大米、调味品、饮料、食用油、月饼、炒货、保健品、农药、化肥、种子等定量包装产品监督抽查360批次，合格率99.4%。完成各类监督抽查和委托检验6500余批次。对食品生产、流通、餐饮企业实施监督抽查，完成监督抽检1613个批次。完成各类计量器具检定5.9万余台件，其中强检工作计量器具2.7万台（件），覆盖334家企业，受检率95%以上，计量器具按期检出率和抽查复检合格率均保持在99%以上。减免企业各类强制检定计量器具检定费约135万元。

【小微企业质量提升行动】 选定靖江市华冠食品有限公司等公司开展小微企业质量管理体系提升试点工作，在显隆通风设备（江苏）有限公司开展泰州市小微企业质量管理体系提升行动推进会，召开推进企业高质量发展相关管理知识暨质量、环境和职业健康安全管理体系内审员提升培训班，组织食品企业参加食品安全管理体系知识政府公益培训。

【重大活动食品安全保障】 做好普通高中学业水平合格性考试等22起重大活动餐饮食品安全保障工作，确保节假日及重大活动无食品安全事故发生。做好省运会食品安全保障准备工作，工作经验在泰州全市推广。对高考考点和考生住宿酒店开展特种设备安全检查，在高考期间派维保人员24小时在现场值守。

（赵　洁）

对外及对港澳台贸易

【概况】 2022年，全市取得进出口及从港澳台购进和向港澳台销往实绩的企业506家，全年累计完成进出口总额430843.2万美元，比上年上升22.4%。其中，进口及从港澳台购进124493.2万美元，比上年上升87.2%；出口及向港澳台销往306349.1万美元，比上年上升7.1%。

【出口及向港澳台销往】 2022年，全市取得出口及向港澳台销往实绩的企业466家。主要出口产品是船舶、保健品、特种设备、钢材，四类产品的出口额为206090.7万美元，占全市出口总额的67.2%，其中船舶的出口额达142576.8万美元，占全市出口总额的46.5%。出口额居前五位的企业分别是新时代造船有限公司出口额114005.5万美元，比上年下降14%，出口额位列全市第一；靖江亚泰集团累计出口额28791.1万美元，比上年上升69.1%；江苏天虹船舶进出口有限公司（江苏新扬子造船有限公司）出口额28571.3万美元，比上年上升55.2%；江苏艾兰得营养品有限公司出口额15926.5万美元，比上年上升18.1%；帝斯曼江山制药（江苏）有限公司出口额11438.2万美元，比上年下降8.4%。

2022年靖江市出口及销往港澳台总额超千万美元企业一览表

表13

企业名称	累计金额（万美元）	比2021年增减(%)
江苏新时代造船有限公司	114005.5	-14.0
江苏天虹船舶进出口有限公司	28571.3	55.2
江苏艾兰得营养品有限公司	15926.5	18.1
靖江市亚泰物流装备有限公司	15029.0	165.2
靖江市亚泰特种材料制造有限公司	13394.1	58.3
帝斯曼江山制药(江苏)有限公司	11438.2	-8.5
凯傲宝骊(江苏)叉车有限公司	10521.1	93.9
靖江特殊钢有限公司	7726.1	33.2
江苏上骐重工科技有限公司	5256.4	32.5
靖江亚星进出口有限公司	4768.2	20.0

续表 13

企业名称	累计金额（万美元）	比 2021 年增减(%)
大明重工有限公司	4692.9	184.4
江苏澳构矿山科技有限公司	4102.0	45.2
江苏亚星锚链股份有限公司	3713.6	56.9
江苏新南洋国际集团有限公司	2890.8	8.3
江苏民诺国际贸易有限公司	2470.3	–47.0
靖江迪玛科箱包有限公司	2150.8	11.5
科尼起重机设备制造(江苏)有限公司	2022.9	–26.3
靖江市永盛光电科技有限公司	1658.9	44.6
靖江中外运保税物流有限公司	1624.0	—
靖江申申针棉织品有限公司	1595.0	–6.0
江苏三江电器集团进出口有限公司	1393.4	–9.2
和赛尔风机江苏有限公司	1275.5	—
江苏富天江电子电器有限公司	1183.7	–3.1
江苏大中电机股份有限公司	1074.3	44.1
江苏科睿坦电子科技有限公司	1053.6	–4.2

深国际港口物流码头

【进口及从港澳台购进】 2022 年，全市共有取得进口及从港澳台购进实绩的企业 127 家。进口额排前三位的企业分别是靖江中外运保税物流有限公司 22364.2 万美元、江苏新时代造船有限公司 20149.1 万美元、靖江速捷配物流有限公司 16227.7 万美元。主要进口产品为船用配件、木材等。

利用外资及港澳台资

【概况】 2022 年，靖江市持续深化外资及港澳台资领域的“放管服”改革，全面落实国家关于稳外资及港澳台资工作的决策部署，坚持促增量、稳存量并举，通过强化各项保障工作，进一步提升全市营商环境。全年新批外商及港澳台商投资企业 9 家，增资项目 4 个。新增协议外资及港澳台资 15572 万美元，比上年下降 63.28%；全年实际利用外资及港澳台资 13561 万美元，比上年下降 48.77%。

【增资项目】 2022 年，全市增资项目 4 个，分别是靖江王子橡胶有限公司增资 137 万美元、江苏正承精密工业设备有限公司增资 1000 万元人民币、江苏先锋精密科技股份有限公司增资 64.35 万美元、江苏青山金属科技有限公司增资 25000 万元人民币。

【兑付奖励资金稳企】 2022 年，靖江市根据《关于进一步做好当前稳外资稳外贸工作的若干意见》，累计兑付奖励资金共计 3032.49 万元。其中兑付车汇莱环保科技有限公司奖励资金 524.52 万元、江苏兴旺物流有限公司奖励资金 1120 万元、和赛尔风机江苏有限公司奖励资金 64.06 万元、靖江市华信科技创业园有限公司奖励资金 635.44 万元、江苏艾兰得营养品有限公司奖励资金 600 万元、靖江富克

2022 年靖江市新批外商及港澳台商投资企业一览表

表 14

企业名称	投资总额	注册资本
凯飞航空制造有限责任公司	1.6 亿元人民币	1 亿元人民币
靖江市飞煌科技产业园运营管理有限公司	2000 万美元	2000 万美元
江苏天扬管理服务有限公司	350 万美元	350 万美元
江苏芯虹科技发展有限公司	3000 万美元	3000 万美元
靖江慧华智能设备制造有限公司	30 万元人民币	30 万元人民币
江苏靖首和建设产业发展有限公司	1857 万美元	1300 万美元
柏中环境科技(靖江)有限公司	9999 万元人民币	9999 万元人民币
靖江世创能源科技有限公司	3 亿元人民币	3 亿元人民币
靖江大晟航空科技有限公司	500 万元人民币	500 万元人民币

斯健康科技有限公司奖励资金 88.47 万元。年内,泰州港靖江港区新港作业区深国际物流中心码头工程和汽车循环经济智造产业园一期项目纳入全国重点外资项目库,为靖江首批被列入全国重点外资专班项目名录的工程。江苏新扬子造船有限公司被认定为江苏省第十三批跨国公司地区总部,也是泰州市 2022 年唯一一家被认定的外资企业。

对外及对港澳台经济技术合作

【概况】 2022 年,全市完成对外及对港澳台直接投资总额 2162 万美元。实现对外及对港澳台经济技术合作营业额 7566 万美元,比上年下降 31.22%。新增境外投资项目、增资项目各 2 个。

【境外投资项目】 2022 年,新增境外投资项目 2 个,分别是靖江先锋半导体科技有限公司投资 2.22 万美元在新加坡设立先锋精密(新加坡)有限公司,江苏昊利纺织制品有限公司投资 200 万美元在老挝设立昊利纺织制造东南亚有限公司。

【境外增资项目】 2022 年,境外增资项目 2 个,分别是江苏艾兰得营养品有限公司对美国公司增资 500 万美元,江苏昊利纺织制品有限公司对老挝公司增资 100 万美元、协议总投资 802.22 万美元。

招商引资

【概况】 2022 年,全市新签约亿元(1000 万美元)以上项目 193 个,总投资 590.28 亿元人民币,其中 1000 万美元以上外资及港澳台资项目 17 个。新签约 5 亿元(3000 万美元)以上项目 53 个,总投资 408.44 亿元,其中 3000 万美元以上外资及港澳台资项目 12 个。

【招商引资活动】 2022 年,组织参与大型经贸活动 4 次。7 月 25 日,组织总投资 20 亿元的甬金高品质宽幅精密不锈钢板带生产制造项目签约奠基仪式。是日,召开新型金属材料产业推介座谈会,与青山控股集团、浙江甬金金属科技股份有限公司等龙头企业以及产业链关联企业共谋合作发展。11 月 11 日,参与泰州(上海)城市及产业投资环境推介会,在会上签约项目 6 个(产业项目 4 个、服务业项目 1 个、人才项目 1 个)。12 月 15 日,举办 2022 中国(靖江)高质量发展高峰论坛暨靖江经济技术开发区晋升国家级开发区 10 周年活动,会上签约项目 29 个。

(马秋韵)

靖江经济技术开发区

·综　　述·

【概况】 靖江开发区创建于1992年，1993年被批准为江苏省省级开发区，2012年升格为国家级经济技术开发区。开发区规划控制面积102.66平方千米，形成开发区本部、城南园区、城北园区、新桥园区4个板块。开发区本部聚力高端装备制造和现代临港物流两大主题，不断做强船舶、钢构、木材、粮油、能源等支柱产业，做大金属、航空、大健康等战略性新兴产业，做实“港口＋保税＋制造＋交易”“四位一体”功能，致力打造全国知名、全省领先的先进制造业基地。城南园区紧扣“美丽新南城、活跃商贸区、高端产业园”定位，瞄准“新能源、新智造、新业态”持续发力，加快推进“强二优三、产城一体”，致力打造“高质量发展先行区、高品质生活示范区”。城北园区锚定“争创省级高新园区”目标，发挥国家级孵化器和省级加速器的示范作用，打造科创企业“高精尖”、中小企业“专新特”的产业生态圈。新桥园区围绕“高端智造园、重装集成港、生态幸福城”目标，主攻先进金属材料、环保装备、智能厨电三大产业，充分彰显“全国千强镇”水准。

2022年，靖江开发区全年实现地区生产总值711.8亿元、工业开票984.6亿元、服务业开票741.9亿元，比上年分别增长6.4%、7.7%和2.1%。实现战略性新兴产业总产值291.8亿元，比上年增长38.3%。完成固定资产投资216.3亿元，比上年增长31.9%。保税物流中心(B型)功能优势释放，新增货物监管总值5.1亿美元。实现外贸进出口总额29.2亿美元，占全市比重达70%。实际利用外资及港澳台资1.87亿美元。全年完成港口货物吞吐量2.4亿吨，继续稳居泰州港第一。全年盘活(提升)低效闲置工业用地244.2公顷，腾退企业61家，发展空间进一步拓展。

【招商引资】 2022年，靖江开发区推进产业链招商，成功举办金属新材料产业推介会、中国(靖江)高质量发展论坛。全年新签约亿元以上项目151个，新开工“三比一提升”项目27个，新竣工项目18个。青山控股靖江不锈钢深加工产业园一期基本建成，凯飞民用航空结构件生产制造合资项目、甬金金属科技有限公司高品质宽幅精密不锈钢板带生产制造项目等加速推进。车汇莱汽车循环经济制造产业园一期项目、深国际智慧物流园项目成为全国重点外资项目。深国际智慧物流港区项目、赛德力医药离心机项目、大中智能高效电机项目、省煤炭物流靖江基地项目列入省重大项目。

【科技创新】 2022年，靖江开发区完成“智改数转”项目59个，建成市级以上智能车间9个、智能工厂4家、工业互联网标杆工厂2家。新增省级以上研发机构

5家、市级以上专精特新“小巨人”企业47家,高新技术企业91家,授权发明专利144件。

【体制机制改革】 2022年,靖江开发区以国企改革三年行动为契机,构建更为完善的现代企业管理体系,全面推行国企经理层成员任期制和契约化管理,进一步加强和规范国有公司人员绩效考核、职级晋升等工作,健全落实开发区中层干部任用、人员统筹调配等制度机制。用好“靖心服务队”,实行全过程跟踪式服务,推动项目报批报建提速提效。首创“承诺即发证、开工后核验”审批模式,在省内率先实现小型低风险工程承诺制审批。引导靖江港口集团有限公司与深国际港口发展有限公司、江苏国信靖江发电有限公司等深化股权合作,进一步做实港口运营、总部经济、金融投资等主业。推动华宇投资建设有限公司等园区国有公司加快资源整合,推进地产开发,资产管理运营实现质效双增。 (张应霞)

江苏国信秦港港务二期工程

·靖江开发区城南园区·

【概况】 靖江开发区城南园区成立于2004年2月,是靖江最早启动、开发建设较为成熟的工业集聚区,位于靖江城区的南部,规划区域北至横港、南至沿江高等级公路、东至十圩港、西至四圩港,规划面积35.12平方千米,建成面积24.1平方千米,是国家微特电机及控制产业基地、江苏省高端专用装备特色产业基地、江苏省信息化和工业化融合示范区、江苏省双创示范园区、江苏省科技创业与发展创新特色园区、泰州市现代服务业集聚区。2022年,实现列统工业总产值270.29亿元、营业收入220.65亿元、利税20.92亿元、利润15.79亿元,比上年分别增长16.03%、4.76%、21.14%、24.59%。实现工业开票销售267.71亿元,比上年增长6.45%,其中,靖江新程汽车

2022年靖江开发区部分重大新签约项目一览表

表15

项目名称	投资方	计划投资额	项目内容
新能源车用电控配件生产项目	无锡台翔电子技术发展有限公司	5亿元人民币	用地面积2.2公顷,主要从事动力锂电池包里面的电池管理系统、整车控制器、物联系统以及数据库管理等的研发、生产及销售等
高效换热设备制造项目	上海阿美泰克工业设备苏州股份有限公司	5亿元人民币	用地面积2.67公顷,主要从事板式换热器、板壳式换热器、缠绕管式换热器、管壳式换热器、全焊接式换热器、容积式换热器、半即热式换热器、换热机组及智慧成套设备、智慧监控系统等设备的研发、制造和销售
高端不锈钢丝智能化生产项目	江苏立青金属科技有限公司	2.2亿元人民币	用地面积4.13公顷,主要新建厂房约2.4万平方米,购置直线式拉丝机、管道式退火装置、行车等设备60台(套),从事高端不锈钢丝的生产制造
高品质精密模具钢锻件生产项目	江苏青昊新材料科技有限公司	1.5亿元人民币	用地面积2.31公顷,主要新建厂房约1.34万平方米,从事高品质精密模具钢锻件的生产制造

续表 15

项目名称	投资方	计划投资额	项目内容
高性能不锈钢管生产项目	江苏浦象金属科技有限公司	2.5 亿元人民币	用地面积 5.75 公顷，主要用于新建厂房约 34314 平方米，购置穿孔机、冷轧机、冷拔机、去油机、天然气固熔装置、矫直机等设备，从事高性能不锈钢管的生产
高品质不锈钢精密管生产项目	江苏青特金属科技有限公司	1.5 亿元人民币	租赁厂房 2.4 万平方米，主要从事高品质不锈钢精密管的生产制造
高性能不锈钢管、型材生产项目	江苏青汇不锈钢有限公司	1.8 亿元人民币	用地面积 3.33 公顷，新建厂房约 19900 平方米，从事高性能不锈钢管、型材生产
高性能精密不锈钢棒材生产项目	江苏青瑞金属科技有限公司	1 亿元人民币	购置设备从事高性能不锈钢棒生产制造
高端不锈钢丝生产项目	江苏祥瑞不锈钢精线有限公司	5 亿元人民币	购置设备从事高性能不锈钢丝(棒)生产制造
不锈钢产业孵化基地(一期)建设项目	江苏瑞浦不锈钢有限公司	3000 万美元	购置相关设备为青山下游中小型企业提供服务及发展平台，将孵化基地建设为一个集产、储、展、销于一体的现代化工业区
不锈钢产业园示范建设项目	江苏如山金属科技有限公司	1 亿美元	主要新建标准化厂房，新建 1～2 个不锈钢国家级企业技术中心、2～3 个省级企业技术中心和重点实验室，实现能耗进一步降低，生产、生活废弃物基本实现“零”排放，打造绿色化、智能化、高端化、高效化、多元化的不锈钢产业园
船用低速柴油机研制项目	广州柴油机厂股份有限公司	1 亿元人民币	利用江苏多凯动力机械有限公司现有厂房、设备，从事低速柴油机研制生产
王小卤休闲食品生产基地项目	北京王小卤网络科技有限公司	10 亿元人民币	投资方为休闲食品行业内知名品牌运营商，通过电商渠道开展销售。拟用地 6.67 公顷，投资建设凤爪、猪蹄等休闲产品生产线
智能化储能集装箱生产项目	靖江市亚泰特种材料制造有限公司	8 亿元人民币	用地面积 4.67 公顷，新增建筑面积 5 万平方米，主要从事调峰调频储能集装箱、大数据中心储能集装箱和重要保障储能集装箱等高端储能集装箱的生产
智能化海工装备工厂项目	江苏新时代造船有限公司	36 亿元人民币	用地面积 3.33 公顷，拟分期建设智能化分段制造车间约 6 万平方米，主要新上机器人生产线，通过“数字化 + 智能化”双向发力，全力打造现代化智能工厂
靖江桥梁科技产业园二期项目	中国铁建大桥工程局集团有限公司	35 亿元人民币	总用地面积 66.67 公顷，主要开展桥梁重钢、PC 产品、盾构维修改造等各类大型装备及其配件的研发制造，并配套建设船舶维护维修、办公生活等后勤保障设施
新能源精密钣金制造及电控系统集成项目	欧伏电气股份有限公司	1 亿元人民币	租赁靖江开发区精密制造产业园标准化厂房区 B 区第 12 栋第二、三层开展生产、经营，主要从事风电、储能、5G 通信领域精密钣金制造及电控系统的测试集成

续表 15

项目名称	投资方	计划投资额	项目内容
合金资源交易平台项目	江苏金贸钢宝电子商务股份有限公司	1 亿元人民币	主要从事硅锰合金、硅铁合金、铬系合金、锰系合金等为主的线上、线下交易
LNG 储能系统生产制造项目	上海蓝魂环保科技有限公司	10 亿元人民币	拟选址卓然重装产业园，规划用地面积 6.67 公顷，分两期建设，一期拟用地 4.33 公顷，铝合金为基材的先进 LNG 核心装备制造基地建设，主要从事 LNG 储能系统、供气系统、船用脱硫系统的生产制造
年产 450 万平方米 LCP 薄膜产业化项目	江苏中科苏信科技集团有限公司	10 亿元人民币	拟分阶段投资建设。其中，第一阶段计划投资约 1 亿元，租赁甲方标准化厂房约 3000 平方米，主要建设 1 条 300 毫米吹膜线；第二阶段在第一阶段投产达效的基础上，建设 2 条 LCP 薄膜量产线（包括 3 条 600 毫米吹膜线、7 条压合线及 7 条热处理线）
中科气凝胶项目	中科智慧高新材料（江苏）有限公司中科高新材料（南通）有限责任公司	10 亿元人民币	主要依靠中科院自有知识产权的气凝胶研发及生产技术，采用常温常压干燥法生产工艺流程，开展气凝胶本体（颗粒）及气凝胶毡、气凝胶管壳等其他衍生产品的研发、制造
AGV 无人工业车辆、AGV 无人搬运车、电动工业车辆的研发生产制造项目（海豚之星二期）	苏州海豚之星智能科技有限公司	1 亿元人民币	主要从事 AGV 无人工业车辆、AGV 无人搬运车、电动工业车辆的研发生产制造
高品质宽幅不锈钢板带加工制造项目	江苏甬金金属科技有限公司	20 亿元人民币	用地面积 18 公顷，主要新建各类生产、经营用房约 14 万 平方米，拟购置准备机组、二十辊轧机、退火酸洗机组、分卷机组等各类高端生产设备，并配套检测、辅助工艺设备设施，建设 2 条国内领先水平的高品质不锈钢板带生产线，开展宽度为 1000 ~ 1550 毫米、厚度为 0.3 ~ 3.0 毫米规格的 2B 冷轧高品质宽幅不锈钢板带的加工、制造
新能源汽车电池薄膜设备及精密 CNC 配套装备生产建设项目	科福德艾瑞精密科技（靖江）有限公司	1.02 亿元人民币	主要开展各类新能源汽车电池薄膜、油水分离机、精密 CNC 加工中心防护罩、精密机床配套排屑机的生产、研发和销售等
食品专用设备制造项目	隆泰机械（嘉兴）有限公司	1.1 亿元人民币	主要从事食品专用设备制造，以生产肉类食品专用设备及配件、不锈钢机械设备制造为主，同时包括上述产品同类商品的批发及进出口业务和销售等
靖江协鑫光电智谷	金睿智汇（江苏）科技产业发展有限公司	7 亿元人民币（含 1300 万美元）	总用地面积 10 公顷，规划建设以光电、智能制造为主导产业的产业园区，发挥江苏协鑫科创发展有限公司在光伏新能源领域的资源优势，招引仁烁光能（苏州）有限公司等产业核心制造企业入驻，并吸引和带动产业链上下游企业、项目集聚发展

续表 15

项目名称	投资方	计划投资额	项目内容
小麦精加工项目	中粮粮谷投资有限公司	1.5 亿美元	主要建设年加工小麦 90 万吨、年产面粉约 63 万吨的加工、生产基地以及配套的仓储设施，打造工艺设备最先进、智能化水平最高的小麦深加工基地

工业有限公司利税超亿元，成为城南园区首个年利税超亿元的企业。新增规模以上工业企业 9 家。完成固定资产投资 42.35 亿元，比上年增长 27.52%，其中制造业投资 35.6 亿元，比上年增长 24.17%，高新技术产业投资 18.02 亿元。完成一般公共预算收入 6.22 亿元，与去年基本持平。批发零售业销售额 181.59 亿元，比上年增长 20.12%；住宿餐饮业营业额 4.62 亿元，比上年增长 0.87%；服务业重点企业营收 27.6 亿元，比上年下降 17.98%；营业性企业营业收入 9.56 亿元，比上年下降 20.85%。新增规模以上批零企业 16 家，住宿餐饮企业 13家，新增服务业重点企业6家。

【项目建设】 2022 年，城南园区全年完成正式签约项目 32 个，总投资 75 亿元，其中 5 亿元以上签约项目 8 个，总投资 41.7 亿元。外资签约项目 4 个，其中 3000 万美元以上项目 3 个，总投资 9200 万美元。实际利用外资及港澳台资 1338 万美元。经泰州核查认定新开工亿元以上项目数 14 个，总投资 60.74 亿元人民币，其中 5 亿元人民币和 3000 万美元以上项目开工数 6 个，总投资 55 亿元人民币。认证亿元以上项目竣工数 16 个，总投资 29.07 亿元人民币，其中 5 亿元人民币和 3000 万美元以上项目竣工数 4 个，总投资 17.1 亿元。

【科技创新】 2022 年，城南园区规模以上工业企业研发投入 7.7 亿元，规模以上工业研发活动投入强度达 4.03%，规模以上工业企业研发活动占比提升至 99%，完成技术合同成交额 6.52 亿元。加快推进企业“智改数转”（智能化改造、数字化转型），江苏天龙车辆部件制造有限公司、江苏朗瑞精锻有限公司、江苏瑞博光电科技有限公司等 22 家企业实施 300 万元以上“智改数转”项目，靖江新程工业汽车有限公司、江苏恒力制动器制造有限公司、江苏富天江电子电器有限公司、江苏恒义汽配制造有限公司 4 家企业申报省级智能车间，江苏海源有色金属材料公司、靖江天元爱尔瑞电子科技有限公司、江苏锐盾警用装备制造有限公司等 36 家企业申报省级星级上云企业。全年申报发明专利 52 个，江苏中杰澳新材料有限公司、江苏华普干燥工程有限公司、泰州康乔机电设备有限公司等 40 家企业申报国家高新技术企业。江苏上骐集团、江苏恒义汽配制造有限公司、江苏乐科节能科技有限公司申报省级企业技术中心，江苏龙腾门业制造有限公司、江苏华洋新思路能源股份有限公司申报省工程技术研究中心。

靖江国际汽贸城鸟瞰图

【基础设施建设】 2022 年，城南园区实施路网提档升级，打通永益路、六圩港西路等多条“断头路”，建成富阳西路、前进工业小区路，在建永益路西延伸段和聚能路，完善姜八路、联友路等道路交通设施，新增绿化 6.8 万平方米，铺设 8.64 千米污水管道。做好拆迁安置等重点工作，新建德裕苑东安置区一期工程、城南花园三期工程;配合省重点工程江阴靖江通江隧道、滨江湿地公园等项目的实施,持续推进遗留户的动迁,累计搬迁民房 110 户、企业 2 家,签约面积 6.05 万平方米;安置中鼎花苑、城南花苑、江澄苑及同康花苑 20 户、31 套安置房。分步有序推进安置房办证工作,德裕苑、中鼎花苑一手房办证基本完成。

【靖江电商创业中心上榜“国家电子商务示范基地”】 8 月,靖江电商创业中心被商务部评为国家电子商务示范基地,为泰州市唯一入选的电子商务园区。靖江电商创业中心是集靖江名特优商品展示中心、电商服务中心、电商总部、电商仓储物流中心、电商办公区于一体的创新创业集聚区和电子商务示范区,融合电商主体培育、电商产品展示、销售、物流以及电商创业培训指导等多种功能。成立后累计孵化创业企业 130 余家,在孵各类电商企业 50 余家。

【中科光电(靖江)研究中心获全省首张县级新型研发机构“事业单位法人证书”】 2022 年,城南园区聚焦光电产业集群建设,突出招商引资、招才引智,推进“产才融合”,依托中国科学院光电技术研究所的科研力量组建科研团队,全方位打造中科光电(靖江)研究中心,不断放大新型研发机构在科学研究、技术开发、成果转化、孵化育成等方面的积极作用。为提升项目招引吸引力和人才集聚磁吸力,城南园区申请将中科光电(靖江)研究中心登记为事业单位法人获批,中科光电(靖江)研究中心成功申领到江苏省首张县级新型研发机构“事业单位法人证书”。 (王跃进)

·靖江开发区城北园区·

【概况】 靖江开发区城北园区启动于 2005 年,位于靖江城北,规划面积 23 平方千米。依托暖通空调交易中心、国家级孵化器等特色平台载体,集聚一批优质项目,涵盖空调暖通、汽车部件、电机电器、电子新材料等多个行业。2022 年,园区有企业近千家,其中规模以上工业企业 93 家、国家高新技术企业 60 家。规模以上工业总产值达 112.76 亿元,比上年增长 18.8%,其中高新技术产业产值 35.37 亿元,占规模以上工业总产值 31.36%。全年园区实现工业企业开票销售 125.57 亿元,比上年增长 6.8%。

【招商引资】 2022 年,城北园区应对新冠肺炎疫情新形势,创新工作方式方法,采用电话拜访、视频推荐、“云上”签约等方式推进招商引资工作,全年共签约项目 27 个。其中,5 亿元以上内资项目共 7 个,合计 70 亿元;外资项目 3 个,合计 1.01 亿美元。

【项目建设】 2022 年,全年新开工 5 亿元以上内资项目 3 个,分别是总投资 10.5 亿元的江苏奥莱环境科技有限公司中央空调设备生产基地项目、总投资 5 亿元的江苏众阳食品熟肉制品生产加工制造项目、总投资 5 亿元的江苏科能增材智造科技有限公司增材制造生产线智能化技改项目。3000 万美元以上外资项目 1 个,为总投资 6100 万美元的华信科技创业园有限公司华信科创园智慧康养中心项目。2022 年度省重大项目成功申报 1 个,为总投资 10.2 亿元的江苏大中技术股份有限公司智能电机生产基地项目。全年新竣工 5 亿元以上项目 4 个,分别是总投资 5 亿元的江苏裕纶纺织集团有限公司 6 万锭流程智能化、高档差别化纤维纺纱项目,总投资 5 亿元的麦金太尔(江苏)空调有限公司板管蒸发冷高效机组生产建设项目,总投资 10.2 亿元的江苏大中技术股份有限公司智能电机生产基地项目。

【企业转型升级】 2022 年,城北园区加快实施制造业转型升级赶超行动,从政策宣讲、深度诊断、案例分享、金融支持等方面聚力“智改数转”,帮助园区企业加速驶入高智能的“数字化发展”新赛道。举办“智改数转”推进会、智能制造能力成熟度及“两化”融合自诊断培训会、空调行业“智改数转”专题讲座等多场活动,邀请智能制造、工业互联网等领域专家,交流前沿思想、分享成功案例,推动园区制造业智能化、数字化进程。全年完成规模以上工业企业底数摸排,为 64 家企业提供智能制造免费诊断服务,帮助企业解决“智改数转”中的堵点、难点和痛点。支持江苏金卡汽车部件有限公司、苏伦工程机械有限公司等重点企业创建省级智能制造示范车间;鼓励江苏尚佳空调有限公司、灸烊通风设备有限公司等中小企业加快数字化转型。引导金融机构增加制造业中长期贷款,支持中小企业设备更新和技术改造。全年推动实施智能化数字化技改项目 19 个(亿元以上项目 3 个)。新认定省星级上云企业 35 家,其中三星级 30 家、四星级 5 家。新增市级智能制造示范车间 1 个(江苏奥凯环境技术有限公司)、市级互联网标杆工厂 1 家(江苏欧普特条码标签有限公司)。

【人才引进】 2022年,城北园区全年完成科技型中小企业评价入库116家、有效期内国家高新技术企业达60家。依托主导产业聚才,持续促进"人才+规模企业+关联企业"柔性引才,有效吸收海外人才和科技创新资源,增强园区核心竞争力。全年引进外国专家人才3人,江苏永和高分子技术有限公司入围国家级人才计划1人,江苏金卡汽车部件有限公司、靖江安通电子设备有限公司入围泰州市"双创"计划2人。突出企业创新主体地位,引导企业加大研发投入和智能化改造,提高企业产品的自主创新科技含量和市场竞争力;深化校地融合,针对实体企业转型升级、产业技术攻关等需求,推动专家企业精准对接,提升产业竞争力;力促优势企业与人才联姻,多层次引进各类管理和技术人才,为企业注入创新活力,加快推动企业开发核心技术、专利申报,增强科技创新赋能产业高质量发展内生动力。全年新增泰州市科技小巨人企业3家、建设省级企业技术中心1个、泰州市级工程技术研究中心3个、泰州市企业技术中心3个,新增发明专利授权64件。

【配套设施建设】 2022年,城北园区推进社会管理服务中心建设。该项目占地面积1.8公顷,总建筑面积2.99万平方米,建设总投资约1.8亿元,年内完成土建和室外配套建设。推进城北医院项目建设。该项目占地面积3.76公顷,建设总投资约4.5亿元,总建筑面积5.56万平方米,年内土建全面封顶。推进暖通空调交易中心建设。该项目占地面积2.65公顷,建设总投资约3.5亿元,总建筑面积4.9万平方米,年内完成桩基施工。投资600万元,完成老旧小区唯高公寓、齐心新村改造建设。通过外立面复新、飞线整治、垃圾分类、雨污分流改造、停车位划分等,实现老旧小区环境提升。投资3600万元,完成工业区六期配套基础设施建设,中心路(新建北路—中心港)、经一路(北三环—新二路)、新一路(新建北路—渔婆北路)均建成通车。投资2200万元完成空调小镇核心区基础设施建设,经二路(北三环路—纬二路)、社会管理服务中心外围配套道路(潘家东西路、潘家南北路)均建成通车。投资2800万元,进行雨污分流改造,全面疏通区域内主道路污水管网,完成达标区范围内7个居住小区雨污分流改造。投资380万元进行水环境整治,年内建成10个水质自动监测站,完成七一河/工农河新建泵站1座;完成沙泥河(渔婆港—中心港)、七一河(渔婆港—新建路)、利赤宫河(姜八路—东兴北路)河道疏浚整治。投资440万元在园区范围内建成空气质量监测微站及自动站系统工程,共38个点位。加快推进杨太安置区建设和外围配套道路建设。杨太安置区项目占地1.19公顷,总建筑面积25.59万平方米,投资约9.5亿元,年内室外配套项目施工完成90%;外围配套道路新二路(渔婆路—经西路)、渔婆西路(新二路—北二环)建设投资1500万元,于11月建成通车。

【民生保障】 2022年,城北园区对14户城乡低保(农村9户,城市4户、重残单人保1户)、6户五保家庭和1户低保边缘家庭进行动态管理,新增农村低保1户、农村重残单人保1人,核销城市低保户1户、农村低保户1户。建成新一社区、齐心社区、新州社区,杨太村4个标准化居家养老服务中心并引进第三方进行运行。全年领取尊老金的老年人共有994人,政府购买居家养老上门服务共计12207次。与11户空巢独居老人签订关爱探访协议,每周进行关爱探访,并对10户困难老年人居住环境进行适老化改造。建成王庄村"靖善靖美"邻里驿站;发放拆迁老年生活补贴241人,发放金额近60万元。阳光信访平台受理48件,办结46件,办结率达到96.83%。年内,配合市残联为350名(3~74周岁)持有二代残疾证的残疾人办理意外保险,完成辅助器具发放7例、无障碍改造1户,全年共计申请办理残疾证101份,注销残疾证20份。

(张佳楠)

江苏江阴—靖江工业园区

【概况】 江苏江阴—靖江工业园区成立于2003年8月,2006年经国家发展改革委核准,江苏省人民政府批准为省级经济开发区。园区位于靖江市南侧,地处长江下游,北倚苏北平原,南濒浩瀚长江,处在国家沿海经济带和沿江经济带T字形交会处。2022年,园区实施产业强区和创新驱动发展战略,高效统筹新冠肺炎疫情防控和经济社会发展,年内完成地区生产总值117.35亿元,比上年增长5.6%;开票销售750亿元,比上年增长9%,创历史新高;规模以上工业产值234亿元,比上年增长 11.5%;一般公共预算收入同比例口径 9.1 亿元,比上年增长 6.3%;固定资产投资额 24 亿元,比上年增长 1.9%;限上批发业销售额 458 亿元,比上年增长 11.3%;进出口总额 4.88 亿美元,比上年增长 59.4%;到账外资 5275 万美元;港口货物吞吐量 4252 万吨。

【融合发展】 2022 年,园区围绕融合发展、共同富裕目标,制定江阴—靖江工业园区建设高质量跨江融合发展示范区行动方案。开展对外交流活动,推动长江两岸各类要素资源在园区深度融合、快速发展。5 月,园区与泰州海事局签署党建结对和战略合作协议,在完善港区规划、优化产业布局、推动对外开放等方面共同做好“互联互融”文章;8 月,无锡、泰州发展改革委在靖江召开座谈会,共同商讨高质量跨江融合发展过程中的问题困难;10 月,江阴、靖江两地发展改革委共同探讨跨江融合发展体制机制解决之策;11 月,省委研究室专题调研园区,共同为加快建设高质量跨江融合发展示范区出谋划策;12 月,赴深圳深汕特别合作区考察学习先进经验。组建“澄靖联融桥 · 盟红园区”党建联盟 28 个,开展活动 72 场次,服务企业 35 家,协调解决各类问题 45 个。

【招商引资】 2022 年,园区深入推进“项目突破年”活动,全年累计外出招商 60 余批次,拜访企业 70 余家,成功举办 2022 经贸合作洽谈会、园区产业发展恳谈会和省重大项目开工暨重点项目签约活动,成功承办“霞客杯”中国江阴第五届创新创业大赛南京城市赛、领军人才“双招双引”推介会,全方位介绍园区并对接创新创业类项目。是年,完成亿元以上签约项目 10 个,其中 10 亿元以上项目 2 个、5 亿元以上项目 4 个,1000 万元以上文化项目 1 个;完成亿元以上项目备案 6 个,文化项目 1 个,完成实际到账外资 5275 万美元。推进工业园区升级改造,完成 32.6 公顷闲置低效土地收储盘活。

【主导产业发展】 2022 年,园区围绕江阴市“345”(高端纺织服装、石化新材料、金属新材料 3 个千亿级产业;新能源、集成电路、高端装备、生物医药 4 个战略性新兴产业;5G 通信、智能制造、节能环保、现代物流、健康文旅 5 个未来产业)产业体系,实施产业强区和创新驱动发展战略,紧扣主导产业、新兴产业和港口物流业不放松,全力打造临江先进制造业基地和现代港口物流基地。园区车船及配件、金属新材料、机械装备三大主导产业增速分别达 30.4%、5.5%、19.2%,铁路、船舶、航空航天和其他运输设备制造实现利润 34.93 亿元,占全部规模工业利润总额的 86.47%,所占比重较上年上升 2.78 个百分点,黑色金属冶炼和压延加工业,实现利润 4.7 亿元,占比 11.65%,比重较上年下降 2.16 个百分点。创新发展成效明显,新增高新技术企业 1 家,通过复审 1 家。入库科技型中小企业 17 家,获评省专精特新小巨人企业 2 家、无锡市 1 家。获批省级企业技术中心 1 家,省级智能车间 1 家,无锡市智能标杆 4 家。江苏新扬子造船有限公司获第七届中国工业大奖,入选 2022 年度工信部智能制造示范工厂揭榜单位和优秀场景名单。

【重大项目建设】 2022 年,园区重点推进在建项目 12 个,总投资 116 亿元,其中大明国际大型装备项目一期 9 号厂房主体建设完成,码头工程持续推进桩基施工和平台横梁浇筑;江苏博联综合物流中心完成码头主体建设,酸王泵高端特种环保装备制造项目完成主体竣工验收,中力新能源智能物流搬运设备项目持续推进厂房主体建设。下六圩港港池码头、盛佳高精度特钢深加工等 5 个项目竣工投运。拟建项目 11 个,总投资 72 亿元,其中航空装备制造、5G+ 智能制造 127 特种钢管、环保装备制造、智慧能源项目启动施工报建手续办理。意向项目 42 个,总投资 221 亿元。

【社会事业】 2022 年,园区始终秉持“联动惠民、发展利民、融合富民”的开发理念,把增进百姓福祉作为联动开发的根本动力。以空气监测站、水质监测站、光伏发电为主的环境工程,以棚户区改造、D 级危房拆迁、安置房建设、乡村公益医疗互助、集镇环境改善为主的民生工程,以道路交通、管网建设、水环境治理为主的基建工程,以下六圩港、博联、扬子长博二期项目、专用航道、“花园式”码头打造、公共上岸点监管为主的港口工程有序推进。辖区 12121 人参与乡村公益医疗互助,全年共救助 206 人次,救助金额 34.26 万元。帮助 52 名低保户及其家庭成员、五保户缴纳合作医疗保险。组织 8 家企业参加招聘会,提供岗位 163 个,城镇新增就业 692 人。推荐创业典型 4 家,办理富民创业贷款 1 人,办理灵活就业人员社保补贴 136 人。

(毛　璧)

农业

综述

【概况】 2022年，全市农林牧渔总产值44.95亿元，比上年增长4.2%。其中，农业产值32.12亿元，林业产值0.58亿元，牧业产值4.02亿元，农林牧渔专业及辅助性活动产值4.35亿元，分别比上年增长6.33%、22.43%、5.33%、18.93%；渔业产值3.97亿元，比上年增长0.52%。实现农林牧渔增加值29.78亿元，比上年增长7.01%。全年粮食播种面积3.7万公顷，粮食总产量27.1万吨；油料作物播种面积0.2万公顷，产量0.59万吨；蔬菜及食用菌种植面积0.69万公顷，产量25.15万吨。全市规模养殖比重达82.0%，全年生猪出栏6.86万头，比上年增长24.5%；家禽出栏163.98万羽，禽蛋产量3185吨，水产品产量10415吨。靖江被列入省级农业生产全程全面机械化示范县建设，现代农业产业高质量发展示范园被纳入省级示范园建设名单，获评全省植保植检工作先进单位。

【现代乡村产业发展】 2022年，靖江扎实推动乡村产业高质量发展。打造优质粮油、精细果蔬、绿色畜禽、精品渔业4条重点产业链。建设高标准农田项目2600公顷，重点打造生态智能农田创新试点73.33公顷。打造小麦、水稻绿色高质高效创建千亩示范片6个、12个。完成百亩示范点建设3个、辐射千亩以上。提档升级绿色蔬菜保供基地442.13公顷，实施靖江香沙芋生产全程机械化示范推广项目，新获证绿色食品15个。实施农机化“两大行动”，推动特色农机化由粮食生产向水产养殖、畜牧养殖、农产品初加工等方面拓展延伸。新增特色智能农机装备586台，特色农业机械化率63%。推进“农业农村重大项目提质增效年”活动，年内，在建农业农村重大项目21个，其中新建项目19个，完成投资19.86亿元，实现新建项目个数、完成投资额双提升；新招引农业项目11个，其中江苏雅博动物健康科技、深海渔业养殖平台等3个项目投资超亿元。园区平台建设取得新实效，新获评泰州市四星级现代农业产业示范园2个、三星级示范园3个。数字化农业生产进程加快，新建草莓苗种扩繁数字化生产基地、大田智能管理、智慧生态型高标准农田试点项3个物联网项目，依托电子商务进农村示范创建项目，健全三级物流配送体系，建设改造镇村电子商务服务站(点)146个，全市农产品电子商务成交额突破10亿元，成功上榜全国“农产品数字化百强县”名单。实施龙头企业“双倍增”计划，新申报省级龙头企业1家、泰州市级龙头企业5家，全市农业龙头企业销售(交易)额约175亿元。江苏味巴哥食品股份有限公司获首届江苏品牌农产品营销促销创意赛铜奖。举办“七彩利珠采摘节”“木野农鲜美食品鉴会”“农民丰收节"等多场农事节庆活动，实现休闲农业综合收入6.8亿元，吸引农村就业2330人。生祠镇东进村乡村休闲旅游农耕实践模式获全省推介。

【农业执法监管】 2022年，与公安、海事、交通运输等多部门联合开展"商渔共治"专项行动，市禁捕执法工作在泰州市排名第一。开展农机执法行动，严厉打击农机违法违规行为；开展农资打假专项行动，加强农资质量抽检，重点季节集中查，重点环节认真查，重点区域反复查，全覆盖清查全市120多个生产经营单位和市场摊点，受理各类举报9起，查办各类案件6起。监管农产品质量安全，开展省级农产品监测250批次、泰州市级50批次、靖江市级1321批次；各镇完成蔬菜快检样品4.3万余批次、胶体金快检4678批次、瘦肉精监测1.2万余批次。全市农产品质量安全监测合格率连续三年达98%以上。全年未发生重大农产品质量安全事故。

【农业生态环境保护利用】 2022年，全市化肥农药使用量分别比上年削减0.73%、0.58%。有序开展废旧农膜回收利用工作，建成废旧农膜市级回收中心1个，回收网点28家，废旧农膜回收利用率稳定在90%以上。推进秸秆"双禁"和收集清运，秸秆综合利用率稳定在97%以上。开展畜禽养殖污染治理，畜禽粪污资源化利用率达99%。

【高标准农田建设】 2022年，改造提升高标准农田项目2573.33公顷，重点打造生态智能农田创新试点73.33公顷，变"望天田"为"吨粮田"，实现经济、社会、生态三方效益共赢。注重模式创新，开展生态型高标准农田建设试点，通过点上突破，塑造典型示范。探索农业有机废弃物资源在高标准农田建设领域的再利用路径，打通"污染源"向"营养源"转变通道。推进生态建设，减少农田退水对农村河道水质影响，避免面源污染加剧河道富营养化，实现生态系统良性发展。

【"互联网+农业"】 2022年，推动"互联网+农业"发展，全年新建成3个农业物联网项目，在应用规模、技术水准、发展质态等方面各有特色。其中，马桥都市现代农业产业园区草莓苗种扩繁基地应用面积近1公顷，可实时采集空气温湿度、光照强度、土壤温湿度等生产因子，实现对遮阳棚、风机、湿帘、水肥一体设备等自动控制。提升网络营销发展质态，靖江上榜全国"农产品数字化百强县"，特色农产品电商销售总额逐年攀升，全年实现农产品电子商务成交额突破10亿元。依托电子商务进农村示范创建项目，健全三级物流配送体系，建设改造12个镇级电子商务服务站、近百个村级电商服务点，打造电子商务进农村"靖江样板"。

【种子监管】 2022年，全市加强优质食味水稻、专用小麦新品种的引进开发，共引进稻、麦等新品种42个，进行5项试验研究，并承担省生产试验及江苏好品种展示种植。加强对种子市场检查，组织检查活动14次。持证种子企业现场检查覆盖率100%，主要种子批发商检查覆盖率100%，种子经营门店春、秋季检查覆盖率均在80%以上。被检查企业、经营门店问题整改合格率100%，生产经营主体备案率及生产经营品种备案率均为100%，共受理种子备案458份。

种 植 业

【概况】 2022年，全年粮食总产量27.1万吨，比上年增长0.6%。其中，夏粮种植面积1.8万公顷、

柿树种植喜获丰收

产量10.26万吨;秋粮种植面积1.9万公顷、产量16.84万吨。

【耕地质量保护】 2022年,全年开展取土化验118个,肥效试验8个。媒体专题报道3次,组织技术专题培训2次、现场观摩2次,发放施肥建议卡4000份。建立化肥减量增效示范区5个,集成示范推广"秸秆还田+机插秧+侧深施肥、秸秆还田+小麦种肥同播、有机肥+水肥一体化"等新技术新模式,推广有机无机复合肥、缓释肥、含腐植酸水溶肥等新型肥料125吨。开展耕地质量等级调查评价,靖江2021年耕地地力平均等级2.71,较2020年提高0.02个等级。

【作物栽培】 2022年,大面积推广种植优质专用品种宁麦13、农麦88、扬麦25,示范种植扬麦30、苏隆麦128等小麦品种。全面应用机条匀播、抗逆栽培、稻秸秆还田以及品质调优栽培等技术。水稻大面积推广种植优质食味稻米品种南粳5055、南粳晶谷、泰香粳1402,优质食味稻米覆盖率92.2%,推广机插稻高产栽培、麦秸秆全量还田和药肥控减等技术。开展绿色高质高效创建,全市共建设小麦千亩示范片6个、水稻千亩示范片12个。

【果蔬生产】 2022年,全市蔬菜及食用菌播种面积稳定在0.69万公顷以上,总产25.15万吨,产值7.57亿元。其中设施蔬菜面积0.29万公顷、占比42.6%;绿色蔬菜产值3.8亿元,比上年增0.9亿元以上;食用菌面积6.7万平方米,产量维持在900吨左右;瓜果类种植面积0.07万公顷、总产2.04万吨。全市近0.13万公顷香沙芋实现机械化生产,机械化率提高至90%以上,节本增收3390万元以上。靖江香沙芋相继被《朝闻天下》《新闻直播间》《共同关注》等多家中央级媒体宣传报道。

7月,葡萄成熟的季节,果农满怀喜悦地采摘葡萄

【农作物病虫草害发生与防治】 2022年,全市小麦纹枯病、条锈病、叶锈病零星发生,小麦赤霉病、白粉病、蚜虫轻发生,小麦草害中等发生。水稻纵卷叶螟、纹枯病、杂草中等发生,局部中等偏重发生;白背飞虱中等偏轻发生;褐飞虱、灰飞虱、螟虫等轻发生。粮食作物病虫草害挽回损失7.91万吨,总体危害损失0.6万吨,约占粮食总产的2.28%(控制在5%以下),经济作物、蔬菜病虫总体危害损失控制在10%以下。靖江获批省级农作物病虫害监测预警标准化区域站。

畜 牧 业

【概况】 2022年,全市存栏生猪10.04万头,其中能繁母猪0.75万只;存栏奶牛0.18万头、山羊1.41万头、家禽52.34万羽、鹌鹑224.78万羽。全年累计出栏生猪7.96万头、家禽115.4万羽,销售商品肉羊4.35万头,上市鲜牛乳1.17万吨。

【动物免疫】 年内,全市累计免疫生猪15.8万头次、牛0.4万头次、羊5.6万头次,免疫家禽230万羽次、鹌鹑960万羽次。结合"三灭四消"行动,对畜禽规模场、畜禽产品交易市场等重点区域和重点场所开展全面性消毒152次,使用消毒药品42.67吨、灭害药物5189.34千克,累计洗消面积达1404.18公顷、灭害面积达677.39公顷。

【疫病监测】 2022年,监测高致病性禽流感2280羽份,鸡新城疫720羽份,猪口蹄疫、高致病性蓝耳病和猪瘟1110头份,羊小反刍兽疫200份,血吸虫108份。开展牛布病监测2977头次、结核病监测2977头次,实施非洲猪瘟监测5182头份,实现非洲猪瘟监测全覆盖。

【动物检疫及无害化处理监管】 2022年,产地检疫生猪7.96万头,屠宰检疫生猪6.5万头。检疫家禽115.4万羽、山羊4.35万只。开展养殖环节病死生猪无害化处理监管0.7万头、山羊0.1万只、家禽0.07万羽,屠宰环节病害生猪无害化处理0.03万头次。

渔　业

【概况】 2022年,全年水产品总量1.04万吨,比上年增长4.8%。养殖总面积1293公顷,其中,淡水养殖产量9150吨,比上年增长6.6%。

【水产品质量安全】 2022年,按照“双随机一公开”原则,对水产品采取例行抽检、重点抽查、专项抽查等方式,完成省、市监督抽检18批次,风险抽检84批次。全年共检查养殖企业、个体户73家,办理生产、销售不符合农产品质量安全标准的水产品案件2起,罚款金额0.22万元,监督抽查案件查处率100%。

【长江流域重点水域禁捕退捕】 2022年,推进水域联动指挥中心建设,完成长江禁捕八圩禁捕联勤基地项目,在重点水域搭建信息化、智能化监管网络,与海事、水利、公安等部门实时信息共享;联合开展“商渔共治”专项行动,组织开展“打击以长江刀鲚为重点的非法捕捞专项执法行动”。全年共开展联合执法行动28次,出动执法人员3217人次,执法车辆869辆次、船艇314艘次,陆上巡航53600千米、水上巡航22153海里。清理整治违规渔具406件,强制清理河道中废弃船舶2艘。

农业机械化

【概况】 2022年,全市拥有中大型拖拉机747台、大中型配套农具1565台、水稻插秧机895台、粮食烘干机314台、农机总动力27.65万千瓦。机灌面积2.52万公顷,机收小麦1.72万公顷,机收水稻1.71万公顷,0.33公顷以上商品化集中育秧面积134.01公顷。麦秸秆、水稻秸秆机械化全量还田面积分别为1.33万公顷、1.26万公顷。

【特色农业机械化】 2022年,继续实施香沙芋生产全程机械化技术示范推广项目;成功申报河蟹养殖机械化装备与技术集成推广应用项目,通过项目示范,以点带面,辐射全市,提高特色农机技术普及率。强化基层农机部门相关技术人员业务培训,推进装备配套、技术指导、政策扶持落地。开展现场演示和试验示范,经营主体更直观了解和掌握特色农业机械化新机具、新技术。特色农业机械化率63%。

【农机安全监理】 2022年,开展“铁牛卫士”执法活动,重点查处田间作业拖拉机和联合收割机无牌作业、逾期未检、无证驾驶等涉牌、涉证违法行为,以及安全设施不齐全、违法载人等违反农机安全操作规程行为,共排查作业机具348台(次),查处案件45件,其中普通程序2件,简易程序43件,罚款金额人民币3150元。加强上道路拖拉机联合执法检查,与市交警部门联合开展运输用拖拉机执法行动,查处运输用拖拉机及其驾驶人无牌无证、假牌假证、超速超载、违法载人、酒后驾驶等道路交通违法行为,对违法违规并被扣分处理的驾驶人员,督促其履行行政处罚。

(杜穹帆　刘婧怡)

10月,机械化收割水稻

工　业

·综　述·

【概况】 2022年,全市工业条线贯彻落实“疫情要防住、经济要稳定、发展要安全”重大要求,统筹疫情防控和工业经济发展,切实扛起“勇挑大梁”的重大责任,危机之中育新机,变局之中开新局,全市工业经济发展质量与效益稳步提高。全市拥有工业门类14个、工业企业法人单位7000余家,其中规模以上工业企业656家。亿元以上企业(含江阴—靖江工业园区)158家,比上年净增3家。其中,10亿元以上企业25家,50亿元以上企业6家,百亿元企业1家。规模以上工业企业中,有大型工业企业9家、中型工业企业34家、小微型工业企业613家。工业经济规模不断壮大。全年规模以上工业企业实现开票销售(含江阴—靖江工业园区)1786.6亿元,比上年增长7.1%。全年规模以上工业企业完成总产值、增加值、利润、利税分别为1611.1亿元、420.2亿元、106.7亿元、139.7亿元,分别比上年增长14.3%、9.2%、32.3%、30%。全年工业用电量34.65亿千瓦时,比上年增长0.4%。靖江列2022年全国制造业百强县21位,入选2022年度江苏省制造业创新转型成效明显地区。

2022年靖江市工业三十强企业一览表

表16

企业名称	产值(亿元)	企业名称	产值(亿元)
江苏新时代造船有限公司	1362.92	华达汽车科技股份有限公司	558.71
江苏新扬子造船有限公司	919.44	靖江国林木业有限公司	243.64
江苏长强钢铁有限公司	648.69	欧冶链金(靖江)再生资源有限公司	676.34
靖江特殊钢有限公司	483.57	江苏国信靖江发电有限公司	278.87
新程汽车工业有限公司	805.08	大明重工有限公司	207.88

续表 16

企 业 名 称	产值（亿元）	企 业 名 称	产值（亿元）
靖江新舟合金材料有限公司	279.97	凯傲宝骊(江苏)叉车有限公司	129.89
江苏大中电机股份有限公司	145.56	江苏赛德力制药机械制造有限公司	182.73
江苏恒力制动器制造有限公司	76.38	江苏亚星锚链股份有限公司	132.86
江苏博颂能源科技有限公司	158.93	帝斯曼江山制药(江苏)有限公司	111.80
江苏三江电器集团股份有限公司	224.75	靖江市友谊金属制品厂	68.64
江苏上骐集团有限公司	83.75	江苏扬阳化工设备制造有限公司	94.19
江苏艾兰得营养品有限公司	191.87	江苏中力叉车有限公司	111.60
靖江市华峰金属制品有限公司	179.14	江苏民生重工有限公司	154.61
中建钢构江苏有限公司	112.10	江苏恒义工业技术有限公司	100
靖江市亚泰特种材料制造有限公司	93.73	江苏宇航海洋工程有限公司	50.57

【项目建设】 2022年，靖江市把重点项目建设作为推动工业经济高质量发展的总引擎，加强梳理和挖掘全市工业项目，编制泰州市工业“112工程”项目、重点技改项目、省先进制造业集群项目清单，确保重点工业项目应统尽统、能统尽统。实施月度跟踪，强化沟通协调，加大指导力度，全力服务工业项目快落地、快建设、快转化，为工业经济高质量发展持续注入新动能。全年列入省重大工业项目4个，创下近十年来年度入选省重大工业项目最多纪录。年内，推动江苏大中技术股份有限公司、新程汽车工业有限公司等一批企业技改项目，以及无锡中油瑞德防腐科技(靖江)有限公司、欧伏电气(靖江)有限公司等一批企业新建项目投产。全年完成工业投资325.6亿元，比上年增长24.5%，全市新开工亿元以上工业项目71个，其中外资项目3个，计划总投资242.5亿元；新竣工亿元以上工业项目69个，其中外资项目1个，完成总投资132亿元。

【创新转型】 2022年，靖江聚焦产业转型升级，以企业培育为抓手，提升企业创新水平，增强企业核心竞争力。年内，制定印发《靖江市高成长型企业三年倍增行动计划实施方案》，加快培育市场主体，突出高成长型企业存量转型升级。着力培育“专精特新”企业，精准掌握“千企升级”企业库内351家企业生产情况、行业地位等状况，明确培育重点。建立领导干部挂钩联系重点企业制度，开展为“专精特新”企业办实事、规模以上企业大走访活动，组织线上培训、线上宣传贯彻等系列活动20场，培训人员1000人次。优化营商环境，聚焦“政策红利”，强化服务保障，助力企业争取产业转型升级专项资金，拨付省级资金1626万元，兑付61家企业科技创新积分奖补资金1095万元。持续推进技术改造与创新、引导企业“专精特新”发展，突破关键核心技术；推动首台(套)重大装备、新技术新产品的创新研发，提升企业自主创新能力。江苏东华测试技术股份有限公司、江苏三江电器集团股份有限公司、江苏民生重工有限公司、江苏双达泵业股份有限公司4家企业获评国家级专精特新“小巨人”称号，实现靖江国家级专精特新企业“零的突破”。全年新增省级专精特新中小企业41家，新增泰州市级专精特新企业23家。江苏赛德力制药机械制造有限公司的离心机成功入选国家级第七批制造业单项冠军产品。聚焦船车机电主导产业创新发展，在技术创新上求突破，全年新增省级企业技术中心2家、泰州市级企业技术中心11家。新时代造船有限公司制造的新型双燃料动力成品油轮、永盛光电科技有限公司制造的高辉度超薄型LED背光源等11个产品通过省新产品鉴定。10个产品被列入省重点推广应用的第28、第29批新技术新产品目录，数量创历年新高。加快工业企业服务化培育，推动先进制造业与现代服务业深度融合，增强制造业核心竞争力。组织8家企业参加服务型制造转型升级专题研修班；推荐江苏艾兰得营养品有限公司等企业入选生产性服务业供给能力提升专项行动；推荐3名专家入选泰州市工业经济转型升级专项资金项目评审专家库。靖江市亚泰特种材料制造有限公司获评省级工业设计中心、省级服务型制造示范企业，新程汽车工业有限公司、江苏旭顺东明云智能科技有限公司等6家企业获评首批泰州市级工业设计中心企业。

2022年靖江市新增(复评)泰州市级以上专精特新“小巨人”企业一览表

表17

企业名称	认定类别	属地
江苏双达泵业股份有限公司	国家专精特新小巨人企业	新桥镇
江苏民生重工有限公司	国家专精特新小巨人企业	新桥镇
江苏东华测试技术股份有限公司	国家专精特新小巨人企业	开发区
江苏三江电器集团股份有限公司	国家专精特新小巨人企业	西来镇
江苏靖江互感器股份有限公司	省级专精特新中小企业	西来镇
江苏赛德力制药机械制造有限公司	省级专精特新中小企业	城南园区
江苏富天江电子电器有限公司	省级专精特新中小企业	城南园区
江苏优泽科技有限公司	省级专精特新中小企业	新桥园区
江苏迈能高科技有限公司	省级专精特新中小企业	城南园区
江苏上骐重工科技有限公司	省级专精特新中小企业	城南园区
江苏旭顺东明云智能科技有限公司	省级专精特新中小企业	东兴镇
江苏联恒物宇科技有限公司	省级专精特新中小企业	城南园区
江苏星源电站冶金设备制造有限公司	省级专精特新中小企业	新桥镇
春意环境科技有限公司	省级专精特新中小企业	城北园区
江苏恒义工业技术有限公司	省级专精特新中小企业	城南园区
靖江先锋半导体科技有限公司	省级专精特新中小企业	开发区
江苏凯元科技有限公司	省级专精特新中小企业	斜桥镇
江苏恒力制动器制造有限公司	省级专精特新中小企业	城南园区
江苏中杰澳新材料有限公司	省级专精特新中小企业	城南园区
江苏恒丰新材料制造有限公司	省级专精特新中小企业	靖城街道
江苏永昊高强度螺栓有限公司	省级专精特新中小企业	西来镇
江苏华东正大空调设备有限公司	省级专精特新中小企业	西来镇

续表 17

企业名称	认定类别	属地
靖江市亚泰特种材料制造有限公司	省级专精特新中小企业	开发区
江苏金秋竹集团有限公司	省级专精特新中小企业	城南园区
靖江市飞天紧固件制造有限公司	省级专精特新中小企业	开发区
靖江瑞泰电子材料有限公司	省级专精特新中小企业	城南园区
托普工业(江苏)有限公司	省级专精特新中小企业	城南园区
江苏德翔化工机械有限公司	省级专精特新中小企业	开发区
江苏锐盾警用装备制造有限公司	省级专精特新中小企业	城南园区
卓然(靖江)设备制造有限公司	省级专精特新中小企业	城南园区
江苏工揵化工设备有限公司	省级专精特新中小企业	城北园区
靖江市海源有色金属材料有限公司	省级专精特新中小企业	城南园区
江苏民诺特种设备有限公司	省级专精特新中小企业	新桥镇
靖江市永盛光电科技有限公司	省级专精特新中小企业	城北园区
靖江特殊钢有限公司	省级专精特新中小企业	开发区
江苏扬阳化工设备制造有限公司	省级专精特新中小企业	靖城街道
江苏泽宇环境工程有限公司	省级专精特新中小企业	马桥镇
江苏天佑液压科技有限公司	省级专精特新中小企业	靖城街道
靖江佳佳精密机械科技有限公司	省级专精特新中小企业	城北园区
江苏光芒新能源股份有限公司	省级专精特新中小企业	新桥镇
靖江市海鸿塑胶科技有限公司	省级专精特新中小企业	生祠镇
江苏亚梅泵业集团有限公司	省级专精特新中小企业	新桥镇
江苏沙龙机电科技有限公司	省级专精特新中小企业	西来镇
江苏二马液压元件有限公司	省级专精特新中小企业	斜桥镇
江苏永益铸管股份有限公司	省级专精特新中小企业	江阴—靖江工业园区
江苏雅博动物健康科技有限责任公司	市级“专精特新”企业	靖城街道
江苏宇航板业有限公司	市级“专精特新”企业	城北园区
江苏荣泰门业有限公司	市级“专精特新”企业	生祠镇
江苏旭阳化工设备有限公司	市级“专精特新”企业	城南园区
江苏奥凯环境技术有限公司	市级“专精特新”企业	城北园区

续表 17

企业名称	认定类别	属地
江苏亚梅泵业集团有限公司	市级“专精特新”企业	新桥镇
江苏德翔化工机械有限公司	市级“专精特新”企业	开发区
靖江市海鸿塑胶科技有限公司	市级“专精特新”企业	生祠镇
江苏锐盾警用装备制造有限公司	市级“专精特新”企业	城南园区
江苏泽宇环境工程有限公司	市级“专精特新”企业	马桥镇
江苏天佑液压科技有限公司	市级“专精特新”企业	靖城街道
江苏中杰澳新材料有限公司	市级“专精特新”企业	城南园区

2022 年靖江市新增泰州市级科技“小巨人”企业一览表

表 18

企业名称	认定类别	属地
江苏上骐集团有限公司	市级科技小巨人企业	城南园区
靖江市亚泰物流装备有限公司	市级科技小巨人企业	开发区
顺达模具科技有限公司	市级科技小巨人企业	开发区
靖江市永盛光电科技有限公司	市级科技小巨人企业	城北园区
江苏星源电站冶金设备制造有限公司	市级科技小巨人企业	新桥镇
靖江佳佳精密机械科技有限公司	市级科技小巨人企业	城北园区
江苏旭顺东明云智能科技有限公司	市级科技小巨人企业	东兴镇
江苏凯元科技有限公司	市级科技小巨人企业	斜桥镇
江苏靖江互感器股份有限公司	市级科技小巨人企业	西来镇
江苏工搪化工设备有限公司	市级科技小巨人企业	城北园区
江苏恒义工业技术有限公司	市级科技小巨人企业	城南园区

【推进“智改数转”】 2022 年，靖江市把智能化改造、数字化转型作为推动产业转型升级的主攻方向，引导企业加大自动化、智能化改造，推进智能示范车间、工厂创建，为制造业高质量发展增添强劲动能。出台《靖江市制造业智能化改造和数字化转型三年行动方案》，指导 656 家规模以上企业进行智能制造成熟度自诊断和两化融合自评估，293 家规模以上工业企业开展线下“智改数转”诊断评估，解决企业“智改数转”技术层面困局。江苏金三力机械制造有限公司生产的隧道用连接板钢拱架自动生产线(ZGS-220)成功入选省首台(套)重大装备，为靖江“智改数转”首个入选产品。推动新时代造船有限公司与中船重工 716 研究所合作，服务新时代造船公司智能制造创新中心建设，推动船舶行业向产业链、价值链高端延伸，强化产业发展韧性。积极

推动企业上云，全年新增江苏省星级上云企业144家。梳理建立“智改数转”项目清单、智能车间培育清单，全年推进实施“智改数转”项目125个，新增省级智能制造示范车间4个。江苏新扬子造船有限公司成功入围国家级智能制造示范工厂揭榜单位，其“资源动态配置”智能场景成功入选优秀场景名单。道道全粮油靖江有限公司成功建成靖江首个省级智能工厂。加快信息基础设施建设。全年新建5G基站237个、10GPON端口2395个，主城区以及各工业园区已基本实现5G网络全覆盖。推动国家工业互联网标识解析艾兰得二级节点推广应用，全年累计增加二级节点标识注册量2.61亿个、标识解析量1.72亿次、接入企业5080家，为“智改数转”提供技术支撑保障服务。

【企业星级上云】 2022年，靖江积极推动企业上云，全市新增星级上云企业144家。江苏恒义工业技术有限公司认定为江苏省五星级上云企业。江苏光芒新能源股份有限公司、靖江先锋精密科技股份有限公司、江苏华宇电力发展有限公司、江苏旭阳化工设备有限公司、江苏三江电器集团股份有限公司、江苏欧普特条码标签有限公司、江苏瑞博光电科技有限公司、新程汽车工业有限公司、江苏通达机械有限公司、江苏联恒物宇科技有限公司、靖江市苏伦工程机械有限公司11家企业被认定为江苏省四星级上云企业。江苏恒力制动器制造有限公司、江苏天龙车辆部件有限公司、靖江市锦汇电冰箱配件厂、靖江市永固汽配制造有限公司、靖江市宁泰科技有限公司等35家企业被认定为江苏省三星级上云企业。

【“两化”融合发展】 全年新增10家企业通过国家两化融合管理体系认定，其中江苏艾兰得营养品有限公司获评AAA级，江苏迈能高科技有限公司、江苏大中电机股份有限公司、江苏雅博动物健康科技有限责任公司、江苏恒义工业技术有限公司、江苏奥凯环境技术有限公司、江苏环球特种电机有限公司获评AA级，江苏锐盾警用装备制造有限公司、江苏永昊高强度螺栓有限公司、靖江市东达铝业有限公司获评A级。江苏民生重工有限公司“工业互联网标杆工厂建设项目”和江苏欧普特条码标签有限公司“欧普特个性设计与数字生产融合创新新模式”项目成功通过泰州市工业互联网标杆工厂项目申报。 （徐钰雯）

·船舶制造业·

【概况】 2022年，靖江市有船舶造修(拆)企业16家，船舶工程配套企业200余家，其中规模以上企业31家，从业人员4万余人。全年造船完工量92艘(745.4万载重吨)，比上年下降13.6%，造船完工量分别占全球、全国、全省的9.3%、19.7%、42.8%；新接订单93艘(844.3万载重吨)，比上年下降53.8%，新接订单量分别占全球、全国、全省的10.2%、18.5%、46.4%；手持订单230艘(2298.9万载重吨)，比上年增长5.8%，手持订单量分别占全球、全国、全省的10.7%、21.8%、47.3%。至年末，全市列统船舶企业实现工业总产值279.94亿元、主营业务收入246.39亿元、利税总额49.45亿元，利润47.1亿元，分别比上年增长22.42%、17.69%、28.79%、29.8%。

【船舶行业发展】 2022年，以江苏新时代造船有限公司、江苏扬子江船业集团公司为代表的靖江造船企业抢抓新一轮航运复苏历史性机遇，加快产品结构调整，全力以赴“保交船、争订单、促发展”，不断向高端攀升。

扬子江船业集团公司具备建造超大型LNG(液化天然气)运输船的能力，10月，成功签订2艘全球最大的17.5万立方LNG运输船建造合同，每艘价格接近2.5亿美元，成为国内第一家具备建造此船能力的民营造船企业。该公司建造的全球最大的24000TEU(国际标准箱单位)超大型集装箱船首制船2条，已顺

新时代造船公司一角

利移至该集团太仓基地，扬子江船业集团是国内唯一具备建造该船型能力的民营造船企业。江苏新扬子造船有限公司申报的“船用高上裂韧度特厚钢板关键制造技术及应用项目”获省科学技术奖二等奖。11 月 28 日，中国工业经济联合会下发的“第七届中国工业大奖表彰决定”中，江苏扬子江船业集团荣获第七届中国工业大奖，此为国内工业领域最高奖项。

江苏新时代造船有限公司在大型双燃料动力船市场处于国内领先地位。全年交付双燃料动力船 5 艘，其中 2 艘 11 万吨 LNG 双燃料动力成品油船属国内首创、3 艘 21 万吨双燃料动力散货船属省内首艘最大吨位的双燃料动力船。年内，新时代公司自主设计研发 11 万吨阿芙拉型双燃料油船、21 万吨纽卡斯尔型双燃料散货轮、5 万吨Ⅱ类化学品甲醇双燃料船。公司从智能制造总体布局要求出发，启动智能化分段车间建设，总投入 17.5 亿元，用地面积 303896 平方米，新建高标准车间，并购置智能化生产设备 750 台(套)，对原船舶制造生产线进行智能化技术改造，施工进度完成总计划量的五分之四。新时代造船公司申报的“船舶管系数字化设计制造关键技术及装备的研究与应用项目”，获省科学技术奖三等奖。

江苏亚星锚链股份有限公司始终坚持研发创新，不断优化产品结构。加大对高强度矿用链研发力度，成为国内少数能够生产 φ73 的 D 级强度矿用链的制造企业之一。2 月，亚星锚链公司参与主编的 ISO1704“船舶与海洋技术——有档锚链”国际标准正式发布，进一步提升企业在船舶配套领域的国际竞争力。亚星锚链公司还进军浮式风电项目领域，继三峡引领号之后，公司又中标国内领先水平的漂浮式风电系泊链及附件项目，未来海上风电项目有望成为公司重要经济增长点。

江苏宇航海洋工程有限公司投资 3 亿元，用于海工装备改造升级项目。新增 300 吨龙门吊一台，对船台内港池坡进行加固，新制造一艘 2000 吨全回转起重船，对一艘 3800 吨全回转起重船进行升级改造，用于日常海洋工程安装业务。

中船澄西(泰州)装备科技有限公司以实现“碳中和、碳达峰”目标为契机，瞄准 LNG 低碳清洁能源产业，坚持产品转型升级和管理创新，从修船企业转型为高端装备制造企业。年末，首批 100 套 LNG 罐箱批量发往海外，标志着中船澄西在装备转型发展中迈出坚实一步。

(陆　宁)

·汽车零部件制造业·

【概况】 2022 年，靖江汽配产业有列统企业 63 家，其他汽车配套企业 350 家左右。年末，全市汽车零部件行业列统企业实现工业产值 222.08 亿元、营业收入 171.35 亿元、利税 14.32 亿元、利润 9.28 亿元，分别比上年增长 11.11%、2.8%、43.74%、42.68%。

【汽配行业发展】 2022 年，靖江汽配行业龙头企业围绕轻量化、电动化、智能化的发展方向，突出抓好“机器人 + 智能制造”，加快实施科技型、创新型、智能化改造，加大新产品开发力度，打造高技术含量、高附加值产品，提高产品精准度与市场竞争力。其中新程汽车工业有限公司、华达汽车科技有限公司等龙头企业智能化设备覆盖率超过 80%，实现单一轿车零部件向总件和模块化供货转型。新程公司紧盯新能源汽车发展方向，加快“智改数转”步伐。5 月，新程公司成功申报四星级上云企业；7 月，该公司位于中洲路 198 号的 12 公顷新工厂一期项目开工建设，总投资 2 亿元，新增 2 台多工位(1600T、1250T)机床、2 条热成型生产线、12 台激光切割机。华达汽车科技股份有限公司实行传统生产线向半自动生产技术改造，实施冲焊车间第一、二期“模机匹配重组、场地重整优化、生产减员减负”改造，淘汰老旧冲压、焊接设备 12 台(套)，新置换 22 台(套)与模具匹配。江苏恒力制动器集团拓展比亚迪、吉利主机市场，盘式制动器出口额再创历史新高，市场占有率提升 20%。恒力公司内部新增全国技术能手 1 人、江苏特级技能大师 1 人、江苏技能大师 1 人、江苏省企业首席技师 1 人、江苏省技能大师工作室 1 个，引进博士后 1 人并获 2022 年中国博士后科学基金第 71 批面上二等资助；公司获评国家级知识产权优势企业、江苏省专精特新中小企业，气压制动卡钳智能制造车间获评 2022 年江苏省智能制造示范车间，16 英寸盘式气压卡钳获评江苏省重点推广应用“双新产品”(新产业、新技术产品)，φ310×100 型气压鼓式制动器总成、φ310×80 型气压鼓式制动器总成、22.5 英寸轻量化气压盘式制动器总成 3 个项目通过江苏省新技术新产品鉴定，公司与江苏省产业技术研究院共建 JITRI- 恒力制动联合创新中心。江苏旭顺东明云智能科技有限公司投入 1500 万元，新增 1 条平台化乘用车和 1 条商务车全自动门锁装配线及检测设备;投入 500 万元,对车联网产品仓库进行智能化升级改造。江苏皓月汽车科技有限公司投资 3250 万元,实施汽车锁电镀车间环保安全化提升改造项目,对电镀生产线进行全封闭自动化改造,达到节能降耗、提高水处理标准的目的;投入 320 万元,新建 HY17 门锁装配线;公司节能降耗型新能源汽车智能电动尾门开闭系统和智能电动滑移门开闭系统填补国内空白。江苏恒义汽配制造有限公司持续发力研制新能源关键零部件,实施新能源汽车零部件扩产项目,新增用地 2 公顷,新建厂房及辅助用房 2.5 万平方米,改造现有厂房 3 万平方米,新增加工设备 474 台(套),新能源汽车电池下壳体、电机轴和壳体的供货量名列国内前茅。江苏中祥汽车部件有限公司投资 1.1 亿元,实施新能源汽车零部件生产线技改项目,新建厂房 1.2 万平方米,购置安装机械手、850 加工中心、压力机、立式加工中心、数控机床等设备 66 台(套),项目建成可新增生产汽车零部件 1.2 万台(套)。靖江泰通汽车科技有限公司投资 8000 万元,实施转向悬架球销稳定杆汽车零部件生产线技改项目,新增数控中心、大型冷成型机、久美特处理炉等设备 114 台,项目建成后新增转向悬架球销稳定杆 5000 万台(套)。（陆　宁）

·通(专)用设备制造业·

【概况】 2022 年,靖江通(专)用设备制造业作为装备制造业中的基础性产业,大致分为泵阀、压力容器、五金紧固件、金属制品等。年内,全市通(专)用设备制造业有列统企业 171 家,完成工业产值 197 亿元,比上年增长 18.7%,占全市列统工业总产值的 12.2%。实现主营业务收入 151.2 亿元、利税 14.6 亿元、利润 9.6 亿元,分别比上年增长 3.3%、32.1%、49.6%。

【通(专)用设备行业发展】 2022 年,靖江通(专)用设备制造产业以江苏民生重工有限公司、江苏双达泵业股份有限公司、托普工业(江苏)有限公司等龙头骨干企业为牵引,以市开发区、新桥园区为主要载体,重点发展高端专用装备、智能制造装备及装备关键部件等,不断推动产业向高端化迈进。江苏飞跃机泵集团有限公司与江苏大学、中国科学院金属研究所、兰州理工大学、西安交通大学等科研院校形成紧密的产学研合作,在高温高压多级泵、高温熔盐泵、中高压海水淡水泵领域的研究与试验方面形成独特的技术优势。江苏双达泵业股份有限公司、江苏民生重工有限公司获评国家专精特新“小巨人”企业;全市通(专)用设备制造业有国家专精特新“小巨人”企业 2 家,省级专精特新中小企业 21 家。9 月 16 日,江苏双达泵业股份有限公司成功登陆“新三板”挂牌上市,借力资本市场做大做强。江苏民生重工有限公司在行业内形成众多的尖端产品,其拳头产品“高效节能钙基湿法脱硫塔”突破传统产品脱硫效率低、结构繁杂、运营成本大的技术瓶颈,填补国内空白,获发明专利 4 项、实用新型专利 5 项,承担泰州市重大科技成果转化计划,产业化完成后,新增年销售 1.8 亿元、利税 3500 万元,该产品凭借先进的技术已成为民生重工的“行业名片”。靖江金三力机械制造有限公司自行研发生产的隧道用连接板钢拱架自动生产线成功入选江苏省首台(套)重大装备,成为全市首个“智改数转”领域的“省首台(套)重大装备”。江苏永昊高强度螺栓有限公司坚持创新驱动发展战略,发挥知识产权优势,不断提升知识产权管理水平和核心竞争力,被认定为 2022 年国家知识产权优势企业。托普工业(江苏)有限公司开发新型小口径超薄壁超高温稀土辐射管智能化制备技术,已进行样件试剂和智能化批量生产,形成年产 800 根以上小口径超薄壁超高温稀土辐射管的生产能力。江苏双轮泵业机械制造有限公司投资 5 亿元,实施高盐脱硫废水处理零排放系统装置及高效节能泵生产项目。宾科精密部件(靖江)有限公司投资 2 亿元,实施自扣紧固件及精密零部件制造项目。靖江市双鑫紧固件制造有限公司投资 1.32 亿元,实施智能控制焊割装备制造项目。靖江市双源冶金机械有限公司投资 1.08 亿元,实施多级泵旋转腔体流瞬变特性自动控制系统装置生产项目。（陈彦夫）

·电机电器制造业·

【概况】 2022 年,全市有电机电器企业 250 余家,其中规模以上企业 54 家。年内,全市电机电器产业规模以上企业完成工业产值 99.6 亿元、营业收入 74.7 亿元、利润 4.6 亿元、利税 8.0 亿元,分别比上年增长 19.91%、13.2%、51.66%、48.66%。

【电机电器行业发展】 2022 年,全市电机电器行业推动绿色制造体系建设,打造高效、清洁、低碳、循环的绿色制造体系。江苏大中电机股份有限公司入选工业和信息化部发布的“绿色供应链管理企业”名单,大中电机公司自主研发的YBX5系列高效率隔爆型三相异步电动机、YE5系列三相异步电动机入选“绿色设计产品”名单。在2022年度绿色制造名单中,全国有19家电机企业入选,大中电机是靖江市唯一一家入选企业。江苏光芒新能源股份有限公司与上海交通大学、同济大学、北京机械自动化研究所等建立产学研合作关系,协同创新促进技术升级,推动企业高质量发展,获评泰州市示范智能车间、江苏省专精特新中小企业、省四星级上云企业。江苏三江电器集团股份有限公司重点建设直流变频电机、干衣机电机模块数字化生产车间,提升集团各子公司智能制造和柔性生产水平,实现MES系统、ERP系统的互联互通。该公司的ZW-100、ZW-120、ZW-150、ZW-180型号干衣机用直流无刷电动机成功获得2022年“江苏精品”认证。三江电器集团DC变频电机用高压驱动IC芯片集成技术研发项目被列入江苏省重点技术创新导向计划,公司被列入江苏省两化融合贯标试点单位,获评国家专精特新“小巨人”企业、江苏省四星级上云企业。三江集团子公司东机电设备制造有限公司引进6工位自动绕线机,实施高速冲压自动化改造;富天江电子电器有限公司实施技术改造,覆盖生产过程中的冲压车间、注塑车间、塑封车间、转子预装车间、组装车间,新增各类智能生产线4条,降低劳动强度,改善生产环境;江苏环展电机有限公司引进交流感应电机自动装配线及定子嵌线生产线实现95系列油烟机全自动化装配,公司获评泰州市企业技术中心。“三江”品牌获评2020—2022年度江苏省重点培育和发展的国际知名品牌称号。 (陈 钰)

·粮油及食品加工业·

【概况】 2022年,靖江粮油及食品加工业有规模以上企业16家,从业人员1000余人。年内,全市粮油及食品加工业规模以上企业完成工业总产值35.02亿元、主营业务收入30.65亿元、利税2.12亿元、利润8925万元,分别比上年增长27.19%、33.62%、116.07%、199.17%。

【粮油及食品加工行业发展】 2022年,粮油及食品加工行业以高端化、智能化、绿色化为发展方向,提升行业技术水平和竞争能力。开展增品种、提品质、创品牌的“三品”专项行动,骥阳食品、津津食品被认定为“长三角名优食品”,双鱼食品获得“三同”(同线、同标、同质)预包装食品认证证书。推进企业诚信管理体系建设,组织骥阳食品、道道全粮油、味巴哥、喜友食品等企业参加食品产业高质量发展培训班。推进企业提质增效,根据《数字化助力消费品工业“三品”行动方案》(2022—2025年),把握数字化发展新机遇,聚焦消费品工业研发设计、生产制造、经营管理、公共服务等关键环节,强化数字理念引领和数字化技术应用。在食品行业开展“智改数转”诊断,加快推动诊断项目转化落地。道道全粮油靖江有限公司获评2021年江苏独角兽企业,成为苏中、苏北地区唯一入选企业。在2022年第二批“江苏精品”认证获证企业名单中,江苏双鱼食品有限公司的双鱼猪肉脯榜上有名。良品铺子股份有限公司新建休闲食品制造项目,其中固定资产投资3.5亿元,建设厂房、配套设施、设备等。江苏众阳食品有限公司总投资5亿元,新建肉制品系列休闲食品生产项目,项目征地3.33公顷,建设肉制品系列休闲食品生产项目和国家级食品检测中心,一期用地2公顷,新建厂房及相关配套设施60000平方米,购置安装各类设备5788台(套),年生产猪肉脯3000吨、台湾风味肉丝2000吨、猪肉豆脯3000吨、烤肠1500吨、鸭肫肝3000吨、酱香鸭脖30000吨、卤蛋2000吨。江苏双豚食品有限公司投资5000万元,实施高端预制菜生产线智能化技改项目,拟改造车间面积7500平方米,购置设备25台(套),对原生产线进行智能化改造。中粮粮谷投资有限公司总投资1.5亿美元,实施小麦精加工项目,拟用地9.67公顷,主要建设年加工小麦90万吨、年产面粉68万吨的加工、生产基地以及配套的仓储设施。北京王小卤网络科技有限公司总投资10亿元,实施王小卤休闲食品生产基地项目,用地约5.8公顷,主要从事王小卤系列休闲食品的研发生产及销售,打造华东地区休闲食品生产加工销售基地。 (陆 宁)

·金属材料及制品业·

【概况】 2022年,靖江金属材料及制品业主要包括钢铁、有色金属、钢结构3大类。有规模以上企业55家。年内,该行业规模以上企业实现工业产值300亿元、主营业务收入291.49亿元、利税18.91亿元、利润12.58亿元,分别比上年增长20.4%、12.6%、26.1%、22.7%。其中产值占全市规模以上工业总产值的18.6%,成为靖江第一大支柱产业。

【金属材料及制品业发展】 2022年,靖江加快壮大新型金属材料产业,瞄准高性能合金、高品质特钢等方向,规划建设了600余公顷产业园,着力打造辐射华东地区、面向全国市场的新型金属材料产业基地。全市金属材料及制品行业加大技改投入,加快技术创新,推动企业提档升级、走向高端,实现转型。靖江特殊钢有限公司以“绿水青山就是金山银山”理念为指引,将保护环境、节约能源,实现绿色发展作为企业可持续发展的重中之重。主动实施“减污降碳”,实施超低排放改造,建设投资光伏发电,发展清洁能源。推行绿色LED照明,采用时控、光控等多种控制方式,总功率比上年下降65%。对余热蒸汽设备进行技改,每小时多产蒸汽2.5吨,余热蒸汽使用率达85%。完成环形加热炉智能燃烧控制改造,天然气消耗较上年下降15%以上,获评2022年绿色发展优秀企业。公司与中石油石油管工程技术研究院、北京科技大学等合作,开发出钢铁细分领域的“专精特新”产品30余个,拥有德国进口的三辊连轧管热轧生产线及钢管深加工生产线,是国内首家能够进行立式抗挤毁评价试验的制造商,年内江苏省石油天然气专用无缝钢管工程技术研究中心入围省级项目,公司获得省级标准化试点项目立项。其泰州市特种管材工程研究中心与江苏永昊高强度螺栓有限公司的泰州市航空发动机等高端装备用高强度紧固件工程研究中心同时被认定为市级工程研究中心。江苏永益铸管股份有限公司从事节点生产20年,有发明专利3项及实用新型专利30项。年内公司加大技改投入,创新技术工艺路线,成功完成世界最高输电塔——江苏凤城至梅里500千伏线路长江大跨越工程铸钢节点项目,实现铸钢节点在超高压输变电工程新技术、新材料、新工艺的首先运用,顺利通过电力规划、建设、监理单位专家组的验收。中建钢构江苏有限公司是国内最大的钢结构企业,在靖江拥有华东区域规模最大的现代化钢结构制造基地,具备钢结构“研发、设计、制造、安装、检测”一体化解决方案的技术实力。6月,公司完成全球最大的平旋开启式钢桁梁铁路桥——埃及苏伊士运河双翼平旋铁路大桥旧桥升级改造。该项目为全球首例,没有可借鉴的经验,需在不改变桥梁原有主体结构的基础上由通行单线铁路升级为通行双线铁路,并对转动装置进行升级,提高速度。此为中建钢构公司第六次在“一带一路”舞台上展露身手。大明靖江加工中心包括大明重工、重型装备制造、机电装备、大明轻工、大明精工、大明物流等板块,形成从材料到各类延伸加工配套和制造的“一站式”服务加工能力。年内,该企业充分发挥先进设备的性能优势,丰富的钢厂渠道优势及贴心的“一站式”多道加工服务,满足各行业多样化定制化需求,产销量连创新高。

靖江特殊钢有限公司鸟瞰

【青山靖江不锈钢产业园】 青山控股靖江新材料生产基地项目为靖江大力引进的“主链”项目。青山靖江不锈钢产业园位于靖江市经济技术开发区,项目计划总投资约120亿元,总规划用地面积约200公顷,分三期建设年产30万吨不锈钢管件和20万吨高性能不锈钢线材项目以及年产30万吨不锈钢精密五金紧固件、高强度螺栓和20万吨高品质不锈钢钢丝项目,并建设年产100万吨彩色不锈钢面板等项目,年内已有6个金属新材料深加工项目实质性开工。该项目带动一批不锈钢深加工产业链上下游的企业集聚,进一步延伸产业链,助推金属材料深加工产业高端化、规模化、效益化发展,加快打造千亿级沿江金属材料产业基地。7月,投资20亿元的甬金高品质宽幅精密不锈钢板带制造项目完成签约、开工奠基。120万吨不锈钢冷轧项目落户靖江,是甬金金属科技股份有限公司与青山集团双方依托各自优势,打造更具核心竞争力的产业集群,推动高质量发展的重要决策。同月,祥瑞不锈钢精线(靖江)有限公司年产20万吨不锈钢丝及钢棒新厂完成盖顶。祥瑞公司为一家不锈钢线棒专业化生产企业，拥有先进生产设备、专业检测手段，致力于生产镍合金系列、双相钢线系列、强磁和无磁不锈钢系列、市场占有率广，海外市场规模逐年扩大。祥瑞公司与青山集团携手靖江深耕不锈钢领域，对靖江新型金属材料产业集群的形成具有积极推动作用。

（陆 宁）

·高端装备制造行业·

【概况】 2022年，全市高端装备制造行业有规模以上高端装备制造企业69家，从业人员约2万人。年内，全市高端装备制造产业规模以上企业实现工业产值265.9亿元、主营业务收入212.1亿元、利税24.2亿元、利润17.2亿元，分别比上年增长20.9%、13.8%、39.5%、46%。

【高端装备制造行业发展】 2022年，宾科精密部件（江苏）有限公司紧固件及精密部件生产项目等21个高端装备项目竣工投产；中船澄西（泰州）装备科技有限公司年产1800个压力容器项目及5万吨钢结构制造项目、江苏迈能高科技有限公司能源环境与健康产业智能化工厂项目等23个高端装备项目开工建设。江苏赛德力制药机械制造有限公司智能离心机入选国家级制造业单项冠军产品，投资30亿元的离心机智能生产和诊断中心建设项目，入选江苏省重大项目和重大工业项目。该行业聚焦智能制造标杆创建培育，引导高端装备制造企业应用智能制造新模式，开展高端装备制造企业智能制造、工业互联网免费诊断活动，鼓励企业加快智能装备应用步伐。江苏富天江电子电器有限公司直流变频电机转子智能制造车间、江苏恒力制动器制造有限公司气压制动卡钳智能制造车间获评省级智能制造示范车间；新程汽车工业有限公司模具智能制造车间、靖江佳尔福科技有限公司新能源汽车电动涡旋压缩机智能制造车间等7个车间获评泰州市级智能制造示范车间；江苏先锋精密科技股份有限公司等5家企业获评泰州市智能工厂重点培育企业。该行业积极推动高端装备制造企业走“专精特新”发展之路，着力打造一批专注细分领域、创新能力强、质量效益优、市场占有率高、掌握关键核心技术、管理体系完善的专精特新“小巨人”企业。江苏三江电器集团股份有限公司等企业入选国家专精特新“小巨人”企业；靖江市亚泰特种材料制造有限公司、江苏迈能高科技有限公司、靖江市永盛光电科技有限公司等24家高端装备制造企业获评省级专精特新中小企业；靖江市亚泰物流装备有限公司、顺达模具科技有限公司获评市级科技小巨人企业。全行业累计建成国家级企业技术中心1家、省级企业技术中心26家。江苏恒力制动器制造有限公司16英寸盘式气压卡钳等10个产品入选第29批江苏省重点推广应用“双新”（新产业、新技术）产品；靖江市永盛光电科技有限公司高辉度超薄型LED背光源等11个产品通过江苏省新产品鉴定。江苏科能增材智造科技有限公司熔敷增材原料技术的研发应用走在全国前列。

（陈彦夫）

·新材料产业·

【概况】 2022年，靖江新材料产业有规模以上企业53家，从业人员5000余人，其中工程技术人员约600人。全市新材料产业围绕制造业转型升级所需的关键性新材料应用，依托中科院理化所（靖江）产业园、新桥园区的特种合金工业园，组织新材料的关键技术、产业技术攻关，加速科技成果产业化，重点发展制造业高端化所需的稀土发光材料、纳米材料、导电纤维、亚稳合金材料等。年末，全市新材料产业规模以上企业实现工业产值77.05亿元、主营业务收入68亿元、利税5.85亿元、利润4.52亿元，分别比上年增长13%、9.6%、32%、34%。

【新材料行业发展】 2022年，全市加快打造化工及新材料产业集群，持续推进“减化”工作，关闭退出产业链关联低、安全和环保隐患大、经济效益低的化工企业2家。重点扶持主业突出、拥有核心技术、具有较强市场竞争力的企业，提升企业安全管理、环境管理、绿色发展和智能制造水平，推进产业创新载体建设，加强产学研深度对接合作。同时鼓励企业通过资金注入、品牌运作、技术输入管理参与等方式，进行跨地区、跨行业的兼并重组，提高新材料产业的组织化程度和集约经营水平。江苏凯元科技有限公司通过江苏省化工重点监测点复评；靖江新舟合金材料有限公司积极申报绿色工厂认证，顺利通过中国冶金工业规划研究院铝、锌合金材料生产企业绿色工厂认证。年内，组织中建钢构江苏有限公司、江苏恒丰新材料制造有限公司等企业参加中国（泰州）复合新材料高峰论坛，助力新材料产业高质量发展。江苏中杰澳新材料有限公司投资1亿元，实施年产2万根精密辊轴产品智能化生产车间项目。江苏静富光伏材料科技有限公司投资5.2亿元，租用生产用房19181平方米,购置球磨机、磁选机、陶瓷过滤机等设备278台(套),实施新建年产100万吨精选石英砂光伏材料制造项目。江苏数米科技有限公司投资6000万元,实施低碳高强度纤维新材料生产项目。该项目租用标准化厂房1万平方米,购置加弹机、空压机、打包机等设备37台(套),建设低碳高强度纤维新材料生产线。

(陆　宁)

·电子信息行业·

【概况】2022年,靖江市电子信息行业发展较快,规模以上企业不断增多,先后涌现一批科技含量高、发展后劲足的优秀电子信息企业。年内,有企业63家,其中规模以上企业35家,占比56%。全年新增高新技术企业6家,从业人数8532人。全年电子信息行业规模以上企业实现工业产值25.9亿元,主营业务收入22.5亿元、利税总额4.4亿元、利润总额3.6亿元。分别比上年增长24.9%、20.2%、33.8%、28.3%。

【电子信息行业发展】2022年,靖江电子信息行业加快推进企业"智改数转",积极推动企业上云。全市新增星级上云企业144家中,有47家企业为电子信息行业。该行业规模以上企业主要以智能硬件及模组、特色工艺集成电路、传感器、无线射频标签、便捷式智能终端、新型显示屏6个细分领域为主,全年营业收入达到16.7亿元,占全市电子信息行业总营业收入的64.5%。江苏先锋精密科技股份公司半导体高端装备部件智能制造工厂完成多项信息化软件的集成建设,做到生产过程和财务状态时时可监控,解决了离散型工厂小批量、多品种行业混杂排产难度大、生产优先顺序频繁改变、订单计划无法灵活执行等问题,获评省级智能制造示范工厂。公司研发的"等离子刻蚀机核心部件PM模块研发及产业化"项目获评泰州市科技创新奖一等奖。先锋半导体公司依托省级智能制造示范车间及省级企业技术中心、工程技术研究中心、工程研究中心创新体系,聚焦大规模集成电路关键国产化目标,持续加大研发投入力度,大力提升工艺水平,不断取得技术突破,市场占有率稳步提高,是中芯国际、中微半导体、北方华创等国内知名半导体设备企业的重要零部件供应商。该公司率先完成晶圆加热器的国产化研发,达到国际领先水平,已广泛运用在国内主流半导体企业,其价格只有国际市场的1/3,推动了半导体关键零件国产化进度。该产品已申请8项相关发明专利,5项已经授权,公司获第三届江苏企业(研发机构)创新大赛优秀奖。其研发的等离子刻蚀机双温控加热器获得江苏省科学技术厅颁发的高新技术产品认定证书。加热器作为"5mm的芯片工艺刻蚀机核心部件"核心组件的研发项目先后获得省级战略性新兴产业发展专项资金项目立项、省科技成果转化资金项目立项,累计获得资助奖金近4000万元。靖江佳晟真空技术公司2022年开始致力于真空阀门国产化,独立设计开发出5款国产化真空阀门产品。企业在此基础上加大投入,继续深耕精密制造领域,打破国外的技术垄断,填补国内半导体产业真空阀门国产化的空白。靖江市永盛光电科技有限公司是集设计开发、生产制造和销售为一体的民营高新技术企业,获得各类专利22项,其中发明专利4项,填补国内背光源技术空白,且获国际专利2项,是主要生产汽车液晶显示器的高新企业,2022年公司已成为"长三角"地区规模最大的导光板和背光源的研发制造商。江苏民生重工有限公司"工业互联网标杆工厂建设项目"和江苏欧普特条码标签有限公司"欧普特个性设计与数字生产融合创新新模式"项目成功通过泰州市工业互联网标杆工厂项目申报。全年新增1家省评估的软件企业江苏鼎禾网络科技有限公司,新注册软件产品2件,全市软件企业营业收入比上年增长9.46%。江苏艾讯智能科技有限公司、江苏泰之特物联科技股份有限公司、靖江市宁泰科技有限公司、江苏艾力特信息科技有限公司、江苏东华测试技术股份有限公司、江苏泰普智能科技有限公司、江苏泰斯特电子设备制造有限公司、靖江市天虹软件有限公司、江苏赛德力诊断技术有限公司9家企业通过年审。骨干企业东华测试公司参与大型多用途民用直升机"吉祥鸟"AC313A首飞前的过渡段和尾段载荷静试验、地面联合试验,并为天舟五号货运飞船力学性能测试研制系统和设备,助力天舟五号成功飞天。全年公司开票收入3.24亿元,比上年增长45.93%;入选国家级专精特新"小巨人"企业,董事长刘士钢获评2022年"江苏省优秀软件企业人才首席执行官"称号。

(刘　鹏)

·节能环保产业·

【概况】2022年,靖江节能环保产业有规模以上企业70家,从业人员5000余人。全年节能环保产业规模以上企业完成工业产值61.9亿元、营业收入48.34亿元、利税5.11亿元、利润3.04亿元，分别比上年增长7.8%、7.3%、27%、29.9%。

【节能环保行业发展】 2022年，靖江市空调暖通行业有相关企业近千家，规模以上企业35家，形成年产值逾60亿元的空调特色小镇。企业大多集中在孤山镇、城北园区，主要从事中央空调和防排烟设备的设计、制造、销售、安装、服务。产品广泛应用于工业、居家以及粮食仓储、医疗制药、军工等中高端领域，参与了国家煤改电工程。年内，在国家GB/T19232—2019《风机盘管机组》推送标准的起草过程中，靖江空调行业有5家单位参与标准制订。各镇(园区)持续吸引节能环保产业投资。新桥建成环保装备科技孵化园，总投资5.03亿元，项目用地面积62431平方米，总建筑面积32286.6平方米，新建标准化厂房10幢，已有5家企业签约入驻，主要生产疏浚设备、渣浆泵、光伏抗震支架、过滤器、智能水箱等。江苏民生重工有限公司大力实施科技创新、“智改数转”，不断推出节能环保领域新装备。公司依托南京工业大学、华东理工大学在过程装备领域的两所权威院所进行技术攻关，为古雷石化炼化一体化项目设计的龙头装置(大型乙烯不锈钢干火炬分液罐)顺利下线，标志着民生公司在大型高压节能环保装置领域取得了技术突破，填补了国内空白。麦金太尔(江苏)空调设备制造有限公司总投资5亿元(先期投资19425万元)，实施板管蒸发冷高效机组自动化控制生产建设项目。项目达产后，年产板管蒸发冷高效机组2000台、风冷冷(热)水机组2000台、风冷热泵机组1000台、水冷冷水机300台。靖江菲尔空调设备制造有限公司投资1亿元，实施空调设备及配件生产建设项目。江苏图瑞环境科技有限公司投资1.58亿元，实施智能环保设备及消防产品生产制造项目。江苏科诚节能科技有限公司投资3000万元，实施高效节能装备生产线建设项目。这一系列项目的建设和投产，为靖江节能环保产业带来新的生机活力。多家企业在节能环保方面获得美誉。江苏大中电机股份有限公司申报国家绿色设计产品，获评国家级绿色供应链管理企业；其两款产品入选国家工业和信息化领域节能技术装备推荐目录。江苏乐科节能科技股份有限公司创建成为江苏省绿色工厂。江苏光芒新能源股份有限公司在“2022中国供暖行业民族品牌100强”评选活动中，荣膺中国供暖行业“百强民族品牌”。

(范　宇)

建　筑　业

【概况】 2022年，全市拥有建筑企业356家，其中特级资质企业2家、一级资质企业13家。建筑业从业人员11.95万人，劳动生产率人均39.2万元，资产总额415.65亿元，负债总额181.01亿元。建筑产业稳中向好。全年房屋建筑施工面积3929.5万平方米，承接规模工程1321个，竣工面积1321.83万平方米。全年实现建筑业施工总产值867.3亿元，比上年增长12.6%，其中，建筑工程产值占94.77%，安装工程产值占5.1%，其他产值占0.13%。二级以上企业完成总产值774.5亿元，占全市建筑业总产值的89.3%。全年建筑业工程结算收入627.02亿元，利润总额32.95亿元，入库税金8.92亿元。

(王晓亚)

2022年靖江市建筑业施工产值前十名企业一览表

表19

企业名称	建筑业施工产值（亿元）
江苏广宇建设集团有限公司	133.2
博尔建设集团有限公司	93.5
江苏华昊建设有限公司	86.4
江苏神龙海洋工程集团有限公司	71.6
江苏扬城建设有限公司	33.5
江苏越江建设工程有限公司	20
江苏天德建设工程有限公司	18.3
江苏骏龙建设有限公司	13.8
江苏骏豪建设工程有限公司	12.5
江苏恒建设有限公司	12.5

【建筑市场】 2022年,靖江建筑市场发展平稳。全市建筑企业重视本地市场的拓展,参与基础设施和公用设施建设改造,参与市政府重点工程。博尔建设承接卓然(靖江)设备制造有限公司三期项目3.2亿元,承接大明重工有限公司年产20万吨清洁能源设备部件生产厂房5000万元,承接江苏新时代造船有限公司智能化分段制造车间1.1亿元。在巩固本地传统市场的同时,靖江建筑企业持续跟踪外地市场投资热点,范围覆盖全国近30个省(自治区、直辖市),省外亿元以上规模市场22个。江苏广宇建设集团主动转变发展方式,改变经营思路,寻找新增长点,形成错位发展、特色发展新格局。年内重点关注市政管网、钢构桥梁、机电安装等高附加值项目,全年参建各类钢结构桥梁项目6个,合同总额近5亿元;开拓附加值高的公建项目市场,全年签约落地项目8个,合同总额25亿元;践行装配式建造、数字建造、绿色建造等新型建造方式,积极推广装配式混凝土结构体系应用,全年在建装配式项目6个,总建筑面积超60万平方米,合同总额18亿元。江苏华昊建设集团投资建设的多个PPP项目先后进入运营期,企业通过投资端带动工程端,实现投资、建设、运营一体化,优化了企业综合利润和现金流。其中安徽省材料工程学校项目以“重运营、轻建设”的理念,实现二、三产融合发展,既提升企业综合效益,又在“校企联合”方面创出新路,通过安徽材料工程学校为企业培养建筑业新产业工人做出积极探索。年内,靖江建筑企业在“一带一路”境外市场占有一定份额,分别为阿尔及利亚、埃及、塞尔维亚等国,海外施工面积101227平方米。建设内容包括体育馆1座,室外橄榄球场1个,室外网球场2个,以及体育场馆周边配套设施,合同总规模约1.5亿元人民币。其中包括广宇集团赴汤加援建南太运动会体育场馆。

3月,靖江“东线第一帆”纪念公园工程获江苏省“扬子杯”优质工程奖

【建筑企业资质管理】 2022年,市住建局加强企业资质管理,扶持建筑企业做大做强,培养壮大建筑产业,促进建筑业高质量发展。全年新增专业承包一级资质企业5家。全市有资质企业356家。其中,有广宇、华昊特级资质企业2家,施工总承包一级资质企业13家,专业承包一级资质企业24家,二级资质企业27家,形成雁形梯队格局。 (王 银)

【绿色建筑暨建筑节能】 2022年,靖江推进绿色建筑发展,严格执行《绿色建筑工程施工质量验收规范》,全年办理验收备案项目35个,城镇绿色建筑竣工面积178.98万平方米,其中居住建筑面积99.85万平方米、公共建筑面积79.13万平方米,城镇绿色建筑占新建建筑比例100%。全市完成建筑节能改造面积6.75万平方米,其中居住建筑3.85万平方米、公共建筑2.9万平方米。太阳能光热应用面积37.81万平方米,太阳能光伏装机容量122.4兆瓦。

【建筑产业化】 2022年,靖江加大装配式建筑管理力度,加快工程项目BIM(建筑信息模型)技术推广应用,推进建筑产业现代化。全年新开工装配式建筑项目31个,新开工装配式建筑面积39.48万平方米。新开工项目中采用装配式应用的占总项目35%,完成建筑产业现代化考核指标。中建钢构江苏有限公司致力于“轻快好省”的绿色钢结构装配式建筑材料的生产研究,灵活应用省扶持资金,引进先进设备,在规定时间内完成省级示范基地创建目标,房建和桥梁钢结构年产能22万吨,创建成省级新型建筑工业化创新示范基地。龙信建设集团有限公司承建的靖江靖樾东方项目申报省级示范项目。江苏兴旺物资有限公司首创“新型装配式高桩码头应用技术”,在深国际物流中心码头工程应用成功。江苏华建建设股份有限公司承建的

靖江妇幼保健中心创成省级BIM示范项目。（韩 蕾）

【建筑业农民工工资保障】2022年，市住建局将在建建筑工人的身份信息、出入考勤、作业记录、诚信记录等全要素作为建筑工人实名制考核的标准内容，实现建筑工人使用一张工资卡，解决多家银行代发工资的问题。全年实名制平台考勤人数48000余人，工资发放人数29000余人，专户发放农民工工资10.25亿元，全年处置农民工工资欠薪4546万元。（倪鑫达）

【工程造价管理】2022年，市住建局贯彻省住建厅、泰州市住建局各项工程造价咨询管理规定，及时传达最新人工工资指导价文件，组织工程造价单位参加省、市造价协会活动。在2022年度“盛邦杯”泰州市工程造价职业技能竞赛中，江苏中诚工程管理有限公司获得“盛邦杯”泰州市工程造价职业技能竞赛团体赛第1名，宋志强、包钢2人分获个人选拔赛第一、第二名的优异成绩。全市有14家咨询单位参加泰州市信用评价，经市住房保障服务中心评定，6家获评为优秀企业、5家获评为良好企业。狠抓造价咨询质量建设，开展全过程咨询试点工作，对咨询单位进行双随机检查和业务质量检查，全年报送全过程项目11个，有3家咨询单位开展全过程咨询工作。（施金芳）

2022年靖江市建筑业获省及以上优质工程奖一览表

表20

奖项	工程名称	承建单位	监理单位	批准部门
江苏省“扬子杯”优质工程奖	靖江东线第一帆纪念公园工程	靖江市绿化工程有限公司	江苏马洲项目管理有限公司	江苏省住房和城乡建设厅
中国钢结构金奖	芜申线（高溧段）航道整治工程桥梁施工项目（WSXGL-SG-QL6标段）	江苏广宇建设集团有限公司	江苏润通项目管理有限公司	中国建筑金属结构协会建筑钢结构分会
中国钢结构金奖	京东智慧城项目施工总承包工程三标段	中建钢构江苏有限公司	江苏赛华建设监理有限公司	中国建筑金属结构协会建筑钢结构分会

2022年靖江市建筑业获泰州市“梅兰杯”优质工程奖一览表

表21

工程名称	申报单位	监理单位	主要参建人员		
			建设单位	施工单位	监理单位
商业街（06-02-03）地块	青建集团股份公司	江苏赛华建设监理有限公司	王远志	孙 栋 刘武卿 刘 宏 李赐恩 赵 民 朱 静	缪炳军 曹 琳 张 杰
龙馨园小区2~3期25#、26#、27#楼	龙信建设集团有限公司	南通市泛华建设监理有限责任公司	朱孝兴	黄 雄 王斐斐 刘海永 张瑞华 夏汉峰	徐 军 徐 鹏 施 帅
A标（省靖中北侧商业用房工程）	中建八局第三建设有限公司	江苏马洲项目管理有限公司	孙连波	郝同祁 卜 禹 汤红贵 田九会 赵嘉男	刘 江 陈 连 陆 可

续表 21

工程名称	申报单位	监理单位	主要参建人员		
			建设单位	施工单位	监理单位
B 标（江苏省靖江高级中学迁建工程）	中建八局第三建设有限公司	江苏誉达工程项目管理有限公司	李　俊	顾笑宇　卜　禹 汤红贵　杜大林 赵嘉男	孙建林　陈　峻 孙　杨
靖江春江明月 1#、2# 楼	江苏鑫宸宇建设有限公司	江苏誉达工程项目管理有限公司	张向明	鲁月翠、姜荣林 史同鑫　姚　波 翟旭彬　刘惠龙	孙建林　陈　峻 刘　颖
靖江市靖储 2019 挂 4 号地块商品房项目总承包工程(一标段) 17#、18#、19# 楼	江苏天德建设工程有限公司	南通铁军建设监理咨询服务有限公司	钱宇乐	朱建伟　张宇辉 仇培军　何满红 高　祥　张　军	丁徐华
商品房(龙信家园) 3#、5# 楼	龙信建设集团有限公司	上海高科工程咨询监理有限公司	吴海燕	陆　伟　季大祥 朱磊磊　何利锋 王峥铮　曹罗高	陈建兰　陈建国 姬成光
商业综合体项目 (07-01-04 地块）	无锡市锡山三建实业有限公司	苏州现代建设监理有限公司	陈冀伟	史晓春　王益民 华　浩　桑爱连	陆　俊　朱江飞 颜海波
华汇城市污水处理三期工程	江苏广宇建设集团有限公司	江苏马洲项目管理有限公司	吴顺君	商　泳　贾强一 杨高凯　龙睿娴 陆培锋　韩　飞	毛旭萍、叶晓锋 陈　娇
城南片区污水管网收集系统完善工程及城区“一河一策”截污工程	江苏广宇建设集团有限公司	江苏马洲项目管理有限公司	杨士兵	李小成　张　淮 侯　清　刘　翠 张　镇　陈一松	陈　均　邱　璐 季靖基
孤山勤丰村特色田园乡村创建工程	江苏华泰园林工程有限公司	江苏马洲项目管理有限公司	刘鸿兴	孙国成　卢艳秋 袁　剑　戴　鹏 褚梓彤　陆　鹏	洪　霞　展　锐

【建筑工程创新创优】 2022 年，市住建局鼓励企业“创优夺牌”，推动施工单位研究新工艺、采用新技术，监理单位不断提高管理水平，促进全市建设工程质量稳步提高。青建集团股份公司承建的商业街 (06-02-03) 地块等 14 个工程项目获得 2022 年度泰州市“梅兰杯”优质工程奖。市绿化工程有限公司承建的靖江东线第一帆纪念公园工程项目获得江苏省优质工程奖“扬子杯”奖。江苏广宇建设集团有限公司承建的芜申线(高溧段)航道整治工程桥梁施工项目(WSXGL-SG-QL6 标段)、中建钢构江苏有限公司承建的京东智慧城项目施工总承包工程三标段获第十五届“中国钢结构金奖”。　（朱　楷）

【建筑行业管理】 2022 年，市住建局加强对施工图设计审查，全市勘察设计合同信息归集 146 件，市建筑施工图审查中心审查施工图设施文件 100 件。加强施工安全管理，不定期组织在建项目建设单位“三类人员”(项目负责人、施工单位项目负责人、监理单位总监工程师)召开安全生产工作例会，传达学习最新文件精神，通报最新安全生产情况，布置下阶段工作。全年新考“三类人员”500 余人，有 1535 人在线上参加了“三类人员”安全生产继续教育培训。组织小型建设项目从业人员安全管理培训 3 期，参加培训 600 余人。围绕“遵守安全生产法 当好第一责任人”主题，开展“安全生产月”“夏季百日安全赛”的宣传教育活动，播放安全警示教育片10场，在建工地悬挂“安全月”宣传标语200余条，发放宣传资料1000余份。组织建筑工程安全生产专项检查6次，一季度对节后复工及疫情防控进行专项检查，二季度进行建筑施工消防、深基坑专项检查，三季度开展建筑起重机械、高支模、临时用电专项检查活动，四季度至建筑施工现场进行冬季安全生产专项检查和两次综合检查；并协同第三方综合检查4次。结合动态巡查，共检查受监工程88个，发放各类检查单118份。通过“第三方”帮查、日常巡查、专项检查相结合，发现安全隐患1600余条，全部限期整改到位。全面推行绿色施工，建筑场地做到硬质围挡、裸土覆盖、土方湿法作业、路面硬化、车辆冲洗、渣土车辆密闭运输6个抑尘措施全覆盖，扬尘整治达标率90%。落实省住建厅信息化、智慧化工作要求，开展绿色工地示范片区建设，新开工规模项目均实现远程视频监控，推动在建项目安装大型起重机械安全监控系统，全年新增绿色智慧工地7家，创成江苏省星级工地17项、泰州市标准化示范工地17项。

【建筑企业】 江苏广宇建设集团有限公司 成立于2001年10月，是一家国有控股性质的具备多类施工能力的综合性总承包企业。具有国家建筑工程施工总承包特级资质，同时拥有市政公用工程总承包一级、钢结构工程专业承包一级、地基基础工程专业承包一级、建筑装修装饰工程专业承包一级、建筑机电安装工程专业承包一级等资质，还具备对外承包工程经营资格、对外劳务合作经营资格和对外援助成套项目总承包企业资格。广宇集团获评鲁班奖、国家优质工程奖、中国钢结构金奖、扬子杯、杜鹃花、白玉兰、长安杯等各类优质工程奖近百项，创文明标准化工地160余项。依托省级技术中心，发布国家级工法3项、省级工法20余项，取得发明专利5项、实用新型专利30余项，编写国家级行业标准2项、省级行业标准4项。连年获得中国施工企业管理协会“全国优秀施工企业”“AAA级信用企业”称号，并获评省建筑业综合实力百强企业、省建筑业竞争力百强企业，泰州市建筑业综合实力“三十强企业”等。集团公司拥有一、二级建造师180人，中高级职称人员530人，各类中级岗位管理人员600余人。2022年，集团完成建筑业总产值近140亿元，新签合同逾100亿元。

江苏神龙海洋工程集团有限公司 创办于1956年10月，前身为靖江县打捞公司，已发展成为以水下工程为特色，集市政管道、道路、桥梁、污水处理、地基基础、房屋建筑、水利水电、港口工程等多门类专业化施工于一体的综合性施工企业。该集团拥有市政公用工程、房屋建筑工程施工总承包一级资质，地基基础工程专业承包一级资质，水利水电工程、公路工程施工总承包二级资质，港口与海岸工程、河湖整治工程专业承包二级资质及潜水作业二级资质。公司有轻、重装职业潜水员189人。海外业务市场扩展到委内瑞拉、马来西亚、巴基斯坦、越南等国。公司先后获得国家科技进步奖以及省市科技进步奖、科技成果奖、国家专利知识产权。多次获评省“扬子杯”优质工程奖，并获评国家建设部文明建设先进单位、省建筑业优秀企业、省建筑业“百强企业”、省文明单位等。2022年，承接福建省石狮市高新区污水处理厂尾水深海排放工程，工程总造价1.01亿元，管道总长8079米，其中海域段7937米，包括上升管、扩散口、永久航标等排海管道附属设施。该工程施工重点为海域段，施工海域地质条件复杂。公司组织科研攻关，10月30日前完成海上敷管任务。2022年公司获评“泰州市建筑业（基础设施类）企业专业十强”，并被授予“江苏省建筑业协会副理事长单位”称号。全年完成产值12亿余元，新签合同额8亿元。 （朱 焱）

8月，神龙公司8899敷管船在泉州湾施工

商贸服务业·旅游业·房地产业

商贸流通

·综　　述·

【概况】 2022年,全市完成社会消费品零售总额248.55亿元,比上年增长2.2%。限额以上批发、零售、住宿、餐饮企业实现商品销售额745.49亿元、94.75亿元、1.74亿元、9.19亿元,分别比上年增长20.9%、10.5%、2.8%、11.3%。批发业销售额为955.5亿元,比上年增长14%;零售业销售额为199.9亿元,比上年增长4%;住宿业营业额为2.32亿元,比上年增长7.2%;餐饮业完成营业额21.91亿元,比上年增长3.4%。全年新增限额以上批零住餐企业(含农村合作社、个体户)171家。2022年全市共有限额以上批零住餐企业555家(含农村合作社、不含个体户),其中批发业357家、零售业144家、住宿业13家、餐饮业41家。

【"祥泰"系列品牌创建活动】 "祥泰"系列品牌创建是泰州市组织开展的活动,从小区、商超、酒店等领域试点先行,把创建工作与新冠肺炎疫情防控工作结合起来,把创建工作纳入全国文明城市创建体系。2022年,经属地推荐、企业自评、靖江市测评、泰州市专家组测评等程序,扬子江酒店管理有限公司、南园樱花宾馆有限公司、国际大酒店有限公司、滨江花园酒店有限公司、喜洋洋大酒店、江苏百盛酒店管理有限公司、金悦国际酒店有限公司7家单位获评"祥泰酒店(宾馆)";文峰大世界连锁发展股份有限公司靖江分公司、江苏苏果超市有限公司靖江分公司、靖江市鑫宏发百货超市旺顺加盟店、靖江市鑫宏发百货超市万展加盟店、靖江润靖商业有限公司5家单位获评"祥泰商超"。

【消费促进活动】 2022年,靖江市组织全市商业综合体、重点商场里的超级超市、汽贸企业、成品油零售企业等商贸企业开展"苏新消费·靖享人生"系列消费促进活动,围绕端午节、暑假、毕业季、开学季等消费热点,联合泰和吾悦广场、印象城等重点商圈及吉麦隆、大润发等大型超市推出后备厢夜市、潮玩集市、美食夜摊及各类优惠补贴活动。其中,印象城、泰和吾悦广场暑期累计客流超200万人次,累计营收额超亿元。组织商场里的超级超市、成品油零售企业参加2022年"苏新消费·销售竞赛季"、泰州市"成品油零售消费促进季"等活动,其中,江苏美好超市有限公司、副采吉麦隆有限公司、江苏王小卤食品有限公司3家限额以上零售企业获得"苏新消费·销售竞赛"优胜企业称号,美富石油化工有限公司加油站获评泰州市2022成品油零售消费促进季销售优胜加油站。

【生活必需品应急保供】 进一步完善生活必需品市场保供应急预案,新冠肺炎疫情防控期间组织保供单位配送封(管)控区生活必需品套餐3万余份,货款金额200余万元。保障学校食堂食材供应,组织开展农超对接,面向美好超市、副采吉麦隆、鑫宏发等重点保供单位,建立全市种、养殖产销情况实时沟通联络机制,打通产销对接渠道,助力解决新冠肺炎疫情防控期间农产品滞销问题。

【电子商务】 2022年,全市有登记注册的企业网站2579个、网店2748家、微信公众号725个、网络交易平台3家、平台服务商4家。建设电子商务进农村综合示范项目,发展电子商务经营主体。至年末,全市创成国家级电子商务示范基地1个,为靖江电商创业中心;有省级电子商务示范村4个,分别为东兴镇海镇村和万盛村、马桥镇徐周村、生祠镇利珠村;有省级电子商务示范镇2个,分别为靖江经济开发区城北园区(孤山镇)、城南办事处;有省级电子商务示范企业4家,分别为南方小麦交易市场有限公司、悠味食品有限公司、江苏环科网络信息技术有限公司、江苏双鱼食品有限公司;有省级数字商务试点社区1个,为滨江新区朝阳社区;有省级数字商务企业1个,为江苏金马云物流科技有限公司。助力农村电商。市供销总社与商务局、农业农村局联合开展电商创业培训,全年培训2100余人次。组织开展2022中国农民丰收节产销对接电商助农活动,供销总社全资企业靖江市绿地电子商务公司开启公益直播活动24场,拍摄宣传农产品种、产、销过程等推广视频,帮助当地特色农产品拓宽销售路径,推动培育农产品品牌"农之源""生祠堂""竹箧香"等。全市农村电子商务销售收入71亿元,比上年增长39.51%。

(马秋韵 商 红)

·石油贸易·

【概况】 2022年,全市有加油站(点)53个。其中,中石化泰州靖江分公司加油站25个、中石油泰州靖江分公司加油站4个、中海油泰州靖江分公司加油站1个、社会加油站13个、社会加油点4个、加油船6艘。全年销售汽油9万吨、柴油6.03万吨,主要来源于中石化泰州油库、中石油泰州油库。

【安全监管】 高标准落实成品油企业安全生产工作,开展加油站安全专项整治,督促全市加油站开展应急演练、安全培训教育。通过联合检查、专项督导等形式,完成成品油零售企业全覆盖检查,全年开展加油站安全督查152家次,检查隐患195条,隐患整改率100%。 (马秋韵)

·供销合作商业·

【概况】 2022年,市供销系统营业收入7172.8万元,利润总额1459.2万元。实现销售总额114.2亿元,其中消费品零售额28.7亿元、连锁销售额12.3亿元、农副产品市场交易额57.3亿元。完成农业社会化服务面积2万公顷,改造提升薄弱基层社2个,完成肥药集采统配服务面积1.2万公顷,新增乡镇为农服务综合体2个,建设乡村振兴服务中心2个。完成农产品电商销售超50亿元,培育农产品电商品牌3个、重点电商特色村3个。

(何 清)

【助农服务】 助力农产品出村进城。市供销总社与吉麦隆超市合作设立生祠镇东进村、斜桥镇大觉村、靖城街道柏木村3个农产品收购点,合并农产品收购路线与超市下乡送货路线,超市冷藏运输车辆兼顾送收货。农户在规定时间内将农产品送至收购点,由收购点随行就市收购,统一送至城区各超市设立的农产品专柜销售。全年共收购农产品8949.25千克。(马 迪 商 红)

【为农服务】 市供销总社实施药肥集中采购统一配供,全年配供农药测土配方肥5900吨、农药1650万元,农药配供率65%以上,农药使用量比上年减量1%,化肥减量1%。优化配供方式,创新组合套餐、药肥一体套餐、全程药肥解决方案等配供形式,配供小麦"一喷三防"(将杀虫剂、杀菌剂、植物生长调节剂混配,一次施药达到防病虫害、防干热风、防倒伏)组合包800公顷次、水稻病虫害组合包5333.33公顷次。有机结合物资和技术,提高配供覆盖率,把药肥配供与涉农项目补贴农药发放进行组合配供,发放配供面积1.2万公顷次,覆盖率超90%。 (侯卫进)

【绿色生态服务】 市盛世再生资源交易市场有限公司围绕靖江精细管理和垃圾分类治理工作要求,坚持"公益性、服务性、经营性"的原则,依托全市105个城乡一体化废品回收体系网点开展可回收物回收工作,在各网点发放智能电子秤,统一计量标准和计量工具。至年末,共收购废纸18160吨、收购废铁110960吨、废玻璃3290吨、废塑料650吨;回收农药废弃包装417.5万

5月，盛世再生资源交易市场公司在马桥镇三爱村集中回收废旧农（地）膜

瓶(袋),回收率85%以上,处置率100%;回收废(旧)农(地)膜262.22吨。 （金一苇）

·粮油贸易·

【概况】 2022年,全市有国有粮食企业11家。全年实现粮食购销总量403万吨,比上年下降6.19%。其中,小麦339万吨,比上年增长12.51%;稻谷32万吨,比上年减少42.11%;玉米约27万吨,比上年减少56.96%;粳米及其他品种5万吨。

【粮油产后服务】 加强粮油收购工作。做足收购前准备。提前联系市农业部门,了解全市粮食种植情况;提前联系粮食收购企业,做好收购仓容准备,确保"有人收粮""有仓收粮";提前联系农业发展银行靖江支行,落实全年信贷授信资金12亿元,保证"有钱收粮"。多举措便捷粮食交易。在《靖江日报》刊登《致全市售粮农民朋友的一封信》,公布收购点位、现场质价公示等信息。使用"浪潮粮企云"收购系统,实现"非现金"结算全覆盖,缩短售粮结算时间。全年累计收购当地小麦153127吨、稻谷53285吨。提供粮食产后服务。完善仓储设施建设。按照严建设、快达产、早见效要求,建设扬子江粮食物流5万吨大直径筒仓项目,年内完成土建工程。市粮食产后服务中心提供清理烘干、代保管等服务。靖江粮食产业园重点推进粮食贸易、仓储、物流、质量检测、网上交易平台、运输智慧平台等建设,成功申报省级现代服务业集聚区。园区入驻江苏华穗粮食有限公司、江苏省扬子江现代粮食物流有限公司、南方小麦交易市场有限公司、江苏华穗粮油检测有限公司、靖江华穗智慧物联有限公司等粮食重点企业,2022年实现营业收入48.6亿元。

【粮食贸易服务】 2022年,靖江粮食贸易服务向高端化、专业化延伸。江苏华穗粮食有限公司创新推出粮油线下交收监管服务、小麦预售交易服务、航运在途金融服务以及货船匹配服务等新型粮食贸易服务,为粮食生产、加工、流通等各类经营主体提供全方位服务。南方小麦交易市场进一步打造具有区域影响力的粮食贸易电子交易平台,拓展粮油信息传播方式,通过门户网站、微信公众号、抖音短视频及视频直播,定期发布粮食交易动态、市场专题分析、服务项目等专业信息,联合靖江华穗智慧物联有限公司打造航运金融服务以及货船匹配服务,全方位服务粮食经营主体。至年末,南方小麦交易市场有会员8180家。

【粮食储备改革】 6月21日,靖江在全省县级市中率先注册成立公益性地方储备粮管理公司,专门负责地方储备粮运营管理,不再参与其他商业经营,实现政策性业务与商业经营"两分离",做到实物、财务、账务、人员"四分开",为全泰州乃至全省在推进粮食储备体制机制改革提供靖江经验和靖江样板。靖江市储备粮管理有限公司专门负责管理地方政府储备粮,严格落实4.5万吨储备粮承储计划和管理要求,运用数字化技术和机械化手段,提升仓储粮食管理水平,实现在库粮食数量真实、质量良好、储存安全。 （展星伟）

·烟草专卖·

【概况】 2022年,全市累计销售卷烟2.43万箱,比上年增长1.57%;销售收入11.81亿元,比上年增长8.13%;销售结构4.86万元/箱,比上年增长6.34%;社会监测点推算全市卷烟毛利率达18.00%,比上年增长10%。

【卷烟营销】 全年组织零售户开展信用答题、信用座谈、信用大讨论等活动482场次,零售户参与度超过8000人次。至年末，有3A客户4户，2A客户207户。组织开展首届诚信示范户、示范组(街)评比活动，评选出示范户20户、示范组及示范街各1个。建设金丝利“通·家·号”平台，全年保持月均6~7户次全省优秀店铺100强入围次数，“金丝利·号”会员总数突破10万，店铺每月活跃会员人数约350人次，处于泰州市领先水平。

【烟草专卖管理】 深度解码专卖管理工作思路，保持监管高压态势。全年查获各类涉烟违法违规案件209起，查获卷烟572万支，案值774万元。获评“全省卷烟打假打私工作成绩突出集体”。建立常态化巡查机制，分区监管辖区内39个内河港口、2个渡口、59个各类码头，构建群防群治体系。在电子烟监管过渡期，开展电子烟零售许可证受理、审查、审核、审批、决定等工作。加强零售许可证后续监管，至年末，清退许可证181户，新办许可证87份(含电子烟证10份)，延续1614份。至年末，有许可证3460份，常住人口持证率为5.28‰。(秦 波)

·食盐专营·

【概况】 2022年，全市销售各类盐产品3065.26吨。其中，销售食用盐2501.06吨，工业盐564.2吨；销售小包装食盐2247.46吨；销售品种盐1026.71吨。实现销售收入净额1461.5万元。全市居民用户碘盐覆盖率100%，碘盐合格率98.33%，合格碘盐食用率98.33%。

【食盐储备】 根据《盐业体制改革方案》及《泰州市盐业监管体制改革方案》要求，建立政府食盐储备。至年末，共储备330吨(小包装食盐230吨、大包装食盐100吨)，符合政府要求的储备量并按照储备盐轮储相关规定，每季度轮储一次。加强组织管理，实行“一把手”责任制，安排专人对储备库进行日常管理维护，建立健全管理制度。做好储备库进货出货记录，台账资料完备无差误。

【淮盐品牌宣传】 紧扣“千年淮盐，家乡好盐”主题，开展“淮盐”品牌宣传推广活动，在乡镇集贸市场、社区等人口密集地设立咨询台，布置展板，发放《食盐安全使用手册》，介绍淮盐的历史及品质，进行淮盐知识有奖竞答。利用“3·15”消费者权益日、“5·15”碘缺乏病防治日、食品安全周等节日节点，开展宣传活动，提高市民科学用盐意识。 (陆鸿杰)

住宿·餐饮业

【概况】 2022年，全年住宿餐饮收入24.23亿元，比上年增长3.81%。其中，餐饮收入21.91亿元，比上年增长3.45%；住宿收入2.32亿元，比上年增长7.2%。

【行业建设】 年内，增补江苏好货优先食品科技有限公司为理事单位。5月，“靖江河豚”地理标志证明商标注册成功。“靖江蟹黄汤包”地理标志在“苏地优品——2022年最喜爱的江苏地理标志”评选活动中入选“江苏地理标志产品30强”。12月，“靖江蟹黄汤包师”获评省级文化旅游类劳务品牌。在泰州市餐饮业2022年度风云榜企业评选活动中，靖江市南园樱花宾馆有限公司、江苏百盛酒店管理有限公司、靖江国际大酒店有限公司、靖江市扬子江酒店管理有限公司获评风云榜(五星)企业，靖江市鸿运酒楼获评风云榜(四)星企业，郑勇、陶晋良、张羽获评泰州市餐饮业2022年度风云榜先进个人。王晋州获评泰州市技术能手，并被授予泰州市五一劳动奖章。组织行业培训，加强行业人才建设。全市全年开展中式烹饪(靖江菜)培训，全年举办培训班3期，91人取得专项能力证书。

【行业交流】 6月，市烹饪协会组织靖江部分餐饮企业参加“泰有品品牌沙龙”——地理标志培育专场，推广“靖江河豚”“靖江蟹黄汤包”等地理标志。7月，组织部分蟹黄汤包制作企业参与“苏新消费·活力泰州”2022祥泰早茶美食荟活动，展示汤包加工工艺与过程。

【媒体宣传】 1月，中央电视台《生财有道》栏目播出《云聚中国年——江苏靖江：鲜香美味迎新春》节目，介绍靖江特色农村美食，助力乡村经济振兴。2月，江苏教育频道电视专栏《传承人》，介绍靖江蟹黄汤包制作技艺，讲述省级非遗代表性传承人陶晋良的成长之路和其工匠精神，宣传推广靖江蟹黄汤包品牌。

(陈文红)

居民服务业

【理发及美容业】 2022年，靖江市新增理发及美容业企业3家，包括赫美美容管理有限公司、最美日记医疗美容诊所有限公司、江苏白月光医疗美容诊所有限公司;个体户120户,包括朗朗美发店、滘二谷理发店等。累计有经注册的理发及美容业公司15家,个体户1651户。

【洗浴业】 2022年,靖江市新增洗浴服务业个体户42户,包括清泉洗浴中心、水沐天城浴室中心等。累计有经注册的洗浴服务业公司12家,个体户540户。

【中介业】 2022年,靖江市新增中介服务业个体户9家,包括雅居禧房产信息中介服务部、福旺居地产中介服务部等。累计有经注册的中介服务业个体户232户。

【广告业】 2022年,靖江市新增广告业企业16户,包括和鑫广告有限公司、钊创广告有限公司等;个体户10户,包括奥秘广告工作室、盛杰广告设计服务部等。累计有经注册的广告业公司200家,个体户121户。

【宠物服务业】 2022年,靖江市新增宠物服务业企业3家,包括缘来宠物服务有限公司、奶糕宝宝宠物有限公司、萌哆哆宠物医院有限公司;个体户2户,包括小先生宠物诊疗所、米奇宠物店。累计有经注册的宠物服务业公司7家、个体户13户。

【机动车、电子产品和日用产品修理业】 2022年,靖江市新增机动车、电子产品和日用产品修理业企业8家,包括三创汽车服务有限公司、同创汽车维修服务有限公司等;个体户39户,包括天皓缝纫设备维修部、朱记电动车修理部等。累计有经注册的机动车、电子产品和日用产品修理业企业122家,个体户1181户。

【家庭服务】 2022年,靖江市新增家庭服务业企业16家,包括双双养老服务有限公司、新洁清洁服务有限公司等;个体户76户,包括漂洁干洗店、小宋居民生活服务部等。累计有经注册的家庭服务业公司47家,个体户315户。

【建筑物清洁】 2022年,靖江市新增建筑物清洁业企业7家,包括新洁清洁服务有限公司、泰州景丰管道疏通有限公司、洁康消杀有限公司、江苏杰宏机械设备清洗有限公司、佰吉家政有限公司、诚鑫保洁有限公司、泰州顺风消杀有限公司靖江分公司;个体户5户,包括君诺家政服务部、世清保洁服务部、巧丽家政服务部、永盛清洗保洁服务店、吉米家政服务部。累计有经注册的建筑物清洁业公司17家,个体户60户。

【信息咨询】 2022年,靖江市新增企业1家,为博纳咨询有限公司;个体户6户,包括盛家信息咨询服务部、小满家信息服务部、团团信息咨询服务部、宏睿信息咨询服务部、乐农信息咨询服务部、名园信息策划服务部。累计有经注册的信息咨询业公司338家,个体户19户。

【养生保健业】 2022年,靖江市新增养生保健业企业1家,为顺耳健康养生有限公司;个体户83户,包括欣颜产后康复中心、泓福健康生活服务馆等。累计有经注册的养生保健业公司4家,个体户316户。

【校外托管】 2022年,靖江市新增校外托管业企业2家,包括青之柠托管有限公司、智谷托管有限公司;个体户4户,包括读书郎托管中心、奇迹托管中心、景行校外托管店、树童托育园。累计有经注册的校外托管企业7家,个体户82户。　（赵　洁）

物　流　业

【概况】 2022年,全市有道路运输企业1831家。其中有运输车辆50辆以上的2家,10~49辆的63家,5~9辆的90家,5辆以下的398家,有运输个体户2021户。全市道路货物运输量758.4万吨,周转量193108.8万吨千米,水路货物运输量2292.7万吨,周转量1436726.5万吨千米。港口吞吐量2.37亿吨。

【物流园区建设】 2022年,靖江粮食产业园获评江苏省现代服务业高质量发展集聚示范区。至年末,全市有省级示范物流园区2家、省重点物流基地1家。

江苏三江现代物流园　以港口物流为基础,以服务业集聚区"集中、集聚、集约"为要求,建成码头、仓储、加工、交易、配送、信息的现代物流基地,基本形成以木材、金属材料、粮油、能源石化、农业生产资料临江产业为依托的五大特色物流基地,成为现代物流集聚区。至年末,三江物流园区入驻企业488家;开票销售额341.64亿元,比上年增长0.13%;入库税金7.71亿元,比上年增长0.06%。

靖江粮食产业园　重点建设江海河中转集散物流基地、粮食仓储与加工物流基地、粮食线上、线下交易平台。至年末,靖江粮食产业园入驻企业7家;年度营业收入48.6亿元,比上年下降

10月，靖江盈利港务有限公司码头作业现场

11.76%；入库税金0.16亿元，比上年增长68.4%。

【盈利港务被认定为省重点物流企业】 11月，靖江盈利港务有限公司获评2022年度江苏省省级重点物流企业。盈利港务公司有大吨位门机18台，重型装载机33台，其他各类机械200余台；建有木材仓储货场、钢材期货交割库和散货堆场，提供大批量木材、钢材、煤炭、矿石等件散杂货的装卸、仓储服务。 （黄龄烨）

邮　政

【概况】 2022年，靖江市邮政分公司全年实现业务总收入1.6亿元，实现收支差1498万元，比上年增长30.94%。

【邮政金融业务】 拓展金融业务客源，瞄准规模收单场景建设、社保卡、退役军人优待证、农业经济、商贸客群等源头资金项目，全年收入规模首次突破亿元，达10180万元，比上年增长13.74%。年底储蓄余额突破66亿元，全年储蓄余额净增9.38亿元，市场占有率达7.49%，比上年增长0.05%，价值存款占比达77.79%，比上年增长4.07%。全年实现标准保费收入超10亿元。完成邮银协同对公开户22户，新增公司存款1803.8万元。全年代发各类资金4.21亿元，比上年增长9.07%。成功开发产业集群客户22户，开发率78.57%。

【邮政寄递业务】 全年实现业务收入3584万元，比上年增长5.4%。寄递业务出口量达794.98万件，比上年增长5%。特快业务收入1545万元，比上年增长26.5%。其中，特快业务中散户收入297.34万元，比上年增长160.72%；依托菜鸟裹裹项目新增特快收入74万元。快递包裹收入1635.7万元，轻小件占比达80.8%，结算毛利达28.1%，边际利润率8.93%。国际业务收入130.57万元。物流业务收入176.6万元。顺利中标江苏省电子烟配送项目，为全省13个地级市、1700户商户提供电子烟干线中转和终端配送，新增物流收入77万元。入驻常州大学怀德学院，实现校园寄递市场新突破。

【集邮与文化传媒】 聚焦市场变化，推动集邮、函件、报刊业务融合转型发展。其中函件业务实现收入247万元，集邮业务实现收入272万元，报刊发行实现收入671万元。校园报刊线上BSC数字化营销平台征订破22万元，成为新的业务增长点。“项目+”市场化运营取得新成绩，定向开发、定制文创、招投标项目等累计实现收入近200万元。

【邮政渠道平台】 转变思维和发展模式，拓展客户群体开发和分类营销，提升分销业务发展质态和增值业务发展规模。分销业务全年实现销售额776万元，实现利润106万元，利润率13.7%。实现增值业务收入27.57万元，实现中国邮政普惠保险保费8.08万元；依托“网点+站点”双向引流工作，借助“9·19”丰收欢乐购活动，开展网点福利购、接龙团购等活动，实现交易额1030万元，其中农产品销售额750万元。与靖江市交警大队合作，全年办理警邮业务8892笔，其中寄递类业务1121笔，占比达12.6%。

【“邮政+”服务】 成立服务乡村振兴办公室，统筹资源，协同推进，助力乡村振兴。融入乡村振兴战略，发挥邮政点多面广优势，将生祠镇红芽香沙芋专业合作社打造为中国邮政惠农综合服务示范社。以协同业务叠加、“网点+站点”引流等项目为抓手，提升站点协同引流质效和批销规模。与市农业农村局、供销总社等单位合作，融入“新农人”团队，助农拓宽销售渠道，扩大农产品线上销售规模。与市商务局、行政审批局、区域社会治理现代化综合指挥中心、医疗保障局等签署战略合作协议，开启“政务服务+邮政”、邮网联盟、“医路邮你”系列邮政便民服务。

【运输揽投网改革】 开展市趟改革。实施邮路返程套跑、综合复用方案，压降成本。做好市趟车辆及驾驶人员管控，“司机帮”App使用率达100%。早班进口一频次邮件通过揽收车辆进行带运，减少趟车停靠；根据串行发运路径的网点业务量，适配车型，实现资源最大化，日均行驶里程达105千米。加快营投部布点和调整，提升营揽投能力。培训投递员“易邮自提”系统规范操作，在城区建设自提点及自提直投中心，在东兴镇、斜桥镇、孤山镇等地建设代投点，缓解投递压力，提高营揽投效益。

【新冠肺炎疫情防控】 严格执行新冠肺炎疫情防控要求，定时定量为生产人员发放防疫物资。市邮政公司组建新冠肺炎疫情帮扶突击队，协助转运、分拣、投递、收寄全环节生产，处理积压邮件20余万件。市邮政公司被列为社区团购保供全省三个试点分公司之一，被靖江市疫情联防联控指挥部批准纳入保供单位。其间开展保供同城购线上活动138场，惠及全市1481个家庭，销售积压农产品6吨。

【邮网联盟“扫黄打非”网格化治理】 6月10日，由市邮政公司和区域社会治理现代化综合指挥中心联办的邮网联盟“扫黄打非”网格化治理工作启动。该项治理工作发挥基层“扫黄打非”网格与邮政“扫黄打非”工作站的协同作用，形成邮政工作站与社会治理网格“一张网”建设，在全市范围内推行“邮网+”治理模式，通过邮政与网格联盟的方式，巩固提升“扫黄打非”进基层水平。“扫黄打非”基层工作站及村邮站、邮乐购站点等作为网格化治理的延伸，邮政投递员作为网格员治理的补充，配合网格员开展辖区“扫黄打非”工作进家庭，实现联盟一体化，邮递员、治理中心网格员在基层“扫黄打非”网格化服务治理中发挥宣传员、信息员、协管员作用，共同营造辖区健康文明向上的文化环境氛围，筑牢全市“扫黄打非”邮网防线。该项工作获省“扫黄打非”办和省邮政管理局通报表扬。

9月16日，全省首个“苏服办”便民服务点获授牌

【全省电子烟首单在靖江完成配送】 9月6日，江苏电子烟靖江仓正式运营，全省电子烟首单配送在靖江完成。江苏电子烟靖江仓为全省13个地级市、1700余家商户提供电子烟干线中转和终端配送，苏北、苏中和苏南3条线路装车中转，“邮烟”合作进入新阶段，全年完成门店1699家。

【全省首个“苏服办”邮政便民服务点】 9月16日，市邮政公司斜桥邮政支局被市行政审批局和邮政公司评为“苏服办”便民服务点，为江苏省邮政系统首个授牌网点。为响应“政务服务+邮政”便民利企3.0战略合作，推进靖江市“苏服办”政邮便民服务点建设。该服务点提供社保卡发放、社保缴纳、医保备案、交管业务、政务寄递等政务服务，推进“放管服”改革，打造“15分钟政务圈”。 （刘 佳）

信息化建设

【概况】 2022年，靖江市推进5G深入覆盖以及“千兆小区”建设，全年新增室内外5G站点362个，实现全市城区及乡镇园区重点区域5G全覆盖，全市5G终端用户数达30.58万。新增光缆1870千米，新建管道22.3千米，配合文明城市创建和镇(园区)开发建设，迁移杆线、国防光缆425.91皮长千米，扩容千兆端口2388个，所有站点均具备千兆放装能力。

【电信靖江分公司】 2022年，电信靖江分公司有各类用户58万户。

公司保持“江苏省文明单位”“泰州市诚信单位”称号,获靖江市“服务地方发展单位综合考核第一等次”。年内,有服务网点80家,门店服务人员120人,智慧家庭服务人员94人,客户满意度同行业第一。助力城市数字化升级,完成密集重点场所人脸识别、行政中心智慧大院、综合指挥中心应用场景建设、老旧小区智能化系统改造等项目,协助30余家企业星级上云。推进“适老化服务”,举办“幸福微课堂”60余场次。助力乡村振兴和社区建设,建设“平安乡村”示范村120余个、数字社区41个。(王 兰)

【移动靖江分公司】 2022年,移动靖江分公司有用户49.11万户,其中5G用户数17.58万户,5G用户渗透率34.95%;宽带整体用户14.12万户,电视整体用户10.5万户,宽带电视发展协同率74.7%。推进网格标杆厅、乡镇堡垒店及新建小区社区店建设,全年新建自营厅9家,实现镇全覆盖,为客户服务提供设施保障。(冯绍君)

【联通靖江分公司】 2022年,联通靖江分公司有用户13.5万户,其中5G用户3.2万户、宽带用户1.37万户,全市服务网点38家。年内,开展网络规划、建设、维护、优化工作,聚焦重点乡镇,围绕打造5G、4G精品网目标,建设900兆低频打底网,提升网络覆盖水平。深入推进数字乡村建设,参与智慧社区建设,助力地方政府加速智慧城市转型。开展“我为群众办实事”志愿活动12场,老年人及残障人士专场活动4场。宣讲防通信网络诈骗知识、5G业务知识,为用户提供高品质智慧生活通信服务。(张 艳)

【江苏有线靖江分公司】 2022年,全市有线电视用户数近20.5万户,宽带在线用户数4.2万户,高清互动在线终端累计近4万台。承建智慧广电乡村工程建设工程,马桥镇、生祠镇和东兴镇智慧广电乡镇通过省级专家组复评。启动广电5G业务,发展192广电5G卡7600余户,开启“电视+宽带+5G+固话”全业务融合发展新格局。履行社会责任,服务党和政府、人民群众和社会。

【新冠肺炎疫情防控】 全年安装智能门磁系统1.8万余套,核酸检测终端500余台,防疫监控1900余套,防疫卡车定位1300余台,提供核酸检测App软件安装和上门培训服务,以信息化手段支撑疫情防控工作。

【华为靖江云计算数据中心】 2022年,华为靖江云计算数据中心建设机柜5个、仓90个,机房设备602台,其中服务器322台,网络设备194台,存储设备65台,安全设备21台,7×24小时不间断为全市政务信息系统提供云服务。新冠肺炎疫情防控期间,在外部环境受限情况下,为疫情防控、数智赋能行动提供集约高效、弹性敏捷、安全可靠的底层基础支撑。基于云计算、大数据等新一代信息技术手段,通过数据汇聚、数据标准、数据质量、数据集成、数据清洗、数据转换、数据服务等,建设靖江市域社会治理大数据平台,持续提升市域社会治理能力现代化水平,完善社会治理体系,支撑“用数据对话、用数据决策、用数据服务、用数据创新”的现代化社会治理模式,实现“一网整合社会治理数据、网格社会治理基础数据规范”的目标,夯实市域社会治理数字底座,打造基层社会治理新格局。靖江市与华为公司开展“智改数转”深度合作,就传统产业数字化转型开展“智改数转”专项战略合作,推动靖江本土制造业加快转型升级,促进新一代信息技术与先进制造业融合发展,提升企业在生产、管理和服务各环节的智能化水平,构建“智造靖江 云上制慧”新型数字化转型格局。(陈 勇)

旅 游 业

【概况】 2022年,靖江市有国家A级旅游景区4家、省级乡村旅游重点村1家、星级酒店3家、旅行社(总社、分社)24家。全年累计接待游客106.31万人,实现旅游业总收入7.42亿元。

【旅游资源】 牧城景区 国家AAA级旅游景区。位于沿江公路与工农路交叉口,毗邻长江,是江苏省最大的综合性滨江湿地公园。景区坐拥优质长江岸线2.1千米,总占地面积约12.67公顷,其中湖面约2.67公顷。景区内遍植绿植107种,总体绿化率达65%。2012年9月建成开放,2014年12月被评为国家AAA级旅游景区。至2022年年底,累计接待市内外游客450余万人次。

“东线第一帆”渡江战役纪念公园 国家AAA级旅游景区。位于滨江新城区域,南依长江、北抵沿江公路、东西夹于小桥港和新小桥港之间。公园以1949年渡江战役为背景,以弘扬靖江人民支前精神为主题,于2020年4月建成开放,2021年12月创成国家AAA级旅游景区。公园总面积59210平方米,其中“东线第一帆”纪念馆展陈面积500平方米,“东线第一帆”纪念广场面积8545平方米,广场设有“千帆渡江”主题雕塑群。

岳庙 国家AA级旅游景区。岳庙坐落于靖江市生祠镇中街,原名岳王生祠,始建于南宋建炎四年(1130年),几经兴废。现存岳庙重建于1985年,庙正中大殿为思岳殿,岳飞座像置于大殿正中,像两侧是岳飞的八大将之像。庙回廊环抱大殿,嵌有词碑、诗碑和岳飞手书《前出师表》之石刻。1993年,岳庙列入市级文物保护单位。

刘国钧故居 国家AA级旅游景区。座落在生祠镇中街,由旧居、善余厅、敬修堂和国钧堂组成,回廊贯穿,花格门窗,古色古香。大门左侧的旧居为两间低矮旧屋,内有木纺车、织布机、竹床等刘氏旧物。正厅弘毅堂内悬挂着陆定一、杨静仁、胡子昂等人题写的匾额,陈列着有关刘国钧生平的图文资料。

人民公园 国家AA级旅游景区。位于靖江老城中心,占地面积约5公顷。始建于1917年,原为私家花园,解放后易名为“人民公园”。公园兼具苏氏园林的古朴雅趣和现代园林的便利实用。园内有古石拱桥临清桥,古建筑荷花厅、梅花阁、舒啸亭等。

徐周村 省级乡村旅游重点村。位处马桥镇江平公路北侧,村域总面积10余公顷,下辖村民小组24个2870余人。徐周村生态环境优质、旅游资源丰富、民俗风情别具特色。有百果园、芦笋产业基地、十里紫藤花廊道、十里樱花大道等优质农业观光旅游点4处,孙家老宅、G12农乐谷等优质互动体验旅游点3处,品云农庄、沪靖农家乐、集装箱民宿等民宿经营单位3家,医养结合养老中心1家,农业经营主体20余家。每年常态化举办马桥樱花草莓节、徐周音乐灯光节等特色旅游节庆活动,年接待游客超30万人次。

【精品线路】 2022年,设计推出精品旅游线路2条。其中,靖江乡村游线路囊括徐周村(G12农乐谷、樱花大道、孙家老宅)、丽园、东华植物景观园、海鸿生态园、品云农庄等生祠镇、马桥镇优质乡村旅游资源点位,包含游乡村、听乡音、访乡俗、品尝地道乡土美食等内容。靖江红色游线路囊括“东线第一帆”渡江战役纪念公园、弯腰沟红色旅游基地、东进村史馆、陈毅题词纪念碑、叶飞率部南下驻留地等城市红色记忆载体,全方位、多角度展示靖江的城市底色。11月5—6日,靖江市组织全市“靖美”家庭典型、第二十届省运会志愿者、抗疫医疗工作者等160余人体验红色游线路。

【旅游节庆】 7月,举办“2022靖江旅游节暨生祠荷花节”。活动历时一个半月,以“喜迎二十大——荷塘月色·香飘万家”为主题,举办荷香·农产品展销会、荷味·美食节、荷畅·汽车嗨乐节、荷韵·文化活动、荷趣·儿童游乐、荷美·体验秀等系列活动。11月14日,举办第五届靖江美食(上海)交流推广周活动。开幕式地点设在“水晶公主”号游船,定制“小团长去哪儿”主题宣传小视频、发布靖江美食IP拟人形象、推出《靖江欢迎你》创意改编歌曲,吸引上海60余家主流媒体现场观摩,靖江蟹黄汤包、靖江猪肉脯、靖江香沙芋上架上海社区购物平台。12月20日,举办2022靖江文旅(杭州)推介会。与自媒体大咖、旅游达人联合推出靖江美食、风光、人文三大主题宣传作品,开展靖江优质文旅项目招商推介,签约“杭客靖江行”游客输送协议,推动靖江文旅在杭州发展扩张。

【旅游宣传】 多渠道展示靖江文旅形象。先后参加省、泰州市组织的第四届大运河博览会和泰州文旅(南昌、芜湖)推介会。与江苏省电视台合作拍摄《游遍江苏》“祁智”专栏,与泰州市广播电视台合作推出“云赏靖江”慢直播,配合泰州市文广旅局在美团平台呈现靖江专栏,靖江乡村旅游报道《转战乡野沃土,实现弯道超车》刊登于《新华日报》文化产业专栏。

【文旅融合】 坚持“旅游搭台、文化唱戏、创意引领、消费促进”,推出“靖江有礼”文创礼盒,开启“靖江旅游去哪儿”消费促进季。“靖江有礼”文创礼盒为靖江首个官方旅游文创产品,融合“中国四季美食名城”“中国汤包之乡”“中国河豚美食之乡”“中国山水盆景名城”等靖江元素,包含有声明信片、有声书签、立体便笺、原木纪念笔等,展示靖江24处地标景点和文化意象,以及蟹黄汤包、猪肉脯、香沙芋等12道靖江特色美食。与“去哪儿网”联合推出“靖江旅游去哪儿”消费促进季,以“‘靖’然还能这么玩儿”线上互动体验馆为平台,通过测试旅行人格、量身定制旅游线路、推出酒店产品优惠等,吸引年轻游客落地靖江,促进文旅消费。该活动实现线上关注点赞人次超5000万。创意开展靖江文旅自驾露营活动。联合国内知名线上旅行服务商“马蜂窝”推出“‘靖’喜相逢”靖江美食自驾露营体验活动，首次通过“线上宣传联动+线下自驾露营”的模式展示靖江旅游新线路、新玩法、新亮点。

【旅游管理】 上争优惠奖补政策。成功申报生祠镇普济庵文旅项目、锦秀山庄文旅项目、舜天国际旅行社奖补等相关产业发展扶持资金46万元，纾解龙头文旅企业、重点文旅项目经营发展压力。

【旅游市场】 加强行业监管。开展旅行社合法合规经营、旅游包车安全有序运营、旅游行业养老诈骗问题专项整治，市文体旅游局、交通局、市场监管局等部门联合开展行业“双随机·一公开”(随机抽取检查对象，随机选派执法检查人员，抽查情况及查处结果及时向社会公开)联合执法检查2批次，优化行业发展环境。提升旅游安全。会同市场监管、消防执行跨部门联合安全生产检查2批次，开展“四不两直”安全生产和新冠肺炎疫情防控综合检查36批次，覆盖涉旅企事业单位158家次，查实各类安全生产和新冠肺炎疫情防控隐患问题37个并全部督责整改完成。组织开展行业安全生产培训和应急演练2次，游乐设施专项整治、私设“景点”问题专项整治。常态化开展新冠肺炎疫情防控。监管A级景区工作人员核酸检测，做到“应检尽检，不漏一人”。张贴场所码、前哨码，严格景区、旅行社、星级酒店入口管理，落实新冠肺炎疫情防控责任制，摸排来(返)靖人员情况，开展“落地检”工作，常态化宣传督导新冠肺炎疫情防控，确保行业疫情防控形势长期稳定。 (常凌峰)

房地产业

【概况】 2022年，全市累计实现房地产投资36.66亿元，比上年减少16.68%；商品房库存量28.78万平方米，去化周期约6个月。实现商品房销售额58.48亿元，比上年减少50.02%。商品房销售面积60.3万平方米，比上年减少58.27%。其中，住宅销售面积48.19万平方米，比上年减少63.54%。核发商品房预售许可证面积13.3万平方米，比上年减少23.55%。普通商品住宅均价11631.3元/平方米。

【住房保障】 全年新开工建设棚改安置房1172套，基本建成721套。新增经济适用房货币化补贴保障5户、公租房租赁补贴家庭17户，累计发放中低收入住房困难家庭公租房租赁补贴145户638078元，发放外来务工人员保租房租赁补贴42人21010元。动态调整并公布年度住房保障范围和保障标准，做好住房保障的常态化申请受理工作，实行进退有序的动态管理和保障体系内的有效转换。健全全市保障房的政策体系，成立靖江市保障性租赁住房工作领导小组，转发《泰州市保障性租赁住房建设实施办法》，推进保障性租赁住房政策落地见效。提前谋划下年度保租房建设计划，开展“保租房新政解读”园区行活动，摸底统计拟用作保租房房源，建立保租房项目储备库。草拟《靖江市住房保障“一件事”改革实施方案》，通过优化办理方式、缩减办理时限、优化办事流程、同步数据共享、延伸服务触角等改革措施，提高政策兑现效率，并形成线上全程网办、线下多触点一窗受理的线上线下一体化服务模式。

【二手房交易】 全年完成二手房交易备案3115件，比上年减少28%；二手房交易备案面积40.63万平方米，比上年减少36%。落实不动产交易资金监管，与银行对接确保交易资金安全，全年监管交易资金1821笔22.70亿元，资金监管准确率100%。加强房产中介行业管理，定期开展房地产中介机构专项检查工作，开展2022年度“双随机、一公开”检查。对随机抽取的30家房地产中介机构，检查营业执照、机构备案证、上墙公示内容、《房屋买卖委托合同》、《房屋交易告知书》、《房屋状况说明书》、交易档案、疫情防控措施等，对存在问题的房地产经纪公司现场发出《责令整改通知书》，并均整改到位。 (封 硕)

【重大楼盘选介】 靖江龙馨园项目。由龙信房地产(靖江)有限公司开发，位于人民南路西侧、苏源热电路北侧。项目4-1期于2021年10月开工。有16幢3层(局部1层、2层)低层联排住宅、5幢4层(局部1层、3层)多层住宅，占地面积29000平方米，总建筑面积47376平方米，容积率约1.01，总投资4.72亿元。

靖江江语天境项目。由金盛达房地产开发有限公司开发，位于莲沁路与沿江公路交会处西侧。项目二期于2021年1月开工。有1幢高层、2幢小高层、18幢洋房，占地面积52857.3平方米，建筑面积139396.82平方米，容积率1.8，总投资约10.5亿元。

(王 银)

综　　述

【概况】 2022年,靖江市实现金融业增加值78.14亿元,比上年增长7.70%,占地区生产总值的6.37%。全市有银行机构24家,其中央行分支机构1家、政策性银行1家、国有银行6家、股份制商业银行和城商行异地分支机构10家、地方法人银行机构2家、地方法人异地分支机构4家。银行业存贷余额稳定增长。全市银行机构本外币存款余额1771.67亿元,比年初增加244.27亿元,增长15.99%。其中,住户存款901.32亿元,比上年增长16.64%;非金融企业存款724.49亿元,比上年增长18.70%。银行机构本外币贷款余额1489.52亿元,比年初增加172.00亿元,增长13.06%。其中,住户贷款384.46亿元,比上年增长1.97%;非金融企业及机关团体贷款1104.51亿元,比上年增长17.44%。保险业服务水平日益提升。全市有保险机构37家,其中,财产险公司16家、人身险公司21家。全年实现保费收入27.11亿元,比上年增长1.04%。其中人身险保费收入20.21亿元,比上年下降0.93%;财产险保费收入6.91亿元,比上年增长7.47%。保险密度4097.64元,保险深度2.21%。证券业企稳回暖趋势渐显。全市有证券营业部6家,全年证券机构开户总数累计110582户,较年初净增11919户,比上年增长12.08%。全年实现营业收入5324.19万元,比上年下降16.73%。实现证券交易额1800.47亿元,比上年下降2.13%。其中,A股证券交易额1241.90亿元,比上年下降16.85%;证券托管市值63.33亿元,比上年下降5.62%。地方金融组织有序发展。全市有在业农村小额贷款公司8家,注册资本总额34.37亿元,资产总额63.81亿元。年末贷款余额11.44亿元,实现营业收入2.86亿元,净利润0.87亿元。

【金融服务】 2022年,市地方金融监管局积极搭建政银企交流互动平台,助力服务实体经济发展。全年举办“资本+招商”“创投机构面对面”“科技金融 创鑫行动”“普惠助汽 精益求金”等政银企对接活动7场,邀请200余家企业参与活动,20余家企业和银行在现场签约合作,解决融资需求2亿元。开展金融助力企业纾困解难专题活动,保障存量贷款业务平稳有序。组织银行机构对存量授信客户逐一排查,对受新冠肺炎疫情影响的制造业、外贸、批发零售、餐饮住宿、物流运输、文化旅游等行业,实施名单制管理,完善帮扶措施,做好无还本续贷和应急转贷。主动开展企业存量贷款展期、延期、续贷工作。全年累计办理延期贷款98.68亿元,帮助企业节约利息等贷款成本12.71亿元,累计减费让利0.74亿元,惠及客户5.4万户。

【金融创新】 2022年,市地方金融监管局联合市委组织部,以

“党建＋金融”助力乡村振兴向纵深发展。6月，由市委组织部与市地方金融监管局牵头举行金融服务乡村振兴党建联盟启动仪式，推动成立泰州市首家金融服务乡村振兴党建联盟。全市各镇(街道、园区、办事处)和8家银行结对挂钩签约，企业、个体工商户与金融机构签约金融服务乡村振兴项目10个，项目总投资4.2亿元。三季度，各镇(街道、园区、办事处)先后成立“党建＋金融”服务站。马桥镇作为全市首个金融支持乡村振兴示范试点，建立泰州首家高标准镇级“党建＋金融”服务站，打造江苏省首个镇级农业保险引导基金，在19个村设立农村普惠金融服务点。邮储银行靖江市支行充分发挥渠道、资金和品牌优势，践行普惠金融发展理念，精准解决农民贷款难的问题，为芦笋产业发展提供有力支撑。相关举措获中央电视台农业农村频道报道。

【金融风险防范】2022年，市地方金融监管局坚持运用底线思维履行金融监管职责，筑牢金融风险防范“主阵地”。主动防范非法金融活动风险，开展非法集资等非法金融活动户外广告排查清理、涉嫌非法集资风险集中排查、打击整治养老诈骗等活动，累计排查清理发现非法金融活动户外广告47条，处置约谈涉嫌非法集资的养老诈骗机构5家，向市公安局移送风险线索1条。开展防范非法集资宣传季和宣传月、防范非法集资原创短视频征集大赛等活动，在“靖江金融”微信公众号上开辟“防非反诈”专栏，组建“金语靖愿”新时代文明实践志愿服务队，针对老年人、学生、“一老一小”两个重点群体开展防非反诈宣传活动9场。推动企业债务风险处置。开展全市困难企业摸排工作，累计摸排不良企业79家、潜在不良企业14家，开展风险防范协调，帮助十余家企业解决资金短缺风险。对已到期的国有企业债券进行摸排，按季度提前下发债券兑付风险提示函，要求国有企业排查债券风险隐患，逐笔制定资金兑付方案，确保不出现逾期风险。加强地方金融组织监管，开展“双随机、一公开”抽查，全面掌握地方金融组织的行业状况和企业情况。坚持扶优限劣原则，全年引导退出小额贷款公司2家、融资租赁公司1家。摸清全市融资担保公司现状和“泰信保”“小微贷”等政银合作产品发展情况，初步形成推进全市政府性融资担保体系建设的建议方案。

【靖江A股上市公司经营情况】2022年，靖江有江苏亚星锚链股份有限公司、江苏东华测试技术股份有限公司、江苏万林现代物流股份有限公司、华达汽车科技股份有限公司、江苏宝馨科技股份有限公司5家A股上市公司。根据公司年报，营业收入方面，亚星锚链、东华测试、万林物流、华达科技、宝馨科技分别实现营业收入15.16亿元、3.67亿元、4.46亿元、51.63亿元、6.84亿元，分别较上年增长14.93%、42.81%、–23.09%、9.46%、7.81%；净利润方面，亚星锚链、东华测试、万林物流、华达科技、宝馨科技分别实现净利润1.49亿元、1.22亿元、–5.98亿元、2.60亿元、0.30亿元；市值方面，亚星锚链、东华测试、万林物流、华达科技、宝馨科技市值(12月31日)分别为84.72亿元、52.60亿元、17.60亿元、78.05亿元、75.96亿元。（何 运）

2022年靖江A股上市公司年报主要数据一览表

表22

上市公司	相关指标	2021年	2022年	2022年比2021年增减(%)
亚星锚链	营业收入(元)	1319528496.10	1516476286.25	14.93
	归属于上市公司股东的净利润(元)	121174759.82	149021570.99	22.98
	归属于上市公司股东的扣除非经常性损益的净利润(元)	95431935.61	134632570.77	41.08
	经营活动产生的现金流量净额(元)	65788734.93	179741727.54	173.21

续表 22

上市公司	相关指标	2021 年	2022 年	2022 年比 2021 年增减(%)
亚星锚链	资产总额(元)	4137226347.93	4614931202.30	11.55
	归属于上市公司股东的净资产(元)	3145510404.99	3256155975.98	3.52
	基本每股收益(元)	0.126	0.155	23.02
	加权平均净资产收益率(%)	3.91	4.66	增加 0.75 个百分点
东华测试	营业收入(元)	257042601.70	367082438.42	42.81
	归属于上市公司股东的净利润(元)	80023924.21	121774983.07	52.17
	归属于上市公司股东的扣除非经常性损益的净利润(元)	77039059.03	117372893.18	52.36
	经营活动产生的现金流量净额(元)	27481524.61	31377544.40	14.18
	资产总额(元)	545294354.68	692310717.17	26.96
	归属于上市公司股东的净资产(元)	494682998.00	599788943.95	21.25
	基本每股收益(元)	0.58	0.88	51.72
	加权平均净资产收益率(%)	17.43	22.17	增加 4.74 个百分点
万林物流	营业收入(元)	579892094.80	446013111.56	-23.09
	归属于上市公司股东的净利润(元)	-283252107.67	-598317365.43	—
	归属于上市公司股东的扣除非经常性损益的净利润(元)	-273207368.36	-598960939.71	—
	经营活动产生的现金流量净额(元)	-902043316.42	-219876829.51	—
	资产总额(元)	3872523052.17	2374618273.34	-38.68
	归属于上市公司股东的净资产(元)	1977728343.18	1376394058.75	-30.41
	基本每股收益(元)	-0.45	-0.94	—
	加权平均净资产收益率(%)	-13.30	-35.68	—
华达科技	营业收入(元)	4716577077.85	5162609563.77	9.46
	归属于上市公司股东的净利润(元)	358326122.26	260328240.43	-27.35
	归属于上市公司股东的扣除非经常性损益的净利润(元)	295617047.27	213234933.14	-27.87
	经营活动产生的现金流量净额(元)	337264556.08	198508369.10	-41.14
	资产总额(元)	5650513811.06	6395114860.15	13.18
	归属于上市公司股东的净资产(元)	3010884902.80	3161521734.63	5
	基本每股收益(元)	0.82	0.59	-28.05
	加权平均净资产收益率(%)	12.36	8.44	减少 3.92 个百分点

续表 22

上市公司	相关指标	2021 年	2022 年	2022 年比 2021 年增减(%)
宝馨科技	营业收入(元)	634475202.15	684026684.14	7.81
	归属于上市公司股东的净利润(元)	12331866.44	30354847.01	146.15
	归属于上市公司股东的扣除非经常性损益的净利润(元)	-37904574.91	20894981.01	155.13
	经营活动产生的现金流量净额(元)	70352476.79	103824777.72	47.58
	资产总额(元)	1406057638.99	2341864644.54	66.56
	归属于上市公司股东的净资产(元)	629042443.61	1143357895.08	81.76
	基本每股收益(元)	0.0223	0.0487	118.39
	加权平均净资产收益率(%)	1.97	3.59	增加 1.62 个百分点

(何　运)

银　行　业

【概况】 2022 年,全市银行业有金融机构 24 家,其中央行分支机构 1 家、政策性银行 1 家、国有银行 6 家、股份制商业银行和城商行异地分支机构 10 家、地方法人银行机构 2 家、地方法人异地分支机构 4 家。年末,全市银行业金融机构本外币各项存款余额 1771.67 亿元,比年初增加 244.27 亿元,增长 15.99%。其中,人民币存款余额 1730.27 亿元,比年初增长 16.63%;外币存款余额 59432 美元,比年初下降 13.56%。在本外币存款余额中,住户存款 901.32 亿元,比年初增长 16.64%;非金融企业存款 724.49 亿元,比年初增长 18.71%;广义政府存款 145.2 亿元,比年初增长 0.96%;非银行业金融机构存款 0.02 亿元,比年初增长 100%。全市银行金融机构本外币各项贷款余额 1489.52 亿元,比年初增加 172 亿元,增长 13.05%。其中,人民币贷款余额 1487.83 亿元,比年初增长 13.24%;外币贷款余额 2426 美元,比年初下降 57.51%。从贷款期限结构看,短期贷款有所上升,年末短期贷款余额 423.65 元,比年初增长 14.78%;中长期贷款持续增加,年末中长期贷款余额 626.05 亿元,比年初增长 19.84%。

2022 年年末靖江市金融机构人民币存贷款情况一览表

表 23　　单位:万元

项　目	年末余额	比年初增减	项　目	年末余额	比年初增减
银行各项存款	17302731	2467166	银行各项贷款	14878338	1739528
其中:农业发展银行	74608	-29436	其中:农业发展银行	533735	104166
工商银行	1325149	281454	工商银行	1003718	103720
农业银行	2541704	479537	农业银行	1661186	349792

续表 23

单位:万元

项　目	年末余额	比年初增减	项　目	年末余额	比年初增减
中国银行	999711	188330	中国银行	1109899	233844
建设银行	1592053	281376	建设银行	1542690	162660
交通银行	473102	88772	交通银行	480370	-6469
中信银行	556406	116591	中信银行	225380	25723
招商银行	115540	-34992	招商银行	80514	-17097
浦发银行	247448	-155437	浦发银行	314750	-16848
兴业银行	326948	43600	兴业银行	361699	9537
华夏银行	423650	22824	华夏银行	352463	-20226
民生银行	343514	1815	民生银行	352804	-16905
浙商银行	294727	41306	浙商银行	125771	-47952
光大银行	76758	-24919	光大银行	203175	133337
南京银行	798757	110716	南京银行	861274	116073
江苏银行	827445	208011	江苏银行	922316	145017
长江商业银行	1167349	70753	长江商业银行	1342484	70557
邮政储蓄银行	966162	119241	邮政储蓄银行	352402	32535
靖江农商行	3258732	474956	靖江农商行	2342502	294525
无锡农商行	77298	-16573	无锡农商行	139732	7076
江南农商行	456948	68257	江南农商行	361814	58228
常熟农商行	100657	45294	常熟农商行	135239	19103
润丰村镇银行	70087	-14794	润丰村镇银行	72420	-867
一、住户存款	8984469	1285384	一、住户贷款	3844497	74120
其中:工商银行	733767	97379	其中:工商银行	276105	11891
农业银行	1676578	239707	农业银行	583294	35073
中国银行	501617	78282	中国银行	260279	-1502
建设银行	832909	92314	建设银行	643375	25859
交通银行	155744	32511	交通银行	58657	-4187
中信银行	62026	16394	中信银行	24437	-4353
招商银行	39322	9786	招商银行	39201	-2380
浦发银行	77204	18495	浦发银行	28527	-5266

续表 23

单位:万元

项　目	年末余额	比年初增减	项　目	年末余额	比年初增减
兴业银行	59495	20340	兴业银行	27398	265
华夏银行	29523	5528	华夏银行	15287	1948
民生银行	47317	12251	民生银行	54701	-7412
浙商银行	74220	14624	浙商银行	6001	474
南京银行	139816	31348	南京银行	40720	723
江苏银行	143898	26786	江苏银行	122988	-12306
长江商业银行	899689	51805	长江商业银行	433220	-36516
邮政储蓄银行	862074	107886	邮政储蓄银行	241987	-2311
靖江农商行	2485777	398780	靖江农商行	757222	41030
无锡农商行	9854	1864	无锡农商行	8305	-273
江南农商行	63088	17117	江南农商行	128241	25053
常熟农商行	35718	10238	常熟农商行	53750	6333
润丰村镇银行	40851	549	润丰村镇银行	37136	3321
二、非金融企业、机关团体存款	8124072	1080221	二、单位贷款	11033842	1665509
其中:农业发展银行	74608	-29436	其中:农业发展银行	533735	104166
工商银行	590762	184261	工商银行	716191	83529
农业银行	864890	239832	农业银行	1002628	280807
中国银行	495471	108559	中国银行	845197	244601
建设银行	758192	188783	建设银行	828332	77311
交通银行	317249	56304	交通银行	417974	7226
中信银行	494363	100183	中信银行	200943	30076
招商银行	74913	-44113	招商银行	41313	-14717
浦发银行	170223	-173931	浦发银行	284536	-11328
兴业银行	267453	23261	兴业银行	334301	9272
华夏银行	394072	17296	华夏银行	337176	-22174
民生银行	296192	-10442	民生银行	298103	-9493
浙商银行	220507	26682	浙商银行	119770	-48426
光大银行	62776	-26320	光大银行	199509	134681

续表 23

单位：万元

项　目	年末余额	比年初增减	项　目	年末余额	比年初增减
南京银行	658927	79366	南京银行	820554	115350
江苏银行	683547	181225	江苏银行	799328	157323
长江商业银行	267489	18778	长江商业银行	697811	119739
邮政储蓄银行	104067	11350	邮政储蓄银行	110415	34846
靖江农商行	772895	76169	靖江农商行	1429361	276567
无锡农商行	67444	-18437	无锡农商行	118603	-3691
江南农商行	393860	51140	江南农商行	233176	32777
常熟农商行	64936	35056	常熟农商行	81489	12770
润丰村镇银行	29236	-15343	润丰村镇银行	35284	-4188
三、其他存款	194190	101561	三、票据融资	546028	58413

说明：委托类存款未计入银行各项存款分项

【人行靖江市支行】 2022年，中国人民银行靖江市支行按照“疫情要防住、经济要稳住、发展要安全”要求，坚持稳中求进，突出改革创新，主动担当作为，营造适宜的货币金融环境，精准高效服务实体经济，充分发挥金融在地方经济社会发展中的支撑作用。

货币政策执行　人行靖江市支行执行稳健货币政策，落实总行降准政策，释放资金约4.9亿元，保持融资总量合理增长，流动性合理充裕。引导银行机构保持信贷总量增长的稳定性和连续性，全年累计投放再贷款44.678亿元，列泰州首位。激励辖内法人银行加大对涉农、小微民营企业的金融支持力度。运用再贷款投放的小微、民营、涉农贷款，加权平均利率不高于5.5%，有效缓解小微民营企业贷款难、贷款贵难题。至12月末，全市本外币各项贷款余额1489.52亿元，比上年增长13.05%；全市本外币各项存款余额1771.67亿元，比上年增长15.99%。

普惠金融工程　人行靖江市支行推进普惠小微“敢贷、愿贷、能贷、会贷”长效机制建设，运用总行普惠小微贷款支持工具向长江商业银行、靖江农商行分别发放激励资金3972.36万元、2862.44万元，分列泰州11家法人机构第一、第三位；全年发放激励资金6834.82万元，占泰州全市激励资金总额的39.92%。支持全市法人银行加强对小微企业的投放，推动和引导地方法人银行按照市场化、商业可持续原则，自主决策、自担风险，惠及各类小微、涉农企业近千家，引导金融机构持续让利企业，助力乡村振兴，支持“三农”发展。

支持制造业发展　人行靖江市支行组织各银行机构召开全市金融“助企纾困 稳增保供”工作会议。主动对接市发改委、市工信局、市行政审批局等部门，梳理形成“三比一”提升重大项目、重点企业、绿色企业项目清单10张，涉及提升项目和企业近千个，依托靖江金融综合服务平台分批次下发给各银行机构。督促各银行上争信贷增量空间，加强项目储备，发挥“网格化＋铁脚板”作用，逐户主动上门走访对接，有力保障重点企业、重大项目融资需求，成功将市内更多企业变为上级行“点贷”和“直贷”范围。至12月末，全市制造业贷款余额200.85亿元，比上年增长10.08%。

支持乡村振兴　人行靖江市支行创新“金融支持乡村振兴党建联盟”政银企对接活动载体，与市委组织部、市农村农业局联合印发《关于党建引领金融服务乡村振兴的实施意见》，组织银行机构二级支行23位行长到各镇(街道、园区)挂职，为金融支持农村重点领域发展和解决薄弱环节问题提供坚强保障。借助金融助农纽带，充分发挥党建引领的制度优势，加强信息互通，实现资源共享，全年实现项目融资超10亿元。通过“首贷中心提升工程”，进一步完善运行机制，推动线上推送和线下走访有效衔接，实现普惠小微企业贷款“增量、扩面、提质、价降”。至12月末，新增首贷户2472户，贷款金额37.52亿元。

支持科技创新 人行靖江市支行会同市科技局举行科技金融产品专题宣讲会，联合市地方金融监管局、市科技局、城北园区，共同举办“科技金融 创鑫行动”暨普惠金融宣传月城北园区专场活动。运用总行创新推出的科技创新再贷款、碳减排支持工具、支持煤炭高效利用专项再贷款、设备更新改造专项再贷款等7项政策工具，组织银行机构和企业召开4轮专题政策宣讲会，推动银行机构加大支持节能降碳、科技创新、新型基础设施建设等。至12月末，累计向772家科技型企业发放贷款1635笔、金额120.57亿元，加权平均利率5.09%。

服务实体经济 人行靖江市支行继续释放贷款市场利率定价改革潜力，推动实际贷款利率进一步下行。持续深化LPR（贷款市场报价利率）改革及应用，推动实际贷款利率稳中有降，促进小微企业综合融资成本稳中有降。至12月末，全市普惠小微企业贷款加权平均利率4.89%，较上年同期下降41bp（基点）。督促3家法人银行在人民银行总行规定的利率基础上，继续压降贷款利率，主动让利。全市已投放的符合条件贷款加权平均利率5.08%，较总行要求降低42个基点，有力支持“三农”、小微民营企业发展。推动银行减费让利，与市财政、市税务部门建立三方协作机制，累计办理增值税留抵退税业务2569笔、金额11.44亿元，1696家小微企业第一时间享受政策红利。做好支付服务减费让利工作，累计支付减费让利496.68万元，惠及客户6.38万户。引导商业银行主动作为，鼓励通过阶段性延期还本付息、贷款展期、无还本续贷、调整还款计划等，缓解受疫情影响较大的小微企业还本付息压力。推动商业银行通过无还本续贷、延期还本付息、调整还款计划等，为全市3066家企业及个人提供周转资金80.70亿元；对85个减免租金的出租人给予3.7%的优惠利率贷款，金额9260万元。

7月，市农村商业银行走访客户，一户一策服务实体经济

推进绿色金融 人行靖江市支行联合市发改委、市生态环境局、市农业农村局、市地方金融监管局等七部门印发《靖江市金融支持绿色低碳循环发展的实施意见》，明确金融支持绿色低碳循环发展的主要目标、发展思路和工作重心。推动成立靖江市碳账户建设工作班子，强化部门协作，牵头制定“碳账户＋金融”实施方案和具体攻坚要点，明确时间表和路线图。针对碳账户数据采集难题，联合市发改委、市生态环境局等部门，打造集碳足迹展示、碳排放数据汇总、碳排放强度、排名分析等功能的碳排放账户监测系统。推动市发改委与华为云公司合作，打造“智慧碳排放监管平台”，为靖江地区62户年耗1000吨以上标煤的重点用能企业建立碳排放账户，根据供电公司和天然气公司提供的数据，在系统内生成碳排放数据，及时掌握各企业能耗结构，按月监测碳排放总量和碳排放强度，创新启用“健康码”分类功能，合理评价企业碳排放等级，将“红黄绿”不同的评价结果推送给各银行机构，用于绿色信贷参考。持续开展绿色企业和项目的认定入库和主体标识工作，成功推动1家企业列入省级绿色企业（项目）名录库。引导银行机构加大绿色信贷产品和服务供给，推动靖江地区首笔碳表现挂钩贷款成功发放，投放金额4000万元。引导靖江农商行主动投放绿色贷款，采用“先贷后借”方式，向该行发放绿色再贷款5000万元。梳理监测各银行机构绿色金融重点产

品,形成 2022 年度重点项目和企业绿色融资需求清单,督促各银行机构加快融资配套。至 12 月末,全市绿色贷款余额 172.8 亿元,比上年增长 26.34%,高于全市各项贷款增速 11.92 个百分点。

金融助企纾困　人行靖江市支行 5 次召开落实重大决策部署专题党组会,研究金融支持实体经济、助企纾困、防范化解金融风险等工作措施。面对疫情影响,立足主责主业,及时拟定《中国人民银行靖江市支行关于统筹做好近期疫情防控和金融服务工作的通知》,对银行机构金融服务提出明确工作要求。及时组织全市 23 家银行机构召开政策宣讲会和任务部署会,对各银行机构提出走访、帮扶要求。会同中国银行靖江支行、靖江海关等部门对 1000 家企业开展"政策护航 产品领航 助企纾困新发展"外汇政策宣讲活动,联合 13 家银行机构、市妇联、市工商联与 13 家企业开展"助企纾困'靖'帼双创益企惠"主题沙龙活动,为市场主体排忧解难。会同商业银行深入马桥镇三爱村、生祠镇东进村等蔬菜种植园、农产品加工厂进行调研,了解产业融合发展的金融需求。推动银行机构创新暖企抗疫贷、助农抗疫贷等助企纾困特色金融产品,产品最低年化利率 3.5%,较一年期 LPR 低 15bp。走进重点行业、重点企业,开展金融助企纾困政策宣导活动,确保金融助企纾困措施迅速落实。至 12 月末,辖内各银行机构累计通过跨境金融区块链服务平台,发放出口应收账款融资 211 笔、金额 1.27 亿美元,有效缓解外贸企业融资难题。

维护金融稳定　人行靖江市支行强化存款保险政策宣传,利用 5 月存款保险宣传月、9 月金融知识普及月,开展针对性的存款保险宣传活动,提升存款保险知识覆盖面和知晓度。运用存款保险、央行评级、宏观审慎评估等,强化对 3 家法人银行的监督和管理。完成 3 家法人银行央行评级、现场核查、风险警示、早期纠正工作,有序开展法人银行机构个人住房贷款业务的窗口指导专项行动。强化存款保险日常监测管理,根据总分行要求,妥善做好辖内法人银行保费征收工作。制定《关于建立靖江市银行业金融机构挤兑风险联防联控机制》,开展突发金融风险事件应急演练。持续关注恒大集团在靖江的建设项目风险情况,协助开展账户资金摸排和融资接续方案的协调工作。引导银行机构满足房地产企业合理融资需求,有效缓解开发贷收缩过快局面,个人按揭贷款总体保持平稳增长。强化平台企业债务风险处置和资金稳定接续支撑,开展"3+1"(关注负债率、关注高风险业务、关注重点企业和一尽早)监测预警,完善部门协同机制,全年未发生一笔违约。持续推动全市银行机构有序、高效、稳妥处置化解企业和担保圈债务风险。至 12 月末,全市不良贷款余额 5.91 亿元,累计处置出表 5.74 亿元,不良率为 0.39%。推进电信网络诈骗"资金链"治理,累计向银行机构推送涉案账户信息 7 期、重复开户信息 5 期。累计向公安机关移交可疑线索 3 期,协助公安机关立案 2 起,实际控制嫌疑人 1 人,阻截异地人员流窜市内开卡 5 次。利用上级行的技术支持,对全市个人账户开户信息开展风险分析,定期向银行机构推送异常开户信息。发现异常开户 51 人次,确认发生重点可疑交易账户 25 户。向银行机构推送反洗钱风险信息 4 期。积极参与分行反洗钱知识竞赛网上答题活动,组织辖内 36 家金融机构参与分行反洗钱知识竞赛,参与者 3950 人次。深化金融生态优秀县创建工作,靖江市被授予"2019—2021 年度金融生态优秀县"称号。

7 月,市工商联、农村商业银行举办"携手惠企纾困　共推经济发展"战略合作签约仪式

基础金融服务　人行靖江市支行持续开展个人账户开户服务巡查暗访,通过定期明察暗访、组织银行机构互查、限时报送网点现场图片等方式,对存在问题的银行机构进行及时提醒。全

年开展巡查暗访 41 次、巡查网点 111 个。引导长江商业银行在较为偏远的双龙村、法喜村等地新建两家普惠金融服务点。支持靖江农村商业银行与市税务局成功签订合作协议,开展服务点共建工作,持续叠加社保代办、医保代办等服务,丰富一站式综合服务点服务内容。组织银行机构召开移动支付、手机号码支付督导推进会议,督导银行机构加强农村地区移动支付、手机号码支付业务。开展支付服务适老化工作,指导银行机构开展营业网点适老化改造,完善线上支付适老平台体验,创新支付服务惠老产品,丰富支付服务适老化应用场景。疫情期间,及时了解各银行机构现金运行情况,实时掌握现金库存、回笼情况,开通现金供应应急绿色通道,做到提前预测、早做安排、及时协调。践行"金融为民"服务理念,统筹部分银行机构开展现金便民服务点民生工程建设,建立健全现金收付服务与流通管理工作机制。全年新增农贸市场现金便民服务点 22 家,有效解决现金服务"最后一公里"问题。对辖内 30 家银行网点小面额人民币供应情况进行暗访,走访调研网点周边的用现商户、社会公众取现用现情况,多视角、多维度开展现金服务满意度评价工作。对银行机构假币收缴情况进行全方位检查,规范假币收缴、假币鉴定流程。强化与公安部门协调沟通,推进假币危害重点地区整治,全年累计收缴假币 562 张、金额 49725 元。

6 月,金融系统开展"金融知识进万家"宣传活动

征信体系建设　人行靖江市支行依托"首贷中心"数据资源,建立 8 万余户企业、个体工商户等市场主体的"非银信用档案"。指导靖江农商行依托阳光金融工程信息数据库加快农户信息档案建设,配合市信用办制定《靖江市加快推进社会信用体系建设构建以信用为基础的新型监管机制的实施方案》,强化守信褒奖和失信惩戒机制。联合市地方金融监管局、长江商业银行共同开展"6·14"信用记录关爱日现场宣传活动,营造诚实守信的浓厚氛围。指导银行机构开展"信用镇、信用村、信用户"评定工作,联合市发改委、市地方金融监管局制定"三信"评定标准体系,提升征信助力乡村振兴水平。开展新型农业经营主体数据采集工作,指导靖江农商行探索以评价得分为主要审贷依据的"新农信用贷"特色信贷产品,缓解新型农业经营主体缺少抵质押、担保的难题,至 12 月末,"新农信用贷"余额 5683.7 万元。执行征信查询日、月、季核查各项要求,定期开展征信合规自查自纠。强化现场和非现场相结合的"穿透式"监管,从数据报送、信息查询、征信安全等方面加强日常监管,守住不发生信息泄露的底线。

金融消费权益保护　人行靖江市支行联合市消费者权益保护委员会、市交通广播电台举办"3·15"消费维权知识现场答题竞赛活动。开展"普及金融知识 守住钱袋子"宣传月活动,联合市委宣传部、市地方金融监管局等部门面向中学生举办"普及金融知识 让梦想远行"专题知识讲座,提升学生群体的自我保护意识和防范金融风险的能力。以"新时代文明实践青春护航"为主题,分别在新桥镇、斜桥镇、省靖中专校等处开展"金融知识进万家 防非反诈我先行""筑牢防非反诈网 守护最美夕阳红"金融知识宣讲活动,通过防范非法集资、打击网络诈骗和养老诈骗等金融知识宣讲,提升消费者的自我保护意识和识别能力。指导靖江农商行完善金融教育基地建设,开展形式多样的金融知识普及活动,该教育基地获评"泰州市市级金融教育示范基地"。对"12345"政务热线、"12363"金融热线转办的投诉工单,做到当天受理、及时协调、按期回复,切实提升群众的满意度。全年受理各类投诉 181 笔,均按规定时限处理完毕,办理率 100%,按规定向诉求人电话或短信回访率100%,各类案件办理满意率98%以上。

外汇服务管理　人行靖江市支行根据外汇管理政策的变化,及时修订充实相关内控制度,规范内部管理,强化监督制约措施。做好国际收支统计等基础性工作,确保辖内申报数据的全面、及时和准确,辖内国际收支申报准确率达99.9%、及时率100%。稳妥做好直接投资项下存量权益登记工作,申报率100%。开展优质企业贸易外汇收支便利化“满意度”与政策诉求问卷调查,常态化督导银行机构完善内控制度,优化业务办理流程,提升业务能力和服务水平。辖内4家银行参与贸易便利化业务试点,货物贸易便利化试点企业20家,服务贸易便利化试点企业6家,累计办理便利化业务1382笔、金额10.57亿美元。引导企业参与便利化改革,4家企业落实资本项目便利化改革政策,累计办理便利化业务33笔、金额2.09亿元人民币。推进行政许可业务“网上办”,累计线上办理行政许可业务94笔,线上办理率达74.6%。组织银行机构外汇业务人员参与货物贸易与服务贸易线上答题103人次。开展银行同业互访与外管局两条线暗访工作,累计对24家银行网点的个人外汇业务便利化办理情况进行调查,对发现的问题要求即时整改。协助江苏东方重工有限公司破产管理人办理特殊机构赋码,使其成功收回前期江苏东方重工有限公司所交跨境律师费保证金。助推靖江农商行构建跨境人民币结算企业融资支持机制,改变企业外币结算路径依赖,有效减轻汇率波动风险。靖江农商行累计发生跨境人民币结算业务6266.57万元人民币,比上年增长156.58%。防范跨境资金流动风险,围绕超长期限贸易信贷报告、出口不收汇和涉及敏感商品业务,定期开展专项核查,持续跟踪掌握企业进出口收付汇情况。向7家企业发放现场核查通知书,有4家企业被降为B类、1家企业被降为C类。开展接受境内再投资、境外发债等重点业务核查,提出针对性监管措施,加强直接投资项下的风险把控。全年累计开展资本项下非现场核查41次,对核查存在问题的银行机构进行通报和考核扣分。（杨秋云）

【农发行靖江支行】 2022年,农发行靖江市支行树立“粮食强行”战略,依托省行战略性客户江苏华穗粮食有限公司,为其提供储备贷款、收购贷款、循环贷款、仓储设施贷款等一揽子金融服务,全年累计发放各类粮食贷款35.72亿元,支持收购粮食101.76万吨。开办南方小麦交易市场现货交易资金存管业务,成为全市首家与该市场开展线上合作的银行机构。支持实体小微企业发展,做好江苏骥洋食品有限公司、江苏双鱼食品有限公司等企业的贷款续贷,向靖江市供销现代农业综合服务有限公司提供小微企业贷款800万元,通过首年优惠等方式,减轻小微企业财务成本近24万元。抢占重点项目先机,向江苏省扬子江物流有限公司5万吨大直径筒仓项目投放0.5亿元制造业中长期贷款,成为全省首笔审批通过的发改委清单内制造业中长期贷款。创新项目贷款模式,向江苏景龙园现代农业投资开发有限公司投放2.8亿元林权抵押贷款。把握政策“窗口期”,成功投放城市更新类贷款3个、金额26.3亿元,获批储备项目1个、金额14亿元。全年累计发放各类贷款48.58亿元,比上年增加3156万元。加大支农资金筹集。做好项目资本金、项目上下游及关联客户资金等各类存款的跟踪组织工作,做到资金“移户不移行、流动不流失”,对已投放的贷款提前合理安排信贷资金支付路径。新营销有效客户8家,组织非贷企业日均存款4.77亿元。加强新投放项目金融服务方案跟踪监测,做好综合服务方案后评价工作,新增日均存款3.5亿元。增加江苏华穗粮食有限公司资金留存力度,引导企业加快货款回笼速度,形成货款回笼过周末的习惯,江苏华穗粮食有限公司日均存款2.22亿元。与农商行开展紧密合作,成功分销农发债、政府债券各0.1亿元,开设农商行同业结算性账户,营销同业存款0.1亿元。紧盯财政性资金,营销土地出让金、保证金等,形成存款增量,全年累计营销土地出让金4笔、金额1.63亿元。参加财政存款招标,中标金额1.82亿元,净流入0.1亿元。至年末,支行各项贷款余额53.37亿元,较年初增加10.42亿元,增长24.25%;日均存款13.4亿元,较年初增加7812万元,增长6.19%,存款余额9.82亿元。完成国际结算业务量923万美元。支行实现利润(不含托市粮利润)6362.61万元,无新增不良贷款和欠息。支行在运营全国大集中试点上线劳动竞赛中获中国农业发展银行江苏省分行优胜营业机构奖。（沈　伟）

【工行靖江支行】 2022年,中国工商银行股份有限公司靖江支行支持靖江经济社会发展,持续加大政策、规模、授权、技术、人才队伍等方面的支持力度,推动“三比一提升”(比责任落实、比尽锐出战、比精准举措，提升脱贫质量）项目落地，助力靖江经济高质量发展。全年在泰州市新发放贷款加权利率4.25%，比上年的4.5%下降0.25个百分点；在靖江市新发放贷款加权利率4.18%，比全市水平低0.07个百分点，比上年的4.58%下降0.4个百分点，比全市水平多降0.15个百分点。加大综合金融服务力度，构建起贷款、债券、租赁、投资顾问等一体化的投融资服务体系，完成工行泰州分行第一笔PPN（非公开定向债务融资）债券承销5亿元、产业投资基金托管业务1亿元。加强资源倾斜，与泰州分行共同组建重大项目营销服务团队，专业服务靖江辖内2000万元以上重大产业项目。年末，全行本外币各项存款余额142.36亿元，较年初增加29.84亿元；各项贷款余额100.5亿元，较年初增10.28亿元，其中公司贷款余额71.74亿元，比年初增加8.26亿元。全年完成中间业务收入0.79亿元，实现拨备前利润3.06亿元。（钱 萍）

【农行靖江市支行】 2022年，中国农业银行股份有限公司靖江市支行着力服务实体经济、"三农"和重大项目，以"大项目"为关键抓手，累计投放主城核心区城市更新、江阴—靖江长江隧道工程、国信秦港港务煤炭物流靖江基地等项目贷款20.03亿元。助力制造业和科技创新发展，向规模以上工业企业、科创企业、专精特新"小巨人"企业、优质产业链企业提供金融服务，全年制造业贷款比年初净增7.51亿元。支持普惠金融业务发展，推进"一项目一方案一授权"普惠贷款运作新模式，累计审批"一项目一方案一授权"项目29个、用信总额8.71亿元。提升线上经营服务能力，推进智慧场景项目，有效场景比年初净增92个；新增掌银注册客户4.01万户，新增掌银月活客户5.3万户；持续开展"万人进千村"活动，全年走访行政村188个，有效建档1461户。年末，支行本外币各项存款余额261.95亿元，比年初净增47.93亿元；本外币各项贷款余额166.32亿元，比年初净增32.91亿元；实现中间业务净收入1.48亿元；实现国际结算业务量55.73亿美元；不良贷款余额3513万元，占比0.21%，比年初下降0.05个百分点。支行被总行表彰为2022年度"打造服务乡村振兴领军银行工作先进县域支行"，获评总行级运营基础管理先进单位，2022年度江苏省分行"先进集体"称号。支行营业部获"江苏省工人先锋号"、中国农业银行"五一巾帼标兵岗"称号。（于雯静）

【中国银行靖江支行】 2022年，中国银行股份有限公司靖江支行加快零售贷款拓展，以住房贷款、消费金融为突破口，提升个人贷款份额占比。年末全行人民币贷款余额110.99亿元，较年初增加23.38亿元，增长26.68%。做好重点存量客户维护与深耕，争揽存量客户的结算份额，提升存量客户贡献程度；聚焦源头资金，争揽拆迁、智慧工地、代发薪资等业务，提升资金留存率，做大资金蓄水池。积极做大存款规模，以存款带动全量客户金融资产增长。年末全行人民币存款余额99.97亿元，较年初增加18.76亿元，增长23.10%。重视国际结算、分期、基金、保险等传统中间收入业务与非标理财等轻量资本业务，全年完成国际结算业务量9.77亿美元、跨境人民币业务量18.64亿元、结售汇业务量11.35亿美元；争揽靖江世创能源科技有限公司、车汇莱环保科技公司等资本金金额2.2亿元；争揽供应链客户21户，实现供应链投放3.47亿元。中间业务收入比上年增加606万元，增长21.52%。构建风险管理体系，提升基础管理和风险防范能力，全行不良资产余额0.26亿元，资产不良率0.24%，不良资产余额、资产不良率实现"双降"。实现营业收入3.54亿元，较上年增长18.81%。支行获评江苏中行"文明单位"、泰州中行"优秀管辖支行"等。（沈 俊）

【建行靖江支行】 2022年，中国建设银行股份有限公司靖江支行锚定高质量发展主线，根植县域经济，主动担当作为，深耕资产业务，助力城市更新和老旧小区改造，累计投放项目贷款14.6亿元。支持乡村发展，综合运用乡金产品，满足乡村农户、涉农主体资金需求，累计投放城乡融合贷331笔、贷款金额2.93亿元。多措并举，推进普惠金融战略业务发展，年末普惠贷款余额33.1亿元。聚焦存款资金，确保稳存增存。加大对新时代造船、新扬子造船等龙头企业的营销力度，两大船企新增对公存款近15亿元。加强个人存款精细管理，开展核心存款提升活动，组建新开户团队，拓展客户账户，全年新开对公结算账户2128户。推广"建行生活"App，将龙支付收款嵌入美好超市收银系统，搭建本地生活场景与金融服务相融合的消费生态圈。强化风险管控，防范和化解重点领域风险，资产质量不断提升。至年末，支行不良贷款余额0.63亿元，较年初下降0.58亿元；不良率0.42%，较年初下降0.49个百分点。支行一般性存款时点

9月，建行靖江支行与市行政审批局开展“智慧政务”合作

余额154.3亿元，新增23.26亿元；本外币贷款时点余额154.27亿元，新增16.19亿元；累计实现中间业务收入1.4亿元。（吴 燕）

【交通银行靖江支行】 2022年，交通银行靖江支行梳理全市纳税500强大户、工业30强企业、专精特新“小巨人”等优质客户信息，聚焦中小客户、做好普惠金融，服务实体经济，支持中小企业发展，加大对小微企业贷款的投放。年末普惠贷款余额3.85亿元，较年初净增0.8亿元。支持龙头行业发展，开立涉外保函1.49亿美元。年末个人消费贷平均余额5.52亿元，较年初增长0.05%。支行不良贷款余额125.93万元，较年初下降6266万元；不良率0.03%，较年初下降1.28个百分点。推进网点智能化建设，提升客户服务质效。至年末，支行各项存款余额48.76亿元，比年初增加9.36亿元；人民币存款余额47.31亿元，其中储蓄存款15.99亿元、对公存款31.32亿元。人民币贷款余额48.04亿元，其中公司实质性贷款41.8亿元、个人贷款5.87亿元、票据融资0.37亿元。全年国际业务结算量1.49亿美元。实现经营利润1.05亿元。该行获评交行江苏省分行“先进基层党支部”，被江苏省总工会评为“江苏省工人先锋号”。

（完 慧 沈 艳）

【邮储银行靖江市支行】 2022年，中国邮政储蓄银行靖江市支行创新信贷产品，加大对民营企业、小微企业和“三农”的信贷投放力度，向开发区、重点企业发放各类贷款28.05亿元。注重负债业务，围绕土地保证金、财政资金招标等重点项目，开展重点营销，做细做实“进市场、进社区、进村镇”等传统发展方式的同时，拓展住建、拆迁、企业工资代发等领域。加快非货币型基金、理财等高附加值产品销售的同时，培育新的中间业务收入增长点，实现交易银行、投资银行等多方面突破，全年实现中间业务收入1385.7万元，比上年增长29.5%。创新金融服务，与马桥镇深度合作，在徐周村建立普惠金融服务站，合作开展“金融为芦笋产业赋能”项目，获得中央电视台农业农村频道的关注报道。探索为全市医疗保障服务，推进医银全面合作。与市医疗保障局、市邮政分公司签署“医路邮你”全面战略合作协议，将西来支行打造为“医保便民服务点”。与市行政审批局合作，打造城市“15分钟”政务圈，提供“苏服办”等数字化服务，推进现代政务服务体系建设。年末，各项存款余额96.62亿元，较年初净增11.93亿元。各项贷款余额35.24亿元，较年初净增3.25亿元；其中普惠型贷款余额9.37亿元，占比26.58%，较年初净增1.94亿元。全行累计实现收入1.43亿元，比上年增长19%；实现拨备后利润0.97亿元，比上年增长29%。支行获评江苏省分行“十优先进集体”、泰州市分行“先进集体”等称号。

（刘玲燕 王 蕾）

【靖江农村商业银行】 2022年，江苏靖江农村商业银行股份有限公司坚持服务“三农”、服务实体经济的市场定位，与市委组织部合作成立靖江市金融服务乡村振兴党建联盟，选派13名支行行长挂职各镇(街道、园区)镇长(主任)助理。与各镇(街道、园区)达成合作意向，通过“一镇一方案”的服务模式，定制金融服务方案。成功完成泰州市首笔支持农村集体经济组织的强村置业贷、首笔创新农业设施担保方式的农业设施抵押贷。打造“靖银助农”直播品牌，策划开展助农及公益直播活动，用好“E路有我”平台，线上开辟“靖江消费帮促专区”，在线下搭建“生活馆”“我的食堂”“工会福利”等生活场景，新增合作单位62家、商圈客户4470户，累计帮助销售农产品2万余单。服务实体经济，紧跟地方政府项目动向，抓住乡村振兴、城市能级提升进程中的融资需求契机，积极与省联社沟通，向省银保监局争取，以银团贷款方式支持辖内国有企业发展。瞄准地方重点产业集群，定制产品赋能制造业提质增效、支持民营企业壮大。助力制造业发展，连续多年制造业贷款余额始终保持占全市制造业贷款的50%以上，全年服务各类重大项目160余个，年末，制造业贷款余额111.17亿元。落实稳企业保就业纾困政策，主动摸排企业受疫情影响情况，一企一策制定纾困方案，配套提供利率优惠的“惠民暖企助农”系列抗疫金融产品，助力企业尽快复工复产，累计为企业减费让利6138.00万元。下好零售转型“先手棋”，全面升级银政、银校、银医合作，与27个单位、基层党组织结对共建，为60余所学校办理缴费业务，布设税银缴费点285个，扩大普惠金融服务覆盖面。持续加载手机银行功能模块，手机银行人均月度活跃客户占比提升80%。上线各类集中作业平台，加快营销、管理类小程序开发应用，推动各项金融产品智能化。加快社区银行建设进程，围绕“提颜值、聚人气”，加快书香银行、银发银行、儿童银行等特色支行建设，不断放大社区银行优势。增量创历史新高，分别增加47.15亿元、38.33亿元，存贷款增速位列泰州农商行系统第一，存贷款市场份额在靖江稳居首位。（丁一流）

7月，靖江农村商业银行金融服务到农户

【江苏长江商业银行】 2022年，长江商业银行围绕差异化经营、特色化发展和精细化管理，深化改革创新，深耕小微领域，推动经营管理提质增效，实现稳健可持续高质量发展。服务小微企业，持续推动小微企业金融服务“增量扩面”，对符合“两有两无”小微客户给予信贷支持。重点拓展尚未与银行建立授信关系的新市民群体、“三农”客户、个体工商户，提升普惠金融服务水平。创新研发“小微创业贷”“小微助业贷”产品，向处于萌芽期和成长阶段的小微企业提供有效的信贷支持。累计小微企业贷款户数37928户，较年初增加7131户。其中，小微助业、创业贷款25319笔，贷款金额73.8亿元。年末小微企业贷款余额239.72亿元，较年初增长32.39亿元。创新涉农特色产品和服务模式，聚焦乡村振兴，加快“三农”服务网点布局。全年在泰州域内建设农村普惠金融综合服务点54家，覆盖35个乡镇、54个行政村，辐射农村人口近16万人。年末全行涉农贷款余额86.16亿元，较年初增加16.55亿元，其中普惠型涉农贷款余额46.92亿元，较年初增加8.43亿元。至年末，全行总资产423.95亿元，较年初增长10.01%；各项贷款余额331.47亿元，较年初增长13.83%；各项存款余额347.02亿元，较年初增长13.15%；不良贷款率1.30%，较年初下降0.06%。全年实现税后净利润2.91亿元，上缴税款1.93亿元。长江商业银行被江苏省银保监局评为江苏省银行业金融机构普惠金融服务先进单位，被泰州市银保监分局评为泰州市银行业金融机构普惠金融服务先进单位。9家营业网点被省银行业协会评为文明规范服务适老网点，营业网点服务规范获评为银行营业网点服务领域企业标准“领跑者”。该行成功入选“2022江苏企业社会责任典范”榜单，被《经济观察报》评为卓越城市商业银行，被《华夏时报》评为年度普惠金融服务银行。（沈小进　董亚军）

保　险　业

【概况】 2022年，靖江市有保险公司37家，其中，财产险公司16家、人身险公司21家。年内，全市保险业务平稳增长。全年实现保费收入27.54亿元，比上年增长3.06%。全年赔付支出6.92亿元，比上年下降2.0%。

财产险业务 2022年，全市财产险公司保费收入7亿元，比上年增长9.31%。其中，总车辆险收入5.02亿元，比上年增长5.40%；责任险收入0.41亿元，比上年增长7.29%；涉农险保费收入0.23亿元，比上年增长22.43%；船舶险收入0.21亿元，比上年增长1691.62%；企财险收入0.14亿元，比上年增长1.76%。财产险公司为全市提供风险保障11539亿元，处理各类理赔案件102902件，赔付支出4.61亿元，比上年增长3.29%，综合赔付率65.85%。其中，总车辆险赔付3.42亿元、企财险赔付3940万元、责任险赔付1514万元、涉农险赔付1440万元、船舶险赔付804万元、信用险赔付264万元。

人身险业务 2022年，全市人身险公司保费收入20.54亿元，比上年增长1.09%。其中，一般寿险收入15.34亿元，比上年增长6.88%；分红险收入4亿元，比上年下降11.66%。全市人身险公司赔付支出约2.31亿元，比上年下降11.01%。其中，理赔给付支出1.01亿元，其他各类赔付支出1.30亿元。

【保险服务】 2022年，全市保险公司健康险理赔给付2648万元（人身险公司理赔给付2430万元、财产险公司理赔给付218万元），意外险理赔给付4326万元（人身险公司理赔给付1601万元、财产险公司理赔给付2725万元），大病险理赔给付5679万元。

2022年靖江市主要保险机构人身保险业务一览表

表24

公司名称	保费收入		理赔给付（万元）	比上年（±%）	其他各类给付（万元）	比上年（±%）
	累计（万元）	比上年（±%）				
中国人寿保险股份有限公司靖江支公司	145863	1	8994	4	9454	-6
中国太平洋人寿保险股份有限公司靖江支公司	1477	-11	186	-11	329	-7
中国平安人寿保险股份有限公司靖江营销服务部	3341	-15	—	—	—	—
新华人寿保险股份有限公司靖江营销服务部	7599	101	202	5	1800	-52
泰康人寿保险股份有限公司靖江支公司	4583	-19	164	-33	691	47
民生人寿保险股份有限公司靖江营销服务部	23	0	—	—	—	—
太平人寿保险有限公司靖江营销服务部	23081	3	—	—	—	—
富德生命人寿保险股份有限公司靖江营销服务部	6472	-11	—	—	476	-54
合众人寿保险股份有限公司靖江营销服务部	1082	-15	45	-45	99	-45
友邦人寿保险有限公司靖江营销服务部	3187	19	307	28	19	-6
中国人民健康保险股份有限公司靖江支公司	661	32	0	—	22	59
华夏人寿保险股份有限公司靖江支公司	3320	-17	—	—	—	—
华泰人寿保险股份有限公司靖江营销服务部	452	-9	—	—	—	—
中国人民人寿保险股份有限公司靖江支公司	2322	-14	115	-56	93	81

续表 24

公司名称	保费收入		理赔给付（万元）	比上年（±%）	其他各类给付（万元）	比上年（±%）
	累计（万元）	比上年（±%）				
英大泰和人寿保险股份有限公司靖江支公司	1470	8	9	–90	13	22
利安人寿保险股份有限公司靖江支公司	218	–26	—	—	—	—
北大方正人寿保险股份有限公司靖江支公司	225	–22	83	272	—	—

2022 年靖江市主要保险机构财产保险业务一览表

表 25

公司名称	保费收入		赔付支出		赔付率（%）
	累计（万元）	比上年（±%）	累计（万元）	比上年（±%）	
中国人民财产保险股份有限公司靖江支公司	30497	11	22662	10	74
中国太平洋财产保险股份有限公司靖江支公司	6752	9	3830	4	57
中国平安财产保险股份有限公司靖江支公司	7080	8	3702	5	52
天安财产保险股份有限公司靖江支公司	933	11	565	41	61
中华联合财产保险股份有限公司靖江支公司	2469	55	1206	–9	49
中国大地财产保险股份有限公司靖江营销服务部	932	–15	669	–34	72
永安财产保险股份有限公司靖江支公司	1299	–11	675	–20	52
华安财产保险股份有限公司靖江营销服务部	1150	15	616	–29	54
大家财产保险股份有限公司靖江营销服务部	558	19	309	–31	55
阳光财产保险股份有限公司靖江支公司	1005	–0	552	–20	55
都邦财产保险股份有限公司靖江支公司	504	–32	242	–35	48
中国人寿财产保险股份有限公司靖江市支公司	13111	9	9213	8	70
太平财产保险有限公司靖江支公司	1507	23	851	–25	56
长安责任保险股份有限公司靖江支公司	539	14	212	–28	39
紫金财产保险股份有限公司靖江支公司	1685	30	808	3	48

【服务健康养老】 2022年,市内相关保险机构积极承办靖江市城乡居民大病保险和靖江城镇居民大病保险。人保财险靖江支公司为参保居民大病二次报销提供有效服务;与市医保局联合共建"15分钟医保服务圈",通过分布网点为全市居民提供四大类12项医保便民服务;全年接待受理报案6.5万人次,全年赔付支出2745万元。

【服务乡村振兴】 人保财险靖江支公司提供种植类、养殖类、高效农业设施类共26个涉农险种,全年承担农业风险保障5.02亿元,全年赔付支出1633.51万元。8月,太平洋产险靖江支公司在乡村振兴试点示范乡镇马桥镇创新首单以奖代补的香沙芋收入保险,当香沙芋因自然灾害、病虫灾害造成植株死亡或减产时,每亩最高可获赔5000元(种植成本损失保额每亩3500元,收益补偿保额每亩1500元)。年内承保香沙芋11.06公顷,保费收入49773元,保险金额829550元,赔付支出10.98万元。 (陆 帅)

2月,人保财险靖江支公司温暖驿站送温情

【人保财险靖江支公司】 2022年,中国人民财产保险股份有限公司靖江支公司履行保险补偿职能,服务乡村振兴,提供种植类、养殖类、高效农业设施类26个涉农险种,承担农业风险保障5.02亿元,全年赔付支出1633.51万元,为农产品稳产保供提供了保障。服务智慧交通,推广承运人责任险,为运输行业防范责任风险提供保障,承保全市近10万辆车辆保险,全年处理各类车险报案1.4万起,支付理赔款1.45亿元。服务健康养老,承办全市城乡居民大病保险和靖江城镇居民大病保险,为参保居民大病二次报销提供有效服务,全年受理报案6.5万人次,赔付支出2745万元。服务绿色环保,持续推进环境污染责任险,全年为13家企业提供近千万元风险守护;同时支持绿色发展,加大对新能源汽车保险发展支持力度,全年新能源保险签单5052笔。服务社会治理,适应新《中华人民共和国安全生产法》出台的需要,在危化、冶金、建工等行业推广安全责任险及食品安全责任保险、电梯保险等,为企业防范安全隐患、分担风险责任提供有效的保障。配合乡镇做好防致贫防返贫工作,积极推行防贫保险,险种涉及人身健康、意外、家庭财产等。全年完成保费收入3.05亿元,占全险种市场份额43.55%,比上年增长0.33%。处理各类理赔案3.5万件,支付各类理赔款2.01亿元。 (褚 刚)

【国寿靖江支公司】 2022年,中国人民人寿保险股份有限公司靖江支公司积极参与多层次社会保障体系建设,全服务"六稳""六保",助力实体经济发展。全年实现总保费14.59亿元,为泰州市范围内第一家也是唯一一家总保费过14亿元的寿险公司。在全市寿险市场继续保持超7成份额,为逾40万名靖江居民提供保险保障服务。助力乡村振兴,提高居民抗风险能力,增强社会发展韧性。与政府合作,开展精准扶贫保险、居家服务养老保险等项目的同时,构建居民防贫保障保险体系,让更多特殊困难群众获得保障服务。特别是针对癌症患者用药贵的难题,推出专属特药险产品。投身公益、慈善事业,组织开展慈善一日捐活动,向新冠肺炎疫情防控一线的医务人员及工作人员捐赠保险保障。组织党员服务队走村进埭,宣传老年人保险保障。真情服务关怀客户,开通绿色理赔通道,保障客户保全服务时效。国寿靖江支公司连续第三年承办市民政局采购的靖江市养老机构意外综合保险和指定场所保险,为全市1200余名入住养老机构的老年人和在居家养老服务中心的老年人提供意外伤害保障。连续第十年承办"安康关爱”老年人意外险、农村“小额”惠民保险及“关爱计生家庭”保险，累计保障辖内居民 8 万多人次，其中“安康关爱”老人意外险承保人数 6.1 万人。全年累计理赔 2629 人次，理赔支出 374.3 万元。全年为 10883 位客户提供理赔服务，赔付金额 8718.28 万元。其中，重疾类 3592.28 万元、伤残类 679.51 万元、身故类 2640.09 万元、医疗费用类 1806.40 万元。

【特殊保险服务】 中国人寿靖江支公司承担靖江市“126”精准扶贫医疗救助保险和防贫保险业务，为全市五保、低保、困境儿童、低收入边缘贫困人口因病、因意外导致返贫提供保障 2622 人次，通过医院一站式窗口结算，实现对救助对象住院治疗费用兜底保障，使救助对象的住院医疗费用平均自付比例低至不足 3%。承办市卫健委计生特殊家庭护理和意外伤害保险，承保人数 1800 人，解决部分计生特殊家庭人员住院后缺人照料的困境。连续第五年承办公安干警综合保险，排解 850 余名公安干警及家属因意外或重大疾病带来的后顾之忧。连续第六年承办市应急管理局投保的自然灾害惠民保险，保障全市 66 万户籍居民和 21 万户籍家庭因自然灾害导致的人身伤害和家庭财产损失。

（龚振兴）

证　券　业

【概况】 2022 年，全市有申万宏源证券靖江人民中路证券营业部、南京证券靖江骥江路证券营业部、华泰证券靖江人民中路证券营业部、东海证券靖江江平路证券营业部、中金财富证券靖江人民南路证券营业部、爱建证券靖江渔婆南路证券营业部 6 家证券营业部。全年证券机构开户总数 110582 户，较年初净增 11919 户，比上年增长 12.08%。全年实现营业收入 5324.19 万元，比上年下降 16.73%。实现证券交易额 1800.47 亿元，比上年下降 2.13%。其中，A 股证券交易额 1241.90 亿元，比上年下降 16.85%；证券托管市值 63.33 亿元，比上年下降 5.62%。

2022 年靖江市主要证券营业部经营情况一览表

表 26

证券公司	存量客户数（户）	托管市值（亿元）	交易额（亿元）	营业收入（万元）
爱建证券	1550	1.2	45.78	149.73
东海证券	8101	3.79	177.92	504.61
华泰证券	24069	16.39	565.80	607.33
南京证券	16013	4.9	120.74	406.13
申万宏源	51371	33.15	834.44	3567.39
中金证券	9478	3.9	55.79	89.00
合计	110582	63.33	1800.47	5324.19

（何　运）

申万宏源证券靖江人民中路营业部外景

【申万宏源证券靖江人民中路营业部】 申万宏源证券靖江人民中路营业部于 1996 年 8 月 16 日经中国证监会核准设立，是泰州地区最早设立的证券营业部之一。截至 2022 年，该营业部提供主经纪商业务、研究业务、自营业务等。坚持“公募＋私募”策略，聚焦个人和机构投资者客户，提供资产管理、公募基金管理、私募基金管理等行业领先的全产品线服务。全年新开户1182户,累计开户51371户,实现A股基金交易量834.44亿元,公募基金销售7.71亿元,私募类产品销售300万元,代销公司自有金融产品6.41亿元,实现营业收入3567.39万元、利润3108万元。

（申万宣）

【资本市场发展】 2022年,市地方金融监管局适应资本市场发展形势,出台《靖江市促进企业上市(挂牌)的若干政策措施》,在企业股改、上市、再融资等各个阶段分别设置奖励,分类明确扶持政策,激发企业上市热情。9月,江苏双达泵业股份有限公司成功挂牌"新三板"。至年末,全市共有境内外上市企业5家(亚星锚链、东华测试、万林股份、华达科技、宝馨科技),"新三板"挂牌企业4家(华冶科技、靖互股份、味巴哥、双达股份)。全年在江苏股权交易中心挂牌企业104家,比上年增加66家,资本市场"靖江板块"的形成取得突破性进展。

2022年靖江市在江苏股权交易中心挂牌企业一览表

表27

公司名称	公司简称	企业代码	挂牌展示时间	所属板块
江苏华洋新思路能源装备股份有限公司	江苏华洋	652320	2月21日	科创板
江苏新历科技有限公司	新历科技	652381	3月11日	成长板
靖江市红星铜业制造有限公司	红星铜业	652368	3月11日	成长板
江苏安达钢结构建筑工程有限公司	安达钢构	652378	3月11日	成长板
江苏久恒新材料科技有限公司	江苏久恒	652345	3月11日	成长板
江苏远望起重机械制造有限公司	远望港机	652392	3月18日	成长板
江苏凯靖电力设备有限公司	凯靖电力	652389	3月18日	成长板
优蕾食品科技(靖江)有限公司	优蕾食品	652398	3月24日	成长板
靖江市新世纪液压件制造有限公司	新博液压	652405	3月24日	成长板
靖江市扬子木业有限公司	扬子木业	652433	3月25日	成长板
江苏特富钢管有限公司	特富钢管	652441	3月25日	成长板
江苏大能舰船高新材料制造有限公司	大能舰船	652443	3月25日	成长板
江苏凯靖管业有限公司	凯靖管业	652471	3月28日	成长板
江苏天龙车辆部件有限公司	江苏天龙	652470	3月28日	成长板
靖江市亚太泵业有限公司	靖江亚太	652496	3月28日	成长板
江苏兴华管业有限公司	兴华管业	652578	3月30日	成长板
靖江亚拓机械设备有限公司	亚拓机械	652562	3月30日	成长板
靖江市永信特钢有限公司	永信特钢	652593	3月31日	成长板
江苏达美输送设备制造有限公司	达美输送	652595	3月31日	成长板
靖江市富源船舶配件有限公司	富源船舶	652630	4月12日	成长板
江苏扬一水处理工程有限公司	江苏扬一	652618	4月12日	成长板
泰州金晟丰轴承制造有限公司	金晟丰	652640	4月12日	成长板

续表27

公司名称	公司简称	企业代码	挂牌展示时间	所属板块
靖江市富源钢结构有限公司	富源钢构	652647	4月13日	成长板
江苏金凯锐科技发展有限公司	金凯锐	652673	4月13日	成长板
靖江艾威机械配件制造有限公司	艾威机械	652680	4月13日	成长板
江苏苏凯特钢科技有限公司	江苏苏凯	652746	4月13日	成长板
靖江市格利环保科技有限公司	格利环保	652690	4月13日	成长板
靖江市黄埔机械部件制造有限公司	黄埔机械	652691	4月13日	成长板
靖江中盛鑫机械制造有限公司	中盛鑫	652732	4月13日	成长板
靖江市蛭星水蛭科技有限公司	蛭星科技	652685	4月13日	农业板
靖江市特莱斯金属材料有限公司	特莱斯	652835	4月22日	成长板
江苏奇净洁空调设备工程有限公司	奇净洁	652845	4月22日	成长板
江苏恒阳冶金科技有限公司	江苏恒阳	652811	4月22日	成长板
江苏双星特钢有限公司	双星特钢	652899	4月27日	成长板
惠明(江苏)工程技术有限公司	惠明工程	652902	4月29日	成长板
江苏欣源通汽车制造有限公司	欣源通	652937	4月29日	成长板
靖江市汇虹纺织品有限公司	汇虹纺织	653137	5月17日	成长板
靖江市联友模具制造有限公司	联友模具	653125	5月17日	成长板
靖江市明宇轴业制造有限公司	明宇轴业	653128	5月17日	成长板
靖江市远超锻造有限公司	远超锻造	653135	5月17日	成长板
靖江市海鸿塑胶科技有限公司	海鸿塑胶	653081	5月17日	成长板
江苏骏宇新材料有限公司	江苏骏宇	653195	5月23日	成长板
江苏生源电力器材制造有限公司	江苏生源	653368	5月31日	成长板
靖江凯信铁塔制造有限公司	凯信铁塔	653318	5月31日	成长板
江苏佐仕科技有限公司	佐仕科技	653415	6月10日	成长板
江苏星火汽车部件制造有限公司	江苏星火	653461	6月13日	成长板
江苏煌恒电力设备有限公司	江苏煌恒	653438	6月13日	成长板
靖江怡义天贸易有限责任公司	怡义天	653523	6月17日	成长板
江苏金鼎冶化机械制造有限公司	金鼎冶化	653558	6月17日	成长板
靖江市副采吉麦隆超市有限公司	吉麦隆	653518	6月17日	成长板
靖江市三菱暖通机械制造有限公司	三菱暖通	653533	6月17日	成长板
江苏成辰汽车配件有限公司	成辰汽配	653535	6月17日	成长板
靖江市胜达机电有限公司	胜达机电	653563	6月17日	成长板

续表 27

公司名称	公司简称	企业代码	挂牌展示时间	所属板块
江苏新南洋国际集团有限公司	新南洋	653545	6 月 17 日	农业板
江苏宝源生态牧业有限公司	宝源牧业	653541	6 月 17 日	农业板
靖江市靖泰船舶科技有限公司	靖泰船舶	653585	6 月 22 日	成长板
江苏永信恒业汽车部件科技有限公司	永信恒业	653592	6 月 22 日	成长板
江苏爱樨节能科技有限公司	爱樨节能	653591	6 月 22 日	成长板
靖江市天邦科技有限公司	天邦科技	653629	6 月 22 日	成长板
江苏飞羚运业集团有限公司	飞羚运业	653662	6 月 28 日	成长板
靖江市味乐食品有限公司	味乐食品	653650	6 月 28 日	农业板
靖江市苏鱼食品有限公司	苏鱼食品	653669	7 月 1 日	农业板
靖江市美伽铝制品有限公司	靖江美伽	653711	7 月 8 日	成长板
靖江市多米金属材料有限公司	多米金属	653721	7 月 8 日	成长板
靖江市万事鑫联运服务有限公司	万事鑫	653719	7 月 8 日	成长板
江苏金诺设备安装工程有限公司	江苏金诺	653718	7 月 8 日	成长板
江苏良工精密合金钢有限公司	江苏良工	653735	7 月 12 日	成长板
江苏金仕达汽配科技有限公司	江苏金仕	653818	7 月 28 日	成长板
靖江市欣欣家电城有限公司	欣欣家电	653877	8 月 4 日	成长板
江苏瑞尔姆电器有限公司	瑞尔姆	653876	8 月 4 日	成长板
江苏誉达工程项目管理有限公司	江苏誉达	653966	8 月 26 日	成长板
江苏升然工业科技有限公司	江苏升然	653993	9 月 2 日	成长板
江苏德丽空调净化设备有限公司	德丽科技	653997	9 月 2 日	成长板
江苏省扬子江现代粮食物流有限公司	扬子粮食	654001	9 月 2 日	农业板
南方小麦交易市场有限公司	南方小麦	654000	9 月 2 日	农业板
泰州宏海新材料有限公司	宏海公司	654287	9 月 9 日	成长板
靖江宏昇混凝土有限公司	宏昇公司	654278	9 月 9 日	成长板
靖江市津津食品有限公司	津津食品	654437	9 月 13 日	农业板
江苏创源特钢股份有限公司	创源特钢	654518	9 月 14 日	成长板
江苏京成机械制造有限公司	京成机械	654469	9 月 14 日	成长板
江苏亚龙新材料科技有限公司	亚龙公司	654502	9 月 14 日	成长板
靖江市海源有色金属材料有限公司	海源金属	654466	9 月 14 日	科创板
靖江市靖开电力电器有限公司	靖开电力	654591	9 月 15 日	成长板
江苏嘉科特种玻璃有限公司	嘉科特玻	654568	9 月 15 日	成长板

续表 27

公司名称	公司简称	企业代码	挂牌展示时间	所属板块
江苏久联冶金机械制造有限公司	久联机械	654641	9月15日	科创板
江苏瑞普医疗器械科技有限公司	瑞普医疗	654715	9月16日	科创板
江苏通达机械有限公司	通达	654738	9月16日	科创板
托普工业(江苏)有限公司	托普工业	654723	9月16日	科创板
江苏民生重工有限公司	民生重工	654865	9月19日	科创板
江苏武新泵业有限公司	武新泵业	654939	9月19日	科创板
江苏金也汽车配件有限公司	金也汽配	654891	9月19日	科创板
江苏星晨高速电机有限公司	星晨电机	654889	9月19日	科创板
江苏天鹅乐器有限公司	天鹅乐器	654888	9月19日	科创板
靖江喜友食品有限公司	靖江喜友	655193	9月26日	农业板
靖江市科尼机械配件有限公司	科尼机械	655940	9月30日	成长板
江苏巨华防腐科技有限公司	巨华防腐	655898	9月30日	成长板
江苏中瑞铁路器材有限公司	江苏中瑞	655659	9月30日	成长板
江苏立源自动化工程有限公司	立源工控	656207	9月30日	成长板
江苏华辉建筑装饰工程有限公司	华辉建筑	655981	9月30日	成长板
江苏航天动力机电有限公司	航天动力	656185	9月30日	科创板
江苏新世界泵业有限公司	世界泵业	655685	9月30日	科创板
江苏凯元科技有限公司	凯元科技	656312	9月30日	科创板
江苏欧普特条码标签有限公司	欧普特	656157	9月30日	科创板
靖江新舟合金材料有限公司	靖江新舟	655789	9月30日	科创板

(何　运)

其他非银行金融机构

【小额贷款公司】 2022年,全市有在业农村小额贷款公司8家,注册资本总额34.37亿元,资产总额63.81亿元。年末贷款余额11.44亿元,实现营业收入2.86亿元,净利润0.87亿元。

【融资担保】 机构情况　2022年全市持有经营许可证的融资担保公司2家,注册资本总额6亿元,均为国有控股。从业人员19人,其中本科以上学历人员11人,占比57.9%。

融资担保业务　全年融资担保机构累计新增融资担保业务总额6.01亿元。截至年底,全市融资担保业务在保余额7.43亿元,在保户数76户。

机构盈利　全年融资担保机构累计实现担保业务收入472.18万元,净利润369.85万元,净资产6.17亿元。截至年底,全市融资担保机构累计新增融资担保代偿1393.69万元,融资担保代偿率1.81%,各项准备金余额1.14亿元。

【融资租赁】 2022年,全市在业融资租赁公司1家,注册资本0.7亿元,资产总额7.13万元,融资租赁业务余额0元。

(何　运)

城市建设与管理

城市规划

【国土空间总体规划编制】 推进国土空间总体规划编制工作，开展“三区三线”划定，划定成果通过自然资源部质检并启用。在过渡期内有效保障近期重大产业、基础设施和民生等项目用地。牵头拟定《关于建立全市国土空间规划体系并监督实施的意见》。开展城市体检评估工作，定期分析和评价城市发展体征及规划实施效果。22个专项规划与国土空间总体规划同步编制，实现有效衔接，部分专项规划形成初步成果，并组织专家评审。配合推进城市阳台、高铁站枢纽区域规划、老城更新规划与设计工作，强化各项规划与国土空间总体规划的协调统一。协助相关部门做好城市抗震减灾规划、老旧小区改造规划等。

【镇级国土空间总体规划编制】 开展西来镇、马桥镇、生祠镇、东兴镇、新桥镇、季市镇、斜桥镇7个镇的镇级国土空间总体规划编制工作。将规划指标分解方案、建设控制区任务分解至相关属地，明确成果提交时间和要求。各镇严格落实“三条控制线”底线管控要求，衔接国民经济和社会发展“十四五”规划，统筹谋划辖区内用地布局，保障产业发展。结合“三区三线”划定成果、上位规划各类控制线和村庄规划编制，重新梳理村庄类型，优化调整全市《镇村布局规划(2019版)》中5类村庄，按要求落实1300公顷的建设控制区任务。

【村庄规划编制】 将村庄规划编制工作纳入市政府年度民生实事工程，推进城镇开发边界外的村庄规划编制工作，指导各镇结合镇村布局规划中规划发展村庄制定年度“多规合一”实用性村庄规划编制计划。2021年列入村庄规划编制计划的23个行政村形成初步成果，并组织专家评审。年内先行开展招投标的76个行政村形成初步成果。

【城市规划方案审批】 不断加强创新，打造高素质、专业化服务队伍，采取提前服务、主动服务等方式，提高审批效率，提前打通审批环节，做好前期准备，确保企业拿地前完成规划方案的审核、审批，精准满足各类重点项目审批诉求。全年发放建设工程规划许可证73份、建设工程规划许可证(零小)3份，办理规划平面图66份、规划图则53份、地下管线工程选址红线图59份。完成新桥镇幼儿园、新桥镇中心小学、生祠镇中心小学综合楼、人民医院直线加速用房、季市镇中心卫生院PCR实验室等一批民生实事工程的方案审查。

【服务监管】 加强政策宣传和规划引导，做好全市145个在建项目服务和监管工作，及时发现和解决问题，引导建设单位合法建设。对双证(原房产所有权证和土地使用权证)补办、申办项目进行政策指导、流程引导，对符合要求的，确定办理方案，快速办理；对不符合要求的，及时提出整改意见。至年末，全市184家申请补办企业完成129家。全年组织建设项目验线59个，对83个项目进行规划条件核实。

【城市规划设计】 全年完成控制性详细规划15个、专项规划15个、修建性详细规划105个、控制性详细规划图则65个，完成市政道路、管线设计54个，完成勘测定界报告358宗，出具宗地图115宗。配合出具道路、管线选址方案及征地选址，提供技术保障。

【基础地理信息数据服务】 按照江苏省自然资源厅"天地图县级节点一体化建设方案"，基于"天地图·靖江"既有平台服务架构体系，对靖江市地下管线信息系统建设进行融合升级改造，督促各管线权属单位开展地下管线修补测工作，并对各自管线数据进行分析整理与转换。

（顾　勇　凌　骏）

城市建设

【概况】 2022年，靖江市实施重点城建项目11个，完成投资53.69亿元。市政设施总维修费1050万元。完成房屋动迁160户，搬迁面积47500平方米。安置房在建项目2个，分别为滨江宜和小区、靖江开发区牧城集中居住区（三期）项目。改造老旧小区42个，改造面积36.5万平方米。整治城郊河道13条。完成城镇污水处理体提质增效达标区建设4个。污水管网城区建设19千米，其中乡镇建设16.7千米。

【老城中部核心片区总体规划】 遵循"一城聚心、十字立脊、三河绿脉、慢街会邻"更新理念，先行对老城2.9平方千米核心范围提出整体更新计划，着力打造"最忆乡愁地，多彩靖江城"，带动17.2平方千米中心城区整体复兴。年内，完成老城中部核心片区更新规划和设计，并通过专家评审，与中心城区控规进行衔接落图（含水网、路网、管网、绿网、便民生活服务网等）。

【老城有机更新】 试点改造济川门历史文化区、观海门文化区、华明华源地块等连片开发项目，打造江峰阁文化地标，串联马洲书院、魁星阁、四眼井、钟楼广场等历史遗存，建设丰华苑、通济小区、回澜花苑等，提升安居品质，加密支路网，推动城市道路成环连网，分批打造口袋公园16个，因地制宜配建家园中心，恢复老东城河、竖向玉带河水系，构建完整社区、宜居街区、美丽城区。

济川门历史文化区（14号、15号地块） 位于人民中路以东、江华街以西、骥江东路以南、迎宾路以北。项目总投资9亿元，占地面积6.6万平方米，地下地上建筑总面积约6万平方米。14号地块以串联魁星阁、江峰阁、马洲书院的方式集聚历史文化展示功能，打造文化地标"江峰阁"；15号地块采用老城街巷尺度进行打造，搭配精品住宿、创意作坊等新型业态，同步开展南城河至公园环河的水系连通工程。该项目完成"江峰阁"初步设计。

观海门文化区（12号地块） 项目东至城中小学，西至人武部宿舍，南至骥江路，北至园东路，占地面积1.86万平方米。改造和复建如盛家大厅、青莲阁、荷花池、袭庆堂、萃融楼、青莲阁等重要文化节点，通过小尺度、渐进式的微更新，打造"留改拆"典型示范区。该项目已完成EPC招标工作。

华明（华源）地块（34号、35号地块） 位于人民北路和江山路交叉口西北侧，约5.3万平方米，活化利用保留厂房，打造华明1970工业遗址公园，以工业历史展示、社区功能服务、健身锻炼广场、海绵城市为切入点，打造富有特色、提高社区居住品质的社区家园中心，实现对周边社区五分钟生活圈全覆盖。该项目设计方案通过规划论证，召开土壤污染状况调查评估报告评审会，并出具正式评估报告。

南城河滨水空间 位于人民中路西侧、迎宾路南侧、南城河北侧，占地面积5254平方米，最宽处47米，最窄处21米。通过社区连接水岸空间，营造多元活力场景，满足居民游憩休闲、运动健身、社会交往等日常生活需要，同时融入地方文化元素，打造"乐享园林"活力空间。该项目完成乔灌木种植及园内场地硬化。

骥江中路提升改造 位于老城区核心路段，全长439米，通过改造十字街口及步行街，在保留商业氛围和人行活动空间的前提下，恢复机动车通行功能。该项目的实施，有利于优化城区路网体系，改善市民交通出行条件。

老旧小区改造 全年投资15252万元，整治改造老旧小区42个，改造面积36.5万平方米，惠及2929户。累计上争补助资金1107万元。重点实施房屋安全隐患治理、雨污分流改造、飞线整治、充电桩安装、停车位增设等工作，切实改善居民居住条件。

【重点城建项目建设】 2022年，文化中心基本完成剧院装修，科创园完成各单体主体、人防地下室并通过验收。宜和安置区、长阳邻里中心、渡江邻里中心建成验收,渡江实验小学、城北幼儿园、东兴幼儿园、外国语城南分校4所学校按期交付投用。7.7千米九圩港全线通水,城郊14条河道工程一、二标段完成竣工验收,三标段河道完成整治任务。水环境整治项目基本完成。西来卫生院门诊大楼建成移交,公共卫生中心装修完成近70%。中医院迁址新建项目完成整体地下室工程,住院楼完成至2层。华汇供水系统江防水厂、合兴水厂深度处理工程全面通水运行,交付江防综合楼及附属设施,合兴浓缩池结构封顶。232省道靖江段基本完成四圩港以南无障碍段建设,京沪高速公路靖江北互通完成征地、林地处置手续、附属项目设计及施工图报批。平安交通项目中5个路口完成改造。高低压线线改及供电项目完成施工。启动木金农贸市场、天水安置区、季市古镇美食一条街项目建设。（杨竹颖　陆一笑）

6月22日,科创园项目建设施工现场

【市政设施建设与维护】 巡查维修道路,年内修复道路人行道6600平方米,沥青路面1.08万平方米,平、侧石1200米,沥青路面灌缝4600米。改造中洲路两侧人行道的透水混凝土2432平方米。改造雨水设施4处,疏通雨水管道198.5千米,安装雨水井防坠网1338张,更换雨水检查井盖72套、雨水篦子86套,修复雨水管道107.2米。组建防汛抢险应急队伍,配备各类抢险车辆18辆,汛期出动人员车辆排涝20余次,处理各类受损树木400余棵。桥梁常规检测定期化、维护精细化,全年清理桥梁伸缩缝410米,疏通泄水孔520个,修复栏杆27.2米,桥面铺装92平方米。完善53座桥梁限载限重标识牌,完成通航河道上13座桥梁防撞设施的建设、17座桥梁助航标志的安装。全年维修路灯2936盏次,亮灯率、设施完好率分别为98%、96%。节能改造江洲路(通江路—城东大道)、晨阳路(中洲路—阳光大道)路灯196套。（邵先南）

【燃气设施建设与行业管理】 全年敷设燃气管网106.3千米,新增管道燃气用户1.23万户。年末,全市燃气管网总长1588.8千米,其中高压管道122.6千米、中压管道685.7千米、低压管道780.5千米。全市有燃气经营企业10家,其中天力燃气公司经营管道燃气和汽车加气站2座,另有瓶装液化气经营企业5家、液化天然气/压缩天然气加气站3家。全市天然气年用气量17692万立方米,平均日供气量48.47万立方米,瓶装液化气销售约13989吨。年内,全面检查供气设施及燃气输配设施,推进燃气智能表具安装,在餐饮场所推广安装燃气泄漏安全保护装置,打击燃气安全违法行为,清除管道燃气违章占压4处,处罚燃气违法行为2起,罚金10500元。（陆　诚）

【城市绿化】 年内,全市新增绿地面积20.79公顷,新增绿道0.31千米,立体绿化6500米。完成行道树修剪2800余株,布置草花100余万盆、籽播草花5万余平方米,修补绿地内各类贴面2800余平方米,补栽地被植物2万余平方米。投资80余万元,在十圩港西侧新洲桥下公园绿地内建成见义勇为主题公园。建成小微绿地和口袋公园各4个,改造口袋公园和小微绿地各1个。南城河滨水空间项目和季市镇红安路、红枫路景观工程入选江苏省"乐享园林"项目库,并获得城乡建设发展专项资金161万元;小桥港景观带滨水生态空间项目入选"江苏省公众喜爱的高品质绿色空间实践项目(第一批)"。至年末,建成区绿地面积1411.86公顷,绿地率41.55%,绿化覆盖率45.28%,公园绿地面积399.9公顷。2项绿化工程获得"梅兰杯"优质工程奖,1项工程获得

“扬子杯”优质工程奖。（邵先南）

【智慧工地建设】 按照“提升行业监管和企业综合管理能力、驱动建筑企业智能化变革、引领项目全过程升级”的总体要求推广智慧工地建设，全年新增靖江中医院迁建项目、城南花园项目、城北医院项目、凯飞航空厂房建设项目等智慧工地8处。（缪镜清）

【物业管理】 2022年，全市有物业服务项目备案企业81家、业主委员会61个，物业管理委员会52个，管理项目263个，其中住宅小区171个、公共项目92个，面积共2200万平方米。有住宅维修资金72196万元、电梯消防维修资金9642万元、质量保证金7722万元。推进既有住宅加装电梯，年内启动加装电梯52台，投用27台。

【黑臭水体治理】 完成13条城郊河道整治工作，排查建成区范围64条河道800余处排口，动态清零晴天出水排口，建成区范围内河道水质稳定消除黑臭。新（改）建污水管网41.8千米，建成污水处理提质增效达标区4个。完成雨水管网视频检测117千米、污水管网视频检测128千米，累计检测乡镇污水管网100.4千米，修复管网缺陷85处。（姚凌伟）

【海绵城市建设】 2022年，城市发展融入生态理念。按照“2+N”（以老城和滨江新城2个试点区集中展示，以区外多个项目为补充）试点方案，系统化全域推进海绵城市建设。发挥全市绿地、道路、水系、居住小区等对雨水的吸纳、蓄渗和缓释作用，有效缓解城市内涝，削减城市径流污染负荷，节约水资源，改善城市生态环境质量。年内完成城北幼儿园、龙信御园等海绵项目10个。

（马克强）

城市管理

【概况】 2022年，靖江市纵深推进市容环境整治，着力提升城市保洁水平，逐步补齐停车设施短板，加快推动垃圾分类进程，全面构建废弃物循环利用设施体系，不断强化行政执法规范建设，各项工作聚力推进、成效显著。

【项目建设】 服务协调循环经济产业园综合验收，强化运转保障的监督管理，完善垃圾分类投放、收集、运输、处置体系。全年建成垃圾分类省级达标小区37个，建成省级垃圾分类试点镇1个，验收评估省级垃圾分类试点镇1个。出台《靖江市低值可回收物回收网络运营办法》《靖江市低值可回收物回收网点工作考核办法》，拓展低值可回收物回收种类。完成34条主次干道的公益广告发布。挖掘资源，新增机动车停车泊位2049个。

【综合治理】 调整市城市管理综合执法大队内设机构和职能，增加户外广告、渣土运输、违法建设的管理职能和人员力量。制定《靖江市市容环境综合整治二年行动实施意见》《市政微小破损事部件快速处置实施方案》《靖江市城镇防治违法建设工作实施意见》，促进文明城市创建工作规范化、制度化、常态化。开展教育机构广告整治、洗车行业整治、非法融资户外广告清理、校园周边整治行动，拆除非法教育机构广告37处，排查洗车行业85家，整改非法融资户外广告47处，取缔学校周边乱设摊点186处、制止乱发小广告行为49起。整改流动摊点2万余处、张贴广告600余处、乱披乱挂200余处、占道堆物200余处。加大违法建设整治工作力度，全年拆除新增违法建筑面积1400余平方米。整治城区非法占用停车泊位、车辆乱停乱放行为，清理占用停车泊位的障碍物546处，暂扣乱停乱放车辆2561辆。加强餐饮单位日常监督管理，推进餐厨油烟联合整治17次，督促整改110家餐饮单位配套安装油烟净化设施。加强建筑垃圾堆场排查，落实覆盖、清运等措施，动态管理，要求各权属单位组织及时规范处理。排查全市渣土临时堆存点，督促整改未覆盖防尘网或覆盖不完全的渣土堆场67处。序时处置违规填埋在宜兴、徐州、连云港等地的飞灰1.4万余吨。规范城区渣土运输秩序，杜绝渣土运输过程中的车辆带泥上路、不密闭行驶等违规行为，查处未规范运输违法行为27起，办理渣土处置核准许可24件，渣土企业资质年审备案13家。开展秸秆禁烧巡查工作。

【环境卫生管理】 实行“错时保洁”和“快清快保”作业班次，实现区域和时段无缝覆盖，增加路面巡查频率，消除卫生死角，不断提升城区主次干道保洁水准。加强每日对垃圾中转站、运输车辆、垃圾棚亭、果壳箱的冲洗、消毒，合理调配车辆转运，生活垃圾日产日清，无害化处理率100%。加强公厕日常保洁，实行专人管理，增加公厕巡回保洁频次，确保每日保洁。全年更换破损垃圾桶180个、果壳箱31个，维修果壳箱150余个。全年建成区道路清扫保洁总面积230万平方米，实施机械化清扫保洁道路总面积196.1万平方米，合理配备人机比例，优化机械作业时间，调整10点至13点机扫空档期，提高道路机械清扫保洁作业率，机械化清扫率90%，保洁率100%。

（闻　静）

区域社会治理

【概况】 2022年，靖江市贯彻落实省、泰州市“区域社会治理体系和治理能力现代化”决策部署，坚持“大数据＋网格化＋指挥中心”主框架，把握数字政府建设新契机，推动市域社会治理向“指挥体系信息化、应用系统集成化、网格服务精细化”方向发展。

【治理平台建设】 归集治理数据。推进市域内部门的应用场景数据融合，与上级大数据中心沟通，争取有效数据回流，不断丰富全市基础数据库，逐步打造共建共享共用的社会治理数据资源池，实现对离散治理数据的汇聚共享、市域动态的精准掌控和指挥模块的有效应用。推动平台集成。实施“泰治理”“12345热线”“数字城管”三大基础平台融合共治工程，在技术层面上完成与市域社会治理现代化综合指挥体系的数据对接共享、网格有机融合和一体管理运转，构建平台“线上下派事项”与网格员“线下全程参与”的双向传递工作体系。拓展平台功能。推动“雪亮技防”工程建设，在全市294个小区内实现基本版比例达85%、加强版比例达40%，在88家学校内实现基本版比例达90%，加强版比例达50%，完成“智慧技防＋卫生医疗场所、长江生态保护、交通、商业综合体”4个技防单元。建成全市“1+3”（网格化GIS可视平台，实有人口管理、实有房屋管理、网格员动态管理）网格化数据管理平台，范围覆盖95平方千米；上线全市网格化实时调度联动指挥平台，将全市1126名网格员全部纳入平台，网格居民服务群一并迁入其中，实现扁平化指挥调度。新冠肺炎疫情防控期间，接入保供专线23条、视频线路千余条，设立货泰通平台，实时监测高速通行情况。

【数据研判】 依托“泰治理”“12345热线”“数字城管”等平台提供的民情诉求数据资源，围绕社会发展热点、企业发展堵点和群众关注焦点，加强对治理数据的多源比对和分析研判，常态化做好监测、预警工作。全年报送各类诉求分析和数据分析报告210份、调研报告4份、经验做法3份，获泰州市领导批示2次、靖江市领导批示65次。

【网格治理】 夯实网格治理基础。坚持党建引领，全市256个村（社区）成立网格党支部675个，网格党小组全覆盖，推动2万余名在职党员进网格参与基层治理。根据实际需要，调优网格布局，城市综合网格增至444个，农村综合网格调整为682个。创新“微网格”工作模式，网格内每50户建立1个“微网格”，在原网格体系的基础上再布局“微网格”5273个。增强网格力量，招聘城市综合网格专职网格员231名，转隶专职网格员213名，确保城乡综合网格“一格一员”。吸纳物业、门卫、快递员等社会力量担任微网格信息员，构建起“指挥长—网格长—网格员—微网格信息员”四级“动力主轴”。提升网格治理水平。紧扣网格工作责任清单，结合“网格民情大走访”主题活动，规范信息采集上报，强化巡查走访服务，全年处理各类事件207369件，事件联动处置率、巡查走访率100%。新冠肺炎疫情防控期间，启动“网格＋防疫”工作模式，建立起集摸排、核查、宣传、动员、服务于一体的全链条、闭环式基层防疫网格化管理体系，服务覆盖全市28万余户居民。重点人群健康管理工作

12月9日，网格员参加重点人群健康管理工作培训

中，每日点调重点人群健康随访情况，各网格累计随访4万余人次。推动网格多元共治，培育“合兴大叔”等“网格议事”服务品牌，充实网格新生力量，凝聚基层社会治理的强大合力。重视网格员职业培训，对专职网格员开展多次多轮培训，提升网格员的专业素质和履职能力。注重宣传引导，发送网格宣传资料8万余份、宣传短信11次，开展社会公众知晓率和满意度测评，拍摄公益宣传片《我是靖江网格员》，获国家、省、泰州市主流媒体报道18次。构建自我测评体系，组建回访专班，开展“网格满意度”电话回访5797次。

【“12345”便民服务】 提升办件质效。整合归并“12333”“12349”等非紧急类便民服务热线42条，强化“一企来”服务专线功能，开设“涉企复工复产”“中高考服务”“尚贤人才服务”“营商环境投诉”专线4条，举办“12345·政风热线”靖江专场活动，承办“局长镇长主任有约12345”活动，共受理群众诉求315766件，诉求整体办结率100%。规范热线工单办理流程，运用“12345”知识库、三方通话等方式在线直接答复率达82%。推进三色工单预警、不满意工单攻坚清零行动，建立全市政务服务办件满意度回访和“好差评”监督机制，对市民诉求坚持跟踪问效，群众诉求办理满意率99%。提升应急能力。面对输入性突发新冠肺炎疫情时，第一时间启动应急值守机制，增加话务受理席位，组建涉疫民生诉求化解专班，“7×24”小时服务市民，凡新冠肺炎疫情工单均“特事特办”，实行“快接、快交、快办”模式，高峰时期日均接线2000余个，热线接通率保持在95%以上，相关诉求办结率居泰州前列。实行要事快报制度，上报涉疫民生诉求快报101期，报告社会面诉求和困难。（张　琰）

水　利

【概况】 2022年，靖江市境内有流域性河道1条，区域性河道2条，跨县重要河道2条，县级河道7条，乡级河道123条，村级河道3537条。有小型灌溉（灌排两用）泵站4725座，其中灌排结合泵站16座。全市拥有长江岸线52.3千米，境内长江主江堤、港堤总长88.25千米，其中主江堤长度49.75千米、港堤38.5千米。沿线有穿堤建筑物118座，其中涵洞61座、泵站18座、水闸（含闸站）39座。

【水利建设】 上争水利项目省级资金，实施孤山灌区续建配套与节水改造项目、中小河流治理重点县靖城街道和孤山镇项目区、通江河道治理工程。孤山灌区续建配套与节水改造项目完成生态护砌竖河、大港、中心港3条河道9.82千米，疏浚沟渠2条0.39千米，拆建涵洞11座，拆坝建桥2座，自动化改造排涝站14座及节制闸3座，建成远程自动化控制及实时监控系统。中小河流治理重点县工程完成疏浚整治靖城陆三港、北横港、前进港、水洞港、渔婆港、孤山大港6条河道24.8千米，岸坡整治大港、陆三港、水洞港3条河道14.28千米，新建4×3米桥涵1座，完成岸坡绿化面积63123平方米。通江河道治理工程完成生态护砌联兴港、合兴港、文东港、上青龙港、老川心港、新川心港6条河道8.6千米。推进生态河道建设，打造生态河道14条，长61.9千米。

【水利管理】 开展长江堤防“管、养、护”相关工作，制止、拆除堤防管理范围内乱搭乱建8起，清除堆放物6处，清理杂树杂草杂物8.68公顷，清理岸线滩地白色漂浮物及各类垃圾580袋，清运各类垃圾车辆61车。初步建成“智守长江”现代化调度指挥中心，中心平台涉及“河长制”管理、水政执法及河湖采砂、闸站自动化控制、灌区管理、水质在线监测、视频监控等，管理沿江沿线所有闸站，实现重点领域全过程、全要素监管，提升涉水事务监管和服务水平。

【水环境整治】 3月21日，全市召开水环境综合治理会议，成立靖江市水环境整治攻坚指挥部。相继印发《靖江市水环境整治攻坚总体方案》和3期《水环境整治攻坚指挥部办公室会议纪要》，制定《靖江市城区水环境整治水利工程实施方案》，全面清淤、清障、沟联，打通河道关键堵点，完善河网水系，累计疏浚河道及地下管涵5.74千米，清淤6.5万立方米，打通关键堵点7处，维修下六圩等泵站11座。

【水利经济】 争取同级财政资金，上争水利项目资金，配合水利系统中心工作，筹措水利资金，加强财务管理，强化内审监督职能，保障水利现代化、水利工程建设和运行、机构运转。接受省水利厅、市财政局、市人社局、市国资办等单位的检查或审计。加大各类规费征收力度，预算内非税资金做到应收尽收，全年征收非税收入3721万元，其中水资源费1408万元、水利工程费478万元、河道堤防工程占用费1067万元、船舶过闸费673万元、其他95万元。

【水利服务】 持续强化清洁水源调度,保证全市生产、生活和生态用水。全年沿江各闸站趁潮引水2910次、12.93亿立方米,排水3465次、23.5亿立方米,增加内河水源补给和水体流动性,其中动力引水0.51亿立方米、动力排水0.05亿立方米,改善城市河道水质。十圩港国考断面水质基本稳定在Ⅲ类水标准。

【"河长制"工作】 2022年,市级河长巡河75次,下发市级河长交、督办单13份,镇级河长巡河1982次,村级河长巡河10万余次,推动解决涉河问题191次。围绕《中华人民共和国长江保护法》《泰州市河长制工作条例》,组织开展河长培训进乡镇活动10次,受训人员800余人次。完成"幸福河湖"建设目标170条。依托牧城公园打造7000余平方米河长制主题广场,将幸福长江旅游与河长制主题宣传、水情科普教育、水文化品牌汇集一体,提升"幸福河湖"品牌效应。农村河道长效管护工作被省水利厅、财政厅评定为第一等次。十圩港、下六圩港获评2022年泰州市级"十佳"幸福河湖,文东港、竖心港、东天生港、上青龙港获评泰州市级"五星"幸福河湖。

【依法治水】 依托"世界水日""中国水周""法治宣传月",运用主流媒体宣传水法律法规,改善河湖生态环境。严格水行政执法,完成71个长江滩涂利用项目"回头看"清理整治工作。严厉打击各类涉河涉水违法行为,全年累计开展执法巡查220次,出动船艇80余次、人员1000余人次,移送市公安部门非法运砂案件1起,办理采砂船非法停靠案件1起,非法采砂案件较往年明显下降。 (肖　莉)

交　通

【概况】 2022年,市域内共有高速公路24千米、国道28千米、省道107千米、县道218千米、乡道387千米、村道530千米。全市有公路客运站场5个,其中一级站1个、三级站1个、四级站3个。全市有长江自然岸线52.3千米,规划岸线40.1千米(深水岸线35千米),已利用岸线29.7千米。沿江建有泊位209个,其中万吨级以上泊位68个,全年完成港口固定资产投资170969.03万元。港口货物吞吐量2.37亿吨,比上年增长2.35%,其中外贸货物1133.3万吨。全市内河规划岸线13.4千米,其中公用港口岸线8.1千米、临港工业岸线1.8千米、预留港口岸线3.5千米,有夹港汽渡码头、上五圩汽渡码头2个长江汽渡口,有江苏骥江轮渡有限公司、靖江市华汇渡运有限公司2家长江渡运企业,内河港口企业35家、泊位59个,全年完成货物吞吐量300.9万吨,比上年增长24.18%。全市公共交通日趋完善,有公交客运车辆231辆、巡游出租车239辆。其中,江苏博瑞杰公交客运有限公司专业经营2条靖江至江阴跨市公交,拥有公交车辆14辆;靖江弘宇公共交通客运有限公司经营域内城乡客运一体化线路46条,其中城区公交线路18条、城乡客运班线12条、镇村公交线路14条、公交化客运班线2条,拥有各类城乡公交客运车辆217辆。全市公交日平均载客量1.97万人次,城区万人公交拥有量9.46标台,城市居民公共交通出行分担率27.43%。

【运输生产】 年内全市公路客运量526.1万人次,比上年下降14.7%,周转量16380.4万人千米,比上年下降21.2%;道路货物运输量758.4万吨,比上年下降8.2%,周转量193108.8万吨千米,比上年下降6.2%;水路货物运输量2292.7万吨,比上年上升29.6%,周转量1436726.5万吨千米,比上年上升45.2%。完成各类公共运输保障任务,春运期间累计安全运送旅客116.5万人次,比上年下降4.61%;元旦、端午、中秋、国庆等节假日期间,分别运送旅客11.1万人次、5.9万人次、6.8万人次、16.8万人次。

【重点项目建设】 配合省铁路办召开新建盐泰锡常宜铁路长江公铁大桥技术方案咨询会,为稳定过江公铁两用桥方案工作奠定基础。加快盐泰锡常宜铁路(除过江段)工可报批工作,签订靖江东站土地综合开发框架协议,明确靖江东站"2台6线"规模,加速推进盐泰锡常宜铁路土地综合开发等前期工作落地落实。服务过江通道建设。做好江阴第二过江通道地方配套服务,至年末,隧道左线盾构掘进2800余米,右线盾构掘进3700余米。江阴第二过江通道完成北接线红线内房屋拆迁工作,土地组卷手续并上报。开展张靖皋长江大桥大临工程临时用地手续报批和拆迁、附着物洽谈补偿协议签订工作,敦促管线单位加快推进临时用电等基础设施建设,完成过江电缆施工,该项目主体工程开工建设,马洲岛上桥梁主塔桩基和锚碇地连墙开始施工。推动高速公路扩建和地方项目实施。沪陕高速公路靖江段扩建工程获得自然资源部的用地手续批复,督促乡镇加快房屋拆迁扫尾及矛盾调处,与建设指挥部对接三改方案,推进主体工程施工。232省道靖江段项目开始施工,京沪高速北互通项目获得省政府的用地批复。

【公路养护】 年内,养护建设公路桥梁。整修路肩217.86千米、土质边坡207.01千米、土质边沟2.48千米,清理硬质边沟有盖板段19.39千米、无盖板段48.772千米,完成灌缝41.385千米,处理路面病害13377平方米,修复桥头跳车4处。

【农村公路建设】 编制深化农村公路管理养护体制改革和推行农村公路"路长制"2个实施方案。实施农村公路安全生命防护工程,安装或更新398千米农村公路的安防设施,设置波形护栏15千米、标志标牌600块、里程碑508个、轮廓标4145个、标线72390平方米、标柱2427个。深化农村公路特色品牌建设,红枫路入选江苏"美丽农村路"样板路名单、获评泰州市"最美乡村路",团斜线入选江苏"平安放心路"样板路名单、获评泰州市"平安放心路"。

【"平安交通"建设】 整治"船舶碰撞桥梁"隐患。在前期摸底排查的基础上,克服资金短缺困难,根据可靠、经济、适用的原则,对纳入整治范围内的84座通航跨航道桥梁,制定一桥一策整治方案,通过安装桥涵标、桥铭牌、桥柱灯、通航净高主动预警,设置防撞设施等措施,提高桥梁的辨识度和安全性。

8月22日,江阴靖江长江隧道左线隧道建设基地施工现场

【交通行业管理】 开展安全生产大检查、"百日攻坚"等专项行动,累计出动执法人员2635人次,闭环整治各类一般隐患353项,查处交通运输违法行为114起,停业整顿企业7家。开展道路运输执法"天网"行动,专项整治道路运输违法行为,查处非法网约车36辆、其他违章车辆10辆、"百吨王"行为7件。开展路域环境整治。清理沿江路非法设置广告牌3起。完成全市一、二、三类汽车维修企业专项检查,拆除检测点1千米范围内烤漆房29家。深化"科技兴安"。市交通运输信息中心牵头,整合第三方监控平台和企业内部监管平台,24小时监管全市港口码头、客运站等重点场所,发现并处置违法违规行为320起。

【新冠肺炎疫情防控】 3月11日至12月7日,全市设置道路防疫查验点4个、缓冲区2个,成立联合查验组,实行24小时值守,累计查验车辆400余万辆次,查验入靖人员500余万人次。组建水路口岸涉外新冠肺炎疫情防控工作专班,开展国际航行船舶全面预审和作业过程新冠肺炎疫情防控全程督导,针对494艘国际航行船舶提出督导整改意见412条,对2家涉外港口企业实施熔断惩戒措施。做好水路口岸新冠肺炎疫情防控应急处置工作,先后为20名船员提供医疗救助,妥善处置"3·12"中远武夷山船换班船员阳性事件。持续运行泰州火车站接驳专班,累计查验泰州火车站入靖旅客6522人次,转运2873人次。完成涉外人员昆山转运,滞留海南、西藏等地人员南京转运和对外援助运输工作,累计转运266辆次。应对全市发生的3次新冠肺炎疫情,迅速完成转运车辆和人员集结,对涉疫人员开展24小时不间断转运,累计投入转运车辆819辆次。年内,G2靖江南东出口交通查验专班、水路口岸涉外新冠肺炎疫情防控专班获通报表扬,1人记三等功。

【"苏水安澜"专项行动】 在全港区域开展船舶和港口污染防治专项整治,打击违规装卸、船舶超限超载、配员不足、船证不符、船员舱外不规范穿着救生衣等违法行为。检查沿江码头企业15家，完成德桥仓储储罐5%的比例抽检，行政约谈3家码头环保负责人，并督促整改，立案查处违法装卸行为2起。巡航内河通航水域8695海里，检查船舶523艘次，封舱检查210艘次，燃油检测75艘次，纠正不穿救生衣行为12人次，查处未按规定申报航次计划等水上运输违法行为4起。

【污染防治】 严格交通建设工程扬尘治理，抓好在建交通工程项目扬尘管控。开展港口码头扬尘和汽修行业整治，重点整治十圩港沿线7家散货码头和全市大气站点周边3千米范围内挥发性有机物排放不达标的汽修企业。开展淘汰国家第三阶段的排放标准及以下标准营运中重型柴油货车工作。完成34家内河港口企业岸电设施建设，在泰州市率先实现内河港口企业岸电设施全覆盖。完成全市(江阴园区除外)船舶水污染接收转运处置能力、港口码头污染防治设施配备和使用效果评估，船舶生活污水、船舶垃圾及油污水的接收、转运、处置率保持在90%以上。（张海君）

电　力

【概况】 2022年，靖江有35千伏及以上公用变电所32座，其中220千伏变电所7座、110千伏变电所23座、35千伏变电所2座，主变容量412.4万千伏安。35千伏及以上线路101条共876.32千米。全年累计完成全社会用电量52.04亿千瓦时、售电量46.37亿千瓦时，分别比上年增长4.27%、2.69%；调度最高用电负荷96.85万千瓦，比上年增长4.8%，创历史新高。年内，市供电公司获评泰州市第十二批“骏马奖”。

【电力保供】 应对夏季持续高温影响，超前做好供需平衡分析，统筹优化电网运行策略。强化负荷侧管理，推动江苏长强钢铁有限公司自备电厂、江苏新时代造船有限公司、港口岸电等多类型可调资源实施改造，全省率先发放电力需求响应补贴，精准实施需求响应18天，单日最大错峰10万千瓦。完成中共二十大、省运会、中高考等重要保电任务，坚决守住民生用电底线和大电网安全生命线。

【营商环境优化】 在行政服务中心设置水电气网联办窗口，泰州地区首家完成电水气讯线上联办。持续抓好低压用户“三零”(零上门、零审批、零投资)、高压用户“三省”(省力、省时、省钱)服务，10千伏、20千伏用户和所有低压用户业扩报装均由市供电公司投资建设至计量箱，为各类用户节约办电成本4024万元。加快推进靖江经济技术开发区本部、江阴—靖江工业园区2个“开门接电”示范区建设，推广签约即受理、方案现场答复、接入工程线上“一键审批”、受电工程云验收等业扩服务。

【“双碳”目标服务】 拓展“以电代煤、以电代油、以电代气”新领域，提高能源利用效率，加大港口岸电、全电厨房电能替代力度。主动适应分布式光伏大规模接入和可靠消纳要求，开展分布式光伏接入配电网承载能力分析。根据《靖江市新能源汽车充电设施“十四五”发展规划》，优化充电设施布局，服务电动汽车产业发展。围绕用户侧储能、新型智能轨道电动机车、光伏、变频岸电设施建设打造长强钢铁综合能源示范项目集群。

【全球首套煤电机组耦合熔盐储热示范工程在靖江投运】 12月18日，江苏国信靖江发电有限公司投资的“与煤电耦合的熔盐储热调频调峰及安全供汽技术”示范工程投入运行。该项目由国信靖江电厂联合西安热工研究院自主研发，为全球首个与煤电耦合的熔盐储热示范工程，投运后可年减10万吨燃煤和24万吨二氧化碳排放，助力“双碳”目标实现。（吴靖华）

6月29日，电力工人高空作业

乡村振兴

综　述

【概况】 2022年，靖江落实中央、省市有关“三农”工作决策部署，克服新冠肺炎疫情带来的不利影响，狠抓工作落实，强化政策支持，推进改革创新，推动乡村振兴取得新进展、农业农村现代化迈出新步伐。

【靖江获全省乡村振兴实绩考核综合排名第一等次】 2022年，现代农业提质增效，农业质态进一步提升。年内，粮食总产27万吨，粮食播种面积超3.67万公顷，新建农业农村重大项目19个，泰州市级以上农业园区实现涉农镇全覆盖，靖江现代农业产业高质量发展示范园纳入省级示范园建设名单。农民增收进一步提速。全市经营性收入50万元以上的行政村占比达84.7%，农村居民人均可支配收入3.2万元，比上年增长7.4%，实现巩固拓展脱贫攻坚成果与乡村振兴有效衔接。农村发展进一步提质。以马桥镇为试点开展农业设施确权登记颁证工作，实现泰州地区“首证首贷”，创新试点“1155”跨界一体化治理模式，获评江苏省乡村治理典型案例。省委农村工作会议通报2022年度全省推进乡村振兴战略实绩考核结果，靖江获全省乡村振兴实绩考核县(市、涉农区)综合排名第一等次。

【乡村振兴规划】 围绕走在全省乡村振兴前列目标定位，聚焦乡村振兴重点难点痛点堵点，着力在发展现代农业、培育新产业新业态、推进绿色低碳转型、建设宜居宜业和美乡村、创新乡村治理、深化农业农村改革等方面先行示范，全面推进乡村产业振兴、人才振兴、文化振兴、生态振兴、组织振兴，增强农民群众的获得感、幸福感、安全感和认同感，擘画“靖善靖美，江水田园”乡村振兴画卷，为加快建设农业强、农村美、农民富的新时代鱼米之乡提供“靖江示范”。

农村改革

【产权制度改革】 2022年，明确西来镇赵家村为新一批产权制度改革试点，实现管理事务相对分离、集体资产管护和财务管理分开。推动斜桥镇筱山村、季市镇安武村等试点开展农村闲置宅基地和农房盘活利用改革，严格规范市、镇两级农村产权交易，全年累计成交合同数2397份，成交总金额1.94亿元，线上交易占比达91%。

【农村宅基地管理】 2022年，以新桥镇为重点，率先开展省级宅基地线上审批试点工作，建立“一个窗口对外受理、多部门联动运行、农村宅基地建房联审联办”审批制度，逐步打造“信息一张图、管理一条链、监管一张网”的宅基地管理新模式。至年末，纸上审批系统已在新桥镇新合村、礼圣村、益民村先行试点运行。

富民强村

【农民收入稳步提升】 2022年，巩固脱贫攻坚成果，做好低收入人口认定和困难群众兜底保障工作，全市无新增防贫预警处置对象和“两类户”（脱贫不稳定户和边缘易致贫户）。持续开展“126”精准医疗救助，全面推行居民防贫综合保障，按照保险280元/年·人、基金50元/年·人的资助标准，惠及低收入人口、困境儿童等3109人。实施农民收入十年倍增计划，针对农民、退捕渔民等群体，举办“乐业马洲”“拓岗援助”等线上、线下专场招聘会，累计提供岗位近3万个。全市农村居民人均可支配收入3.2万元，比上年增长7.5%。

【新型农业经营主体培育】 2022年，全市录入家庭农场名录库733个，录入率100%。示范家庭农场226家，示范率达31%。工商注册农民专业合作社624个，示范合作社124家。靖江市家禾蔬菜种植专业合作社被评为全国巾帼现代农业科技示范基地。靖江市顺禾蔬菜种植专业合作社理事长冷红明入选中国农民合作社带头人典型案例。

【农村集体经济发展】 2022年，总结推广东兴镇“1+N+1”（一个实施主体、N种合作模式、一套管理机制）模式，精准落实壮大新型农村集体经济26条扶持政策，用好用足乡村振兴产业发展资金，申报省、泰州市扶持集体经济项目11个。全年村级集体经济总收入3.06亿元，村集体平均收入161.9万元，全市村集体经营性收入实现50万元以上的村达84.7%。

镇村环境

【村庄环境优化】 2022年，编制完成省级生态宜居美丽示范镇、村建设培育方案，全域开展村庄清洁行动4次，实现省农村人居环境整治监管平台及相关信访渠道零问题，累计完成农村户厕改造8513户。优化农村路网结构，实施农村公路安全生命防护工程398千米。推进重点水利工程建设，打造生态河道14条，总长60.94千米，完成岸坡绿化面积共6.3万平方米。

【乡风文明提升】 2022年，实现清单制运用行政村全覆盖，创新实施“1155”跨界一体化治理模式，开创基层治理新局面。持续提升乡风文明新风。对照“六有标准”（有平台、有队伍、有资金、有活动、有机制、有成效），整合道德讲堂、农家书屋、志愿服务站、百姓大舞台、健身广场等多种场地资源，建成文明实践中心（所、站）244个，实现市、镇、村三级文明实践阵地全覆盖，累计开展文明实践活动5800余场。治理农村高额彩礼，推进婚嫁移风易俗，倡导形成正确的婚姻家庭价值取向，将治理高额彩礼等内容纳入村规民约，覆盖率100%。

美丽乡村建设

【农村住房条件改善】 2022年，印发《市政府办公室关于建立市农村住房条件改善工作联席会议的通知》《靖江市农村住房条件改善专项行动方案(2022—2026年)》，推进农村住房条件改善。做好农村房屋安全隐患排查整治工作，181个行政村完成全面排查，共排查10.35万户，存在安全隐患农房338户，其中经营性56户、非经营性282户，均完成整治、消除安全隐患。全市农村低收入户需改造危房10户，发放补助资金12.3万元。完成1980年及以前建的老旧农房改善351户，完成率20.11%。

【特色田园乡村创建】 年内，按照“村点覆盖全面、群众受益广泛、设施运行常态、治污效果良好”要求，基本完成涉及4.92万户农户的村庄生活污水治理一期工程PPP项目。斜桥镇富民村、西来镇丰产村创建成为省级特色田园乡村；马桥镇三爱村、新桥镇新合村、生祠镇七里村创建成为泰州市特色田园乡村；东兴镇何德村、斜桥镇创新村入选泰州市级特色田园乡村创建村庄，并完成规划编制工作。

【乡村治理】 2022年，实施“三单两核”闭环推进村(社区)减负工作，推行“五互”共进和“五联”共治，开创基层治理新局面。深化“大数据+网格化+铁脚板”工作机制，布局“微网格”5273个，畅通社会治理“末梢神经”。加强农村技防工程建设，初步建成新一代雪亮技防工程，智慧技防小区比率达85%。开展“六无”乡村建设，依法严厉打击农村黄赌毒、侵害农村妇女儿童人身权利等违法犯罪行为，切实维护农村社会平安稳定。

（杜穹帆）

自然资源管理

【用地保障】 做好用地政策上争，为重点项目用地提供保障。全年共上报独立选址项目7个、增减挂钩批次项目5个、普通批次项目8个，总用地面积215.5公顷（农用地142.3公顷），保障京沪高速公路靖江北互通、G40沪陕高速公路扩建工程（靖江段）、凤城—梅里500千伏线路工程跨江塔基项目、江阴第二过江通道北接线等重大基础设施项目和青山不锈钢深加工产业园、道道全粮油、赛德力医药离心机、高端装备产业园、靖江市纬二路（新时代路—新世纪大道）建设工程等"三比一提升"重点产业项目、民生基础项目精准快速落地。启动2022年土地征收成片开发方案编制，汇总开发区、各园区年度土地征收成片开发区域以及全市相关基础设施用地需求，按村镇建设用地批次或单独选址项目汇总报市政府批准。在全市范围内开展用地需求情况调查，编制年度国有建设用地供应计划，为科学合理安排土地供应提供决策依据。积极主动服务，提前介入，保障重大项目建设用地供应，全年供地91宗，总面积385.7公顷。

【土地节约集约利用】 建立健全土地供应集体决策协调机制，召开靖江市土地资产管理委员会会议明确地块划拨（出让）方案。严格项目准入，开展准入评估，从源头上降低因企业自身原因造成的批而未供、闲置或低效用地等风险。配合推进"亩均论英雄"改革，开展批而未供、闲置土地处置及低效用地再开发工作。首次将低效用地处置纳入高质量考核指标，对各镇（街道、园区）进行赋分考评。盘活利用全市存量资产，研究盘活存量资产政策意见，报市土资委会议讨论通过并启动处置。

【耕地保护和土地执法】 落实国土空间用途管制制度，以"三区三线"成果和新增建设用地计划为前提，以永久基本农田、生态保护红线、城市开发边界为底线红线，从严控制建设占用耕地特别是优质耕地。考核各镇耕地保护情况，确定东兴镇、马桥镇、斜桥镇3个镇和靖城街道进步村等18个村为2021年度耕地保护激励对象，推荐排名前列的镇、村至省自然资源厅评选省级耕地保护激励受激励乡（镇），斜桥镇表彰为2022年省级耕地保护激励受激励乡（镇），不断强化乡镇耕地保护主体责任意识。组织编制全市耕地"进出平衡"方案，多次进行专题研究耕地转进、转出地块，确保方案切实可行。开展永久基本农田储备区和耕地质量等别调查工作，完成《耕地资源质量分类年度更新与监测实施方案》以及耕地后备资源调查工作。推进卫片执法、动态巡查、实时监管"三结合"，利用卫片执法、实时监管、"慧眼守土"等信息综合平台，结合日常巡查、线索举报、信访舆情分析、卫星遥感监测等手段，及时发现、制止、整改各类土地违法违规问题。全年通过动态巡查发现违法违规用地用林行为 2 起,违法占用耕地行为 1 起,涉及面积 3.4 公顷,均处理到位。违法用地综合整治“三年行动”、卫片执法等整改率均达 100%。开展农村乱占耕地建房和违法用地清零专项整治,推进耕地保护例行督察发现问题整改工作,开展耕地违规流出整改和耕地主动转进实施工作,推动存量违法用地“清零”。坚决杜绝新增问题发生,对新发生的乱占耕地建房“零容忍”,确保农村乱占耕地建房问题“零新增”。健全和落实规范管理、重点监控等长效管理机制,查处非法占地等违法违规行为。

【土地储备和交易】 组织编制《靖江市 2022 年度土地储备交易计划及 2022—2024 年储备交易项目实施计划》。修订和完善《靖江市土地储备交易管理实施办法(征求意见稿)》,制定全市土地储备土地巡查管护和临时利用暂行规定。拓展土地收购储备的规模和范围,建立电子储备库。开展土地收储地块现场摸底及调查,依托土地储备监测监管系统,将全市范围内的土地进行电子信息储备,初步建立示意图及储备信息表,实现信息共享共用。结合房地产市场低迷形势,密切关注政策动向,客观分析房地产市场行情,适时向市场推出优质地块。全市出让经营性用地 20 宗,面积 67.95 公顷,出让金总额 62.94 亿元。梳理储备交易用地遗留问题,针对发现的问题,协调各相关部门进行处理。全年签订收储合同 7 份,收储土地 23.7 公顷,收储金额 2.18 亿元。

【不动产登记】 严格依法登记,执行“同市同标”各项制度,确保登记依据准确、登记材料完善、登记程序合法、登记结果正确。聚焦民生热点,完成 22 个小区 1 万余套安置房首次登记。助企纾困,出台工业企业不动产登记相关指导意见,并提供厂房分幢分层登记服务,办理流程优化便捷。全年发放分幢分层不动产权证 361 本,涉及抵押金额 85.4 亿元,助力企业融资。关注不动产登记历史问题的化解工作,协调配合相关问题,以会商会办工作机制打通办证堵点,有效化解百合苑、丽水湾、宝丽广场二期、省靖中园丁公寓等一批“登记难”问题。配合做好国有资产确权登记工作,助力盘活国有资产,常态化开展“交房(地)即发证”,推进“互联网 + 不动产登记”建设,不断更新管理理念,常态化开展“党建 + 不动产”工作,打造“ZHENG 先锋”品牌,全面提升服务意识,持续优化营商环境。

【土地征收成片开发方案编制】 促进依法依规管地用地,提高土地保障能力,做好土地征收工作,编制完成《靖江市 2022-01 号土地征收成片开发方案》,方案包含土地征收成片开发片区 7 个,位于斜桥镇、新桥镇、东兴镇、西来镇,片区总面积 435.42 公顷。按照地类分析,农用地面积 262.68 公顷,占片区总面积的 60.33%,其中耕地面积 224.73 公顷;建设用地面积 138.99 公顷,占片区总面积的 31.92%;未利用地面积 33.75 公顷,占片区总面积的 7.75%。按照权属状况分析,其中国有土地 178.44 公顷,占片区总面积的 40.98%;集体土地 256.98 公顷,占片区总面积的 59.02%。片区拟征收农村集体土地面积 229.87 公顷,占片区土地总面积的 52.79%,其中,拟征收农用地 192.94 公顷,占比 83.93%;建设用地 23.02 公顷,占比 10.02%;未利用地 13.91 公顷,占比 6.05%。涉及 13 个村民集体组织的土地,征收范围涉及 856 户 2986 名村民。

【耕地占补平衡和城乡建设用地增减挂钩】 完成全市城乡建设用地增减挂钩专项规划 2022 年度 1101—1102 批实施方案报批,办理增减挂钩实施规划 73.8 公顷,其中建新安置 7.1 公顷,建新留用 66.7 公顷。做好全市占补平衡土地复垦工作,完成土地复垦建库项目 21 个,拟新增耕地 64.5 公顷。完成季市镇、东兴镇省以上投资土地整治项目工程,并通过省级验收。完成多批次耕地占补平衡问题地块整改、外业取证、审核上传等工作,涉及耕地面积 213.5 公顷,其中水田 125.5 公顷。调查 2019—2021 年度全市所有已验收增减挂钩、占补平衡补充耕地项目的土壤污染状况,出具项目调查成果报告,并通过专家评审。调查农民集中居住意愿,启动编制增减挂钩三年专项规划,起草相关配套政策。与属地对接,确定马桥、孤山两镇作为试点推行集中居住。4 月,通过增减挂钩专项规划实施方案批准马桥镇徐周村 2.5 公顷、孤山镇 3.2 公顷建新安置用地。至年末,2 个集中居住点完成平面规划设计和建设方案编制并启动建设。

【生态修复和地质灾害防治】 开展废弃露天砖瓦窑厂生态修复项目和长江沿线生态修复后期监管。组织实施《靖江市 2022 年度地质灾害防治方案》《2022 年地质灾害防治年度实施计划》。开展地灾预防和日常巡查,落实汛前排查、汛中巡查、汛后复查和雨前排查、雨中巡查、雨后复查的“巡查模式”,及时监测地灾隐患,重点监测地灾治理后的孤山,采用自动监测技术(慧眼守土)对孤山隐患治理点进行日常监管。全市24个建设项目进行地质灾害危险性评估,确保建设项目建设安全。建设用地地质灾害评估率100%,评估报告备案率100%。建立地下水监测网点8个,加强监测及管理全市地下水井网。开展自然资源风险普查工作。主动履行海洋经济工作职能,做好数据统计和涉海企业核查工作。

【林业资源管理】 全市林业产值20.83亿元,新增造林67.9公顷,其中净新增成片造林9.9公顷,更新造林58公顷,新建和完善农田林网2113公顷,四旁植树30.5万株,建成省级绿美村庄9个。全市林业种植面积720公顷,其中规模化种植530公顷以上,以桃、梨、葡萄为主,主要鲜销,品种结构、品质均有很大提升,引种成功的各类新优品种20余个。猕猴桃、樱桃等特色小水果种植占比近30%,名、特、新、优品种种植比例超过90%。集休闲摘、采摘、生产于一体的规模种植约170公顷,水肥一体化规模种植近130公顷。全年林业规模产值1.5亿元,平均公顷产值超过27万元,最高75万元。

【林长制工作会议召开】 10月27日,市政府召开林长制工作会议,旨在进一步全面推行林长制工作,加强森林资源保护。会议强调,要坚持生态优先,着力抓好“增绿”,巩固资源总量。按照林地、绿地、湿地“三地同建”要求,抓好长江沿岸、交通干线、河湖水系沿线防护林和绿美村庄、农田林网、低效林改造、退化林修复、湿地保护修复等生态工程建设。着力抓好“护绿”,保住资源存量。实行森林资源保护管理制度,落实林地分类、定额管理和林木采伐限额管理制度,建立健全日常监管巡查制度,一体化推进森林、湿地、野生动植物、古树名木等资源管理和森林防火、林业有害生物防控等工作,严厉打击乱占滥用、乱砍滥伐、乱捕滥猎等违法行为。着力抓好“用绿”,激活绿色能量。鼓励发展以林业绿化为载体的花卉苗木、经济林果、珍贵用材、林下种养和森林康养、生态旅游等特色产业,争创一批省级苗木特色镇、特色村,国家和省级林业龙头企业、林下经济示范基地。

【森林植物检疫、木材运输检查和野生动物管理】 全年检疫木材100余万立方米,苗木10万余株。开展多种形式的保护鸟类宣传活动,通过播放公益广告、发放《保护野生鸟类倡议书》200余份,救助野生动物65只,有效保持全市生物多样性功能。加强执法检查,全年办理森检方面行政处罚2起,严厉打击破坏野生动物资源违法行为。联合市市场监管局、农业农村局、公安局等部门,开展打击野生动物非法交易联合执法行动和网络市场监管专项行动。对湿地公园、长江沿岸栖息地、野生动物疫源疫病监测点等进行长期巡护值守。全面规范驯繁行为。指导养殖户签订安全承诺书,依法规范其疫病防控和经营利用等行为,指导各饲养场所做好防逃、封控、隔离、消毒工作。全面检查卫生防疫措施、防逃安全设施建设和安全措施,切实维护生物安全、生态安全和公共卫生安全。

【长江湿地生态公园获首批省级生态文明建设典型】 7月,江苏省生态环境厅、文明办公布全省范围内首批12个省级生态文明建设典型、10个省级生态文化宣传示范点,靖江长江湿地生态公园—沿江生态修复示范段项目获评首批省级生态文明建设典型。靖江贯彻落实党中央“共抓大保护、不搞大开发”决策部署,开展长江禁渔、沿江码头治理、长江国家文化公园建设等,累计实施项目64个,清退违法企业12家,腾退生产岸线7.1千米,新增造林267.67公顷,绿地面积3.6万平方米,退渔还湿26.67公顷,先后打造滨江新城和新桥镇2个省级特色修复示范区,沿江建立多处生态公园,打造“九港水美、百里岸绿”的生态格局,推动长江经济带靖江段生态优先、绿色发展走在前列。

【湿地宣传】 2月2日是第26个“世界湿地日”,市林业部门围绕“珍爱湿地——人与自然和谐共生”湿地日主题,结合靖江实际工作及湿地特色,采取多种形式组织开展宣传活动,发放宣传资料1500份、宣传袋1000个,屏幕宣传点30个。

(顾　勇　凌　骏)

生态环境保护

·环境质量·

【大气环境】 2022年,根据《环境空气质量标准》环境空气质量指数AQI评价结果显示,靖江市环境空气质量优于Ⅱ级的天数为285天,占全年有效天数365天的78.1%,比上年下降0.5个百分点。环境空气中二氧化硫(SO_2)、二氧化氮(NO_2)、可吸入颗粒物(PM_{10})、细颗粒物($PM_{2.5}$)、臭氧(O_3)、一氧化碳(CO)年均浓度分别为每立方米0.009毫克、0.028毫克、0.057毫克、0.033毫克、0.111毫克、0.811毫克，其中，二氧化硫与细颗粒物指标浓度基本持平，臭氧指标浓度略升，其余指标浓度均有不同程度下降。全市降尘平均值为2.3吨/平方千米·月，监测结果范围在2.0吨~2.6吨/平方千米·月，降尘均值比上年有所下降。全年共获得降水样品37个，降水总量747.6毫米，降水次数、雨量比上年明显减少，雨水pH均值6.68，未出现酸雨。

【水环境】 全市有集中式饮用水源地和备用水源地各1个，每月监测29项必测项目1次，每年全分析109个项目1次(委托泰州环境监测中心分析)，根据《地表水环境质量标准》，均达到Ⅱ类水质标准，达标率均为100%。"十四五"期间，全市列入地表水环境质量考核目标有国考断面4个、省考断面6个，经监测10个断面均达到相关水质目标考核要求，列全省63个县(市、区)地表水环境质量相对较好的第1名。江苏省重点区域重金属地表水考核断面丹华港断面水质达相应地表水重金属监测标准与要求。

【声环境】 全市居民区、混合区、工业区、交通干线两侧昼夜噪声值均达到其相应功能区标准，昼夜等效声级污染程度稳定。区域环境噪声平均等效声级昼间为53.0分贝，区域环境噪声质量等级无变化，均属较好；靖城地区交通干线平均车流量为317辆/20分钟，各交通噪声测点等效声级范围为61.2~68.1分贝，达标率100%；监测路段总长4.38万米，达标路段4.38万米，路段达标率100%；交通干线平均等效声级为64.3分贝，低于国家标准(70分贝)，与上年同期基本持平。

(苏　静　吴　艳)

2022年靖江市环境空气质量月报统计一览表

表28　　单位:天

月份＼类别	优	良	轻度污染	中度污染	重度污染	达标率
1月	6	15	7	2	1	67.74%
2月	8	18	1	0	1	92.86%
3月	7	21	3	0	0	90.30%
4月	3	18	9	0	0	70.00%
5月	3	17	11	0	0	64.50%
6月	4	14	7	5	0	60.00%
7月	7	17	5	2	0	77.40%
8月	6	12	13	0	0	58.10%
9月	13	14	2	1	0	90.00%
10月	17	12	2	0	0	93.50%
11月	15	14	1	0	0	96.70%
12月	4	20	6	1	0	77.40%

说明：2022年，全市有省环境空气质量自动监测点3个，分别是市监测站、省靖中专校和靖城中学，环境监测和统计表明，空气污染因子主要是细颗粒物、臭氧

2022年靖江市饮用水水源监测结果统计表

表29 单位:毫克/升

指 标	pH值	溶解氧	高锰酸盐指数	氨氮	五日化学需氧量	总磷	氟化物	硫化物	六价铬	氰化物
监测值	7.49～8.11	9.5	2.6	0.252	2.1	0.07	0.333	0.005L	0.004L	0.004L
标 准	6～9	≥6	≤4.0	≤0.5	≤3	≤0.1	≤1.0	≤0.1	≤0.05	≤0.05

指 标	挥发酚	阴离子表面活性剂	粪大肠菌群	硫酸盐	氯化物	硝酸盐氮	砷	硒
监测值	0.0009	0.05L	832	31.9	21.1	1.38	0.035	0.0004L
标 准	≤0.002	≤0.2	≤2000	≤250	≤250	≤10	≤0.05	≤0.01

指 标	化学需氧量	汞	石油类	铜	铅	锌	镉	铁	锰
监测值	11	0.00004L	0.03	0.0023	0.00009L	0.017	0.00006	0.04	0.01L
标 准	≤15	≤0.00005	≤0.05	≤1.0	≤0.01	≤1.0	≤0.005	≤0.3	≤0.1

说明:L表示低于检出限

2022年靖江市地表水国省考断面水质现状统计表

表30

区域	河流名称	断面名称	属性	水质目标	水质现状	主要超标项目
靖江市	长江	下青龙港(左岸)	国考断面	Ⅱ	Ⅱ	—
	长江	蟛蜞港(左岸)	国考断面	Ⅱ	Ⅱ	—
	十圩港	新十圩港大桥	国考断面	Ⅲ	Ⅲ	—
	夏仕港	夏仕港桥	国考断面	Ⅱ	Ⅱ	—
靖江市	青龙港	沿江公路	省考断面	Ⅲ	Ⅱ	—
	上六圩港	上六圩港桥	省考断面	Ⅲ	Ⅲ	—
	下四圩港	下四圩港桥	省考断面	Ⅲ	Ⅱ	—
	下五圩港	下五圩港桥	省考断面	Ⅲ	Ⅱ	—
	下六圩港	下六圩港桥	省考断面	Ⅲ	Ⅱ	—
靖江市/泰兴市	靖泰界河	毗芦大桥	省考断面	Ⅲ	Ⅲ	—

2022年靖江市区域环境噪声监测结果统计表

表31

测试时间		网格大小		网格总数(个)	网格覆盖人口总数(万人)	等效声级		L10		L50		L90	
		长(米)	宽(米)			平均(分贝)	标准偏差	平均(分贝)	标准偏差	平均(分贝)	标准偏差	平均(分贝)	标准偏差
2022年	昼	600	600	122	27.4	53.0	4.6	55.5	4.6	50.1	5.6	46.2	5.9
2021年	昼	600	600	122	27.4	53.2	5.2	55.3	5.8	51.8	4.9	49.0	6.5

2022年靖江市交通噪声监测结果统计表

表32

年　度	等效声级	车流量
2022年	64.3分贝	317辆/20分钟
2021年	64.3分贝	306辆/20分钟

2022年靖江市功能区噪声定期监测结果统计表

表33　　单位:分贝

测点名称	迎宾西路(天宏大酒店西侧)			中天城市广场(三期)			国际大酒店			阳光大道与通江路交叉口		
功能区	混合区						交通干线					
时　间	Ld	Ln	Ldn	Ld	Ln	Ldn	Ld	Ln	Ldn	Ld	Ln	Ldn
2022年均值	51.0	46.0	52.2	53.4	46.8	55.1	61.1	53.4	61.1	62.0	52.6	62.3
2021年均值	54.8	43.9	54.6	56.8	47.4	57.0	66.2	53.1	65.4	64.9	51.7	64.1
标准	60	50	—	60	50	—	70	55	—	70	55	—

测点名称	晨阳化工厂			江苏工搪			渔婆新村		
功能区	工业区						居民区		
时　间	Ld	Ln	Ldn	Ld	Ln	Ldn	Ld	Ln	Ldn
2022年均值	60.6	52.6	61.5	59.9	52.2	61.0	45.2	40.3	47.8
2021年均值	61.9	52.8	62.2	61.3	52.1	61.6	51.2	42.5	51.8
标准	65	55	—	65	55	—	55	45	—

说明:Ld为昼间等效声级,Ln为夜间等效声级,Ldn为昼夜等效声级

·环境治理·

【污染防治攻坚战】 加强生态文明建设各项工作的统筹协调，推动全市生态文明建设取得新成效，成立市委生态文明建设委员会，设立市委生态文明办、巡察督查办和10个专业委员会，优化整合生态环保力量，提升工作效能。制定《2022年靖江市生态文明建设工作要点》，明确4个工作目标方面47项重点污染防治攻坚任务。

【大气污染防治】 聘请专业团队，采用“无人机飞航+车载走航”模式，对挥发性有机物、臭氧、颗粒物等污染物进行溯源，精确定位、靶向治污。建成大气监测微站125套，构建网格化监测体系，准确分析区域空气污染状况，提升精细化监管能力。推进“洁净城市”攻坚行动，扩大划定烟花爆竹禁放区，新增划定高污染燃料禁燃区、高排放机动车禁行区、高排放非道路移动机械禁用区，持续抓好工业企业、施工扬尘、汽车修理、餐饮油烟、渣土运输、道路保洁、秸秆禁烧等联动执法检查。全年完成8类286项大气污染防治工程，对火电、钢铁、垃圾焚烧等重点企业实施友好减排，最大限度地减少污染物排放。

【水环境综合整治】 加强水源地水质监测预警，长江蟛蜞港饮用水水源地通过省水源地标准化建设验收。抓好国省考断面水质达标工程，完成七圩港河道疏浚、八圩港封闭段清淤、九圩港封闭段打开及连通横港双向泵站建设，实施十圩港流域排污口溯源排查，摸排877个、溯源761个、整治727个。不断补齐城镇污水收集和处理设施短板，新(改)建城镇污水管网41.8千米，视频检测雨污管网380余千米，完成145个小区“阳台水”和雨污分流改造，建成污水处理提质增效达标区4个，完成城郊14条河道整治，打通南城河、西城河等关键堵点7处，城区水环境有效改善。完成170条幸福河湖建设，其中十圩港、下六圩港获评泰州市“十佳”幸福河湖。排查国省考断面所在河道和通淮河流域骨干河流疑似入河排口2252个，建立入河排污口名录。在39条入江河道闸站口全面建成水质自动监测站，在十圩港水系及城区河道安装水质自动监测站53个，实施常态化监测、动态化监管。对150家涉工业废水企业实施“五规范”(环保手续完善、污染治理设施健全并达标排放、实行“一企一管一口”并在醒目位置公示污水管网走向图、设置排污口或接管处标识牌、安装尾水在线监测监控)整治，确保达标排放。完成养殖基地池塘标准化改造13个共108.27公顷，新增养殖尾水治理示范基地1个，建设市级畜牧生态健康养殖场56个，全市生态健康养殖比重100%。

【土壤、水污染防治】 制定39家高风险遗留地块调查方案，市政府与40家重点单位签订土壤污染责任状，开展周边土壤及地下水监测，持续推进原侯河石油化工厂地块问题处置，完成地块强化管控工程前期准备。推进农村生活污水治理省级试点工作，新增农村生活污水治理6000户，农村生活污水治理率达35.3%，建立农村生活污水治理设施信息化管理平台，设施正常运行率达85%以上。新增垃圾分类省级达标小区37个、试点镇1个，生祠镇通过省垃圾分类试点镇验收评估。深化化肥、农药减量增效行动，建立化肥减量增效示范区5个、农药绿色防控示范区6个，化肥、农药使用总量比上年分别下降0.73%、0.58%。依托“1860”农业社会化服务体系，建成农药包装废弃物回收点88个、废旧农膜回收点28个，“两废”回收覆盖率100%。

【危险废物和核与辐射管理】 持续推进危险废物处置专项整治，全年检查涉危废企业200余家次，强化督查整改，50家重点企业危险废物贮存设施手续整改完成42家，危废设施停用或规范重建8家。完成中环信环保有限公司危废综合处理试点省级“绿岛”项目建设，小微企业危废收集信息化平台建成运行，降低小微企业危废长期、超期贮存风险隐患。加强核与辐射安全管理，督促全市核技术利用单位做好风险自查工作，配合开展核技术利用单位年度检查，并做好到期延续及国家系统中的单位信息完善工作。

(吴小胜 张辉平 侯爱东)

·环境监管·

【概况】 2022年，全市坚持“依法依规监管、有力有效服务”总体要求，以第二轮中央生态环境保护督察工作为切入点，严抓专项整治，严格执法，提升环境监管水平，促进环境守法成为常态。

【行政执法公示】 及时公示权力责任清单、“双随机一公开”执法监管等情况，实现执法文书电子化和移动执法系统运用全覆盖，利用泰州市公共信用基础数据库服务平台以及市场监管信息管理系统，在7个工作日内上传行政处罚和行政许可信息,对失信企业和个人采取部门联合惩戒措施,实行动态管理与更新。

【环境执法监管】 联合开展工业废水、涉危涉重、汽车维修、涉粉尘建材和铸造业、涉挥发酚和大气污染因子(扬尘、挥发性有机物)协同管控等专项执法行动,形成问题清单,督促企业整改。全年立案查处环境违法案件222件,下达行政处罚决定书131件,罚款金额1918万元,运用配套办法(查封、扣押)3件,涉嫌环境污染犯罪案件移送1件,报送行政处罚典型案例8件。推行"柔性执法",落实"包容审慎"监管制度,鼓励环境管理较好的企业申报环境执法正面清单,新增正面清单企业10家。对照《泰州市生态环境损害赔偿制度改革实施方案》,排查行政处罚案件和刑事移送案件,上报生态环境损害赔偿线索15条,完成10个案件的生态环境损害赔偿工作,均录入部生态赔偿办理系统。

【安全生产和应急演练】 开展安全生产百日攻坚行动、安全生产月、"联兴杯"百日赛等活动,深入重点企业现场宣讲200余家次,提高涉危废企业安全生产意识。开展环境安全隐患排查整治,以脱硫脱硝、煤改气、挥发性有机物回收、污水处理、粉尘治理、RTO焚烧炉六大类污染防治设施为重点,督促整改未开展安全风险辨识管控企业14家。组织70余家重点企业参加生态环境安全隐患排查治理行动培训,指导帝斯曼(江苏)江山制药公司等8家企业开展环境应急演练,提升企业环境安全应急能力,及时处理乳化液泄漏等突发环境事件5起,确保环境安全。

【中央环保督察问题整改】 3月,第二轮中央生态环境保护督察组进驻江苏,共交办靖江市16批26件信访件(重点件7件),均在第一时间进行调查核实,形成调查处理报告等相关材料,立案调查涉嫌环境违法行为的企业,共发出行政处罚决定书11件,处罚金额221.7万元。市委、市政府及时专题研究推进,每月调度督察涉及点位整改情况,全面构建闭环监督管理体系,全年共办结22件,阶段性办结4件。

【环境信访处置】 建立健全环境信访工作机制,采取夜间、节假日值班与综合执法巡查相结合的方式,加大力度查办和调处投诉举报反映的环境问题,切实维护人民群众的环境权益。全年调处各类环境信访2620件,办结率100%,并将环境信访举报的线索来源、现场检查表、行政处罚材料、处理结果反馈表等信息录入泰州市污染防治综合监管平台。

(王桂彬　肖志强　陆　霞)

·节能减排·

【农村清洁能源】 2022年,全市农作物秸秆产生量29.81万吨,可收集利用量22.75万吨,秸秆利用量22.09万吨。全面推进畜禽养殖废弃物资源化利用,畜禽粪污综合利用率99%。(沈　涛)

【工业节能降耗】 深入推动"亩均论英雄"改革,全市盘活提升低效闲置工业用地面积244.22公顷。开展铸造产能攻坚工作,实施江苏欣业诚流体机械有限公司与江苏双达泵阀股份有限公司的产能置换项目。按照"盘活提效、退出转型、置换升级"工作思路,开展低端低效企业腾退工作,全年腾退能耗17.48万吨标准煤。推进淘汰落后产能,强化监管重点行业,依法关停退出落后产能。组织有关部门和属地摸底排查钢铁、印染、电镀、铝熔炼等重点企业,关停落后生产工艺装备。整治化工行业,有序推进靖江圣立气体有限公司、靖江市恒宇化机有限公司关闭退出进程。加强降耗管理,夯实能源统计基础,将能耗1000吨标煤以上企业节能降耗纳入日常管理,建立企业节能台账,引导和鼓励企业应用节能技术,开展节能技术改造,淘汰高耗能设备。全年实施节能改造项目15个,淘汰落后设备103台(套)。强化节能管理,扎实推进绿色制造工程。江苏大中电机股份有限公司入选国家绿色供应链管理企业,2个产品入选国家绿色设计产品,1个产品入选国家节能技术装备产品目录;江苏乐科节能科技股份有限公司入选省级绿色工厂。大中电机产品入选国家工业和信息化领域节能技术装备推荐目录。全年完成能源管理体系建设1家,能源审计1家,节能诊断2家,绿色诊断2家;完成节能量交易3笔。

(陈　颖)

·生态文明建设·

【概况】 2022年,全市以创建国家生态文明建设示范市为抓手,落实生态环境保护"党政同责""一岗双责",建立部门协作机制,加大工作推进力度,加强宣传引导,推动生态文明建设迈上新台阶。

【生态文明建设示范市创建】 全面提速生态文明建设，根据国家生态文明示范市创建指标新要求，完成《靖江市生态文明建设规划(2021—2030年)》修编。推进生态文明示范镇、村的创建工作，靖城街道、靖城街道虹兴社区分别创成省级生态文明建设示范镇、村，累计创建省级生态文明示范镇8个、示范村6个。

【长江生物多样性保护科学观测站建成】 建成靖江市马洲岛长江生物多样性保护科学观测站，初步形成以马洲岛为核心，辐射长江岸线的"一站六点"生物多样性观测体系，组织区域生物多样性本底调查，在马洲岛发现各类生物物种759种，其中鸟类207种，约占全国鸟类种数的13.7%、省鸟类种数的42.3%，其中国家一级保护物种4种，长江江豚群体2个约32头，受到央视新闻、江苏新时空等多家省级以上媒体宣传报道，《中国环境报》以《"三个三分之一"守护长江生态岸线靖江一江碧水引来鱼跃鸟飞》为题头版头条报道。

【生态空间监管】 开展生态空间保护区域"天地双眼"排查监管，整改存在问题6处。严守耕地和永久基本农田保护红线，启动全市耕地"进出平衡"方案编制，获国务院大督查耕地保护和节约集约成效突出激励。全年绿化造林67.93公顷，林木覆盖率29.23%。建立"十年禁渔"长效管理机制，查办各类非法捕捞案件76起。开展长江非法采砂集中打击行动240余次，整改长江岸线滩涂问题10处，长江干流岸线利用项目清理整治通过泰州现场验收复核。沿江生态修复示范段项目获评首批省级生态文明建设典型，《人民日报》以《百里江岸舒展美丽画卷》为题专题报道，长江岸线生态修复工作取得一定成效。

【绿色企业扶持】 用好绿色信贷、企业环保信用评价等环境经济政策，引导华晟重金属防控有限公司等16家企业与保险公司签订环境污染责任保险合同，提升企业环境风险意识。申报绿色发展领军企业4家，环保示范性企业9家，完成12家企业绿色奖补资金申报，获得省污染责任保险保费补贴5.44万元，西来工业废水处理有限公司"绿岛"项目获省奖补资金354万元，完成企业环境行为信用评价1657家。

【环保宣传】 与中国环境报社联合编印绿政宣传册、《"江豚东方白鹳"对你说》环保绘本，倡导简约适度、绿色低碳的理念。在泰州市级以上媒体刊发新闻报道220余篇，其中在"学习强国"学习平台、《中国环境报》、《江苏环境报》等中央、省级媒体刊登报道45篇，污染防治攻坚专题片《清水绿岸润马洲》、微电影《江上护渔人》分别被省攻坚办评为优秀奖、三等奖。

【环评服务】 推进"三走进三服务"，密切跟踪项目审批环节和时间节点，协助更多的大项目、"绿色项目"落户靖江，把好项目准入关，全年受理环评审批115件，均在承诺的时限内办结。开展环评中介服务领域突出问题专项治理，梳理近两年批复的289个环评文件，随机抽取环境影响文件复核，环评机构将批复的环评文件全部录入生态环境部环境影响评价信用平台，纳入监督范畴，不断优化中介服务。

【"香橼花"环保志愿者品牌建设】 组织参加"美丽中国，我是行动者"主题系列活动，联合机关部门、靖江市家有儿女等志愿者协会先后开展"共同行动 打造美丽靖江"、"七彩课堂 伴爱成长"环保科普研学游、"拣出一个美好未来"清洁江滩行动、环保设施公众开放日等活动，引导公众参与环保事务，提升全社会生态环境保护意识。环保志愿者刘炼、胡荷被评为全省"优秀环境守护者"。

（陈 伟 刘茂峰 缪爱琴）

8月26日，靖江生态环境局在"清爽靖江"环保体验馆开展环保科普教育活动

港口·口岸

综　述

【概况】 靖江地处长江下游北岸，上海与南京中间地段，江苏沿海与沿江经济带T形交会处，有长江自然岸线52.3千米，规划岸线40.1千米(深水岸线35千米)，已利用岸线29.7千米。沿江建有泊位209个，其中万吨级以上泊位68个，全年完成港口固定资产投资170969.03万元，港口货物吞吐量2.37亿吨，比上年增长2.35%，其中外贸货物1133.3万吨。

【港口建设】 2022年，靖江市结合营商环境突出问题"大走访、大排查"活动，至沿江港口企业开展港口高质量发展调研。调整江苏扬子江港务有限公司、深国际智慧物流中心、江苏国信靖江发电有限公司码头所在区域岸线功能为专业级散货泊位区，泊位等级提升至15万吨级。指导深国际智慧物流中心码头、国信电厂二期工程配套码头、罗家港内港池码头、青龙港内港池码头建设及交竣工验收相关工作，推进港口提质增效。 (张海君)

海　关

【口岸监管】 开展"国门绿盾"专项行动，在全国首次截获外来有害生物5种，其中检疫性有害生物1种。组织实施口岸普查、林木害虫等5类监测调查。根据"四个最严"标准持续开展进口食品"国门守护"行动，监管出口肉制品37批、513.72吨，出口食用保健品2176批、10300吨。日常监管危化品、"两高"产品、防疫物资等重点敏感商品，检出不合格产品34批次，实施固废取样送检6批次；检验出口危险化学品212批，实施出境包装使用鉴定业务696批，性能鉴定233批，检出不合格6批。开展"口岸危险品综合治理"百日专项行动，打造"加强版"危险品安全监管体系，推进危险品进境后快速申报、快速验放、快速提离等措施。查发危化品未经检验擅自出口案件1起，涉案货值44.13万元。海关、地方交通、应急、港口等部门建立涉危场所安全生产联动机制。

【综合税收治理】 制定政策涵养税源，实施"一企一策""一货一策"，提供业务指引。有效利用后续监管手段，增强稽核查实效性，全年开展稽查活动8起，追补税款378.83万元。全年查办刑事案件1起、行政案件19起，涉案金额484万元，涉税金额240万元，罚没入库金额32.35万元。

【服务发展】 落实总署10条和总关18条促外贸保稳提质措施，完善靖江海关2022年优化口岸营商环境任务清单，落实大宗矿产品"先放后检""船边直提""抵港直装"等措施。靖江保税物流中心(B型)全年完成业务单量1081票，实现监管货值4.5亿美元。深入重点企业开展调研，梳理企业疑难问题和意见建议20

条,通过线上、线下方式累计开展3轮企业集中政策宣讲。网上办理辖区进出口报关单位注销34家,“先放后检”铁矿、锰矿等大宗散货74批、147.2万吨,为企业节省费用294.44万元。完成新增原产地备案企业19家,新增产品备案108种,签发各类原产地证书2242份,签证金额1.96亿美元,深化区域全面经济伙伴关系协定关税优惠政策利用,出具证书54份、金额181.33万美元。

【新冠肺炎疫情防控】 及时落实各项新冠肺炎疫情防控措施,坚持“人、物、环境”同防和“多病共防”,累计检疫出入境船舶622艘次,检疫出入境船员12013人次,实施现场登临66批次,船员采样14批165人次。优化调整封闭管理“N+7”模式,开展“关长走进口岸封管区”活动,完善“一线、预备、应急”三支梯队建设,累计进驻专班18批58人次。在关区首批开展无接触检疫试点工作,实施无接触检疫58艘次,开展无接触式采样检测2批次、28人次。参与地方口岸疫情防控专班和涉外防控协调,规范开展船舶入境、换班船员移交、转运、隔离等工作,成功保障船员换班7批86人。

(苏红军)

海　事

【概况】 2022年,泰州靖江海事处监管保障船舶进出港22.38万艘次,比上年增长3.8%。服务保障2.4亿吨货物安全进出靖江港,占泰州港总量的62.5%。国际航行船舶进出口岸798艘次,占泰州港总进出口岸艘次的39.3%。靖江六助港智能管理中心投入运行,并建成全省首个安全与防污染管理示范港池。泰州靖江海事处率先应用“积分制”开创船舶污染防治新模式。全年靖江长江水域未发生一般及以上等级事故,安全形势保持持续稳定。

【船舶监管整治】 加大船舶整治力度。印发《靖江水域“三无”船舶专项整治工作方案》,全年取缔无船名船号、无船舶证书、无船籍港的“三无”船舶91艘,实现靖江长江水域“三无”船舶动态清零。规范水上无线电秩序。坚持水上无线电秩序管理“红码”船舶动态清零目标,常态化开展无线电集中核查,累计检查船舶5374艘,发现问题船舶125艘,被列入信用惩戒“黄名单”船舶24艘。监管内河船舶配员情况。加大辖区配员“红码”船舶及照片与背景明显不符船舶清零力度,打击船舶配员不足等违法违规行为,实现长江靖江段配员“红码”船舶动态清零。清零内河船舶涉海运输违法行为。依托党建联盟,推动辖区砂石码头签订承诺书,督促不为涉海运输内河船舶及无砂石来源证明、无船载自动识别系统轨迹证据的船舶装卸作业,压缩涉海运输船舶生存空间。建立内河船舶点验制度和点验台账,实施清单化管理,严查涉海运输行为。实施内河船舶船名标识常态化专项整治。在辖区内河船船名、船籍港标识不符违法行为动态清零的基础上,持续推进内河船舶载重线位置标识船名工作,累计为1819艘内河船舶免费标识,提升内河船舶船名辨识率。

【水上安全监管】 提升长江渡运安全水平。加强渡船监督检查和动态监控,累计开展联合检查23次,排查各类安全隐患51处,年内均整改到位。督促渡运单位建成并常态化运行岸基监控系统,渡船均配备“汽渡专用水面撤离救生装置”。落实长江渡运安全生产强化年活动要求,打造“平安渡运”。提升船载危险品运输安全水平。推动辖区危化品码头统一实施选船机制,创新引入第三方机构参与选船工作,淘汰低标准危化品船到港作业。依托船舶载运散装液体危险货物智能管控一体化信息系统,督促船舶规范报告洗舱作业,规范送交洗舱水。

【港船污染防治管理】 提升到港船舶安全水平。进一步简化到港船舶污染物接收流程,全面推广到港船舶生活污水“电动接收车”,解决码头船舶垃圾和生活污水接收“最后一公里”难题,实现码头靠泊船舶污染物智能接收全覆盖。首创污染物接收视频校核,全年累计接收生活污水5.9万艘次、1.6万立方米,生活垃圾7.5万艘次、259.96吨。提升船舶污染物防治水平。落实靠港和锚泊船舶污染物零排放、全接收,在航船舶污染物排放全达标,内河船舶免费生活垃圾接收、免费生活污水接收、免费水上交通、免费锚泊的“一零两全四免费”政策,整治长江经济带船舶和港口污染突出问题,持续打击船舶非法排污现象。创新实施沿江企业船舶污染防治积分制,对连续两个月船舶污染物接收率低于150%(生活污水和生活垃圾2项)和岸电系统当月使用率低于70%的码头实施末位“问责熔断”,全年累计对5座码头实施熔断7次。

【地方航运保障】 优化港航营商

环境。深化“放管服”改革,设立3个海事政务自助服务点,投用泰州首家内河船员远程考场,为行政相对人提供24小时不间断便捷化政务服务。开展“大走访、大排查、大整治、大提升”百日攻坚行动,收集问题建议33项,年内均整改到位。强化惠企便民举措。借助12.5米深水航道优势,服务到港大型船舶“直进直靠”“直离直出”。高质量开展助企纾困行动,在新冠肺炎疫情影响下,成功保障国际航行船舶12艘次164人次顺利换班。推动水路运输保供保通保畅,保障电、煤等民生能源供应,先后获央视媒体关注报道。持续完善新造船舶全流程服务保障机制,强化出坞(下水)、试航作业保障,优化试航片区维护联动协作模式,提供精细化“接力”式交通组织服务。累计服务新造船试航作业77艘次,比上年增长19%。维护全年长江最大在建集装箱船出江试航,并获央视新闻联播报道。聚焦“大建设”发展。泰州海事局与江阴—靖江工业园区签署战略合作协议,开创“江河海、港产城”一体化高质量联动发展新局面。成功维护长江第二大浮船坞迁址,服务辖区船企建成首艘内河纯电动游船,保障海上风电设备顺利滚装上船。　（胡宸豪）

边防检查

【概况】 2022年,靖江出入境边防检查站检查出入境(港)船舶895艘次、人员1万余人次,办理各类证件900余份。

【边检服务】 跟进简化手续、绿色通道、特事特办等便民措施落实,提升口岸通关效率。累计为10批次93名中国籍船员办理换班手续,为1名伤病船员开通“紧急通道”,妥善处置2名船员私自下船涉疫事件。协调推进国信秦港港务2号泊位开放验收,规划待开放码头边检设施建设,助力中船澄西装备科技有限公司业务转型,保障码头企业开放发展。动态跟踪船舶轨迹,确保点到点航行,为协调解决试航人员正常流动提供参考。新造船正式交付后,针对新船特点和船方、厂方需求,提前制定船体检查方案,确保船舶离港“零延时”放行,避免出现压船问题。开展法律宣传咨询、便民举措推介等活动6场次,普法受众200余人次;指导8家码头企业完成117个前端点位监控智能化改造任务,实现辖区人、船、车全量物联感知;累计发现并阻止绕行行为3次,开展非接触式船员点名和船员换班勤务16次,有效节约警力30余人次。

【安全保障】 完成中共二十大、北京冬(残)奥会、香港回归25周年等重大安保任务,切实维护国门口岸安全稳定。核查发现1名外籍船员存在非法出入境嫌疑,核实确认1名重点关注船员及相关12名船员境内轨迹异常情况,向外省边检站通报涉擅自改变出境口岸和航线线索5条。靖江出入境边防检查站、驻地公安、长江航道公安、海关、海事、引航等部门签订安保联动协议11份,开展联合活动10余次,提升口岸见警率。累计排查掌握“三非”(非法入境、非法居留、非法就业)外国人线索2条、涉电信诈骗线索2条、网上涉偷渡违法信息40余条,上报重点情报信息25篇。严格落实非必要“不登轮、不登陆、不搭靠”措施和船员换班“首问责任制”。执行港口“四四六”管控机制,滚动排查、研判、预警登轮作业人员、换班离船回家的中国船员、入境非换班临时登陆的中国船员、引航员四类风险人员,口岸限定区域、重点船舶船体、船舶梯口、锚地4个重点部位,幽灵船、货郎船、沿海渔船、外贸转内贸船、供给船、作业船六种风险船舶。落实边检机关新冠肺炎疫情防控责任,配合开展防疫专项督察20余次,发现并整改问题隐患30余个,约谈涉外码头企业2家。　（朱　燚）

长江航道管理

【概况】 靖江域内长江航道包括长江干线如皋泓北沙至江阴黄田港段(长江下游航道里程115.8~156.4千米)主航道、副航道和专用航道,共计100.1千米,设助航标志294座,域内航道为全国文明样板航道。

【航道维护】 2022年,长江靖江航道处完成航道巡航483航次,巡航里程10253千米,恢复失常航标441座次,优化调整航标58座次,完成航道测绘185测次、测量面积2578.86换算平方千米,航道整治建筑物巡查228次,航道维护正常率100%。针对受靖江边滩影响、福北水道突出而产生的航道尺度保障压力,调遣大型疏浚工程船长期驻守开展疏浚施工保畅,全年完成疏浚施工方量1027万立方米,工程耗资2.17亿元,保障靖江段长江深水航道安全畅通。

【创新管理】 提升科技创新理念,

注重研用结合，将大数据、人工智能、数字航道、AIS虚拟航标和绞吸施工工艺等先进技术运用于航道维护工作，提升航道维护水平和保障能力。开展基于大数据等新技术条件下的长江下游重点航段航标配布优化技术研究与示范项目，构建航道、船舶时空大数据平台，在福姜沙水道开展航标配布优化技术研究并进行示范应用，改善域内港区、桥区等重点航段航标配布和通航环境。针对福北水道突出的维护压力，创新维护方式，采用绞吸工艺切割边滩、导流冲刷备淤，利用水位条件，多管齐下保障"汛期返枯"等特殊水情下的航道畅通。将数字航道系统、"电子航道图"App、无人机、无人船、虚拟AIS航标和多波束等先进技术应用于靖江段航道维护工作，为沿江港航单位和船舶用户提供综合化、均等化、体验化的航道服务，提升航道公共服务能力和品质。

【服务地方经济】 2022年，长江靖江航道处聚焦航道公益服务，为地方经济和沿江企业发展提供优质航道技术服务。投入长江南京以下12.5米深水航道过半疏浚资源，保障靖江段福北水道航道尺度，确保该段沿江企业正常生产运营。实施张靖皋长江大桥航道保障工程，确保大桥建设工程顺利实施。配合开展江阴第三过江通道建设项目前期调研工作，保证工程建设项目顺利实施。为企业码头建设、升级改造和船舶停靠提供航道信息和技术服务，组织实施深国际兴旺物流码头建设、金桥港务内港池建设和天港码头拆除等工程项目的航道保障工程。推进靖江段福北水道疏浚土上岸综合利用，实践落实长江生态优先、绿色发展理念，助力地方经济发展。 （蔡 旻）

长江引航

【概况】 2022年，靖江引航站引领中外籍船舶2515艘次，其中国际航线船舶1601艘次、内贸航线船舶914艘次，实现申请引航船舶"应引尽引"，重点物资船舶"应保尽保"。

【引航安全】 克服长江有史以来超长极枯水位影响，全年应对恶劣天气影响79天，成功应急处置失控船舶8艘，保持连续11年无上报责任事故的引航记录。开展引航安全风险隐患排查整治活动，排查辖区风险隐患3条，制定整改措施11条。开展枯洪水位期、水位交替期、交汇水域、新造船、福北水道航行等议题的技术研讨，探索福姜姜沙水道水深变化规律，巩固提升引航员安全责任意识、引航技术水平、综合应急处理能力。加强重点船舶航行行为监管，严格控制载运较高危险等级化学制品货物船舶夜间航行，及时发现制止不安全航行行为。针对辖区码头前沿浅滩移动多变特点，推行码头定期扫测、标示、告知、建档管理制度，有效管控引航风险。

【引航服务】 保障水上物流运输链畅通，优先保障民生、重点物资船舶引航，引领煤炭船250艘次、油船293艘次、粮食船舶61艘次，为靖江国信电厂码头船舶开辟绿色通道9次，纾解电厂燃煤缺乏问题，助力能源保供。聚焦靖江市对外贸易中船舶支柱产业供应链稳定，保障造船企业设备进口、船舶及时交付。为江苏新扬子造船有限公司、江苏新时代造船有限公司提供直接靠离泊服务60余次，降低因新冠肺炎疫情防控导致船厂引水不便于登离外轮操作的影响。创新引航操作方法，先后引领10艘船舶靠泊江苏新时代造船有限公司3#坞门外档，为大型主机设备的起吊、安装提供便利。释放"黄金水道"效应，克服靖江港口码头前沿水深复杂多变不利因素影响，推广运用定靠泊时间段、定靠泊的潮位、定临时航标、定航行路径的"四"定靠泊法，精确计算潮高，在满足富余水深的前提下，第一时间将重载海轮安全靠泊码头，减少码头待泊时间。引领4艘船长255米开普型船靠泊三峰码头，刷新三峰靖江港务物流有限责任公司和江苏扬子江港务有限公司11.5米的最大吃水纪录，全年引领吃水10.5米及以上船舶280艘次。

【新冠肺炎疫情防控】 1月2日，靖江引航站引航专班集中居住点启用，靖江引航站引航专班由江阴整体搬迁至靖江属地化运行，参照政府医学隔离点统一管理。提升信息化疫情防控管理能力，核酸检测预警、人员健康异常、健康码行程码异常申报处置实现一体化管理，全体引航工作人员按频次核酸检测落实率100%、疫苗第三针加强针接种率100%。积极应对靖江、上海及周边城市疫情，妥善处置引航船舶"中远武夷山"轮疫情重大风险响应，全年未发生引航工作人员新冠肺炎疫情感染及引航疫情向社会面扩散情况，保持内外疫情防控形势稳定。 （朱 强）

科学技术

综　　述

【概况】 2022年,靖江市通过认定的高新技术企业158家,推荐评价入库科技型中小企业929家。全市(不含江阴—靖江工业园区)高新技术产业产值达653.21亿元,占规模以上总产值比重为47.43%。年内,征集企业技术需求62项,开展产学研活动15场,引进产学研合作项目60项。2家企业获批省级工程技术研究中心,8家企业获批泰州市级工程技术研究中心。建成企业离岸研发中心14家,获批科技副总12人,靖江先锋半导体科技有限公司获得科技部外国专家项目立项并获国家财政拨付的资金30万元。

【泰州首个外籍人才服务专区设立】 6月28日,泰州首个外籍人才服务专区在靖江设立,专区主要功能有实施外国人来华签证延期换发,外国人来华工作、停留、居留管理,接受外国人来华永久居留申请和外国人来华工作许可咨询等四大方面。专区创设“线上+线下”融合受理模式。线下专区设在市行政服务中心,整合相关审批事项,实行“一站式”受理。线上专区设在江苏政务服务网靖江旗舰店“外籍人才专区”,提供政策咨询、证件办理等全流程“不见面”服务。

高新技术

【概况】 2022年,全市通过认定高新技术企业158家。推荐评价入库科技型中小企业929家。全市(不含江阴—靖江工业园区)高新技术产业产值达653.21亿元,占规模以上总产值比重为47.43%。江苏亚星锚链股份有限公司入围新一轮省创新型领军企业培育行动入库企业,靖江东达铝业有限公司入围省科技企业上市培育计划入库企业,江苏奥凯环境技术有限公司被认定为泰州市科技瞪羚企业。

【高新技术企业申报】 2022年,市科技局运用“科技网格员”靠前服务优势,通过政策宣传、走访调研等方式,分类培育,精准施策,助力企业申报,推动全市高新技术企业培育。全年申报高新技术企业228家,认定158家,申报、认定数均位列泰州第一。

2022年靖江市认定国家高新技术企业名单一览表

表34

企业名称	企业名称
靖江市亚泰物流装备有限公司	恒源工业炉(靖江)有限公司

续表 34

企 业 名 称	企 业 名 称
江苏汉威重工科技有限公司	靖江新舟合金材料有限公司
江苏凯元科技有限公司	江苏新历科技有限公司
靖江市永恒汽车科技有限公司	江苏达美输送设备制造有限公司
江苏江平新环境科技有限公司	江苏恒力制动器制造有限公司
江苏天龙车辆部件有限公司	江苏靖江叉车有限公司
靖江天元爱尔瑞电子科技有限公司	爱司达智能制造(江苏)有限公司
江苏星科冶金机械制造有限公司	江苏舒源空调制造有限公司
江苏锐盾警用装备制造有限公司	江苏永茂普隆汽车配件制造有限公司
江苏靖江互感器股份有限公司	江苏民诺特种设备有限公司
江苏优泽科技有限公司	靖江市润新表面工程技术有限公司
江苏新隆机械有限公司	江苏法尔机械制造有限公司
江苏亚兴泵阀科技有限公司	江苏永涛实业有限公司
靖江市恒生混凝土制造有限公司	江苏华冶科技股份有限公司
江苏金鼎汽车锁制造有限公司	江苏飞鹿重工机械制造有限公司
江苏山鑫重工有限公司	江苏强盛汽配制造有限公司
江苏长新电工机械集团有限公司	江苏金卡汽车部件有限公司
江苏科睿坦电子科技有限公司	靖江佳佳精密机械科技有限公司
春意环境科技有限公司	靖江市苏伦工程机械有限公司
江苏宏帝净化工程有限公司	江苏奥凯环境技术有限公司
江苏泰斯特电子设备制造有限公司	靖江市恒大汽车部件制造有限公司
江苏宇航板业有限公司	江苏通月空调有限公司
江苏博尔环境监测有限公司	靖江市华夏科技有限公司
华达汽车科技股份有限公司	江苏天鹅乐器有限公司
靖江市悦达安防设备有限公司	江苏苏中开关厂有限公司
江苏玖顺农业机械有限公司	江苏品胜智能科技有限公司
靖江先锋半导体科技有限公司	江苏富天江电子电器有限公司
靖江市欧亚船用设备制造有限公司	江苏华普干燥工程有限公司
靖江中盛鑫机械制造有限公司	泰州康乔机电设备有限公司
江苏开源环保技术工程有限公司	江苏永昊高强度螺栓有限公司
江苏诚实机械科技有限公司	江苏金诺炉辊有限公司
江苏久志机械有限公司	江苏双达泵业股份有限公司
靖江华博空调设备有限公司	江苏金元环保科技集团有限公司
江苏宝信空调设备制造有限公司	江苏道可道过滤系统有限公司

续表 34

企业名称	企业名称
江苏新风通风设备有限公司	江苏金也汽车配件有限公司
江苏宝耀机械有限公司	江苏双保空调有限公司
靖江市中亿汽车配件制造有限公司	江苏樱诺空调设备有限公司
江苏鼎禾网络科技有限公司	江苏金三力机械制造有限公司
江苏江山聚源生物技术有限公司	靖江市强林石油钻采设备制造有限公司
江苏恒新金属科技有限公司	江苏康爱特环境工程集团有限公司
江苏泽宇环境工程有限公司	江苏零界智能家居有限公司
江苏亚龙新材料科技有限公司	中船澄西(泰州)装备科技有限公司
海豚之星(靖江)机器人有限公司	江苏辰亿汽车零部件制造有限公司
靖江泰通汽车科技有限公司	江苏荣圣汽车零部件有限公司
江苏安华警用装备制造有限公司	江苏赛德力制药机械制造有限公司
江苏金秋竹集团有限公司	江苏上骐重工科技有限公司
江苏迈能高科技有限公司	江苏中杰澳新材料有限公司
靖江市三菱暖通机械制造有限公司	江苏华盛紧固件制造有限公司
江苏瑞普医疗器械科技有限公司	江苏成辰汽车配件有限公司
江苏良工精密合金钢有限公司	靖江亚拓机械设备有限公司
华旺簇绒机械科技靖江有限公司	江苏骏龙光电科技股份有限公司
靖江市海源新材料科技有限公司	靖江市东达新能源科技有限公司
华德环科暖通工程(泰州)有限公司	江苏永益铸管股份有限公司
靖江市远大空调机械设备有限公司	江苏康赛医疗器械科技有限公司
江苏金源交通设施有限公司	靖江市钜顺精密轻合金成型科技有限公司
江苏光芒电器有限责任公司	耐尔能源装备有限公司
江苏光芒商用厨具有限公司	江苏敬业泵业有限公司
江苏赛迪新能源科技有限公司	江苏国泰机械制造有限公司
江苏新泰泵阀制造有限公司	江苏金麟化工机械有限公司
江苏民生重工有限公司	江苏鼎新环保科技有限公司
江苏久尔重工股份有限公司	江苏格兰环境科技有限公司
江苏光芒新能源股份有限公司	江苏华锐冶矿电力机械有限公司
靖江市金钛机械科技有限公司	江苏联捷冶金设备有限公司
靖江市双源冶金机械有限公司	江苏华业特钢制造有限公司
靖江市联众喷涂有限公司	江苏祁南实业有限公司
江苏皓日汽车零部件有限公司	江苏双轮泵业机械制造有限公司
江苏荣泰门业有限公司	江苏国安警用装备制造有限公司

续表 34

企业名称	企业名称
江苏谷泰粮食机械科技有限公司	江苏振亚泵业科技有限公司
江苏久亿矿山机械有限公司	江苏金峰门业有限公司
靖江市国恒汽配制造有限公司	江苏吉祥空调设备有限公司
江苏海建船舶设备有限公司	江苏立源自动化工程有限公司
江苏中凯暖通设备有限公司	江苏中大空调设备有限公司
靖江市江宏纸管机械制造有限公司	雅凯热能技术(江苏)有限公司
江苏海洲液压件制造有限公司	江苏国鑫铝业有限公司
宝钢空调(泰州)有限公司	江苏良相智能科技有限公司
江苏宏帝空调设备制造有限公司	江苏力阳电器制造有限公司
靖江艾莉特食品机械有限公司	江苏星晨高速电机有限公司
江苏恒博气力输送设备制造有限公司	江苏捷顺机电工程有限公司
江苏嘉仕德工业炉有限公司	江苏耐力森模具制造有限公司

产学研合作

5月30日,上海理工大学产学研技术在线交流会召开

【概况】 2022年,靖江市聚焦企业创新发展需求,常态化开展政产学研对接活动,推动产业、科技、人才高效互动,打造高水平产才融合样板区。采用问卷排查、走访征求、线上采集等方式,征集企业在科技创新活动中的技术需求62项。改变传统产学研单一线下合作模式,搭建产学研合作对接“云平台”,借助线上平台,打破地域界限,克服新冠肺炎疫情影响,导入国内优质创新资源,精准开展企业项目洽谈、技术难题破解、科技人才引进等服务,打造“互联网+产学研”合作新模式,促进创新链、人才链和产业链深度融合。年内,依托高校院所技术专家巡诊团、科技镇长团,开展泵阀产业产学研“云诊断”、上海理工大学产学研技术在线交流会等“云巡诊服务”4场,解决企业技术难题5项。引导和促进企业加强与高校、科研院所开展深度合作,启动“院校专家月月行”活动,推动科技成果转移转化,年内开展“企业上海院校行”“企业西安院校行”等产学研活动15场,引进产学研合作项目60项。江苏联兴成套设备制造有限公司与西安交通大学合作的“废弃活性炭高效再生及增值利用系统研发”项目作为泰州唯一项目在江苏省首届产学研合作对接大会上进行“云签约”。

【3项目获省产学研合作项目立项】 2022年,靖江市有3个项目获得省产学研项目立项,分别

为江苏恒力制动器制造有限公司与南京航空航天大学合作的电液制动系统硬件在环测试平台开发项目、卓然(靖江)设备制造有限公司与江苏省海洋资源开发研究院合作的乙炔装置在线监测与控制系统优化项目、江苏民生重工有限公司与南京工程学院合作的高效节能钙基湿法脱硫塔研发及产业化项目获得省产学研合作项目立项。电液制动系统硬件在环测试平台开发项目是为合作企业开发一套线控制动系统及在环测试台架设备,主要用于新能源轻型货车,以适应商用车电控底盘行业的发展需求。乙炔装置在线监测与控制系统优化项目旨在开发一套乙烯生产过程在线监测与优化控制系统,主要用于乙烯生产过程中的能效在线监测与智能控制。高效节能钙基湿法脱硫塔研发及产业化项目旨在研发一套脱硫塔新结构,主要应用于工业废气脱硫处理设备之中,达到节能增效的目的。

科技平台

【概况】 完善产业技术研究院、离岸孵化基地、众创空间等平台载体战略布局,构建"研发＋转化＋孵化＋产业化"四位一体的产业技术研发转化体系。探索"异地孵化＋本地转化""市外创造＋靖江制造"的合作模式,全方位融入长三角一体化,推进经济开发区建设靖江(上海)离岸创新中心,挖掘意向入驻项目8个;中科光电(靖江)研究中心建成千分级洁净车间,筛选科技成果转化项目6个。实施企业研发机构高质量提升计划,新增靖江特殊钢有限公司、江苏华洋新思路能源装备股份有限公司2家省级企业工程技术研究中心,累计总数达37家。耐尔能源装备有限公司等8家企业获批泰州市级工程技术研究中心,江苏大中电机股份有限公司、江苏东华测试技术股份有限公司、江苏靖江互感器股份有限公司3家企业承担的江苏省工程技术研究中心获绩效考评优秀,江苏先锋精密科技股份有限公司获第三届江苏企业(研发机构)创新大赛优秀奖。

【先锋公司获江苏企业(研发机构)创新大赛优秀奖】 11月,靖江先锋半导体科技有限公司在第三届江苏企业(研发机构)创新大赛决赛中获优秀奖。靖江先锋半导体科技有限公司完成晶圆加热器的国产化研发并获专利发明授权5项,相关产品达国际领先水平,并广泛运用在国内主流半导体企业,而价格只有国际市场的三分之一。研发的"5纳米芯片工艺刻蚀机核心部件"先后获省级战略性新兴产业发展专项资金项目立项、省科技成果转化资金项目立项,累计获得资助资金近4000万元。

科技项目

【概况】 依托高校技术转移中心等平台渠道柔性引才、用才,引导高端人才至企业担任"科技副总",全年申报并获评江苏省"科技副总"12人。江苏先锋精密科技股份有限公司获科技部外国专家项目立项并获国家财政拨付资金30万元。建成泰州市首个外籍人才服务专区,为在靖江工作的外籍人才提供"一站式"服务,全年持有外国高端人才和专业人才工作许可证人数达89人。发挥科技奖励导向和激励作用,宣传发动一线创新人才申报高质量科研成果,其中3项获省科学技术奖,1项申请省国际科技技术合作奖并进入答辩阶段;获泰州市科技创新奖一等奖1项、二等奖2项、三等奖3项。科技助力乡村振兴,年内,获批省乡村振兴专项后补助项目1个,获批泰州市农业支撑项目1项、社会发展项目8项,泰州市科技支撑计划(产业关键技术研发)项目8项,泰州市中小企业科技成果转化项目1项,2家省级农村科技服务超市在年度考评中获优秀等次。开展创业创新活动,"星火众创空间"被认定为省级众创空间;4家企业获得省科技计划专项资金(创新能力建设计划)——省技术转移体系建设奖补资金12.39万元;"晶体激光团队"获"创业江苏"科技创业大赛三等奖,"自主创芯"团队获"智创泰州"科技创新创业大赛一等奖,江苏欧飞基因技术有限公司、江苏联兴成套设备制造有限公司及"晶体激光团队"获"智创泰州"科技创新创业大赛二等奖。江苏先锋精密科技股份有限公司、江苏亚星锚链股份有限公司、托普工业(江苏)有限公司、江苏飞跃机泵集团有限公司获得省科技成果转化专项资金年度拨款、贷款贴息资金共计572.16万元。

【星火众创获评省级众创空间】 年内,星火众创空间被省科技厅认定为省级众创空间,成为全市第四家省级众创空间。星火众创空间由市职业技能公共实训中心为运营主体,于2016年3月成立,2017年获批为泰州市级众创空间。该众创空间有服务场地1.8万余平方米,提供创业工位200余个,并拥有一支由13位创业导师组成的导师队伍，为入驻企业和团队提供免费的创业指导服务。依托学校平台和教研资源，以服务产教融合、产才融合为特色，建成高质量学生创新创业孵化平台。2021 年，星火众创空间新入驻团队 8 个，其中大学生创业团队 3 个，成功孵化项目 4 个，带动就业人数 156 人，其中应届大学生 48 人。

【乡村振兴专项后补助项目】 年内，江苏红芽农村服务超市获批省乡村振兴专项后补助项目，并获省拨款 30 万元。江苏红芽农村服务超市靖江市设施蔬菜产业分店总建筑面积 1200 平方米，包含培训区 200 平方米，下设城南便利店、利珠便利店。服务超市依托"江苏优质芋头产业技术联盟"理事长单位和科技超市建设单位，建立芋头种植农机服务队，重点推广"芋头全程机械化种植"技术成果应用。

2022 年靖江市上争省级以上财政资金情况统计表

表 35

上争事项	项目名称	企业名称	上争金额（万元）
省重大科技成果专项资金项目	基于 5 纳米芯片工艺刻蚀机核心部件 PM 模块研发及产业化	靖江先锋半导体科技有限公司	200
	海洋工程长期系泊水下关键连接装备研发及产业化	江苏亚星锚链股份有限公司	100
	高效短流程冷凝式工业加热装置研发与产业化	托普工业（江苏）有限公司	200
	极端高温工况下可靠性熔盐泵的研发及产业化	江苏飞跃机泵集团有限公司	72.16
省科技专项资金（创新能力建设计划）	江苏省技术转移建设体系奖补	江苏联兴成套设备制造有限公司	7.2
		帝斯曼江山制药（江苏）有限公司	2.5
		江苏亚星锚链股份有限公司	2
		江苏艾兰得营养品有限公司	0.69
省科技计划专项资金（创新支撑计划乡村产业振兴）	靖江设施蔬菜产业分店	江苏红芽农业科技有限公司	30

2022 年靖江市获江苏省科学技术奖项目一览表

表 36

项目名称	完成单位	奖项类别
船用高止裂韧度特厚钢板关键制造技术及应用	南京钢铁股份有限公司 东北大学 江苏新扬子造船有限公司	省科学技术二等奖
有机固体废弃物炭化关键技术研发与装备产业化	江苏联兴成套设备制造有限公司 上海交通大学 上海工程技术大学 江苏鼎新环保科技有限公司	省科学技术三等奖

续表 36

项目名称	完成单位	奖项类别
船舶管系数字化设计制造关键技术及装备的研发与应用	江苏科技大学 江苏阳明船舶装备制造技术有限公司 江苏现代造船技术有限公司 上海外高桥造船有限公司 江苏新时代造船有限公司 招商局重工(江苏)有限公司	省科学技术三等奖

科技服务

9月23日，市科技局“靖新社”科技干部微学院走进至江苏大中电机股份有限公司开展培训

【概况】 2022年，靖江市落实上年度高新技术企业减征企业所得税2.38亿元，研发费用加计扣除减免额1.91亿元，惠及企业436家。全面实行企业科技创新积分管理，2021年度全市科技创新兑现积分为8451.59分，兑现资金6388余万元。依据《2022年泰州市企业科技创新积分管理计分标准》《靖江市企业科技创新积分管理办法》，调整2021年全市企业科技创新积分管理办法中相关事项和计分标准。培育高新技术企业，促进产业高质量发展和企业转型升级，动员符合条件的科技型企业开展高新技术企业申报工作，召开专家问诊会、政策解读会、项目培训会等10余场，分析解答高新技术企业申报程序及常见问题，培训企业人员200余人次。强化科技类校外培训机构及科研院所日常管理，摸清科技类校外培训机构底数，常态化专项督导科技类校外培训机构疫情防控、安全生产、“双减”落实情况。筹划出台《靖江市科技类校外培训机构准入实施办法(试行)》，推动科技类校外培训机构健康有序发展。制定《靖江市科研院所“安全大检查”暨危险化学品使用安全专项治理行动巩固提升阶段细化方案》，开展科研院所安全专项整治督查行动，通过听取汇报、查阅台账、现场核查等方式，排查、整治科研院所安全生产情况，遏制危化品安全风险事故的发生。

【“靖新社”科技干部微学院】 2月，市科技局成立“靖新社”科技干部微学院，学员由市科技局80后年轻干部及各镇(街道、园区、办事处)年轻科技干部组成，通过开设初心讲堂、前沿讲堂、名家讲堂、智汇讲堂4个讲堂，采取理论学习和实际操作相结合、专家授课和实务辅导相结合、现场教学和案例剖析相结合等方式，围绕党的创新理论、科技创新工作、时事热点问题、基层创新需求等内容开展系统培训。

【“科技网格员”制度】 2月11日，市科技局依托局机关工作人员，组建科技网格员队伍，每名科技网格员挂钩联系一个镇街(园区)，定期走进基层开展政策宣讲、需求征集、业务辅导、项目申报、课题调研等。科技网格员服务工作横跨全年，每月开展不同主题的服务活动。在服务企业的同时，科技网格员还定期开展交流汇报、经验分享等，个人服务成效列入个人年度考核评价体系进行综合考评。

(王跃军　朱　磊　黄　锋)

行业科技

【农业科技】 2022年，靖江市加强基层农技推广体系建设，开展农业科技服务工作，推动科技成果在基层转化运用。推行“一村一名责任农技员”包村联户制度，精准培育农业科技示范主体460户，示范辐射带动小农户提高生产水平，夯实稳粮增收技术基础。实施农业重大技术推广计划，发布农业主推技术21项，组建主推技术指导团队，落实示范任务，开展观摩培训活动，构建“专家+农技人员+示范基地+示范主体+辐射带动户”的链条式推广服务模式，加快先进技术进村入户到田。深入基层开展文化科技卫生“三下乡”新时代文明实践活动，发放《靖江市农业科技成果汇编》500余册；举办2022年“春风行动”——芋头机械化应用技术培训，共培训240人次；指导2家省农村科技服务超市分店、便利店开展农业科技社会化服务，全年组织新技术推广11项、技术观摩8场、科技培训9场，提供科技咨询服务1329人次，培训人员507人次。聚焦全市农业优势特色产业，建设省级农业科技示范展示基地2个，市级现代农业科技综合展示基地1个，组织开展先进适用技术集成示范、推广应用、教育培训，加快农业科技成果集成创新和转化应用。 （沈　涛）

【工业科技】 2022年，靖江市推动低端产能有序退出，全市规上工业企业实施节能改造项目15个。创建绿色制造示范体系，1家企业入选国家绿色供应链管理企业，2个产品入选国家绿色设计产品，1家企业入选省级绿色工厂名单。推进技术创新促转型，

4月，道道全粮油靖江有限公司入选成为靖江首家省级“智能工厂”

10项新产品被列入省重点推广应用的新技术新产品目录，11项新产品通过省级鉴定。新认定省级企业技术中心2家，市级企业技术中心11家。全市认定各级企业技术中心累计97家，其中国家认定企业技术中心1家、省认定企业技术中心37家、市认定企业技术中心59家。（陈　颖）

【建筑科技】 2022年，靖江市推进绿色建筑发展，加大装配式建筑管理力度，发展产业现代化，加快工程项目建筑信息模型技术推广应用。全年办理验收备案项目35个，城镇绿色建筑竣工面积178.98万平方米，占城镇民用建筑总面积的100%。全年完成绿色建筑面积178.98万平方米，其中居住建筑面积99.85万平方米、公共建筑面积79.13万平方米。城镇绿色建筑占新建建筑比例100%。既有建筑节能改造面积6.75万平方米。其中居住建筑3.85万平方米，公共建筑2.9万平方米。太阳能光热应用面积37.81万平方米，太阳能光伏装机容量122.4兆瓦。全市装配式项目占比35%，新开工装配式建筑面积39.48万平方米。加强建筑产业现代化管理，指导中建钢构江苏有限公司创成省级新型建筑工业化创新基地。首创“新型装配式高桩码头应用技术”在“深国际靖江码头工程”项目成功应用。全市创成省级建筑信息模型示范项目1个，为靖江市妇幼保健中心建设项目。 （韩　蕾）

【水利科技】 2022年，靖江市建成泰州市首家县级“智慧水利”信息中心，整合“河湖长制、闸门监控、防汛监测、灌区管理、水质在线、水资源、采砂管理、智守长江”等信息化系统，研制开发“靖江市智慧水利信息管理平台”。通过实施基础数据数字化，实现对水库、水闸、堤防、防汛、采砂等全方位动态监测和信息集成，提高水利业务应用智能化和决策科学化水平。市智慧水利信息管理平台整合水利基础信息、监测数据、业务数据，集52.3千米长江岸线、3672条河流、184座涵闸泵站、百余个视频监控形成数字化成果，打造靖江水利数字化一张图。在全省首创长江堤防视频监控和崩岸预警系统，及时预测预警堤防土层的变化，助力防汛抗洪指挥决策。 （肖　莉）

综 述

【概况】 2022年,全市有各类学校109所,其中幼儿园57所、小学23所、初中(含九年一贯制学校)22所、普通高中4所、特殊教育学校1所、中等职业学校1所、全日制高等学校1所。有在校学生82790人。其中,幼儿园14375人,小学31811人,初级中学(含九年一贯制学校)12861人,特殊教育学校134人,普通高中9713人,中等职业学校3521人,高等学校10375人。有专任教师6515人,其中幼儿园1033人、小学1949人、初级中学1641人、特殊教育学校34人、普通高中1064人、中等职业学校314人、高等学校480人。

【教育设施建设】 2022年,推动新开工类、续建类、准备类等教育建设项目19个,涵盖农村薄弱学校、城区老旧学校和住宅小区配建学校,总投入14.5亿元,其中渡江实验小学、城北幼儿园等10所新学校建成投用。实施空中课堂、多媒体升级、网络改造等项目,启动中小学高品质实验室建设,投入专项资金2000余万元。新增江苏省智慧校园合格校8所,泰州市示范型智慧校园5所、优秀型智慧校园5所,省市智慧校园合格校创建率达97.7%。推进儿童青少年近视综合防控行动,实施照明设备升级改造项目,涉及33所中小学校989个教室,实现中小学校教室照明标准化全覆盖。

【师资队伍建设】 2022年,持续贯彻落实《靖江市义务教育学校教师县管校聘管理体制改革方案》,全市421位教师参加交流,参加交流教师占符合交流条件专任教师的25.1%,交流的骨干教师占符合交流条件骨干教师的38.11%。启动“5155强师工程”,三年内计划新招聘教师500名,其中引进高层次教育人才100名以上;培养骨干教师500名;新增名特优教师50名。年内,引进“双一流”高校优秀毕业生30人,公开招聘教师94人,定向师范生毕业到岗41人;启动“教师专业素养三年提升计划”,新增泰州市三级骨干104人,周元荣获2022年全国职业院校班主任能力比赛一等奖;启动首届“靖教名师”培养项目,朱照红获评“苏教名家”,蒋郸骥、印剑清、刘红梅、李娟当选泰州市首批特级教师,张建平、孙桂清当选泰州市首批特级校长,刘烨萍当选泰州市首批特级班主任,陆贤彬、彭红星、戎敏取得正高级教师职称。新增靖江市级音乐骨干教师培育站,遴选骨干教师30人。全市参加各地支教活动教师13人,其中黄振龙、陈霞芬、严金洪、陈宇、杨红军、姜南、蒋静娟至新疆维吾尔自治区支教;侯亚楠、沈鑫、刘雪萍、毛其明、王立洋、沈月华至陕西省永寿县支教。顾红云、陈霞芬被授予泰州市“春蚕奖”。

【校园安全】 2022年,实施校园安保提升工程、安防基础建设工程、安全视频监管工程,提升校园“三防”水平。聚焦校园安全重点领域、关键部位和薄弱环节,开展校园安全生产专项整治和隐患排查治理，落实“一校一策”，强化滚动排查，坚持“动态清零”，整改安全隐患 883 条，实现闭环管理。依托安全教育平台，教授安全教育课、开展各类专题教育活动。全市各校开展防地震、防火灾、防暴恐以及其他突发事件应急演练。印发《靖江市中小学（幼儿园）食堂管理指导意见》，调整优化食堂大宗物品集中采购统一配送方案，打造公开透明的“阳光食堂”。

【首届“红烛奖”】 9 月，市委、市政府举行教师节庆祝活动暨首届“红烛奖”颁奖典礼，杨建忠、王国军、周元、弓玉娇、秦海燕、蔡卫良、刘建东、刘艳、郑彬、张春兰十人获“红烛奖”。“红烛奖”是靖江市委、市政府面向教师群体设立的奖项，旨在弘扬靖江市优秀教师的师德风范和先进事迹，激励全市上下形成尊师重教氛围，凝聚起关心教育、支持教育的强大合力，推动靖江教育高质量发展，办好人民满意的教育。

学前教育

【概况】 2022 年，全市有幼儿园 57 所，招收幼儿 4172 人，在园幼儿 14375 人，毕业幼儿 5279 人；有专任教师 1033 人。

【学前教育优质普惠发展】 2022 年，推进幼儿园户外小种植、小养殖、小沙池、小水池、小作坊、小社会“六小”建设，打造幼儿园室内阅读区、科学区、益智区、美术区、角色区、建构区、表演区、生活区“八区”。接受省优园复审现场考察，至年末，全市有省、市优质幼儿园 47 所，省、市优质幼儿园占全市成型幼儿园比例达 92.2%。普惠性幼儿园覆盖率为 94.53%。

9 月，第三实验幼儿园望江路分园建成投用

义务教育

【概况】 2022 年，全市有小学 23 所，初级中学（含九年一贯制学校）22 所。小学招生 5300 人，在校生 31811 人，毕业生 4711 人；有专任教师 1949 人。初级中学（含九年一贯制学校）招生 4642 人，在校生 12861 人，毕业生 4735 人；有专任教师 1641 人。

【义务教育学校标准化建设】 2022 年，全市义务教育学校对照《江苏省义务教育学校办学标准（试行）》，进一步完善运动场地、专用教室及辅助用房等建设，配足配齐实验器材、教学图书等设施设备，提高学校标准化建设水平。接受省义务教育学校标准化建设监测，全市所有学校均达监测标准。中考录取率和城乡学校均衡度均领跑泰州。

【素质教育】 深入推进“喜迎二十大、永远跟党走、奋进新征程”主题教育实践活动，分众化、互动式开展宣讲 149 场，参与青少年超 10 万人次。“传承红色基因，推进诵读学传思想引领工程”获泰州市未成年人思想道德建设工作创新创优成果奖。深入挖掘青少年先进集体和个人，获评全国优秀少先队集体 1 个，江苏省优秀少先队辅导员、优秀少先队员 2 名，江苏省优秀少先队集体 3 个，泰州市五四红旗团组织 3 个，泰州市优秀共青团员、团干部 4 名。常态化开展“八礼四仪”文明礼仪教育活动，承办泰州市小学一年级“入学仪式”。承办泰州市班主任基本功比赛，11 人获一等奖，参加省班主任基本功比赛，3 人获二等奖。推进“阅读强基工程”，根据不同年龄段学生特点，结合主题活动和读书月，开展“阅读之星”“阅读导师”“书香校园”“书香家庭”等评比活动，确保每周 1 节阅读课、每天 1 小时阅读时间，完善“阅读进阶评级”实施方案，激发学生主动阅读的兴趣。举办靖江市中小学生个人艺术单项比赛，180 人在泰州市级比赛中获三等奖以上奖项。系统实施青少年体育“5621”项目，确定篮球、田径(橄榄球)、乒乓球、羽毛球(柔道、散打)、足球5个项目作为靖江特色体育项目，每个项目布局6所小学、2所初中、1所高中；开展“护眼亮睛”行动，提升青少年学生体质健康水平。橄榄球、柔道等项目获省运会冠军10个，共夺取金牌18枚。全市中小学生体质健康测试合格率为95.86%，超省定标准。泰州市高三学生体质健康全员测试中，及格率、良好率均在泰州地区领先。创成泰州市中小学知识产权教育试点学校1所，泰州市科学教育特色学校2所，泰州市中小学优秀科技社团2个。181人在省“金钥匙”、科技模型等比赛中获二等奖以上奖项；8个项目作品在省科普剧会演、创新大赛等活动中获优秀以上奖项。5所学校、8名校长、38名教师分别获评科技教育先进学校、科技教育校长、优秀科技辅导员，12名学生被授予科技创新市长奖。

【“双减”工作】 2022年，靖江市贯彻中央和省、市决策部署，持续巩固“双减”成效。全面推进校外培训治理，加快实施全市非学科类培训机构全流程监管。围绕“压总量、控时长”要求，完善义务教育学校作业质量抽检机制，举办全市义务教育学校作业管理改革现场会，组织专项视导以及责任督学不定期督查，监管“五项管理”落实情况。全市所有义务教育学校全部提供每周5天、每天2小时的课后服务，确保有需要的学生100%参与到课后服务中来。义务教育阶段学生参与率超90%。各校结合实际，积极开发校本资源，提高课后服务质量。全面开展课后服务信息化管理试点工作，实现课后服务排课、选课、管理电子化，进一步推动课后服务育人体系提档升级。成立“领读者”教师读书会，通过经典共读、读书沙龙、课例研讨、主题讲座等方式，提升教师阅读指导能力。节假日、寒暑假期间，全市初、高中免费开放学校相关场所供师生自主学习使用；幼儿园设立暑托班，相关学校配合属地开设14个青仔暑托班，为家长开启“官方带娃”服务。孤山镇中心小学、实验学校天水分校案例入选泰州市第二批“双减”优秀案例。市教育局、西来镇土桥实验学校、生祠镇中心小学案例入选省第四批“双减”工作典型案例。

5月，斜桥镇中心小学成立学生社团，开展剪纸活动

（市教育局提供）

【关爱青少年生命健康专项行动】 印发《靖江市关爱青少年生命健康专项行动工作方案》，构建上下顺畅、贯通、联动的青少年健康成长工作机制，形成齐抓共管、群防群治的工作格局，助力青少年健康成长。举办第五届心理健康公益论坛，相关活动被新华网报道。启动全市“校园心理剧”剧本创作大赛，开展小学心理健康优质课研讨活动。组织参加省、泰州市心理健康专题培训，充实各校心理健康兼职教师和辅导员队伍。组织全市初高中参加心理健康优质课评比，省靖中朱雯娴获省赛一等奖，外国语学校包银梨获泰州市二等奖。参与江苏省教育科学“十四五”重大规划课题“家校社协同育人体系的建设研究”，实验学校“笃学力行：家校社协同育人课程基地”获基础教育内涵建设项目省级立项。投入48万元购置新的心理健康普测系统，对全市中小学生开展全员普测。新建2个“青爱小屋”，创成1所江苏省中小学心理健康教育特色校，1所泰州市中小学心理健康教育特色学校，1所泰州市中小学心理健康教育示范学校。接受泰州市青少年生命健康工作专项督查，获得好评。

普通高中教育

【概况】 2022年，全市有普通高中4所，招生3012人，在校生9713人，毕业生3426人；有专任教师1064人。

【高中办学品质建设】 2022年，推进普通高中优质特色发展，聚焦学校高品质发展文化生态建设、课程体系建设和学习时空建设，创新育人模式，适应新高考，实施新课程。全市省优质普通高中比例达100%，省四星级高中比例达75%。省靖中完成省高品质示范高中创建申报工作；接受省四星级普通高中复审现场考察；品格提升工程“德性自证：高中生品格提升的‘弘毅行动’”顺利结项，并获评省级精品项目；省级课程基地“人工智能课程基地”顺利通过省教育厅中期视察督导。市一中“博识笃行”好教师团队、刘国钧中学“骥成”好教师团队入选泰州市第三批“四有”好教师团队。斜桥中学接受省三星级普通高中复审现场考察。全市在数学、物理、化学、生物等学科奥林匹克竞赛中获省一等奖及以上奖项72人次。

【高考】 2022年，全市报名参加全国普通高等学校招生统一考试3602人，实际参考3335人，本一批次录取率42.93%，本科达线率78.89%，均位列泰州第一。文科11人进入省前500名，理科42人进入省前2500名，理科600分以上、文科580分以上人数占比均在泰州地区领先。48人被C9(九校联盟)高校录取，其中被清华大学录取1人，被北京大学录取1人；2人被录取为空军飞行员。

特殊教育

【概况】 2022年，全市有特殊教育学校1所，在校学生134人，其中小学88人、初中46人，新招16人，转入2人，毕业3人。有专任教师34人。

【体艺教育】 2022年，实施体艺特色创建活动，提升特需学生审美能力，促进学生综合素质全面和谐发展。代表泰州参加省运会、省第十一届残疾人运动会，获金牌2枚、银牌2枚、铜牌3枚；参加全国特奥日主题活动，获金牌6枚、银牌2枚、铜牌1枚，代表团获评全国“体育道德风尚奖”，全健排舞《晚安喵》获第五届全国残疾人排舞公开赛一等奖；学校获评全国残疾人排舞推广先进单位，并被授予体育道德风尚奖。

中等职业教育

【概况】 2022年，全市有职业学校1所，为省靖中专校。有全日制在校生3521人，非全日制成人学历教育5100人，全日制招生1240人，毕业生就业率100%，当地就业率达88.7%；有专任教师314人。设置各层次专业42个，开设各类基础及专业课程450门。

【职业学校建设】 2022年，靖江职业教育坚持立德树人、德技并修，牢固树立“高质量融合发展”理念，不断加强内涵建设，完善现代职教体系，持续推进校企合作，深化产教融合，探索实践“政行企校”共建共享的合作办学模式，强化协同创新，贯通“产学研用”，促进教育、科技与产业深度互动，全面提升职业教育现代化水平和服务能力，为建设技能型社会、提高产业竞争力和汇聚发展新动能提供人才支持和智力支撑，靖江市入选省职教改革发展成效明显地区，获省政府通报激励。年内，95名学生被本科院校录取；建成2个技术协同创新中心和6个实训基地；与7家企业合作开展新型学徒制培训，培养新型学徒制学员450人；承办靖江市“技工技能节”等大型活动20余场次，完成各级各类职业技能培训万余人次；牵头成立“泰州市装备制造业职教集团”，获评省示范性职业教育集团(联盟)培育单位；挂牌成立“泰州市工匠学院分院”、靖江市应急管理学院；工业机器人职业体验中心入选江苏省中小学职业体验中心，“星火众创空间”创成省级创业示范

省靖中专校学生实训现场 （市教育局提供）

基地,“工业机器人虚拟仿真实训基地”创成省级示范基地,数控技术专业创成省级优质专业,“凯飞航空制造现代学徒制培养项目”入选省职业教育对外合作交流重点建设项目,“精密制造协同创新中心”获评省职业教育校企合作示范组合培育项目;高质量完成江苏省中职“领航学校”创建全部任务。

(叶爱国　鞠　锋)

高等教育

【概况】 2022年,靖江市有普通高校1所,为常州大学怀德学院。该校设有机械与材料工程系、建筑与环境工程系、信息工程系、经济管理系、会计系、外语系、艺术系7个系,基础课部、体育部2个部和16个职能部门。全年录取新生总数为3006人,在校生人数10378人。2022届毕业生毕业率99.41%,学位授予率98.22%。

【师资保障】 2022年,学院有教职工480余人,副高级及以上职称比例为39.2%。加强青年教师培养,通过“师徒结对”、青年教师座谈会、青年教师汇报课比赛、拓展团建等形式,提升教师综合能力,形成可持续发展的人才梯队。成功申报2022年度“青蓝工程”优秀骨干教师培养对象2人,完成2019年度“青蓝工程”优秀骨干教师培养对象考核工作,考核结果为优秀。成功申报泰州市直级“师德模范”1人。

【学生培养】 强化实践教学。持续推进创新创业教育,组织学生参加各类学科竞赛与创新创业大赛。其中,在第十二届华东区大学生CAD应用技能竞赛中获二等奖2项、三等奖5项;在全国三维数字化创新设计大赛中获二等奖2项;在第十三届蓝桥杯全国软件和信息技术人才大赛中获二等奖3项、三等奖5项;在“外研社国才杯”全国英语阅读、写作大赛省级决赛(江苏赛区)中获一等奖1项、三等奖1项、优胜奖4项。举办“科技学术节”,构建怀德学院大学生科技创新活动体系,通过讨论沙龙、线上科技竞赛、视频人文讲座等多种形式,组织开展20余场科技创新活动。全年有23个创新创业项目入选江苏省创新创业训练计划。打造全天候线上就业服务,帮助学生精准就业,年终就业率达91.12%。

【校地合作】 深化平安校园建设。与属地公安机关建立联动协作机制,将校内监控接入公安专网,进一步加强信息互通互享;在学院大型活动如新生报到、四六级考试等时期,确保校园周边安全。加强与属地户籍部门联系,协调办理新生户籍迁入及毕业生户籍迁出工作。加强与电力部门联系,确保院内大型考试供电稳定。

(章　梦)

社会教育

【概况】 2022年,靖江市推进民办教育分类管理,全面规范校外教育培训行为,开展社区特色教育,构建全民终身学习体系。年内,自考报考人数1754人,总课次3802门。审核通过42名考生的毕业申请,为77名考生办理免考手续。江苏开放大学全年招生入学1886人。

【社区教育】 2022年,靖江市社区教育以党建引领,将社会主义核心价值观、民主与法制、生态文明、优秀传统文化、公民道德等方面教育融入社区建设。不断完善以靖江开放大学为龙头,靖江社区培训学院为骨干,乡镇(街道)社区教育中心和社区(村)居民学校为主体的社区教育管理和服务支撑体系。应对人口老龄化,构建覆盖城乡的老年教育服务体系,完善老年人社区学习网络,新挂牌成立一批老年学校,实现乡镇(街道)老年教育机构100%覆盖。新桥镇社区教育中心获评江苏省社会教育先进集体,2人获评省级社区教育先进工作者,2人获评省级社区教育优秀志愿者,2个项目在省“能者为师”社区教育教师技能大赛中获奖,制作的教学微视频《让美丽的夕阳红更美》获省“智慧助老”教学成果微视频大赛一等奖。

【校外培训机构治理】 2022年,全市预登记非学科类校外培训机构106家,其中文化艺术类82家、体育类19家、科技类5家。进一步加强学科类隐形变异培训防范治理工作,通过健全制度机制、强化安全管理、完善监管体系等举措,补短板、防风险、堵漏洞,促进学生全面健康发展。紧盯国家法定节假日、休息日及寒暑假等重要时间节点,围绕办学资质、培训收费、教材使用、人员管理、新冠肺炎疫情防控等内容,采取“日查+夜查”“联检+抽检”“吹哨报到”等方式开展专项执法检查。全年累计组织联合检查24次,出动执法人员420余人次,检查培训机构139家,发放责令整改通知书6份,约谈机构负责人25家,通报批评机构4家。

(叶爱国　鞠　锋)

文化设施

【概况】 2022年，靖江市有公共图书馆1个，有博物馆1个、文化馆1个，村(社区)综合性文化服务中心231个，“三馆一站”覆盖率102.8%，人均接受文化场馆服务次数4.99次。

【靖江市图书馆】 2022年，市图书馆藏书103.5万册，电子图书28TB，全年借阅图书35.37万册，办理、开通借阅证2080张。有总馆1个，乡镇分馆13个。推进数字图书馆、数字文化馆建设，完善两馆总分馆制管理运行模式，打造多元化“图书馆+”阅读阵地活动、服务、机制等多种模式。运营有“靖江市图书馆”微信公众号，提供好书荐读、美文欣赏、古诗词赏鉴、线上线下活动预告、传统文化赏析等，读者可通过公众号发布的活动预告报名参与馆内组织的阅读活动，全年线上服务32.64人次。培树“书香马洲”读书节、“显华讲堂”公益讲座、“绘本宝宝”快乐讲读、“群学”英语角、古诗词赏析社、艺术与生活空间、名师思维等“群学”系列品牌、“最美荐书人”线上阅读推广栏目、“靖图说历史”线上、线下互动短视频栏目、“送书香，惠民生”阅读推广下基层、“你选书、我买单”文化惠民服务等阅读推广品牌活动10余项。全年举办线下读者活动61场、讲座29场，服务群众22万余人次。

【靖江市文化馆】 市文化馆建筑面积508平方米，全年提供服务280余次，服务群众30.8万人次。推出“欢乐过大年，精彩天天演”、“艺起来”少儿艺术节等文化品牌活动，做好“我们的节日”、爱国主义教育、“我欢歌我快乐”等系列文艺演出，全年文艺活动服务人次16.12万人次。基层文化站开展村(社区)文化管理员培训工作。市文化馆和多个镇级分馆免费开设美术、书法、舞蹈等12类科目的培训班，挂钩指导业余团队，常态化开展下乡辅导工作，壮大基层文艺人才队伍。通过组织未成年人培训、艺术培训进校园、业余团队培训、文化馆秋季培训班等，培训服务2.8万人次。开展“文化进校园”“墨润马洲”“乡村振兴，非遗同行”等系列展览活动，展览服务9.88万人次。

【城市书房和农家书屋建设】 推进书香城市建设，建成5家“马洲书房”24小时自助图书馆、15家“牧城书驿”城市阅读联盟。马洲艺文馆、容湖书房、西来文化中心、图书馆、斜桥新港书城、新桥文化中心创成“江苏省最美文化空间”。至年末，全市有农家书屋231家、城市书房5家、牧城书驿15家。

【公益性小剧场建设】 推进公益性小剧场建设工作，建成市少年宫青春剧场、东兴大剧院、西来文艺剧场、靖城小剧场、生祠小剧场、笑驿站6个小剧场,全年演出70余场。少年宫青春剧场位于滨江新城新洲路52号,面积1000平方米,剧场设座椅316个。东兴大剧院位于东兴镇东兴大道66号,面积4690平方米,剧场设座椅486个。西来文艺剧场位于西来镇植物园路2号西来文化艺术中心,面积500平方米,剧场设座椅300个。靖城小剧场位于靖城街道迎宾东路28号,面积680平方米,剧场设座椅120个。生祠小剧场位于生祠镇为民服务中心,面积800平方米,剧场设座椅320个。笑驿站位于靖江市人民路134号,面积100平方米,剧场设座椅50个,每周六晚面向市民提供曲艺演出。

(陈　蕾)

公共文化服务

【概况】 2022年,靖江结合村(社区)、企业、学校等需求,常态化开展"成长的美好"艺术培训进校园、锡剧进课堂、"艺起来"少儿艺术节等文化活动,推动基层文化事业发展。重点打造并成功入选江苏省"最美公共文化空间"6个,江苏省"优秀群众文化团队"3个,以此为抓手,发展广场文化、社区文化、乡村文化、民俗文化等群众文化活动,组织"欢乐过大年,精彩天天演"文化进万家、"初心照酷暑 清风伴征途"西来镇群众文化团队反腐倡廉演出等。擦亮"我欢歌我快乐""马洲大舞台""戏舞乡村"等特色文化活动品牌,以专业文艺队伍市锡剧团为主体,全市100余支业余文艺团队为补充,开展送戏下乡活动,市锡剧团全年组织"送戏下乡"活动超100场,各镇(街道、园区、办事处)组织"送戏下乡"活动超400场,开展"我们的节日"端午主题文艺演出、"奋进新征程,赓续爱国情"文艺演出、"马洲小夜曲"城市音乐会、"喜庆二十大 欢乐在靖江"相声惠民演出等文艺活动,"政府搭台、社会参与、百姓受益"模式的公共文化产品供给体系日益成熟。举办"墨润马洲"书画展、"古韵廉音 百姓名嘴颂清风"靖江宝卷巡回讲唱、图书馆"显华讲堂"系列讲座、文化馆文化艺术公益培训季等一系列文化活动,通过文艺演出、阅读推广、艺术培训、展览讲座等活动形式,全年完成各类文化活动超1000场。助力乡村旅游,指导乡镇开展生祠荷花节、城南文体节等活动,持续放大"一镇一品"文化品牌效应。

【文艺节】 成功举办第40届靖江文艺节。该届文艺节以"喜迎二十大 勇当第一帆"为主题,组织十个"一"系列文化活动,举办省运会靖江赛区启动仪式文艺表演、靖江市"喜迎二十大·强国复兴有我"主题曲艺献礼、"喜迎二十大 勇当第一帆"书画影展、"喜庆党的二十大暨靖江经济技术开发区晋升国家级开发区10周年、靖江市第40届文艺节"文艺演出、"我欢歌 我快乐"业余文艺团队展演、"喜庆二十大·歌咏新靖江·礼赞开发区"合唱比赛、"靖情江韵"新创文艺节目调演等特色主题文化活动。

(陈　蕾)

11月,市锡剧团开展"梨园雅韵润童心"2022靖江市戏曲进校园活动

文学艺术

【文学】 庞余亮凭借散文集《小先生》获第八届鲁迅文学奖散文杂文奖,长篇散文《在那湿漉漉的平原上》获第十三届万松浦文学奖,《小虫子》《平原盛宴》入选国家级刊物《2022年散文选》。范锡林的小说《红线大阿福》获《东方少年》重点作品扶持项目小说组优秀奖。丁玲编剧的微电影《微光》获第十届全国品牌故事大赛(南京赛区)微电影类三

等奖，微电影《供电职工帮农民卖菜啦》获2022年全省“网聚职工正能量 争做中国好网民”主题活动微视频作品三等奖。邵秀萍的诗歌《我们的河流（组诗）》《六月的雨》分别在省刊《诗歌月刊》《星星》发表，诗歌《在东坡纪念馆》《那时花开》分别发表于市级报刊《扬州晚报》《宿迁日报》。闻琴的散文《茨菇花白小如萍》在省报《现代快报》发表，小小说《坐宫》《桃园听雨》在省刊《小小说选刊》发表。徐子茗出版个人诗集《来日方长》，《一天一天的》《爱是具体的》《调头》《天空》等多首诗歌在《星星》《扬子晚报》等省市级刊物发表，诗歌《暗香》获第三届中国年度新诗奖·后浪创作潜力奖。刘华君（寂月皎皎）为电视剧《月歌行》编写剧本，邵靖（福多多）的网络小说《天才画师小娘子》被爱奇艺在线视频网站确定为影视版权合作作品。毛松南、鞠东平、顾明祥、刘金余、鞠益恒、方铭等人的数十篇作品在《泰州日报》《泰州晚报》《扬州晚报》《江海晚报》《浔阳晚报》等报刊副刊上发表。

【书法】 张立的书法作品《行书条屏》获江苏省文艺大奖第四届书法奖。徐欣虹的书法作品《黄庭坚书论数则》获评筑梦丹青——第三届江苏省中小学教师美术作品展优秀作品。顾飞翔的书法作品《毛泽东七律长征》获全省职工书法展三等奖。常秦的书法作品《粟裕〈诗一首〉》获泰州市政府文艺奖铜奖。顾如平的书法作品《一城 任择》联获第五届“吉祥泰州”书法比赛优秀奖，篆书联入展“翰墨凝书韵 丹青颂党恩”——民盟泰州市委喜迎二十大书画作品邀请展。王莉鹃的书法作品《洛神赋》《醉翁亭记》、孙留芳的书法作品《将进酒》、江晓东的书法作品《草庐对》和临帖黄庭坚作品、陈沛富临帖徐渭行草书并创作徐渭风格行草书作品均入展泰州市首届书法临创作品展。陆六的书法作品《宋词二首》获泰州市2022年“翰墨飘香歌盛世、光影舞动展华章”第二届老干部迎新春线上书画摄影展最佳入选作品。

【美术】 卢颖江的漆画《荡湖船》入展“新生活·新风尚·新年画”——我们的小康生活美术作品，漆画《暮色荷塘》入展第六届东方工艺美术之都博览会，漆画《筑梦》入展“新时代颂”2022江苏美术摄影主题联展（省主展场），漆画《残荷听雨》入展漆彩东方——第五届上海漆画展，漆画《山河无恙》《逆行》均入选“漆佑长安”漆艺作品网络展，漆画《石库门的灯光》入展江苏省“苏新、非遗、传承”作品展，扎染《荷塘月色》获江苏省“苏新、非遗、传承”作品展星火奖，水彩《人间四月天》入展2022年全国第四届水彩画网络展，漆画《雪域阳光》获泰州市政府文艺奖美术类金奖。刘微的中国画《筑梦》入选江苏省第八届新人美术作品展，水彩画《静物——念》入选“筑梦丹青”第三届江苏省中小学教师美术作品展。陈明的国画《始发》获江苏省科协书画摄影展一等奖。佘靖华的中国画《自在家园》、陆常红的中国画《嬉荷》、王李霞的中国画《野寺分晴树 山亭过晚霞》、黄舒的油画《江南梦》均入选江苏省第八届新人美术作品展。陆冠东的油画《运河印象》入选2022江苏省青年美术书法优秀作品展。顾如平的国画《罗汉图》入展民盟江苏省委“喜迎二十大”书画展。孙雪原的版画《梅兰芳蓄须》、王金甫的油画《小城春色》、郑雷的国画《秋色秋韵》入展“新时代颂”2022江苏美术摄影主题联展泰州展，并获第三届泰州美术奖；卢颖江的漆画《桃园印记》、陈明的国画《巨缆过江》入展“新时代颂”2022江苏美术摄影主题联展泰州展，并获第三届泰州美术奖提名奖。曹滨的中国画《共奔小康路》获泰州政府文艺奖银奖。尹亚君的国画《春风是万里 滨江美景气象新》、张玲梅的国画《和平之春 国泰民安》、萧守衡的国画《牡丹图》、闻达清的国画《瑞光》、朱效明的国画《扬帆启航 放飞梦想》、郭建岗的国画《振羽显神威 奋进新征程》、陶鸣的国画《云壑飞泉》、包惠政的国画《金龙献瑞》入选第五届“吉祥泰州”全市美术书法摄影大赛。陶鸣的国画《祥凤迎省运》、曹滨的国画《激情飞扬》、陈明的国画《散打》、陆常红的国画《溱潼荷香》、黄燕的国画《青春》、潘凌霄的国画《竞帆》、佘靖华的国画《情系省运》入展江苏省第二十届运动会“丹青助省运 长卷绘激情”国画百米长卷展览暨捐赠活动。佘靖华的国画《溪山清韵》《层峦耸翠》、潘凌霄的国画《醉在青绿山水间》《江上风景》入展“翰墨凝书韵 丹青颂党恩”民盟泰州市委喜迎二十大书画邀请展。

【摄影】 陈汉涛的摄影作品《青青河边草》《争艳》入展中国兴安盟五角枫摄影大展，《天鹅赛舟》入选第十三届中国艺术节全国优秀摄影作品展览，《草原白云》入展第二届“绝美绮丽处　秘境毕拉河”全国摄影作品展,《待飞》《喂食》《午间小憩》入选第24届江苏省摄影艺术展览;戴红章的摄影作品《廉(莲)洁之光》获“清风廉韵”摄影展暨微电影展优秀作品奖,《同心抗疫》《消杀》入选“致敬平凡 致敬不凡”泰州抗疫摄影网络图片展。胡维的摄影作品《赶工》入选邮储银行杯全国金融系统喜迎二十大摄影展、泰州宿迁两市联展。江晓东的摄影作品《送别英雄钱卫》获第六届平安江苏“三微”比赛暨优秀政法文化作品征集评选三等奖。胡维的摄影作品《乐在其中》、缪自永的《林中乐园》、戴红章的《舞动春天》入选“家国团圆 共品国缘——泰州太美”摄影展暨《中国摄影报》影像天地“泰州太美”优秀作品展。

【音乐、舞蹈】 张陈编舞、殷剑钢作曲的舞蹈《乘风破浪》获江苏省第七届中小学生艺术展演舞蹈类一等奖。殷剑钢作曲的歌曲《太阳花》获泰州市“唱响新时代”主题征歌活动一等奖,秦逸作词的歌曲《世界只有一个中国》《苍穹之上》在“学习强国”江苏学习平台展示,秦逸作词的歌曲《老弄堂》获无锡市“群芳奖”(第8届)银奖。靖江选送的歌曲《信仰的红》获泰州政府文艺奖铜奖,女声小合唱《水乡依旧》、舞蹈《梦起大江》获2022年泰州新创文艺节目调演一等奖。

【戏剧、曲艺】 市锡剧团排演的大型红色锡剧《江姐》入选江苏省艺术基金2022年资助项目。陈羊表演的相声《我爷爷》分别获第九届江苏省少儿曲艺展演优秀奖、北京少儿曲艺大赛表演三

7月11日,江苏艺术基金2022年度资助项目——大型红色锡剧《江姐》首演

等奖及创作三等奖,《对春联》获第九届江苏省少儿曲艺展演入围奖,快板《曹永昌改名柳敬亭》获江苏省第四届快板大赛三等奖,快板《武松打虎》《第一帆》获首届中国大运河优秀少儿曲艺优秀展演奖,其中《第一帆》获江苏省第十五届“五星工程奖”。快板书《“珍”心换真情》获2022年泰州新创文艺节目调演一等奖。房美华、夏亚林主演的锡剧小戏《脱贫之后》获盐城市小戏小品金奖。锡剧《红梅花儿开》获泰州政府文艺奖银奖,快板《鸿蒙破晓》获铜奖。

【民间文艺】 黄靖调查考察靖江唱春、唱凤凰、唱麒麟,并开展理论研究,撰写《靖江民间说唱研究》,其民间文艺学术专著《中国活宝卷调查》入围“第十五届中国民间文艺山花奖·优秀民间文艺学术著作”。

【朗诵】 黄铭、张林海获江苏省“金牌志愿讲解员”称号;陈伟的演讲《单声先生的目光》获江苏省侨界喜迎党的二十大主题演讲比赛三等奖,其还凭借理论宣讲《弘扬伟大建党精神 走好新的赶考之路》获省级“我是冬训主讲人”称号。陈伟的理论宣讲《“16”的密码》、夏啸的理论宣讲《老谢的“新江湖”》获泰州市“礼赞新时代 追梦复兴路”“百姓名嘴”风采展示大赛一等奖,陈帅的《婆婆眼中的“福”》获二等奖。肖智玮的演讲《以告别 向未来》、曹亚的《老焦和小焦》、陈帅的演讲《两幅楹联》分获泰州市“礼赞新时代 追梦复兴路”演讲比赛一等奖第一名、第二名、第三名。夏啸的朗诵《寻找英雄》、张晶晶的朗诵《一棵树的使命》获泰州市“弘扬‘三个不相信’勇毅奋进新征程”朗诵比赛一等奖。曹亚的播音作品获泰州市广播电视广播播音社教类一等奖。

（陈　婷）

文化遗产保护

【物质文化遗产保护】 完成全市历史文化遗产专项调查后续实地调查工作,形成《靖江市历史文化遗产专项调查田野工作报告》

《靖江市历史文化保护传承及利用的建议》。编制完成《靖江市历史文化保护传承概念性规划》。存放于弯腰沟革命纪念馆内的9件(套)文物藏品整体移交至市博物馆。按照国家、省及泰州市要求,开展5万平方米以上建设项目中的考古前置工作,市博物馆协助配合靖江开发区组织开展斜桥镇内的开发区本部文物资源区域评估一期(14平方千米)实地考古勘探与调查工作,并通过省级专家组验收。开展文物维修,完成市级文保单位旧志五桥整体修缮工作。 (朱苏钢)

【非物质文化遗产保护】 2022年,全市有各级非物质文化遗产代表性项目39个,其中国家级1个、省级3个、市级5个、县级30个。有各级非物质文化遗产代表性传承人43人,其中省级非遗代表性传承人4人、市级8人、县级31人。有非物质文化遗产展示馆1个,为尚香汤包文博馆;有非物质文化遗产传承基地10个、传习所3个,各级传承人工作室4个,涵盖靖江宝卷、靖江蟹黄汤包制作技艺、靖江肉脯制作技艺、孤山泥狗子制作技艺等项目。组织申报工作,完善传承体系。开展第五批靖江市级非物质文化遗产代表性传承人评审工作,组织靖江宝卷省级非遗传承人刘正坤申报第六批非物质文化遗产国家级传承人,组织江苏尚香食品有限公司申报第三批省级非物质文化遗产创意基地,组织靖江民歌申报省级非物质文化遗产代表性项目。开展非遗传承宣传活动。组织2022年度"文化和自然遗产日"非物质文化遗产展示宣传活动,举办靖江宝卷讲唱、"非遗购物节"线下展销、靖江非物质文化遗产项目图文展、锡剧展演等。参加各级各类非物质文化遗产宣传展示活动,组织参加第五届中国(淮安)大运河城市非遗展、泰州市"喜迎党的二十大"非遗主题展和泰州市"凤城河夜泰美"非遗购物节。组织"文化进万家——视频直播家乡年"活动。组织参加"水韵江苏·非遗购物节"消费体验活动。开展锡剧进校园活动。拓展非物质文化遗产保护新阵地。建成孤山镇山东村泥狗子展示馆,成立实验学校"靖江泥狗课程基地"、外国语学校"靖江竹编课程基地"。靖江尚香汤包文博馆入选2022"水韵江苏·网红打卡地"——网红非物质文化遗产体验地。推进活态传承影像记录工程。逐步完善数字化保护体系,完成省级非物质文化遗产传承人陶晋良、钱伯平影像记录工作。

(陈劲松)

党史方志档案

【党史编研】 加强党史编研,服务党史学习教育常态长效。立足正本编纂,《中国共产党靖江历史》(三卷本)征编记述年限延展至2012年,继续修改编写纲目,完善篇章结构,打磨文稿内容。征集、编审靖江援藏、援疆、援陕口述史资料17篇,为《泰州对口支援口述实录》提供靖江篇幅。加强专题研究,修改完善《靖江广电事业的发展》《改革开放后港口口岸发展情况》等专题研究文章。深化靖江红色文物、红色档案研究,撰写研究文章《中共靖江组织掌握的第一份报纸:民锋日报》《渡江战役中的"半帆待命"战术》《名扬华东的靖江独立团》等,报送泰州党史方志学会论文11篇。严把政治关、史实关,完成《丰碑——靖江市红色资源普查辑录》《靖城街道志》的修编审定。著作《四墩子——一个苏中沿江集镇的口述史》、新媒体文章《一份带着遗嘱的嘉奖令》获全省党史部门党史优秀成果。放大党史宣教效应。编研文章屡登"学习强国"学习平台。围绕红色遗迹、方寸邮票等组织撰写、整理编研系列党史题材文章数十篇,其中29篇文章被"学习强国"学习平台推送,9篇获首页推荐。赴系统、镇村等讲授靖江人民革命斗争史10余场,推动党员干部从地方党史中更好理解建党精神、总结历史规律,传承红色基因、赓续红色血脉。开展"节日里的党史学习教育","七一"前夕走进街道社区赠送党史书籍及文创产品,引导村居干群学好用好党的辉煌历史,增强感党恩、听党话、跟党走的思想自觉和行动自觉。党史"征、编、研、宣"工作突出,被省委党史工办表彰为全省党史部门先进集体。

【志鉴编纂】 出版发行《靖江年鉴(2022)》,《靖江年鉴(2021)》获全省年鉴质量评定二等奖。推进镇村志编纂。印发《关于实施镇村志编纂文化工程的通知》,全面部署镇村志编纂工作。《靖城街道志》出版印刷,《布市里社区志》通过终审,《新桥镇志》通过复审,《孤山镇志》获评2022年全省史志作品质量评定优秀成果。开展地情文化宣传。举办泰州记忆讲堂靖江宝卷文化专场活动,通过图文展板、实物展示等形式介绍靖江"非遗"项

1月5日,《孤山镇志》首发式举办

目。江苏省非物质文化遗产(宝卷)代表性传承人刘正坤现场讲唱《大圣宝卷》片段。市民间文艺家协会主席黄靖介绍靖江讲经宝卷的文脉源流、发展现状、研究成果等,并探讨讲经宝卷的发展前景,5万余人通过"我的泰州"、"智慧靖江"、现场云等客户端线上观看。年内,市史志办被省地方志编纂委员会办公室表彰为全省方志文化宣传工作优秀单位。

【档案管理】 深化依法治档。梳理编制行政权力事项9项,不断完善办事指南和具体流程。统筹档案执法力量,严格落实行政执法人员持证上岗和资格管理制度,提升档案执法的规范化、科学化水平。规范档案检查,组织对全市102家市级机关、企事业单位、乡镇(街道、园区、办事处)及所辖26个行政村(社区)开展年度检查。推行档案"三合一"制度,在收集整理档案时明确归档范围、分类方案和保管期限,选取市残联、靖江生态环境局、省靖中等试点单位指导编制修订档案分类方案、归档范围和保管期限表。全面推进全市机关团体企业事业单位档案工作转型升级,组织对6家单位开展档案工作综合检查评价,其中市公安局、省靖中获评江苏省示范档案室,市委办、市残联、靖江生态环境局、江苏华靖资产经营有限公司获评江苏省规范档案室。加强资源建设。印发到期档案进馆通知,启动2006—2010年档案移交工作,明确进馆范围、归集标准、进馆程序等,接收5个全宗单位档案14069件。归集进馆党史学习教育1249件文书档案、172张数码照片及67个音像视频。接收8家医疗卫生机构25卷、2635件出生医学证明档案、2021年度婚姻登记档案。围绕红色档案、援藏档案开展征集工作,进馆靖江民间讲经艺人陶林生讲唱《英雄王倬》等音视频、周风贵等3人援藏口述史音视频及相关资料。提升信息化水平。开展馆藏档案100万页数字化加工,数据正确率超98%。完成15家单位13万页电子档案数据的检测、接收和挂接工作,数据容量约59GB。完善便民档案利用体系,推进靖江市民生档案服务平台建设,全市12个乡镇(街道、园区、办事处)全部接入平台,实现民生档案远程利用全覆盖。《电子文件闭环管理新模式探索与研究》列入市科技局社会发展计划项目。筑牢安全防线。以业务建设评价为契机,加强馆内档案安全风险隐患排查整治,梳理并整改到位安全问题6类14个。每日开展馆库日常巡查和安全管理,及时监测调控业务用房温湿度和空气质量,按季度做好汇总和分析工作。开展档案技术保护,对33个全宗15901卷、106458件档案进行消毒除尘杀菌。印发《关于开展档案安全工作专项检查的通知》,督促检查市级机关单位和国有企业档案安全工作责任制建立落实、档案基础设施建设及设备配置使用、档案实体及信息安全保管保护等方面,通报检查结果,做好跟踪整改。加强开发利用。助力"强国复兴有我"文化活动,依托馆藏档案举办"初心如炬 征途如虹"方祖岐寄语靖江诗书画作品展,展出方祖岐诗书画作品79幅。编纂完成《建国以来靖江县(市)受省部级以上表彰的先进个人、先进集体名单》《靖江市退役军人相关法规政策文件汇编》《靖江历次全委会报告汇编(2001—2005)》,编印《靖江大事记》。划控鉴定馆藏档案4050件。做好常态化新冠肺炎疫情防控下的档案利用服务,全年接待查档14688人次,利用档案7836卷、13468件,其中涉长三角地区异地远程查档52人次,全市乡镇远程查档28人次。开展宣传教育。印发《关于组织开展2022年国际档案日系列宣传活动的通知》,围绕"喜迎二十大·档案颂辉煌"

主题开展多样线上、线下活动。采取报纸、电子屏、微信等宣传方式,发布国际档案日小常识、宣传标语和红色档案故事,扩大宣传面。举办线上档案业务培训班,专题学习宣传习近平总书记关于档案工作的重要批示指示精神,部署推动数字档案室建设等贯彻落实举措。组织全市档案工作者参加国家档案局举办的线上档案专题讲座、线上档案知识竞答等宣传活动。开展国际档案日主题征文活动,2篇作品获2022年全国主题征文优秀奖。加强队伍建设。聚焦档案人员人才短缺、流动性大等问题,联合印发《关于进一步加强档案管理工作的通知》,强化全市档案队伍规范化管理,打造忠诚干净担当的高素质专业人才队伍。积极组织档案工作人员参加各类培训学习,提升理论素养和专业水平,通过撰写论文、职称申报等方式带动人才培养。年内,报送江苏档案学术论文22篇,5篇获优秀论文奖。9人晋升职称,其中高级1人、中级4人。

【"党旗红遍弯腰沟"口述历史与影像记录采集活动】 2022年,市史志办开展"党旗红遍弯腰沟"口述历史与影像记录采集活动。以新民主主义革命时期中共靖江县委弯腰沟民主政权建设为主要采集内容,挖掘整理、宣传弘扬中共靖江县委领导下各个革命斗争阶段的历史传统和革命精神。辗转多个城市,访谈81人,形成时长162小时的采集视频、6个专题短视频及50万字的口述史逐字稿、改写稿。《这片土地为什么这样红》等多篇新媒体推文被搜狐网、网易网等新媒体及"江苏档案""方志江苏""记忆泰州""靖江发布"等行业权威平台推送60余次。央广网以《靖江市史志办力促党史学习教育常态长效》为题作专门报道,中文核心期刊《档案与建设》推介"党旗红遍弯腰沟"口述历史采集经验。

【《中国共产党靖江历史大事记(1919—2021)》出版发行】 12月,《中国共产党靖江历史大事记(1919—2021)》编纂出版。该书由人民日报出版社出版,总计40.7万字,以大事记的形式全面记述一百年间中共靖江地方党组织带领靖江人民革命、建设和改革历程,是反映中共靖江历史时间跨度最长的编年体史书。

【组织非遗项目参加江苏书展】 7月,市史志办组织非遗项目——靖江竹编参加第十二届江苏书展,邀请非遗传承人现场展示竹编技艺,"学习强国"江苏学习平台、《现代快报》、《苏州日报》等媒体现场进行专题报道。

【市档案馆获评"江苏省示范档案馆"】 2022年,市史志办成立创建工作领导小组,重点统筹谋划迎评工作。多次召开专题会议研究部署,进一步规范和加强档案业务建设,提升档案工作整体水平。"建筑与设备""馆务建设""档案基础业务""开发利用服务"等业务建设评价指标均位泰州前列,获专家组一致好评。11月,市档案馆获评"江苏省示范档案馆"。

【科技项目首获省级立项】 2022年,"数字治理背景下档案业务在线监督指导模式研究"入选2022年度江苏省档案局科技项目。该项目依托网络基础,创新档案业务监督指导方式,形成"线上线下融合监督指导"新模式,以最大限度推动档案业务指导工作提质增效。 (王 樱)

社科事业

【社科普及】 2022年,靖江市贯彻实施《江苏省社会科学普及促进条例》,组织社科理论工作者、"百姓名嘴"、文艺名家深入机关、镇村、社区、企业、学校,开展社科普及活动60余场。社科普及项目"'靖听理响'百姓家"获2022年度省社科联社科普及项目资助。利用社科普及宣传周、世界读书日、世界环境日、全国法制日等时间节点,组织相关职能部门和社科联主管学会(研究会)通过布置展板、发放资料、现场咨询等形式,宣传普及社科知识,提升群众社会科学素养。

【社科研究】 2022年,组织全市社科工作者申报年度"泰州市决策咨询优秀成果"评奖,征集上报优秀成果4部。推荐省靖中社科研究项目《围绕社会职业职能与工作流程设计项目式课》申报江苏省第十七届哲学社会科学优秀成果评奖。组织研究围绕高质量发展、乡村振兴、社会治理、生态文明等靖江现代化进程中面临的重大理论和现实问题、热点难点问题,形成调研成果20余篇。

【基地建设】 2022年,靖江市有省级社科普及示范基地2家,分别为市图书馆、清爽靖江环保体验馆,有泰州市级社会科学普及基地4家，分别为西来农耕文化馆、“东线第一帆”渡江战役纪念公园(纪念馆)、弯腰沟红色文化旅游基地、刘国钧故居。10月，泰州市社科联至靖江调研，通过实地参考、听取汇报、座谈交流等形式，重点调研刘国钧故居社科普及工作开展情况。

【学会管理】 2022年，市社科联指导、管理学会思想建设、政治建设、业务建设。坚持推进学会规范化制度化建设，制定《靖江市社科联学会管理办法》，把好把牢社科类社会组织审批、换届和年检三大关口。围绕学习《习近平谈治国理政》第四卷等重要著作，组织社科学会会员开展研讨，结合工作实际，交流学习心得。

大众传媒

【概况】 2022年，市融媒体中心围绕市委市政府中心工作和社会民生需求，推出优质融合新闻产品。围绕中共二十大胜利召开谋划、发力，立体展示全市上下全面贯彻习近平新时代中国特色社会主义思想的生动实践和丰硕成果。紧贴市委全会、“新春第一会”、工业经济高质量发展暨“智改数转”工作会议等重要会议精神，紧抓学雷锋志愿服务、植树节、新时代交付第100艘希腊船、“渡江战役纪念日”等活动契机，紧扣重大项目建设、长江大保护、船舶制造、党员冬训一地一品等靖江特色亮点工作，策划制作专题报道、系列报道、跟踪报道等。全年在《人民日报》、中央电视台、新华社、人民网、新华网等国家级媒体发稿328篇，在《新华日报》、《扬子晚报》、“交汇点”、荔枝新闻等省级媒体发稿434篇，在《泰州日报》、泰州电视台、泰州新闻网、“我的泰州”App等泰州级媒体发稿627篇，组织推送25篇全网推稿件。

【《靖江日报》】《靖江日报》由新华报业传媒集团主管、靖江市融媒体中心主办，为4开8～16版彩报，每周出版6期，年发行量3.1万份。2022年，开展“喜迎二十大”“家门口的省运会”“深化文明创建 共创美好城市”“贯彻全委会精神 奋力夺取开门红”“聚焦两会”等系列主题报道，推出《喜迎二十大·谱写新篇章》《青春献给党》《我们都是追梦人》《光影里的靖江》等专栏。策划的靖江长江生态保护报道《百里江岸舒展美丽画卷》，刊登于《人民日报》“绿色家园”版面，12篇报道发表于《新华日报》头版。

【广播电视】 2022年，市融媒体中心自办广播频率1个，全天播出19小时。自办新闻、生活2个电视频道和1个高清频道，新闻综合频道每天播出1小时自办新闻节目。全市广播、电视综合覆盖率100%。围绕宣传贯彻中共二十大精神，强化新闻组织策划，推出《奋进新征程 建功新时代》《“数”说靖江这十年》《非凡十年》《深入学习贯彻二十大、奋楫扬帆争上游“一把手”走进新闻发布厅》等系列专题专栏，不断把学习宣传贯彻中共二十大精神引向深入。

【新媒体】 2022年，市发改委、城建集团新设微信公众号“靖江发改”“靖江城建集团”。官方新媒体“今靖江”通过视频号开设直播间，开展“网聚幸福‘靖’心有爱”公益助农等各类直播43场。当地网络达人直播单月最高频次达27场。成立互联网行业网络主播(名人)党支部，泰州十佳最美网络主播赵慧、闻攀攀当选支部委员。开展首届“靖江网络十佳”系列评选活动，“美丽的江边小城”“主持人谢小鹿”“飘叔浪浪浪”“河豚家族”等抖音号获评靖江“十佳自媒体账号”，“河豚家族”抖音号获评泰州“十佳自媒体账号”。

智慧靖江　由市融媒体中心负责运营，累计下载用户数超45万，注册用户数近11万，日均活跃度1050，新媒体平台微博，微信、抖音传播力指数位列全省前30。2022年，“智慧靖江”客户端功能设置得到优化完善，用户使用体验度提升。对接省平台，开发政务、民生等服务功能；与建行合作，在全省县域客户端中率先开发数字钱包增值功能；执行新媒体直播43场，累计播放量超200万次，其中“网聚幸福‘靖’心有爱”公益助农直播助力农户创收增收100余万元。

靖江发布　主体为市委宣传部，由靖江市融媒体中心负责运营。定位于服务市委、市政府，及时传递党的声音，发布权威政务信息，展示靖江经济社会发展成就。粉丝数19万人，年阅读量超过2600万人次。贯彻宣传中共二十大精神，开设《党的二十大报告“E起读E起答”》《喜迎二十大 谱写新篇章》《喜迎二十大 会前涨知识》《喜迎二十大 大美乡村行》等专栏。

今靖江　“今靖江”微信公众号、抖音号、微博等平台由靖江融媒体中心负责运营，为市民提供民生资讯、教育、交通等各类生活服务信息。公众号有粉丝22万人，年阅读量超过1200

万人次，公众号阅读量超10万的文章有50篇。5月7日《核酸采样现场,90后“大白”中暑晕倒,醒来重回岗位！》在抖音平台播放量273万次，点赞量7.4万次，被中央电视台新闻、新华网、人民网等主流媒体抖音平台采用。5月9日《最美夫妻档！楼房失火夫妻两人一人救火一人救人》微博短视频的阅读量6240万人次。6月19日《四名保安勇救落江女子》微博播放量1176万，被新华网、中国网等多家媒体推送。

【“学习强国”靖江融媒号】 策划重大主题宣传，重点围绕“学习宣传贯彻中共二十大精神”“温暖我的瞬间”“邮票中的党史”“特产代言”等栏目拓展稿件来源，打磨稿件质量。优化“学习强国”靖江融媒号的专栏和专题设置，提高策划含量。全年向“学习强国”学习平台供稿3000余篇，其中全国平台被选用稿件60篇、江苏平台用稿386篇、泰州平台用稿1142篇。

2022年靖江市获江苏省县市好新闻奖作品一览表

表37

获奖等次	参评项目	作品标题	主创人员
一等奖	通讯	屡败屡战“蟹女郎”	王　平
二等奖	消息	我市1407户“零信贷”企业借到19.31亿元	王　平　徐金春
	通讯	女儿的“云婚礼”	孙圣悦
三等奖	消息	长江靖江段首次开展江豚摸底调查	周　俊　吴　媛　陆　林
	三等奖	生态保护红线范围内实现皆绿	陆程红
	通讯	我这半生，港闸旁，江水上	张　园
	通讯	靖江聚力“产改”赋能优秀产业大军	贾秋敏　张　伟　季卫海
	评论	让更多鸟儿来靖“筑巢”	陆程红
	摄影	城南“中央厨房”社区老人的“食堂”	朱　其　盛　义
	摄影	最美金婚 别样重阳	盛　义
	版面	《靖江日报》A6、A7版	张　园　陈幸平
	版面	《靖江日报》A3版	王　平　陈幸平　唐　沂

2022年靖江市获中国县市区域报新闻奖获奖作品一览表

表38

获奖等次	参评项目	作品标题	主创人员
一等奖	报纸消息	长江靖江段首次开展江豚摸底调查	周　俊　吴　媛　陆　林　何旭耘

续表 38

获奖等次	参评项目	作品标题	主创人员
二等奖	报纸消息	“12349”请城南 133 名老人享用“午餐”	朱　娜　王方珏
	新闻版面	十年禁捕 靖江在行动 A6–A7	朱红芳　张　园　陈幸平　张　园
三等奖	新闻摄影	致敬 抗疫一线的守护者	盛　义
	报纸消息	长江岸线“不开发区”绿意盎然 生态保护红线范围内实现皆绿	陆程红　王旭
	报纸消息	“中国第一深度”海上风机安装浮体在靖出厂	王　旭　于　波　张金玲
	报纸消息	长江生态绿洲马洲岛发现猛禽	贾秋敏　陈　伟　叶网盛　朱　娜
三等奖	报纸消息	靖江宝卷唱党史	夏峥姣　王　旭
	报纸评论	让更多鸟儿来靖“筑巢”	陆程红　张　园
	报纸通讯	“战地生日”没有鲜花与蛋糕，却收到满屏的温馨祝福	张　园　王方珏
	新闻摄影	靖江江阴长江隧道：国内最大直径盾构机“匠心一号”顺利始发	盛　义　陆程红
	新闻摄影	渔民转岗转型	盛　义
	新闻摄影	城南“中央厨房”：社区老人的“食堂”	朱　其　王　平

（张昕煜）

文化市场

【概况】 2022 年，全市有文化经营单位 436 家。其中，歌舞娱乐场所 31 家(KTV 歌厅 27 家、舞厅 4 家)，电子游戏室 5 家，互联网上网服务营业场所 38 家，网络文化经营单位 6 家，旅行社 24 家，高危体育运动经营场所 14 家，美术品经营单位 11 家，演出场所 6 家，演出经纪机构 4 家，文艺表演团体 1 家，剧本杀企业 1 家，广播电视制作经营单位 10 家，印刷企业 73 家(出版物印刷企业 4 家、包装装潢印刷企业 43 家、其他印刷品印刷企业 26 家)，出版物经营单位 197 家，电影放映单位 15 家。加强文化和旅游市场信用体系建设，靖江市行知旅游文化发展有限公司被列入江苏省文化和旅游市场红名单。靖江滨江新城休闲水街通过第三批省级夜间文化和旅游消费集聚区验收。江苏奇美乐器有限公司获评“江苏省文化产业示范基地”。

【文化市场监管】 加强全市文化、文物、新闻出版、广电、旅游和体育等领域监管力度，常态化开展新冠肺炎疫情防控，结合“扫黄打非”“扫黑除恶”专项斗争，开展文化旅游市场各类专项整治行动，多部门联合开展游泳场所、旅游市场、演出市场、校园周边文化市场等专项检查。全年出动执法人员 710 人次，检查文化市场经营场所 3180 家次，收缴侵权盗版非法出版物 209 册，办结行政处罚案件 10 件。

（钱纪兵）

卫生健康

综　　述

【概况】 2022年,全市设有各级各类医疗卫生机构326家,其中,县级公立医院3家,镇卫生院13家,民营医院15家,疾病预防控制中心、卫生监督所、妇幼保健院、血站、120急救指挥中心各1家,社区卫生服务中心4家,社区卫生服务站8家,村卫生室105家,工厂和学校等企事业单位所属医疗保健机构16家,门诊部32家,个体诊所125家。有医疗卫生技术人员5300人、住院病床4991张。全市医疗机构年门、急诊总量382.62万人次,住院病人10.23万人次,出院病人10.23万人次;患者门诊均次费用170.3元、住院均次费用8369.6元,平均住院日9.1天,平均药占比29.29%;患者市域内就诊率95.86%。

【医疗能力提升】 年内,季市镇中心卫生院创建成为二级综合医院。城南中心卫生院通过了二级乙等中西医结合医复审。斜桥镇、生祠镇中心卫生院达优质服务基层行国家推荐标准。季市镇中心卫生院创建成为省农村区域性医疗卫生中心。城南、新桥镇、季市镇中心卫生院创建成为省社区医院。市人民医院重症医学科、内分泌科、呼吸内科、病理科、产科,市第二人民医院结核病科创建成为泰州市临床重点专科;马桥镇卫生院呼吸内科、西来镇中心卫生院心血管内科、城南中心卫生院骨伤科创建成为泰州市基层特色科室。市人民医院申报省科技立项1项、泰州市新技术引进奖3项;市中医院申报省科技面上项目1项、泰州市新技术引进奖2项。

疾病预防控制

【概况】 2022年全市共发生甲乙丙类传染病1084例,其中乙类传染病9种648例,报告发病率为97.68/10万,比上年下降11.23%。乙类传染病中发病前5顺位的病种依次为肝炎304例、肺结核154例、梅毒152例、新冠肺炎13例、艾滋病13例、淋病7例。丙类传染病5种436例,报告发病率为65.72/10万,比上年下降54.2%。发现报告水痘1076例,比上年下降13.3%。

【重点传染病防控】 2022年,加强霍乱等肠道传染病防治,登记腹泻病人5314例,检索784例,检索率14.75%。开展外环境检索,采集水产品类36份、水体样本33份、熟食品6份,经检测,75份样品均为阴性。加强病毒性胃肠炎疫情检测,检测出诺如病毒GⅡ型10份,通用肠道病毒阳性9份,培养和菌株鉴定痢疾菌株1份、致病菌分离15份。加强手足口检测与防控,采集手足口病肛拭子标本38份,其中Cox A6(柯萨奇病毒A组6型)阳性6份、Cox A10(柯萨奇病毒A组10型)阳性3份、Cox A16(柯萨奇病毒A组16型)阳性3份。加强流感样病例疫情检测和防控,检测甲型流感病毒3份。全年规范性处置病毒性胃肠炎疫情1起、流感样病例聚集性疫情2起、水痘突发事件2起。

【结核病、慢性病患者治疗管理】 2022年,重点人群结核病筛查1.36万人,治疗管理肺结核病人145人,医疗机构病人报告率、转诊率100%。全市已建电子健康档案61.83万份,建档率93.20%,居民规范化电子健康档案覆盖率68%,档案使用率73.22%。基层社区管理高血压患者8.19万人(任务数6.37万人),高血压患者规范管理率76.88%(目标值≥61%),血压控制率62.24%;管理糖尿病患者2.83万人(任务数2.52万人),糖尿病患者规范管理率76.82%(目标值≥61%),血糖控制率54.47%。全年共报告死亡5508例,肿瘤登记2443例,心脑血管事件2315例。

【艾滋病、麻风病防治】 2022年,新发现和报告艾滋病人和HIV抗体阳性47例。6家艾滋病初筛实验室、12家检测点检测取样16.06万份,检出HIV抗体阳性41例。自愿咨询检测门诊(VCT)服务1044人次,检出HIV抗体阳性6例。行为干预娱乐场所女性商业性服务工作者2554人次;吸毒人员行为干预342人次;MSM人群行为干预346人次。年内,有现症麻风病人1人,规则治疗率、监测率均为100%;有治愈存活者108人,健康状况良好,治愈存活者续签家庭医生服务项目98人,续签率87.5%。

【血吸虫病、寄生虫病及地方病防治】 年内,市卫生健康委组织查螺810.86万平方米,未查到活螺。查治病人3551人,其中流动人口508人,共检出DDIA阳性8例、无粪检阳性。全年开展“三热”(临床初诊疟疾、疑是疟疾、不明原因发热)病人血检192人份,未检出阳性血片。抽取300户居民开展居民户碘盐监测工作,合格碘盐食用率99.67%。抽检200名8~10岁儿童和100名育龄妇女进行碘营养状况监测,儿童家中合格碘盐197份、孕妇家中合格碘盐99份。抽取200名学龄儿童进行甲状腺肿大情况监测,结果正常。完成国家级血防监测点工作。

新冠肺炎疫情防控

【新冠肺炎疫苗接种】 2022年,共接种新冠肺炎疫苗172.44万剂次,其中常住人口首针接种64.22万人,接种率96.81%;全程接种62.55万人,接种率97.94%;加强接种43.03万人,接种率81.35%。实施新冠疫苗接种攻坚行动,推进60岁以上老年人首针接种和全程接种,60岁以上人群首针接种16.27万人,接种率90.33%,全程接种15.17万人,加强接种12.43万人。全市各接种单位报告疑似疫苗接种反应(含新冠肺炎疫苗)74例,其中异常反应4例,一般反应70例。处置新冠肺炎疫苗接种后反应32例,其中1例为异常反应。

【核酸检测】 新建季市镇中心卫生院和市人民医院核酸检测基地,增设核酸检测设备,日均核酸检测能力7.58万管。在全市建设66个核酸采样点(小屋),打造15分钟核酸采样圈;在主要交通卡口设置落地检核酸采集点14个,提供方便快捷核酸检测服务。全年开展全员核酸检测24轮,检测人员1584万人次。发动民营医疗机构支援核酸采集工作,1256人次参与全市核酸检测工作。组织821名核酸采样人员支援上海、苏州、无锡、泰州等地,完成核酸采集230.71万人;33名核酸检测人员支援连云港、常州、泰州市核酸检测基地以及西藏等地。

4月,新冠肺炎疫情防控期间,核酸检测人员在高速路口对过境旅客进行核酸采样

【防控能力提升】2022年,市卫生健康委组织召开全市疫情防控、院感防控线上、线下会议20余次。开展全市新冠肺炎疫情防控隔离点感染防控知识培训,培训1.4万余人次。制定《靖江市全员新冠病毒核酸检测工作人员技术培训考核方案》,开展核酸检测培训5789人、核酸采样技能培训153人。组织专家组指导全市30余家用于新冠肺炎疫情防控隔离酒店改造,确保规范投入使用。督查医疗卫生机构新冠肺炎疫情防控工作,发现问题132条,整改率100%。做好新冠肺炎感染病患救治,设置床位4991张,收治率95%以上。加强新冠肺炎重症病患救治,市人民医院、市中医院分别扩容救治床位140张、40张,市第二人民医设置重症救治床位4张,重症床位使用率65.7%。市人民医院、市中医院组织重症医学科、呼吸科、感染科专家26人,开展新冠肺炎病毒感染巡回诊疗。设置便民发热诊疗站3个,共诊疗530人次。改造斜桥镇中心卫生院、城南中心卫生院为黄码医院,满足新冠肺炎疫情防控期间封控区、管控区等特殊区域人员就诊需求,共接收门诊患者1228人次,住院患者114人次,血液透析患者485人次。组建流调溯源专班,流调人员128人。组建常态化流调、采样、消杀突击队,负责新冠肺炎疫情防控应急处置。

【重点人群排查管控】年内,及时处置3月24日、4月30日和11月22日新冠肺炎疫情,累计排查新冠肺炎密接人员3.3万人,妥善安置新冠肺炎感染者709人。追踪调查外省市协查的新冠肺炎病患密切接触者、次密切接触者及其他相关重点人群,全年共追踪排查新冠肺炎病患密切接触者802人、密切接触者的密切接触者2074人、异常结果待排人员110人、其他重点人群52人,发送协查函件54份。管控涉疫至靖江隔离人员,制定医疗服务保障方案,安排200余名医务人员参与医学观察和医疗保障,共接收至靖江隔离人员1799人,其中,常州520人、江阴163人、上海194人、海陵922人,检出阳性27人。

基本公共卫生服务

【概况】2022年,市卫生健康委完善基本公共卫生服务项目实施方案、绩效考核方案等管理机制,科学制定项目任务清单,明确项目任务管理责任主体,建立条线协同推进工作机制。按照人均93元的标准筹集基本公共卫生服务项目资金6169.62万元,按照“分季度预拨、年终考核总决算”方式,及时下达至项目服务实施单位,各卫生院下拨村卫生室项目补助经费均大于40%。向居民开放电子健康档案,针对儿童、孕产妇、老年人等重点人群开展项目实施效果调查,有效接通1282人,项目服务知晓率93.37%、居民综合满意度98.28%。推进基层医院特色化、规范化,增强慢性病防治服务能力。惠丰卫生院组建慢阻肺运动健康干预专家团队,开具个性化运动处方,改善慢阻肺患者生活质量。生祠镇中心卫生院引入运动健康干预,为慢性病人康复提供新思路。季市镇中心卫生院入选江苏省基层糖尿病“两筛三防”(在高危人群中筛查糖尿病、在现患人群中筛查糖尿病并发症;预防高危人群特别是糖尿病前期人群发生糖尿病、预防糖尿病患者发生并发症、预防轻中度糖尿病并发症进展为重度并发症)指南试点单位。

【家庭医生签约】2022年,市卫生健康委有序推进全市家庭医生签约服务工作,根据居民需求提供基本公共卫生、健康管理以及个性化签约服务。提升网格化管理水平,以村(社区)为单位,将家庭医生团队匹配进社区网格,家庭医生团队由140个团队340个小网格,扩展为256个“三格”团队1126个小网格。以65岁以上老年人作为签约服务重点对象,优先签约、优先服务,分级分类管理。全市居民家庭医生签约率50.62%、重点人群签约率78.14%、基层首诊签约率42.06%,低收入人群基本实现应签尽签;健康管理包签约12.43万人,个性化包签约1.69万人。推进家庭医生工作室建设,西来镇中心卫生院建立恶性肿瘤患者家庭医生签约服务制度,家庭医生每月上门为肿瘤患者指导服务和健康体检至少1次。

妇幼保健

【概况】2022年,全市妇幼健康工作坚持以妇女儿童健康为中心,健全妇幼健康服务体系,做优妇女儿童全方位、全生命周期健康服务,提升优生优育服务水平,促进妇女儿童全面健康发展。

【妇幼公共卫生服务】年内,新

增叶酸服用1813人(任务数1600人),完成率113%,叶酸服用率90%以上,目标人群知识知晓率95%以上,满意度90%以上。完成孕前优生健康检查914对(任务数900对),完成率102%,检出高危因素149人,其中男性44人、女性105人,临床风险评估、个性化指导率均为100%。早孕随访1868人次、妊娠结局随访416人次,随访率102.19%、45.51%。城乡妇女"两癌"免费检查2.59万人(任务数2.5万人),共查出乳腺癌23人,其中肿瘤细胞分期Ⅲ期及以上2人,乳腺癌早诊率91.3%;宫颈癌7人,高级别宫颈上皮内病变93人、低级别上皮内病变119人,宫颈癌早诊率95%。全市1~12月活产新生儿2295人,孕产妇产前检查2274人,检查率99.08%;孕早期检查2153人,检查率93.81%,早孕建册率90.27%;孕产妇系统管理2127人,管理率92.68%。住院分娩2295人,住院分娩率100%、剖宫产率45.10%,出生低体重儿比例3.83%。新生儿访视2228人,访视率97.08%;6个月内纯母乳喂养率61.35%。1~12月、7岁以下儿童保健管理2.59万人,管理率100%;3岁以下儿童系统管理7585人,管理率95.88%。

人口与生育服务

【概况】 2022年,全市出生人口2008人,性别比100,出生率2.88‰,死亡率8.97‰,自然增长率-6.09‰。提标计划生育手术并发症特扶金,妥善解决失地农民奖扶问题。全年共登记奖扶、特扶对象4.06万人,发放奖扶、特扶金5155.72万元。

【妇女儿童权益保障】 2022年,严格落实《侵害妇女儿童合法权益强制报告制度(医疗卫生单位)》。全年向公安机关报送线索3条。完善生育保险,3月1日起,提高参保人员产前检查、住院分娩、计划生育手术等方面的医疗费用待遇。建立托育服务能力提升机制。制定《靖江市托育机构从业人员岗位技能培训组织实施办法》,至年末,全市共有托育机构73家,通过备案20家,托位数3843个,每千人托位数5.8个。靖江市凤凰优培教育咨询有限公司创建成为省示范性托育机构,靖江市金宝托育中心等2家单位创建成为泰州市普惠托育机构。

爱国卫生

【概况】 2022年,全市爱国卫生围绕"文明健康,绿色环保"爱国卫生主题,在病媒生物防治、常态化疫情消毒消杀、市场环境整治、健康教育等方面均取得明显成效。开展虫媒传染病防控,做好公共区域消杀,施用鼠药4.2吨、灭蚊蝇药9.8吨,全市"四害"密度控制在国家标准范围内。西来镇、季市镇、孤山镇、生祠镇启动国家卫生镇创建。东兴镇、马桥镇通过省健康镇评估验收;孤山镇石桥村、西来镇义兴村、生祠镇新生村、季市镇季新村、马桥镇三爱村5个村通过省卫生村评估验收。东兴镇合兴村、何德村、海镇村,马桥镇马桥村、横港村、铭坤村、正北村、白衣村、徐周村9个村创建成为省级健康村;东兴镇文昌新村社区、马桥镇城西新苑社区2个社区创建成为省级健康社区;西来镇见龙村,季市镇安武村、横河村,生祠镇三圩村、法喜村、新义村,新桥镇滨江村、新柏村、三兴村、双龙村10个村获评泰州市卫生村。

【健康教育】 全年共播放健康教育音像资料25356次、更新健康教育宣传栏(健康之窗)1543次,其中自制内容373次。各卫生院(社区卫生服务中心)组织健康知识讲座193场、卫生室(卫生服务站)组织健康讲座745场。利用健康主题日开展咨询活动191次,开展面对面个体化健康教育97678次。

医政管理

【概况】 2022年,市卫生健康委印发《关于深入学习福建省三明市医改经验 进一步深化医药卫生体制改革的实施方案的通知》《靖江市公立医院综合改革示范建设实施意见》《关于印发靖江市全面推进公立医院高质量发展实施方案》,有序推动三明医改经验在靖江落实。建成标准化救护车洗消中心,由市人民医院管理运行。更新4辆救护车(负压型3辆、监护型1辆),负压车总数9辆。印发《靖江市120调度中心工作方案》,更新《靖江市120急救站点考核标准》,与市消防救护部门建成联合急救点1个,开展"救在身边 守护生命"道路救援联合急救演练活动。组织市首届院前急救大赛。

【院感防控工作】 市卫生健康委

制定《靖江市院感防控专项提升行动工作方案》《关于进一步落实医疗机构感控专职人员配备工作的通知》。开展全市各级医疗机构工作人员“全覆盖”式院感防控知识培训考核，医疗机构感控专职人员配备达标率100%，两家二级民营医院完成院感监测硬件建设、5家民营医院完成医疗废物监管系统建设并投入使用。印发《关于落实全市医疗卫生机构污水治理工作的通知》，各基层医院以医共体为基础，规范区域内集中消供工作。排查323户次医疗卫生机构污水排放情况，并督促问题单位整改。人民医院消毒供应中心通过泰州市卫健委复评。季市镇中心卫生院严格按照标准完成发热门诊建设，通过泰州市卫健委验收。开展防控督查40余次，现场评估各医疗卫生机构存在的院感防控风险，并督促整改。

【医疗管理】 印发《靖江市医疗机构依法执业专项整治行动实施方案》，成立12个专科医疗质量管理小组，排查整治违法、违规执业行为2起。开展医疗质量专项检查6次，发现问题22个，均整改到位。在全市一级及以上医疗机构开展病案质量检查，收到全市各医疗机构自查报告31份。开展口腔诊疗机构专项整治行动，检查全市63家开设口腔科的医疗机构，发现43家单位存在机构设置、医疗质量、院感管理等方面的问题，现场约谈10家单位、向33家单位发放整改通知书，要求在规定时限内整改到位。

【药事管理】 年内，全面实施2018版国家基本药物目录，加强各医疗机构基本药物配备使用管理，动态考核评价基本药物制度实施情况，根据各基层医疗单位基本药物采购总量比例予以补助。保障短缺药品供应，实行每月“零报告”，加大力度采购储备新冠肺炎治疗及合并症抢救用药。坚持“四查十对”（查处方、查药品、查配伍禁忌、查用药合理性，对科别、对姓名、对年龄、对药品、对剂型、对规格、对数量、对药品性状、对用法用量、对临床诊断），落实处方点评制度；健全药品使用预警机制，促进抗菌药物规范合理使用。开展国家药品使用监测、药品不良反应监测上报工作，做好麻醉药品、精神药品、高值耗材管理。加强医疗机构临床药师配备管理，促进临床合理用药。组织药学人员参加家庭药师培训考核，30人取得省家庭药师岗位培训结业证书。

【中医药工作】 年内，开展冬病夏治“三伏贴”技术备案管理工作，督查各级各类中医医疗机构规范执业。开展膏方养生节、冬病冬治、冬病夏治等中医药特色活动。推出中医防疫药方和治疗药方，深度介入新冠肺炎诊疗全过程，在各隔离点安排中医药专家提供诊疗服务。市中医院建成泰州市首家暖“新”医院，为新业态、新就业群体提供“暖‘新’就医绿色通道”等4类、16项服务；“穴位敷贴、针灸美容、刮痧”中医理疗系列短视频被人民日报客户端、新华日报客户端录用；脾胃病科、脑病科、药剂科、肛肠科、妇科、内分泌科6个科室获评泰州市重点专科。城南中心卫生院通过二级中医类医院周期性评审，新桥镇中心卫生院通过省五级中医馆评审。

卫生监督

【概况】 2022年，督查各类医疗卫生机构、集中医学观察隔离点1002户次，派出卫生监督员2520人次，下达整改意见书158份。专项检查全市16家有疫苗接种资质单位疫苗接种情况，立案查处1家未遵守预防接种工作规范的医疗机构。预评价13家医疗机构放射卫生项目、竣工验收11家医疗机构放射卫生项目，泰州市级监督检查人员检查放射单位4家。

【公共卫生监督】 年内，开展日常卫生监督，发放卫生许可证单位486户。建立公共场所单位卫生监督档案，完善公共场所卫生监督公示制度，推进公共场所卫生监督量化分级管理。开展专项执法行动，专项检查7家重点单位公共场所集中空调通风系统，以及13家游泳场所卫生状况，并通过新闻媒介及时向社会公布相关信息。督促全市二次供水单位建立大数据App、小程序，7家二次供水单位完善电子档案。

【职业卫生监督】 开展职业健康保护行动，监督检查职业病危害严重的用人单位151家。推进粉尘危害专项整治三年行动，梳理评估用人单位情况，实施分级分类监督检查。督查22家有新增疑似职业性尘肺病的用人单位，专项检查电厂2家、化工企业7家。督促个别职业病防治工作不到位的企业整改，以及48家尘毒危害严重的用人单位开展“回头看”。 （李晓东）

体育

群众体育

【概况】 2022年，开展“全民迎省运”系列活动，通过创新活动形式、丰富活动内容，推进群众体育发展。举办第四届“牧城之夜”荧光跑、第二届省健身气功八段锦网络公开赛(靖江赛区)暨“庆冬奥迎新春”八段锦网络公开赛、省“全民健身日”靖江分会场启动仪式暨科学健身展示等各级各类群众体育赛事(活动)100余次。全年新增三级社会体育指导员300余人，至年末，全市拥有各级各类社会体育指导员3310人，体育协会33个、体育俱乐部31个。提供免费国民体质监测3258人次。

8月9日，江苏省“全民健身日”靖江分会场活动现场

【“迎新年 迎省运”长跑活动举行】 1月3日，由市委、市政府主办，市委宣传部、市文体旅游局承办的“奋进新征程 勇当第一帆”“迎新年迎省运”长跑活动在市体育中心举行。活动全程2.8千米，来自全市机关部门的300余人参加。

【省广场舞公益培训】 1月27日，“喜迎冬奥会 一起向未来 全民迎省运 幸福舞起来”省广场舞百场公益培训——靖江站培训在市体育中心举行，该培训由省广场健身舞运动协会、泰州市广场健身舞协会、市文体旅游局主办，市体育总会、市广场健身舞运动协会承办。全市各广场舞健身站点的近百名骨干参加培训。6月10日，全市近80名广场舞健身爱好者在市体育中心，参加“喜迎二十大，全民迎省运，幸福舞起来”省广场舞公益培训进社区(乡村)活动暨市广场舞公益培训启动仪式，该活动由省体育总会主办，省体彩中心、省广场健身舞运动协会、市文体旅游局承办。培训曲目为省广场健身舞协会创排的曲目《领航》。

【市职工乒乓球联赛举行】 7月16日,“祝福省运 祝福泰州”市职工乒乓球联赛在外国语学校小学部体育馆开赛。全市各机关、企事业单位、乒乓球俱乐部等21支代表队、110余名选手参赛。比赛分团体赛和单打赛。经过两天角逐,市人民医院、市政协、市教育局分获机关组团体前三名;申万宏源证券靖江人民中路营业部、泰元文化传媒(靖江)有限公司、江苏宝嵘新材料有限公司获企业组团体前三名。袁永刚、钱剑峰分获机关组、企业组冠军。

【市广场舞大赛举行】 10月8—9日,“喜迎二十大 幸福舞起来”广场舞大赛在市体育中心举行。活动由市委宣传部、市文明办、市文体旅游局联合举办。因受新冠肺炎疫情影响,13支广场舞队伍首先进行参赛曲目拍摄,而后采取线上评审,经评选,市文化馆多彩舞蹈队、蓝华艺术团、广场健身舞协会代表队、滨江新区凤飞代表队、西来社区艺术团、马桥侯河东方惠乐艺术团获最佳表演奖。

竞技体育

【概况】 2022年,靖江完成省第二十届运动会(下称省运会)青少年部橄榄球、羽毛球、柔道、武术(散打)、少儿体适能(趣味田径、触式橄榄球)5个项目7场比赛承办任务,自训项目共获12.5金、6银、6铜,输送运动员共获金牌24.5枚,自训项目、输送运动员所获金牌数均列泰州各市(区)金牌榜首。市橄榄球队获评泰州市优秀运动队。市文体旅游局获评泰州市江苏省第二十届运动会组织运行和备战参赛工作先进集体、泰州市体育工作一等奖、泰州市“骏马奖”,记集体三等功。

【钱天一获世界乒乓球职业大联盟支线赛女单冠军】 8月29日,世界乒乓球职业大联盟WTT支线系列赛奥洛穆茨站决出全部5个项目冠军,在女单决赛中,靖江籍运动员钱天一以4比1战胜韩国选手李恩惠,获国乒奥洛穆茨站比赛唯一一项冠军。

【市一中代表队省运会青少年部橄榄球赛获冠】 6月20日,省运会青少年部橄榄球(17~18岁组)赛在市体育中心橄榄球场开赛。比赛采用国际橄榄球触球联合会新审定的《触式橄榄球比赛规则》。全省13支代表队、150名运动员参赛。经过3天角逐,市一中代表队获男子甲组冠军,为此届省运会集体球类项目首金。

【薛子强、牛沈佑获省运会青少年部武术(散打)赛冠军】 6月28日至7月3日,省运会青少年部武术(散打)比赛在市体育中心举行。全省13支代表队、196名运动员参赛。比赛设男子15~16岁组和17~18岁组、女子16公斤级项目,经过5天、10个单元、185场比拼,泰州代表队获2金2银5铜。靖江输送运动员薛子强获15~16岁男子组70公斤级金牌、牛沈佑获15~16岁男子组70公斤以上级金牌。

【省运会青少年部柔道比赛】 7月21—25日,省运会青少年部柔道赛在市体育中心举行。全省13支代表队、428名运动员参赛。比赛设16~17岁组、14~15岁组两个组别,男、女不同公斤级,以及男女混合团体比赛项目。经过5天角逐,泰州柔道运动员共获个人金牌15枚、团体金牌2枚,为此届省运会获柔道项目金牌数第一。

7月21—25日,省运会青少年部柔道赛在市体育中心举行

市滨江学校触式橄榄球队获江苏省第二十届运动会青少年部少儿体适能(趣味田径、触式橄榄球)比赛丙组冠军

【省运会青少年部少儿体适能比赛】 8月5—8日,省运会青少年部少儿体适能(趣味田径)比赛在市体育中心举行,全省400余名运动参赛。比赛设个人全能、全能团体、一级方程式接力项目,各项目按7~12岁各年龄段划分男女组别,综合考验选手的跑、跳、投能力,以及协调性、速度和爆发力。泰州代表队48名运动员参与各项目全年龄段比赛,获5金3银7铜。8月11—13日,省运会青少年部少儿体适能(触式橄榄球)比赛在市体育中心举行。全省189名运动员参赛。比赛采用国际橄榄球触球联合会新审定的《触式橄榄球比赛规则》,设11~12岁、9~10岁、7~8岁3个组别。经过小组赛、淘汰赛、半决赛等环节比拼,靖江代表队获7~8岁组第一名、9~10岁组第三名。

【省运会青少年部橄榄球、羽毛球赛开赛】 8月17—20日,省运会青少年部橄榄球(13~14岁组、15~16岁组)比赛在市体育中心橄榄球场开赛,全省28支代表队、304名运动员参赛。比赛设男(女)13~14岁丙组、15~16岁乙组2个组别。市滨江学校2支队伍代表泰州分别参加男子乙组、丙组比赛。泰州代表队获男子丙组第二名、男子乙组第三名。8月24日,省运会青少年部羽毛球比赛在市体育中心开赛。全省13支代表队、475名运动员参赛。比赛从8月25日持续至9月3日,采用中国羽毛球运动协会最新审定的《羽毛球竞赛规则》,实行21分三局两胜。比赛分10~14岁组5个组别,设置男、女单打,男、女双打,男、女团体共12个项目。无锡代表队获10岁组男子双打冠军,南京代表队获10岁、12岁组女子双打冠军,扬州代表队获11岁、12岁组男子双打冠军,淮安代表队获11岁组女子双打冠军,苏州代表队获13岁组男子、女子双打冠军。

【体育赛事承办】 11月5—6日,由泰州市体育局、泰州市教育局主办,市文体旅游局、市教育局承办的泰州市青少年阳光体育运动联赛乒乓球比赛在市体育中心举行。泰州地区154名运动员参赛,比赛设团体赛和单项赛,进行循环赛或分组循环加淘汰赛。江苏省泰州中学获高中组男子、女子团体第一,江苏省泰州中学附属初级中学获初中组男子团体第一,海陵区代表队获初中组女子团体、小学甲组男子团体、小学甲组女子团体第一。11月19—20日,泰州市青少年阳光体育运动联赛围棋比赛在靖江举行。比赛由泰州市体育局、泰州市教育局主办,市文体旅游局承办。来自泰州地区的92名运动员参赛。比赛分高中组、初中组、儿童甲组、儿童乙组和幼儿组5个组别。靖江张梓洛、周笑羽分获小学5~6年级女子组第二、三名,高思橦获小学3~4年级女子组第二名,刘文溪获小学1~2年级女子组第二名。

学校体育

【概况】 2022年,靖江着眼促进青少年身体素质提升,坚持高点站位、立足长远,构建面向全市青少年健康促进体系。将“青少年学生身体素质提升项目”列入市民生实事重点项目之一,实施青少年体育“5621”计划,形成体教融合发展的良好格局。

【市中、小学生篮球赛举行】 7月29—30日,“迎省运”中小学生篮球比赛在市体育中心举行。比赛由市文体旅游局、市教育局联合举办。市外国语学校、滨江学校、靖城中学、省靖中、市一中、斜桥中学等11所学校的120名运动员参赛,经过两天角逐,市外国

8月24日，省运会青少年部羽毛球赛在市体育中心举行

语学校获小学组、初中组第一名，省靖中获高中组第一名。

【市中、小学生羽毛球赛举行】 10月15日，由市文体旅游局、市教育局主办的中、小学生羽毛球比赛在市体育中心举行，约60名学生参赛。市外国语学校、城中小学获小学组团体赛第一、二名，市外国语学校、实验学校获初中组团体赛第一、二名，市一中在高中组团体赛中摘得桂冠。

【市青少年田径比赛举行】 10月29—30日，由市文体旅游局、市教育局主办的市青少年田径比赛在(地点)举行。全市30所学校共532名选手参赛。比赛设长跑、短跑、跳远、铅球、前抛实心球、4×100米接力等项目。经过两天角逐，市外国语学校获初中组第一，斜桥中学获高中组第一，城中小学获小学组第一。

【市中、小学生乒乓球赛开赛】 10月29日，由市文体旅游局、市教育局联合主办的市中、小学生乒乓球赛开赛。市外国语学校、滨江学校、实验学校、城北小学等13所学校、99名选手参赛。高中组比赛采取单淘汰赛制，初中组、小学组采取分组循环和晋级淘汰赛，各取前六名。市外国语学校小学部获小学组第一、外国语学校初中部获初中组第一、省靖中获高中组第一。

体育设施

【概况】 2022年，靖江结合城市总体规划及百姓健身需求，着力实施“体育惠民村村享”，将其列入市民生实事重点项目推进。全民健身场地设施明显改善，全面补齐基层公共体育设施建设短板，完善“15分钟体育健身圈”，提升改造斜桥兴阜公园、季市公园、牧城公园等6个体育公园。

【体育设施建设】 年内，投入956件健身设备，提档升级全市行政村(社区)健身场地设施。新建(改建)83套一(二)代健身路径、20片篮球场(含2片笼式篮球场)、3片笼式足球场、2片笼式羽毛球场，增设室外乒乓球桌76张。

体育产业

【概况】 2022年，体育产业回稳向好，体彩销售稳步上增，5家体育企业入选泰州市体育产业知名企业名单。市马洲体育产业发展有限公司被确定为年度江苏省体育产业政企沟通联系点，泰州渔忆长江湿地生态公园被省体育局推荐为江苏春节期间时尚体育好去处，江苏永益铸管有限公司通过省体育局复核，被认定为省体育产业示范单位。

【体育彩票销售】 2022年，全市有体育彩票销售网点193个，其中传统网点144个，便利渠道网点49个，年实现销售1.68亿元，比上年增长18.25%，在全省县级市中排名第24名，在泰州县级市中排名第3名。全年筹集公益金近千万元。

【体育场馆经营】 2022年，市体育中心举办(承办)各类赛事、文体活动10余场，接待健身市民约30万人次，免费接待健身群众超4万人次，累计发放市民健身券1万余张，开展公益性体育赛事、体育活动近20场。拓展公共体育服务外延，进社区、进单位、进学校开设科学健身知识大讲堂6次，组织党员活动、义工服务8场。开设大小球类、搏击、游泳、素质拓展各类培训班，培训超1.8万人次，免费技能指导5000人次，培训收入240余万元。全年累计创经济产值1392万元。获评2018—2021年度江苏省群众体育先进单位、泰州市体育产业基地。 (吕 婷)

就业创业与社会保障

就 业 创 业

【概况】 2022年,就业创业稳中向好。市人社局成立稳就业工作专班,举办“春风送岗”“乐业马洲”专场招聘活动近200场次,累计提供岗位3万余个。推进“互联网+”就业服务,完善“云聘”平台,优化线上招聘服务功能。城镇新增就业人员9940人,支持成功自主创业5410人,帮扶失业人员就业7317人。城镇调查失业率控制在5%以内。落实减负政策,减轻企业用工成本,累计发放稳岗返还补贴4446.81万元,发放企业招用困难人员社保补贴425.63万元。依托靖江人才网,开发线上职业技能培训平台,组织各类技能培训,城乡劳动者技能培训3164人,创业培训1327人,发放一次性留工培训补助72.25万元。推动创业富民,开展“创业服务三进”(进基地、进高校、进基层)活动,新迁建的省级大学生创业园投入使用,新增省级大学生优秀创业项目2个、省级创业示范基地1个和泰州级创业示范基地1个。成功举办第六届“创富靖江”创业创新大赛,发放富民创业贷款4025万元、创业补贴70.7万元,营造优质的创业生态。推进企业职称自主评审,全市新增专业技术人员5278人。“蟹黄汤包师”劳务品牌获评省级文化旅游类劳务品牌。积极构建和谐劳动关系,全市规模以上企业劳动合同签订率100%,已建工会企业集体合同签订率100%。打造“半小时维权”服务圈,开展“劳动仲裁开放月活动”,全年处理劳动人事争议案件2219件,结案率94.7%。靖江积极落实国家和省就业优先政策,推动就业扩容提质,促进重点群体就业创业工作受到省政府通报表扬。

【就业创业服务与支持】 2022年,市人社局持续深耕“乐业马洲”公共就业服务品牌,推进“互联网+”就业服务,优化线上招聘服务功能,举办“乐业马洲·四季招聘”、“乐业马洲·高校引才”、“乐业马洲·拓岗援助”等线上线下招聘活动近200场次,携手智联招聘,开通“乐业马洲”微信视频号,开展线上“惠企”“惠民”政策宣传活动,为企业开通线上送岗服务。落实援企稳岗各项政策,为100家企业发放企业招用困难人员社保补贴425.63万元,发放稳岗返还补贴4446.81万元,惠及企业7080家,稳定岗位11.57万个,累计为企业解决人才用工缺口5000余人。开展“创富靖江”创业指导专家基层行活动,全年举办创业政策宣传、创业服务等各类创业活动近30场,受益人群近8000人次。新迁建的省级大学生创业园投入使用,引导15个大学生创业团队入驻。“智航蓝天——标准模组化航测AI平台”和“匠心非遗——指尖文创,助力乡村振兴”项目获评省级大学生优秀创业项目。生祠镇东进村创业孵化基地获评省级创业示范基地，马桥镇徐周村创业孵化基地获评泰州级创业示范基地。全年发放富民创业贷款4025万元，发放各类创业补贴70.7万元。推荐“靖江蟹黄汤包产业OTO”项目参加“创响江苏”创新创业大赛劳务品牌赛，获评优胜奖；“靖江蟹黄汤包师”获评省级劳务品牌。开展乡村振兴创业示范基地评估认定标准课题研究，起草《靖江市乡村振兴创业示范基地评估管理办法（试行）》，选定马桥镇徐周村、斜桥镇筱山村试点建设乡村振兴创业示范基地。开发疫情防控、乡村振兴等公益性岗位2608个，其中防疫临时性公益性岗位2100个，安置就业困难人员1104人，发放公益性岗位补贴337.35万元。公益性岗位开发工作获省人社厅充分肯定。

【“乐业马洲”服务品牌建设】 2022年，市人社局加强“乐业马洲”服务品牌建设，优化人力资源配置，实施“靖候英才·携手江来”高校毕业生就业创业百日促进行动，开展大学生实名制调查，建立服务清单。开展南京、武汉等省内外高校毕业生专场线上线下招聘活动66场、名企直播带岗活动7场，组织681名高校毕业生至靖江参加就业见习。开通“迎才专车”，为江苏新时代造船有限公司、江苏扬子江船业集团公司“点对点”引进高校毕业生100余人。全年发放高校毕业生求职创业补贴46.05万元、就业见习补贴66.07万元。

【职业技能培训】 2022年，市人社局开展城乡劳动力就业创业技能培训，培训城乡劳动者3164人、创业培训1327人。制定出台《关于建立“千名职业指导师”专业化队伍的实施方案》，宣传推行职业技能培训合格证制度，开发中式烹饪（靖江菜）等16个紧缺型工种培训合格证、职业指导师工种培训合格证项目。鼓励技能提升，组织岗位技能提升培训，为企业发放一次性留靖江员工培训补助72.25万元。指导市职业技能公共实训中心完善软硬件设施，该实训中心成功入选2022年度全省十大优秀职业技能培训机构。

【劳动保障监察】 2022年，市人社局加强基层劳动保障监察网格建设，打造劳动者半小时维权服务圈，建成劳动监察一级网格12个、二级网格106个，配备劳动保障监察专职协理员16人、兼职协理员230人。开展根治农民工欠薪百日攻坚战，对重点项目实行包项目到人、实地督查，全年受理投诉举报2682件，包括行政调解处理2427件、立案查处255件，行政处理处罚相关企业19家，罚款金额32.75万元，为9836名劳动者追讨工资及经济补偿6345.3万元，按时结案率、监察平台实时运行率均达100%。建立“春查人力资源市场、夏查劳动安全保障、秋查社会保险参保、冬查工资报酬支付”四季常态化督查检查工作机制，采取日常监察与重点抽查、专项检查与联合执法相结合，监察检查企业1725家次。指导督促基层监察网格做好用工咨询、指导服务、书面审查、信息采集、简易纠纷调处、用工监测预警等各项检察业务网上运行工作，实现监察业务工作网络化、信息化管理。全年劳动保障书面审查用人单位2241家，监察网格录入咨询信息2421条，指导服务用人单位580家，新增或更新用人单位305家，书面审查用人单位2241家，调处建议劳资矛盾纠纷325件，超额完成全年监察网格化、网络化业务指标，劳动用工环境平稳有序。组织开展企业劳动保障诚信评定工作，评选靖江市劳动保障诚信示范企业14家、靖江市劳动保障诚信企业25家。加强部门联动根治欠薪工作，市人社局联合市住建局、市场监管局等部门，先后组织农民工工资支付、人力资源市场清理整顿、化工生产企业依法用工、职工夏季高温权益保护、社会保险扩面征缴、夏冬两季根治欠薪等专项监察执法检查，全市96个在建工程项目全部落实实名制考勤管理、农民工工资分账制管理、工资保证金制度、施工现场维权信息告示制度，各项指标均达100%。推进工资支付保障制度落实，全年银行代发工资10.49万人次、金额9.86亿元，人均月发薪资数额9399元。加大企业失信惩戒力度，及时向省、市社会信用平台推送公布重大违法企业6家，向市公安部门移送恶意欠薪案件5起。加强《保障农民工工资支付条例》普法宣传，以工程建设领域为重点，组织《保障农民工工资支付条例》专题培训，开展各类用工主体和农民工参与的学法活动。全年发放《保障农民工工资支付条例》口袋书1000余册，悬挂宣传横幅20余条，召开集中学习专题会2次，进企业开展集中宣传活动5次。组织20余名监察员和基层协理员参加泰州市级部门《保障农民工工资支付条例》宣传培训。《保障农民工工资支付条例》网上培训、平台注册登录参培率均为100%。

6 月,创业创新大赛决赛现场

【劳动人事争议仲裁】 2022 年,市劳动人事争议仲裁院、各镇(街道、园区、办事处)劳动关系调处中心积极主动作为,充分发挥企业调解委员会和行业调解委员会作用,劳动争议人民调解与行政调解、仲裁调解相互衔接、协力配合的调解工作机制更加完善。着力打造"缪网余能人调解工作室",就近、及时化解船厂劳务队的各类争议纠纷。公开网上预约调解,方便群众网上登记,提高调解工作效率。优化调解程序,完善调裁衔接,年度调解成功率达 82.2%。开展举案释法、劳动用工风险体检、对口法律培训、仲裁开放月等活动,多举措并举开展劳动争议预防工作。全年处理劳动人事争议案件 2219 件,其中各类基层调解组织调解 1416 件、市级立案 803 件,立案处理案件结案率 94.7%,涉案金额 2453.6 万元。全年裁决劳动人事争议案件 271 件,其中一裁终结 186 件,按期结案率 100%。

(张 鹏 卢枫峰 陈 渊 蒲小航)

人力资源管理

【概况】 2022 年,靖江围绕"民生为本、人才优先"工作主线,实施人才强市、人才强企战略,创新人才工作体制机制,优化人才发展环境,释放人才创新创业活力,全市人事人才工作取得新进展。全年签约 4 家引才工作站,统筹靖江人才网、人才云聘平台、带岗直播间三大"线上"载体,定制 3 条"靖候英才 · 携手江来"线下招聘专线,全年开展引才活动 66 场。招录事业单位工作人员 232 人,新增高校毕业生就业基地 16 家,开发就业见习岗位 3127 个。推进企业职称自主评审,加快专业技术人才选拔培养,新增各类专业技术人员 0.52 万人,累计达 9.29 万人。全年新增 6 家职业技能等级认定备案企业,培养高技能人才 1465 人。

【人才引进与开发】 2022 年,靖江市营造良好人才发展环境,以优惠政策吸引人才。进一步完善人才政策体系,提高莅靖人才安居补贴标准,扩大市人才公寓入住对象范围,为企业和人才发放人才补贴 442.89 万元。开通省内外多个点对点引才专线,对接招商引才分局、科技镇长团、"两湖"地区工作组,引进硕士研究生人才 421 人、海外人才 50 人、博士后人才 3 人,1 名博士后获中国博士后科学基金二等资助。编制发布专业技术人才、技能人才、高校毕业生、海外人才 4 项紧缺人才目录,涵盖各类人才 1872 人。推进人才自主认定评价,围绕主导产业人才需求,向符合条件的企业下放职称自主评审权和技能等级认定自主评价权,2 人通过特级技师认定,133 人获助理工程师和工程师技术职称,全年新增专业技术人员 5278 人、高技能人才 1465 人。推广"企校双制、工学一体"的新型学徒制培训,培养新型学徒 350 人。实施人才载体提升行动,靖江市职业技能公共实训中心入选 2022 年度全省十大优秀职业技能培训机构,人才培训硬实力持续提升。省级大学生创业园完成异地迁建并投入使用,15 个大学生创业团队全新入驻,2 个大学生创业项目获评省级大学生优秀创业项目,全年新增 2 个省级大学生优秀创业项目、1 家省级创业示范基地。持续打造"靖候英才 · 携手江来"人才服务品牌,实施促进高校毕业生就业"十大行动",在泰州范围内建成首个实体化运行人才服务中心,设置运行"人才一件事"专窗,提供档案转接、补贴申报、创业指导等"一门一窗一站式"集成服务,入选全市百佳为民办实事优秀案例。

【高校毕业生就业服务】 2022 年,

市人社局实施“青靖马洲”人才回乡行动，向靖江籍应届毕业生寄发《靖江市人社局致2022届高校毕业生的一封信》，通过实施高校学生暑期实践、青年人才集聚计划，吸引靖江籍优秀学子回靖江创业就业。开展“靖候英才·携手江来”高校毕业生就业创业百日促进行动，进行大学生实名制调查，建立服务清单。密集开展南京、武汉等省内外高校毕业生专场线上线下招聘活动66场、名企直播带岗活动7场，组织681名高校毕业生至靖江参加就业见习。人才公寓、青年人才驿站实现全程网上自主申报，为65名引进人才、25名莅靖见习求职大学生提供“拎包入住”服务。开通“迎才专车”，为江苏新时代造船有限公司、江苏新扬子船业集团公司“点对点”引进高校毕业生100余人。发放高校毕业生求职创业补贴46.05万元、就业见习补贴66.07万元。

【事业单位人事管理】 2022年，组织和指导事业单位公开招聘工作人员71人、教师121人、卫生技术人员40人。完善事业单位人事管理系统信息，审批10家单位岗位设置、变更方案。组织505名机关事业工勤人员参与职业素质提升培训考核，考核达标率100%。

【工资福利、退休工作】 2022年，市人社局完成全市机关事业单位工作人员工资正常晋升、2022年度奖励性绩效工资、2021年全市机关事业单位工资年报统计、事业单位工作人员到龄退休审批、全市事业单位新录用人员工资审核等工作。核增义务教育阶段学校、高中阶段学校奖励性绩效工资总量5070.42万元。配合市纪委、市委组织部、市财政局、市审计局等部门，定期监督检查机关事业单位违规发放津贴补贴和奖金情况，并进行专项清理。做好事业单位工作人员到龄退休工作，全年办理机关事业单位退休人员287人。其中，事业管理、职业技术人员224人，机关事业工人63人。

（朱晓云　于　湘　周　帅　蒲小航）

7月，“乐业马洲·高校引才”招聘会现场

居民收入与消费

【居民收入】 2022年，靖江城乡居民收入平稳增长。全市居民人均可支配收入5.03万元，比上年增长6.0%；按常住地分，城镇居民人均可支配收入6.08万元，比上年增长5.2%；农村居民人均可支配收入3.22万元，比上年增长7.4%。城乡居民人均收入倍差为1.89，比去年缩小0.04。

工资性收入　居民人均工资性收入3.16万元（比上年增加1686.2元，增长5.6%），占居民可支配收入的62.8%，是居民收入的主要来源，对居民可支配收入增长的贡献率为59.1%，拉动收入增长3.5个百分点。其中，城镇居民人均工资性收入为3.79万元，比上年增长4.9%；农村居民人均工资性收入2.08万元，比上年增长6.9%。靖江居民工资性收入稳步增长的主要因素：一是全市加快各项政策落实速度。推行失业保险稳岗返还“免申即享”经办服务模式，累计向符合条件的7079家企业精准发放稳岗返还资金4466.95万元，稳定岗位11.15万个。二是加大就业精准帮扶力度。全年开发公益性岗位2603个，其中防疫临时性公益性岗位2100个，安置就业困难人员1104人，发放公益性岗位补贴337.35万元。为2.34万人次发放失业保险金3944.74万元，为216名参保职工发放技能提升补贴34.33万元，为4768人次发放失业补助金327.24万元，为7754人次发放价格补贴97.94万元。三是加强创业服务广度。新迁建的省级大学生创业园投入使用，引导15个大学生创业团队入

2022年靖江城乡居民生活情况一览表

表39

指标	单位	全市居民	比上年增长（%）	城镇常住居民	比上年增长（%）	农村常住居民	比上年增长（%）
调查户数	户	200.0	0	130.0	0	70.0	0
平均每户家庭常住人口	人	3.3	–0.8	3.3	–1.5	3.3	0.4
平均每户就业人口	人	2.0	0.5	2.0	1.6	2.2	–1.3
每一名就业者负担人口	人	1.6	–1.3	1.7	–3.0	1.5	1.7
人均可支配收入	元	50252	6	60815	5.2	32193	7.4
人均消费支出	元	35806	5.5	40743	4.3	27364	7.9
食品烟酒	元	10425	5.4	11612	4.3	8395	7.5
教育文化娱乐	元	4527	6.1	5166	5	3434	8.3
年末百户家庭耐用消费品拥有量							
1. 家用汽车	辆	80	6.7	92	5.2	59	10.5
2. 摩托车	辆	26	2.0	26	4.6	24	1.2
3. 助力车	辆	162	2.2	151	3.3	181	0.8
4. 洗衣机	台	121	1.3	122	1.3	119	–0.4
5. 电冰箱（柜）	台	129	0.4	126	–0.7	133	1.4
6. 微波炉	台	104	0.5	104	0.8	103	–0.1
7. 彩色电视机	台	207	1.0	213	0.5	196	1.4
8. 空调	台	271	1.1	302	1.4	213	–0.1
9. 热水器	台	119	0	121	–0.2	116	–0.2
10. 洗碗机	台	3	0	5	–7.7	0	0
11. 排油烟机	台	91	0.6	100	0	73	2.6
12. 固定电话	部	10	–16.7	10	0	10	–28.6
13. 移动电话	部	296	1.7	298	1.9	291	1.5
15. 计算机	台	78	4.7	76	4.3	80	5.3
17. 照相机	台	9	6.3	11	–2.1	4	42.9
18. 中高档乐器	架	12	20.0	14	15.4	9	42.9
19. 健身器材	套	12	4.5	12	2.6	10	11.1
20. 空气净化器（含新风系统）	台	7	–7.1	9	2.6	1	42.9

驻，新增生祠镇东进村创业孵化基地1家，获评省级创业示范基地。举办创业政策宣传、创业服务基层行等各类创业活动近30场，受益近万人，全年发放各类创业补贴28.7万元，审核富民创业贷3875万元、涉及233人。四是加细技能培训深度。针对高校毕业生、失业人员、退捕渔民等重点群体，强化部门协作，开展就业帮扶活动，切实兜牢就业底线。全年组织开展退捕渔民中式烹饪师、机驾长、育婴员等职业技能培训72个班次、培训2236人，开展创业培训41个班次、培训1234人。

经营净收入　全年居民人均家庭经营净收入6177.8元（比上年增加501.0元，增长8.8%），对居民可支配收入增长贡献率为17.6%，拉动收入增长1.1个百分点。其中，城镇居民家庭人均经营净收入7541.0元，比上年增长8.7%；农村居民家庭人均经营净收入3847.1元，比上年增长7.9%。居民经营净收入增长动力充足的主要因素：一是持续优化营商环境，深化改革激发活力。靖江坚持用政府权力的“减法”，优化服务的“加法”，换取市场活力的“乘法”，创新提出“1230”（即企业开办最多1天，不动产登记最多2天，拿到施工许可证最多30天，除涉及重大安全生产和突出环保问题，对企业轻微违法行为零处罚）服务承诺，先后出台优化营商环境十条意见、打造“最优营商地”五条指导意见等政策措施，更好地便民利企。二是打出惠企纾困“组合拳”，助推企业减负解忧。推进“降、返、缓”政策落地，发布“四同八助”惠企政策清单，明确工作津贴、政治礼遇、金融信贷等8个方面30项具体措施，同时开展“五进五送”（进园区、进企业、进项目、进镇街、进社区，送政策、送补贴、送用工、送培训、送岗位服务）活动，应对疫情防控新形势，帮助企业减负解忧。

财产性净收入　居民人均财产性净收入5206.7元（比上年增加341.6元，增长7.0%），对居民可支配收入增长贡献率为12.0%，拉动收入增长0.7个百分点。其中，城镇居民人均财产净收入6446.4元，比上年增长6.2%；农村居民人均财产净收入3087.3元，比上年增长8.5%。

转移净收入　居民人均转移净收入7299.2元（比上年增加323.4元，增长4.6%），对居民可支配收入增长贡献率为11.3%，拉动收入增长0.7个百分点。其中，城镇居民人均转移净收入8939.8元，比上年增长3.1%；农村居民人均转移净收入4494.2元，比上年增长8.7%。财产性净收入及转移净收入稳步增长的主要因素：一是靖江企业和机关事业人员基本养老金待遇、城乡居民基本养老保险基础养老金待遇的逐年增长。转让承包土地经营权租金发放到位，农民从中享受到财产分红。二是各类银行机构加强特色专营机构建设。支持农业银行完善“三农事业部”的管理和运行，提升“三农”金融服务水平；稳步发展小额涉农贷款业务，逐步扩大涉农业务范围；成立小微支行，服务小微企业培育升级。三是各银行机构新增网点，重点向社区和集中居住的行政村布局，加强无障碍服务建设，为残疾人提供无障碍服务，实施农村综合金融服务站提档升级工程。四是加强普惠金融教育与金融消费者权益保护。利用电视广播、书刊、数字媒体等渠道，多层面、广角度长期有效普及金融基础知识。建立农村普惠金融服务“三员”（服务员、联络员、信息员）队伍，开展农村金融知识普及教育，了解农户具体金融服务需求。保本短期理财协议存款等居民理财投资渠道在增加，家庭理财多元化，理财收入保持较快增长。

【居民消费】 2022年，靖江居民人均生活消费支出3.58万元，比上年增加1857.7元，增长5.5%。其中，城镇常住居民人均生活消

11月，住户调查大样本轮换记账户培训

费支出4.07万元,比上年增加1679.7元,比上年增长4.3%;农村常住居民人均生活消费支出2.74万元,增加2003.5元,增长7.9%。

食品烟酒　随着城乡居民生活水平的提高,食品烟酒类支出均有增长。全年人均食品烟酒消费支出10424.7元,比上年增长5.4%。其中,城镇居民人均食品烟酒支出11611.8元,比上年增长4.3%,占生活消费支出的28.5%;农村居民人均食品烟酒支出8395.2元,比上年增长7.5%,占生活消费支出的30.7%,比上年下降0.1个百分点。

衣着　随着时代的发展,居民的审美逐渐多元化,主要以时尚美观作为消费导向,对穿着的要求也越来越高,同时衣着类商品的多样化和购买渠道的丰富多元,也推动居民衣着类消费支出的提升。全年人均衣着消费支出2088.5元,比上年增长4.1%。其中,城镇居民人均衣着消费支出2330.5元,比上年增长2.9%;农村居民人均衣着消费支出1674.7元,比上年增长6.5%。

居住　随着收入水平的提高,居民对居住环境有了更高的追求,房屋的装饰装潢升级、装潢材料价格的上涨也拉动住房装潢支出的增长。全年居民人均居住消费支出7144.8元,比上年增长5.6%。其中,城镇居民人均居住消费支出8983.9元,比上年增长4.5%;农村居民人均居住消费支出4000.6元,比上年增长8.0%。

生活用品及服务　随着居民对生活品质的追求不断提升,各类新型智能家电为百姓生活提供了更多的便捷,个人生活用品、护理用品逐渐精细化,靖江家庭生活用品的选择由经济实用向品牌、智能、节能、环保方向发展,推动生活用品类消费持续增长,提高居民生活质量。全年居民人均生活用品及服务支出1760.2元,比上年增长4.0%。其中,城镇居民人均生活用品及服务消费支出1963.8元,比上年增长2.6%;农村居民人均生活用品及服务消费支出1412.0元,比上年增长7.1%。

交通通信　随着靖江交通基础建设的日益发达、移动通信设备的全面覆盖和大数据网络急速发展,居民交通通信越来越便利,相互沟通交流越来越快捷,交通通信支出也逐年增长。全年人均交通通信消费支出6899.1元,比上年增长6.4%。其中,城镇居民人均交通通信消费支出7040.4元,比上年增长4.8%;农村居民人均交通通信消费支出6657.6元,比上年增长9.4%。

文教娱乐　靖江百姓生活越来越好,居民逐渐追求精神上的富足,在文化教育、外出旅游、休闲保健、健身娱乐等方面的消费迅速增加。全年人均教育文化娱乐消费支出4527.0元,比上年增长6.1%。其中,城镇居民人均教育文化娱乐消费支出5166.2元,比上年增长5.0%;农村居民人均教育文化娱乐消费支出3434.1元,比上年增长8.3%。

医疗保健　居民生活水平持续提高,生活观念也逐步转变,防病治病的意识普遍增强,随着新冠疫情的逐渐放开,越来越多的居民由被动就医转变为主动预防,预购相关药品,加强身体锻炼,并进行其他各项健康投资,各类医疗保健器材和滋补保健品的需求量和购买量也逐渐增加。靖江全年人均医疗保健支出2166.9元,比上年增长5.4%。其中,城镇居民人均医疗保健消费支出2746.1元,比上年增长4.9%;农村居民人均医疗保健消费支出1176.6元,比上年增长5.4%。

其他商品和服务　全年居民人均其他用品和服务消费支出794.3元,比上年增长1.7%。其中,城镇居民人均其他用品和服务消费支出900.4元,比上年增长0.2%;农村居民人均其他用品和服务消费支出612.9元,比上年增长5.1%。　(陈翁倩)

社会保障

【概况】 2022年,市人社局积极实施全民扩面参保计划,畅通线上线下缴费渠道,全年新增参保1.04万人,建筑业新开工项目工伤保险参保率达100%。及时落实阶段性社保"减负"政策,为全市11266家企业减收失业保险9120万元,为35家企业缓缴养老、工伤和失业保险费1442万元。稳步提高社会保障待遇水平,企业退休人员养老金实现"十八连涨",城乡居民基本养老保险待遇实现"十一连增"。落实省、市精准扶贫的决策部署,做好社保精准扶贫工作,全年帮助782名退捕渔民、562名被征地农民办结社保参保缴费手续,为2658名特困人员"送保"66.66万元。至年末,全市企业职工基本养老保险、城乡居民基本养老保险、工伤保险、失业保险、医疗保险参保人数分别为18.17万人、4.39万人、18.85万人、16万人、61.56万人,机关事业保险参保人数1.48万人,全年征收社保基金28.19亿元。社会保障卡持卡72万人,覆盖全市人口。

【社会保险】 企业职工基本养老保险 2022年,靖江市企业职工基本养老保险参保人数18.17万人,实际缴费人员17.94万人。其中,12115家企业职工参保14.99万人,灵活就业人员参保3.18万人。全市按时足额领取养老待遇11.60万人。全年实现企业职工基本养老保险基金总收入540744万元,其中企业养老保险费收入219742万元、利息收入565万元、上级补助收入317046万元、转移性收入3140万元、其他收入252万元。全年基金支出535833万元,其中企业职工基本养老基金支出299515万元、丧葬抚恤费支出10571万元、转移支出1848万元、其他支出121万元。年末,企业职工基本养老保险基金累计结余23438万元。进一步提高企业退休人员待遇水平,调增全市2021年12月31日前办结企业退休(职)手续的人员养老金待遇,共调增11.06万人,补发养老金8028.23万元。为6676名企业职工办理退休手续,企业退休(职)人均月工资调至2190.78元,企业退休人员人均养老金每月比上年增加80.63元,增幅3.82%,企业职工养老金按时足额发放率和社会化发放率均为100%。

城乡居民基本养老保险 2022年,靖江市城乡居民基本养老保险参保缴费4.3858万人,参保率99.98%。全年城乡居民基本养老保险基金收入45474万元,其中个人缴费收入15768万元、财政补贴收入27497万元、利息收入1738万元、委托投资收益15万元、转移收入87万元、其他收入368万元。全年基金支出38663万元,其中基础养老金支出26751万元、个人账户养老金支出11307万元、丧葬补助金支出545万元、转移支出57万元。推进被征地农民和退捕渔民社会保障工作,为被征地农民参保人员建立个人账户,覆盖率100%,全年共有2259人纳入被征地农民养老保险参保范畴,为782名退捕渔民办结参保缴费手续,其中市财政代缴368.74万元。做好低保特困人员精准扶贫工作,为2658名低保人员、重残人员、建档立卡未脱贫人员、特殊困难人员等缴纳城乡居民养老保险,财政补贴66.66万元。推进城乡居民养老保险扩面工作,全年新增参加城乡居民养老保险2748人。调增城乡居民养老保险待遇标准,基础养老金每人每月由216元提高到245元,全市累计有9.07万人享受城乡居民养老待遇,基础养老金发放率100%。

机关事业单位养老保险 2022年,靖江市按省人社厅统一部署,完成2022年退休人员养老金调整工作,参与退休人员养老金调整11212人,累计补发1472万元。全面落实改革后退休“中人”待遇“应发尽发”,核定率达99.5%以上。完成机关事业养老保险原试点期间个人缴费衔接工作,符合试点期间个人缴费退费条件的有4951人,其退费本金按省机关事业养老保险中心要求进行计息。全年机关事业单位基本养老保险基金收入66740万元,其中,养老保险费收入28549万元、当期征缴率100%,财政补贴收入37500万元,转移收入537万元,利息收入154万元。当年基金支出68401万元,职业年金归集13974万元。全年退休、死亡、辞职、辞退等符合机关事业养老保险退费条件的有1165人,共退费4018万元。

工伤保险 2022年,靖江市落实江苏省工伤保险省级统筹实施意见,执行全省统一的工伤保险缴费费率、待遇支付标准等规定。年内,全市有工伤保险参保人数18.85万人,参保缴费率98.8%。全年工伤保险基金收入为10073万元,基金支出为10317万元,本年度工伤保险基金当期透支244万元。年末工伤保险基金累计结余5321万元。持续开展“社商合作”工伤预防工作,在全市范围内发放工伤预防宣传手册2万余册,走进50余家企业开展工伤预防培训,共培训3206人。全面落实工伤认定和劳动能力鉴定“一窗通办”,全年康复211人,受理工伤认定案件1988件,其中单位申报1712件、个人申报276件。推进建筑业新开工项目工伤保险参保“全覆盖”,促进小微企业工伤保险“应保尽保”,65家小微企业2081名员工纳入工伤保障。

失业保险 2022年,靖江市失业保险参保人数16万人,失业保险参保率100%。全年累计发放失业保险2.34万人次、金额3944.7573万元,缴纳医疗保险费2.31万人次、金额963.99万元。发挥失业保险“防失业促就业”作用,失业金领取期间的失业职工享受城镇职工基本医疗保险待遇,由失业保险基金全额为其支付城镇职工基本医疗保险参保费用。定期开展失业保险基金实地稽核,推进领取失业补助金人员虚构劳动关系骗取失业保险待遇问题专项整治工作,抽查75名失业待遇领取人员,追回骗领冒领失业保险金9816.4元。扩大失业保险覆盖面,加强失业保险金内控管理,全年为261名参保职工发放技能提升补贴34.33万元,发放失业补助 4768 人次、金额 327.24 万元，发放价格补贴 7754 人次、金额 97.94 万元。

退休人员社会化管理　2022 年，市人社局持续打造“幸福银潮、康宁万家”退休人员管理服务品牌。至年末，全市社会化管理服务退休人员 11.54 万人，退休人员社会化管理率 100%。按照“方便群众，相对就近，群众自愿，竞争择优，规范有序”的原则，做好 65 周岁以下 3.1 万名退休人员免费健康体检工作，支付体检费用 471.61 万元。开展节日慰问活动，春节慰问特困退休人员 214 人，发放慰问金 8.56 万元；重阳节期间，慰问 80 周岁以上老人 8426 人，发放慰问金 84.26 万元；慰问去世退休人员家属 1255 人，支付慰问金 25.1 万元。全年举办退休人员文艺表演、健康知识讲座等活动 46 场次。

企退人员养老保险资格认证　2022 年，市人社局推行静默认证(信息比对)为主导、递延认证为基础、自助认证为辅助、社会化服务兜底的“四位一体”社保待遇领取资格认证模式，实现“寓认证于无形”“寓认证于服务”。推广“江苏智慧人社”App 自助认证，定期与市公安、民政、医保、卫健、交通、司法等部门进行数据比对，尽可能让群众不用跑就完成认证工作。通过大数据分析和应用，核实参保人员领取社会保险待遇资格，全年完成企业退休人员养老保险资格认证 11.02 万人。

(瞿明海　高　峰
王　梅　蒲小航)

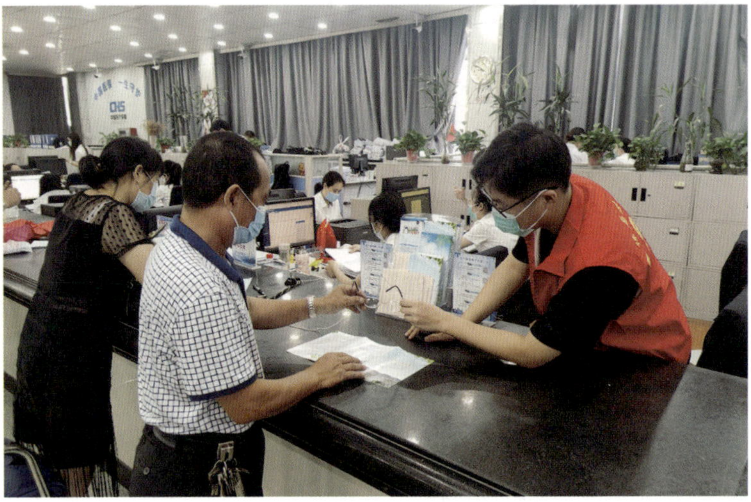

7 月，市医保局工作人员为群众讲解医保政策

【医疗保障】 2022 年，靖江医保局贯彻落实省局、市局医保工作要求，推进医保公共服务等改革，加强医保基金监管，加快医保服务信息化建设，医疗保障工作取得明显成效。截至年底，全市基本医疗保险参保人数为 61.56 万人，其中职工医保参保人数 35.74 万人、居民医保参保人数 25.82 万人，参保覆盖率 98.5% 以上。

基本医疗保险　2022 年，全市城镇职工基本医疗保险基金收入 16.64 亿元，其中记入统筹基金 9.78 亿元、记入个人账户 6.86 亿元(含转移性收入 282 万元)。基金支出 13.05 亿元，其中统筹基金支出 7.81 亿元、个人账户支出 5.24 亿元。全市城乡居民基本医疗保险筹资标准为每人 1140 元，其中个人缴纳 420 元、财政补助 720 元。全年共筹医保基金 2.95 亿元，全年居民基本医疗保险基金支出 2.97 亿元。

医保待遇保障　市医保局扎实抓好“六保”“六稳”工作，对无雇主的个体工商户和灵活就业人员，降低 1% 的基本医疗保险缴费费率，为 7.85 万人约减免费用 4000 万元。多措并举筑牢战“疫”医保防线，及时完成新冠病毒疫苗费用上缴工作，向全市定点医疗机构结算核酸检测费用 332 万元。根据 2022 年市政府第 2 次常务会议精神，对特定困难群体(共 10 类人员)住院医疗费用中合规费用内个人自付部分，由财政补助 38 万元。根据市政府第 4 次常务会议精神，对一、二级且享受民政困难生活补贴残疾人实施医疗救助，财政给予补助 78.4 万元。

医保重点领域改革　2022 年，靖江促进医保服务提质增效，开展参保单位线上征缴服务。8 月 11 日，国家征缴平台上线运行后，已为全市近万家参保单位提供线上参保登记、变更登记和缴费基数申报等征缴业务，成功受理并办理医保关系转移接续 3805 人，其中转入 2405 人、转出 1400 人。运用江苏医保云 App、长三角跨省医保关系转移“一网通办”等，实现医保关系转移“不见面”的网上办理。简化异地就医备案手续，开通“江苏医保云”App、“国家异地就医备案”微信小程序(省外)，实现无障碍备案，异地就医“不见面”备案覆盖率 100%，与长三角、北京、成都等地区实现门诊费用直接结算。

持续推进医保支付方式改革，落实泰州市局实施DRG付费改革，完成6家二级以上公立医疗机构DRG支付方式运行结算。

医保公共服务改革 6月起，市医保局实施综合柜员制改革，主动打破险种界限，形成“一门引导、一窗受理、一站服务、一次办结”的医保经办服务新格局。实行“好差评”制度，坚持领导带班制，窗口工作人员亮身份、亮承诺、亮职责，用心用情用力为广大参保群众提供更加方便快捷的医保经办服务。实行综合柜员制服务模式后，综合办理医保公共服务45549件，好评率100%。

医疗保险基金监管 2022年，市医保局持续加强医疗保险基金监管，切实维护医保基金运行安全。开展集中宣传、源头治理、自查自纠、专项治理、“回头看”等活动，多措并举，打好组合拳，始终保持“零容忍”和高压态势，严厉打击欺诈骗保行为。在全市定点医药机构开展违规使用医保基金自查自纠的基础上，市医保局全覆盖检查定点机构，核定定点机构违规金额1171.75万元，追回违约金644.96万元。全年查处违规定点医药机构81家次，4名医保医师被扣分。组织定点医药机构开展专项整治“回头看”，开展打击“三假”（假病人、假病情、假票据）欺诈骗保行为专项整治，严厉打击个人欺诈骗保行为。向公安部门移送涉嫌骗保案件1例，提供涉嫌盗窃信息1例。开展对参保人员死亡后继续使用医保基金情况专项检查，核对停保死亡人员6050名，发现违规费用36人次，追回违规基金18180.26元。

医保服务信息化建设 2022年，靖江着力推进医保信息化建设。12月，医保电子凭证结算率33%，位列泰州市第一。开启“刷脸就医”新模式和医保移动支付试点工作。协助人民医院率先在泰州范围内实现参保人员“刷脸”挂号、就诊、检查、结算等院端业务，率先在全省正式上线江苏医保“云移动支付”，手机在线可完成本地参保人员的普通门诊、门诊慢性病、门诊特殊病等相关业务。相关工作得到泰州市医保局高度肯定。

离休人员医疗保障 2022年，全市参加统筹的离休干部137人，统筹标准每人每年3万元；新中国成立前老工人19人，统筹标准每人每年2.2万元；享受遗属补助的169人，统筹标准每人每年0.3万元。全年应收统筹金503.5万元，其中，市财政负责征收339.6万元、统筹办负责征收163.9万元。全年离休干部、新中国成立前老工人、遗属共发生医疗费1057.42万元，核减违规费用2.85万元，实际支付1054.57万元。全市参加统筹的二等乙级以上革命伤残军人有163人，统筹标准每人每年为3万元。全年应收医疗统筹金489万元，由市财政全额负担专项拨付。至年末，二等乙级革命军人共发生医药费483.76万元，核减2.69万元，实际结付二等乙级革命军人医药费481.07万元。

药品、医用耗材采购监管 2022年，市医保局贯彻落实国家、省及泰州市药品医用耗材集中采购政策，推进医用耗材联盟谈判、国家药品集中采购接续采购、国家药品集中采购等15批次药品医用耗材集中采购政策落地。拨付第二批国家组织药品集中采购医保结余留用资金104万元、第三批药品集中采购医保结余留用资金177.88万元。截至年底，全市18家公立医疗机构药品网上采购率99%；除应急采购外，耗材网上采购率达97%以上。

15分钟医保服务圈 2022年，市医保局健全完善医保经办服务体系，推进医保公共服务智能化转变和“放管服”改革，将基本医疗保障参保经办和变更登记、参保信息查询、医疗保险关系转移接续、参保人员异地就医备案等四大类、15项服务事项下移至镇级为民服务中心，建设“15分钟医保服务圈”，提高医保公共服务水平。年内，新桥和季市镇通过省级示范点验收，其余镇均通过泰州市级示范点验收。（顾凌丰）

【住房保障】 保障性住房建设 2022年，市政府成立靖江市保障性租赁住房工作领导小组，转发《泰州市保障性租赁住房建设实施办法》，健全全市保障房政策体系，扎实推进保障性租赁住房政策落地见效。同时，提前谋划保障性租赁住房建设计划，开展园区行活动，会同开发区本部、城北园区、城南园区、江阴—靖江工业园区、市教育局、城建集团、华靖集团等部门摸底统计拟用作保障性租赁住房的房源，建立保障性租赁住房项目储备库。动态调整并公布年度住房保障范围和保障标准，做好住房保障的常态化申请受理工作，实行进退有序的动态管理和保障体系内的有效转换。根据市行政审批局要求，拟定靖江市住房保障“一件事”改革实施方案。通过优化办理方式、缩减办理时限、优化办事流程、同步数据共享、延伸服务触角等创新举措，提高全市保障性租赁住房政策兑现效率，形成线上全程网办、线下多触点一窗受理的线上线下一体化服务模式,不断提升群众获得感、满意度。全年新开工建设棚户区改造安置房1172套,基本建成721套。新增经济适用房货币化补贴保障5户、新增公租房租赁补贴家庭17户,累计对145户中低收入住房困难家庭发放公租房租赁补贴63.81万元、对42位外来务工人员发放保租房租赁补贴21010元。（郑　华）

住房公积金管理　2022年,靖江新增住房公积金归集单位160家,新增缴存职工6026人,年末,全市实际在册单位2090家。全市实缴单位1418家,实缴职工70739人。全市单位职工住房公积金月缴存基数的上限25500元,下限2299元。年末,住房公积金累计归集96.65亿元,发放公积金贷款62.31亿元。

2022年《靖江灵活就业人员参加住房公积金制度实施办法》出台后,市住房公积金管理分中心及时通过电视、报纸等媒体进行宣传。全年有灵活就业人员登记开户34人,其中4人申请贷款146.8万元。因受疫情影响,部分单位住房公积金出现欠缴。管理分中心对未经中心审批阶段性缓缴单位,派专人具体负责催欠催缴,每周巡查缴存信息系统,及时了解归集进度,对欠缴2个月单位进行电话提醒并暂停其职工公积金贷款的发放,对提醒后仍不能补缴的单位发放催缴函,对因疫情影响申请缓缴的单位及时进行提醒补缴。截至12月底,所有申请缓缴的单位已全部补缴到位。全年累计归集公积金11亿元。

2022年,因楼市和疫情影响,公积金贷款和提取业务较往年均有较大幅度的下降,管理分中心加强对业务材料的审核检查。全年发现各类未遂骗提10起,避免近百万元资金的流失。对9例利用购房套提住房公积金行为进行追缴,追回套提资金39.8万元。对拒不履行退回套提资金的提取客户纳入住房公积金诚信黑名单,同时,将相关情况通报至所在单位。在严格贷前审核审批的前提下,着力抓好贷后资金风险的管理和控制。对其中还款意识差、屡催无效的老逾期户及时采取法律方式进行催收,对两户逾期户及时提起诉讼,其中一户进入执行阶段。会同住建部门对所有取得销售许可的合作楼盘,采取一张销售许可对应一个资金监管账户的进账模式,实现所有贷款资金全部进入政府监管,有效提升资金使用安全。全年累计提取住房公积金8亿元,发放住房公积金贷款668笔、金额2亿元。贷款逾期率为0,贷款抵押到位率97.95%。

2022年,市住房公积金管理分中心优化贷款流程,取消贷款合同及纸质他项权证留档;同时,对贷款三级审批时限提速,由原来的3天时限缩短至2天。开展“大走访、大排查、大整治、大提升”营商环境百日攻坚行动,及时落实国家、省市及中心住房公积金阶段性缓缴降比和其他优惠政策,审核上报7家企业缓缴申请,缓缴资金近200万元。开展“送政策”服务活动,为8家拟上市企业上门提供政策服务,为4家缴存企业上市出具合规证明。及时开通17家银行按月偿还商贷业务,办理各类跨省通办业务35笔,处理回复、咨询、投诉76起,成功为一名残疾职工追偿住房公积金2.3万元,对一例不履行住房公积金缴存登记单位进行立案查处。（秦　雷）

社会救助

·民政救助·

【概况】 2022年,市民政局开展低收入人口动态核查和残疾人两项补贴复核工作,确保对象管理精准高效。做好低收入人口认定和救助,健全分层分类社会救助体系,提升社会救助保障和为民服务水平,城乡低保标准提高至每人每月770元,农村五保基本生活标准提高至每人每月1001元,相应提升困难残疾人生活补贴、困境儿童保障标准。

【城乡居民最低生活保障】 2022年,全市有城乡居民最低生活保障对象562户、1001人,其中城市居民低保对象50户、81人,农村低保对象512户、920人。有特困供养对象1351人,其中农村分散“五保”(保吃、保穿、保住、保医、保葬)1169人、集中五保165人,城市“三无”(无劳动能力、无收入来源、无法定赡养人)17人。7月1日起,提高全市城乡低保标准,由每人每年8880元提高至9240元。农村五保供养标准由年人均11544元提高至12012元。城市“三无”对象救助标准为年人均22824元。

【特困群体排查和救助帮扶】 2022年,市民政局牵头组织开展全市特殊困难群体救助帮扶专项排查整治行动,实施专项行动“回头看”工作,排查各类对象9461人,发现并解决问题19条,纳入跟踪帮扶的重点户289户。将符合条件的精神障碍患者和退捕渔民纳入兜底保障范围,向所有低保对象、特困人员发放一次性生活补贴，按照每人120元的标准发放金额28.752万元。健全分层分类社会救助体系，持续实施分散供养特困人员适老化改造和“一键通”应急服务。分散供养特困老人“安居福”项目，获评全省社会救助领域创新实践优秀案例。加强与人社、教育、医保、农业农村等部门联动，做好相关人员的资格认定、信息共享和专项救助工作，保障重点群体和困难群众民生权益。疫情期间，做好困难群体生活保障，开展困难群体“三问”（专人询问、每日必问、定期慰问）关爱行动，发放临时价格补贴5327人次、金额97.25万元。年内，市民政局按照“先救治、后救助”原则，做好危重病人、精神病人等特殊救助群体医疗救助工作，全年送医3人次。市救助管理站对精神障碍、智力残疾等特殊受助人员开展各类护送服务5人次，其中跨省护送2人次。

【流浪乞讨救助】 2022年，市救助管理站救助流浪乞讨人员53人次，其中在站救助41人次、站外救助12人次。运用人口管理信息系统、人脸识别、头条寻亲等开展寻亲服务，帮助4名滞靖乞讨人员回归家庭。疫情防控期间，联合相关部门开展街面巡查195人次，对疫情防控期间因交通管控等原因暂时滞留、遭遇临时困难的外来务工人员，提供临时住宿、饮食、御寒衣物等救助帮扶。

【送清凉和温暖专项行动】 2022年，市救助管理站组织开展“夏季送清凉”和“冬季送温暖”专项行动，全市出动工作人员125人次，街面救助、劝导21人次，发放救助物资30余件。开展重点区域拉网式巡查，实行每日常态化巡查、24小时值班制度。协调定点医疗机构，畅通绿色应急就诊通道。实行求助及时响应机制，确保做到第一时间响应、第一时间甄别施救。开展主动救助，对愿意入站的求助人员，按工作规程及时提供救助服务，对反复劝导仍不愿入站接受救助的人员，实行分类处置。在流浪乞讨人员易聚集的桥梁涵洞、拆迁工地、农贸市场、公园等地方安装简易引导牌，引导救助对象主动求助，做到应助尽助，应救尽救。

·慈善救助·

【概况】 2022年，靖江强化慈善募集机制，以慈善品牌项目为抓手，拓宽募集途径，激发社会各界参与热情。指导建设镇（街道）慈善社工站12家，设立村（社区）慈善社工室70家。全年募集款物7302万元，支出各类慈善救助4014万元，惠及困难群众3.8万余人次。推进“幸福家园”工程，在全市各镇（街道、办事处）及村居成立“幸福家园”站点，实施上线互助项目119个。推进“互联网+慈善”发展，开展互联网募捐、网上慈善宣传、财务公示等，为公益慈善事业赋能。实施99公益日项目，鼓励社会组织踊跃参与，累计捐款17661人次，获得腾讯配捐5万元，共筹集资金261.88万元。组织申报“慈善之星”，有20个“慈善之星”先进单位、26名“慈善之星”先进个人获市委、市政府表彰。

【慈善活动】 2022年，市慈善总会成功组织第十二届“靖江慈善日”活动，积极动员全市党政机关、企事业单位参加一日捐，活动期间接收捐款295万元。发动各慈善分会辖区内的爱心企业家、爱心人士带头捐赠，动员社会各界参与慈善公益事业，通过小额冠名基金和定向捐赠的方式进行募捐，共接收各项冠名基金和定向捐赠6745.12万元。组织开展“情暖江苏·爱在泰州·和谐靖江”“靖善暖心”“两节慰问”“花好月圆”系列活动，发放钱款、物资252.8万元，惠及困难群众5075人次。开展关爱困难党员“先锋阳光e站”爱心物资发放活动，发放金额38.45万元，惠及困难党员508人次。开展“白内障复明”“鸿纳爱心透析”“点亮色彩”等系列助医活动，发放救助金29.8万元，惠及困难患者约1.7万人次。为全市养老服务机构购买监管设备及相关养老保险服务，支出290.12万元。开展“小城大爱”“情系学子爱心圆梦”“福润马洲慈善助学”“助学联盟”“向善而行”系列活动，帮助困境儿童和困难学生1025人次，发放救助金99.13万元。加大力度支持教育、医疗等领域基础设施建设和硬件购置。组织人力物力做好疫情防控保障和慰问工作，购买疫情防控物资220.17万元，慰问防疫人员和疫情下困难群众8454人次。

社会福利

【老年人福利和保障】 2022年，全市有养老机构35家，其中公办养老机构8家，民办养老机构27家；全市有医养结合型养老机构14家，养老机构总床位2818张。全年发放尊老金341032人次，发放金额1971.61万元。年内，推动2家公办养老机构完成医养结合改造，全市护理型床位达到1975张，占全市养老机构床位总数的 70.09%。全市开展养老机构等级评定工作,提升养老服务品质,35 家养老机构通过等级评定。加快农村乡镇标准化区域性养老服务中心建设,建成靖城街道综合性养老服务中心,城市街道综合养老服务中心覆盖率 100%;西来、斜桥、江阴—靖江工业园区办事处建成 3 家农村标准化区域性养老服务中心。推动各地配建养老服务设施,全市建成居家养老服务中心 257 个,城乡社区养老服务设施实现全覆盖。支持民营养老机构应对新冠肺炎疫情影响,促进养老服务行业平稳健康发展,累计发放纾困补贴 190.35 万元。完成近 400 户特殊困难老人家庭适老化改造,对分散供养"五保"老人在原标准上每户增加 5000 元,进行卫浴改造。开展特殊失能老人养老保障项目,失能的特殊困难群体养老实现全保障。将 33 名特困人员、城乡低保、低保边缘家庭中的失能老人的上门服务补贴标准提升到每人每月 600 元,同时每人每月发放亲情照护补贴 600 元。深入推进安全生产大检查和专项整治三年行动,开展民政服务机构安全生产百日攻坚行动、夏季百日安全赛、"119" 消防安全月、冬季火灾防控等活动,重点检查民政服务机构的建筑、燃气、电气、消防、防汛和食品安全。全年开展安全大宣讲活动 4 次,举办养老等社会服务机构消防安全知识培训及应急逃生演练 2 次。组织全市民政服务机构开展消防安全标准化达标创建工作,强制推行养老机构服务安全基本规范,确保养老机构安全,全年民政领域安全无事故。开展打击整治养老服务诈骗专项行动和预付卡"大排查大整治大提升"百日攻坚行动,组织精干力量排查到边到底,累计检查 100 余次。积极应对新冠病毒疫情,分级分类精准防控,坚决守住养老服务机构"零感染"底线,全力守护老年人生命安全。

【残疾人福利和保障】 2022 年,全市有困难残疾人生活补贴对象 4500 人,重度残疾人护理补贴对象 5704 人。市民政局严格执行困难残疾人生活补贴和重度残疾人护理补贴制度,实行残疾人两项补贴"跨省通办"和"全程网办",全年累计发放两项补贴 4547.2 万元。推进精神障碍患者康复服务,市滨江新区"馨港湾残疾人之家"建成省级精神障碍社区康复服务示范点。

【困境儿童保障】 2022 年,市民政局推动未成年人保护工作站建设,实现乡镇(街道、办事处)全覆盖,建成首批 17 家靖江市"成长护航"未成年人社会实践教育基地。组织开展国际家庭教育宣传周、未成年人保护宣传月、困境儿童关注日等活动,慰问困境儿童、留守儿童家庭,累计发放慰问金 26 万余元。组织儿童督导员、儿童主任培训和技能竞赛,实行困境儿童、农村留守儿童日常走访制度,规范进行风险等级评估。至年底,全市有在册农村留守儿童 43 人、享受基本生活补贴的困境儿童 755 人,全年发放困境儿童生活补贴 700 余万元。指导各属地村(居)设立妇女儿童委员会,规范困境儿童风险等级评估,灵活运用"一事一议"等方法,精准认定父母失联等特殊困境情形。组织实施"成长护航"困境儿童关爱服务公益创投项目,12 个项目惠及千余名困境儿童。

【福利彩票】 2022 年,全市有福彩电脑投注站 118 个,销售福利彩票 6370 万元,其中电脑票销售 5322 万元、即开票销售 1048 万元、筹集福彩公益金 660 多万元。福利彩票销售增幅在泰州排名第一。全年中出双色球一等奖 1 注、双色球二等奖 9 注、即开票一等奖 1 注,获评为 2022 年度全省福利彩票销售先进市。在全省福彩系统百日竞赛中,靖江获评"2022 年度全省福彩系统百日竞赛县(市)优胜奖"。　(潘　磊)

5 月,市民政局组织慰问马桥镇困境儿童

基层自治组织建设

【社区治理与服务创新】 2022年,加强基层治理能力建设,指导滨江新区办事处容湖社区、明湖社区完成居民委员会选举。开展整顿基层社会治理方面短板弱项专项行动,持续抓好做实村务公开、村务监督,全面修订村规民约。推动村(社区)建立违反村规民约处理机制,规范村民委员会调整工作程序。探索"五社联动"(以社区为平台、以社会工作者为支撑、以社区社会组织为载体、以社区志愿者为辅助、以社区公益慈善资源为补充的现代社区治理行动)机制,出台《关于在城乡社区深化睦邻工程和推广积分治理的意见》,在镇(街道、办事处)试点建设"靖善靖美"社区邻里驿站,在25家社区打造"好靖邻"积分治理模式,推广社区积分治理,推进社区慈善社工室建设,创新实施"睦邻工程2.0——构筑社区睦邻积分治理体系"项目,获评泰州市基层治理特色建设"一地一品"银奖。改造提升社区综合服务中心,完善孤山村、文昌新村社区、容湖社区、合兴社区4个社区综合服务设施,建设省政府民生实事项目。年末,北大街社区、礼士社区服务品牌项目获评泰州市城乡社区十佳服务品牌,虹兴社区、晨阳社区服务品牌获评泰州市城乡社区优秀服务品牌。东阜社区、安武村、阜康社区、新一社区获评四星级新型农村社区治理服务示范点。

【社区工作者队伍建设】 2022年,开展年度社区工作者培训,4名社区书记(主任)获评"泰州市社区工作名师",5名社区工作者获评"泰州市首届金牌社工"。加强社会工作人才队伍建设,全面推广全科社工服务模式。全市新入选江苏省最美社工2人、泰州市"十佳"社工1人、泰州市"十佳"社工项目1个。

社会组织管理

【概况】 2022年,全年新注册登记社会组织12家,其中社会团体4家、民办非企业单位8家;新备案社区社会组织85家;全年变更登记38家,注销登记112家,章程核准88家,换届备案34家。至年末,全市共有登记备案社会组织2827家,其中登记732家(社会团体273家、民办非企业457家、基金会2家),备案2095家。全年完成社会组织网上年检年报业务475件,新增等级社会组织68家。全市有241家社会组织取得评估等级,其中AAAAA级4家、AAAA级28家、AAA级36家、AA级126家、A级47家。

【社会组织建设与监管】 强化社会组织成立登记、章程核准、年检年报、专项抽查、等级评估、教育培训与党建工作"六同步"机制,将社会组织的党建融入登记管理工作全过程。充分发挥社会组织培育中心党建工作示范点阵地功能,在加强党员教育管理和推进党群工作一体化等方面创新探索,通过向社会组织提供党建活动场地、党建文化宣传、党建工作指导培训等方式,为全市的社会组织党建发展提供全方位服务。开展“喜迎二十大,我与国旗合个影”“喜迎二十大,争当社会公益人”主题党日活动,营造迎接党的二十大召开的浓郁喜庆氛围。组织社会组织党组织负责人学习宣传贯彻党的二十大报告精神,在全市范围内掀起社会组织学习党的二十大报告的热潮。建立一网通办快速审批机制。依托江苏省社会组织综合管理服务平台,有序开展社会组织成立、变更、注销登记工作,推行“不见面”审批模式,形成登记机关与业务主管部门间的信息互通共享、业务一网通办。开展社会组织领域“六大”(社会团体分支机构、行业协会商会乱收费“回头看”、防范非法社会组织、清理“僵尸”社会组织、社会组织领域风险防范、社会组织非营利监管等)专项整治行动和规范化整治工作。聚焦难点,加强社会组织日常监管。组织开展财务抽查、负责人任前公示、法定代表人离任审计等工作,把社会组织行为纳入制度化监管中。滨江新区馨港湾残疾人之家的“不忘初心倾力筑港湾,奉献爱心倾情建家园”、靖城街道社会组织培育中心的“未你而来,护苗成长”2家社会组织的公益项目获江苏省社会组织协同基层治理优秀案例。骥江社会工作事务所的“幸福睦邻微自治、我的社区我的家”,京师社会工作事务所的“七彩童年、快乐同行”,西来镇儿童关爱之家的“西来朝阳、相伴成长”和斜桥镇港阜社区志愿者协会的“凝聚红色力量、筑梦儿童成长”4家社会组织的公益项目获评江苏省社会组织协同基层治理优秀案例。靖江市京师社会工作事务所的随迁子女项目获评江苏省优秀社会工作案例。2名社会组织负责人(靖江市骥江社会工作事务所理事长毛银凤和靖江市行知社会工作服务中心副主任徐君)获评第三届江苏省“最美社工”,1名社会组织负责人(盛帮建)获省优秀志愿者和省优秀慈善工作者。

8月,助学圆梦、积善成德2022年慈善助学活动现场

【社会志愿服务】 2022年,全市举办“志愿靖江 与爱同行”“3·5”学雷锋集中志愿服务暨先进典型表彰活动,表彰志愿服务先进典型、优秀志愿组织以及志愿服务项目,宣传《江苏省志愿服务条例》和《江苏省志愿服务记录与证明出具办法》,引导全社会积极参与疫情防控、乡村振兴、社区治理等志愿服务,形成“我为人人、人人为我”的良好风尚。年内,家有儿女爱心志愿者协会开展各类志愿活动200余场,参与志愿者2612人次,累计公益时间超9062小时,受益数万人次,获评为“泰州市十佳青年志愿组织”“江苏省五星级县域团属青年社会组织”,并获评中国人口福利基金会“优秀团队”称号;协会“书为媒,爱相伴——困境儿童素养提升计划”项目,获2022年江苏省青年志愿服务项目大赛关爱少年儿童类二等奖。靖江市179志愿者协会全年围绕关爱困境儿童、水资源保护、文明倡导、生命守护、疫情防控等方面累计开展公益活动209场,参与志愿者4943人;会长姚炜平受全国青联邀请参加“中国东盟青年志愿服务论坛暨世界青年发展论坛专题对话会”,为泰州市唯一一个自愿组织代表与来自东盟多个国家的青年志愿组织进行交流;协会秘书长徐君获评“全国三八红旗手”称号,协会社工顾静被水利部评为“全国最美河湖卫士”,青年志愿者邵青林获评“全国优秀共青团员”称号;该协会全年获得国家级、省级、市级荣誉26个,被“学习强国”学习平台、“党报头条”、《江苏工人报》等多家媒体报道142条。靖江市168志愿者协会

打造的“喘息式”志愿助残服务品牌项目，获评2022年江苏省青年志愿服务项目大赛江苏省选拔赛“阳光助残类服务”二等奖；168无偿献血志愿服务队多位志愿者获评全国无偿献血奉献奖、全国无偿献血志愿服务星级奖、泰州市红十字会星级志愿者，同时被靖江市公民无偿献血领导小组办公室、靖江市精神文明建设指导委员会、靖江市红十字会评为“优秀志愿服务组织”。靖江市欢乐敬老志愿者协会开展文明创建、疫情防控等志愿活动一百余场，参与志愿者1000余人次，累计公益时间超4719小时，受益数千人；协会开展的“欢度国庆，情暖重阳”“欢乐迎中秋、慰问情意浓”，“感受魅力红歌、唱响红色情怀”“喜迎二十大、共绘生态梦”等活动均取得良好的社会效益。

5月，“把爱带回家”活动现场

婚姻 收养 殡葬

【婚姻登记】 2022年，严格依照《中华人民共和国民法典》《婚姻登记工作规范》精神，开展婚姻登记工作。完成2021年度婚姻档案移交工作，合格率100%。打造“相靖相爱”婚姻课堂品牌，开展婚姻辅导服务，为婚姻关系稳定和谐助力。落实疫情防控各项措施，制定“520”、七夕等吉祥日的预约登记应急预案，做好婚姻高峰期的疫情防控、登记工作。贯彻落实江苏省婚姻登记“跨省通办”试点工作，为非本市户籍持有当地居住证的当事人办理结婚登记。全年办理结婚登记2368对、离婚登记798对，办理离婚申请1205对，补领结婚证782对、补领离婚证67件，出具无婚姻状况证明1件。

【收养管理】 2022年，市民政局严格执行收养评估制度，做好收养登记和收养评估工作。结合市儿童福利院机构转型，规范弃婴(儿)送养和收养登记程序，完善档案材料。全年办理收养登记9例。

【殡葬管理】 2022年，落实惠民殡葬政策，累计核算发放惠民补助资金181万余元。推进殡葬设施建设，完成西来镇敦义村公墓、泥桥村公墓新建和新桥镇龙安公墓扩建等省民生实事项目。深化殡葬管理改革，开展巩固和深化“活人墓”等突出问题整治规范工作行动，建立公益性公墓年检制度，健全公墓环境卫生管理、绿化培育抚育、破损墓穴维修等管理制度。强化殡葬中介行业自律，发放《殡葬中介服务机构守法诚信经营提醒》。完成龙泉公墓改制，由全民所有制改为法人独资的有限责任公司。深化殡葬管理改革，开展文明祭扫主题宣传，鼓励绿色低碳祭扫方式，推行“云祭扫”和现场代祭扫服务，引导树立绿色文明祭扫新风尚。 （潘 磊）

区划和地名管理

【概况】 2022年，靖江市完成锡泰线第四轮联检工作。全年命名道路2条、变更道路1条、注销道路1条；命名住宅区5个、变更住宅区1个；命名建筑物1个。

【地名名录】 2022年，靖江市完善国家地名数据库地名数据4800余条。“东线第一帆纪念公园”“夹港战斗纪念碑”入选江苏省第二批红色地名。“靖江”“季市”“生祠”“戏鱼墩”“将军殿埭”“弯腰沟”6个地名入选泰州历史地名遗产名录。9月，公布首批靖江历史地名遗产12个，分别为靖江、季市、生祠、斜桥、西来、戏鱼墩、弯腰沟、将军殿、涨公殿、烟墩埭、炮台圩、布市里。

2022 年靖江市标准地名变化一览表

表 40

地名	范围	变化原因
馨源路	位于江苏恒力制动器集团东侧道路,南至苏源热电路,北至中圩路	新建
联善路	位于下五圩港东侧道路,南至公新公路,北至横港	新建
骥洋路	东至植物园路,西至江平路	变更
渡江路	南至新洲路东,北至南环东路	注销
新和园小区	东至新桥城医院,南至建新路,西至规划用地,北至公新路	新建
六和院	东至虹兴三郙,南至振达小区,西至虹兴社区七组村级道路,北至虹兴社区七组村级道路	新建
扬帆华庭	东至规划道路,南至规划河道,西至东兴南路,北至东兴幼儿园	新建
境悦花园	东至经二路,南至新二路,西至新建北路,北至长新路	新建
揽境花园	东至经二路,南至长新路,西至新建北路,北至新一路	新建
永昌花苑	东至城东大道,南至王庄村王店桥农田,西至十圩港,北至文昌路	变更
靖江市金融中心	位于晨阳路西侧,阳光大道南侧,东至晨阳路,南至富阳路(规划路名),西至同安路,北至阳光大道	新建

未成年人关爱保护

【概况】 2022 年,市民政局持续打造全市未成年人关爱保护体系,加快建设未成年人保护工作站。指导各属地村(居)设立妇女儿童委员会,组织未成年人保护工作领导小组成员单位开展宣传周、宣传月、关注日活动。不断完善未成年人保障机制,截至年末,全市共有在册农村留守儿童 43 人、享受基本生活补贴的困境儿童 755 人,全年发放困境儿童生活补贴 700 余万元。组织儿童督导员、儿童主任培训和技能竞赛,做好困境儿童、农村留守儿童日常走访工作。进一步规范困境儿童风险等级评估,灵活运用"一事一议"等方法,精准认定父母失联等特殊困境情形。组织开展 2022 年度"成长护航"困境儿童关爱服务公益创投项目 12 个,惠及困境儿童千余名。

【构建关爱保护体系】 2022 年,市民政局印发《靖江市 2022 年度未成年人关爱保护工作计划》,推动未成年人保护工作站建设,并实现乡镇全覆盖。首批建成靖江市"成长护航"未成年人社会实践教育基地 17 家。

【开展宣传、慰问活动】 2022 年,市民政局组织未成年人保护工作领导小组成员单位开展国际家庭教育宣传周、未成年人保护宣传月、困境儿童关注日等活动,慰问困境儿童、留守儿童家庭,累计慰问金额 26 万余元。　(潘　磊)

退役军人事务

【概况】 2022 年,靖江市抓好退役军人服务保障,推进省级双拥模范城创建,着力营造尊崇军人职业、尊重退役军人的浓厚氛围,力促退役军人事务工作高质量发展。严格执行优抚政策,实现优抚对象抚恤补助标准第 24 次自然增长。优化抚恤工作机制,发放各类抚恤补助金。落实移交安置政策,计划分配军转干部、符合政府安置工作退役士兵、退休士官安置率均为 100%。深化"靖荣归"退役军人服务品牌建设,经验做法在全省推广。推进退役军人思想政治引领和权益维护工作，用心用情为退役军人办实事。联合司法局成立“退役军人法律援助工作站”，初步建成市镇两级退役军人法律援助体系。组织先进典型选树，引导广大退役军人为靖江高质量发展贡献力量，10人被评选为靖江市第二届“最美退役军人”。靖城街道退役军人服务站获评江苏省优秀退役军人服务站，蒋彬获评江苏省优秀退役军人服务中心主任，市税务局被授予江苏省优秀“戎耀之家”。

7月28日，市第二届“最美退役军人”颁奖现场

【优抚褒扬】 2022年，市退役军人事务局严格执行抚恤优待政策法规，完善重点优抚对象抚恤补助标准动态调整机制，按月足额发放各类补助，实现优抚对象抚恤补助标准第24次自然增长。常态化开展退役军人及其他优抚对象信息采集和年度确认工作，全市享受国家定期抚恤补助优抚对象年度确认完成率100%。优化专项慰问金发放和优抚对象拥军卡的办理工作机制，做好现役立功军人家庭慰问工作。实现重点优抚对象“一站式”医疗结算服务，资金结算纳入医疗救助平台，优抚对象医保参保率、重点优抚对象二次医疗救助率均达100%。组织全市优抚对象免费体检，有序安排在靖江的老复员军人、伤残军人康复疗养，为重点优抚对象提供医疗巡诊服务。开展优抚重点困难对象“一助一”结对帮扶工作，优抚重点困难对象，提高精准服务水平。全市各级退役军人服务中心(站)新兵入伍“四尊崇”(举办欢送仪式、拍集体照、挂光荣牌、开座谈会)、退役返乡“五关爱”(迎接仪式、谈心谈话、宣讲政策、推介岗位、高效办事)、日常关怀“六必访”(退役返乡必访、立功受奖必访、英模典型必访、重要节日必访、遇到困难必访、重大变故必访)工作工作完成率100%。

【军转安置】 2022年，市退役军人事务局主动对接新安置政策，开展机关、企事业单位军转干部和政府安排工作退役士兵需求调查，规范移交安置程序，计划分配军队转业干部、符合政府安置工作条件退役士兵、退休军士安置完成率100%，圆满完成年度移交安置任务。聚焦军人退役“一件事”办理，全面整合退役报到、组织关系接转、预备役登记、社会保险转移接续、落户登记等12个服务项目，为退役士兵提供“一站式”服务。加强待安置期教育管理，开展“九个一”活动(组建临时党支部、开展上门家访、接受党史学习教育、参观爱国主义教育基地、为身边群众办实事、组织岗前适应性培训、开展实用技能培训、投身社会公益活动、岗位实习锻炼)，确保待安置期管理不脱节、服务不断档，帮助退役士兵尽快适应地方工作。开展2021年度由政府安排工作的退役士兵工作岗位落实、合同签订、待遇保障等情况“回头看”，保障退役士兵合法权益。严格执行企业军转干部优抚政策，优化自主择业军转干部审核登记、退役金调整、医保缴纳、免费健康体检等工作。

【就业创业服务】 2022年，市退役军人事务局优化退役军人就业创业服务。对退役军人就业“8610”服务热线、实名动态就业援助、开展“定岗式”培训等15项创建服务举措实施项目化管理，精准帮扶退役军人高质量就业创业，确保退役军人零就业家庭动态清零。联合市委编办、市人社局等部门，试点开展事业单位定向招聘退役高校毕业生士兵。采取“互联网+公共就业服务”的新模式，开通退役军人“就业云超市”，搭建退役军人求职就业专属新平台，汇集45家企业驻市“供货”，1389个岗位信息“上架”，提供退役军人与企业线上联系、投递简历、邀约面试等就业服务，让退役军人“直通车式”就业。紧扣退役士兵就业需求，为退役军人提供叉车等23个工种的“易培训+易就业”技能培训,完成46名自主就业退役军人网络营销个性化创业培训,提高退役军人网络营销创业能力。“靖荣归”退役军人就业创业工作经验被《江苏退役军人工作简报》刊载。

【思想政治和权益维护】 2022年,市退役军人事务局着力夯实思想政治基础,提升权益维护实效,提高信访服务质量,全面提升服务保障水平。围绕中共二十大宣传退役军人工作成绩和退役军人先进典型事迹,组织“最美退役军人”学习宣传活动,授予10名个人靖江市第二届“最美退役军人”称号。推动退役军人志愿服务工作,广泛吸收退役军人加入靖江市“121”退役军人志愿服务队,引导广大退役军人在文明城市创建、双拥共建、疫情防控等公益活动中亮身份、当先锋。组建靖江市老兵宣讲团,开展“老兵永远跟党走——老兵宣讲”实践活动,周洛阳、张金海、倪加明、居广奇被聘为泰州市老兵宣讲团成员。完善退役军人常态化走访联系机制,全面开展“带来一句问候、进行一次沟通、送上一份温暖”“三个一”行动,发挥关爱基金和双拥促进会作用,为困难退役军人帮扶提供支持,开展走访慰问180余人次,协调解决各类困难60余件次。持续强化兜底保障,会同民政部门动态掌握低保户、特困供养户中退役军人帮扶援助情况,筑牢困难退役军人基本生活保障底线。联合市司法局成立退役军人法律援助工作站,实行值班律师协助接访制度,基层服务站设立法律援助联系点,构建市镇两级退役军人法律援助工作体系,开辟退役军人法律援助绿色通道,精准维护退役军人合法权益。

【退役军人服务保障体系建设】 2022年,市退役军人事务系统落实落细“五有”“全覆盖”要求,各级退役军人服务中心(站)聚焦建强用好服务机构,开展党史学习教育,全面学习贯彻中共二十大精神,优化服务体系规范化、标准化建设。全面自查全市退役军人服务中心(站)建设运行情况,摸清服务保障体系建设实情。推动市镇两级退役军人服务中心(站)位置信息录入电子地图,全面展示场所地址、联系方式、服务承诺等信息。开展“能力作风提升年”活动,组织“赞颂新成就、谋求新发展、奋进新征程”调研,开设“能力作风大提升”讲堂,指导各级退役军人服务中心(站)工作人员学习政策、熟悉业务,推进退役军人服务中心(站)干部队伍能力素质提升。坚持试点先行和面上推开相促进。5月,以马桥镇为试点,全面推进优待证制发工作。针对不同对象实行“上门办、集中办、就近办、预约办”,建立“日报告、周通报、月会商”的申领审核工作机制,推进优待证办理审核提质增效。靖城街道退役军人服务站获评江苏省优秀退役军人服务站,蒋彬获评江苏省优秀退役军人服务中心主任,市税务局被授予江苏省优秀“戎耀之家”。

【军休干部服务管理】 2022年,靖江市多措并举推进军休干部“两个待遇”落实,全市军休干部幸福感不断提升。强化支部战斗堡垒,加强军队离退休干部日常管理,及时传达学习上级文件及会议精神,鼓励引导军休干部在乡村振兴、关心下一代工作中发挥余热。及时调整军休干部、退休士官、军休干部遗属的待遇,落实军休干部基本离退休费、各类津贴等待遇。鼓励军休干部参加各项文体娱乐活动,组织开展形式多样的主题作品评比、文体竞赛、交流活动,丰富军休干部精神文化生活。定期为军休干部提供日常生活保健、体检、防病、急救护理、健康咨询等多项服务,建立军休干部健康档案,坚持定期联系、上门走访。 (邵世兵)

拥军拥政

【概况】 2022年,靖江市围绕“勇当东线第一帆,争创双拥模范城”目标,发扬拥军优属、拥政爱民光荣传统,开展双拥共建工作,持续巩固发展军政军民团结同心的良好局面。8月,靖江市被省委、省政府、省军区评为“江苏省第十二届双拥模范城”,实现省级双拥模范城“十连冠”。江苏赛德力制药机械制造有限公司荣获“江苏省双拥模范单位”称号。《“四大聚焦”让靖江“双拥之花”红胜火》在《中国双拥》刊载。

【双拥共建】 2022年,市委、市政府将双拥工作写入市委全委会工作报告和政府工作报告,列入市政府年度目标考核内容。及时调整双拥工作领导小组和拥军支前协调小组,召开市委常委议军会、军地联席会、军政座谈会,研究双拥优抚等重大事项,统筹推进军民共建工作。持续开展军地互动实事“双清单”“情系边海防官兵”拥军优属活动,走访慰问边海防一线官兵。春节、“八一”建军节及驻军重大庆典活动时,市四套班子领导实地走访慰问驻靖江部队和“靖江舰”官兵。组织、人社、教育、退役军人事务等部门协调解决军转干部安置、随军家属就业、驻靖部队和现役军人家庭子女入托、入学等实际问题，解除他们的后顾之忧。市人武部、市退役军人事务局联合开展“立功送喜”活动。全年送二等功喜报1份、三等功喜报34份。市司法局、文体旅游局、教育局、科技局等职能部门，开展法律拥军、文化拥军、教育拥军、科技拥军等专题双拥活动。市图书馆开展“援建军营图书室、共建学习型军营”活动，向部队赠送和定期更换图书1000余册。市人社局举行退役军人和军嫂专场招聘会，免费提供政策咨询、技能培训等就业服务。市退役军人事务局与邮政公司深化“拥军邮路”品牌合作，传递绿色关爱。市各医院、银行、车站等窗口单位优化军人优先通道，保障军人依法优先权利。积极参加“阳光扶贫”活动，挂钩帮扶生祠镇新生村，精准落实包括消费扶贫在内的各项帮扶措施，高质量组织帮扶走访工作，巩固提升脱贫成果。

市人武部认真履行军事机关、兵役机构的职能使命，发挥军地桥梁纽带作用，参与地方社会建设，精准施策助力脱贫攻坚，在驻地搭建起拥政爱民的“连心桥”。组织民兵应急连参与防汛抗台执勤，联合开展沿江重点地段防汛勘察，支持江堤防护等地方重点工程和基础设施建设。武警中队定期组织官兵向靖江市中心血站无偿献血，与巡特警大队在城区及其他重点地区进行联勤武装巡逻，严密组织国庆、春节和中共二十大等重要节日和重大活动期间备勤工作，确保驻地秩序。驻靖部队积极参与巩固拓展脱贫攻坚成果同乡村振兴有效衔接工作，主动与学校、社区、经济薄弱村、低收入农户结对帮扶，走访慰问困难家庭，深入开展科技培训和科普宣传。广泛开展学雷锋、植树节、慈善捐款、无偿献血、应急抢险、新冠肺炎疫情防控等活动，参与地方建设，帮助群众解决实际困难。组织优秀士兵到少年军校开展国防知识讲座、军事训练，累计接待10余家单位，2000余名干部职工、学生到部队参观。发挥军地沟通桥梁作用，协调解决军人子女入学、军属就业等切身问题，解决军人后代后顾之忧。指导市退役军人事务局和各基层人武部在春节期间走访慰问复员伤病残军人和现役官兵家庭。

【国防教育】 2022年，市委、市政府把国防教育摆在重要位置，全市以抗战胜利纪念日、烈士纪念日等为契机，组织机关、企事业单位职工和学生进部队，开展“军营一日”体验活动，参观弯腰沟等红色教育基地，接受革命传统教育。市退役军人事务局开展“缅怀先烈，勤勉奋斗”开放式主题党日活动，组织党员干部、群众代表参观革命烈士纪念馆，弘扬英烈精神，传承红色基因。全市各中小学把爱国主义和国防教育纳入教学规划，与驻靖部队进行结对共建，接受驻军初、高中新生入学前军训。加强烈士纪念设施提质改造和规范管理，全面完成烈士纪念设施整修工程和管理保护专项行动。大力宣传革命烈士的光荣事迹，制作展板走进校园、社区、企业、机关和部队，让国防观念、国家安全意识深入人心。对全市各烈士纪念设施采取常态化防疫措施，清明期间，完善“靖江市烈士纪念馆瞻仰区设施”VR展区内容，开展以“2022·奋进·网上祭英烈”为主题的网上祭扫活动，组织全市党员干部、青少年学生以及社会各界群众登录网站纪念缅怀革命先烈。9月30日，在弯腰沟红色文化旅游基地，组织全市各界200余人举行烈士纪念日公祭活动。

【双拥宣传】 2022年，市双拥办坚持以“双拥活动月”、“八一”建军节和“全民国防教育日”等活动为载体，组织市双拥工作领导小组成员单位开展形式多样的宣传教育。完善政府门户网站“靖江双拥”专栏，及时反映双拥动态，宣传政策法规，弘扬社会

9月30日，靖江市举行烈士纪念日公祭活动

正气。用好双拥广场、双拥一条街、双拥主题公园等资源,借力市融媒体中心广播、电视、报纸、网站等资源,搭建宣传平台,联合63707部队、市武警中队、人武部持续开展国防教育、特色双拥活动。在全市高速出口、交通要道、城乡主道路口和城区主要公共场所设立永久性双拥宣传标语牌,公交车、出租车等车辆上张贴双拥宣传标语,印制、发放春节慰问年画2.5余万张,及时换发"光荣之家"荣誉牌,提升军人荣誉感与获得感。编发《双拥简报》4期,印发双拥宣传资料和双拥知识手册4.5万份、宣传双拥政策、双拥典型、国防知识,传递双拥信息,提高全民双拥国防意识。

(邵世兵)

民族、宗教事务

【概况】 2022年,全市有在籍少数民族族别32个、常住人口1670人,约占全市常住人口的0.2%。多数是婚嫁至靖江的女性及婚生子女。有流动少数民族人口7000余人,大多来自青海、宁夏、甘肃等地,主要从事餐饮业和商贸经营。全市有市佛教协会、市道教协会和市基督教三自爱国运动委员会3个宗教团体。有依法登记的宗教活动场所19处,其中佛教寺院9处、道教宫观2处、基督教聚会场所8处。有江苏省四星级宗教活动场所4处、省三星级宗教活动场所3处、省二星级宗教活动场所8处。有经资格认定备案的宗教教职人员81人,其中比丘21人、比丘尼4人、道

2022年靖江市少数民族人口基本情况一览表

表41　　单位:人

族别	人数	族别	人数	镇(街道、园区、办事处)	少数民族人数
土家族	458	土族	5	靖城街道	190
苗族	273	纳西族	13	西来镇	161
壮族	168	仫佬族	8	新桥镇	250
满族	150	景颇族	3	斜桥镇	266
布依族	93	哈尼族	14	季市镇	137
回族	95	畲族	22	孤山镇	158
蒙古族	59	仡佬族	18	东兴镇	107
侗族	73	白族	15	生祠镇	127
彝族	69	维吾尔族	7	马桥镇	84
瑶族	44	傣族	8	江阴—靖江工业园区办事处	94
朝鲜族	11	羌族	7	滨江新区办事处	54
黎族	23	水族	7	城南办事处	42
藏族	12	东乡族	1	合　计	1670
鄂温克族	2	拉祜族	6		
普米族	1	锡伯族	1		
达斡尔族	2	基诺族	2		
合　计		32	1670		

(唐瑜玲)

士(坤道)33人、基督教长老4人、传道员19人;有佛教皈依居士近5000人、道教信徒450余人、基督教受洗信徒近2000人。

【民族事务】 2022年,市民宗局加强民族团结进步宣传教育。精心组织民族团结进步宣传月活动,在全市开展铸牢中华民族共同体意识教育。紧贴时政热点、传统佳节、民生实际,开展"喜迎二十大 筑梦向未来"端午文化活动、"童心向党迎七一"主题活动、"一起向未来"石榴籽文化宣传活动等主题宣传教育36场次,促进各民族交往交流交融。依托红石榴"五园"(家园、民俗园、创业园、校园、公园)、新时代文明实践中心等阵地,开展"中华民族一家亲、同心共筑中国梦""手拉手心连心"等富有特色的群众性交流活动24场,利用重大时间节点和重要节庆,市镇联动开展联络联谊、文体娱乐等活动160多场次。启动"红石榴就业行动",遴选一批企业面向"民族八省区"(即内蒙古自治区、宁夏回族自治区、新疆维吾尔自治区、西藏自治区和广西壮族自治区及少数民族分布集中的贵州、云南和青海三省)开展针对性招工,全年招聘录用来自"民族8省区"缴纳社保的用工人员2300余名。举办少数民族流动人口"普通话+职业技能+政策法规"能力提升示范培训活动,向83名少数民族群众发放清真补贴近1.5万元,市、镇两级结对帮扶慰问支出5万多元。开展民族团结进步创建"七进"(进机关、进企业、进社区、进乡镇、进学校、进连队、进宗教活动场所)活动,推进全国全省民族团结进步示范区示范单位创建和省"红石榴家园"、泰州"石榴籽家园"创建工作。斜桥镇东阜社区获评全省第一批民族团结进步示范单位,斜桥镇新纪元社区、东兴镇何德村被确定为省第三批"红石榴家园",生祠镇东进村、西来镇西来村入选泰州"石榴籽家园"。

【宗教事务】 2022年,市民宗局加强宗教事务规范化管理。在全市宗教界组织开展"四个一"教风建设提升行动,即集中开展一次教风承诺、系统组织一次教风巡查、深入进行一次专项分析、完整提交一个整改报告,相关做法得到国家民宗局关注。完善全市宗教团体考核办法,制定五大类19项百分制考核标准,提升宗教界自我管理能力。完成基督教三自爱国运动委员会和9个佛教场所民主管理组织换届工作。以平安宗教活动场所创建、星级宗教活动场所认定和宗教活动场所政策法规宣传教育基地的建设为抓手,强化宗教活动场所规范管理。有2家宗教活动场所获评为江苏省二星级宗教活动场所,2家宗教活动场所被确定为泰州市宗教活动场所政策法规宣传教育基地。建立宗教活动场所疫情防控熔断机制、双重预防机制,编制安全工作手册,创新开展宗教活动场所负责人安全自查能力考核评价,着力提升场所本质安全水平。维护和谐稳定。建立宗教领域风险隐患排查工作联系联动机制,推进"两个专项行动",通过团体内部自查、部门联动排查、基层属地核查等方式全面排查。推行宗教领域风险隐患排查"月报告季分析"制度,列出17项排查任务,每月开展市镇常态化排查,及时防范化解风险。全年整治非法活动点19处,印发行政处罚决定书22份。

【"一镇一品"精准推进民族事务】 2022年,市民宗局立足市内少数民族散杂居地区特点和各属地民族资源禀赋现状,按照"重实效、创特色、促服务、能推广"原则,研究确定12个马洲石榴红"一镇一品"项目,打造民族团结进步服务载体、活动载体、宣传载体、队伍载体、创建载体等五大载体,推动民族工作精准化、个性化,组建12支红石榴志愿服

7月,靖江市启动"红石榴就业行动"提升示范活动现场

务队，建成2个红石榴公园、2个红石榴创业园、8个红石榴家园、1个红石榴民俗园、3个红石榴广场，相关做法被《中国统一战线》刊载。

【民宗领域信息化建设】 2022年，市民宗局在全市开展民族宗教领域信息化项目建设工作，申请财政专项资金22万元，打造与省民宗委、泰州市民宗局联通的高清视频会议系统和各宗教活动场所视频监控汇聚系统，可实时查看全市宗教活动场所视频，以“一张网”模式联通民族宗教领域基本信息。

【宗教场所安全管理】 2022年，市民宗局建立宗教活动场所安全风险分级管控和宗教领域风险隐患排查工作联系联动双重预防机制。编制宗教活动场所十大类安全检查要点手册，根据检查清单组织开展安全风险源的辨识、评估和分级，采用红、黄、绿三色设置宗教活动场所安全风险关注等级和防范检查内容，建立起全员参与、全部位覆盖、全过程衔接的安全闭环管理体系，实现场所安全隐患自查自改常态化。创新开展宗教活动场所负责人、安全员安全自查能力考核评价，压实安全工作主体责任。“双重”预防工作机制在泰州全市面上推广，并被《江苏民族宗教》宣传推广。

（唐瑜玲）

关心下一代工作

【概况】 2022年，全市有镇(园区、街道、办事处)关工委13个，

7月，江苏省老少同台节目特等奖展演现场

村(社区)关工委250个，政法、教育、民营经济、农委等直属系统关工委4个，机关、部门(单位)关工委8个。教育系统建立学校(园)关工组织43个，民营经济系统在镇(街道)成立关工委分会7个、在规模企业建立关工组织204个。全市有在册“五老”(老干部、老战士、老专家、老教师、老模范)志愿者5903人。年内，市关工委开展各类志愿活动和形式多样的宣传教育活动，获评全国关工宣传工作先进单位，市关工委秘书长宋山海获评全国关工工作优秀通讯员，市法院关工委“我是小法官”图片获得《中国火炬》金榜题名奖。市关工委组织排练的《追星·追梦》情景诗朗诵被省文明办、省关工委评为老少同台演讲节目特等奖；马桥镇、东兴镇关工委的校外辅导站特色品牌项目分别获评省校外教育辅导站特色视频特等奖、一等奖；34人获评泰州市优秀校外教育辅导员。

【学习宣传】 2022年，市关工委组织各级关工委和广大“五老”学习中共中央办公厅、国务院办公厅及江苏省、泰州市《关于加强新时代关心下一代工作委员会工作的意见》等文件精神。全市各级关工委组织采取分专题、分层级方式，办班集中学；指派指导员，流动辅导学；制作展板，巡回展览流动学；关工网站扩页面，线上线下结合学；编印口袋书，深思细悟抓自学。市(镇)办班45个班次，受教育“五老”2万人次，收到感悟征文500余篇，编制展板600余块，编印《学习手册》口袋书报5000多册，进基层宣传宣讲500余场次。

【主题宣讲】 2022年，调整充实“五老”宣讲员45人，组织编写宣讲材料45篇。举行“喜迎二十大、筑梦向未来”百场宣讲启动仪式暨主题教育现场会，在43所中小学校集中开展“学党史、坚定爱党信念，学榜样、强国复兴有我”宣讲周活动。配合市委宣传部举办“共话二十大，逐梦向未来”首场宣讲。开通主题宣讲线上直播，为宣传传播现代化背景下开展关工委主题教育工作探索新形式、

新路径。

【主题寻访】 2022年,紧抓“五老”参与镇(街道)村(社区)志的编纂契机,发动各镇、村(社区)关工委开展“三走进三寻访”活动,即走进英烈馆和教育基地,走进乡村农户和企业,走进党史馆和新时代文明中心站、所;寻访健在的老战士,寻访身边的榜样,寻访英烈遗属。近2万余名青少年在“五老”带领下参与红色寻访活动,撰写寻访笔记2000余篇。

【主题征文】 重阳节前后,结合家规家训教育开展孝亲与家风主题征文,收到征文3000余篇。参加省关工委、省教育系统关工委、关心下一代周报社联合开展的“党的光辉照我心,童心喜迎二十大”征文活动,选送征文820篇,有104名学生获奖,教育局关工委、外国语学校等获评省优秀组织奖。

【主题夏令营】 2022年,市关工委、文明办、教育局、新闻出版局、融媒体中心等单位联合举行靖江市第十九届网上夏令营活动。组织党史知识竞赛,参与点击率20余万人次,对获奖的100名“征文大赛小作家”、100名“读书感悟小达人”、200名“知识竞答小能人”、100名“随手拍小能手”和若干个优秀组织奖获得单位进行表彰奖励。市关工委联合教育局开展的百名小记者夏令营,得到省关心下一代周报社的大力支持和广泛宣传。各镇(街道)、系统关工委也分别就地就近组织开展小学生、中学生、回乡大学生以及“三童”(留守、流动、特困儿童)等集参观、寻访、实践体验为一体的线下夏令营活动。

【校外教育辅导站建设】 2022年,市关工委狠抓市辅导总站、各镇(街)辅导中心站和村(社区)辅导站(点)的组织功能建设,调整充实班子力量,做到分工明确,责任到人,各司其职。推行办站“三模式”,即校站结合办,村(社)联办,村(社)自办。实行师资配备“三主三辅”(课业兴趣班在职教师为主,“五老”为辅;主题教育“五老”为主,教师为辅;校外实践专业师资为主,“五老”为辅),采取学籍管理“三制”(作业辅导定班制,特长兴趣技能培训走班制,主题教育思政课集中制),完善课时安排,坚持三个“三分之一”(主题教育三分之一,学业辅导三分之一,兴趣培养三分之一)。针对“双减”政策下校外教育辅导站提质增效创新发展新课题,在西来镇探索“四个引入”机制(引入学校教学管理规程,推进辅导精细规范;引入学校教师激励机制,调动辅导员工作积极性;引入学校教育督导机制,加强办班全过程巡查;引入学校常态防疫机制,织牢织密校园安全网),省关工委对此作出专门批示肯定。年内,全市各级各类校外辅导站总辅导课时数为16565课,受益教育青少年15万人次。

8月18日,市关工委、教育局联合举办“童心永向党 喜迎二十大”小记者夏令营活动。图为参观“东线第一帆”纪念公园

【关爱服务】 2022年,市关工委继续配合做好“政协奖学金”的发放工作。全年有67名孤儿受益,发放政协奖学金12万元。动员和组织广大“五老”、爱心企业家和爱心人士参加全国“99公益捐资”活动,募集资金24.8万元,列泰州市(区)第一,配套发放助学金35.5万元。靖城街道关工委与街道民政科联合动员爱心企业捐赠,向24名大、中学生发放助学金5.4万元,向辖区内中小学生赠送《关心下一代周报》近3000份。城南办事处关工委为贫困学生筹资3.2万元,向16名困难学生每人发放助学金2000元。新桥、西来、孤山等镇把“三童”作为重点关爱对象,实施一对一、几帮一关爱措施。全市108名困难学生分别获得国家、省关工委的“十百千万”(即

培育10个全国关心下一代帮扶品牌,培育100个全国优秀儿童之家,在贫困地区培养1000名带头致富、带领群众共同致富的农村青年人才,帮助10000名困境青少年解决实际问题)项目以及省关心下一代周报社的冰凌花奖学金和泰州"双特双助"基金会助学金。民营经济关工委做大做强"123"(即每个地区民关委培育一个拿得出叫得响的工作品牌开展"双培双带、结对同行"活动,树立"五老"先进、党建带关建、社会公益活动方面的三个先进典型)特色品牌。农业关工委老农技讲师团开展"高素质农民培训"讲课11场次,为挂钩扶贫县陕西永寿县农民送技术讲座8场次,为一三农场、海绅农场上争奖励金、资助金,并申报青年农民创业示范基地四个,获省、市专项补贴百万元。

【预防和减少青少年违法犯罪】 2022年,市关工委开展青少年"零犯罪零受害"社区(村)建设活动。坚持警校配合,整体联动,以《中华人民共和国未成年人保护法》《中华人民共和国预防未成年人犯罪法》《中华人民共和国交通安全法》《中华人民共和国刑法》及《中华人民共和国民法典》为重点,精准精细进行普法教育。成立法治宣讲团,建立青少年法教微信群,组织"五老"上门普法,通过面对面答疑解惑,以案释法,增强普法效果。推行形象化普法教育模式,通过编辑拍摄制作视频、情景剧、微电影,举办主题图片展,形象直观地进行法治宣传教育。开展普法教育巡访活动,组织青少年参加警营、检察、法院开放日,组织庭审观摩、模拟法庭,增强教育震撼力,让其亲身感受法律威严。聚力精准精细普法,根据不同年龄、不同性别、不同认知特点选择不同普法教育重点进行普法。强化校园安全管理,组织治安巡查,建立司法保护网,有效避免有性侵、虐待等违法犯罪记录的人员入职与未成年人相关的行业。靖江继续保持在校学生零犯罪的记录。

【"双五好"创建】 2022年,市关工委对照"双五好"(五好关工委、五好五老)要求,统筹制定"双五好"创建达标的时间表和路线图,与各镇(街)系统签订责任书,进一步细化完善"双五好"验收标准,推广滨江新区关工委"三制四给"(实行"五老"注册制、履职选岗制、工作激励制、政治上给荣誉、业务上给指导、工作上给支持、生活上给关怀)的经验做法,在全市推广他们所制定的十大项37条考核细则以及统一印制的"五老"志愿者履岗践责工作业绩簿的内容和格式。全市新建"五老"工作室42家,"五好"关工委创成率达到85%以上。

(宋山海　夏　昀)

老龄事务

【概况】 2022年,全市常住人口66.16万人,其中60周岁及以上老年人18.9万人,占全市总人口的28.56%;80周岁及以上老年人2.89万人,占全市总人口的4.37%。80~89岁老人24753人,90~99岁老人4086人,百岁老人96人。年内,靖江推进健康老龄化工作,着力构建尊老、孝老、助老政策体系,形成敬老爱老社会环境。全市有医养结合型养老机构14家,年内推动2家公办养老机构完成医养结合改造,提升托底保障性养老机构照护失能老人的能力。全市护理型床位1975张,占全市养老机构床位总数的70.09%,全年累计发放80周岁及以上老年人尊老金1971.61万元。养老服务保障覆盖率99.5%,泰州排名第一。

【老年人服务】 2022年,开展老年人能力评估工作,对所有接受政府购买服务的老年人进行能力评估,根据评估结果,精准对接居家养老上门服务。同时将人脸识别技术和音视频记录仪运用于居家养老上门服务中,实现精准服务,全年累计提供服务39.03万人次,受益老人3.38万人,服务资金1191.33万元。创新运营管理模式,依托"12349"养老服务热线和智慧养老服务平台,实现115家社区居家养老服务中心连锁运营,"12349"智慧养老服务平台管理模式获中央媒体报道。加大养老人才队伍建设,组织养老护理员培训8期,全年累计培训养老护理服务人员600人次,投入培训经费40余万元。重点推进民营医院开展老年友善医疗机构建设,设置绿色通道,营造敬老文化等,全市老年友善医疗机构创成率93.3%,其中市中医院、城南中心卫生院获评为省级优秀老年友善医疗机构。坚持"广泛发动、自愿培训、基础应用、普及普惠"原则,组织老年人运用智能技术专项普及培训,帮助老年人了解新事物、共享新科技,全年累计培训4203人次。

【老年人健康管理】 2022年,加快医养结合服务体系建设,全市统

2022年度靖江百岁老人分布一览表

表42　　　　　　　　　　　　　　　　　　　　　　单位:人

镇(街道、园区、办事处)	总数	男	女
靖城街道	18	2	16
滨江新区办事处	1	0	1
江阴—靖江工业园区办事处	7	0	7
城南办事处	3	2	1
孤山镇(城北园区)	6	1	5
季市镇	14	3	11
东兴镇	3	0	3
马桥镇	7	3	4
西来镇	8	1	7
斜桥镇	16	3	13
新桥镇	6	1	5
生祠镇	7	2	5
合计	96	18	78

(李晓东　陈悦正)

筹医疗和养老资源,推进医养结合工作,合理布局建设护理院,基本实现医养结合服务范围全覆盖。全市有医养结合单位9家,其中含3家医养一体型卫生院(惠丰、马桥、西来)、4家护理院(金秋、博丞、民惠、泰禾)及老年医院和职工医保康复医院,能够为住养老人提供医养一体服务。按照就近就便、互惠互利、全面覆盖的原则,指导辖区医疗卫生机构与养老服务机构进行签约协作,尚无医疗资质的养老机构均与相应医疗机构签订协作协议。全年65岁及以上老年人城乡社区规范健康管理110949人,健康管理服务率80.97%。从体检结果看,全市老年人主要健康指标异常集中体现在体重指数(51926人)、血压(58755人)、血脂(63755人)、尿常规(42284人)、B超(68888人)、心电图(54419人)等方面,老年女性的体重指数、腰围、血压、血脂、血糖、尿常规、B超异常率要明显高于老年男性,老年男性肝功能异常率明显高于老年女性。

6月,市老龄委开展老年人太极拳表演活动

【老年人精神文化生活】 2022年,市老龄委遴选市内优秀老年文艺演出节目,参加江苏省老年春晚选拔比赛,获得泰州市高度肯定。组织参与江苏省第二届老年书画展作品征集活动,其中刘灿坤的书法作品《黄庭坚出书论数则》获得省级三等奖。推动老年友好型社区建设,召开老年友好型社区创建现场会,新桥镇德胜村、滨江新区办事处康阳社区和马桥镇徐周村通过2022年度老年友好社区评审,其中德胜村被省老龄办推荐参加全国示范性老年友好型社区评审。挖掘与推荐基层老年协会建设优秀案例,其中靖江市老龄协会“江阳重晚晴,‘三有’强底色”和西来镇老龄协会“创新农村老人‘三餐’服务模式”被中国老龄协会评为2022年基层老年协会建设典型案例。

(李晓东　陈悦正)

公共安全

安全生产监督管理

【概况】 2022年,市应急管理局立足构建大应急大安全框架,健全安全生产责任体系、排查整治安全隐患、优化精准执法服务全力保障我市安全生产形势持续稳定向好。突出重点时段、重点行业领域,聚焦重大风险隐患、重点违法行为,开展"双月会战"、"亮剑"系列、"铸安"系列等专项执法行动。全累计检查服务企业484家,发现并消除隐患1245处。全市统计直接经济损失100万元以上或导致人员死亡的生产安全事故4起,死亡4人。

【安全生产责任体系建设】 各级党政领导履职到位。2022年,市委常委会9次、市政府常务会议4次、市委理论中心组5次专题研究(学习)安全生产工作。市镇两级党政领导全部制定个人年度安全生产重点工作清单并照单履职。15位市党政领导挂钩整改完成23条重大(较大)安全隐患,169位镇街(园区)党政领导挂钩整改完成170条较大安全隐患。安全专业委员会运行规范到位。针对电化学储能电站等新领域,及时明确行业监管职责;在省内率先增设"长江水上交通"安全专业委员会,建立专业委员会工作专报机制;出台《安全生产警示提示、问题隐患督(交)办与检察建议衔接转化工作办法》,结合省安全生产巡查对各专业委员会运行质态进行跟踪督查。企业主体责任指导压实到位。出台《靖江市企业落实安全生产主体责任十项具体要求》,向企业发放《涉刑事典型案例警示教育读本》等暖企"大礼包"材料5000余份;对200家中小微企业主动开展"专家会诊";针对重大项目、高危项目和上市后备企业成立"靖安心"服务工作专班;举办安全管理惠企"云课堂"、"青商面对面"普法、"泰企安·零距离"等一系列暖企服务活动。

【安全生产专项整治】 抓好上级巡查反馈问题整改。圆满完成为期38天的省安全生产巡查,接受省和泰州联合督导等巡查督导10轮,省巡查组反馈的211条和泰州督导组交办的198条问题隐患全部完成整改。开展重点行业领域隐患排查。围绕49项年度重点任务,精细化推进深化提升安全生产专项整治三年行动;紧盯"安全生产15条硬措施"和58项检查要点,常态化开展重点行业领域安全大检查;突出11个领域92项具体要求,高质量完成安全生产"百日攻坚"。全年各行业领域部门和属地共排查整改安全问题隐患3.8万余条,34条重大隐患全部实现整改闭环。落实重点领域关键治理措施。指导1家涉及重点监管危险化学品工艺企业完成全流程自动化改造。8家钢铁加工、深井铸造企业开展"百日清零行动",试点推行企业主要负责人分管安全和考试考核制度。在产船舶修造企业全部完成标准化创建达标，12家在产船舶修造企业全部完成标准化创建达标，全面建成“班前十分钟”全流程视频监控追溯系统。成立自建房“一办十七组”工作专班，全面排查自建房155970栋，其中经营性自建房10665栋，发现隐患建筑9处，全部落实停用、清人、停止经营等措施。1135家餐饮单位完成不合格燃气具配件更换，开展“黑气”打击行动5次，收缴钢瓶200余只。试行《靖江市小型建设工程安全管理办法》，明确部门和属地监管职责分工，组织小型建设工程负责人专项安全培训，改善农村小型建设工程安全管理水平。出台《关于进一步加强出租厂房安全管理的通知》，建立摸底采集登记、日常隐患排查、部门协同监管等长效管理机制，动态更新出租方和承租方企业安全信息数据，相关做法被《中国应急管理报》选登推广、受到省安全生产巡查组肯定。沿江214组塔吊、起重机等大型机械先后加装风速数据采集装置，应急指挥中心同步上线大风监测预警平台，在全省率先建立应急指挥中心和企业联动防灾减灾机制，做法被中央电视台报道。完成中环信小微危废企业收集试点项目建设，初步形成每年焚烧3万吨以上、洗桶72万只的危险废品处置能力。

【安全生产宣传培训】 组织全市应急管理系统干部业务培训，邀请省内多领域领导和专家授课。开展“百团进百万企业千万员工”安全专题宣讲300余场。推进“安全生产月”“夏季百日安全赛”等活动，组织全市安全生产知识竞赛。打造虹兴社区安全宣传“进社区”省级示范点，向企业负责人发送安全生产法律条款、应知应会和应急预警提示短信100万余条。

【工贸冶金行业监管】 以工贸行业“三年大灶”为主线，以压降生产安全事故为目标，推进安全服务和示范企业创建，狠抓涉炉、粉尘涉爆、大量使用危化品和有限空间等重点行业领域重大事故隐患排查整治。强化安全生产教育培训。市、镇两级组织开展专题培训18期，培训企业2297家；开通安全管理惠企云课堂，利用腾讯会议直面小微企业管理人员，开展培训6期，参与企业1500余家。加快创建示范企业。根据《2022年泰州市工贸行业安全生产示范企业建设工作方案》要求，有58家企业开展示范企业创建，18家企业通过泰州市应急管理局评审。推进“泰企安·零距离”暖企服务行动。成立安全大检查、专项治理工作、暖企服务3个领导小组，各镇街(园区)结合各自实际，制定各自的工作实施方案。全年走访服务企业516家、新建项目26个。完成工业企业风险报告。在2月底前完成所有4753家工业企业风险上报，其中上报较大以上风险企业4097家，占比86.33%。推进安全生产专项整治。聚焦金属冶炼、粉尘涉爆、使用危化品、有限空间等重点行业领域，精心谋划方案，开展重点领域企业核查验收工作。全市52家粉尘涉爆企业、24家重点使用危险化学品企业、72家1吨以下涉炉企业以及81家有限空间企业全部完成整改闭环。拍摄制作深井铸造和有限空间事故应急处置流程视频，并将泰州市局制作的其他重点领域应急处置流程教学视频制成合集放到微信公众号，督促指导全市316家重点企业对照应急处置标准开展事前不通知演练时间和演练内容的“双盲”演练。

【危险化学品安全监管】 组织涉及苯乙烯的企业开展自查自纠和专项核查，并通过泰州市应急管理局核查验收。指导1家涉及重点监管危化工艺企业进行全流程自动化改造，完成专项审核，并通过验收和网上申报。根据老旧装置整治范围，组织2家重大危险源、高危工艺企业进行排查评估，并出具评估报告。市发改委牵头组织对16千米油气长输管道隐患问题的排查和整改，定期开展管道检测，并对管道高后果区开展识别评价，编制高后果区“一区一案”向主管部门进行备案。推进危化品企业双重预防机制建设数字化创建试点工作，2家试点企业完成线下和线上的创建工作并通过泰州市验收评估，其创建运行情况均被应急管理部评为“优秀”等级。与市人社局联合组织对3家重大危险源企业重点岗位和人员进行工伤预防专题培训，组织开展工伤预防能力提升测试考核，参训人员全部完成培训考核任务。专项指导企业新版化学品登记系统应用78场次，退回填报信息不规范企业56家次。采取逐个指导审核的方式，30家危险化学品(化工)企业的信息系统填报和审核工作，全部通过省应急管理厅和应急部危化品信息登记中心审核。组织开展危化品企业主要负责人记分制管理专题培训，组织专家组对10家危化品企业开展全覆盖记分制检查和记分，组织3家记分达7分惩处线的企业重新进行理论培训，并通过考试中心考核合格。检查危化品企业36家次,发现隐患211个,立案14个。开展跨区域互动交流,与姜堰区、海陵区进行交叉互查,检查企业16家,查找隐患98个;联合泰州市应急管理局对5家重点监管危险化学品生产(使用)企业进行深度检查,查找各类隐患和问题101个,全部完成整改闭环。

【烟花爆竹安全监管】 2022年,靖江有烟花爆竹批发企业1家、零售经营网点189家,无烟花爆竹生产企业。制定发布《靖江市烟花爆竹经营布点规划方案》,合理确定全市烟花爆竹经营布点规划。加强烟花爆竹经营(零售)许可证领(换)证审核,重点加强对零售点现场安全条件和主要负责人安全生产知识能力水平的审核把关,全市烟花爆竹零售网点从2019年的251家压缩至189家(禁放区域共关闭33家)。在各重点时段、高温汛期、经营旺季等烟花爆竹专项安全生产大检查,加大烟花爆竹运输、储存、销售等重点环节安全监管力度。组织各属地开展销售旺季烟花爆竹零售企业全覆盖检查,组成专班对进行巡查,检查经营户121家,发现现场隐患45个,全部整改完毕,发现3家无证经营烟花爆竹经营户,当场立案并收缴储存、经营的烟花爆竹。组织烟花爆竹专委会成员单位联合开展打击非法生产、运输、储存、销售烟花爆竹的违法违规行为。在烟花爆竹经营旺季、安全月等时段,在《靖江日报》、靖江电视台滚动播放烟花爆竹安全知识公益广告、开展有奖问答等活动,宣传开展加大烟花爆竹监管工作的重要性和必要性。

【市应急管理综合行政执法大队揭牌成立】 6月30日,市应急管理综合行政执法大队举行揭牌仪式。市应急管理综合行政执法大队的成立,是全面深化应急管理综合行政执法改革的重要举措,将法律法规赋予应急管理部门的有关危险化学品、烟花爆竹、非煤矿山、工贸等行业领域安全生产监管,以及地质灾害、水旱灾害、森林火灾等有关应急抢险和灾害救助、防震减灾等方面的行政处罚、行政强制职能进行整合,以安全生产监管执法大队为主体,以本级应急管理部门名义统一执法。同时加强"监管+执法"协调联动,统一编制安全生产年度监督检查计划,联合实施执法检查,减少执法检查频次,提高监管执法效能。

【市应急管理学院揭牌成立】 7月20日,泰州首家应急管理学院在靖江揭牌成立,并开班讲授第一课。市应急管理学院是靖江在应急管理人才培养工作的创新。市应急管理局与省靖中专围绕城市安全发展需求,结合靖江实践,共建市应急管理学院、市应急管理教育培训基地、市职业安全体验中心,打造应急智库,提升全民安全素养。(朱建涛)

食品药品安全监督管理

【食品安全监管】 推进餐饮食品安全监督量化分级管理及风险等级评定工作,加大日常监督检查频次,严格进行动态评定,根据日常动态评定结果进行年度等级评定,评定率100%;餐饮食品安全风险分级管理实施率100%,入网餐饮服务提供者持证率和公示率100%;大型以上餐饮服务单位、集体配送等重点单位"明厨亮灶"实施率100%,食品安全管理员抽考率100%、合格率100%以上。引导餐饮单位参与"透明厨房"建设,累计建设"透明厨房"557家。开展"祥泰""阳光"系列创建活动,建成"阳光菜篮子"2个,"阳光厨房"100个、"阳光食坊"17家、"祥泰冷链"2个,泰州市农村食品规范化经营示范店20家。加强网络销售食品经营监管,发现并处置问题752条,其中线上542条,线下210条。开展食用农产品快速检测,共检测12299批次,发现阳性农产品66批次,均规范处置。开展校园周边食品安全专项检查,检查食品经营者285家次,监督抽检150批次,发现问题隐患171个,全部整改到位。开展校园及周边食品安全专项检查,共出动执法人员723人次,检查经营户285家次,其中小餐饮店(小饭桌)139家次、小食杂商超146家次;监督抽检150批次;发现问题隐患171个,全部整改到位。开展农村假冒伪劣食品专项整治,共出动执法人员2634人次,检查食品生产主体95家,检查食品经营主体682个,检查批发市场、集贸市场等各类市场16个,立案查处72起。开展"春雷1号"专项执法行动,共出动执法人员1485人次,检查经营单位888家,立案查处47起,罚没入库42.9万元,其中靖江某牛肉馆涉嫌使用无标签的预包装牛肉案入选泰州市"春雷1号"专项执法行动典型案例。针对肉制品行业存在的虚假宣传、标签与实际投料不符等以及食品接触用竹木制品(砧板)存在违规使用五氯酚钠等工业级

9月，市市场监管局邀请企业代表参观食品检测实验点

化学原辅材料问题开展专项执法检查，检查相关生产企业33家，立案查处12起。

【药械安全监管】 全面排查整治药械领域突出风险隐患，推进“雳剑2022”专项行动。督促全市700余家药械零售使用单位开展自查自纠，存在问题整改到位。突出重点区域、重点单位、重点品种，综合运用日常监督检查、GSP符合性检查、专项检查、飞行检查等方式，全面排查和防控药械质量安全风险，出动执法人员1150人次，检查各类门诊机构25家、药械经营使用单位526家，抽检药品120批次、医疗器械4批次；立案14件，其中医疗器械类案件10件，药品类案件2件，医疗广告案2件；移送市公安局1件。组织开展疫情防控药械、医疗美容机构药械、装饰性彩色隐形眼镜、中药饮片等专项检查工作；对疾控中心、人民医院等6家新冠病毒检测试剂使用单位开展全覆盖检查，保障核酸检测试剂质量安全；召开全市39家隐形眼镜经营企业专题会议，在学校周边及小商品市场、乡镇集贸市场、美妆饰品店等重点区域发放《装饰性彩色隐形眼镜经营提醒告知书》200余份；加强对医疗器械经营许可(备案)后的监管，责令1家场所已不符合开办条件的企业主动取消医疗器械备案凭证；开展中药饮片整治专项行动，汇总分析近年来国家、省抽检不合格品种情况，列出10个重点品种，对中药饮片经营、使用单位抽检21批次，检测不合格2批次，均已立案。强化疫苗质量监管，紧抓储存、运输和预防接种3个质量核心环节，明确疫苗接种单位责任清单，规范储存、运输、接种质量安全保障行为。对市疾控中心、16家疫苗接种单位进行全覆盖监督检查。在泰州市率先启动疫苗冷链温度监测设备计量专项服务，由疾控中心梳理统计冷链温度监测设备，协调市产品检测中心集中上门检定校准，确保温度监测器具准确、可靠，共完成冷库、冷藏柜的温度自动监测设备、温度计检定校准255个。加强2022年药械不良反应(事件)监测工作，全年共监测上报药品不良反应1195份，其中新的、严重的药品不良反应占比31.1%；医疗器械不良事件753份，其中严重的不良事件报告39例，占比7.07%。 (赵 洁)

防灾减灾

【气象防灾减灾机制】 2022年，市气象局贯彻落实省普查办、省气象局和市普查办第一次全国自然灾害综合风险普查工作部署，开展气象灾害风险普查成果的初步应用。利用普查成果，总结梳理对靖江有较大影响的灾害性天气过程，掌握暴雨、强对流、高温热浪和台风等灾害性天气时空发布特征，辅助预报技术人员把握阶段性服务的重点。参与泰州市气象局组织的季度总结会，开展重大气候事件复盘，分析预报要素着眼点，提升灾害性天气预报技术水平。普查成果及技术攻关在应对2022年“梅花”台风过程中发挥积极作用。

【气象探测和预报】 2022年，市气象局优化气象探测设施，提升气象探测能力，补充陆上观测站点1套，升级改造观测站点1套，提高观测站网密度和均度，确保获取高时空密度的气象观测资料；应用气象预报新技术，开展系列精细化智能网格预报，24小时晴雨、温度预报准确率分别为91%、90%。完成网络升级改造。

【气象服务】 2022年，市气象局发布《重要天气报告》32期、发布《天气专报》35期、发布《一周天气》48期、发布《农业及生态气象情报》17期，发送重要天气提醒、雨情快报、大风警报等决策气象服务信息7次,发布重大气象灾害预警79次,为抵御暴雨、强对流及台风等灾害性天气提供保证。发布日常天气预报1090次,及时向公众发布气象预报预警信息和科普知识,拓展气象信息的传播覆盖面。制作发布夏收夏种、秋收秋种、秸秆双禁等专题服务材料17期。

【防雷安全监管】 2022年,市气象局认真履行好防雷和升放气球行业监管职责,持续开展防雷与升放气球安全专项整治三年行动,制定并印发"关于做好2022年防雷安全工作的通知",完成60余家重点单位的防雷安全监督检查全覆盖,与市应急管理局双随机检查3家单位,深入细致排查安全隐患,全年共发放整改通知书10份,年内督促企业按要求整改到位,整改完成率100%;与2家升放气球资质单位签订升放气球活动安全生产承诺书和信用承诺书,不定期开展巡查检查,确保升放气球活动做到先审批后升放、无审批不升放。

(田　晨)

【灾害信息共享制度建设】 常态化、规范化开展自然灾害风险形势会商研判工作,准确把握自然灾害风险研判的目标和任务,提高综合会商研判工作效率和质量。完善《靖江市自然灾害气象风险预警发布机制》《靖江市大风预警联动机制》,全年针对大风天气、汛期台风暴雨等极端天气累计召开自然灾害研判会商会6次,发布自然灾害提示信息54期共计约30万条。市应急管理局、市气象局信息共享,及时发布气象灾害应对工作提示单16份,充分运用广播、电视、互联网等媒体及时发布寒潮、暴雪、道路结冰等各类预报预警信息和防灾避灾办法。构建大风监测预警平台,提升沿江企业应对恶劣天气时应急响应能力和安全防护能力。

【灾害信息员队伍建设】 全面梳理"市镇村"三级540名灾害信息员信息,并全部录入国家、省救灾管理系统。通过专兼职结合等方式,落实市、镇、村灾害信息员A、B角,确保灾害发生后,各级至少有1名灾害信息员能及时到岗到位。举办灾害信息员培训班5期,覆盖"市镇村"三级灾害信息员。为全市85户因灾受损家庭提供人身险和居民房屋险保障,救助金额14.31万元。

【应急救灾物资储备】 印发《靖江市2022年度市级应急救灾物资需求计划》,共计3750余件20余万元,全部储备到位。巡查应急物资仓库5次,重点抽查冲锋舟、帐篷、发电机、应急照明等物资完好情况。全年调拨应急物资12批共560件,其中帐篷27顶、行军床260张、睡袋180个、雨鞋89双,助力疫情防控攻坚战。

【防灾减灾宣传】 利用5月12日"全国防灾减灾日""安全生产月""国际减灾日"和"全国消防日"等,开展线上、线下宣传教育活动,组织开展地震诱发山体滑坡灾害应急救援演练、高层住宅火灾事故应急救援演练和森林防灭火应急演练等。组建市应急管理局青年志愿服务队,增强防灾减灾宣传力量。全年累计开展市级应急演练3次,防灾减灾志愿服务活动9次,防灾减灾知识培训5次。对已命名"全国综合减灾示范社区"的社区进行复核抽查,提升社区居民防灾减灾意识和自救互救能力。全力推动全国综合减灾示范社区创建工作,采取联合帮带、现场指导、集体会诊等手段,抓好靖城街道前进社区2022年度"综合减灾示范社区"创建工作。根据上级普查办要求,严格对照普查工作的时间进度表,按时完成靖江普查调查工作,并积极配合做好调查数据修订完善工作,推动普查成果逐步应用,形成数据一张图。

【地震监测】 2022年监测分析地震事件1320个,其中速报近震287个,跟踪观测江苏省区域内小震群地震事件46个,速报泰州地区地方震5个。归档、上报各测项观测报表、简报1200余份。年地震数据连续率100%,观测资料质量月抽检合格率100%,地震分析率100%,地震速报率99.8%,各测项仪器正常运行率100%,全年地震观测效能达标率100%,地震观测效能居全省同行前列。2022年市地震监测中心获全省地震观测资料质量评比优秀奖、强震动观测质点与运维评比第二名。

【防震减灾】 年内开展专题震情会商12次,季度会商4次,编写震情会商报告16份,上报地震简报32份。开展地震应急桌面演练2次,熟悉地震应急处置流程,提高地震应急响应能力。按程序委托招投标公司完成"数字化地震流动观测设备"的采购工作。强化防震减灾科普教育,先后承接孤山镇园山社区、望江社区、孤山中心小学等共建"地震安全进社区进校园"科普活动。面向公众常年开放防震减灾科普馆及地震监测室，让来访者身临其境零距离感受防震减灾工作。

【参加泰州市军地联合防汛抢险演练】 5月27日，泰州采取军地联合、实地演练、异地同步、视频观摩的形式组织开展“祥泰行动5号”军地联合防汛抢险演练。靖江现场重点演练堤防险情巡查、排除渗水和漫溢险情。演练背景为长江中上游受连日降雨影响，水位已超过警戒线。按照市防汛指挥部要求，靖江民兵抗洪抢险分队采取陆上、水面、空中方式加强巡堤和险情探查。在巡查中发现长江大堤北侧靠东50米区域内出现2处渗水险情，大堤中央处出现3处漫溢险情，民兵防汛抢险分队立即在渗水处进行土袋压浸抢护，减少洪水渗透，并采用土袋子堤构筑方式，有效控制漫溢险情，保护大堤的防汛安全。靖江现场演练准备充分，措施得当，效果良好，为应对汛期灾害积累实战经验。

（朱建涛）

网络信息安全

【概况】 2022年，市委网信办以迎接服务保障、学习宣传贯彻中共二十大为工作主线，全面落实习近平总书记关于网络强国的重要思想，坚持党管互联网，增强“用网”意识，压实“管网”责任，提高“治网”效能，“靖”心守护、“靖”锐出战，全面筑牢安全坚实防线，全市网络空间环境积极向善、健康向上、稳定向好。市委网信办被评为网络安全合作责任制督查检查先进单位。

【网络主题宣传】 组织策划实施新思想网上宣传，主流网站双首页置顶推送习近平总书记重要讲话、重要活动、重要论述及宣传解读。开设“靖听理响”新思想网上课堂，办好靖江网“学思行”理论频道，推出AI主播“小靖说党史”，“习语问答”全民网上竞答赛（第二季）共计4万余人200万次参与答题，多层次多角度多形式宣传好习近平新时代中国特色社会主义思想。开展“喜庆二十大·点赞新变化”网络主题宣传，推出“20位村支书话乡村振兴”“20个网红地看靖江变化”“20名百姓名嘴讲创新理论”等“320”线上系列宣传。推出学习宣传中共二十大“指尖课堂”，开设“二十大报告E起读E起讲E起答E起悟”图文音频专栏。组织撰写新闻、网评重点题材稿件，其中41篇被省委网信办推送。征集展播优秀网络安全短视频91件，评选出优秀作品15件，优秀获奖作品通过“学习强国”学习平台、电视、户外大屏、靖江网、“智慧靖江”App、“今靖江”微信公众号等新媒体平台、相关新闻网站等媒介展播宣传。策划推出“线上课堂+线下讲座”业务培训、“线上竞答+线下挑战”知识竞赛、“线上征集+线下评选”作品展播等系列活动，相关做法多次被人民网、“交汇点”等媒体推送报道，“江苏网信”录用信息4篇。11个个人、账号、作品入选2022年度“泰州网络十佳”。

【网络安全保障】 组建网络安全专家库，遴选有实力的企业作为技术支撑单位，承担监测预警、应急保障、宣传教育等一线工作。突出关口前移、重心下移，全面摸排全市互联网信息基础设施，组织支撑公司对全市51家、108个信息系统进行两轮漏扫，及时检查发现隐患，限期整改修补漏洞。紧盯重点领域、重要时段、重大活动，强化“网安2022”靖江专项行动，开展中共二十大网络安全保障现场检查，对市内重点网站、重要信息系统、互联网设备、公共户外电子显示屏组织开展专项检查，确保不发生重大网络安全事件。加强网络安全监测预警体系建设，引导教育、医疗、金融、交通等重点行业（领域）加大关键基础设施网络安全投入，持续提升网络技术防护能力，妥善处置各类网络安全事件23起，关停隐患网站8个。依托电商创业中心、戏鱼墩公园，建成网络安全宣传教育基地和泰州首家网络安全主题公园，举办“共建共享良好网络生态”等4次主题党日活动，举办网络安全知识、技能培训5场。承办泰州市网络安全知识竞赛，靖江代表队获第一名，靖江市委网信办获优秀组织奖，1名选手参加省级比赛。高质量举办网络安全宣传周，常态化开展“五进”活动，利用“智慧靖江”App、“学习强国”靖江融媒号、影剧院、公交车等公共传播载体，宣传网络安全法律法规和防范网络诈骗知识。

【网络综合治理】 运用网络综合治理“三色工作法”，建强红色阵地、打造绿色空间、筑牢蓝色屏障。建立自媒体管理工作例会制度，加强与自媒体负责人、靖江网络大V的沟通联系。打造“靖心向党”互联网党建品牌，成立网络主播（名人）党支部，实现党建与互联网行业发展同频共振。聚焦群众急难愁盼办实事解难题，开设“我为群众办实事”重点项目巡展专栏，发布重点项目33期。推出《网情面对面》34期，答复率100%。围绕“网络安全、网络民声、网络公益、网络文明”，聚力打造“靖心+”系列网信工作品牌。开展“清朗2022”“e查到底·清朗靖网”等专项行动，排查清理本地论坛违规用户16个、违规帖文44条，约谈靖江自媒体、商业网站5次。借助“靖江网”“微靖江论坛”等设立举报接口和热线，依托60名网络举报志愿者开辟“靖消谣”专栏，惩处网上散布涉疫虚假信息、泄露公民个人信息、寻衅滋事等10人。受理并处置违法和有害不良信息93条，1件案例入选省网络举报受理处置十大典型案例，6条工作信息被省委网信办推送，2条被中央网信办推送。（卢　钰）

消防管理

【概况】 2022年，全市消防救援队伍共接处警1027起，出动队伍1028次，出动车辆2055辆次，出动人员9716人次，营救128人，保护财产价值9500余万元。全市共发生火灾442起，直接经济损失325.6万元，分别比上年上升21.15%、211.38%。死亡0人，受伤0人，伤亡人数与上年持平。

【火灾情况分析】 从起火场所分析，居民住宅火灾118起，道路绿化带、隔离带火灾80起，垃圾堆火灾56起，农副业场所火灾43起，交通工具火灾39起，露天堆垛火灾24起，工业企业火灾18起，经营性小场所火灾6起，分别占总数的26.72%、18.10%、12.67%、9.79%、8.82%、1.36%、5.43%、4.07%，其余为其他场所58起，占总数的13.12%。从火灾原因分析，遗留火种导致火灾216起，生活用火不慎、乱扔烟头等引起火灾96起，电气线路、电器设备老化、故障等引起火灾93起，其他自燃、燃放烟花爆竹等原因导致火灾26起，生产作业类火灾11起，分别占总数的48.86%、21.17%、21.04%、5.88%、2.49%。从辖区分布来看，靖城街道95起，斜桥镇（开发区）70起，孤山镇（城北园区）51起，新桥镇39起，滨江新区办事处36起，江阴—靖江工业园区办事处30起，城南办事处（城南园区）26起，马桥镇26起，东兴镇25起，生祠镇23起，西来镇13起，季市镇8起。

【消防基础建设】 加快推进江阴—靖江工业园区和西来镇消防站年内开工，马桥、东兴、生祠、季市和城南办事处（城南园区）消防站营房，达到投勤条件。依托2022年民生实事项目，推动以3个至4个社区（村）为一个作战单元，建成15个配有轻便型消防车的24小时有人执勤的社区（村）中心消防站，全面构建靖江主城区“1+4+15”（1个国家站，4个专职站，15个社区、村站）的“5分钟”灭火救援保护体系。推进“119+120”联合急救站建设，医护人员与消防救援人员同值班、同备勤，探索形成“应急救援+医疗救护”新模式。推动各镇（街道、办事处）在市政消防供水不足或不放心的区域，因地制宜地在河道周边建设消防车泵取水平台，市消防救援大队借调改良防汛部门的大流量手抬泵，定制配发泵组拖车，确保各消防站初战灭火能够实现供水自给。

【消防责任落实】 提请召开市委常委会、政府常务会、市长办公会等研究部署消防工作，印发年度任务清单，与各镇（街道、办事处）、部门签订年度消防工作责任书，将消防工作列入市委、市政府年度督查考核计划。提请市政府出台《关于完善镇（街道、办事处）消防安全管理机构的通知》等文件，细化落实属地、部门消防工作责任，建立市消防安全指导服务中心和12个镇街消防工作站，推动市镇两级消委办实体化运行。落实消防监督员挂钩联系制度和消委会与镇街及部门“双向互动”机制，建立定期会商研判、定期检查督导、跟踪责任追究工作机制。公安、消防部门建立消防安全监管协作联动机制，落实派出所消防工作职责。

【消防安全管理】 开展高层建筑、大型商业综合体、住宅小区、“九小场所”（小学校或幼儿园、小医院、小商店、小餐饮场所、小旅馆、小歌舞娱乐场所、小网吧、小美容洗浴场所、小生产加工企业）、经营性自建房等重点场所专项整治。全市排查各类单位场所12542家次，发现隐患16729处，督促整改隐患16598处，整改清理“多合一”（生产、住宿、经营、办公室和厨房都在一起的小场所）违规住人752处，推动3家市政府挂牌督办重大火灾隐患按计划完成整改销案。将电动自行车集中充电设施和消火栓建设纳入老旧小区改造同步实施，推动安装充电位3500个，安装电梯电动车禁入报警装置48套，安装独立烟感1660只，简易喷淋160套，全市208家消防控制室全部接入消防设施联网监测系统。

市消防救援大队在学校开展灭火演练

【消防宣传培训】 深化消防宣传“五进”(进社区、进学校、进企业、进农村、进家庭),发动村、社区每周利用农村大广播、社区小喇叭播放消防宣传知识,发动51419人注册使用全民消防学习平台,组织对乡镇街道、村(社区)负责人、基层网格员、重点单位消防安全责任人和管理人等“九类”重点人员开展大宣传大培训,培育“消防安全明白人”队伍。在斜桥镇试点建成集警示教育、整治示范、实景体验为一体的消防安全治理引导服务区样板;在社区便民服务中心和各银行及通信运营商的营业网点试点设置消防宣传角。坚持检查与宣传同步进行,对企业单位工作人员进行消防安全教育,组织开展消防拉动演练。

【执勤训练】 严守消防救援执勤备战规范制度,围绕典型事故处置要求,完善“4+X”作战编成,形成每日“2+N”次、15分钟装备检查熟悉的常态机制,每周与汽修厂技工协同开展车场日的常态机制。设置“一车一屏”,赓续人装故事,实现车辆智能化管理。吸收转化各级培训成果,科学制定训练计划,引进科学热身放松技术,配备消防专项训练器械和声光训练辅助器具,确保执勤训练工作安全高效开展,市消防救援大队普考成绩连续两年排名泰州消防系统第一。创立途中指挥新模式,以网络平台作为媒介,以完善固化途中决策、预先部署工作流程为主线开展专题研训,实现在出警途中完成车辆停靠、供水线路、现场警戒等初战部署图的绘制、发布。

【队伍管理】 树立“规范秩序精确化、强化养成精细化、现实管理精品化”的工作理念,将队伍正规化建设融入年度主题教育和专题教育,开展“牢记领袖训词,永做忠诚卫士”学习讨论。加强与地方特色党建项目互动,广泛开展党员实景课堂教育、实地实践教育,组织开展主题党日活动12次。打造“靖善靖美”党建品牌,深化“周洛阳党代表工作室”工作落实,打造“靖善靖美”和巾帼消防志愿服务队。依法倡导便民利企服务,推行消防执法“四步工作法”。引导培育消防监督员服务观点,唤醒、强化单位消防安全主体意识。完善落实案件审核、集体讨论等内控机制,通过设置执法事项公示栏、随机座谈回访等方式主动接受群众监督和评议。2022年,市消防救援大队被省消防救援总队评为“全省基层建设先进大队”,渡江路消防救援站被评为“全省基层建设先进消防救援站”;市消防救援大队党委被省消防救援总队评为“示范基层党组织”,渡江路消防救援站党支部、团支部分别被评为“先进基层党组织”、“五四红旗团支部”;2人被评为“优秀党务工作者”,1人被评为“模范共产党员”,1人被评为“优秀团干部”,1人被泰州市退役局评为“最美退役军人”,3人被靖江市见义勇为基金会表彰为见义勇为先进个人。 (范城建)

道路交通安全

【概况】 2022年,全市办理各类机动车业务167338笔,驾驶人业务38735笔。全市发生死亡交通事故138起,死亡139人,分别比上年增长6.15%、4.51%。

【交通安全管理】 加强“一村一交通辅警”和农村交通安全劝导站建设,全市建成交通安全劝导站11个,187个行政村全部配置驻村交通辅警,录入“农交安”App信息2.4万余条,清理逾期未检农村面包车1467辆、重挂564辆、重货1864辆、正三轮载货摩托车1085辆,督促重点驾驶人补证换证(A、B证)2579人,发放电动自行车临时备案信息牌

18522副,劝导纠正交通违法行为5000余起。

【交通隐患排查整改】 建立健全定期会商、情况通报、线索转递等工作制度,推动道路隐患整改。共向相关单位发放工作联系单、整改函、建议函49份。完善各类交通安全设施,其中信号灯162处,标志牌83处,警示桩127根,减速带104处,爆闪灯8处,护栏63处,标线施划2117.35平方米,增设435处"交通监控设备"标志,在29条严管路段重新设置违法停车严格管理路段交通标志400块、杆件168套。开展源头隐患清零专项行动和源头隐患"百日整治"十个见底专项治理工作。深入"两客一危"、公交、出租等运输单位现场检查21次,印发隐患整改通知书11份,约谈企业13家,联合交通运输部门、生态环境部门联合检查29次,开展重点驾驶人多次违章行为专场警示教育7场,利用"泰平安"App对重点单位视频巡检74次,发送恶劣天气安全提醒、到期换证、到期年检等预警提示信息9761条,下发重点企业《车辆及驾驶人交通安全告知单》1381份。全市共列管单位1601人,列管重点车辆3021辆,关联重点驾驶人1601人,"两管一危"车辆检验率、报废率100%,重货、重挂、农村面包车检验率均在99%以上。

【交通违法行为整治】 坚持严管重罚、线上线下联动,通过集中整治与常态整治相结合、周末整治与专项整治相结合,共现场查处各类交通违法行为135185起,其中饮酒驾驶1365起(醉酒417起),非机动车违法94637起(不佩戴头盔52754起),超载2641起(工程运输车940起),城市道路中重型4类违法1082起,不系安全带违法14475起,国省道重点违法1648起,农村道路7类违法203起。设立文明城市创建示范路段20条、示范路口18个、严管路段60条、电动三四轮禁行道路35条。与城管部门组成联合清障小组,拖移各类违停车辆4253辆。

【交通安全宣传】 在联合市融媒体中心打造交通违法行为"曝光台"宣传栏目的同时,开展"一盔一带"安全守护行动,举办"美丽乡村、警保随行"大型宣传活动;运用"靖江警方""智慧靖江"等微信公众号推送交通安全宣传文章60篇;依托交通安全体验馆、交通安全主题公园开展体验式宣传8次;深入机关、企业、学校举办交通安全讲座550次;利用窗口、路面阵地发放宣传资料33000余份;利用108个路口的新型行人交通信号灯、300余块隔离栏宣传牌、63块交通指示牌、岗亭LED显示屏开展文明交通宣传;利用9个新型交通岗亭,对2000余名交通违法行为人开展教育;组织驾校学员、志愿者,以及利用10个警保合作交通安全劝导站,开展文明交通劝导活动250余次。

【高效能指挥体系建设】 加快推进数据融合共享、上下左右联动、"情指行"一体化建设。前端共建成电警卡口1200余路、高空球机92路、车检器48路、人脸识别高清卡口45个,实现313个灯控路口信号机联网控制。依托全市各类系统,共享实时路况,融合"互联网路况大数据""机动车信息大数据""大平台警情大数据"等海量大数据资源,织密数据感知网,围绕交通警情、交通违法、交通事故、交通拥堵、重点车辆人员、涉车涉路案件等开展全方位分析研判。

【"放管服"改革】 深化"警邮合作""警医合作""警种合作",部分业务前移至交警中队、17个"警邮合作"交管服务站、14个派出所综合窗口,11家医院为增驾、补换证驾驶人提供体检业务,设立68个电动自行车带牌销售点、10家机动车登记服务站,打造"3分钟便民服务圈"。在靖江公安微警务开通"实时车管""智能车管"模块,可随时查看业务大厅忙闲情况,自主预约业务办理时间,减少窗口等待时间。建立车驾管业务视频监管系统,对窗口服务工作进行全方位监管、全过程留痕。 (王 宇)

应急救援

【应急救援队伍建设】 将民兵纳入应急救援体系,探索共同训练共同演练、共同提升,联合开展综合应急演练3次。与市红十字会联合开展"应急救护技能培训"班43期,受训人员1847人次。组织危险化学品企业开展无脚本"双盲"应急演练10次,推动重点工贸企业开展无脚本"双盲"应急演练44次。

【深化区域协同合作】 与江阴联合开展江阴大桥危化品运输车辆交通事故"双盲"应急演练,成功处置高速公路危化品运输车辆侧翻泄漏事件1起。 (朱建涛)

综　述

【深化全国文明城市创建】 2022年，靖江市围绕“小区物业、城市缆线、交通秩序、道板黑化、店铺规范、城乡接合部环境、乡村风貌、网申资料”等方面，深入实施“八大提升行动”，全面推进文明城市创建工作。召开全市深化全国文明城市创建推进会，制定《靖江市深化全国文明城市创建实地考察、问卷调查测评内容汇编》《靖江市深化全国文明城市创建网上申报工作任务分解表》，明确各单位任务分工，压实工作责任。针对泰州双月督查中发现的问题，深入排查、进行梳理、举一反三，确保及时整改到位。补齐创建短板，提升创建水平，顺利完成国测、省测迎检工作。2022年县级全国文明城市省级测评中列全省第6位，2022年6次文明城市长效管理泰州市级测评中连续6次第一，获2022年泰州市文明城市创建“骏马奖”。

【公民道德素质培育提升】 2022年，靖江市深化社会主义核心价值观“五进五树”主题实践，聚焦中共二十大，组织开展“强国复兴有我”“礼赞新时代·奋进新征程·迎接二十大”等群众性主题宣教活动。扎实推进道德风尚高地建设，将道德讲堂向基层进一步延伸，全年线上、线下共举办道德讲堂总堂活动10期。深入推进公民道德建设，培育和选树先进典型，陶泰成当选中国好人，邵益兴、王荣达、刘文鑫、杨幸4人当选江苏好人，陆金红、何红钢、徐智博3人当选泰州好人。用好“小靖说文明”“文明交通曝光台”等栏目，深入开展“靖江文明16条”全民实践活动，弘扬社会文明风尚。

【群众性精神文明创建】 深化文明村镇、文明单位、文明家庭、文明校园创建，组织开展2020—2022年度靖江市文明单位、文明校园、文明村镇、文明社区评选工作，做好第三届江苏省文明家庭申报和第三届泰州市文明家庭申报及历届文明家庭复审工作，丁玲家庭获评江苏省文明家庭，丁玲、冷红明、盛帮建、鞠振华4户家庭获评泰州市文明家庭，组织开展“传承好家风，弘扬好家训”作品征集评选活动。打造“靖美”品牌，举办“靖善靖美·多彩绽放”“靖美”典型颁奖典礼，评选表彰15个“靖美小区”、20个“靖美楼道”、20户“靖美家庭”、17位“靖美人物”、12个“靖美实践项目”，推动群众性精神文明创建向基层延伸。

【乡风文明建设】 2022年，靖江坚持破立并举，制定下发《关于组织开展“治理高额彩礼　减人情负担　推进移风易俗”行动的实施意见》，常态长效整治农村大操大办、盲目攀比、高额彩礼、厚葬薄养等不良习俗，开展“天价彩礼”“不文明祭祀行为”专项整治。结合疫情常态化防控要求，修订完善体现“喜事新办、丧事简办、小事不办”要求的村规民约。围绕人居环境、美德善行、移风易俗等方面，积极推广运用积分制管理办法,实行积分制管理的行政村达30%以上,充分调动农民群众参与乡村治理的积极性。

【未成年人思想道德建设】 2022年,靖江以“喜迎二十大 筑梦向未来”为主题,部署九大类实践活动。创新开展“筑梦新时代 担当创未来”靖江市中小学生“开学第一课”,为学生上好“思政大课”。拍摄“少年说梦想”视频,展示全市优秀学子风采。在“老少同台”主题活动中,靖江选送的作品情景诗朗诵《追星·追梦》代表泰州参演,获江苏省特等奖。深化“八礼四仪”养成教育,承办泰州市一年级新生入学仪式,活动以“启智明礼 立德远航”为主题,800余名一年级新生参加活动。推进活动阵地建设,2022年,全市共建成乡村“复兴少年宫”并投入使用14所,实现8个镇全覆盖。组织重点活动开展,发挥乡村复兴少年宫红色文化、传统文化、非遗文化教育等功能。用好未成年人健康成长指导中心,举办靖江市第五届心理健康公益论坛。评选推荐“新时代好少年”,其中1人当选2022年度“新时代江苏好少年”、7人当选泰州市“新时代好少年”、43人获评2022年度靖江市“新时代好少年”。组织申报新一轮“文明校园”,开展“文明校园”系列巡礼活动。创新开展“梨园雅韵润童心”戏曲曲艺进校园活动,帮助青少年学生在学习和实践中领悟“传统之美”。

志愿服务

【概况】 2022年,靖江市深入贯彻落实《江苏省志愿服务条例》,部署全市志愿服务大集市活动,全年共举办12场全市性志愿服务大集市活动。组织开展“春‘靖’家园 文明同行”等系列主题实践活动,举行“志愿靖江 与爱同行”学雷锋集中志愿服务暨先进典型表彰活动,做好江苏省首批学雷锋志愿服务示范站点的申报工作。开展学雷锋志愿服务“五个一批”先进典型评选表彰活动,做好2022年度江苏省学雷锋志愿服务先进典型推荐申报工作,鞠鑫获评第八批江苏省“岗位学雷锋标兵”,盛帮建获评第六届江苏省学雷锋优秀志愿者,鞠峰获评江苏省优秀青年志愿者,“从心出发,为爱赋能——‘1+1’农村留守困境儿童温暖成长计划”“‘塑’战速决,我们一起行动”2个项目获第六届江苏志愿服务展示交流会铜奖。

【志愿组织活动】 靖江市家有儿女爱心志愿者协会 2022年,协会开展各类志愿服务主题活动200次,参与志愿者2612人次,公益服务时间超9026小时,受益人数达万人次。年内协会获评靖江市学雷锋志愿服务“五个一批”最佳志愿服务组织奖、泰州市十佳青年志愿组织、江苏省五星级县域团属青年社会组织。

靖江市179志愿者协会 2022年,协会累计开展公益活动209场,参与志愿者达4943人次。会长姚炜平作为泰州地区唯一的志愿者代表,受全国青联邀请参加中国—东盟青年志愿服务论坛暨世界青年发展论坛专题对话会,与东盟多个国家的青年志愿组织进行交流。协会秘书长徐君获评“江苏省三八红旗手”,协会社工顾静被中国水利部评为“全国最美河湖卫士”,青年志愿者邵青林获评“全国优秀共青团员”。协会志愿者全年获得国家级、省级、市级荣誉26个,协会获“学习强国”、《江苏工人报》等媒体多次报道。

“赤子之心”环境文化交流中心 2022年,是“赤子之心”命名的第22年,是年,“赤子之心”团队先后开展九大主题环保活动:“推进地下水超采综合治理 复苏河湖生态环境”活动,清爽靖江环保体验馆义务讲解生态文明知识,“健康长江,赤忱守护”行动,“博雅·自然学校”第六季,青少年水保护团队孵化项

6月25日,市文明办、市文联等在马洲艺文馆联合举行“荷风莲韵映初心”七一演颂会

目，“美源于心 境成于行”美境行动，“绿色电影城乡行”活动，“长江禁渔”宣传教育实践活动，建设“微光成炬，共护长江”融媒体课堂。年内，团队先后获评江苏省青年志愿服务行动组织奖、江苏省“我是美丽江苏小主人”优秀组织单位、江苏省第二届“绿篱笆环境奖”。“塑战速决在行动”项目获江苏省第六届志愿服务展示交流会铜奖，“河湖安澜靖鱼悦，微光成炬护江来”获江苏省长江大保护绿篱笆先锋队行动立项项目、第十九届江苏美境行动优秀方案设计奖、优秀方案实施一等奖，“绿色篱笆守靖好，赤子之心护江来”项目获泰州市优秀志愿服务项目，“守护长江母亲河，争做生态绿篱笆”项目获评泰州市十佳青年志愿服务项目，“节水在指尖，巾帼共行动”获评泰州市十大巾帼志愿服务项目。

靖江蓝天救援队　救援队2016年开始筹建，2017年6月在民政部门依法完成登记注册。结合靖江水域众多的地域特点，确定以水上救援为主，应急通信为基础，开展防灾避险、灾害逃生知识的宣传普及工作、开展自救、急救、户外安全的技能辅导、开展城市搜救、赛事保障，协助配合政府部门完成突发事件、自然灾害等应急救援服务。有正式队员74名、志愿者55名。先后协助完成水域救援250余起（含长江水域溺水救援60余起），直接受理公众求助100余次，为社区、学校和企业开展自救互救、防灾减灾知识宣传、自身培训230余次，参与应急部门大型联合演练、大型赛事（活动）保障370余次。2022年，出勤221次，出动1595人次，其中救援73次。配合新冠肺炎疫情防控，组织保障和培训105次、其他活动43次，总时长5342余小时，受众逾万人。年内，救援队获评靖江市见义勇为先进集体，获评AAA社会组织。

月度精神文明新人新事

【概况】 2022年，靖江在月度精神文明评选活动中，评选出防疫抗疫、见义勇为、爱岗敬业、孝老爱亲、乐于助人等各类新人新事51件。

【1月精神文明新人新事】 孤山镇石桥村毛建，路遇八旬老人躺倒路边，主动上前照顾并联系家属。

个体餐饮经营户赵首军，免费为社区高龄老人、困难居民提供“爱心便当”，把小吃店开成“爱心驿站”。

城北园区镇南村刘少怀，精心照顾患病岳父二十年。

靖城街道新西社区七旬老人于玉华，抚养弃婴长大成人。

【2月精神文明新人新事】 新港城初级中学初三学生徐至立，捡到价值数千元吊坠，主动归还失主。

环卫工人王三娟，捡到装有数千元现金的皮包，第一时间交还单位物归原主。

市弘宇公交公司105路公交车司机倪金松，执勤期间“脱岗”下车搀扶盲人安全过马路。

城南办事处鼎和花苑社区许玉明，数十年悉心照料因脑出血瘫痪的妻子，用实际行动诠释相濡以沫的守护。

【3月精神文明新人新事】 人民医院儿科主治医师高琳等6人，不惧风险组建“临时妈妈”团，看护疫情密接的3名儿童和1名老人，彰显巾帼担当。

靖江引航站高级引航员王荣达，连续270多天奋战在外防疫情输入的引航一线，保障长江航运和国际物流畅通。

市人民医院医生庞陆军、护士杨秀焕，夫妻两人在同一单位工作，却聚少离多，共同投身疫情防控。

市交警大队党委副书记、教导员焦桂红，以“钉钉子”的精神“铆”在交通卡口岗位，用辛勤付出筑起生命防线。

东兴镇万盛村党总支副书记孙道祥，连续5天扎根抗疫一线，因过度劳累而晕倒，甘当抗疫一线的“拼命三郎”。

市中焱网络科技有限公司技术员郑利乾、夏禹，因工作原因进入防疫封控区马桥镇，就地隔离后主动报名成为临时志愿者，参与疫情防控15天，直至马桥镇解除封控。

靖城街道玉皇殿社区居委会委员刘丹，怀孕9个月的“准妈妈”放弃休息，持续奋战防疫一线。

市星火志愿者协会侯文静，退休后发挥余热，连续27天参与交通卡口执勤，用实际行动诠释志愿精神。

【5月精神文明新人新事】 西来镇中心卫生院护士缪燕霞，在核酸采样工作中中暑晕倒，短暂休息后重新返岗直至采样工作完成，敬业奉献精神获央视新闻、新华网、交汇点等国家级、省级媒体点赞、转发。

市民刘文鑫、杨幸夫妇，遇楼房失火租户被困，第一时间报警并参与救人、灭火，并为伤者处理烫伤，“救火夫妻档”事迹被人民网点赞、转发。

市弘宇公交车211路司机高

文铭,路遇摩托车突然起火,果断出击扑灭火情。

斜桥镇东皋社区疫情防控志愿者李天容,驾车护送小区突发急病女孩就医并全程陪护,因救治及时女孩转危为安。

【6 月精神文明新人新事】 音乐花海公园保安徐志忠、潘小松、薛纪泉、唐灯华,不顾个人安危合力救起跳江女子,事迹被新华网、交汇点、《现代快报》、江苏文明网等多家媒体报道、点赞。

孤山镇蹑云社区党委书记黄小明,连续十余年捐资助学,呵护困境儿童成长。

人民北路"南北码头"食品超市店员沈广玉,主动帮助顾客寻回价值 2 万余元的钻戒,拾金不昧行为赢得称赞。

新桥城实验学校学生周鼎弨、陈天阳,路遇杂物堆起火,火势蔓延迅速,立即报警并协助引导消防员确定火源,帮助及时扑灭火情。

江阴—靖江工业园区办事处五星村陈慧玲,3 年累计为困难学子捐资 1 万元,帮助其完成大学学业。

【7 月精神文明新人新事】 市图书馆学生志愿者吴欣怡、刘雯睿,整理读者归还的书籍时发现书本内夹有现金 2200 元,主动帮助联系归还失主获赞。

东兴镇惠丰村王美平,41 年如一日悉心照顾脑瘫儿子,用实际行动诠释母爱。

孤山镇园山社区朱月娟,多年来独自照顾智力残疾的女儿、患病女婿和先天脑瘫的孙女,一人撑起不幸的家庭。

市民鞠丽君,马路边捡到掉落的百余件服装成品等货物,主动报警归还失主。

【8 月精神文明新人新事】 东兴镇蒋宁、蒋致远父子为救滞留火场的一家四口,不顾生命危险冲入火海救人,事迹被环球网、光明网、中国青年网、江苏新闻等多家媒体报道、点赞。

靖城街道江山路社区李秀英,接力去世丈夫担任楼道长,夫妻俩义务奉献二十年,用志愿精神扮靓"靖美楼道"。

"南山 · 优泽"寒窗助学基金会发起人马全章,为 40 名困境学生捐赠助学金 6.5 万元,帮助他们完成学业。

弘宇公交公司驾驶员唐正华,路遇中暑老人晕倒,与同事紧急救护并及时报警,帮助老人转危为安。

【9 月精神文明新人新事】 斜桥镇柏一村卫生室医生陈娟,捐出 5000 元爱心款资助一名高三在读学生完成学业。

孤山镇土桥村孙江宏,上班途中捡到近万元现金,主动找到失主并如数归还。

六旬老人陈正亚,尽心照顾因病住院的百岁父亲,用实际行动诠释孝道。

市城管综合执法大队一中队队员张烨、杨晓毛,执勤期间突遇一位老人瘫倒公厕呼救,他们果断救援终使老人转危为安。

【10 月精神文明新人新事】 27 岁的靖江市民严跃先,义务捐献造血干细胞 201 毫升,为身患血液病的儿童带去生的希望。

斜桥镇丹华村陈炳兴,路遇受伤老人倒地不起,果断救助并及时报警,在老人转危为安后默默离去。

澄靖园区办事处八圩社区周和平,20 年如一日无微不至照顾岳母,孝善之举赢得点赞。

东兴镇海镇村孙士华,主动捐献 2.3 万元为村民安装路灯,捐赠电脑 3 台用于改善村部办公条件。

东兴镇成德村朱光来,热心公益事业,20 多年来风雨无阻义务为村民修灯补线、解决难题,被大家亲切称为"万能电工"。

西来镇泥桥社区陈云宏,悉心照顾患病的公婆,两年来送菜做饭、日夜陪护从不间断,直至公婆病愈出院。

【11 月精神文明新人新事】 西来镇东来村张东进,创办"佩信公益资金",连续两年为全村百余名老人发放爱心物资和慰问金共计 30 余万元。

靖城街道畜牧兽医站陈锋、毛炼,义务帮助因疫情被隔离的养殖场场主喂养 3000 多只家禽,避免农户遭受经济损失。

滨江新区办事处朝阳社区居民韩萌,发挥英语专长,疫情防控期间帮助骨折伤口感染的外籍邻居及时就医。

滨江新区办事处康阳社区陈勇,疫情防控期间将价值万余元的水果免费赠送给小区居民,帮助大家共克时艰。

【12 月精神文明新人新事】 滨江新区办事处江阳社区党委书记刘旭明,自购 1000 片退烧药免费发放给辖区居民。

市邮政公司工作人员刘佳,路遇老人突然晕倒,主动上前救护并帮助其联系家人。

西来镇中心卫生院医生羊海,带病坚守岗位因体力不支晕倒,经抢救后转危为安。

澄靖园区办事处迎江村宦建峰,自祖父辈起三代人爱心接力,照顾孤寡聋哑邻居 38 年。

(卢建昊)

靖城街道

【概况】 靖城街道原为靖城镇，2007年12月改称靖城街道。位于靖江中部，东接斜桥镇、滨江新区办事处，南临横港，西邻马桥镇，北连孤山镇。辖区面积131.62平方千米，实际管辖面积58.56平方千米，常住人口(含流动人口)约18万人，户籍人口12.1万人。辖23个社区、11个村。设基层党组织88个，其中党委建制25个，总支建制9个，党支部54个，党员4988人。

【经济建设】 综合实力显著提升。有工业企业362家，其中列统企业49家。全年完成工业开票销售105亿元，工商税收收入2.11亿元；对外直接投资1330万美元，自营进出口5.6亿美元；规上工业总产值147.5亿元，比上年增长12.3%。全年完成规上批零住餐营业额124亿元，比上年增长10%；规上服务业营业额12.2亿元，比上年增长10.5%；新增规模以上三产服务业企业39家。发展动能持续增强。扎实开展"项目大突破"活动，成立项目招引攻坚支部，全年招引签约亿元以上产业项目6个，其中3亿元以上项目1个；全年亿元开工、竣工项目6个，完成率150%。全年规模以上工业企业研发费用总额超5.53亿元，比上年提高20%以上，企业创新意愿不断增强。完成低端低效企业退出34家，腾退土地32.93公顷，低效闲置工业用地盘活提升5.44公顷。招引重大农业项目3个，总投资1.36亿元，其中靖江市雅博动物饲料生产项目被列为泰州市重点项目。

【城镇建设】 老城更新统筹推进。持续开展老城更新大宣讲、大讨论，发放意见征集表近15000张，收集意见建议1800多条，筹集居民共建资金近180万元，总体出资率90%以上。提升改造扬子花苑、建安新村等30个老旧小区，研究确定"地上地下"23项改造内容，总投资1.3亿元，惠及居民1957户，整体工程量完成100%。持续推进3号、7号地块征收攻坚扫尾，完成长江隧道(北接线)74户、3家企业腾房交拆，虹兴三组、五组7家企业拆迁，旧城改造工作稳步推进。文明创建不断深入。提升12条背街小巷、拆除127处违法建设，清理3179平方米违法用地，修补破损板块210余处，更换破损区域3600平方米，疏通雨水管道3.6万米，安装背街小巷路灯122盏，增设公共停车位856个，城市基础设施有效提升。高标准打造陆三港等幸福河湖9条，建设生态河湖2条。开展黑臭水体整治，累计完成19条城区河道美化绿化、清淤整治，14条城郊河道整治按序时进度推进。

【民生建设】 民生福祉日益增进。扶持自主创业774人，新增城镇就业1255人，年末城镇登记失业率在2%以内。"15分钟医保服务圈"示范点达到省级示范点建设标准。完成28个村(社区)居

2022 年靖城街道主要经济社会指标一览表

表 43

指标	单位	数值
地区生产总值	亿元	177.66
规模以上工业总产值	亿元	147.5
规模以上工业利税总额	亿元	13.57
固定资产投资	亿元	29.13
对外直接投资	万美元	1330
货物进出口总额	亿美元	5.6
三产实体	个	587
镇村主干道	千米	63
中、小学校	所	16
在校中、小学生人数	人	17399

家养老服务中心社会化运营工作。组织开展第十一届“靖江慈善日”活动,累计完成70万元资金募集,发放(投入)慈善救助资金63.5万元。有序推进被征地农民社会保障,江阴靖江长江隧道北接线被征地农民社保名单产生659人,覆盖率100%。举办第五届书香靖城读书节、国庆节系列活动,开展全民阅读86场、文化惠民演出30场,“布市里”纳入靖江地名文化遗产。社会大局和谐稳定。深化“六星级社区”创建,开发建设“智慧社区”管理服务信息平台,赋能社区服务“精细化+智慧化”,提升治理创新效能。开展“信访攻坚百日会战”,逐步钝化矛盾。全面推进全域风险辨识管控和安全生产标准体系建设,安全大检查、重点行业领域“百日攻坚”“百日清零”攻坚行动圆满收官。创成1个“全国综合减灾示范社区”,安全宣传“123工作法”被认定为典型做法并在全省范围内推广。

(范　阳)

靖江市人民政府滨江新区办事处

【概况】 滨江新区办事处下辖6个村、10个社区,常住人口6.4万人,户籍人口3.39万人。面积26平方千米。2022年,滨江新区办事处紧扣“幸福街市、美好城市”的奋斗目标,持续做优城市、持续增进福祉、持续深化改革,较好完成各项工作任务。办事处获评靖江市2022年度镇(街道)、开发区(园区、办事处)综合考核第二等次、靖江市无偿献血先进乡镇(园区、办事处),纪工委“三清三lian”获全市纪检监察“十佳工作品牌”;办事处老年协会获评泰州市十佳镇(街)老年协会。江阳社区“绿地认养、自治共享”获2022年度泰州市最佳“放亮”项目;康阳社区“‘党建+项目’解锁居民自治新模式”获2022年度泰州市优秀“放亮”项目。晨阳社区离退休干部党支部获评靖江市“四星级”离退休干部党组织。

【宜居生态】 小区管理全面升级。推进物业管理攻坚提升行动。开展安置小区“清杂治乱”专项整治,整治堆杂、乱停乱放问题300余处。加强小区公共设施维护更新,实施3个小区下水管网疏通,完成9个达标区居住小区雨污分流及阳台水改造,推进老旧小区12台电梯加装工作。实施垃圾分类,在4个小区实施垃圾分类房建设。辖区10个小区获评首批“泰州市祥泰小区”称号,数量居全市首位。生态环境全面改善。实施生态环境整治攻坚行动,排查整治长江入河排污口43处,清理沿江岸线码头违建,治理扬尘污染点10个,对3个小化工整治“回头看”。加强黑臭水体治理,清理河道5个、河道沿线秸秆和垃圾10余吨。强化有机物污染治理,对久盛废水废气噪声问题落实动态监管。着力提升人居环境,结合河长制工作和农村“八位一体”管护,开展城乡综合环境整治,整理家前屋后200余处,取缔工农路沿线环境乱象50余处。宜居城市全面提质。围绕文明典范城市创建目标和防违控违任务,采取分片区包干管理模式,结合数字化城管和“12345”派单,推进清洁城市行动,每日动态保洁城市道路,落实洒水除尘,严查偷倒垃圾行为8起,清理牛皮癣、小广告3800余处,清运垃圾320余车,开展市容环境执法200

余次，整治施工扬尘工地2个，拆除城乡违法建设319平方米。

【社会建设】 抓好基层党建引领。实施城市基层党建“靖”提升行动，深化“靖来吧”人气集聚计划，擦亮“靖好嘞”党建服务品牌，开展“靖乐享”服务集优行动，做实“建设专业化社会工作站，激发社区治理新动能”基层治理“书记项目”。开展城乡基层党组织专项整顿，完成51个网格党组织设置。坚持“围绕中心抓党建”，实施“放样子、亮群像”村(社区)党组织书记项目27个。开展身边的文明典型表彰活动，举办主题道德讲堂。推动“书香落地”，完善社区书屋10个，开展全民阅读活动50余场次。打造特色楼道文化，培育新邻里文化，新增楼道文化100余处。开展“文明家庭”评选活动，评出“星级文明家庭”、“优秀文明家庭”各10户。组织志愿服务暖心行动，以“我们的节日”活动为主线，联合驻区公益组织，开展阅读、暑托、助老、帮困等形式多样的新时代文明实践活动。提升居民文化素养。举办特色主题文化展及群众性文化活动200余场次。继续加大社会救助和保障力度。精准落实社保帮扶政策，关爱救助困难群众600余人。建成15分钟医保服务圈。强化农村住房保障，解危农村危房36户，全部安置到位。致力保障信访维稳。推进“信访突出问题攻坚化解年”行动，严格落实领导包案责任制，开展社会矛盾拉网式大排查大起底大化解专项活动，排查处理矛盾风险隐患8起。切实防范社会风险。打击非法集资行为。定期开展集中宣传活动，发放海报、手册、折扇等各类资料1500余份，受益群众1万余人次。坚决落实禁毒工作。开展禁种铲毒集中踏查行动，铲除罂粟种植地三处500余株；组织禁毒社工进学校小区毒品预防教育“开学第一课”，惠及在校学生和居民4000余人。全面整治养老诈骗。开展防骗宣传和线索摸排，守好老百姓的“养老钱”。开展特殊困难群体救助帮扶和妇女儿童权益保障问题专项排查整治。排查核实处理侵害妇女儿童权益线索3条；走访特殊困难群体446人，并对接帮扶；对13名易肇事肇祸精神病人建立“四包一”帮扶小组，落实常态化管理。全力保障健康安全。压实全民防疫责任。开展来靖风险人员排查管控，排查返靖人员5万余人次，核查数据4万余条。落实闭环管控。对累计千余名居家对象建立“五包一”责任机制。重点人员核酸应检尽检按期完成，累计完成核酸检测80万余人次。开展“消防安全大检查”行动。检查辖区企业、多合一等安全风险单位302家，发现隐患38处并全部整改。有效整治住宅安全隐患，修复4个小区外墙、瓦片坠落问题，清理飞线等消防安全隐患300余处。358家生产经营租住自建房全部建档立册，整改隐患192处。定期开展安全宣传和应急演练100余场次。

【乡村振兴】 发展现代农业，打造泰州级巾帼现代农业科技示范基地——靖江市海绅家庭农场。拓宽农业增收渠道。完成村级经营收入达标任务；全年累计发生农村产权交易37笔，交易金额67.86万元。持续巩固脱贫攻坚成果，重点抓好“两户”对象防贫预警，确保真脱贫稳脱贫不返贫。

【社会服务治理】 体系建设不断完善。社区服务布局日趋健全，完成容湖、明湖社区居委会选举，新社区正常运行履职。构建社区党组织引领下，居委会、业主委员会、物业公司“三位一体”社区治理服务模式，水岸华府小区获评泰州市党建引领物业示范点。建立“网格+党建”机制，建立“社区党委+网格(小区)党支部+楼栋党小组+党员示范岗”四级体系，推动党建工作向网格延伸。搭建“社区党群服务中心+小区党群工作站+楼院网格睦邻点”平台。配套建设“网格连心站”“红参微言堂”等服务阵地，实现“党建红”与“网格蓝”有效融合。全科服务呈现活力。围绕“放管服”要求，建成办事处便民服务中心。打造康阳、兴阳、容湖社区“五美驿站”；推动江阳、朝阳社区积分治理项目；打造社区品牌。晨阳社区“晨安服务—呵护夕阳红”获评靖江市优秀社区品牌。重视社工人才培养，年内新增社工师30人，2人分别获首届泰州金牌社工、靖江市社工名师称号。率先在全市成立镇级慈善和社会工作站，精准挂接社会优势服务资源，实现各类政府购买公益项目有效覆盖，着力构建多载体、多形式互为补充的社区服务格局。精细治理展现特色。全面梳理社区服务清单，明确服务事项和工作标准，制定落实7项工作职责和7项管理制度。推行“全科社工+网格跑小二”服务，组建由482名专职网格员及网格信息员队伍，解决群众急难愁盼。实施“品格靖江”创新工程，打造10个“品格靖江”网格品牌。推行网格党员亮身份，畅通网格微信群问题反馈评价渠道。开展“最美网格员”和“十佳网格员”评选活动，广泛宣传最美网格员典型事迹。

（陈卫境）

靖江市人民政府城南办事处

【概况】 城南办事处位于靖江城区南部,规划区域北至横港,南至沿江公路,东至十圩港,西至四圩港,规划面积35.12平方千米,建成面积24.1平方千米,辖7个村、11个社区。有户籍人口18312户、5.44万人。2022年,实现一般公共预算收入6.22亿元。

【党的建设】 有效提升基层基础。巩固新任村社区班子成员"名师高徒"工作机制,推动班子成员思想和业务水平双提升。开展党员轮训,举办"新锐学堂"年轻干部培训班。推进在职党员进社区,开展"五有五化"社区工作者职业体系建设,深化人气集聚计划。提质增效"书记项目"。坚持抓党建促乡村振兴,突出集体经济增收和民生项目落实,形成35个"放样子亮群像"村(社区)"村(社区)党组织书记项目"。推进基层党建"书记项目",建设快递外卖党群服务中心及66个"靖小蜂"驿站。围绕人才工作"书记项目",提升人才队伍含金量,做好人才补贴、人才工作室等工作。

【经济建设】 2022年,实现列统工业总产值270.29亿元、主营业务收入220.65亿元、利税20.92亿元、利润15.79亿元,分别比上年增长16.03%、4.76%、21.13%、24.63%。完成固定资产投资42.35亿元,比上年增长27.52%,其中制造业投资35.6亿元,比上年增长24.17%,高新技术产业投资18.02亿元;实现工业开票销售267.71亿元,比上年增长6.45%。汽配、装备制造、搬运设备等重点行业均实现较快增长,全年新增规模以上工业企业30家。批发零售业销售额181.59亿元,比上年增长20.12%;住宿餐饮业营业额4.62亿元,比上年增长0.87%;服务业重点企业营收27.6亿元,比上年下降17.98%;营业性企业营业收入9.56亿元,比上年下降20.85%。新增规模以上批发零售业企业16家,住宿餐饮企业13家,新增服务业重点企业6家。新增发明专利50件,规模以上工业企业研发投入8.21亿元,签订技术合同91项,成交总额19.47亿元。净增国家高新技术企业20家,高新技术企业总数累计为64家。评价入库科技型中小企业156家。建成2家省级示范智能车间、45家省级星级上云企业,21家企业实施300万元以上"智改数转"项目。

【城镇建设】 提升路网体系。打通汽贸城南侧路、永益路、六圩港西路等断头路,完成富阳西路、前进工业小区路,启动实施永益路西延伸段和聚能路,完善姜八路、七圩港西路、联友路等道路交通设施,新增城西大道两侧、十圩港两侧、七圩港、八圩港及车管所周边区域绿化6.8万平方米,完善联善路、前进工业路等3.3千米污水管道。推进民生工程。完成华侨新村(东区)、水利局宿舍等10个老旧小区提升改造,完成德裕苑东安置区一期工程、城南花园三期安置房楼体封顶,投资2.39亿元新建智能产业孵化中心。二通道北接线项目完成征迁,签约民房4户、企业2家,面积7978.53平方米;滨江湿地公园项目签约41户14561.15平方米;前进14组拆迁遗留户完成拆除。安置城南花苑、江澄苑、中鼎花苑、同康花苑20户31套安置房。完善服务功能。完成火炬村、合兴社区党群服务中心及居家养老工程,建成百富绅等3个微型消防站,建成2个VOCs空气自动监测站和41个空气微站,投资75万元提升改造十圩菜场,投资46万元在欣盛花苑等3个安置区增设57台电动汽车充电设施,完成老旧小区加装电梯40台,因地制宜增设300个停车位,改造合兴9组健身广场,更换修复各类基础设施,人民生活更加舒适宜居。生态环境全面提升。深入推进河长制工作,建设7条幸福河、1条生态河,投资470万元完成昆圣村卓盛圩"幸福河湖"建设。集中整治14个河道排口,清淤沈家圩景观河道等支流河道,对七圩港沿线支流等3个区域实施7个检测、清理、疏通项目,投资1200万实施全区市政道路雨污管网疏通、检测及修复工程。重视垃圾分类,完成15个垃圾分类省级达标小区建设并运行。

【社会治理】 建立群防组织18个,壮大群众义务巡逻队、志愿服务队等群防群治力量;选聘54名专职网格员,加强网格化服务管理;以综治中心为平台,以网格化管理、人民调解网络等为依托,推进"平安城南"建设。加强矛盾纠纷排查化解。打造法治文化阵地,建成康兴法治文化主题广场和新江海法治文化墙。拓展"援法议事"阵地,探索出"三点一心"独特"援法议事"模式。推行村社区法律顾问"挂牌服务"制度,推动"产业链+法律服务"工作深入开展。开展法治宣传教育,矛盾纠纷排查调处及成功率均为100%。依托百日攻坚行动、

"夏百赛"等活动，聚焦危险化学品等重点领域，紧盯重要节点，常态化开展检查抽查。开展燃气使用安全检查，维修盛世广场消防设施，整改万都五金城"多合一"场所违规住人现象，消除区内消防安全隐患，确保辖区安全形势稳定向好。

【民生建设】 持续推进乡村振兴。全年完成粮食播种506.91公顷，水产品总产量137吨。投资700万元完成昆圣村9个鱼塘5.96公顷土地复垦；积极推广农机，新增农业机械29台，其中特色农业机械5台、增氧机24台，农业生产保障稳步发展。7个行政村年经营性收入全部达到50万元，其中北六村、鼎新村年经营性收入超100万元，新增的"汽贸城孵化中心"村企联建项目为北六村带来每年7.5万元的经营性收入，昆圣村利用闲置土地新建的标准化厂房带来每年50万元的租金收入。新认定低收入人口17户，已落实干部联系帮办制度，及时走访，实时了解低收入人口情况，实现农民共同富裕。繁荣发展社会事业。"红石榴创业园""江苏省新侨创新创业基地"等平台建成。建成北六村、鼎新村标准化居家养老服务中心，建设4家"靖善靖美"邻里驿站，创新构建社区睦邻治理体系并试点推行。开放三江、春江花城2个核酸小屋检测点，研判风险区域做好警戒式核酸筛查。建成"15分钟医保服务圈"市级示范点，就业创业、养老保险等指标在全市名列前茅，"工伤探视"社工服务项目为因工受伤住院职工提供暖心服务。文化事业绽放光彩。培树"理响城南"宣讲品牌，创新组建"声临'企'境"企业家宣讲团，被评为2021年度江苏省基层党员冬训工作示范乡镇。举办第十九届文体旅游节，文艺作品群口快板《第一帆》获评江苏省"五星工程奖"曲艺类金奖。

（王　钰）

江苏江阴—靖江工业园区办事处

【概况】 江苏江阴—靖江工业园区办事处位于靖江的"南大门"，东起老十圩港，西至上六圩港，南临长江，北与东兴镇、城南办事处相连，辖区面积16.5平方千米，辖恒义、五星、迎江、江防、江峰、万丰、四圩、五圩、六圩、八圩10个村80个村民小组，莲沁苑、溢馨苑、八圩3个社区。有常住人口3.58万人，户籍人口3.07万人。

【拆迁安置】 年内完成五圩村产业园项目17户的扫尾工作，并完成腾房交拆，拆迁面积4733.46平方米。做好安保维稳工作，成立2个专班和若干稳定小组，累计排查477条矛盾纠纷线索，及时介入并成功调解5起重大矛盾纠纷。加快推进二通道安置区义渡新村工程建设，将八圩集镇棚户区改造项目作为重大民生工程重点推进。

【经济建设】 2022年，辖区规模以上工业企业实现产值2.16亿元、销售2.11亿元、利税1143.1万元、利润197.8万元，新增规模以上工业企业2家。分派22名驻厂员全覆盖进驻辖区45家企业，收集梳理企业需求，与企业进行"面对面"沟通交流，帮助企业解决难题。研究制定党政领导年度安全生产重点工作清单并照单履职，深入基层一线和企业开展"百团进百万企业千万员工"安全专题宣讲活动。推进"一年小灶""三年大灶"的收官工作，"三年大灶"累计排查一般隐患2779条，全部整改完成。

【社会建设】 宣传工作持续创新。打造"理融澄靖"宣讲品牌，广泛开展主题宣讲。多样化开展新时代文明实践活动，建强阅读阵地，开展"倡导移风易俗 破除陈规陋习"系列主题活动，全方位提升乡风文明。及时挖掘中心工作特色亮点，展示办事处形象。集体经济不断壮大。坚持"盘活资产、融通资金、整合资源"的发展思路，开发利用闲置资源，实现村级组织收入稳定增长。深挖紧临园区、紧贴企业的区位优势，打造红翎人才公寓，满足企业职工生活需求。社会保障统筹落实。推进乡村公益医疗互助，辖区参与人员12121人，救助206人次，救助金额34.26万元。完成入户走访调查，帮助52名低保户及其家庭成员、五保户缴纳合作医疗保险。组织8家企业参加招聘会，提供岗位163个，城镇新增就业692人；推荐创业典型4家；办理富民创业贷款1人；办理灵活就业人员社保补贴136人。

【镇村建设】 以深化全国文明城市创建为契机，组织专人定期督查人居环境、硬件设施，列出问题清单，及时通报，限期整改。全年集中整治26次，共取缔流动摊点、店外经营200余个，依法拆除广告站牌180余处，更换破损缺失垃圾桶200余只，增设和修复停车位300余个。做好中央生态环境保护督察组督察反馈问题整改工作，启动新扬子船厂周边道路两侧未接管的排水户专项整治,全部接入污水管网。实施雨污分流改造,完成农村户厕改造任务。全年现场查处违法建设68处,拆除违法建设4000平方米。 (王怡玲)

西来镇

【概况】 西来镇位于靖江东部,距主城区23千米。西北靠季市镇,东北与如皋市毗邻,西南接斜桥镇,东南与张家港市隔江相望。明崇祯十二年(1639年),北大江自季市向东淤塞,因地脉由西延涨而来,故名“西来”。镇域面积46.66平方千米。辖4个社区、16个村320个村民小组,常住人口4.67万人,户籍人口4.68万人。有工业企业511家。2022年,西来镇实现地区生产总值44.62亿元、一般公共预算收入1.21亿元。

【经济建设】 工业经济回暖向好。全年完成规模以上工业总产值104.6亿元,比上年增长26.1%;完成固定资产投资29.5亿元,比上年增长41.3%;完成规模以上企业研发投入2.19亿元,比上年增长40%;完成技术合同输出2.58亿元,技术合同吸纳4.56亿元;新增规模以上工业企业5家。成功申报泰州市科创生态体系建设“先进集体”,全年新增授权27件发明专利。承办2022年靖江市紧固件行业商会会员大会暨“正版正货”示范项目培训会。开展靖江市智能制造能力成熟度宣讲暨省星级上云宣传会,对接企业“智改数转”需求,推进企业星级上云计划,江苏三江电器集团入选省四星级上云企业,江苏靖江互感器股份有限公司、江苏金源交通设施有限公司、江苏万鑫利达木业制造有限公司入选省三星级上云企业。现代农业加快推进。建成高标准农田773.33公顷、稻麦绿色高质高效示范片区2个。新增省级新型农业主体1家、泰州级新型农业主体4家。种植夏粮1713.33公顷、秋粮1726.67公顷。加快现代农业技术推广应用,新增特色农机48台、智能农机27台,新研发的玖顺乘坐式插秧机实现批量生产。组织“老家西来”农副产品、骥洋休闲食品参加省丰收节、苏韵乡情泰州专场等展销活动。项目建设提速增效。组建16个项目服务专班,推动重点项目落地建设。全年新签约亿元以上项目6个,新开工江苏三江电器集团5G通信、江苏靖江互感器股份有限公司高精互感器数字化车间技改、江苏王小卤食品有限公司休闲食品技改等项目4个,新竣工靖江市双鑫紧固件制造有限公司智能控制焊割装备制造、江苏沙龙机电科技有限公司智能家电及新能源汽车电控板生产等项目4个。休闲食品产业园取得积极进展,光电产业园启动实质化运作。品牌品质精彩纷呈。江苏三江电器集团通过国家级专精特新“小巨人”企业认定及“江苏精品”认证,获得江苏省专精特新产品、江苏省智能车间、江苏省国际科学技术合作奖等荣誉;江苏靖江互感器股份有限公司荣获2022年中国电力电气行业“互感器十大品牌”、江苏

2022年西来镇主要经济社会指标一览表

表44

指标	单位	数值
地区生产总值	亿元	40.62
农业总产值	亿元	3.74
工业总产值	亿元	130.04
工业利税总额	亿元	13.39
工业技改投入	亿元	17.17
企业实缴税金	亿元	3.84
三产实体	个	196
集贸市场成交额	亿元	7.11
镇村主干道	千米	85
中、小学校	所	4
年末职工人数	人	17504
职工年人均工资	元	34696
常住人口	人	46660
工业企业	家	511

省专精特新“小巨人”企业、泰州市科技小巨人企业认定;江苏永昊高强度螺栓有限公司、江苏华东正大空调设备有限公司通过江苏省专精特新“小巨人”企业认定;靖江市顺达模具厂通过泰州市专精特新“小巨人”企业认定;江苏永茂普隆汽车配件制造有限公司、江苏金源交通设施有限公司、靖江市钜顺精密轻合金成型科技有限公司通过国家高新技术企业认定。全镇经营性收入超200万元村2个,超100万元村6个,丰产村获评泰州市乡村振兴示范村。

【镇村建设】 优化功能布局。高起点、高标准推进“三区三线”划定和国土空间规划编制,各村完成村庄规划初稿,形成镇村融合发展的空间格局。主动承接市政府委托的马洲岛相关管理任务,深度参与张靖皋大桥建设服务。深入推进“亩均论英雄”改革,盘活低效闲置用地9.67公顷。启动新一轮农民集中居住规划,做好G40拆迁安置区深化设计。提档镇村功能。序时推进G40扩建、农村道路提档升级、“十必接”、污水处理PPP项目、污水管网建设、小区雨污分流及阳台水改造等重点工程。建成节令正气园、红石榴民俗园、乡村驿站、中山杉网红打卡地,丰富镇村文旅功能。启用龙飞村“民盟助力乡村振兴实践基地”,丰产村创成省级特色田园乡村,全力打造乡村振兴鲜活样本。改善生态环境。西来镇获评省生态宜居美丽示范镇,封家村、丰产村获评省生态宜居美丽示范村。深入推进河长制,打造生态河道2条、幸福河湖14条。持续巩固长江入河排口整治成效,全面启动淮河流域入河排口排查整治。

【文化建设】 实施“花漾西来 文润万家”全民素养提升工程,组织送戏下乡20余场、送电影下乡160余场、“戏舞乡村”惠民演出30余场。举办“酷暑清风”群众文艺团队“廉”演、“百姓名嘴”讲堂、“中国好人”故事宣讲会、国家级非物质文化遗产靖江宝卷讲唱等活动,丰富群众精神文化生活。抗疫作品《大雪中的坚守》获评首届靖江文艺精品兰花奖,西来社区艺术团被列入省优秀文艺团队培养计划。央视《味道》栏目组专题取景,用镜头向全国展现西来风貌风情。

【社会建设】 推动就业扩容提质,全年新增就业岗位1750个,开发公益性岗位105个,跟踪服务创业主体240个,带动创业1000余人,帮助申请富民创业贷款300余万元。推进乡村公益医疗互助试点,惠及群众1.4万余人。义兴村获评江苏省卫生村。开展特殊困难群体帮扶行动,累计投入救助资金30余万元。抓好老年群体生活保障,西来敬老院成功创建三级养老服务中心,16家村(社区)居家养老服务中心实现实体化运营。西来镇建成泰州级“15分钟医保服务圈”示范点。落实利益联结机制,通过提供公益性岗位、企业结对帮扶、农创基地收益分红等方式,促进低收入农户增收。完善社会救助和社会福利体系,做好拥军优抚、慈善、残疾人事业和红十字救助等社会保障工作。重视安全生产。开展“学重要论述促安全发展”“夏季百日赛”等活动,营造浓厚安全氛围;围绕巩固“一年小灶”成果,推进“三年大灶”任务,深入开展危险化学品、粉尘涉爆、消防安全、既有房屋等重点领域安全隐患排查整治,逐一落实整改责任;提高应急处置能力和综合救援水平,成功举办自然灾害市镇企三方联合演练;组织开展食品药品专项监督检查,消除食品药品安全隐患。沉着应对多轮疫情考验,第一时间进入战时状态,慎终如始抓牢常态化疫情防控,因时因势优化完善防控措施,加强应急能力建设和疫苗接种工作。加强社会治理。常态化开展扫黑除恶斗争,深化平安西来建设,社会大局安定有序。规范领导接访、跟踪督办等制度,完善纠纷多元化解体系,持续推动信访积案化解;跨界一体化治理“1155”工程入选全省乡村治理典型案例;东升村联合属地法庭搭建“巡回法庭+网格法庭+背包法庭”多级援法阵地,打造“无讼村”;创排说唱快板《重拳辟“邪”》,在“靖江政法”公众号全网首播。常态开展“有事好商量”协商议事活动,妥善解决群众关注的问题。

【政治建设】 政治建设持续加强,开展“西来论语·学习宣传党的二十大精神”系列理论宣讲、“强国复兴有我”群众性主题宣教活动。依法行政持续深化,按时答复人大代表建议、政协委员提案9件,办结率、满意率均为100%;推进“八五”普法,开展“乡村振兴 法治同行”“和谐家园 你我共创”“以案释法”等系列活动。服务效能持续提升。为民服务中心全面推进“马上办”“限时办”“自助办”“智能办”,设立“一窗受理”综合服务区,设置“办不成事”反映窗口,全年办理服务事项3.5万件,满意率100%;打造“西心办”营商品牌,实施“红心引领、聚心推动、惠心服务、诚心营商”“1234”路径,相关做法获得《新华日报》头版推介。作风建设持续发力。开展“清风行动”“廉洁村居”“五铁五心靖风护帆”专项行动，建设“一园一廊一庭”廉洁阵地，征集《我的家风故事》，编写“村居干部警示教育微动漫故事梗概”；试点推进内部审计工作，为全市提供成功经验。

【营商环境优化】 西来镇推行优化营商环境“1234”(突出“党建 + 营商”一条主线，发挥“组织 + 党员”两大作用，做实“赋能 + 减负”三零举措，坚持“日常 + 定期”四法评测)实施路径。会办解决22件企业发展难题，58个综合服务事项实现市、镇、村线上线下“同事同标”，承诺办结时限比法定时限压缩60%。98%的企业认为西来镇营商环境有明显改善。年内，主要指标逆势而上，全年规模以上工业总产值比上年增长18%；重点项目顺势而破，全年新开工亿元以上项目4个，4家企业入驻光电产业园；市场主体因势而动，新增规模以上企业18家，制造业新办比上年增长38%。

【丰产村登上《光明日报》头版】 12月16日的《光明日报》头版刊登《谋民生之利 筑幸福之基》一文，分享各地保障和改善民生的经验做法，文中以靖江西来镇丰产村人居环境改善为例，报道靖江经济发展与民生改善良性互动的成效。《谋民生之利 筑幸福之基》一文分“真金白银，兜牢底线”“攻坚克难，回应关切”“改革创新，共享红利”3个段落，报道各地保障和改善民生的经验做法。“改革创新，共享红利”段落开头便以西来镇丰产村人居环境整治成效为例。文中写道：“经过大力整治，村子变了样。现如今，走进丰产村，农家小院错落有致，河面路面洁净如洗，白墙黛瓦古朴有韵味，俨然一幅清丽怡人的田园风光图，村子也成为远近闻名的特色田园乡村。”报道中用丰产村2位村民的切身感受，介绍靖江群众共享改革创新红利的喜悦。“‘村里的环境变美了，连带着我们的生意也越来越好。每逢周末，城里人到农庄就餐都要预约。’谈到今年村里和自家的变化，江苏省靖江市丰产村‘一鼎农庄’经营者何小平掩不住喜悦。”“‘今年，村里还新建了农民健身广场，我现在闲着没事就到广场上看看戏、健健身，下午带孙子在这里滑滑梯，农村不比城里差。’村民刘建勋笑言”。

【丰产村创成省级特色田园乡村】 11月，丰产村入选第十批次江苏省特色田园乡村名单，为靖江第八个省级特色田园乡村。丰产村位于靖江东端，与如皋市毗邻，该村受长江和焦港滋养，沿江而兴，依港而盛，建设友星建材等内河码头，形成仓储、运输、销售一体化临港服务产业链，并凭借“国家中山杉良种基地”品牌，深耕中山杉、水产养殖等特色农业产业，推动村强民富，村集体经营性收入保持西来镇首位。多年来，丰产村先后获评江苏省文明村、江苏省环境整治示范村、江苏省三星康居示范乡村、江苏省和谐社区建设示范村、江苏省水美乡村。　（韩　柯）

斜　桥　镇

【概况】 斜桥镇为靖江古镇之一。明初称东阜镇。清乾隆五十五年(1790年)更名善因镇。光绪年间，因中市湾、薄家弄之侧有一桥与街道成斜向，故名斜桥镇。该镇位于靖江东部，距城区12千米，东南与张家港市隔江相望，西南与靖城街道相连，西接孤山镇，北靠季市镇、西来镇。靖江经济技术开发区本部坐落域内，镇域面积107.88平方千米，镇区面积6.1平方千米，辖24个村、6个社区、2个渔业分公司、1个渔业农场。2022年，有常住人口9.6万余人，户籍人口8.6万余人。工贸企业451家。实现开票销售收入122.69亿元，地区生产总值45.02亿元，财政总收入2.07亿元。

【政治建设】 鲜明树立重实干重实绩的用人导向，建立“三比三评”考核机制，提拔村(社区)党组织书记3人，调整镇、村干部45人次。明确镇村两级党组织主体责任、书记第一责任、纪检监督责任和班子成员“一岗双责”。持续整治群众身边的腐败问题，开展专项整治10余次。精准运用监督执纪“四种形态”，处置问题线索17条，督办推动化解信访矛盾2个，党纪处分14人次，问责党组织2个。建设斜桥镇清风文化主题园，打造富民村廉政教育基地，常态化编印口袋书《案鉴》，推广使用小微权力“监督一点通”平台。全年新发展党员21名，培养“两新”党建初级红雁5名，申报高级红雁1名，新增“两新”党组织10个，高标准申报A类非公企业三星级“四同八助”党组织。推进基层党建“书记项目”和人才“书记项目”，实施“党建 +5R”工程，提级“慧蓝居”服务矩阵，推进新业态与新就业群体党建工作，打造大觉片区暖新

2022 年斜桥镇主要经济社会指标一览表

表 45

指标名称	单位	数值
地区生产总值	亿元	48.17
农业总产值	亿元	7.3
工业总产值	亿元	121.86
工业利税总额	亿元	6.18
工业投入	亿元	12
自营出口额	万美元	226
外贸供货额	万美元	513
三产实体	个	197
集贸市场成交额	亿元	0.98
镇村主干道	千米	69.5
中、小学校	所	5
在校中、小学生人数	人	4602
年末职工人数	人	13289
职工人均工资	元	43664
参加社保人数	人	29596

惠企驿站、“靖小蜂”驿站、青年人才公寓。镇级组织生活馆获评市十佳基层党建工作示范点一等奖，富民村党总支“党建扬风帆 实干美‘人居’”主题党日获评市十佳主题党日，阜康社区“童享书屋 筑梦童年”、罗家村“党群心连心，偷倒无处藏”等 2 个项目获评泰州市“放亮”项目最佳和优秀项目。

【经济建设】 产业发展量质齐升。实现规模以上工业产值 121.9 亿元、固定资产投资 16.4 亿元，分别比上年增长 37%、28%。国林怡景（靖江）木业科技有限公司、江苏宏毅金属材料科技有限公司、江苏辰亿汽车零部件制造有限公司等 8 家工业企业，芮绅（江苏）国际贸易有限公司、靖江市携诚再生物资有限公司、靖江哈冠家禽养殖专业合作社等 7 家服务业企业进入规模以上企业名单，镇域工业企业公顷均税收达到 195 万元。项目建设高效推进。亿元以上项目江苏中祥汽车部件有限公司零部件生产线竣工试投产，靖江新舟合金材料有限公司航天航空材料、靖江市长凌金属材料有限公司再生资源利用 2 个 5 亿元项目备案拟开工，新招引靖江市恒莱汽车部件制造有限公司、靖江展盛工业设备有限公司、靖江市恒乾机械部件制造有限公司 3 家千万产值企业落地。科技创新活力迸发。靖江泰通汽车科技有限公司、江苏伟博机械制造有限公司、靖江市新世纪液压件制造有限公司等 10 家企业实施智能化改造，靖江市富源船舶配件有限公司、靖江艾威机械配件制造有限公司等 6 家企业成功申报省星级上云，江苏凯元科技有限公司、江苏二马液压元件有限公司成功通过泰州市科技小巨人、省级专精特新企业认定，新增靖江市安华警用装备厂、靖江市荣圣车辆部件厂、靖江市永恒汽车科技有限公司等 6 家高新技术企业。

【社会建设】 平安斜桥扎实推进，安全生产形势平稳有序，紧扣专项整治三年行动重点任务，结合“泰企安·零距离”暖企服务行动，累计整改问题隐患 1350 条，江苏靖江互感器股份有限公司、靖江市飞天紧固件制造有限公司安全生产示范企业通过泰州验收，5 家企业完成安全生产标准化申报，全年未发生重大安全生产事故。社会治理效能增强，推进警网融合体系建设，运用“情指舆情”一体化实战机制、“e 体 +”数字赋能体系，实现数据联享、治理提效。全镇中小学、幼儿园落实安全管理制度。风险防范能力全面提升，维护网络意识形态安全，落实“清单 + 闭环”工作机制、领导干部接访机制。社区治理提档升级，东阜社区获评首批“全省民族团结进步示范区示范单位”，阜康社区获评省法治示范社区，新纪元社区创成省“红石榴家园”，港阜社区通过市级“法治小区”建设示范。

【文教卫生】 文化活动精彩纷呈，举办第七届读书节系列活动、“喜迎二十大”广场舞展演、第十一期夏令营活动，编排舞蹈《玉兰花开》参加靖江市第40届文艺节“靖情江韵”新创文艺节目调演。保障体系不断健全。严格落实各项疫情防控措施，推进“健康斜桥”建设，创成“15分钟医保服务圈”市级示范点。深入实施就业优先战略，全年新增就业再就业1346人、支持自主创业816人，精准帮扶困难群体2300余人。公共服务更加均衡，提升改造斜桥敬老院，建设运营未成年人保护工作站，依托校企资源建设斜桥镇复兴少年宫主馆、现代科技科普基地、自然文化科普非遗文化传承基地等6个教育实践阵地。体育设施逐步完善，改建提升兴皋公园体育建设，新增健身场地面积6.2万平方米，村、社区体育健身路径14套。新港书馆纳入江苏省最美文化空间，东皋书房获评泰州市最美书香驿角。《拥抱阳光》视频获泰州市基层党员冬训“理论+文艺”优秀微宣讲作品。全年选树先进典型“泰州好人”“靖美人物”“最美退役军人”4名。

【镇村建设】 全面统筹提品质。现代农业示范园区创成首批泰州市农业科技综合展示基地。全年完成农业重大项目招引3个，累计投资12.5亿元。靖江市康博家庭农场、靖江市夏士港农产品专业合作社1120公顷绿色大米基地通过认证，红旗芦笋、百花港大米等4个农产品通过绿色食品认证。开发建设更有质效，全年拆迁320余户，腾地80公顷，保障靖江市甬金金属科技有限公司高品质宽幅精密不锈钢板带生产制造项目、汽车循环经济智造产业园一期项目、新港作业区深国际物流中心码头工程等重大项目即时落地。全面推进“三区三线”划定各项工作，年度污水“十必接”排水户接管比例80%，完成内陆村“多规合一”规划编制。营商环境更有温度，靖江市黄埔机械部件制造有限公司获评市“劳动保障诚信示范企业”称号。美丽乡村成效彰显，富民村高标准通过省级特色田园乡村验收，红旗村完成省级绿美村庄创建，创新村、富民村创成泰州宜居美丽示范村，江平村、海圩村通过泰州级样板村验收。镇域绿化覆盖率35%以上，新增绿化面积超3.5万平方米，疏通河道沟渠15千米，打造农村生态河道、幸福河湖26千米，国考断面水质达Ⅱ类标准，空气优良率80%以上，人居环境满意率95%以上，环境质量整体持续向好。

【获评信访系统建设质量提升工程先进单位】 斜桥镇以“争创人民满意信访部门，争当人民满意信访干部”为工作导向，围绕“最多访一次”目标，推行信访窗口服务“456”工作法，着力打造集“掌握民情的窗口、化解矛盾的前沿、温暖民心的港湾”为一体的人民来访综合接待中心，让社情民意畅通直达，辖区信访公信力和群众满意度得到有效提升，成功获评2022年度全省信访系统“人民满意窗口”建设质量提升工程先进单位。

【富民村创成江苏省特色田园乡村】 7月6日，富民村夏仕桥组、李家桥组成功获评第九批次江苏省特色田园乡村。富民村位于斜桥镇西部，设有21个村民小组，农户895户。该村坚持因地制宜发展现代农业，培育特色产业，初步形成了绿色农产品产销、机械制造以及漆刷、竹编等传统手工制品加工的产业业态，同时积极探索多元化发展延伸产业链，不断夯实“以产兴村、以业富民”根基。先后获得“靖江市先进党组织”“村民自治模范村”“靖江市文明村”“靖江市五星级基层党组织”“泰州市特色田园乡村”等荣誉称号。富民村围绕人居环境整治，打造了乡愁馆、廉文化池、田园讲堂等特色景点，走出一条“党员带动、群众参与、全员共治、成果共享”的创建之路，为零基础普通乡村创建塑造可复制样板。

【获评泰州市首批乡村振兴中心镇、示范村创建单位】 9月23日，在泰兴市举行的中国农民丰收节江苏省主场活动上，斜桥镇获评泰州市首批乡村振兴中心镇创建单位，斜桥镇富民村、新木村、江平村获评泰州市首批乡村振兴示范村创建单位。

（郑江林）

季　市　镇

【概况】 季市镇是靖江成陆最早的地域。南唐昇元元年(937年)，时有季姓乡民来此围田，形成集市，故名季家市。明洪武五年(1372年)，为镇江洪，更名季市镇。该镇距城区16千米，是靖江的“北大门”。东与西来镇相接，东南与斜桥镇相连，西及西南与孤山镇相依，北与如皋市、泰兴市交界，为方圆百余里区域内的省重点中心镇。镇域面积41.63平方千米，辖社区2个、村24个，常住人口4.1万人，户籍人口4.5万人，有工业企业400余家。2022年，实现工业开票销售收入40.53亿元；实现税收1.43亿元、一般公共预算收入7697万元，分别比上年增长3.6%、2.7%。

【经济建设】 新增规模以上服务业企业3家，限上批零住餐企业6家。新增高新技术企业1家，创成科技型中小企业23家，申请发明专利42件。江苏品冠家居新材料有限公司建成智能车间，完成重点单位"智改数转"评估诊断6家，靖江市国恒汽配制造有限公司等5家企业获评省级三星级上云企业。江苏大中电机股份有限公司加快发展节能高效电机，通过"江苏精品"企业复评；4项企业标准入选全国企业标准"领跑者"榜单。亿元以上项目开工2个、竣工3个。推广优级水稻品种7.23万千克，创成"江苏省水稻绿色高产示范方"，绿色优质农产品比重提高到90%。完成季市粮食产业园提档升级工程、孤山灌区续建配套及改造工程，打造高标准农田666.67公顷。新增泰州市示范家庭农场2个、示范合作社1家，培育泰州市农业龙头企业1家、产业化联合体1家。改造农村户厕450个，完成"一事一议"项目7个、公共运行项目13个。打造特色农家乐品牌，"安武老灶台""阳光宴会厅"等项目投入运营。

【社会建设】 累计接种新冠疫苗8.3万剂次，60岁以上老年人首针接种率99.7%，组织开展24次全员核酸检测。新增城乡居民养老保险247人。季市卫生院创成二级综合医院，特色专科影响进一步扩大，季新村获评江苏省卫生村。关心关爱困难弱势群体，完成困难老年人家庭适老化改造45户，馨港湾残疾人之家获评AAAA级社会组织。运用临时救助金救助困难群众95人次，救助金额8.25万元。推进体育惠民村村享项目，体育公园完成升级改造。安武村获评省级文明村，季新、石榴、季西村获评泰州市文明村。完成农民集中居住区择房39户。新增微网格员319名，打造"品格靖江"项目2个。推进石碇湾新村"法治小区"建设，打造互联网+云监控"雪亮技防"示范点。首创"季晓法"法律援助品牌，选育"法律明白人"306人。

【镇村建设】 持续推进省级历史文化名镇创建，精致打造季振宜纪念馆，"季市""弯腰沟"入选泰州市首批地名文化遗产名录。扮靓古镇颜值，改造维护集镇路灯629盏，推进污水管网"十必接"项目，推动古镇有机更新。实施弯腰沟红色文化旅游基地红安路、红枫路景观工程，入选省级"乐享园林"名单。完成十圩港、靖泰界河沿线内河码头整治，规范提升码头5个、拆除9个。建成幸福河湖乡级河道1条、村级河道13条。打造竖河生态河道3千米，建设"民间河长工作站"1个，建成智慧水利信息平台季市分中心。开展镇容秩序集中整治行动，清理流动摊点200余个，规范门牌店招150余户。组织开展"九小场所"消防安全示范街创建，推进消防工作站建设。排

2022年季市镇主要经济社会指标一览表

表46

指标名称	单位	数值
地区生产总值	亿元	27.97
农业总产值	亿元	11.02
工业总产值	亿元	40.32
工业利税总额	亿元	2.55
工业投资	亿元	20.96
自营出口额	万美元	4503
三产实体	个	341
集贸市场成交额	亿元	0.53
镇村主干道	千米	61
中小学	所	4
在校中小学	人	696
年末职工人数	人	16413
职工年人均工资	元	31205
职工人均工资	元	43664
参加社保人数	人	29596

查整改安全隐患1800余处,培育泰州市安全生产示范企业2家。

（夏　立　范钰程　何文杰）

孤　山　镇

【概况】 孤山镇距离主城区6千米,因“苏中六峰,惟此独秀”的孤山在其境内而得名。孤山镇位于靖江市中北部,东依斜桥镇,南邻靖城街道,西接马桥镇,北靠泰兴市和季市镇,镇域面积为48平方千米,镇区面积为2平方千米。辖8个社区(居委)、18个村322个村民小组,孤山(不含城北园区)常住人口2.27万人,户籍人口4.26万人。2022年,孤山镇(城北园区)地区生产总值112.22亿元,一般公共预算收入3.53亿元。

【经济建设】 实体经济提质增效。全年新签约亿元以上项目27个,新开工16个、新竣工11个,入选省重大项目1个,盘活低效闲置工业用地21.4公顷。孤山镇(城北园区)实现工业开票销售165.47亿元、规模以上工业总产值140.37亿元,分别比上年增长6.5%、19.4%。创新动能提速加码。规模以上企业、高新企业分别增至117家、74家,数量规模均居全市首位。建成中小企业“创业首站”,培育省“专精特新”企业5家、省级工程技术中心1家,市级互联网标杆企业1家、市级智能示范车间1家,新增市级工程技术研究中心3家、上云企业35家,实施“智改数转”项目10个,获评省绿色发展领军企业1家。现代农业提档升级。中国淡水渔业研究中心“水生动物疫病研究专业试验基地”“长江下游水生生物资源养护研究基地”同步落户,江苏三鑫食品制造有限公司、靖江众阳食品有限公司、靖江市向阳食品有限公司3个农业重大项目相继开工,完成小麦、水稻等播种面积3333.33公顷,建成水稻绿色高质高效示范片区200公顷。

【镇村建设】 陆水通道持续做优。新建道路2.6千米,新增雨污管网5.3千米,联东桥竣工通车,安装临水道路安全防护3000米。启动芦场港流域整治,完成孤山灌区节水改造项目,推进七一河、沙泥河等河道疏浚,建成支华港排涝站、七一河提排站等。安居工程持续做精。集中居住区四期、杨太安置区配套建设基本完成,石桥村获评省级卫生村;实施老旧农房改造50户,安装农村生活污水处理设施524个,“阳台水”改造725户,新增墓穴、壁龛1420个。美丽版图持续做大。打造渔婆港等生态河道4条、七一河等幸福河湖18条,新增涨公殿景观点、蒋家埭睦邻里等“美丽村庄”8个,勤丰村、新联村创成“省级生态宜居美丽乡村”。

【民生福祉】 保障体系更加充分。新增就业1100人,净增城乡居民基本养老保险410人,申领灵活就业社保补贴290人,发放尊老金3239人,落实困境儿童救助44人,开展民政临时救助95户,发放各类救助资金20余万

2022年孤山镇(城北园区)主要经济社会指标一览表

表47

指标名称	单位	数值
地区生产总值	亿元	122.12
规模以上工业总产值	亿元	140.37
规模以上战略性新兴产业工业总产值	亿元	61.88
高技术产业投资	亿元	18.94
建安投资	亿元	42.41
规模以上工业利税	亿元	8.95
固定资产投资	亿元	46.63
工业投资	亿元	42.48
镇村主干道	千米	87
中、小学校	所	5
在校中、小学生人数	人	5602
城乡居民基本医疗保险参保人数(累计总数)	人	30719

元。城北康养医院主体封顶，新一社区、望江社区等14个居家养老服务中心实现市场化管理、标准化运行。石桥村获评江苏省卫生村。文明实践更加深入。先后建成戏鱼墩“网络安全”主题公园、山东村“孤山泥狗子”文化馆、蹑云社区民族展厅，组织专题活动近百场，惠及群众3万人次。成功举办泰州首场中共二十大理论宣讲活动，创作舞蹈《梦起大江》获评泰州市新创文艺节目调演一等奖。基层治理更加完善。镇为民服务中心全年办结审批服务31098件，村便民服务站开通高频民生业务25项，事项办结率、群众满意率均为100%。全面推行现代乡村“微治理”模式，107个全要素网格通过泰州市规范化验收，评选美德善行人物109个。

【社会事业】 疫情防控精准高效。科学应对新冠肺炎疫情，加强物资储备、资源调配、疫苗接种等工作。安全形势稳定向好。完成安全生产专项整治三年行动，开展既有建筑安全隐患排查整治15567户，安装餐饮场所燃气泄漏报警装置35个；创新推行“不放心清单”管理模式，围绕19个重点行业领域开展安全生产大检查，发现隐患3287条，整改完成率100%，未发生一起较大以上安全生产事故。环境基础持续巩固。将空气质量、水体环境纳入网格化管理的重要内容，建设空气微站36个、水质监测站11个，整治废气无组织排放企业23家，督促企业实施雨污分流、申领排水许可160家，“天蓝水清”目标基本实现。

【《孤山镇志》首发】 1月5日，《孤山镇志》首发问世。《孤山镇志》作为靖江市出版发行的第一部镇志，编纂工作历时三年时间，数易其稿、反复打磨、修改增删，较为全面反映孤山镇的政治经济、历史沿革、非遗文化等，被干部群众誉为的“体验孤山人文”的综合工具书和“弘扬孤山精神”的历史教科书。9月，《孤山镇志》获评2022年度全省史志作品质量评定优秀成果。

【泰州市首场中共二十大理论宣讲】 10月24日，泰州首场中共二十大理论宣讲活动在勤丰村举办。结合中共二十大报告原文，创新“‘理响’满山”理论宣讲品牌，布置“‘理响’长廊”实践基地，“百姓名嘴”围绕高质量发展、高效能治理、高水平文明、高品质生活展开理论宣讲，展示了孤山镇近年来在产业发展、基层治理、社会事业、文明涵养等方面的喜人变化。

【中国水产科学研究院淡水渔业研究中心“靖江双基地”落户】 12月18日，中国水产科学研究院淡水渔业研究中心水生动物疫病研究专业试验基地暨长江下游水生生物资源养护研究基地，在通太村举行奠基仪式。该中心先期在靖江基地完成两期基础设施改造项目并交付使用，在靖江基地护存长江刀鱼、鲻鱼、鳗鱼等几十种鱼类，开创性地进行橄榄蛏蚌、河蚬等淡水贝类的保育研究，开展三年的稻渔综合种养研究与示范。 （顾 飚）

马桥镇

【概况】 马桥镇位于靖江城区西郊。民国年间，北伐军进军途中，马队为下六圩港所阻，乡民为其建便桥，故名马桥。该镇东靠城区，南连城南办事处，西接生祠镇，北与泰兴市曲霞镇、广陵镇相邻，距城区3千米。镇域面积50.31平方千米，镇区面积6.96平方千米。辖18个村355个村民小组，1个社区，常住人口2.52万人，户籍人口3.59万人。2022年，马桥镇实现地区生产总值30.87亿元，一般公共预算收入7067万元；完成固定资产投资26.08亿元，比上年增长21.75%。

【经济建设】 工贸经济提速进位。全年完成工业开票销售41.2亿元，实现规模以上工业总产值31.35亿元，新增规模以上工业企业7家；实现战略性新兴产业总产值14.32亿元，比上年增长30.06%；完成制造业投资25.5亿元，比上年增长19.04%。项目建设提质增效。新签约亿元以上项目10个，其中5亿元以上项目1个；新开工亿元以上项目3个，新竣工亿元以上项目3个，其中“三比一提升”开竣工项目各1个；建设正北“专精特新”小园区，基本完成土地整理前期工作，与联东U谷、江苏雅博动物健康科技有限责任公司等洽谈合作意向；加快实施“亩均论英雄”改革，盘活闲置土地8公顷，引进江苏菲瑞达模具科技、靖江双盾公共安全设备有限公司。营商服务提档升级。开展高新技术企业倍增三年行动，新增高新技术企业11家；完成企业星级上云7家、智能制造自诊断40家；强力推进产才融合，引进泰州市“双创”人才2名、高校毕业生100名；常态践行“365”服务承诺，代办产业项目服务12个，提供融资贷款8000余万元。

【乡村振兴】 兜牢粮食安全“底线”。落实产粮大县奖补项目二期工程，新增高标准农田72公顷；建设粮食生产综合示范区167.87公顷，认定高产攻关田23.33公顷；推广优质水稻、小麦品种，良种覆盖率93%。抓牢现代农业“主线”。实现农业实际利用“三资”1.5亿元，招引规模农业项目3个；申报国家级“一村一品”项目1个，新认定江苏省级、泰州市级农业产业龙头企业各1家；升级都市现代农业产业园，建成草莓观光工厂、草莓种苗扩繁基地等，成功认定“泰州市四星级现代农业产业示范园”，建成泰州市数字农业农村基地；加快建设香沙芋地理标志农产品保护工程，申报省级蔬菜全程机械化示范基地20.33公顷；建设省级绿色防控示范区7.33公顷，新申报绿色农产品认证1个；承办2022年靖江市“芋头集”开幕暨乡村振兴“产业+电商”推介活动，成立经济首个农业产业联盟。攀接改革创新“高线”。探索抵押、担保、信用、保险“四位一体”供给模式，定制开发“兴村富民”金融产品60余个，获国家级金融刊物推介；率先开展农业设施确权登记颁证试点，发放泰州市首批农业设施所有权证，完成农业设施总体授信8500万元，获农业农村部推介；出台《马桥镇外来税源考核激励办法》，推行各村(社区)飞地项目考核加分、财力分成“双奖励”，推动村集体经济增收120余万元。

2022年马桥镇主要经济社会指标一览表

表48

指标名称	单位	数值
地区生产总值	亿元	30.87
第一产业增加值	亿元	3.36
第二产业增加值	亿元	22.42
第三产业增加值	亿元	5.09
工业企业数	个	534
工业开票销售	亿元	41.2
一般公共预算收入	万元	7067
中、小学校	所	3
在校中小学生人数	人	816
从业人员	人	24227
公路里程	千米	196

11月9日，靖江市“芋头集”开幕暨乡村振兴“产业+电商”推介活动

【镇村建设】 基础设施持续优化。完成232省道、过江二通道北连接线、北互通拆迁序时目标，加快北互通安置区、正北安置区建设；编制村庄规划15个，三爱特色田园乡村项目通过泰州现场验收；完成农房改善20户、农村户厕改造740户，马桥镇获评“江苏省最受欢迎十大美丽乡村”；组织既有房屋安全隐患整治行动，排查既有房屋1.4万余栋、建筑图斑2.1万个；完成侯爱路、幸福路(五圩港路)、徐周中心路大中修，新建、加固桥梁3座。生态环境持续美化。完成第二轮中央环保督察交办及省、市反馈问题整改；推进“八位一体”综合管护，新增绿化面积3000平方米，打造样板村2个、样板埭36个；整治水洞港、严家港等二级河道20千米，打造

幸福河湖19条；完成农村生活污水治理PPP项目300户、排口截污项目6个，新增“十必接”小散乱单位126户；开展土壤污染防治、耕地地力保护，农地膜、农药废弃包装回收率95%；坚持大气污染多源共治，统筹抓好“禁烧禁燃”，规范整治涉气工业企业18家。文明养成持续深化。落实文明城市创建三年行动计划，整治占道经营、乱占乱堆等不文明现象60余起；打造新时代文明实践“示范站”、实践点、实践基地各2个，开展“喜庆二十大”、志愿者服务大集市等活动90余场；评选第七届“我有好家风”最美家庭90户，获评“江苏最美人物”1名、“靖美人物”2名。

【社会建设】 保障体系更为健全。常态监测防贫预警，办理防贫综合保险235份、高效农业保险330余万元；签订五保供养协议特困供养154位，申办残疾人两项补贴78名；申领“4050”社保补贴1713份，新增城乡居民养老保险192人；坚持即征即保，办理被征地农民社会保障352名；开展60周岁农村籍退役士兵身份认定，发放优待证1149份。公共服务更趋完善。提供就业岗位360个，实现城镇失业人员再就业500人；新增创业注册登记单位325家，办理创业富民贷165万元；建设健康主题公园3个，新增健康步道8759米、体育设施面积35862平方米，创成“江苏省健康镇”，三爱村获评江苏省卫生村；建成“石榴籽主题公园”，在泰州率先启动“同心助力”社会治理行动，承办靖江市镇级新的社会阶层人士联谊会；武装工作接续发力，获评“泰州市征兵工作先进单位”。基层治理更加精准。有力应对新冠疫情防控阻击战，持续推进疫苗接种，镇域60周岁以上实有人口接种率99%；落实“安全生产大检查和百日攻坚行动”，启动二级消防站建设；常态开展扫黑除恶斗争，专项排查整治妇女儿童权益保障问题；创新“产业链+法律服务”专项行动，获评江苏省“三化”建设成效明显职工法律援助站；妥善处理“12345”市民来电、网络舆情等1500余个，群众满意率99%；组织“信访突出问题攻坚化解年”专项行动，信访积案攻坚化解率100%，完成重大活动、重要时间节点安保任务。

【新冠疫情防控】 3月24日，马桥镇发现2例新冠病毒核酸检测阳性感染者。3月25日，市新冠肺炎疫情联防联控指挥部划定祖师村、马桥镇幼儿园为封控区，马桥镇其他区域为管控区。马桥镇紧急成立疫情防控“攻坚支部”，统筹封控、转运、消杀、全员核酸等系统应急事项，有力有序地将疫情控制在家庭范围内，并最大化调动社会防控面，发动党员195名、志愿者106名到“疫”线报到，迅速稳定封控区整体秩序。

（唐以涵）

生祠镇

【概况】 生祠镇原名生祠堂，位于靖江西北部，距城区10千米。南宋建炎四年(1130年)，岳飞“渡江淮流民”于此。岳飞离去后，乡民感其恩，建堂以祀，因而得名。该镇东接马桥镇，南倚东兴镇，西连新桥镇，北与泰兴市虹桥、曲霞镇相邻。为靖江最早的集镇之一，原江苏省副省长、爱国实业家刘国钧出生于此镇西街。镇域面积70.19平方千米，镇区面积4.69平方千米。辖2个社区，18个村472个村民小组，户籍人口4.59万人，常住人口4.78万人。2022年，实现地区生产总值27.4亿元，比上年增长11%；一般公共预算收入6765.1万元。

【经济建设】 复工复产有序推进。开展“营商环境百日提升”“访企助企”等系列活动，落实惠企纾困政策，全社会开票销售增长12%，项目建设稳步推进。全面落实“1230”服务举措，推进江苏亿蓝净化科技有限公司净化电站环保装备、江苏齐硕科技发展有限公司LNG超低温智能阀门等重大项目建设，引导靖江市良成冶电机械制造有限公司、江苏誉峰泵业有限公司、靖江市大成汽车配件制造有限公司等企业投资扩产，全年实现亿元开工项目3个，亿元竣工项目3个。拓展金融服务方式，与靖江农商银行达成战略合作协议。转型升级步伐加快。激发经济活力，全年盘活低效用地16公顷。强化“智转数改”工作，新增入库高新技术企业11家、规模以上工业企业7家，实施智能化改造项目1个，重点企业研发费用投入超1.2亿元，申报实用新型专利26个，引入外国高端人才和专业技术人才2人。抓好招商引资，新招引项目亩均税收贡献率达225万元/公顷以上。

【乡村振兴】 按照“镇园同建”要求，推动乡村全面振兴。园区建设稳步推进。围绕园区提档升级目标，搭建政、产、学、研协同平台，推动农业产业从生产向加工、数量向质量、产品向品牌转变。依托省级“味稻小镇”“芋芀小镇”特色招牌,集聚现代生产要素,打造科技研发、加工增值、农旅组团等多核心多引擎,切实发挥园区的示范引领和辐射带动能力。成功申报建设省级现代农业产业高质量发展示范园,做强“优质粮食、特色香沙芋”主导产业,精心筹划三年实施项目,做好粮食社会化服务中心、靖江香沙芋科技集成示范基地等5个农业项目建设,培育泰州市级农业龙头企业1家。主导产业集约高效。强化耕地保护,高标准落实“吨粮田”要求,实施1133.33公顷高标准农田建设,改善生产条件,优化硬件设施。加大新型、高效农机装备的引进和示范力度,实行良种、良法、良地、良机融合,推动绿色优质农产品发展。统筹各级各类用地需求,调整产业结构布局,持续推进农产品加工集中区规划建设。实施“数商兴农”工程,推进生产智能化、经营网络化、管理数据化和服务在线化,提高“互联网+农业”覆盖率。富民业态更加兴旺。完善农村低收入人口增收长效机制、经济薄弱村发展长效机制。深化“富民强村帮促行动”,推进“一事一议”和公共运行维护项目24个,申报扶持村集体经济发展项目6个,增加村集体经济收入约50万元。搭建镇村联动的农产品线上线下展示交易平台,做优做响“生祠堂”区域品牌。发挥农业龙头企业、星级示范企业等行业力量,培育一批“链主”企业,加快农业产业链建设。建成省级示范家庭农场1家,泰州示范社3家,泰州示范家庭农场2家,家禾蔬菜种植专业合作计获评“全国巾帼现代农业科技示范基地”,全镇实现村集体经营性收入超50万元全覆盖,7个经济薄弱村平均增幅19%。

【镇村建设】 优化谋篇布局。调整基本农田布局,推进占补平衡复垦土地21.13公顷,为重点项目和镇村建设需求争取空间。推进村庄实用性规划编制,完成13个村编制上报,推进已命名特色田园乡村动态管理,七里村创成泰州特色田园乡村,涨公村、新丰村创成绿色美丽乡村。做好红英村传统村落申报工作,实现传统风貌和田园风光有机融合。致力功能提升。稳步改善镇域基础设施和公共服务条件,落实农村公路“路长制”,序时推进232省道、老江平路、二圩港路、红庆路新建改建工作,生祠中心幼儿园投入使用,岳庙门楼及故居路沿街立面改造、生祠小学配套设施、50万千伏电力线路改线等民生实事工程高标准实施。污水处理提质增效,农村生活污水处理项目惠及7035户,“十必接”接管纳网及雨污分流改造完成既定目标。提升群众居住环境水平,申报全国卫生镇,“农村生活垃圾分类试点镇”通过省级验收,完成农村户厕新建及整改689户,排查自建房图斑18627栋、农房改善75户、危房改造5户,老港村农村户厕改造项目纳入省民生实事工程。坚持绿色发展。加强工业企业污染防治,推动产业绿色转型,成立突出环境问题整治工作专班,对各级环保信访案件闭环销号。加大农业面源污染治理,完成生态型高标准农田试点建设40公顷,促进畜禽、水产生态健康养殖。落实市委、市政府内河非法码头整治精神,11处内河港码头复绿到位。周密组织“双禁”工作,加大秸秆还田和收集清运力度。建设水质监测站2个,推进农村黑臭水体整治2条,建设幸福河湖19条,排查淮河流域排口315个,高标准农田林网建设333.33公顷。东进村、利珠村创建省级生态宜居美丽乡村示范村。

【社会建设】 强化法治建设。开展村居公共法律服务,推进“法律明白人”队伍建设。实施年

2022年生祠镇主要经济社会指标一览表

表49

指标	单位	数值
地区生产总值	亿元	27.4
规上工业总产值	亿元	30.25
农业生产总值	亿元	5.06
镇村主干道	千米	98
中、小学校	所	3
从业人员数	人	29293
农村医疗保险参保人数	人	18372
农村养老保险参保人数	人	19318

度法治为民办实事项目，打造法治文化活动品牌，东进村被评为“全国民主法治示范村”。突出安全生产。组织重点行业领域百日攻坚行动，有序开展“安全生产月”等活动，突出防控危险化学品、工贸领域、建筑施工、危险废物等安全风险。加强消防工作站规范化建设，加大应急管理队伍和企业安全专业人才培养。压实安全责任，常态化开展督导检查，构建“5+6+20”安全监管模式。致力平安建设。做好信访工作，落实信访联席会办制度，办结上级交办信访件47件。贯彻网格化社会治理“1+8”文件精神，实施网格事项联勤联动机制，办好“镇街吹哨”网格事项，网格事件办结率100%。深化扫黑除恶斗争，创新开展平安建设、防范非法集资、防范网络诈骗等工作，群众安全感得到提高。聚焦群众期盼。办理市人大代表议案建议12件、政协委员提案9件，镇人大代表建议意见32件，开展“枝叶关情您呼我应”活动，6项政府重点民生实事项目完成年度任务。服务民生需求。落实防贫预警处置制度，做好低收入人口救助帮扶，推进困难群众保障提升。关心关爱空巢老人、留守儿童和残疾人，扩大养老服务有效供给，强化未成年人保护工作。活跃农村经济，全年新增就业人数800人，开发疫情防控临时性公益性岗位52个。做好劳动监察工作，推进职业健康建设年行动，开展“根治欠薪百日攻坚战”，协调处理农民工欠薪55起。提升幸福品质。依托城乡一体广播电视网，完成智慧乡镇建设。开展文明创建活动，推进农村人居环境薄弱村整改。

【文教卫生】 满足群众医疗需求，建成泰州市级“15分钟医保服务圈”示范点。成立20个村(社区)公共卫生委员会，开展职业健康进企业“十项春风行动”。做好新冠肺炎疫情防控。完善“一办八组”工作架构，强化重点人群、重点场所管控，筹备各类防控物资，组织全员核酸检测演练，稳妥有序推进疫苗接种工作，全镇累计疫苗接种6.6万人次，第一针接种率93%，全程覆盖率超90%；修订完善《生祠防疫标准化手册》，健全平急转换、高效运转的疫情联防联控指挥体系，构筑“人防、物防、技防”安全屏障；多轮次开展全员核酸检测，持续加强社会面管控。加强防控支撑体系建设，完善各类疫情应对处置预案，提升疫情防控的科学精准水平。开展“欢庆元旦”、“文化汇演乡村行”、“喜迎二十大 礼赞新时代”送戏下乡文艺演出活动58场；举办全民阅读系列活动60余次；举办镇、村(社区)文化管理专(兼)职人员业务培训班、业余团队培训、民族舞培训、声乐培训等各类培训34次；新创文艺节目，参加靖江市“靖情江韵”新创文艺节目调演；每月对村(社区)、学校及企事业单位举办文化知识展览，做到每季度有组织、有计划开展，展览内容丰富多样。举办东进荷花节、利珠采摘节等农旅节日，吸纳周边游客近20万人次，促进消费70余万元。丽园创建“省级劳模(职工)疗休养基地”“省级华侨文化交流基地”。开展城区中小学校长生祠行，推出“经纶普济精忠魂”研学项目。生祠中心幼儿园顺利投入使用。至2022年，全镇有各类学校3所，在校学生3236人。其中，小学1所，在校学生499人；中学2所，在校学生2737人。全镇教师总数347人，其中小学教师75人、中学教师272人。全镇公办幼儿园2所，适龄儿童入学率、中小学毕业升学率均为100%。

【靖江旅游节暨生祠荷花节开幕】 7月22日，2022靖江旅游节暨生祠荷花节在生祠镇东进村开幕。此次活动由市委、市政府主办，市委宣传部、市工商联、市文体旅游局、中共生祠镇委员会、生祠镇人民政府、靖江现代农业产业园区承办。活动全程通过紫牛新闻App面向全省直播。2022靖江旅游节暨生祠荷花节历时一个半月，以“喜迎二十大——荷塘月色·香飘万家”为主题，举办荷香·农产品展销会。荷味·美食节、荷畅·汽车嗨乐节、荷韵·文化活动、荷趣·儿童游乐、荷美·体验秀等系列活动，带给游客亲近自然、体验文化、休闲旅游的美好感受。

【东进村农耕实践项目获省推介】 9月，省农业农村厅推介发布一批乡村休闲旅游农业特色模式(项目)，生祠镇东进村农耕实践项目入选。东进村以“红色引擎、绿色发展、金色梦想”为发展战略，发展生态旅游业、红色旅游业，将村庄打造成了多彩农旅综合体。东进村农耕实践基地包含七彩荷塘、红色东进纪念馆、东华景观植物园、精品民宿、智能生态牧场等多个现代农业知识普及、农耕实践场所，连年举办的荷花节吸引众多游客前往观花赏景，每月都有城乡中小学生前去劳动实践、了解农耕文化。

【首个村集体主投光伏项目开工】 10月，生祠镇首个村集体主投的300千瓦太阳能光伏并网发电项目在七一村江苏久亿矿山机械有限公司厂区屋顶正式开工。该项目占用屋顶面积1200平方米，总投资120万元。项目投产后，每年产生30万度电，可供村内企业使用，余电还可并入国家电网，相关部门将以一定价格对余电进行回收。

【高标准农田建设项目入选省示范】 11月，生祠镇的高标准农田建设项目入选江苏省农业农村厅发布的全省首批高标准农田示范项目名单，是靖江唯一一个入选项目。2022年，生祠镇列入高标准农田建设项目土地1106.67公顷，涉及东进、三圩、法喜、新丰、新跃5个行政村，总投资近5110万元。

【党建联盟】 持续深化"1133"党建发展模式，实施"'党建红'妆点'集镇美'，'多维施策'扮靓'精致古镇'"书记项目，规划"一号农路"党建长廊，绘制"1+5"党建地图。累计投入600余万元完成七里、大进党群服务中心提档升级，不断提升基层党组织的组织力、凝聚力。立项实施"放亮"项目39个，利珠村、法喜村"放亮"项目分别获评泰州市最佳项目、优秀项目。深化"溥庆讲堂"干部培养平台，招聘"兴村特岗"10人，在全市率先实施"兴村专员"定向培养计划，不断建强"双强"领头雁队伍。有序抓实村干部能力大比武，推荐的村干部参加泰州市首届村干部大比武荣获二等奖。打造"岳来岳好"党员志愿服务平台，建立发展对象轮值志愿服务制度，制订流动党员8项服务事项清单。统筹推进人才书记项目，选育省"333工程"对象1名，柔性引进海外人才3名。落实"双有双提升"行动，完成两新组织党务工作者专业化资格认证4个，指导天骄汽配创成B类非公企业三星级"四同八助"党组织。致力求新创优，指导相关基层党建创新项目获评市"十佳主题党日""十佳精品党课"。（鞠　彬）

东兴镇

【概况】 东兴镇原名正东圩。是清嘉庆、道光年间长江涨出来的一方水土，最早的东兴人来自扬中大辛浦，来此围堤造田，繁衍生息，所居村落为正东向，故名。道光三十年至同治十一年(1850—1872年)，靖江县衙曾移设于此。1929年更名东兴镇。抗日战争时期，澄江县县委、县政府曾迁于此地，时任县委书记俞乃章称"在江阴人心中东兴是最温暖的地方"。新四军东进，此地为靖西革命根据地。该镇是靖江西南部重要集镇，距城区12千米，东连江阴—靖江工业园区办事处，南临长江，西接新桥镇，北邻生祠镇。镇域面积36.18平方千米，镇区面积6.2平方千米，长江岸线4.16千米。辖12个村260个村民小组、1个社区，常住人口3.32万人，户籍人口3.35万人。

【经济建设】 经济发展持续向好。全年实现一般公共预算收入9616万元，完成规模以上工业产值57.6亿元、规模以上工业增加值率24.5%，新增"四上"单位17家。实际利用外资368万美元，对外直接投资203万美元。海工产业加速发展，实现开票销售13.1亿元，比上年增长32.7%。全年认定新开工亿元以上项目4个、竣工亿元以上项目4个，其中被列入泰州市"三比一提升"项目1个。启动约600米长江深水岸线和上六圩内港码头规划，推进东兴科技产业创新园实行成片开发。江苏亚星锚链股份有限公司获评省标准创新贡献奖、泰州专利标准融合创新企业。江苏旭顺东明云智能科技有限公司被认定为省"专精特新"企业。吸引海外人才15人，培养"311工程"对象3人、省市级"双创计划"各1人。深化"放管服"改革，推进"最多跑一次"审批改革。实施"一业一证"改革，办理行业综合执业证18张，发放泰州首张乡镇全程网办的行业综合执业证。《全力化解企业"开工难"，切实帮办企业"手续烦"》被泰州市政府列入营商环境十大经典案例之一。乡村特色产业创新发展。率先出台《关于规范促进新型农村集体经济组织发展的实施意见》，"万众兴盛""兴海""惠民兴龙"产业项目陆续投产，"成于德行"富民工程稳步推进，村均经营性收入56.8万元，新型农村集体经济"111"路径入选省现代化建设实践典型。创成市级示范农场、合作社14个。打造"东兴翠冠梨"地理标志证明商标，举办首届钓鱼节。成立乡村振兴人才工作室，实施"强雁助航"、跨界选才育才计划，选拔、招聘各类乡村振兴人才31名，培育高素质农民200人，满意度100%。粮食产量2.1万吨，全程机械化率100%。达标供给"菜篮子"产品，全年生猪存栏4746头，出栏4200头。新增"黍福"牌绿色食品种植面积493.33公顷，绿色蔬菜保供基地11公顷。新增农业农村重大项目2个，总投资1.5亿元。全年开展农机安全生产检查108台。发放"一喷多促"、秸秆还田、耕地地力保护等惠农资金675.7万元。

【镇村建设】 加大基础建设力度。开展镇国土空间规划、村庄规划,完成振兴路东延路基和桥梁工程,修建通江路等主干道路,实施头圩港等农村公路大中修,启动环镇路、文昌东路拓宽改造工程,完成232省道搬迁。安置区十区113套联排住宅主体竣工,城市综合开发一期项目高效推进。完成2019—2021年占补平衡复垦项目"回头看",实施土地复垦2.37公顷。深入"精美东兴"建设,助力全国文明典范城市创建,美丽宜居小城镇创建通过验收。开展河长制工作,两级河长累计巡河4470余人次,打造三级河道幸福河湖16条。完成何德村特色田园乡村规划编制,"绿美乡村"项目通过验收。推进污水治理工作,常态化排查入河排污口,巡查省考断面。竣工六圩支港生活污水接管工程,完成"十必接"排水户接管150户、农村生活污水治理PPP项目总计5106户,启动文昌社区雨污分流和"阳台水"改造。着力改善空气质量,有效防治建材产业园等重点区域和路段的扬尘污染。

【社会建设】 提高公共服务质量。城乡居民医保参保总人数14476人,养老保险新增参保156人,续保缴费3569人,续缴率97%以上。"乡村公益医疗互助项目""江苏医惠保1号"有效开展。获批创业富民贷款14人次210余万元。支持自主创业401人,带动就业2268人。开发临时公益性岗位299个,救助弱势群体271人次,发放临时救助金16.6万元,办理退役军人优待证1137张,56名困境儿童均实行一人一档、四色管理。建成靖江首个江豚主题幼儿园,发放奖教基金38万余元,中心校普通高中入学率57%,2022年高考靖江文理科状元均为东兴学子。开展中心卫生院规划设计,省健康镇、"15分钟医保服务圈"泰州市级示范点创建通过验收。升级打造缪荃孙图书馆、"兴声大喇叭"广播站,建设乡村复兴少年宫,新增文体活动场地6处。推进"书香东兴"建设,提升改造缪荃孙图书馆,评选首届"沙上好人",开展"三下乡""明月聚沙·情满沙上"中秋晚会等各类文体活动。《网络安全·拒绝诱惑》荣获市"'靖'心守护"一等奖。科学精准抓好常态化疫情防控,提升重大疫情防控救治能力,最大限度减少疫情对经济社会发展的影响。创新"警网融合"社会治理模式,整合综合指挥中心,试点"靖安好"前哨码,打造"合兴大叔""上六伯伯"等品牌,获泰州肯定并全市推广。旺稼村创成省级民主法治示范村。全年累计排查社会矛盾风险隐患33个,化解率100%,交办信访积案和督办重点"双清零"。在全市率先成立镇应急管理局、应急管理学院、安全学校,完成既有建筑、出租厂房安全消防等专项整治,开展危化品、特种

2022年东兴镇主要经济社会指标一览表

表50

指　标	单　位	数　值
镇域面积	公顷	3618
耕地面积	公顷	1810
全镇户籍户数	户	9896
户籍人口	人	33459
一般公共预算收入	万元	9616
工业投资	亿元	29.13
实际利用外资	万美元	368
工业企业数	个	741
中、小学校	所	3
在校中、小学生人数	人	1910
规模工业企业职工人数	人	5645
参加农村养老保险人数	人	13678
参加农村医疗保险人数	人	14476

设备等各行业领域安全监管,整改工贸企业隐患1285项,“九小场所”隐患91处。

【“沙上福”品牌启用】 6月29日,在东兴镇农副产品交易中心,旺稼村、何德村等村共同启用“沙上福”品牌,“沙上福”成为东兴镇12个村的共用品牌。在东兴镇农副产品交易中心,来自各个村的农副产品都将统一“沙上福”包装,统一销售,全力打造知名度高、美誉度强的东兴品牌。

【“警网融合”专题协商】 7月7日,东兴镇开展专题协商议事活动,邀请部分政协委员、相关单位负责人,与基层干部群众一起,参观东兴派出所综合指挥中心、上六村前哨建设等现场,并围绕“促进‘网格+警格’社会治理融合”开展协商讨论。东兴镇积极探索社会治理模式,创新“警格+网格”融合新模式,在社会治理中发挥重要作用,形成“合兴大叔”“上六伯伯”等多个品牌志愿者团队。

【农村产权交易工作获省表扬】 12月,省农业农村厅发布《关于公布2021年度江苏省农村产权交易市场监测评价结果的通知》,对江苏省2021年度农村产权交易工作成效显著单位进行通报表扬,东兴镇农村产权交易中心名列其中。东兴镇农村产权交易平台认真落实农村产权交易各项政策,加强组织领导、建立健全规章制度,广泛宣传培训,按照“应进必进”的原则,规范土地流转,打造实用交易平台,实现规范、平稳、高效运行。2020年,东兴镇农村产权交易服务中心完成交易项目9笔,交易金额200多万元。2021年,东兴镇农村产权交易服务中心成效显著,完成交易项目65笔,交易金额2500多万元。 (苏 越)

新 桥 镇

【概况】 新桥镇位于靖江市西南部,距城区25千米,南濒长江,与江阴市利港镇、石庄镇及常州市新北区春江镇相望,东靠东兴镇,北依生祠镇,西隔界河与泰兴市虹桥镇毗邻。该镇北部成陆于三国时期吴赤乌元年(238年)前,南部至清道光年间由长江沙滩渐涨而成。镇域面积61.3平方千米,镇区面积26.8平方千米,辖18个村398个村民小组、4个社区,户籍人口5.99万人。2022年,完成工商业开票220.9亿元,工业开票130.07亿元,分别比上年增长14.3%、10.5%。

【经济建设】 项目建设纵深推进。新签约亿元以上项目19个、千万美元以上项目2个。新开工江苏光芒新能源股份有限公司等“三比一提升”重大产业项目、江苏瑞怡服饰有限公司等亿元以上项目8个,新竣工江苏正原工程装备有限公司、江苏翰纳激光科技有限公司等重大产业项目6个。全年外资到账突破600万美元。产业发展提质增效。绿色智能铸造中心投入使用,泰州首家铸造产能置换获批,环保科技产业园竣工交付,江苏双达泵业股份有限公司在“新三板”挂牌。飞煌智能装备产业园一期项目招商基本完成,签约企业13家,“重装集成港”规划方案基本形成,2个百亿级临港产业项目有序推进。科技投入成效凸显。技术合同交易额突破10亿元,分别申报、培育入库高新技术企业42家、9家,开展科技型中小企业评价100家。“智改数转”提速进阶,完成省四星级、三星级上云企业10家,实施上云项目12项。5名高层次人才入选省“333工程”培养对象,靖江市职业技能公共实训中心新桥分站正式成立。

【乡村振兴】 农业发展特色高效。复耕基本农田2.61公顷,粮食总产量4万吨。申报绿色优质稻米生产面积666.67公顷,“田福泰之缘”大米新获绿色食品认证,全镇绿色优质农产品占比80%。成功认定双龙村“欲上时”品牌,6个农产品入选泰州市消费帮促名录。农业项目纵深推进。现代农业园区建设全面开启,礼圣绿色大米加工中心项目初步建成,双龙电商综合服务中心平台、益民水产连栋大棚主体竣工,6个项目纳入全市乡村振兴重点帮促村集体经济发展项目库,德胜村新型农村集体经济发展模式获全省推广。成功入选泰州市首批乡村振兴中心镇、首家农村宅基地线上审批省级试点镇。农村面貌不断改善。新开工西片区水系联通二期工程,累计整治老川心港、合兴港、文东港4.6千米,改建涵洞7座,修复“四好农村路”2千米。开展生活污水治理,22个村(社区)全部达到整洁村标准。益民、新合、三太、德胜创成泰州市生态宜居美丽示范乡村,新合村通过泰州市级特色田园乡村验收。

【城镇建设】 重点工程有序推进。新和园花苑主体竣工并通过验收,新桥中心幼儿园主体封顶,礼士邻里中心项目进场施工。振新路竣工,长江路、新江路建设有序推进。污水管网提质增效项目全面完成,路灯节能改造及智能控制系统上线使用,节能率提升57%。环境整治动真碰硬。顺利通过第二轮中央生态环境保护督察。严格落实长江"十年禁捕",处理违法案件12起。有序推进靖泰界河、夹港、横港249个入河排污口审查,建立入河排污口名录。城镇管理规范有序。引入专家力量开展安全会诊,共计服务企业132家。优化升级智慧安监平台,镇域中频炉企业实现监控全覆盖。成立专职消防救援队,新建消防训练塔和22个村(社区)微型消防站。

【社会建设】 民生保障稳步提高。开展特殊困难群体救助帮扶、妇女儿童权益保障等行动,举行慈善一日捐、全国助残日等活动,完成节日慰问1086人次。健全重点企业外包工资保障制度,维护农民工合法权益。落实普惠型殡葬政策,完成生命生态主题公园(龙安公墓)二期工程。健全医疗软硬件支撑,新建全市西片区首个透析中心,创成省级医保示范点。教文体旅均衡发展。润新教育发展基金会正式高规格运转,召开新桥镇庆祝教师节暨教育表彰大会,办学品质稳步提升,高中升学率57.4%,比上年上升2个百分点。举办全民阅读、道德讲堂、红歌大赛等惠民活动200余场。推广全民健身活动,更新健身器材30套,新增健身场所7处。社会治理日益精细。完善网格化治理,推行"门前三包"责任制,184家商户责任上墙。开展"信访突出问题攻坚化解年"行动,重点信访案件化解率90%。

2022年新桥镇主要经济社会指标一览表

表51

指标名称	计量单位	数 值
财政总收入	万元	53554
农业总产值	万元	33010
工业总产值	万元	933600
工业销售收入	万元	662200
工业利润总额	万元	47500
工业投资	万元	370100
出口产品交货额	万美元	5100
镇村主干道	千米	122.64
财政总支出	万元	38192
中、小学校	所	2
在校中、小学生人数	人	2664
年末职工人数	人	28021
农民年人均纯收入	元	29608
城乡社保人数	人	22574

【入选泰州市首批乡村振兴中心镇】 9月,新桥入选泰州市首批乡村振兴中心镇。新桥镇按照"产业兴旺、生态宜居、乡风文明、治理有效、生活富裕"总要求,以打造四星级现代农业园区为重点,建成礼圣绿色大米加工中心、双龙电商综合服务中心平台、益民水产连栋大棚,依托399.67公顷的优质粮食生产区,辐射带动本镇及周边乡镇面积约8万亩共同发展,6个项目纳入全市乡村振兴重点帮促村集体经济发展项目库,德胜村新型农村集体经济发展模式获全省推广。

【靖江市职业技能公共实训中心新桥分站揭牌成立】 11月10日,靖江市职业技能公共实训中心新桥分站揭牌成立,是新桥镇培养蓝领人才的重要基地。首期培训成立应用型人才金属材料成型高级研修班,全镇各企业的20余名一线职工参与。

【4个村落创成泰州市生态宜居美丽示范乡村】 2022年,德胜、新合、三太、益民创成泰州市生态宜居美丽示范乡村。德胜村重点

2022年,新合村创成泰州市生态宜居美丽示范乡村

打造产业、销售2个基地,完善中上游产业链,健强"德胜牌",带动周边200余人就业;新合村鼓励企业引才、坚持本土化育才,常态化培育年轻干部苗子,新型农业经营主体年培训覆盖率100%;三太村围绕精神文明建设,制定文明公约,建成便民活动大厅700平方米、村级卫生室及村民议事中心730平方米、文体活动场所2座1700平方米;益民村持续夯实建设基础,提升生态环境,新建三格式化粪池785座、接入微动力污水处理站98户,无害化卫生户厕全覆盖,村庄面貌焕然一新。

【新合村通过泰州市级特色田园乡村验收】 12月,新合村通过泰州市级特色田园乡村验收。新合村依托长江岸线资源和区位优势,发展休闲观光、垂钓旅游为一体的特色产业项目,建成滨江湿地生态公园、水域休闲垂钓康养区、生态采摘园以及便民停车位、足球场等20个惠民工程,完成道路、水系等改造工程总面积158.36公顷,展现出"东乐渔趣,西赏河运,南享江景,北品农情"的特色田园风光。

【西片区首个透析中心建成】 2022年,新桥镇规划建设靖江市新桥城医院血液透析中心,规划建设300平方米,引进15台先进的血液透析机,配备主任医师1名、主治医师2名、住院医师3名、专业护士8名,开创"专业诊疗+护理指导"模式,为患者提供全方位、心贴心服务。

【省级医保示范点创建】 2022年,新桥镇行政审批局以"15分钟医保服务圈"建设为契机,规划设计健康小站、母婴室等公共空间,设置4个医保综合柜员,出台"业务办理技能年度培训方案"。

【新桥环保装备科技孵化园建成】 2022年,位于润新路南侧的环保装备科技孵化园完工。新桥镇环保装备产业发展数十载,形成一批制造Ⅰ、Ⅱ、Ⅲ类压力容器设备、各种工况条件下的泵阀、管道以及为污水处理厂、垃圾焚烧发电厂、火电厂提供烟气脱硫脱硝设备设施的企业。部分配套件生产企业向成套设备生产方向转型。为鼓励企业转型升级、做大做强,新桥镇规划建设环保装备科技孵化园,解决中小企业经营场地难题,提高工业集约化水平,促进环保装备企业互相协作,推动区域内环保产业快速发展。新桥环保装备科技孵化园总投资5.03亿元,项目用地面积62431平方米,总建筑面积32286.6平方米,新建标准化厂房10幢。根据项目入驻要求及实施细则,属国家鼓励类产业的项目、规模以上企业、三年内有一次年度开票销售超1000万元的企业、高新技术企业等可优先租赁。新桥镇建立招引项目论证评审制度,发挥科学成效评价作用,对拟引进项目的投资规模、亩均效益等进行评价、责任约束。

【靖江首个铸造产能置换项目实施】 10月,江苏双达泵业股份有限公司的系列高温高压耐磨泵扩产项目的设备已拆除到位,并通过省市验收。这一铸造项目产能置换成江苏欣业诚流体机械有限公司的煤化工耐磨件技改项目,这是靖江实施的首个铸造产能置换项目。双达泵业因发展需要,退出落后的铸造产能项目——系列高温高压耐磨泵扩产项目。经上报、审核、公示等程序,新桥镇将其铸造产能置换,推动江苏欣业诚流体机械有限公司煤化工耐磨件技改项目上马。煤化工耐磨件技改项目计划投资2000万元,购置各类设备70台套,采用树脂砂手工造型铸造、熔模铸造工艺,技术含量高,将形成年产1670吨铸造生产能力,等量置换双达泵阀系列高温高压耐磨泵扩产项目产能。

(毛汉文)

人　物

·新任市领导·

范　敏

女，1965年6月生，江苏靖江人，中共党员，硕士研究生学历。2022年1月，任靖江市人大常委会主任、党组书记、一级调研员。

1982年9月至1985年7月，在江苏南通农业学校植物保护专业学习。1985年7月至1986年7月，在常州职业师范学院（扬州教育学院）职教师资专科班学习。1986年9月至1993年6月，历任靖江团县委办事员、组织部副部长、部长。1988年9月至1991年7月，在江苏省委党校干部函授学院扬州分院对外经济专业本科函授学习。1993年6月至1996年10月，任靖江团县（市）委副书记。1996年10月至2001年1月，任靖江团市委书记。2001年1月至2001年5月，任泰兴市委常委。2001年5月至2002年1月，任泰兴市委常委、姚王镇党委书记。2002年1月至2002年11月，任泰州市妇联副主席。2002年11月至2012年1月，任靖江市副市长。2008年9月至2010年6月，在南京农业大学农业推广专业学习。2012年1月至2016年8月，任靖江市委常委、统战部部长。2016年8月至2017年1月，任靖江市人大常委会党组副书记。2017年1月至2017年4月，任靖江市政协主席、市人大常委会党组副书记。2017年4月至2020年3月，任靖江市政协主席、党组书记。2020年3月至2022年1月，任靖江市政协主席、党组书记、一级调研员。

赵国庆

1964年11月生，江苏泰州人，中共党员，研究生学历。2022年1月，任靖江市政协主席、党组书记。

1981年9月至1983年7月，为苏州市商业学校储运专业学生。1983年7月至1984年6月，为靖江县商业局五交化公司职工。1984年6月至1991年6月，为靖江县委组织部干事。1984年9月至1988年6月，在江苏省高等教育自学考试经济管理专业专科段学习。1991年6月至1997年3月，历任靖江县（市）委组织部青干科副科长、组织科科长。1997年3月至1999年12月，任靖江市委组织员、组织部组织科科长。1999年8月至2001年12月，在中央党校函授学院经济管理专业学习。1999年12月至2000年3

月,任靖江市越江乡党委书记、人大主席。2000年3月至2000年5月,任靖江市靖城镇党委副书记。2000年5月至2000年12月,任靖江市靖城镇党委副书记、镇长。2000年12月至2003年3月,任靖江市靖城镇党委书记。2003年3月至2003年5月,任靖江市委办公室主任。2003年5月至2008年3月,任姜堰市委常委、组织部部长。2006年9月至2010年7月,在江苏省委党校区域经济学专业研究生班学习。2008年3月至2011年5月,任靖江市委常委、统战部部长。2011年5月至2011年7月,任靖江市委常委。2011年7月至2014年11月,任靖江市委常委、政法委书记。2014年11月至2016年7月,任靖江市委常委、常务副市长。2016年7月至2019年6月,任靖江市委副书记。2019年6月至2020年12月,任靖江市委副书记、二级调研员。2020年12月至2021年12月,任靖江市政协副主席、党组副书记,靖江经济技术开发区党工委副书记(正处级)。2021年12月至2022年1月,任靖江市政协副主席、党组副书记(正处级)。

罗晓东

1970年2月生,江苏靖江人,中共党员,大学学历。2022年8月,任靖江市委副书记、统战部部长、改革办主任、二级调研员,市政协党组副书记。

1988年9月至1990年7月,在南京大学中文系文秘专业学习。1990年8月至1994年1月,为靖江县(市)土桥乡(镇)政府办公室办事员、文书。1994年1月至1999年12月,任靖江市委办综合科办事员、副股级秘书、副科长、科长。1997年9月至2000年7月,在海军工程大学电子工程专业本科函授学习。1999年12月至2003年3月,任靖江市委办公室副主任。2003年3月至2005年1月,任靖江市委办公室副主任、研究室主任。2005年1月至2006年3月,任靖江市靖城镇党委副书记、镇长,城北园区管委会副主任、党工委委员。2006年3月至2007年11月,任靖江市靖城镇党委副书记、镇长。2007年11月至2008年7月,任靖江市滨江新区办事处党工委书记。2008年7月至2010年8月,任靖江市教育局局长、党委书记。2010年8月至2012年2月,任靖江市教育局局长、党委书记,靖江市电大、中等专业校校长、党总支书记。2012年2月至2015年12月,任靖江经济开发区管委会副主任,城南园区党委书记、管委会主任,城南办事处党委书记。2015年12月至2016年3月,任靖江经济技术开发区管委会副主任,城南园区党委书记、管委会主任,城南办事处党委书记。2016年3月至2016年7月,任靖江经济技术开发区管委会副主任。2016年7月至2021年4月,任靖江市委常委、靖江经济技术开发区党工委副书记。2021年4月至2021年7月,任靖江市委常委、靖江经济技术开发区党工委副书记、三级调研员。2021年7月至2022年7月,任靖江市委常委、市政府常务副市长、三级调研员。2022年7月至2022年8月,任靖江市委常委、市政府常务副市长、二级调研员。

王 瑾

女,1982年9月生,江苏泰州人,中共党员,省委党校研究生。2022年8月,任靖江市委常委、市政府常务副市长、党组副书记、二级调研员,市政校校长。

2000年9月至2004年7月,在苏州科技学院工程管理专业学习。2004年7月至2005年10月,为泰州市建设局工程管理处工作人员。2005年10月至2006年7月,为泰州市建设局城市建设处工作人员。2006年7月至2007年6月,任泰州市建设局工程建设管理处科员。2007年6月至2009年6月,任泰州市建设局团委副书记。2009年6月至2012年6月,任泰州市建设局(住房和城乡建设局)团委副书记、工程建设质量管理处副处长。2009年9月至2012年7月,在省委党校国民经济学专业在职研究生班学习。2012年6月至2013年9月,任泰州市住房和城乡建设局团委书记、工程建设质量管理处副处长。2013年9月至2014年3月,任泰州市住房和城乡建设局安全生产处处长。2014年3月至2016年5月,任泰州市住房和城乡建设局行政许可处处长。2014年11月至2015年11月,挂职任高港高新区党工委副书记。2016年5月至2017年2月,任泰州市住房和城乡建设局纪委副书记、纪检监察室主任,高港区许庄街道党工委副书记、办事处主任。2017年2月至2017年7月,任高港区许庄街道党工委副书记、办事处主任。2017年7月至2019年1月,任泰州市旅游局副局长、党组成员。2019年1月至

2020年6月，任泰州市文化广电和旅游局副局长、党委委员（党组成员）。2020年6月至2021年1月，任泰州市文化广电和旅游局副局长、党组成员，靖江市副市长（挂职）。2021年1月至2021年12月，任靖江市委常委、组织部部长。2021年12月至2022年7月，任靖江市委常委、组织部部长、三级调研员。2022年7月至2022年8月，任靖江市委常委、组织部部长、二级调研员。

孙鹏建

1977年4月生，江苏泰州人，中共党员，大学学历。2022年8月，任靖江市委常委、组织部部长、考核办主任、党校校长。

1996年9月至2000年8月，在徐州师范大学中文系汉语言文学专业学习。2000年8月至2005年8月，为泰州市邮政局党群办公室办事员。2005年8月至2009年1月，历任高港区政府办公室办事员、督查科副科长。2009年1月至2009年5月，为泰州市政府办公室市政府督办处工作人员。2009年5月至2010年12月，任泰州市政府办公室市政府督办处科员。2010年12月至2011年6月，任泰州市政府办公室市政府督查室科员。2011年6月至2012年9月，任泰州市政府办公室综合一处副主任科员。2012年9月至2015年6月，任泰州市政府办公室综合一处副处长。2015年6月至2016年9月，任泰州市政府办公室综合一处主任科员。2016年9月至2019年10月，任泰州市政府办公室综合一处处长。2019年10月至2020年3月，任泰州市政府办公室综合一处处长、一级主任科员。2020年3月至2020年10月，任泰州市委办公室综合一处处长、一级主任科员。2020年10月至2021年6月，任泰州市委办公室副主任。2021年6月至2022年8月，任泰州市委组织部部务委员。

赵建国

1969年1月生，江苏靖江人，中共党员，大学学历。2022年1月，任靖江市人大常委会副主任、党组成员、三级调研员。

1990年8月至1996年2月，历任靖江县（市）太和镇政府办公室文书、团委副书记、计生办副主任。1996年2月至1998年3月，任靖江市太和镇党政办公室主任。1998年3月至2000年3月，任靖江市太和镇团委书记。2000年3月至2002年5月，任靖江市新桥镇党委秘书、人大秘书。2002年5月至2003年5月，任靖江市新桥镇党委秘书、江苏光芒集团公司党委副书记。2003年5月至2006年3月，任靖江市新桥镇党委组织委员。2004年3月至2006年12月，在江苏省委党校函授学院经济管理专业学习。2006年3月至2008年5月，任靖江市新桥镇党委副书记。2007年8月至2009年12月，在中央党校函授学院经济管理专业本科函授学习。2008年5月至2008年7月，任靖江市新桥镇党委副书记、党政办主任。2008年7月至2009年1月，任靖江市委宣传部副部长、市文明办副主任。2009年1月至2011年2月，任靖江市委宣传部副部长、市文明办主任。2011年2月至8月，任靖江市委宣传部副部长、外宣办（市政府新闻办）主任，市文明办主任。2011年8月至2012年1月，任靖江市委宣传部副部长、外宣办（市政府新闻办）主任。2012年1月至2017年1月，任靖江市靖城街道党工委书记。2017年1月至2017年4月，任靖江市副市长。2017年4月至2021年12月，任靖江市政府副市长、党组成员。2021年12月至2022年1月，任靖江市政府副市长、党组成员、三级调研员。

羊　兴

1972年6月生，江苏靖江人，大学学历。2022年1月，任靖江市人大常委会副主任。

1988年9月至1991年7月，在江苏省计划生育学校管理专业学习。1991年8月至1998年2月，为靖江县（市）长安乡政府计生办办事员。1993年9月至1995年7月，在南京人口管理干部学院行政管理专业大专函授学习。1995年10月至1998年2月，借调市计生委工作。1998年2月至2000年11月，为靖江市计生委计划统计科办事员。2000年11月至2002年2月，任靖江市计生委计划统计科副科长。2002年2月至2011年8月，任靖江市计生委计划统计科科长。2003年9月至2006年7月，在江苏广播电视大学法学专业本科函授学习。2009年10月至2010年12月，为“和谐靖江建设”马桥镇工作队队员。2011年8月至2017年9月，任靖江市残联副主席、理事会副理事长。2017年9月至2022年1月，任靖江市残联副主席、理事会理事长。

朱庆荣

1972年3月生,江苏扬州人,中共党员,法学学士。2022年1月,任靖江市政府副市长、党组成员,市公安局党委书记、局长、督察长。

1993年9月至1997年7月,在中国人民公安大学治安管理专业学习。1997年8月至2000年5月,为高港分局治安大队民警。2000年6月至2001年4月,任泰州市公安局高港分局治安大队股长(副股级)。2001年5月至2004年9月,任泰州市公安局高港分局治安大队副大队长。2004年9月至2008年7月,任泰州市公安局高港分局扬子江工业园区派出所所长(副科级)。2008年7月至2010年9月,任泰州市公安局高港分局副科级专职纪检员。2010年9月至2012年1月,任泰州市公安局高港分局创业园派出所指导员、副科级专职纪检员。2012年1月至2月,任泰州市公安局高港分局口岸派出所所长(副科级)。2012年2月至2013年12月,任泰州市公安局高港分局口岸派出所所长(副科级)、口岸街道办事处副主任。2013年12月至2014年1月,任泰州市公安局高港分局党委委员、口岸街道办事处副主任、口岸派出所所长(副科级)。2014年1月至2014年2月,任泰州市公安局高港分局党委委员、口岸派出所所长(副科级)。2014年2月至2016年3月,任泰州市公安局高港分局党委委员、副局长。2016年3月至2018年9月,任泰州市公安局法制支队支队长、直属分局局长。2018年9月至2019年7月,任泰州市公安局法制支队支队长、直属分局局长、一级警长。2019年7月至2020年6月,任泰州市公安局姜堰分局政委、一级警长。2020年6月至2022年1月,任泰州市公安局姜堰分局党委副书记、政委、一级警长。

朱君贤

1980年1月生,江苏兴化人,中共党员,省委党校研究生。2022年12月,任泰州市市场监管局副局长、党组成员,靖江市政府副市长、党组成员、靖江经济技术开发区管委会副主任(挂职)。

1998年9月至2002年7月,在扬州大学政法学院法学系学习。2002年8月至2003年10月,为泰州市人防监察支队办事员。2003年10月至2007年10月,任泰州市人防监察支队科员。2007年10月至2010年11月,任泰州市人防监察支队副主任科员。2010年11月至2012年1月,任泰州市民防局办公室副主任。2012年1月至2017年10月,任泰州市民防局办公室主任。2013年9月至2016年7月,在省委党校行政管理专业在职研究生班学习。2014年9月至2014年10月,在泰州市第2期年轻干部“群众工作能力提高”培训班学习。2017年10月至2019年1月,任泰州市质监局副局长、党组成员。2019年1月至2022年12月,任泰州市市场监管局副局长、党组成员。

沈南松

1966年10月生,江苏靖江人,中共党员,大学学历。2022年1月,任靖江市政协副主席、党组副书记,靖江经济技术开发区党工委副书记(正处级)。

1982年2月至1984年9月,为靖江县印刷厂工人。1984年9月至1987年7月,在靖江县轻工职工中等专业学校工业企业管理专业学习。1987年8月至1998年7月,历任靖江县(市)轻工业局(公司)文书、人秘股副股长、监察室主任、组织科科长。1998年7月至1999年12月,历任靖江市轻工业公司经理助理、组织科长、监察室主任。1999年12月至2002年3月,任靖江市轻工业公司副经理、组织科长。2002年3月至2003年3月,任靖江市轻纺公司副经理。2002年9月至2004年12月,在省委党校经济管理专业本科班学习。2003年4月至2004年3月,任靖江市轻纺公司党委副书记、副经理(主持工作)。2004年3月至2005年1月,任靖江市轻纺公司经理、党委书记,市经贸局副局长。2005年1月至2007年2月,任靖江市经贸委主任、经贸党工委书记。2007年2月至2008年7月,任靖江市经贸委主任、经贸党工委书记,市乡企局局长、企业上市工作办公室主任。2008年7月至2010年3月,任靖江市经贸委主任、经贸党工委书记,市乡企局局长。2009年6月至2009年9月,在泰州市第七期青年干部培训班学习。2010年3月至2012年3月,任靖江市经信委主任、党工委书记,市中小企业局局长。2012年3月至2016年7月,任靖江市政府副市长。2016年7月至2020年7月,任靖江市委常委、市政府常务副市长、党组副书记。2020年7月至2021年7月，任靖江市委常委、市政府常务副市长、党组副书记、三级调研员。2021年7月至2021年12月，任靖江市政协党组副书记、三级调研员。2021年12月至2022年1月，任靖江市政协党组副书记，靖江经济技术开发区党工委副书记（正处级）。

徐　婷

女，1977年7月生，江苏靖江人，民盟盟员，省委党校研究生。2022年1月，任靖江市政协副主席。

1994年9月至1996年6月，在东南大学社会保障与商业保险专业学习。1996年12月至2003年6月，为靖江市社会劳动保险处办事员。1998年9月至2000年12月，在中央党校函授学院经济管理专业本科函授学习。2003年6月至2007年3月，历任靖江市社会劳动保险处养老保险科副科长、副主任。2007年3月至2011年2月，历任靖江市社保中心企业养老保险处主任、农村养老保险处主任。2009年10月至2010年12月，为和谐靖江建设新桥镇工作队队员。2011年2月至2011年8月，任靖江市社保中心副主任。2011年8月至2017年9月，任靖江市社保中心主任。2012年9月至2015年7月，在江苏省委党校宪法学与行政法学专业在职研究生学习。2017年9月至2019年1月，任靖江市人社局副局长。2019年1月至2022年1月，任靖江市工商联主席。

·中国好人·

陶泰成

1964年生，中共党员，江苏省靖江市新桥镇综合党委辅导员。陶泰成在担任新桥镇务本村党委书记的18年间，筹款铺路、修沟渠、建桥涵，实现全村主干道、村组道路全面硬化，招引企业入驻并培育重点骨干企业15家，让村民们实现了家门口就业，将一个负债百万元的贫困村发展成为村集体收入过百万的致富村。2021年退休后，他被新桥镇党委返聘，继续发挥余热，担任新桥镇村级组织综合党委党建辅导员。陶泰成曾获评“江苏好人”等。2022年11月18日，被中央文明办评为2022年第三季度“中国好人”。

·江苏好人·

邵益兴

1950年生，靖江市靖城街道东兴街社区居民。2021年12月23日上午，邵益兴在买菜途经康宁桥，看到很多人趴在桥上紧张呼叫着。他赶紧下车了解情况，只见一名女子漂浮在河中央，虽有羽绒服的浮力“相助”，但眼看着在往下沉。年逾古稀的他一边往桥下跑一边脱掉外衣并果断跳入冰冷的河中，用尽力气将落水女子拖上岸。而后邵益兴拖着湿漉漉的衣衫，悄然离开。事后，在围观群众的指引下，邵益兴被大家找到了。2022年1月，被江苏省委宣传部、江苏省文明办评为“江苏好人”。

王荣达

1972年生，中共党员，长江引航中心靖江引航站高级引航员。2020年新冠肺炎疫情发生后，王荣达首批报名加入引航抗疫专班，负责引领来自疫情高风险国家地区船舶。2022年新一轮疫情突发，他每天早出晚归坚守在岗位上，完成3轮专班工作，累计在闭环管理情况下工作88天，引领中外船舶46艘次、各类货物80余万吨顺利进出长江。从业30年间，王荣达安全引领6000余艘船舶进出长江，引航里程达60多万千米，可绕行地球15圈，保持着“引航零事故、航行零违章、服务零投诉”。曾先后获得全国交通运输系统先进工作者、交通运输部系统优秀共产党员、交通运输部“最美港航人”、靖江市劳动模范等荣誉。2022年4月，被江苏省委宣传部、江苏省文明办评为“江苏好人”。

刘文鑫　杨　幸

刘文鑫于1983年生，国网靖江市供电公司综合服务分公司综合部主任；杨幸，女，1980年生，靖江市人民医院消化内科主管护师。2022年5月5日晚，刘文鑫夫妇在家中忽然听到窗外有人大喊救火，立即赶到事发现场，只见邻居家一片火光和浓烟。夫妻俩立即分工协作，丈夫组织周边群众解救楼上居民，妻子拨打急救电话并帮助清理路障。大火扑灭后，夫妻二人将烫伤的3名居民带至家中做急救处理后送上救护车。2022年9月，被江苏省委宣传部、江苏省文明办评为“江苏好人”。

荣誉栏

·先进集体·

靖江市获国家级(含条线)表彰的先进集体一览表

表 52

获奖单位	荣誉称号	授予单位	授予时间
靖江市	国务院督查激励单位	国务院	2022 年 6 月
靖江市	耕地保护和土地节约集约利用成效督查激励表彰	国务院	2022 年 6 月
靖江市	2021—2025 年度全国科普示范市	中国科学技术协会	2023 年 1 月
中国农业银行股份有限公司靖江市支行营业部	五一巾帼标兵岗	中国农业银行股份有限公司	2022 年 3 月
市公安局出入境管理大队	全国公安机关爱民模范集体	公安部	2022 年 5 月
中国农业银行股份有限公司靖江市支行	“三农”业务先进集体	中国农业银行股份有限公司	2022 年 9 月
市市场监督管理局	2022 年清理整顿人力资源市场秩序专项行动先进集体	人力资源社会保障部、市场监管总局	2022 年 10 月
市工商联	2022 年度民营企业调查点工作先进基层单位	中华全国工商业联合会	2022 年 12 月
市交警大队车辆管理所	全国一等县级车辆管理所	公安部	2022 年 12 月
市关工委	全国关工宣传工作先进单位	中国关心下一代工作委员会	2022 年 12 月
滨江新城公司水街书屋	全国工会职工书屋示范点	全国工会职工书屋示范点	2022 年 12 月
市妇幼保健院	2022 年度全国避孕药具不良反应监测工作先进单位	国家卫生健康委计划生育药具不良反应监测中心	2022 年 12 月
中国农业银行股份有限公司靖江市支行	2022 年度总行级运营基础管理“先进单位”	中国农业银行股份有限公司	2023 年 2 月

靖江市获省级(含条线)表彰的先进集体一览表

表 53

获奖单位	荣誉称号	授予单位	授予时间
靖江市	靖江沿江生态修复示范段获首批省级生态文明建设典型	江苏省生态环境厅、省精神文明建设指导委员会办公室	2022 年 7 月
靖江市	江苏省第十二届双拥模范城	中共江苏省委、省政府、省军区	2022 年 7 月
靖江市	2022 年度全省信访系统“治理重复信访、化解信访积案”专项工作先进市	江苏省信访联席会议	2023 年 2 月
靖江市	江苏省民营经济高质量发展示范县(市、区)培育名单	江苏省发改委、中共江苏省统一战线工作部、省工商联	2023 年 3 月
靖江市	2022 年度高质量发展先进县、市(区)	中共江苏省委、省政府	2023 年 4 月
西来镇	第四批江苏省生态文明建设示范乡镇	江苏省生态环境厅	2022 年 1 月
市人民检察院	2019—2021 年度江苏省文明单位	江苏省精神文明委	2022 年 1 月
市市场监管局	2019—2021 年度江苏省文明单位	江苏省精神文明委	2022 年 1 月
市市场监管局马桥分局	2019—2021 年度江苏省文明单位	江苏省精神文明委	2022 年 1 月
国家税务总局靖江市税务局	2019—2021 年度江苏省文明单位	江苏省精神文明委	2022 年 1 月
国家税务总局靖江市税务局季市税务分局	2019—2021 年度江苏省文明单位	江苏省精神文明委	2022 年 1 月
国家税务总局靖江市税务局西来税务分局	2019—2021 年度江苏省文明单位	江苏省精神文明委	2022 年 1 月
国家税务总局靖江市税务局靖城税务分局	2019—2021 年度江苏省文明单位	江苏省精神文明委	2022 年 1 月
国家税务总局靖江市税务局第一税务分局	2019—2021 年度江苏省文明单位	江苏省精神文明委	2022 年 1 月
国家税务总局靖江市税务局第二税务分局	2019—2021 年度江苏省文明单位	江苏省精神文明委	2022 年 1 月
市妇幼保健院	2019—2021 年度江苏省文明单位	江苏省精神文明委	2022 年 1 月
市总工会	2019—2021 年度江苏省文明单位	江苏省精神文明委	2022 年 1 月
市气象局	2019—2021 年度江苏省文明单位	江苏省精神文明委	2022 年 1 月

续表 53

获奖单位	荣誉称号	授予单位	授予时间
西来镇	2019—2021 年度江苏省文明乡镇	江苏省精神文明委	2022 年 1 月
马桥镇马桥村	2019—2021 年度江苏省文明村	江苏省精神文明委	2022 年 1 月
西来镇封家村	第四批江苏省生态文明建设示范村	江苏省生态环境厅	2022 年 1 月
季市镇横河村	江苏省民主法治示范村	中共江苏省委全面依法治省委员会办公室、省司法厅、省民政厅	2022 年 1 月
马桥镇城西新苑社区	江苏省民主法治示范村	中共江苏省委全面依法治省委员会办公室、省司法厅、省民政厅	2022 年 1 月
江苏中毅律师事务所	全省公共法律服务工作成绩突出集体	江苏省司法厅	2022 年 1 月
东线第一帆纪念公园	江苏省双拥模范基地	江苏省退役军人事务厅	2022 年 3 月
东线第一帆纪念公园	2021 年度江苏省优质工程奖“扬子杯”	江苏省住建厅	2022 年 3 月
国家税务总局靖江市税务局财务管理股	“双争” 活动中成绩突出的集体	江苏省总工会	2022 年 3 月
市自然资源和规划局	2021 年江苏省自然资源节约集约利用资金奖励	江苏省自然资源厅	2022 年 4 月
市人民检察院团支部	江苏省五四红旗团支部(团总支)	共青团江苏省委	2022 年 4 月
江苏省靖江高级中学团委	江苏省五四红旗团委(团工委)	共青团江苏省委	2022 年 4 月
华达汽车科技股份有限公司团委	江苏省五四红旗团委(团工委)	共青团江苏省委	2022 年 4 月
江苏天鹅乐器有限公司团支部	江苏省五四红旗团支部(团总支)	共青团江苏省委	2022 年 4 月
中国农业银行股份有限公司靖江市支行营业部	江苏省工人先锋号	江苏省总工会	2022 年 4 月
市锡剧团	江苏省国有文艺院团社会效益评价考核优秀	江苏省文化和旅游厅	2022 年 5 月
市渡江路消防救援站	全省五四红旗团支部	江苏省消防救援总队	2022 年 5 月
中共市委宣传部	2021 年度全省基层党员冬训工作示范县(市、区)	中共江苏省委宣传部、组织部	2022 年 6 月

续表 53

获奖单位	荣誉称号	授予单位	授予时间
城南街道办事处	2021年度全省基层党员冬训工作示范镇（街道、园区、办事处）	中共江苏省委宣传部、组织部	2022年6月
西来镇	2021年度全省基层党员冬训工作示范镇（街道、园区、办事处）	中共江苏省委宣传部、组织部	2022年6月
市渡江路消防救援站党支部	先进基层党组织	江苏省消防救援总队	2022年6月
西来镇	2021年全省基层党员冬训工作示范镇	中共江苏省委宣传部、组织部	2022年6月
东线第一帆纪念公园	江苏省第二批100个红色地名	江苏省民政厅	2022年6月
马桥镇人民政府	妇女儿童工作先进集体	江苏省人民政府妇女儿童工作委员会	2022年6月
泰州靖江支行营业部党支部	先进基层党组织	中国农业银行股份有限公司江苏省分行	2022年6月
市消防救援大队	示范基层党组织	江苏省消防救援总队	2022年6月
泰州靖江海事处	交通运输部模范机关先进集体	江苏省交通运输部办公厅	2022年7月
市交通运输综合行政执法大队第三党支部	全省交通运输行业先进基层党组织	江苏省交通运输行业党委	2022年7月
市总工会	工会财会工作竞赛一等奖	江苏省总工会	2022年7月
国家税务总局靖江市税务局	2022年度江苏省巾帼建功先进集体	江苏省城镇妇女“巾帼建功”活动领导小组、省妇女“双学双比”竞争活动领导小组、省妇联	2022年7月
江苏赛德力制药机械制造有限公司	江苏省双拥模范单位	中共江苏省委、省政府、省军区	2022年7月
市马洲体育产业发展有限公司	先进单位	江苏省体育局	2022年7月
斜桥镇富民村	江苏省特色田园乡村	江苏省农村住房条件改善和特色田园乡村建设工作联席会议	2022年7月
市档案馆	全省档案宣传工作先进单位一等奖	江苏省档案馆	2022年8月
星众家庭农场	省级巾帼示范家庭农场	江苏省妇女双学双比竞赛活动领导小组	2022年8月

续表 53

获奖单位	荣誉称号	授予单位	授予时间
市财政局	全省法治财政标准化管理 2021 年度优秀单位	江苏省财政厅	2022 年 9 月
泰州靖江支行纪委	纪检工作先进集体	中国农业银行股份有限公司江苏省分行	2022 年 10 月
西来镇丰产村	江苏省特色田园乡村	江苏省农村住房条件改善和特色田园乡村建设工作联席会议	2022 年 11 月
滨江新城休闲水街	江苏省第三批夜间文化和旅游消费集聚区	江苏省文化和旅游厅	2022 年 11 月
市发改委	全省发展改革系统先进集体	江苏省发改委	2022 年 11 月
市马桥镇校外教育辅导中心站	全省校外教育辅导站优秀活动视频特等奖	江苏省关工委	2022 年 11 月
市东兴镇校外教育辅导中心站	全省校外教育辅导站优秀活动视频一等奖	江苏省关工委	2022 年 11 月
国家税务总局靖江市税务局	2022 年江苏省工会“最美职工书屋”	江苏省总工会、江苏省全民阅读办	2022 年 11 月
市消防救援大队“靖善靖美巾帼文明岗”	江苏省省级机关“巾帼文明岗”	中共江苏省委省级机关工作委员会	2022 年 11 月
斜桥镇东阜社区	江苏省民族团结进步示范单位	江苏省民族宗教事务委员会	2022 年 11 月
市委老干部局	全省老干部工作先进集体	中共江苏省委组织部、老干部局、省人力资源和社会保障厅	2022 年 12 月
市发改委	全省发展改革系统先进集体	江苏省发改委、省人力资源和社会保障厅	2022 年 12 月
东兴镇	美丽宜居小城镇	江苏省住建厅	2022 年 12 月
市财政局	2021—2022 年度全省社会保险基金预算绩效管理工作考核先进地区二等奖	江苏省财政厅	2022 年 12 月
国家税务总局靖江市税务局	江苏省优秀“戎耀之家”	江苏省退役军人事务厅、省总工会	2022 年 12 月
市城管局	江苏省打好污染防治攻坚战先进集体	江苏省生态环境厅、省人力资源和社会保障厅	2022 年 12 月

续表 53

获奖单位	荣誉称号	授予单位	授予时间
市中医院	江苏省老年友善机构优秀单位	江苏省卫健委、省中医药管理局	2022 年 12 月
西来镇退役军人服务站	2022 年度权益维护工作先进集体	江苏省退役军人事务厅	2022 年 12 月
市史志办	全省党史部门先进集体	中共江苏省委党史工作办公室	2022 年 12 月
斜桥镇新纪元社区	江苏省红石榴家园	江苏省民族宗教事务委员会	2022 年 12 月
马桥镇新市村	江苏省民主法治示范村	江苏省司法厅	2022 年 12 月
马桥镇新市村	江苏省绿美乡村	江苏省自然资源和规划厅	2022 年 12 月
市城管局	2022 年度江苏省住房城乡建设系统城乡运行保障劳动竞赛先进班组	江苏省住建系统职工劳动竞赛活动领导小组	2022 年 12 月
市深入打好污染防治攻坚战指挥部办公室	2022 年度深入打好污染防治攻坚战宣传工作先进集体	江苏省深入打好污染防治攻坚战指挥部办公室	2022 年 12 月
马桥镇横港村	江苏省健康村	江苏省爱国卫生运动委员会办公室健康江苏建设领导小组办公室	2022 年 12 月
马桥镇城西新苑社区	江苏省健康社区	江苏省爱国卫生运动委员会办公室健康江苏建设领导小组办公室	2022 年 12 月
马桥镇徐周村	江苏省健康村	江苏省爱国卫生运动委员会办公室健康江苏建设领导小组办公室	2022 年 12 月
马桥镇铭坤村	江苏省健康村	江苏省爱国卫生运动委员会办公室健康江苏建设领导小组办公室	2022 年 12 月
马桥镇白衣村	江苏省健康村	江苏省爱国卫生运动委员会办公室健康江苏建设领导小组办公室	2022 年 12 月
马桥镇马桥村	江苏省健康村	江苏省爱国卫生运动委员会办公室健康江苏建设领导小组办公室	2022 年 12 月
马桥镇正北村	江苏省健康村	江苏省爱国卫生运动委员会办公室健康江苏建设领导小组办公室	2022 年 12 月

续表 53

获奖单位	荣誉称号	授予单位	授予时间
徐周村	2022 年度老年友好型社区建设单位	江苏省老龄委办公室	2022 年 12 月
市党史方志办公室	全省方志文化宣传工作优秀单位	江苏省地方志办公室	2023 年 1 月
市财政局	2021 年国有企业财务会计决算先进单位	江苏省财政厅	2023 年 1 月
市交通运输局机关党委	全省深化货车司机群体党建试点工作先进集体	江苏省交通运输行业党委	2023 年 1 月
市科协	2022 年度县级科协“四服务一加强”单项工作创新案例	江苏省科协	2023 年 1 月
靖城街道退役军人服务站	江苏省优秀退役军人服务站	江苏省退役军人事务厅	2023 年 1 月
市锡剧团	江苏省二级院团	江苏省文化和旅游厅	2023 年 1 月
江阴—靖江长江隧道工程项目靖江市服务保障团队	2022 年度市高指、服务指优秀团队名单	中共江苏省交通工程建设局党组	2023 年 2 月
市信访局	2022 年度泰州市“信访突出问题攻坚化解年行动”先进集体	江苏省信访局	2023 年 2 月
马桥镇信访接待中心	江苏省 2022 年度人民满意窗口	江苏省信访局	2023 年 2 月
中国农业银行股份有限公司靖江市支行	先进集体	中国农业银行股份有限公司江苏省分行	2023 年 2 月
市科协	科普中国信息传播工作优秀单位	江苏省科学技术协会	2023 年 2 月
市科协	科技志愿服务工作优秀单位	江苏省科学技术协会	2023 年 2 月
市消防救援大队	全省基层建设先进大队	江苏省消防救援总队	2023 年 2 月
市消防救援大队渡江路消防救援站	全省基层建设先进消防救援站	江苏省消防救援总队	2023 年 2 月
市委老干部局	2022 年度全省老干部工作部门优秀信息宣传单位	江苏省委老干部局	2023 年 4 月
马桥镇徐周村	2022 年度江苏省生态宜居美丽示范村	江苏省委农村工作领导小组	2023 年 4 月

靖江市获泰州市级(不含条线)表彰的先进集体一览表

表 54

获奖单位	荣誉称号	授予单位	授予时间
靖江市	2022 年度泰州市信访工作综合考核先进市	中共泰州市委、市政府	2023 年 2 月
靖江市	泰州市 2022 年度高质量发展综合考核县级市(区)第一等次第一名	中共泰州市委、市政府	2023 年 4 月
靖江引航站	泰州市文明单位	中共泰州市人民政府	2022 年 1 月
东兴镇人民政府	泰州市创建全国双拥模范城突出贡献集体嘉奖	中共泰州市委、市政府	2022 年 3 月
市发改委	泰州市“骏马奖”	中共泰州市委、市政府	2022 年 8 月
城建集团	2022 年泰州市江苏省第二十届运动会组织运行和备战参赛工作先进集体	中共泰州市委、市政府	2022 年 12 月
市文体广电和旅游局	泰州市江苏省第二十届运动会组织运行和备战参赛工作先进集体	中共泰州市委、市政府	2022 年 12 月
市发改委	泰州市 2022 年度“三比一提升”先进单位	中共泰州市委、市政府	2023 年 4 月

·先进个人·

靖江市获国家级(含条线)表彰的先进个人一览表

表 55

姓　名	荣誉称号	颁发单位	授予时间
吴海平	监督帮扶表现突出人员	生态环境部	2022 年 1 月
王荣达	最美港航人	交通运输部	2022 年 3 月
邵青林	全国优秀共青团员	共青团中央	2022 年 4 月
倪振华	2022 年全国最美家庭	中华全国妇女联合会	2022 年 5 月
钱金明	全国气象部门 2022 年优秀党务工作者	中国气象局	2022 年 6 月
何敏毅	交通运输部模范机关先进个人	交通运输部办公厅	2022 年 7 月
朱桂芳	全国统计系统先进工作者	人力资源和社会保障部、国家统计局	2022 年 8 月
宋山海	全国关工工作优秀通讯员	中国关心下一代工作委员会	2022 年 12 月

靖江市获省级(含条线)表彰的先进个人一览表

表 56

姓　名	荣誉称号	颁发单位	授予时间
郑玉龙	全省检察机关扫黑除恶斗争先进个人	江苏省检察院	2022 年 1 月
姚丽萍	江苏省五一巾帼标兵	江苏省总工会	2022 年 1 月
姚丽萍	江苏省五一创新能手	江苏省总工会	2022 年 1 月
朱海燕	江苏省中药炮制工职工组二等奖	江苏省总工会、省教育厅、省卫健委、省商务厅	2022 年 1 月
郑　溦	全省公共法律服务工作成绩突出个人	江苏省司法厅	2022 年 1 月
徐正勇	专业骨干	国家税务总局江苏省税务局	2022 年 2 月
鞠　静	2021 年度后续照管工作成绩突出个人	江苏省戒毒管理局	2022 年 2 月
张蓉芳	江苏省生态环境系统“污染防治攻坚巾帼标兵”	江苏省生态环境厅	2022 年 3 月
朱　飞	2021 年度法治督察工作成绩突出个人	江苏省司法厅	2022 年 3 月
王荣达	江苏好人	江苏省文明办	2022 年 4 月
刘　圳	2021 年度司法行政系统新闻宣传工作成绩突出个人	江苏省司法厅	2022 年 4 月
赵小凤	江苏省最美家庭	江苏省妇联	2022 年 5 月
孙　伟	优秀团干部	江苏省消防救援总队	2022 年 5 月
曹　芳	2021 年度全省冬训工作先进个人	中共江苏省委宣传部、组织部	2022 年 6 月
汪七九	优秀党务工作者	江苏省消防救援总队	2022 年 6 月
陈　镇	优秀党务工作者	江苏省消防救援总队	2022 年 6 月
董　彬	模范共产党员	江苏省消防救援总队	2022 年 6 月
蒋金棋	全省检察机关检察技术优秀文书评审活动获三等奖	江苏省检察院	2022 年 6 月
邵勇文	优秀共产党员	中国农业银行股份有限公司江苏省分行党支部	2022 年 6 月

续表 56

姓　名	荣誉称号	颁发单位	授予时间
钱大雷	江苏省计量检定人员技能大赛团体三等奖	江苏省市场监督管理局、省委省级机关工委、省总工会、团省委	2022 年 6 月
徐亚萍	江苏省妇女儿童工作先进个人	江苏省人民政府妇女儿童工作委员会	2022 年 6 月
朱　培	全省交通运输行业优秀共产党员	江苏省交通运输行业党委	2022 年 7 月
赵　颖	全省交通运输行业优秀党务工作者	江苏省交通运输行业党委	2022 年 7 月
张　明	全省信访系统先进工作者	江苏省人力资源和社会保障厅、省政府信访局	2022 年 7 月
储海潮	全省档案宣传工作先进个人	江苏省档案馆	2022 年 8 月
黄　晨	全省检察机关警务技能标兵	江苏省检察院	2022 年 8 月
张　园	江苏省第九届“好记者讲好故事”活动优胜选手	江苏省新闻战线“三项学习教育”活动领导小组办公室	2022 年 8 月
丁　玲	江苏省文明家庭	江苏省文明办、省妇联	2022 年 9 月
朱　俊	全省检察机关公益诉讼检察业务“优秀办案能手”	江苏省检察院	2022 年 10 月
吴馨宇	全省“七五”普法工作先进个人	江苏省人民政府	2022 年 11 月
夏梓钧	2022 年全省“我的书屋·我的梦”农村少年儿童阅读实践活动征文中学组二等奖	江苏省新闻出版局、省教育厅	2022 年 12 月
环嘉芮	2022 年全省“我的书屋·我的梦”农村少年儿童阅读实践活动硬笔书法中学组三等奖	江苏省新闻出版局、省教育厅	2022 年 12 月
姜玉涵	2022 年全省“我的书屋·我的梦”农村少年儿童阅读实践活动硬笔书法中学组三等奖	江苏省新闻出版局、省教育厅	2022 年 12 月
陈炜炯	2022 年全省“我的书屋·我的梦”农村少年儿童阅读实践活动硬笔书法中学组三等奖	江苏省新闻出版局、省教育厅	2022 年 12 月
朱玉华	2022 年度全省权益维护工作先进个人	江苏省退役军人事务厅	2022 年 12 月
高　鹏	2022 年全省生态环境系统污染防治攻坚专项行动标兵个人	江苏省生态环境厅	2022 年 12 月

续表 56

姓　名	荣誉称号	颁发单位	授予时间
蒋　聪	全省工作成绩突出村(居)法律顾问	江苏省司法厅	2022 年 12 月
刘　雪	江苏省食品安全“守底线、查隐患、保安全”专项行动实战技能大比武二等奖	江苏省市场监督管理局	2022 年 12 月
田　晨	第二十届运动会气象保障服务优秀个人	江苏省气象局	2022 年 12 月
黄　铭	金牌志愿讲解员	中共江苏省委宣传部、省文明办、省委党史工作办公室、省文化和旅游厅、省广播电视总台	2023 年 1 月
张林海	金牌志愿讲解员	中共江苏省委宣传部、省文明办、省委党史工作办公室、省文化和旅游厅、省广播电视总台	2023 年 1 月
顾鑫昱	全省方志文化宣传工作先进个人	江苏省地方志办公室	2023 年 1 月
黄思毅	全省深化货车司机群体党建试点工作先进个人	江苏省交通运输行业党委	2023 年 1 月
蒋　彬	江苏省优秀退役军人服务中心主任	江苏省退役军人事务厅	2023 年 1 月
孙　伟	全省消防救援队伍优秀干部	江苏省消防救援总队	2023 年 2 月
陈　镇	全省消防救援队伍优秀干部	江苏省消防救援总队	2023 年 2 月
顾毛杰	全省消防救援队伍优秀干部	江苏省消防救援总队	2023 年 2 月
朱晓宇	全省消防救援队伍优秀干部	江苏省消防救援总队	2023 年 2 月
邵勇文	先进个人	中国农业银行股份有限公司江苏省分行	2023 年 2 月
张雅丽	先进个人	中国农业银行股份有限公司江苏省分行	2023 年 2 月
陈洁云	先进个人	中国农业银行股份有限公司江苏省分行	2023 年 2 月
钱　芳	先进个人	中国农业银行股份有限公司江苏省分行	2023 年 2 月
陈亚东	全省城建档案管理工作先进工作者	江苏省住建厅	2023 年 3 月
田　莉	2021—2022 年度优秀农家书屋管理员	江苏省新闻出版局	2023 年 3 月
陶　静	2021—2022 年度优秀农家书屋管理员	江苏省新闻出版局	2023 年 3 月

续表 56

姓　名	荣誉称号	颁发单位	授予时间
刘悦晨	2022年度全省老干部工作部门优秀信息宣传员	江苏省委老干部局	2023年4月
殷文静	2022年度全省退役军人宣传工作先进个人	江苏省退役军人事务厅	2023年5月

靖江市获泰州市级（不含条线）表彰的先进个人一览表

表 57

姓　名	荣　誉　称　号	颁发单位	授予时间
吴　双	2015—2021年度全市平安建设先进个人	泰州市委、市政府	2022年1月
薛志宏	泰州市创建全国双拥模范城突出贡献个人二等功	泰州市委、市政府	2022年3月
张　忠	二等功	泰州市委	2022年4月
卢　钰	泰州市江苏省第二十届运动会组织运行和备战参赛工作先进个人	泰州市委、市政府	2022年12月
羊卫国	泰州市江苏省第二十届运动会组织运行和备战参赛工作先进个人	泰州市委、市政府	2022年12月
吕　婷	泰州市江苏省第二十届运动会组织运行和备战参赛工作先进个人	泰州市委、市政府	2022年12月
俞　峰	泰州市江苏省第二十届运动会组织运行和备战参赛工作先进个人	泰州市委、市政府	2022年12月
邵玉青	泰州市江苏省第二十届运动会组织运行和备战参赛工作先进个人	泰州市委、市政府	2022年12月
刘晓利	泰州市江苏省第二十届运动会组织运行和备战参赛工作先进个人	泰州市委、市政府	2022年12月
苏　平	2022年泰州市市域治理领域“重大风险防范化解”先进个人(记个人三等功)	泰州市委、市政府	2023年2月
徐啸宇	2022年度泰州市“三比一提升”先进个人	泰州市委、市政府	2023年4月
徐啸宇	2022年度泰州市“好干部”	泰州市委、市政府	2023年4月
王彦军	泰州市“争当表率、争做示范、走在前列”好干部	泰州市委、市政府	2023年4月
刘　矛	泰州市“争当表率、争做示范、走在前列”好干部	泰州市委、市政府	2023年4月

附录

组织机构及负责人名录

中共靖江市委员会

书　　记:张长平
副 书 记:陈锋剑(12月16日免)
　　陶德喜(8月3日免)
　　申　强(12月28日任)
　　罗晓东(8月3日任)
常　　委:史骥涛　王国祥
　　王　瑾(女)　姚东辉
　　张佳炜　张劲松
　　海　磊
　　孙鹏建(8月3日任)
委　　员:(按姓氏笔画排列)
　　于　政
　　王　瑾(女)
　　王国祥
　　申　强(12月28日任)
　　史骥涛　刘　俊
　　刘　锋(8月26日免)
　　孙鹏建(8月3日任)
　　吴　彬　吴文彬
　　何卫东　沈南松
　　张长平　张劲松
　　张佳炜　陆钧涛
　　陈　伟　陈永光
　　陈锋剑(12月16日免)
　　陈新猛(8月26日免)
　　范　敏(女)
　　罗晓东　赵国庆
　　赵建国　施泉国
　　闻韵萍(女)
　　姚东辉　钱灿兴
　　徐玉蓉(女)　海　磊
　　陶德喜(8月3日免)
　　曹　祥(1月20日免)
　　蒋国庆
候补委员:李华兵　杜正宇
　　沈永江　陈焕新
　　黄洪涛　刘振东
　　徐啸宇(女)

靖江市人大常委会

(1月12日换届选举)

主　　任:范　敏(女)
副 主 任:何卫东　赵建国
　　季士发　羊　兴
委　　员:(按姓氏笔画为序)
　　丁啸宇　马　鉴
　　史亚萍(女)　朱忠武
　　刘　军　刘庚乙(女)
　　严　亮(女)
　　杨美娣(女)
　　吴一江　沈凯军
　　宋　平　张永杰
　　张兴松　张志坚
　　陆国胜　陆桂清(女)
　　环剑斌　周　彬
　　郑立平　赵映敏(女)
　　赵晔岭　祝　敏(女)
　　秦　洁(女)
　　夏永平(女)　徐　烽
　　徐玉蓉(女)
　　高　健(女)　葛江宏
　　董　因(女)　蒋永龙

靖江市人民政府

(1月12日换届选举)

市　　长:陈锋剑(12月30日免)
副市长、代理市长:
　　申　强(12月30日任)

副 市 长:罗晓东(8月17日免)
王 瑾(女,
8月17日任)
张佳炜 邵春宁(女)
于 政
陈新猛(8月17日免)
陆钧涛 裴颂文(挂)
朱庆荣
黄颖锋(12月22日任)
朱君贤(挂,
12月22日任)

政协靖江市委员会

(1月11日换届选举)

主　　席:赵国庆
副 主 席:沈南松 庞余亮
李建新 徐 婷(女)
秘 书 长:陆林峰
常　　委:(按姓氏笔画为序)
王灿平 王建明(女)
印 鸿 朱丽斌(女)
朱荣琪 朱惠健
刘 欣 刘 湘(女)
刘小平 刘海金
孙卫东 沈为民
宋 立 张 芸(女)
张 丽(女) 张卫忠
张红星 张金玲(女)
张链斌 陈冬梅(女)
邵 佳 范新宏
郑刚锋 赵灿冬
赵鹏涛 闻晓明
闻韵萍(女) 顾 蓓
顾文均 倪 磊
徐永清 唐卫成
唐明澍 展旭东
陶 红(女) 陶 虹
黄益涛 常 秦
慈 开 鞠小平

中共靖江市纪律检查委员会

书　　记:王国祥
副 书 记:赵鹏涛(12月16日免)
严春涛
常　　委:陈卫军
朱明忠(12月16日免)
居振波 陈小东
佘金洲(12月16日任)
委　　员:(按姓氏笔画为序)
王华军 王国祥
王海清 吕宏坤
朱明忠 刘 杰
严春涛 吴志钧
佘金洲 陈小东
陈卫军 居振波
赵鹏涛 徐 跃
陶 虹
办公室主任:晏 凯
纪检监察干部管理监督室主任:
张玲玲(女,
1月20日任)
宣传教育室主任:
张玲玲(女,
1月20日免)
张 颖(女,
1月20日任)
党风政风监督室主任:
张 颖(女,
1月20日免)
陆胜松(12月16日任)
信访室主任:顾烨虹(女)
案件监督管理室主任:
陈 琤(女)
第一纪检监察室主任:蔡恒仙
第二纪检监察室主任:陈 斌
第三纪检监察室主任:王 军
第四纪检监察室主任:于灿刚
第五纪检监察室主任:侯 俊
第六纪检监察室主任:
王俊红(女)
第九纪检监察室主任:方 靖
案件审理室主任:
冯大宏(12月16日免)
机关党委专职副书记:夏柳松
第一派驻纪检监察组组长:
王海兵
第二派驻纪检监察组组长:
王 云(女)
第三派驻纪检监察组组长:
黄红曙
第四派驻纪检监察组组长:
刘晓东
第五派驻纪检监察组组长:
朱 敏(女)
第六派驻纪检监察组组长:
朱金水(女)
第七派驻纪检监察组组长:
陈 彬
第八派驻纪检监察组组长:
张 艺(女)
第九派驻纪检监察组组长:
薄 石
第十派驻纪检监察组组长:
朱启东(12月16日免)
王 钧(12月16日任)
第十一派驻纪检监察组组长:
周荣根(12月16日免)
第十二派驻纪检监察组组长:
王华军
第十三派驻纪检监察组组长:
刘卫东
第十四派驻纪检监察组组长:
范红波(12月16日免)
第十五派驻纪检监察组组长:
曹正新
市委巡察办主任:陈卫军
市委巡察办专职副主任:
方 伟 季 彬
第一巡察组专职组长:
朱明忠(12月16日任)
第一巡察组专职副组长:
陈 彬 刘 靖(女)
第二巡察组专职组长:
薛新红
第二巡察组专职副组长:
蒋秀红(女)
赵翠萍(女)
第三巡察组专职组长:马 斌
第三巡察组专职副组长:
徐 凯 朱丽萍(女)

第四巡察组专职组长：
陈靖曙
第四巡察组专职副组长：
吴逸南　徐兴慧

靖江市监察委员会

主　　任：王国祥(1月12日任)
副 主 任：赵鹏涛　严春涛
委　　员：陈卫军
朱明忠(12月30日免)
佘金洲(12月30日任)
专职委员：吴志钧(12月30日免)
佘金洲(12月30日免)
冯大宏(12月30日任)
张玲玲(女，12月30日任)

市人武部、法院、检察院

人武部

部　　长：海　磊
政　　委：张庆祥(3月25日免)
兰　峰(7月22日任)
副 部 长：钱云华

法院

院　　长：杨锦华(1月12日任)
党组书记：杨锦华
副 院 长：陈燕萍(女)　高玉军
卢旭东
梅　岭(1月5日免)
刘炳涛(12月22日任)
审委会专职委员：
葛　涛(1月20日免)
刘炳涛(11月17日免)
刘汉江(11月17日任)
黄颖宏(11月17日任)
政治部主任：
刘汉江(11月17日免)
执行局局长：
葛　涛(1月20日免)
展　飞(11月17日任)

检察院

检 察 长：冒金山(1月12日任)
党组书记：冒金山
党组副书记：
盛振宇(11月17日任)
副检察长：方　强　盛振宇
吴　刚
政治部主任：吴海英(女)
检委会专职委员：
刘　杰　倪　磊

市委工作部门及直属单位

办公室

(挂市委研究室、市委机要局、市国家保密局、市国家密码管理局、市档案局牌子；市委深改办设在市委办公室)

主　　任：陆钧涛(1月20日免)
范新宏(1月20日任)
副 主 任：汤毅钧(8月26日免)
俞　飞(1月20日任)
王　雷(1月20日任)
羊　烽(12月16日任)
研究室副主任：
王　雷(1月20日免)
孙一凡(12月16日任)
机要局副局长：
俞　飞(1月20日免)
国家保密局副局长：
朱神锋(1月31日任)
档案局副局长：
贾凌飞(1月31日任)
深改办主任：
陶德喜(8月26日免)
罗晓东(8月26日任)
深改办常务副主任：
陆钧涛(1月20日免)
范新宏(1月20日任)
深改办副主任：
羊　烽(12月16日免)
机关绩效考核办主任：
陆　云

组织部

(挂市委"两新"工委、市委党建办、市委市级机关工委、市公务员局牌子；市委考核办设在市委组织部)

部　　长：王　瑾(女，8月3日免)
孙鹏建(8月3日任)
常务副部长：徐玉蓉(女，1月20日任)
副 部 长：朱荣琪　王文泽(兼)
朱艳明
部务委员：陈栋栋(女)　姚　峰
市公务员局局长：
徐玉蓉(女，1月31日免)
"两新"工委书记：朱艳明
"两新"工委副书记：
王网兵(8月26日免)
党建办主任：朱荣琪
党建办副主任：卢　建
市级机关工委副书记：
宋晓栋(1月20日免)
张伟业(8月26日任)
考核办主任：
王　瑾(女，1月20日任，8月26日免)
孙鹏建(8月26日任)
考核办副主任：
朱　彬(12月16日免)
党员管理中心主任：郑华一

宣传部、社科联

(挂市文明办、市政府新闻办、市互联网信息办、市新闻出版局〈市版权局〉牌子；市委网信办设在宣传部)

部　　长：姚东辉
常务副部长：
范新宏(1月20日免)
吕宏坤(8月26日任)
副 部 长：褚剑云　赵金君
陈　凯(8月26日任)
部务委员：陈　凯(8月26日免)

吴俊杰(8月26日任)
文明办主任:
吕宏坤(8月26日免)
赵金君(8月26日任)
文明办副主任:
毛立仁(挂,
8月26免)
卢建昊
网信办主任:
范新宏(1月20日免)
吕宏坤(8月26日任)
网信办副主任:童冬梅(女)
新闻出版局(版权局)局长:
褚剑云(9月9日免)
新闻出版局(版权局)副局长:
朱　光
市政府新闻办副主任:
吴俊杰(9月9日免)
社科联主席:
赵金君(9月15日免)
褚剑云(9月15日任)
社科联副主席:曹　芳(女)

统　战　部

(挂市委台办、市政府台办、市民宗局、市政府侨办牌子)

部　　长:陶德喜(8月3日免)
罗晓东(8月3日任)
常务副部长:徐永清
副 部 长:刘　强(1月20日免)
潘　颖(女)
耿志红
卢新初(1月20日任)
部务委员:郁香萍(女)
台办主任:耿志红
台办副主任:刘静琰(女)
民宗局局长:潘　颖(女)
民宗局副局长:方　蕾(女)

政法委、社会治理服务中心

书　　记:史骥涛
常务副书记:陈永光
副 书 记:陈　筠(女)
唐　云(女,
1月20日任)
吴益星(挂,8月26日任,12月16日免)
吴志钧(挂,
12月16日任)
国安办副主任:
朱神锋(1月20日免)
陈艳红(12月16日免)
政治处主任:
唐　云(女,
1月20日免)
张逸群(1月20日任)
社会治理服务中心副主任:
吴　洪

编　办

(挂市事业单位登记局牌子)

主　　任:王文泽
副 主 任:梅　笛
展建秋(1月20日任)
事业单位登记局副局长:
汤金涛

老干部局、离退休干部工委

局　　长:朱荣琪(1月20日任)
副 局 长:丁　炜(12月16日免)
曹凌云(女)
离退休干部工委书记:
朱荣琪(1月20日任)
离退休干部工委副书记:姚　烽

党　校

校　　长:王　瑾(女,兼,
8月26日免)
孙鹏建(兼,
8月26日任)
常务副校长:孙立翔
副 校 长:徐　进　肖　媛(女)

政　校

校　　长:罗晓东(兼,
9月9日免)
王　瑾(女,兼,
9月9日任)
常务副校长:孙立翔
副 校 长:徐　进　肖　媛(女)

史　志　办

(挂档案馆牌子)

主　　任:徐常青
副 主 任:夏艺萍(女)
叶旭和　王　莉(女)

区域社会治理现代化综合指挥中心

主　　任:吴益星(12月16日免)
吴志钧(12月16日任)
副 主 任:陈　亮　许志刚
李天舒

融媒体中心

主任、党委书记:
王　涛(9月14日
病故)
总 编 辑:朱红芳(女)
党委副书记:
朱红芳(女)
陈　权(8月26日免)
副 主 任:王　平(12月16日免)
刘苏靖(12月16日免)
周　俊(8月26日任)
李　育(女,
12月16日任)
副总编辑:周　俊(8月26日免)
朱建元
徐　钰(8月26日任)
纪委书记:高　敏(女)

市人大常委会工作机构

办　公　室

主　　任:马　鉴
副 主 任:徐　烽　祝　敏(女)

财政经济工作委员会

(挂预算工作委员会牌子)

主　　任:张永杰
副 主 任:宋　平

农业农村工作委员会

主　　任:周　彬
副 主 任:董　因(女)

监察和司法工作委员会

主　　任:刘　军
副 主 任:秦　洁(女)

社会建设和教科文卫工作委员会

主　　任:史亚萍(女)
副 主 任:杨美娣(女)

环境资源城乡建设工作委员会

主　　任:赵晔岭
副 主 任:刘庚乙(女)

人事代表联络工作委员会

主　　任:陆国胜
副 主 任:严　亮(女)

市政协工作机构

办　公　室

主　　任:陆林峰
副 主 任:成　喆(12月16日免)
　　　　吴思宇(女)

学习文史委员会

主　　任:黄益涛
副 主 任:秦亚平

提案委员会

主　　任:刘　湘(女)
副 主 任:苏竹韵(女)

经济科技委员会

主　　任:孙卫东
副 主 任:陈　林(女)

教卫文体委员会

主　　任:张链斌
副 主 任:周艳红(女)

社会法制委员会

主　　任:唐卫成
副 主 任:刘斌斌

市政府工作部门及直属单位

办　公　室

(挂市政府研究室、市政府外办、市大数据管理局牌子;市委外办设在市政府办公室)

主　　任:鞠晔红
副 主 任:陆　炜
　　　　曾靖杰(兼,1月31日任)
　　　　夏　羽(1月31日任)
　　　　倪志鹏(9月9日免)
　　　　陆汇杰(1月31日任)
　　　　王网兵(9月9日任)
研究室副主任:
　　　　陆汇杰(1月31日免)
外办副主任:
　　　　夏　羽(1月31日免)
　　　　杨任飞(1月31日任)
大数据管理局副局长:欧小岗
电子政务中心主任:沈　磊(女)

市机关事务服务中心

主　　任:王森红(女)
副 主 任:项卫锋(9月9日免)
　　　　沈　杰(12月2日病故)
　　　　张轶群(9月9日任)

发展改革委

(挂市粮食物资储备局牌子)

主　　任:刘　俊(1月25日免)
　　　　吴文彬(1月25日任,12月22日免)
　　　　徐啸宇(女,12月22日任)
党组书记:刘　俊(1月20日免)
　　　　吴文彬(1月20日任,9月29日免)
　　　　徐啸宇(女,9月29日任)
副 主 任:刘　锋(1月31日任)
　　　　袁俊章　陈汉华
粮食物资储备局副局长:
　　　　朱　慧
能源事业发展中心主任:
　　　　孙　丹(女)

教　育　局

(市委教育工委同其合署办公;市政府教育督导室设在市教育局)

党工委书记:
　　　　姚东辉(8月26日免)
　　　　沈永江(8月26日任)
局　　长:沈永江
党工委副书记:
　　　　沈永江(8月26日免)
　　　　倪　斌(女,8月26日任)
副 局 长:倪　斌(女,9月9日免)
　　　　耿小平　刘云松
　　　　王振宇(9月9日任)
高招办(自考办)主任:王振宇

科　技　局

局长、党组书记:王　伟
副 局 长:王海庆(9月9日免)
　　　　黄　伟
　　　　杨　浏(女,9月9日任)

工　信　局

局长、党工委书记:杜正宇
副 局 长:王金付(9月9日免)
　　　　王海庆(9月9日任)
　　　　高剑平　宋永东
大数据发展中心主任:
　　　　毛立峰(9月9日免)
　　　　季　松(9月9日任)

公　安　局

局　　长:曹　祥(1月5日免)
　　　　朱庆荣(1月5日任)
党委书记:曹　祥(1月20日免)
　　　　朱庆荣(1月20日任)
督 察 长:曹　祥(1月31日免)
　　　　朱庆荣(1月31日任)

政　　委:顾国华(11月17日免)
缪金桂(11月17日任)
党委副书记:
顾国华(11月17日免)
缪金桂
薛　松(11月17日任)
副 局 长:薛　松
缪金桂(12月30日免)
陈爱国(12月30日免)
张益新
范明栋(12月30日任)
叶　锋(12月30日任)
秦　勇(12月30日任)
政治处主任:刘　青(女,
11月17日任)

民　政　局

局长、党组书记:徐　跃
党组副书记:
高　军(1月20日免)
副 局 长:曹永东　姚　明
沈为民(9月9日任)

司　法　局

(市委依法治市办设在市司法局)
局　　长:唐明澍
党组书记:高永祥
副 局 长:高永祥　田　华(女)
陆兴富
依法治市办副主任:
吴　双(女)
社会矛盾纠纷调处服务中心主任:　陈小娟(女)

财　政　局

(挂国有资产监督管理办公室牌子)
局长、党组书记:缪立强
副 局 长:徐　群(9月9日免)
杨国荣　耿昌林
陈　燕(女,
1月31日任)
国有资产监督管理办公室副主任:　陈　燕(女,
1月31日免)
徐　敏(女,
1月31日任)
国库集中收付中心主任:
黄彤彬(9月9日免)
周　剑(9月9日任)
非税收入管理办公室主任:
王　佳(女)

人　社　局

局长、党组书记:王海清
党组副书记:
朱建忠(12月16日免)
副 局 长:赵亚平　许晓波
人力资源就业管理中心主任:
张　鹏
社会保险管理中心主任:瞿明海

住　建　局

(挂市人防办、市地震局牌子)
局长、党组书记:刘振东
副 局 长:蔡　勇　顾鸿涛
刘鲲鹏
杭建兵(1月31日免)
总工程师:鞠宁松
人防办副主任:鲍可庆
地震局副局长:臧　宏
住房保障服务中心主任:
鞠　橙(1月31日免)
建筑业发展中心主任:
鞠　橙(1月31日任,
9月9日免)
何　挺(9月9日任)
房屋征收服务中心主任:花胜虎

城　管　局

(挂市综合执法局牌子)
局长、党组书记:汪东初
副 局 长:侯荣伟　薛卫东
商　桐
城管综合执法大队大队长:
江旭东

交通运输局

局长、党工委书记:蔡　斌
副 局 长:沈关红
侯　栋(9月9日免)
李晓峰
杭建兵(9月9日任)
总工程师:杭建兵(1月31日任,
9月9日免)
朱　洁(9月9日任)
交通运输综合行政执法大队大队长:　王涛平
公路事业发展中心主任:孙雅飞
公共交通服务中心主任:朱　培

水　利　局

局长、党组书记:钱灿兴
副 局 长:樊兴华　王　忠
顾红军
总工程师:杨　彬
江河堤闸管理处主任:
耿　萍(女)

农业农村局

(挂市乡村振兴局牌子;
市委农办设在市农业农村局)
局长、党组书记:苏孔兴
副 局 长:江南平(9月9日免)
刘　锋(1月31日免)
杨　江(9月9日免)
刘旭红(9月9日任)
吴　德　展旭东
朱　杰
总农艺师:李云峰(9月9日任)
总畜牧兽医师:侯　斌
市委农办主任:苏孔兴
农业干部学校校长:
吴金福(1月31日任)
市委农办副主任:李云峰
农业科学技术推广中心主任:
李云峰(9月9日免)
农业综合行政执法大队大队长:
盛小琴(女)

商　务　局

(挂市口岸办牌子)
局　　长:徐啸宇(女,
12月22日免)

刘　骥(女，
12月22日任)
党组书记:徐啸宇(女，
9月29日免)
刘　骥(女，
9月29日任)
副 局 长:丁建新(9月9日免)
卢　栋
朱　勇(9月9日任)
倪　洋(女，
9月9日任)
口岸办副主任:张　晔
投资促进服务中心主任:
徐　建(9月9日免)
投资促进服务中心副主任:
朱　勇(9月9日免)
方　圆(女)

文体旅游局

局长、党组书记:何剑君
副 局 长:吴　彬　周俊伟
张卫忠(1月31日任)
张　云(女)
文化市场综合执法大队大队长:
闻海彬

卫生健康委

主任、党工委书记:陈焕新
副 主 任:陶　钢
沈为民(9月9日免)
徐国彬
马洪升(9月9日任)

人民医院

党委书记:钟云峰
院　　长:高　峰
党委副书记:高　峰
纪委书记:叶金松(12月16日免)
副 院 长:吴　剑　赵映敏(女)
季　湧
党政办公室主任:李靖锋
医务部部长:
陈宏俊(1月31日任)
护理部部长:吴春燕(女，
1月31日任)
人力资源部部长:
龙　聪(1月31日任)
信息部部长:
孙　宇(1月31日任)

中　医　院

院长、党委书记:王　勇

退役军人局

局长、党组书记:王田煜
副 局 长:陆荣华　朱玉华
钱云华(兼，
9月9日任)

应急管理局

(市安全生产委员会办公室
设在应急管理局)
局长、党委书记:徐建军
副 局 长:周　燕
殷浩鹏(9月9日免)
陈　俊(9月9日任)
毛立峰(9月9日任)
安全生产委员会办公室专职副主任:　谢小彬
总工程师:陶军国
安全生产监察大队大队长:
陈　俊(9月9日免)
张　震(9月9日任)

审　计　局

局　　长:唐文勇(1月5日免)
卢　忠(1月5日任)
党组书记:卢　忠
副 局 长:蔡新翔　许　琳(女)
瞿　清(女)

行政审批局

(挂市政务办牌子)
局长、党工委书记:徐　琳(女)
副 局 长:张　丽(女)
钱　斌(1月31日任)
宋心燕(女)
总工程师:钱　斌(1月31日免)
叶　新(1月31日任)
政务服务中心主任:
叶　新(1月31日免)
徐　霞(女，
1月31日任)

市场监管局

(挂市知识产权局牌子)
局长、党组书记:黄洪涛
副 局 长:朱建明　杨伟程
丁建国
田亚铭(9月9日任)
孙红银(1月31日免)
食品安全总监:
周志军(1月31日任)
开发区分局副局长:
田亚铭(9月9日免)
周晓峰(9月9日任)
知识产权局副局长:
徐龙梅(女)
靖城分局局长:闻骥棠
城南分局局长:杨　力
孤山分局局长:丁　磊
港城分局局长:
周志军(1月31日免)
丁忠奇(9月9日任)
新区分局局长:印文峰
马桥分局局长:
徐　勇(9月9日免)
韩江华(女，
9月9日任)
新桥分局局长:韩　潇
市场监管稽查大队大队长:
周晓峰(9月9日免)
张　磊(9月9日任)
产品质量综合检验检测中心主任:
唐凌红(女)

统　计　局

局长、党组书记:王彦军
副 局 长:朱桂芳(女，
9月9日免)
姜　玻(9月9日任)
顾秀莲(女)
总统计师:任　铮(女)

医疗保障局

局长、党组书记:范红梅(女)
副 局 长:钱　军　徐乔华

信　访　局

(市委信访局同其合署办公)
局长、党组书记:曾靖杰
副 局 长:张逸群(1月31日免)
周汉平(9月9日免)
王建波(9月9日任)
陈旭东(挂)
王汝荣(9月9日任)
信访督查专员:
郑永刚
顾　烨(1月31日任)

地方金融监管局

(挂市政府金融办牌子)
局长、党组书记:褚　雷
副 局 长:刘香霞(女)
曹　霞(女)

供销总社

理事会主任、党组书记:周劲明
监事会主任:朱凤祥
理事会副主任:羊　铭
薛　娟(女)

华靖公司

董 事 长、党委书记:郑立平
总 经 理:刘　强(1月31日任)
副总经理:张　良
张正洪(9月9日任)
纪委书记:陈吕宏
监事会主席:陈吕宏(8月26日任)
华穗粮食公司董事长、总经理:
张　良(9月9日免)
张亚尧(9月9日任)
华汇水务公司董事长、总经理:
肖海峰(9月9日任)
华力管网公司董事长、总经理:
朱　彬(9月9日任)

城建(集团)公司

董 事 长:蒋国庆(1月31任)
徐玉海(1月31免)
总 经 理:陆兴松
副总经理:蔡永进(9月9日任)
鞠　橙(9月9日任)
任　刚(9月9日任)
纪委书记、监事会主席:朱　强
广宇公司董事长:
蔡永进(9月9日任)
广宇公司总经理:
徐　彬(9月9日任)

城投公司

董 事 长:赵小华(9月9日免)
常国平(9月9日任)
总 经 理:常国平
副总经理:陆　平

港口公司

董 事 长:吴东初
总 经 理:王海波
纪检监察组组长:倪　靓
监事会主席:
倪　靓(8月26日任)
副总经理:徐　勇　印　铭(女)
徐艳卫(女)
羊　旭(9月9日免)

重点学校

省　靖　中

校长、党委书记:张志坚
党委副书记:华　霞(女,
1月20日任)
纪委书记:华　霞(女,
1月20日免)
钱　刚(1月20日任)
副 校 长:赵灿冬　夏桂钱
钱　刚(1月31日免)
方咏梅(女,
1月31日任)
办公室主任:钱　萍(女,
9月9日任)
政教处主任:刘　宏(9月9日任)
教务处主任:王　枫(女,
9月9日任)

省靖中专校

校长、党委书记:顾卫国
党委副书记:许文云
(12月16日免)
副 校 长:徐　刚　朱照红
顾灿兴
纪委书记:印建清

人民团体

总　工　会

主　　席:何卫东(兼)
党组书记:闻韵萍(女)
副 主 席:闻韵萍(女)
王　艳(女)
余　滨
许晓波(挂)
黄　俊(兼)

团　市　委

书　　记:蒋永龙(8月26日任)
副 书 记:杨　浏(女,
8月26日免)
邵　炀(8月26日任)
祁　铭(女,
8月26日任)
吴　钺(挂,
9月26日免)
胡仁宇(女,挂,
9月26任)
鞠　鑫(兼,
9月26日免)
倪　飞(兼,
9月26日任)

妇　联

主席、党组书记:高　健(女)
副 主 席:张　丹(女,
8月26日免)
盛小卫(女,
8月26日任)
许淑怡(女)
于　懿(女,兼)
殷　琴(女,兼)

科 协

主席、党组书记:宋 立
副 主 席:赵明贵 徐志斌

文 联

副 主 席:吴卓明
张卫忠(1月20日免)
朱 萍(女,
1月20日任)

工 商 联

主 席:邵春宁(女,兼)
党组书记:顾 静(女)
副 主 席:顾 静(女)
唐以伟(9月16免)
张 丹(女,
9月16任)
陶建东

残 联

(12月13换届选举)
主席团主席:于 政(兼)
主席团副主席:陆汇杰(兼)
高 军
沈永江(兼)
徐 跃(兼)
王海清(兼)
陈焕新(兼)
刘兴非(兼)
张 魏(兼)
执行理事会理事长:高 军
党组书记:高 军(1月20日任)
执行理事会副理事长:
潘继铭 张文丹(女)

侨 联

主 席:刘 强(1月20日免)
卢新初(1月20日任)

红十字会

会 长:邵春宁(女,兼,2月25日免,9月26日任)
罗晓东(兼,2月25日任,9月26日免)
常务副会长:叶玉东
专职副会长:王汝荣(9月26日免)
李 剑(女,
9月26日任)
副 会 长:陶 钢(兼)
倪 斌(女,兼)
姚 明(兼)
周 燕(兼)
徐 群(兼,
9月26免)
钱 军(兼)

开发区、各镇领导机构

靖江经济技术开发区

党工委书记:张长平
党工委副书记:沈南松 张劲松
管委会副主任:
王 靖(7月25日免)
杨宗栋(挂,
1月7日免)
羊进明
蒋国庆(7月25日免)
黄颖锋(11月15日免)
李虚怀(挂,
8月27日免)
刘 俊(7月25日任)
吴文彬(7月25日任)
陈 伟(7月25日任)
朱君贤(挂,
11月15日任)
纪工委书记:陶 虹
党政办公室主任:
陆林祥(12月16日免)
党政办公室副主任:
詹为才 邵剑江
经济发展局局长:戴靖乾
经济发展局副局长:
刘 阳
叶 鹏(9月9日任)
招商局局长:孙 昊
招商局副局长:
王 涛 周 兴(挂)
徐 东
项卫锋(9月9日任)
卢 柯(9月9日任)
港口事务局局长:方 巍
港口事务局副局长:钱 忠
建设局局长:毛小平
建设局副局长:
唐以伟(9月9日任)
施 政
徐 彬(9月9日免)
财政金融局局长:李旭东
财政金融局副局长:
陈宇霞(女)
张 晔(挂)
赵 栋
安监局局长:王 瑜
安监局副局长:熊志忠
行政审批局局长:侯 杰
行政审批局副局长:
倪 洋(女,
9月9日免)
监察室主任:陈今朝

新 港 城

(经济技术开发区新港城管委会更名为经济技术开发区新港城管理办公室)
管理办主任:徐 群(9月9日任)
管理办副主任:
张 晔
张正洪(9月9日免)
羊 旭(9月9日任)

城南园区

(经济技术开发区城南园区管委会更名为经济技术开发区城南园区管理办公室)
党委书记:杨晓波
管委会主任:杨晓波(1月20日免)
管理办主任:杨晓波(1月20日任)
管理办副主任:陆剑锋

城北园区

(经济技术开发区城北园区管委会更名为经济技术开发区城北园区管理办公室)
党委书记:刘 锋(8月26日免)
李华兵(8月26日任)

管委会主任:刘　锋(1月20日免)
管理办主任:
刘　锋(1月20日任,
9月9日免)
李华兵(9月9日任)
党委副书记:刘昭东(兼)
卢新初(1月20日免)
孙红银(1月20日任)
管理办副主任:顾梓娣(女)
周　兴
纪委书记:刘　彬(挂)

城南办事处

(市政府城南办事处更名为
经济技术开发区城南办事处)
党委书记:杨晓波
主　　任:龚　帅
人大工委主任:朱忠武
党委副书记:
龚　帅
宋晓栋(1月20日任)
纪委书记:孙逸萍(女,
12月16日免)
陈艳红(12月16日任)
副 主 任:周云华(女)　袁　健
秦　幸
组织委员:朱为民
宣传委员:马明利(女)
统战委员:钱　炜(女)
政法委员:黄子健
人武部部长:王　勇

江阴—靖江工业园区办事处

(江苏江阴—靖江工业园区办事
处更名为经济技术开发区
江阴—靖江工业园区办事处)
党委书记:印江红(1月20日免)
陈海涛(1月20日任)
主　　任:印江红(1月31日免)
陈海涛(1月31日任)
人大工委主任:张兴松
党委副书记:
杜迎松(12月16日免)
许晓波(12月16日任)
纪委书记:高基银
副 主 任:何疆斌　顾万铭(女)
组织委员:尹　俊
宣传(统战)委员:
祁江恋(女,
6月8日免)
宣传委员:祁江恋(女,
6月8日任)
统战委员:张丽云(女,
1月20日任)
政法委员:何银松(1月20日任)
人武部部长:
刘　杰(1月29日任)

新桥园区

管委会主任:吴　彬

滨江新区办事处

党工委书记:
陈海涛(1月20日免)
夏灵峰(1月20日任)
主　　任:陆澄萍(女)
人大工委主任:丁啸宇
党工委副书记:陆澄萍(女)
施　键
纪工委书记:花卫星
副 主 任:丁月琴(女)　钱　禹
赵永忠
人大工委副主任:
李德华(9月27日免)
组织委员:陈　勇
宣传(统战)委员:
卢　平(8月26日免)
宣传委员:卢　平(8月26日任)
统战委员:吴海林(8月26日任)
政法委员:朱曙锋
人武部部长:毛春华

靖城街道

党工委书记:
蒋国庆(1月20日免)
刘　俊(1月20日任,
8月26日免)
陆　铭(8月26日任)
人大工委主任:
蒋国庆(1月25日免)
刘　俊(1月25日任,
9月27日免)
陆　铭(9月27日任)
办事处主任:
陆　铭(9月9日免)
黄　圣(9月9日任)
党工委副书记:
陆　铭(8月26日免)
黄　圣(8月26日任)
闻　毅　王建兴
纪工委书记:刘　荣
办事处副主任:王新华
夏　阳　仇小卫
范建红(女)
人大工委副主任:沈凯军
组织委员:陈　钊(女)
宣传委员:孙佼佼(女)
统战委员:黄　能
政法委员:刘晓斌
人武部部长:薛志宏

西　来　镇

党委书记:张　忠
镇　　长:高卫南
人大主席:耿　华(9月24日免)
徐　建(9月24日任)
党委副书记:高卫南
姚　蔚(女)
纪委书记:缪剑锋
副 镇 长:何琰如(女,
1月6日免)
陈亦松(9月24日任)
杨卫东(1月6日免)
刘　俊(1月6日免)
刘宏江　张　凌
姜　弢(9月24免)
张　钰(女,
1月06日任)
黄　敏(1月6日任)
组织委员:张文丹(女,
11月17日免)
丁燕军(12月16日任)
宣传委员:韩　柯(女)
统战委员:戴建军
政法委员:曹卫东

人武部部长:宋卫兵

斜 桥 镇

党委书记:黄颖锋
镇　　长:卞正洪
人大主席:刘　燕(女)
党委副书记:卞正洪　吴炳东
纪委书记:顾炼炼(女)
副 镇 长:刘　荣(1月4日免)
刘旭红(9月15日免)
朱　彬(9月15日免)
赵国红　苏　江
吴　鑫(1月4日任)
徐　寅(9月15日任)
毛　丹(女,
9月15日任)
组织委员:江　平
宣传委员:张伟业(8月26日免)
范静洁(女,
12月16日任)
统战委员:夏银国
政法委员:林小嫦(女)
人武部部长:朱跃祥

孤 山 镇

党委书记:刘　锋(8月26日免)
李华兵(8月26日任)
镇　　长:刘昭东
人大主席:刘丽霞(女)
党委副书记:刘昭东　熊　能
纪委书记:刘　彬
副 镇 长:沐凌飞(1月6日免)
刘鲲鹏(1月6日免)
刘林松(1月6日任)
刘　斌
黄天棋(女)
蒋　骏(9月24日任)
组织委员:蒋　骏(8月26日免)
丁　璇(女,
8月26日任)
宣传委员:马瑜斐(女)
统战委员:丁　璇(女,
8月26日免)
陆　焱(女,
11月17日任)
政法委员:许　刚
人武部部长:徐　振
人大副主席:
蒋　骏(1月6日免)

季 市 镇

党委书记:李华兵(8月26日免)
闻　杰(8月26日任)
镇　　长:闻　杰(9月20日免)
倪志鹏(9月20日任)
人大主席:刘　骥(女)
党委副书记:闻　杰(8月26日免)
倪志鹏(8月26日任)
花　耘(女)
纪委书记:杨卫东
副 镇 长:缪永忠(1月6日免)
陈亦松(9月20日免)
陆　创
张亚尧(9月20日免)
李德华(9月20日任)
侯湘莹(女,
1月6日任)
顾金飞
朱国洪(9月20日任)
组织委员:陈汶钰
宣传委员:朱　萍(女,
1月20日免)
黄　桢(8月26日任)
统战委员:黄　桢(8月26日免)
刘　佳(8月26日任)
政法委员:施洪江
人武部部长:夏丁炜

马 桥 镇

党委书记:吴文彬(1月20日免)
刘　矛(女,
8月26日任)
镇　　长:刘　矛(女,
9月25日免)
汤毅钧(9月25日任)
人大主席:朱海平(1月4日免)
夏建锋(1月4日任)
党委副书记:刘　矛(女,
8月26日免)
汤毅钧(8月26日任)
刘　俊
纪委书记:缪永忠
副 镇 长:刘红旗(1月4日免)
张　钰(女,
1月4日免)
王建东(1月4日任)
蔡建勇(1月4日任)
王　刚
叶剑勇(9月25任)
李　剑(女,
9月25日免)
组织委员:何　双(女)
宣传委员:叶剑勇(8月26日免)
翁亚鸿(女,
8月26日任)
统战委员:邓丹丹(女)
政法委员:季　松(8月26日免)
张　明(8月26日任)
人武部部长:朱　银

东 兴 镇

党委书记:陈　伟(8月26日免)
杨　静(8月26日任)
镇　　长:杨　静(9月24日免)
赵小华(9月24日任)
党委副书记:
杨　静(8月26日免)
赵小华(8月26日任)
曹　雷
人大主席:管苏艳(女,
1月4日免)
赵正兴(1月4日任)
纪委书记:周　华
副 镇 长:王建波(9月24日免)
刘林松(1月4日免)
钱纪程　沈　燚(女)
徐　鸣(9月24日任)
陆韵西(女,
1月4日任)
组织委员:徐　鸣(8月26日免)
孙　静(女,
8月26日任)
宣传委员:徐　奔

统战委员:朱彩霞(女)
政法委员:包文伟
人武部部长:刘　杰(1月29日免)
　　蒋明珠(1月29日任)

生　祠　镇

党委书记:施泉国
镇　　长:黄　圣(9月28日免)
　　耿　华(9月28日任)
人大主席:陈曙剑
党委副书记:黄　圣(8月26日免)
　　耿　华(8月26日任)
　　侯　军
纪委书记:蔡小伟
副 镇 长:严建军(1月6日免)
　　周　华(1月6日免)
　　陈　彬　史荣兴
　　刘　毅
　　刘晴楚(1月6日任)
　　袁　飞(1月6日任)
组织委员:施　燕(女)
宣传委员:徐心怡(女)
统战委员:石　蕾(女)
政法委员:陶　进
人武部部长:王　钧

新　桥　镇

党委书记:吴　彬(11月15日免)
　　陆红娟(女,
　　11月15日任)
镇　　长:陆红娟(女)
人大主席:王靖东(1月7日免)
　　印江红(1月7日任)
党委副书记:
　　陆红娟(女,
　　11月15日免)
　　吴益星(12月16日任)
　　陈　航
纪委书记:吴熠军
副 镇 长:朱月华(1月7日免)
　　耿光明(1月7日免)
　　朱　洁
　　陈亚宏(1月7日任)
　　朱为国(1月7日任)
　　刘　洪　梅　勇
组织委员:闻　雯(女)
宣传委员:卢　柯(8月26日免)
　　缪红玉(女,
　　8月26日任)
统战委员:冯锦忠
政法委员:邵燕权(8月26日免)
　　李晓东(8月26日任)
人武部部长:陈　峥
政法和社会事业局局长:
　　李晓东(9月9日免)
　　郁　林(9月9日任)
建设局局长:羊宇锋
财政和资产管理局局长:
　　蒋国平
安全生产监督管理办主任:
　　胡　飞(1月31日任)
农村工作局局长:
　　李　斌(1月31日任)
党政办公室主任:
　　倪慧敏(女,
　　1月20日任)
行政审批局局长:
　　徐　寅(9月9日免)

省、泰州市条线管理部门

自然资源规划局

局　　长:沙旭东
副 局 长:张小虎(7月19日免)
　　丁　华　蒋　青
　　孙　凤(女)　陈胜昌
　　赵　敏(女)
总规划师:季宋晔

泰州市靖江生态环境局

局　　长:朱　靖
副 局 长:毛振钟　倪　云
　　顾爱东
综合行政执法局局长:吴新圣
江阴—靖江工业园区分局副局长:　刘晓林(主持工作)
　　王桂彬
开发区分局局长:朱　靖

税　务　局

局长、党委书记:
　　王　华(2月28日免)
　　刘　冬(3月24日任)
党委副书记:
　　陆静波(8月19日免)
副 局 长:陆静波(8月19日免)
　　周浒城
　　王　翔(8月19日免)
　　黄　蔚(8月19日免)
　　朱永忠(8月19日免)
　　杜晓飞　刘　钊
　　赵　勇(11月1日任)
纪检组长:冒诚智

邮政公司

总经理、党委书记:钱栋贤
副总经理:瞿伯清　季小庆
　　王　兵
纪委书记:瞿伯清

电信公司

总经理、党委书记:
　　钱继彬(1月24日免)
　　郭东升(1月24日任)
副总经理:周　杰(8月22日免)
　　胡　杨　王鹏程
　　陈余文(8月22日任)
纪委书记:胡　杨

供电公司

总经理、党委副书记:陶　伟
党委书记:戢李刚(2月14日任)
副总经理:戢李刚(2月14日任)
　　左志敏　朱　凯
　　韩　禹
总工程师:王　健
纪委书记、工会主席:邹　斌

江苏有线网络发展有限公司责任公司靖江分公司

总 经 理:朱新宇
副总经理:余　峰　鞠金国
纪委书记:朱康勇

靖江海关

关长、党委书记:梁维东
副 关 长:黄泓轩 杨 强

靖江海事处

处 长:罗义芹(8月19日免)
郝蕴罡(8月19日任)
政 委:侍 嵘
副 处 长:孙海亭(10月13日免)
桂海兵(10月13日任)

靖江边防检查站

政 委:张 荣
站 长:张 群
副 站 长:张迎军
综合办公室主任:周 鹏

靖江引航站

党支部书记:李克广
副 站 长:李克广 张庆九

长江靖江航道管理处

处 长:陈永东
副 处 长:蔡 昊

中国人民银行
靖江市支行

行长、党组书记:毛红霞(女)
副 行 长:陈建明
纪检组长:陈建明

中国农业发展银行
靖江市支行

行 长:曹志勇
副 行 长:周浣纱(女)
行长助理:李 俊

中国工商银行股份有限公司
靖江支行

行长、党委书记:曹琴霞(女)
副 行 长:王建明(8月5日免)
孟 健
纪委书记:游志龙
行长助理:刁莹莹(女)

中国农业银行
靖江市支行

行长、党委书记:邵勇文
纪委书记:臧湘兵
副 行 长:洪 锋(10月26日任)
张 琦(10月26日免)
吴卓仪(女,
10月26日免)
范春燕(女)
闾茂华(7月15日任,
10月26日免)
奚其伟(10月26日任)

中国银行股份有限公司
靖江支行

行长、党总支部书记:陈曙斌
副 行 长:卢云霞(女) 刘 耀
黄 翔

中国建设银行股份有限公司
靖江支行

行长、党委书记:戴 翔
纪委书记:潘 炜(女)
副 行 长:陈旭东(4月26日免)
吴 洁(女)
孙 超(挂,
11月21日任)

交通银行股份有限公司
靖江支行

行 长:陈 兵(2月17日免)
张 俊(2月17日任)
副 行 长:李 娟(女,
4月8日免)
完 慧(女,
3月7日任)
行长助理:完 慧(女,
3月7日免)
童红亮(4月8日任)

上海浦东发展银行股份
有限公司靖江支行

行 长:王 政
副 行 长:栾戈扬 陈 杨

靖江农村商业银行
股份有限公司

董事长、党委书记:王国平
行长、党委副书记:韩 英(女)
专职党委副书记:
陈 辉(1月5日任)
纪委书记、监事长:杨 华
副 行 长:卢 丹 徐 云
袁 媛(女) 姚 斌
马小宇
行长助理:羊 玲(女)

江苏长江商业银行
股份有限公司

董 事 长:朱惠健
行 长:史玉泉(女)
副 行 长:秦桂涛 金文斌
李 剑
监 事 长:王建林
行长助理:刘 萍(女)

邮政储蓄银行
靖江市支行

行 长:杨文文
副 行 长:戚晓钧 陈星亮

中国人民财产保险股份
有限公司靖江支公司

经 理:邵 铭(10月26日免)
朱宏波(10月26日任)
副 经 理:刘 号 陈 雷
夏秋霞(女)
主 管:沈朝晖

中国人寿保险股份有限公司
靖江支公司

经 理:吴金凤(女)
副 经 理:倪 颖(女) 张明华
田 涛
江文录(9月5日任)

中国太平洋财产保险股份
有限公司靖江支公司

经 理:孙月琴(女)

副 经 理:鞠丽军　吴　敏(女)

中国太平洋人寿保险股份有限公司靖江支公司

经　　理:沈　燕(女)

烟草专卖局(烟草公司)

局长(经理)、党组书记:
周　淳(4月19日免)
刘　伟(4月19日任)
副 局 长:陈强华(5月18日免)
刘　波(5月18日任)
副 经 理:汤荣华

盐业公司

执行董事、经理:
臧　彧(11月2日免)
顾振亚(女,11月2日任)
副 经 理:杨　鑫(11月2日任)

气　象　局

局　　长:李志军(4月27日任)
副 局 长:李志军(4月27日免)
秦　栋(3月16日任)
纪检组长:钱金明

港航发展中心靖江分中心

主　　任:陈子兴

住房公积金管理中心靖江分中心

主　　任:陈亚中

国家统计局靖江调查队

队长、党组书记:赵明华
副 队 长:沙建彬
纪检组长:朱利亚(女)

(李剑峰)

重要报告

深入贯彻二十大精神　坚决扛起第一帆使命　在新征程上全面推进中国式现代化靖江新实践

——2022年12月30日在中共靖江市委十三届四次全会上的报告

市委书记　张长平

这次全会的主要任务是,高举习近平新时代中国特色社会主义思想伟大旗帜,全面贯彻落实党的二十大以及中央经济工作会议精神,深入落实省委十四届三次全会、省委经济工作会议和泰州市委六届四次、五次全会决策部署,回顾总结一年工作,对我市学习宣传贯彻党的二十大精神和明年重点任务进行全面部署,动员全市上下紧紧围绕新时代新征程党的使命任务,勠力同心、勇毅前行,深入贯彻二十大精神,坚决扛起第一帆使命,在新征程上全面推进中国式现代化靖江新实践。

下面,根据市委常委会研究的精神,我讲四个方面意见。

一、深刻领悟"两个确立"的决定性意义,自觉把思想和行动统一到党的二十大精神上来

党的二十大是在全党全国各族人民迈上全面建设社会主义现代化国家新征程、向第二个百年奋斗目标进军的关键时刻召开的一次十分重要的大会,为新时代新征程党和国家事业发展、实现第二个百年奋斗目标指明了前进方向、确立了行动指南。学习宣传贯彻好党的二十大精神,是当前和今后一个时期的首要政治任务。我们要在全市上下已经兴起学习宣传贯彻热潮的基础上,更加坚决贯彻习近平总书记"五个牢牢把握"和"全面学习、全面把握、全面落实"的重要指示,时刻牢记“三个务必”,自觉用党的二十大精神统一思想、统一意志、统一行动。

学习贯彻党的二十大精神,最重要最根本的是要深刻领悟“两个确立”的决定性意义,深刻理解其历史逻辑、理论逻辑、实践逻辑,切实增进政治认同、思想认同、理论认同、情感认同。“两个确立”是党的十八大以来党的建设最重大政治成果、最重要历史经验、最客观实践结论。正是因为确立了习近平同志党中央的核心、全党的核心地位,确立了习近平新时代中国特色社会主义思想的指导地位,党中央有了定于一尊、一锤定音的权威,我们才攻克了许多长期没有解决的难题,办成了许多事关长远的大事要事。习近平总书记不愧为“中华号”巨轮的掌舵者、中华民族伟大复兴的领航人。“两个确立”是党应对一切不确定性的最大确定性、最大底气、最大保证。面对前进道路上风高浪急甚至惊涛骇浪的重大考验,有经过历史检验、实践考验、斗争历练的党的核心、人民领袖、军队统帅继续掌舵领航,是党之大幸、国之大幸、军队之大幸、人民之大幸。我们必须倍加珍惜、坚定捍卫、长期坚持“两个确立”,不断增强战胜各种风险挑战的勇气、智慧和能力,为中华民族伟大复兴号巨轮乘风破浪、扬帆远航作出新的贡献。“两个确立”是走好新的赶考之路必须始终坚持的重大政治原则,也是必须全面贯彻的重大实践要求。迈向新征程,我们要更加坚定地忠诚核心、信赖核心、紧跟核心、维护核心,胸怀“两个大局”、牢记“国之大者”,不断提高政治判断力、政治领悟力、政治执行力,在以习近平同志为核心的党中央周围团结成“一块坚硬的钢铁”,步调一致向前进,不断夺取新的伟大胜利。

学习贯彻党的二十大精神,最核心最关键的是要学深悟透习近平新时代中国特色社会主义思想。党的二十大用“两个结合”进一步深化了我们党对坚持和发展马克思主义的规律性认识,用“六个必须坚持”系统阐明了习近平新时代中国特色社会主义思想的世界观和方法论,开辟了马克思主义中国化时代化新境界。我们要把“两个结合”“六个必须坚持”作为学深悟透习近平新时代中国特色社会主义思想的“金钥匙”,深刻领会党的创新理论的道理学理哲理,更好地用以统一思想、统揽全局、统领发展。我们要学好、学深、学透,充分汲取习近平新时代中国特色社会主义思想的真理力量。坚持全面系统学、及时跟进学、联系实际学,对重大论断、重大观点、重大要求了然于胸,对内在本质和客观规律充分领会,真正理解把握习近平新时代中国特色社会主义思想的核心要义、精神实质、丰富内涵、实践要求,做到知其言更知其义、知其然更知其所以然。我们要真懂、真信、真用,持续激发习近平新时代中国特色社会主义思想的实践力量。坚持把这一重要思想作为想问题、办事情、抓工作的根本遵循,及时纠正理念、思维和方法偏差,更好破解改革发展稳定的重大问题、人民群众高度关注的利益问题、党的建设的突出问题,不断提高工作的科学性、预见性、主动性,不断开创事业发展的新局面。我们要常思、常悟、常进,潜心体悟习近平新时代中国特色社会主义思想的初心力量。深刻体悟贯穿其中的坚定理想信念、真挚为民情怀、高度历史自信、无畏担当精神,自觉成为习近平新时代中国特色社会主义思想的坚定信仰者和忠实践行者。在涉及旗帜、道路、方向等重大原则问题上,做到眼睛特别明亮、头脑特别清醒、立场特别坚定,务必不忘初心、牢记使命,务必谦虚谨慎、艰苦奋斗,务必敢于斗争、善于斗争,坚定历史自信,增强历史主动,谱写新时代中国特色社会主义更加绚丽的华章。

二、切实扛起“勇挑大梁”政治责任,全市改革发展稳定和党的建设各项工作取得新成就

过去一年,全市上下坚持以习近平新时代中国特色社会主义思想为指导,深入落实习近平总书记对江苏工作重要指示精神和中央、省市委决策部署,贯彻“疫情要防住、经济要稳住、发展要安全”重大要求,紧紧围绕“跻身全省高质量发展第一方阵,争当长三角一体化发展先行市”的目标,攻坚克难、真抓实干,迈出了开创靖江现代化建设新局面的坚实步伐。

一年来,我们紧抓经济建设中心,全力推进高质量发展。坚持把迎接党的二十大、学习宣传贯彻党的二十大精神作为鲜明工作主线。紧抓领导干部这一“关键少数”,市领导带头读原文、悟原理,深入企业、农村、机关、校园、社区,广泛开展党的二十大精神宣讲解读。各地各部门“一把手”走进新闻发布厅,对标对表中国式现代化战略部署,谈发展、谈思路、谈举措,切实把学习成果转化为推动高质量发展的生动实践。全市上下突出经济建设这个中心,聚力发展不停步,争先进位勇向前,经济社会多项指标领跑泰州。全年预计完成地区生产总值1200亿元,增长6%;规上工业增加值增长9.5%;在大规模缓税减税退税背景下,一般公共预算收入同口径增长6.7%；完成进出口总额40亿美元，增长13.6%，总量创十年新高；荣膺“2022中国高质量推进基本现代化典型城市”，基本现代化指数排名全国第20、全省第8、泰州第1；列全国县域高质量发展百强第30位、制造业百强第21位。新征程上，66万靖江人民勇当现代化建设“东线第一帆”的信心更加坚定、斗志更加昂扬。

一年来，我们抓实疫情防控，坚决守护人民生命安全。始终坚持“人民至上、生命至上”，高效统筹疫情防控和经济社会发展，严格执行第九版防控方案和“二十条”“新十条”措施，调整优化平战结合指挥体系，加强应急处置能力建设，全力推进疫苗接种工作，坚决守牢防控线、生命线。创新开发“靖安好”前哨码系统，率先开展“车脸码”识别应用，构筑防疫“大数据+防护网+快反应”模式，为常态化疫情防控提供了有力支撑。特别是面对“3·24”“4·30”“11·23”等输入性突发疫情，我们第一时间进入战时状态，联防联控指挥部迅速完成平急转换，从市四套班子领导到各地、各部门、各单位、各村居，广大党员干部、医护人员、公安干警、社区工作者和志愿者闻令而动、冲锋在前，全市人民同心抗疫、众志成城，共同打赢了疫情防控阻击战、攻坚战、持久战。

一年来，我们勇挑发展大梁，持续巩固稳中向好态势。成功举办2022中国(靖江)高质量发展高峰论坛暨靖江经济技术开发区晋升国家级开发区10周年活动、新型金属材料产业推介会，全年新签约亿元以上项目151个、总投资470亿元。120亿元青山新材料项目一期基本建成，凯飞航空、甬金不锈钢等项目加速推进；赛德力、大中电机、省煤炭物流基地、深国际等4个项目列入省重大项目，总数创历年之最；新开工“三比一提升”项目27个、新竣工18个，预计实际利用外资1.8亿美元，车汇莱等2个项目入选全国重点外资项目库；保税物流中心(B型)实现海关监管货值4亿美元。实施“智改数转”项目125个，4家企业入围国家级专精特新“小巨人”名单，5项企业标准入选全国“领跑者”榜单，新增10个省重点推广应用“双新”产品，高新技术企业申报数、存量数均列泰州第一。中建钢构获评中国建设工程鲁班奖，先锋半导体获批科技部国外专家项目，中科光电(靖江)研究中心、上海—靖江离岸孵化科创飞地投入运营。国信靖江电厂全球首套煤电机组耦合熔盐储热示范工程建成投运，全国整县(市)推进屋顶分布式光伏试点申报成功，土地节约集约利用成效获国务院通报表彰。扎实推进营商环境百日提升行动，在泰州率先设立“证照联办”服务专窗，创新组建“靖心”服务队，获评省金融生态优秀县，“最优营商地”的鲜明标志获得普遍认可。

一年来，我们涵养宜居品质，推动山水人城和谐相融。持续巩固中央环保督察整改成果，地表水环境质量列全省第一，$PM_{2.5}$和臭氧浓度实现“双控双减”，小微产废单位危废收集列入省级“绿岛”项目，沿江生态修复示范段项目获评首批省级生态文明建设典型，长江保护修复经验获《人民日报》大篇幅报道。高效运转城建指挥部，42个老旧小区完成改造，新城区生活服务配套更加丰富，创成省美丽宜居试点城市。江阴靖江长江隧道、张靖皋大桥、G40高速平广段扩建工程等重大交通项目序时推进。入选全省农村生活污水社会化治理试点，新增省生态文明建设示范镇3个、特色田园乡村2个、绿美乡村1个，马桥镇获评“江苏最受欢迎十大美丽乡村”。文体事业蓬勃发展，省运会金牌数列泰州榜首，“弯腰沟”入选泰州首批地名文化遗产名录，尚香汤包文博馆入选泰州唯一“水韵江苏·网红打卡地”。“靖美”系列品牌引领精神文明建设，文明城市测评排名大幅提升，在县级市中位列全国前30、全省第7。

一年来，我们推进共同富裕，致力提升幸福感获得感。深入实施富民强村帮促行动，新型农村集体经济“111”路径入选省现代化建设实践典型，建成全省首批现代农业产业高质量发展示范园，获评国家级电子商务进农村综合示范县、泰州市首批乡村振兴先行市。全年城乡居民人均可支配收入预计分别增长5.7%、7.5%，稳居苏中前列。组织开展“乐业马洲”招聘、“创富靖江”大赛系列活动，迁建投用省级大学生创业园，“靖江蟹黄汤包师”获评省级劳务品牌，东进村创成省级创业示范基地。持续办好人民满意的教育，渡江实验小学、龙馨园学校等10所学校建成投用，“1+1+N”课后服务广受好评，职业教育改革工作获省政府通报激励。市人民医院创成省“平安示范医院”，公共卫生中心、中医院、城北医院加快建设，医保“云移动支付”全省率先。“12349”智慧养老服务平台获央媒报道，养老服务保障覆盖率泰州第一。扎实做好省安全生产巡查整改。大力推行首席法律咨询专家制度，相关经验被中国法学会和《法治日报》推介。创新“微网格”治理模式,“警网融合”实践经验获泰州肯定并全市推广。开展意识形态安全、扫黑除恶、妇女儿童权益保障、信访攻坚化解、既有建筑安全隐患排查整治,顺利完成党的二十大和省市重大活动安保维稳任务,群众安全感测评全省领先。

一年来,我们坚持党建引领,全面凝聚团结奋斗合力。开展“礼赞新时代 · 扬帆向未来”大型融媒体新闻行动和“强国复兴有我”群众性主题宣传,中央和省级重要媒体用稿量持续保持泰州领先,实现新闻外宣“大满贯”,获评省基层党员冬训示范市,建成泰州首家网络安全宣传教育主题公园,在泰州“喜迎二十大”系列风采展示活动中夺得13个一等奖。散文集《小先生》荣获第八届鲁迅文学奖,快板书《第一帆》获评全省“五星工程奖”,大型红色锡剧《江姐》获省艺术基金资助。开展综合考核结果运用“四个专项”激励,出台“砺行动”八项硬核举措,持续深化“领帆攻坚”讲坛、“青锐·扬帆”培养计划,常态培养选拔优秀年轻干部,不断锻造堪当重任的干部队伍。创新党管人才“六项机制”,圆满承办“泰州日”全国首发站走进江苏科技大学系列活动,搭建泰州首家人才服务“靖心靖享”云上空间,全力推进高水平产才融合样板区建设,入选国家重点人才工程1名,实现历史性突破。在全省率先打造“新心相融”党建品牌、成立船舶制造产业链党委,泰州百佳“放样子、亮群像”书记项目入选数、最佳数均位列第一,党建引领乡村振兴经验全省推广,“四同八助”做法被《党建研究》全国推介。系统推进“五铁五心 · 靖风护帆”专项行动,深入开展“清风行动”“廉洁村居”建设,从严查处群众身边腐败和不正之风问题,各项监督的精准性和实效性不断增强,相关做法获中央纪委、中央巡视办推广。人大“枝叶关情 您呼我应”、政协“关联式提案”成效彰显,统战“同心马洲”品牌响亮,人武工作保持前列,群团组织主动有为,省级双拥模范城实现“十连冠”,团结奋斗的发展合力加速凝聚。

艰难困苦、玉汝于成。过去一年的成绩得益于党中央、省委和泰州市委的正确领导、科学决策,得益于社会各界的大力支持、积极参与,更得益于全市上下的勠力同心、拼搏奋进!在此,我代表市委常委会,向全市各级各部门和广大党员干部群众表示衷心的感谢和崇高的敬意!

在肯定成绩的同时,我们也要清醒认识到工作中存在的问题,主要是:实体经济发展内生动力不足。土地、能耗、环境容量等要素制约日益趋紧,沿江资源优势发挥不充分,传统产业转型、新兴产业培育任务艰巨。民生事业发展与群众期待还有差距。城乡基础设施仍有短板,教育、医疗、养老等公共服务供给有待进一步增强,安全生产、生态保护、社会治理领域仍面临一定风险挑战。干部队伍建设还需加强。部分党员干部奋进争先、担当作为意识不强,专业素养、攻坚能力跟不上时代要求,作风建设仍存在不少薄弱环节,等等。对此,我们必须高度重视,采取有力措施,切实加以解决。

三、对标对表党的二十大精神,在新征程上全面推进中国式现代化靖江新实践

党的二十大阐述了中国式现代化的中国特色和本质要求,明确了“两步走”的战略安排,部署了未来五年的目标任务,向全党全国发出了全面建设社会主义现代化国家、全面推进中华民族伟大复兴的动员令。当前和今后一个时期,全市上下要围绕靖江现代化建设的目标要求,重点抓好以下八个方面工作,让中国式现代化在马洲大地充分展现可观可感的现实图景。

一要壮大实体经济,生动展现产业崛起的现代化靖江图景。深入推进新型工业化,加快“长三角智造市”建设步伐,持续锻造“船车机电”核心竞争力,加快培育“海陆空”新的增长极,培育壮大一批技术装备优良、产品特色鲜明、领先优势突出的“链主”“链核”“链源”企业,到2025年构建金属新材料、高端装备2个千亿级为主导,500亿航空制造、300亿现代物流、200亿大健康为支撑的优势产业集群,实现“创造三千亿”目标,不断巩固扩大实体经济领先优势。

二要增强改革动能,生动展现开放创新的现代化靖江图景。开启国家级开发区二次创业新征程,推动各类开放载体转型升级、创新提升,深入推进制度型开放,持续提升“最优营商地”含金量、性价比。坚持教育优先发展,加快义务教育优质均衡发展和城乡一体化,促进职业教育高质量融合发展。完善科技创新体系,用好各类平台载体和“赛马”“揭榜挂帅”等机制,构建具有区域竞争力的开放创新生态。持续优化党管人才工作体系,迭代升级人才政策服务,全域打造“人才家园”。

三要统筹城乡融合,生动展现宜居宜业的现代化靖江图景。抢抓以县城为重要载体的城镇化建设机遇,加强城乡区域联动发展,构建集约高效、适度超前、智

能绿色、安全可靠的现代化基础设施体系。积极把握“六龙过江”东风，进一步理顺江阴—靖江工业园区体制机制，打造融合发展新的示范。

四要增进民生福祉，生动展现共同富裕的现代化靖江图景。深入实施就业优先战略，推进省定中等收入群体壮大行动和农民收入十年倍增计划，依托高质量充分就业持续扩大中等收入群体。织密兜牢社会保障网，系统解决好群众急难愁盼问题。深入开展健康靖江行动，为群众提供全方位全生命周期健康服务。

五要擦亮生态底色，生动展现绿色协调的现代化靖江图景。坚定不移抓好长江大保护，严格落实“十年禁渔”，打造长江生态保护和修复示范工程。坚持降碳、减污、扩绿、增长协同推进，深入打好蓝天、碧水、净土保卫战，调整优化产业结构、能源结构，稳妥有序推进碳达峰碳中和。

六要争创文明典范，生动展现和谐美好的现代化靖江图景。瞄准文明典范城市目标，深入实施公民道德建设工程，挖掘用好靖江红色资源，深化爱国主义、集体主义、社会主义教育。健全现代化公共文化服务体系，打造更多彰显长江文化、传承中华文脉的靖江标志性成果，不断提高靖江在国际国内显示度、美誉度。

七要聚焦民主法治，生动展现公平正义的现代化靖江图景。加强和改进新时代人大工作，完善协商民主体系，构建大统战工作格局，巩固军政、军民团结，不断丰富发展全过程人民民主的靖江实践。加快法治政府建设，严格公正司法，持续推进法治社会建设，让法治成为靖江现代化建设的显著优势和坚强保障。

八要提升治理效能，生动展现安全稳定的现代化靖江图景。全面落实总体国家安全观，增强维护国家安全能力，有效防范化解大型企业债务、政府性债务、房地产、非法金融等领域风险。建立大安全大应急框架，推动公共安全治理模式向事前预防转型。坚持和发展新时代“枫桥经验”，建设人人有责、人人尽责、人人享有的社会治理共同体。

明年是全面贯彻落实党的二十大精神的开局之年。要坚持稳字当头、稳中求进，更好统筹疫情防控和经济社会发展，更好统筹发展和安全，牢牢把握学习宣传贯彻党的二十大精神这个主线，牢牢把握高质量发展这个首要任务，牢牢把握稳中求进这个工作总基调，以实际行动和实际成效为中国式现代化靖江新实践开好局起好步。明年经济社会发展主要预期目标是：地区生产总值增长8%以上，一般公共预算收入、居民人均可支配收入与经济增长基本同步，高质量发展站稳全省第一方阵。确定这样的目标，主要考虑从改善社会预期、提振发展信心入手，体现了勇挑大梁、多作贡献的责任担当，符合我市经济发展的现实条件，经过努力是可以实现的。我们要迅速把思想和行动统一到中央和省委、泰州市委对明年工作的部署上来，进一步增强政策把握的前瞻性和主动性，全面提升做好明年工作的信心和决心，知重负重作好现代化靖江之答，唯实唯勤交好高质量发展之卷。明年工作要聚焦六大重点发力。

1. 聚焦项目建设大突破，焕发经济增长新动能。坚持以经济建设为中心，坚持项目重中之重、头版头条不动摇，加快提升签约落地率、投入产出率、投产达效率，以项目优质增量带动经济强势增长，以项目规模优势构建产业竞争胜势。紧扣产业链开展项目攻坚。巩固“大抓项目、抓大项目”势头，迅速掀起新一轮项目招商攻势，对内继续深耕京津冀、长三角、大湾区等资源密集区域，对外瞄准日、韩、欧美和“一带一路”国家开辟“出海抢单”新空间。发挥青山控股“链主”优势，推动产业园二期正式投产，保障甬金不锈钢板带项目开工建设，打造国内重要的金属新材料生产基地。用好凯飞“链核”作用，加快凯飞航空复合材料、吉凯恩二期建设，锻强国产大飞机制造的靖江板块。放大恒艾集团“链源”效应，推进营养新剂、丹参素钠注射液等项目建设，当好国际国内康养消费市场风向标。明年力争新签约亿元以上项目200个、5亿元以上项目50个以上，新开工、新竣工“三比一提升”项目分别达32个、20个以上，力争5个项目列入省重大项目投资计划。紧扣价值链提升项目能级。把高端化、数字化、绿色化作为转型发展的关键变量，全面建设高水平产才融合样板区，扎实推进智能化改造和数字化转型三年行动，争创省级智能制造示范车间、智能工厂10家以上。推动省船舶产业技术研究院落户靖江，加快扬子江船业LNG船制造、国信集团高效清洁燃煤发电等项目签约落地，推动新程新能源汽车轻量化结构件项目竣工投产，启动恒义新能源二期项目建设，持续激发传统产业升级动能。紧扣要素链强化项目支撑。以“亩均论英雄”“米均论英雄”为风向标，扎实推进开发区体制创新和产业开发型国企改革，整合优化码头泊位功能，助推临港现代服务业做大做强。高质量打造自贸联创区、综合保税区等开放载体，启动开发区工业邻里中心、城北园区汽车零部件铸造中心、新港工业污水处理厂二期等配套设施建设,增强港产城融合辐射能级,用“黄金新十年”锻造“挺进全国50强”的核心竞争力。

2. 聚焦城市形象大提升,丰富滨江都市新内涵。进一步放大省美丽宜居城市建设试点效应,让现代生活成为人民群众引以为豪的体验,用城市面貌的焕然一新赢得广大市民的真心点赞。要专注品质提升。发挥城建指挥部统揽各方作用,一体推进新老城建设,高标准做好新一轮国土空间规划调整和专项规划编制,建成长阳、渡江邻里中心和科创园等一批重点工程,开工建设观海门、济川门历史文化街区,启动老东城河、玉带河等城市水系景观提升工程,加快八圩棚户区改造,城市建成区范围内老旧小区改造实现全覆盖。加快推进省级旅游度假区创建、临江片区产业策划,实质启用文化中心,拓展文旅文创全新消费业态,打造长三角别具一格的出游首选地、休憩欢喜地。要锚定文明典范。对照文明典范城市创建要求,持续巩固文明创建领先优势,以“靖美”实践品牌为统揽,一体推进城市风景提升、道德风范引领、志愿风采示范等关键工程,让文明风尚成为最闪亮标识。聚焦主次干道、背街小巷等城市管护盲区,系统推进飞线、车位、雨污等一批“老大难”问题治理达标,推动住区综合整治与街区塑造联动提升。要打开融通格局。全力服务好江阴靖江第二过江通道、张靖皋长江大桥、盐泰锡常宜铁路等重大交通工程建设,深化枢纽互通、交通场站规划研究,优化配套路网和功能片区建设,启动二通道与城西大道、沿江公路接线工程,加快京沪高速靖江北互通、232省道北段建设,实施高速出入口景观提升工程,加快城区“断头路”改造贯通,构建外畅内联的路网循环体系。

3. 聚焦乡村振兴大文章,探索先行先试新路径。自觉扛起乡村振兴先行市的使命担当,高标准编制全域乡村振兴规划,统筹推进产业、人才、文化、生态、组织“五个振兴”,努力在实现农业农村现代化上走在前、作示范。加快构建现代农业体系。深刻把握粮食安全“国之大者”,坚决遏制耕地非农化、非粮化,打造稻麦绿色高质高效示范片10个,改造提升高标准农田2.1万亩,确保饭碗牢牢端在自己手中。推进农村一二三产融合发展,积极创建国家级现代农业产业园,全面建设农业生产全程全面机械化示范县,储备招引农业重大项目30个,投资额不低于20亿元,新增泰州市级以上数字基地3家,农业电子商务网络销售额超50亿元。大力实施乡村建设行动。坚持城乡基础设施一体布局、互联互通,着力破除城乡二元结构,加快防疫、养老、教育、医疗等方面的公共服务设施建设,新改建农村公路110公里,建成生态河道6条,农村污水处理设施运转率达90%以上。全力建设宜居宜业和美乡村,有序推进农村公共空间治理、农村人居环境整治提升行动,创成省级生态宜居美丽示范镇1个、示范村8个,创成泰州市级乡村振兴中心镇2个、示范村15个,滚动培育更多镇村进入示范行列。充分激发镇村发展活力。深入实施新一轮富民强村帮促行动,全面推进党建引领新型农村集体经济发展,推动村集体经营性收入50万元以上的行政村占比达85%。加强新型职业农民、社会化服务组织培育,创成泰州市级以上示范社7家,农业龙头企业达40家。扎实推进农民收入十年倍增计划,长效落实防贫预警机制,健全完善利益联结和农村社会保障制度,确保农民收入增速高于省市平均水平。

4. 聚焦民生事业大改善,攀登品质生活新高度。顺应人民对美好生活的向往,着力解决发展不平衡不充分的问题,把每一件群众关心的大事小事都办成温暖人心的实事好事。拓宽就业增收渠道。持续擦亮“乐业马洲”服务品牌,突出抓好高校毕业生、农民工、退役军人等重点群体,建设首家规范化零工市场,新增城镇就业1万人以上、扶持创业4000人以上。开辟“百企名校”重点产业招聘路线,用好“靖心靖享”人才服务云上空间,力争招引高层次人才350人以上。提档公共服务供给。建成投用市公共卫生中心、城北医院,实现乡村卫生院、基层社区卫生室提档升级全覆盖,全域创成国家卫生镇,争创省级健康城市、全国基层中医药工作示范县。优化城乡教育资源配置,启动斜桥中学异地搬迁,争创省学前教育普及普惠市、全国义务教育优质均衡发展市。加强“一老一小”服务保障,完善生育养育配套支持政策,降低生育、养育、教育成本,大力发展养老事业和养老产业,丰富智慧养老服务平台功能,新增护理型床位300张以上,全域激活“15分钟医保、养老服务圈”。兜牢民生保障底线。认真落实新阶段疫情防控各项举措,因时因势优化措施,保障群众就医用药,加快推进重点人群疫苗接种,着力保健康、防重症。持续动态解决低保边缘家庭、支出型困难家庭、未参保失业人员的基本生活问题，及时有效缓解结构性物价上涨给部分困难群众带来的影响。健全失能、重病、老年独居等特殊困难群体主动发现、动态监测、定期探访、关爱帮扶机制，织密兜牢社会救助保障网。

5. 聚焦矛盾风险大化解，落实发展安全新格局。干好明年工作，保持安定有序的发展环境是基本前提。要自上而下压实责任链条，继续落实市领导挂钩重点事项责任清单，完善风险研判、决策风险评估、风险防控协同、风险防控责任“四项机制”，真正把总体国家安全观落实到全市工作各方面全过程。要自下而上提升治理水平，以“一网通办、一网统管”为方向，加强区域社会治理现代化综合指挥中心平台功能，深入推进“精网微格”工程和“警格+网格”双网融合，用好做强“靖安好”系统平台，创新技防实战化应用，明年投用人脸识别设备1000台(套)以上，实现靖江边界全覆盖。针对涉稳重点事项，要加大重点“问题楼盘”和沿江退出企业化解处置力度，做好部分学区诉求家长、投资受损人员等的工作，攻坚“国治件”“省攻件”交办的未实体化解和报结后再次倒流的信访事项，稳妥有序推动案结事了。针对环保交办问题，要序时推进各级各类交办突出生态环境问题整改，加快处置华明实业地块污染等历史遗留问题，打好重污染天气、黑臭水体、土壤污染、噪声扰民等攻坚战，持续提升环境基础设施建设水平。针对安全生产隐患，要基本完成行政村集体土地上农房安全隐患排查整治，全面完成市政道路脱空检测维修，集中开展消防安全整治提升行动，持续做好重点行业领域安全监管，确保安全生产事故起数和死亡人数持续“双下降”。

6. 聚焦作风效能大转变，树立实干担当新风尚。明年全国上下都将迎来前所未有的发展热潮、实干热潮，如何在开局起步中率先站位，如何在区域竞争中拔得头筹，需要我们从现在起就上紧作风大转变的发条，大干2023年，自觉向惰性开刀，主动向惯性宣战，做行动者、不做“清谈客”，做实干者、不做“指挥家”，做奋进者、不做“躺平人”。要当好“最优营商地”责任人。树立“人人都是营商名片、个个都是服务专员”的责任意识，着力构建亲清政商关系，建立“吹哨报到”服务清单，真心实意为项目建设排忧解难、为民营企业输血供氧。大力推动“签约即挂牌”“拿地即开工”“竣工即投产”真落地，精心锻造“靖心”服务金口碑，让“最优营商地”成为投资者普遍认可、真正信赖的靖江品牌。要当好“实绩论英雄”主力军。市委的决策部署就是明年工作的施工图路线图。要立足本职岗位，提升履职本领，定下来的事要雷厉风行地干，份内的事要全力以赴地干，全局的事要一马当先地干，在每一项工作中自觉搭台补位、主动多作贡献。要当好“考核争第一”先锋队。两年多的实践，反复证明了我们有勇夺第一的能力，更增强了我们站稳第一的底气。在新的征程上，全市上下要树牢争上游、夺第一的更大决心，拿出干最好、当排头的更强干劲，在各条战线上创造更多“全市有分量、全省有地位、全国有影响”的典型经验。市委将继续用好考核“指挥棒”，优化“红黑榜”公示制度，完善鼓励激励和追责问责办法，推动“泰州第一”的优势更鲜明、“全省前列”的步伐更铿锵。

四、深入推进新时代党的建设新的伟大工程，坚定不移以党的自我革命引领社会革命

党的二十大对“坚定不移全面从严治党、深入推进新时代党的建设新的伟大工程”作出全面部署。我们要贯彻好落实好新时代党的建设总要求，弘扬伟大建党精神，纵深推进全面从严治党，牢记“两个永远在路上”，确保党始终成为靖江现代化建设的坚强领导核心。

1. 坚持把绝对忠诚摆在首位。坚定拥护“两个确立”、坚决做到“两个维护”，坚决贯彻中央政治局关于加强和维护党中央集中统一领导的若干规定，确保习近平总书记重要指示和党中央决策部署在靖江不折不扣落到实处。严明政治纪律政治规矩，恪守“五个必须”，严防“七个有之”，自觉在政治立场、政治方向、政治原则、政治道路上同以习近平同志为核心的党中央保持高度一致。要充分发挥党委总揽全局、协调各方的领导作用，严格执行民主集中制，切实加强对重大工作的领导，不断提高把方向、管大局、做决策、保落实的能力。

2. 坚持用思想建设凝心铸魂。聚焦学习宣传贯彻党的二十大精神主线，充分发挥市委理论学习中心组示范作用，深化新思想“入心工程”，擦亮“靖听理响”系列品牌，健全各级党组织集体学习制度，持续推动学习贯彻二十大精神往深里走、往实里走、往心里走。全面落实意识形态工作责任制，深化网络综合治理“三色”工作法，加强互联网、高校等管理，不断夯实主流思想阵地。深入开展社会主义核心价值观宣传教育，组织“激发新动力”红色涵育、“传承好基因”四史教育、“致敬奋斗者”典型培育等主题宣教活动,进一步强化精神支柱、纯洁政治灵魂。

3. 坚持凭实干实战锤炼干部。坚持把政治标准作为选人用人的首要标准,做深做实干部政治素质考察,把政治过硬、专业过硬、担当过硬、斗争过硬、纪律过硬的“五过硬”干部选出来、用起来。深入实施新时代干部现代化建设能力提升工程,加强干部斗争精神和斗争本领养成,释放“领帆攻坚”讲坛、“青锐·扬帆”培养计划品牌效应,办好全市领导干部“政治能力建设”专题培训班,全面提高各级干部能力素质和专业化水平。坚持严管和厚爱相结合,严格兑现“以考核促争先、凭实绩论英雄”,有效运用“家底档案”“三色管理”机制,推动广大党员干部热起来、干起来、拼起来,在新时代新征程上勇于担当、敢为善为。

4. 坚持靠坚强堡垒筑牢根基。坚持大抓基层导向,以提升政治功能和组织功能为重点,以基层党建质量工程为抓手,开展党建助推村级集体经济发展“四强四有”行动,推动城市党建“靖”提升,探索产业链党建创新,加强新兴领域党的建设,深化“四同八助”党组织创建,推动党在基层的“神经末梢”更加健全完善、坚强过硬。进一步选优配强基层党组织带头人,持续拓展基层干部“专职强能”行动,精准遴选一批用得上、留得住、干得好的“兴村专员”。实施发展党员“双提”工程,健全流动党员“五有”管理链条,加大关爱激励力度,引导广大党员干部在推动改革发展中亮身份、作表率、当先锋。

5. 坚持以严的基调正风肃纪。锲而不舍落实中央八项规定精神和泰州“十条禁令”,抓住“关键少数”以上率下,驰而不息纠治“四风”,以“清风行动”的实际成果推动作风建设常态长效。开展“优作风、提能力、强担当、促发展”专项行动,贯通运用巡察利剑和问责利器,整体提升监督执纪问责系统性、精准性、实效性。压紧压实全面从严治党主体责任,一体推进“三不腐”,坚持完善“一案五必须”“一案四剖析”等做法,常态化加强党性教育、政德教育、警示教育和家风教育,引导广大党员共同维护好发展好靖江风清气正的政治生态。

同志们,蓝图恢宏当扬帆,号角激越须奋进。让我们更加紧密地团结在以习近平同志为核心的党中央周围,坚持以习近平新时代中国特色社会主义思想为指导,全面贯彻党的二十大精神,坚定拥护“两个确立”、坚决做到“两个维护”,在省委、泰州市委的坚强领导下,自信自强、守正创新,踔厉奋发、勇毅前行,在新征程上全面推进中国式现代化靖江新实践,为全面建设社会主义现代化国家、全面推进中华民族伟大复兴作出新的更大贡献!

政府工作报告

——2023年1月3日在靖江市第十七届人民代表大会第二次会议上

代市长 申 强

一、2022年工作回顾

刚刚过去的一年,是党的二十大召开之年,也是新一届政府履职开局之年。一年来,我们坚持以习近平新时代中国特色社会主义思想为指导,以迎接党的二十大、学习宣传贯彻党的二十大精神为主线,在中共靖江市委的坚强领导下,在市人大、市政协的监督支持下,紧紧团结和依靠全市人民,完整、准确、全面贯彻新发展理念,认真落实“疫情要防住、经济要稳住、发展要安全”的重大要求,较好地完成了年度目标任务。全年预计(下同)完成地区生产总值1200亿元,增长6%。实现一般公共预算收入75.07亿元,同口径增长6.7%。荣膺“2022中国高质量推进基本现代化典型城市”,居全国制造业百强县第21位。

一、经济运行在克难攻坚中稳中向好。工业经济提质增效。实现规上工业总产值1600亿元、增加值390亿元,分别增长14%和9.5%。船舶产业稳健发展,新时代造船双燃料动力船订单居全国前列,新扬子造船获评中国工业大奖。汽配产业向新能源汽车领域深度拓展,骨干企业新能源产品占比超过30%。企业质态不断提升,赛德力离心机获评国家级制造业单项冠军产品,4家企业获评国家级专精特新"小巨人",5项企业标准入选全国"领跑者"榜单,41家企业获评省级专精特新中小企业。实施智能化改造和数字化转型项目125个,新增省级智能车间4个、省星级上云企业144家,道道全粮油创成首批省智能制造示范工厂。服务业提速发展。出台服务业高质量发展扶持政策,举办"苏新消费·靖享人生"、靖江旅游节等系列活动,积极化解疫情对消费的冲击,实现社会消费品零售总额253.8亿元,增长4.4%。电子商务等新兴业态蓬勃发展,电商创业中心成为泰州唯一的国家电子商务示范基地,镇级电商服务站实现全覆盖。新增省"两业融合"试点单位、省服务型制造示范企业各1家。现代农业提档升级。新增高标准农田3.86万亩,建成省级稻麦绿色高质高效千亩示范片18个,粮食播种面积达55.49万亩。建成香沙芋全程机械化百亩示范点3个、辐射千亩以上。"靖江河豚"获评地理标志证明商标。推进农业品种培优、品质提升和标准化生产,绿色优质农产品比重提高至78%。现代农业产业高质量发展示范园入选全省"十四五"首批示范园建设名单。

二、发展动能在改革创新中不断增强。以项目突破增添后劲。深入开展靶向招商、链式招商、以商引商,举办新型金属材料产业推介会等系列活动,全年新签约5亿元以上项目53个。开展"靖心服务项目建设"行动,深入实施"审批不出开发区""拿地即开工"模式,青山产业园一期项目基本建成,新时代造船船舶分段智能化生产线、凯飞民用航空结构件等龙头型项目加快推进,4个项目列入省重大项目投资计划,全年新开工、新竣工5亿元以上重大项目分别达27个、18个,入选省重大项目数及新竣工项目数均创历年新高。以要素保障激发活力。联动推进国土空间规划和港口码头发展规划编制,通过"三区三线"划定,更好优化发展空间。深入推进"亩均论英雄"改革,腾退能耗15万吨标准煤,盘活低效闲置用地3600余亩,耕地保护、土地节约集约利用等工作获国务院通报激励。"一企一策"制定沿江仓储物流企业整治提升方案,龙威粮油资产处置工作取得积极进展。设立运行产业投资基金,为产业转型发展引入更多源头活水。以开放创新释放动能。实现进出口总额40亿美元,增长13.6%,总量创十年新高,被央视《焦点访谈》专题报道。保税物流中心(B型)实现海关监管货值4亿美元,增长40%。深入实施高新技术企业倍增三年行动,高新技术企业数达315家,位居泰州第一。扎实推进创新载体建设,新增省级"三中心"6家、省级众创空间1家,中科光电(靖江)研究中心、靖江(上海)离岸创新中心投入运营。出台企业上市扶持政策,双达股份实现"新三板"挂牌,先锋精密、澳构矿业完成股改。强力推进产才融合样板区建设,获批省科技副总12名,引进高层次人才421名。

三、城乡面貌在内外兼修中焕发新颜。城市功能不断优化。江阴靖江长江隧道右线盾构施工进度过半,张靖皋大桥主体工程全面开工建设,232省道沿江公路至公新公路段建成。城市更新有序推进,完成济川门历史文化街区、"江峰阁"文化地标方案设计,启动建设观海门历史文化街区,完成42个老旧小区改造,恢复骥江中路机动车通行功能,老城面貌进一步改善。金融中心、文化中心、科创园启动市场化招商,渡江、长阳邻里中心完成主体工程验收。城市管理更加精细,建成生活垃圾分类达标小区37个,新增停车泊位6000余个,新增绿地面积21万平方米,创成省美丽宜居试点城市。生态环境不断改善。基本完成第二轮中央生态环境保护督察交办及省、泰州市反馈问题整改。建成泰州首家"智守长江"现代化调度指挥中心,沿江生态修复示范段项目获评全省首批生态文明建设典型。加强水环境治理,清淤、清障城区河道及地下管涵5.7公里,打通北城河、玉带河等关键堵点7处,全面完成九圩港整治工程,城区水系进一步畅通。实施136个小区雨污分流和"阳台水"改造,新(改)建污水管网41.8公里,建成"污水处理提质增效达标区"4个,完成村庄生活污水处理一期工程,全市地表水环境质量位居全省第一。坚持大气污染多源共治,规范整治涉气企业90余家,建成省级智慧工地8个,空气质量持续改善。建成新港工业污水处理厂一期工程,小微产废单位危废收集项目列入省级"绿岛"项目。乡村振兴不断深入。

大力实施生态宜居美丽示范镇村培育工程,完成农房改善523户、农村户厕改造9425户,新增省级生态文明建设示范镇3个、特色田园乡村2个、绿美村庄9个。建立农村公路三级路长管理机制,实施农村公路安全生命防护工程398公里。扎实推进农村集体经济发展,村集体经营性收入50万元以上的行政村占比达78%,东兴镇万盛村、新桥镇德胜村新型农村集体经济发展模式在全省推广,靖江乡村振兴经验做法获《新华日报》头版头条报道。

四、民生福祉在共建共享中持续增进。就业创业更加充分。组织开展“乐业马洲”系列就业促进活动超200场次,培训技能人才1.1万人次,新增就业1.5万人。“靖江蟹黄汤包师”成为省级特色劳务品牌。举办“创富靖江”创业创新大赛等活动,迁建投用省级大学生创业园,支持自主创业4918人。城乡居民人均可支配收入分别达6.1万元、3.2万元,增长5.7%和7.5%,位居苏中前列,城乡收入比缩小至1.9∶1。保障体系更加完善。持续推进社保提标扩面行动,城乡居民基础养老金实绩水平位居泰州第一,企业职工养老保险新增参保1万人。全域激活“15分钟医保服务圈”,基本医保参保覆盖率达98.5%,在全省率先实现医保“云移动支付”。全面开展特殊困难群体排查和救助帮扶,针对性实施“爱心餐”补贴、防贫综合保障、医疗及参保费用补助等系列政策,坚决兜牢基本民生底线。“一老一小”服务体系不断完善,实施特殊困难失能老人“居家养老服务+亲情照护补贴”等政策,养老服务保障覆盖率位居泰州第一;新增泰州市级以上普惠托育机构3家,未成年人保护工作站实现乡镇全覆盖。社会事业更加繁荣。持续办好人民满意的教育,渡江实验小学、城北幼儿园、东兴幼儿园等10所学校建成投用,义务教育学校全部实现照明标准化改造。实施名师培养工程,引进“双一流”高校毕业生30名,新增泰州市特级教师7名。职业教育改革工作获省政府通报激励。持续加强公共卫生体系建设,城北医院主体封顶,中医院迁建完成工程量的35%,人民医院获评省“平安示范医院”。高标准完成第二十届省运会、第十一届省残运会赛事保障任务,获得省运会金牌12.5枚,列泰州榜首,夺得残运会金牌4枚,创历史最好成绩。文化事业蓬勃发展,举办第40届靖江文艺节等系列活动,一批文艺创作精品荣获鲁迅文学奖、省“五星工程奖”。省级双拥模范城实现“十连冠”。

五、社会大局在协同共治中平稳有序。疫情防控精准高效。面对多轮疫情冲击,第一时间进入战时状态,共同打赢了疫情防控阻击战、攻坚战。常态化防控阶段,坚持群防群控、部门属地联动,高效落实一系列外防输入措施,最大限度减少疫情对经济社会发展的影响。疫情防控“二十条”“新十条”政策出台后,及时调整优化防控措施,持续加强救治能力建设、疫苗接种等工作,最大限度保护人民生命安全和身体健康。安全形势持续向好。纵深推进安全生产大检查和百日攻坚行动,常态化开展危化品、冶金工贸、城镇燃气等重点行业领域专项整治,认真抓好省安全生产巡查反馈意见整改,安全生产事故起数和死亡人数保持“双下降”。累计排查18.5万幢既有建筑,“一房一策”推进安全隐患整改销号。建成运行15个重点社区中心消防站,中心城区消防救援能力持续提升。全面排查整改出租厂房安全隐患,建立常态化管理机制。强化安全生产科技支撑,在全省首创长江堤防崩岸预警监测系统,基本建成地下管网信息系统,建成船舶修造企业安全生产信息化监管平台,实现重大隐患动态监测、实时应对。社会治理不断完善。深入实施“微网格”治理模式,完成专职网格员配备,形成“网格报告、镇街吹哨、部门报到”的闭环管理体系。大力开展“信访突出问题攻坚化解年”专项行动,信访积案攻坚化解稳定率达98.6%。集中开展用工规范和根治欠薪专项行动,确保所有举报投诉案件快处快追快结。积极稳妥解决不动产登记历史遗留问题。有效防范化解金融风险,获评省金融生态优秀县。常态化开展扫黑除恶斗争,启动建设市社区矫正中心,扎实推进妇女儿童权益保障问题专项排查整治,顺利完成重大活动、重要时间节点安保任务,群众安全感测评全省领先。

六、政府效能在自我革新中稳步提升。政治建设持续深入。深入学习贯彻习近平新时代中国特色社会主义思想,认真开展党的二十大精神专题学习和交流研讨,自觉把捍卫“两个确立”、增强“四个意识”、坚定“四个自信”、做到“两个维护”要求贯穿政府工作始终。依法行政纵深推进。加强政府合同、规范性文件合法性审查，清理废止规范性文件58件。加大政府信息公开力度，主动公开政府信息9868件，依申请公开152件。深入推进“八五”普法，靖江学宪法用宪法做法获央视《新闻联播》报道。自觉接受市人大及其常委会法律监督、工作监督和市政协民主监督，办理人大代表建议129件、政协委员提案199件，办结率和满意率均达100%。营商环境不断优化。深化“放管服”改革，52个事项实现“一件事一次办”，申报材料、办理时间压降50%以上。在泰州首创“一事一码”“办不成事”服务专窗，最大限度提升办事效率。深入实施营商环境百日提升行动，开展“网情面对面”“12345上线日”“访企助企”等系列活动，及时解决企业和群众反映的热点难点问题。全面落实各项纾困惠企政策，通过减缓税费、社保费、租金等政策措施，累计为企业减负24.8亿元。作风效能有效提升。严格落实中央八项规定及其实施细则精神，驰而不息纠治“四风”。落实“过紧日子”要求，持续压减非刚性、非急需支出，严防政府性债务风险，债务率维持泰州最低水平。深入推进国有企业清理整合，形成“4+4”总体架构，实现资产资源优化配置。在全省率先实现县级地方储备粮“两分离、四分开”，管理机制进一步健全。聚焦公共资源配置、政府性投资、行政审批等重点领域，切实加强审计等内部监督，主动接受社会监督，始终让行政权力在阳光下运行。

此外，民族宗教、统计、供销、外事、史志档案、气象、慈善等事业取得新进步，人民武装、国防动员、人防、机关事务、对口协作、融媒体、青少年、红十字、关心下一代等工作取得新成效。

各位代表，奋斗凝聚艰辛，成绩来之不易。这些成绩的取得，是习近平新时代中国特色社会主义思想科学指引的结果，是市委统揽全局、坚强领导的结果，是市人大、市政协有效监督、鼎力支持的结果，是全市人民团结奋斗、拼搏奉献的结果。在此，我代表市人民政府，向辛勤工作在各条战线的广大干部群众，向各位人大代表、政协委员，向各民主党派、工商联和社会团体，向离退休老干部、老职工，向驻靖部队、武警官兵、公安干警和消防救援人员，向所有关心支持靖江发展的社会各界人士，表示衷心的感谢，并致以崇高的敬意！

在肯定成绩的同时，我们也清醒地认识到，全市经济社会发展中还存在不少问题和挑战，主要表现在：传统产业提质增效、新兴产业培育壮大的任务还很艰巨；科技创新能力和绿色低碳发展水平有待进一步提升；城市精细化治理水平与群众期待还有差距；教育、医疗、“一老一小”等公共服务供给仍有短板；个别领域风险隐患还需有效应对、精准化解；政府自身建设仍需进一步加强，等等。对此，我们一定高度重视，采取有力措施，切实加以解决。

二、2023年工作任务

2023年是全面贯彻落实党的二十大精神的开局之年，也是实施“十四五”规划承前启后的关键之年。做好今年的政府工作责任重大、意义深远，必须锚定目标、只争朝夕、干在实处。

今年政府工作的总体要求是：以习近平新时代中国特色社会主义思想为指导，全面贯彻党的二十大精神和习近平总书记对江苏工作重要指示精神，认真落实中央经济工作会议和省市委全会精神，坚持稳字当头、稳中求进，完整、准确、全面贯彻新发展理念，壮大实体经济，建设现代产业体系，服务构建新发展格局，着力推动高质量发展，更好统筹疫情防控和经济社会发展，更好统筹发展和安全，以勇挑大梁的强烈担当，坚决扛起第一帆使命，生动展现产业先进、开放创新、宜居宜业、共同富裕、绿色协调、和谐美好、公平正义、安全稳定的现代化靖江图景。

今年经济社会发展主要预期目标是：地区生产总值增长8%以上，一般公共预算收入、居民人均可支配收入与经济增长基本同步，固定资产投资增长8%以上，城镇调查失业率控制在5%以内，节能减排完成省定目标，高质量发展站稳全省第一方阵。

围绕上述目标和市委十三届四次全会部署，着力抓好以下五个方面的工作：

一、高质量壮大实体经济，厚植现代化建设的竞争优势

强化项目攻坚突破。聚焦优势制造业和战略性新兴产业，深入开展产业谋划研究，大力推进产业链招商，力争新签约5亿元以上项目50个以上，推动扬子江船业LNG船制造、国信集团高效清洁燃煤发电等重特大项目落地。支持汽配企业向轻量化、新能源方向转型，推动新程新能源汽车轻量化结构件项目建成投产，启动恒义新能源汽配二期项目建设。加快壮大新型金属材料产业集群,推动青山产业园二期核心项目建成投产,启动青山产业园三期、欧冶链金新桥智慧循环经济产业园建设。推进凯飞航空复合材料、吉凯恩二期飞机舷窗生产项目建设,带动产业链上下游企业加快集聚。策应泰州大健康产业集聚发展示范区建设,启动恒艾产业园二期等项目建设。持续优化营商环境,常态化落实“拿地即开工”“竣工即验收”审批模式,全年新开工、新竣工“三比一提升”项目分别达32个、20个以上,力争5个项目列入省重大项目投资计划。

推动企业提质增效。持续抓好“亩均论英雄”改革,加强能耗、排污权、铸造产能等要素资源整合,为产业发展提供支撑。鼓励通过增资技改、嫁接重组、收储再招商等方式,盘活提升低效闲置工业用地2000亩以上。深入推进沿江仓储物流企业整治提升,支持国企与民企在码头建设经营、物流产业链中开展合作,更好发挥沿江资源优势。大力实施制造业智能化改造和数字化转型“十项行动”,推动重点企业诊断方案落地转化,支持暖通空调、泵阀等行业搭建工业互联网平台,争创省级智能制造示范车间、智能工厂10家以上。大力推进“小进规”“个转企”,新增规上工业企业35家、服务业企业100家以上。持续优化企业上市全过程服务,新增上市企业、股改企业各1家。

深化科技创新赋能。完善科技型企业梯次培育体系,认定高新技术企业100家以上,新增泰州市级以上专精特新、“科技小巨人”企业20家以上。积极争取省船舶产业技术研究院落户靖江,支持新时代造船建设省船舶工业智能制造创新中心,引导船舶企业提升高技术、高附加值船型研发建造水平。以中科光电(靖江)研究中心、西来光电产业园为依托,打造光电产业技术转化和企业孵化平台,力争孵化科技成果转化项目6个、入驻科技型企业3家以上。推动上海理工大学先进智造协同创新中心投入运行,落地科创项目50个以上。鼓励更多企业设立研发机构,新增省级“三中心”6家以上。

丰富平台载体功能。持续优化保税物流中心能级,建成新华港务集装箱码头并开通外贸支线,推进高水平对外开放,力争全市进出口总额42亿美元以上。支持扬子江港务、深国际、国信电厂码头功能优化调整、泊位等级提升,建成苏农物流内港池码头,为临港产业发展提供有力保障。推动新桥绿色智能铸造中心投入运行,完成暖通空调交易中心二期、中国电研靖江钣金涂装中心项目及配套设施建设,启动开发区工业邻里中心、城北园区汽车零部件铸造中心、新港工业污水处理厂二期项目建设,不断增强产业承载力。

二、高水平提升宜居品质,彰显现代化建设的城市魅力

优化城市空间布局。完成市、镇两级国土空间规划及港口码头、交通、水利等各类专项规划编制,进一步明确村庄分类和布局,推动城镇开发边界外150个行政村村庄规划应编尽编。推动综合立体交通体系建设,深化盐宜铁路靖江东站与新长铁路客运站合场共站研究,全力服务保障过江通道及新长铁路电气化改造项目,推动江阴靖江长江隧道实现南北贯通,加快打造高质量跨江融合发展示范区。启动季市互通连接线、江阴靖江长江隧道连接线建设,加快京沪高速靖江互通、232省道靖江段建设。以一系列重大交通工程的实施,加速空间格局优化和城市能级提升。

完善城市功能配套。持续提升新城品质,推动文化中心、金融中心、科创园投入运营,建成渡江、长阳邻里中心。以争创省级旅游度假区为契机,开展半马赛道、十圩港景观带南拓北延方案设计,建设游客中心、风景绿道等设施,丰富“一城两街”夜间经济等商业业态,进一步丰富城市内涵。持续推进老城改造,启动3号、7号地块开发建设,加快推进八圩棚户区改造,完成华明地块房屋搬迁、2号及5号地块开发建设,提升改造老旧小区38个,让老城焕发新活力。开工建设济川门历史文化街区,完成观海门历史文化街区一期改造,让城市留住文化记忆。系统化全域推进海绵城市建设,启动老东城河、玉带河等河道水系景观提升工程,新增绿地面积25万平方米,持续织密城市绿网。

强化城市精细管理。以争创全国文明典范城市为统领,常态化开展城市管线、交通秩序整治等“八大提升行动”,确保实现全国文明城市“二连冠”。有序推进垃圾分类、物业服务标准化,大力推广“智慧社区”物业管理模式,争创“祥泰小区”4个,新增省级生活垃圾分类达标小区20个。深入实施停车便利化工程,新增停车泊位3000个以上,合理布局一批新能源汽车充电设施。广泛开展市民素质提升、志愿服务关爱行动,引导群众践行文明礼仪、涵养良好家风,让点滴文明行为汇成城市文明风景。

提升生态环境质量。持续抓好“健康长江靖江行动”和长江“十年禁渔”,建成沿江生物多样性观测点6个,坚决打好长江保护修复攻坚战。扎实推进水环境治理,启动实施季黄河整治工程,建成“污水处理提质增效达标区”7个,完成112个小区雨污分流和“阳台水”改造,新建污水管网12.5公里,确保省考以上断面水质稳定达标。坚持“多源齐控”,提标改造涉气工业企业30家,推进重点区域餐饮单位油烟净化及在线监测设备安装全覆盖,确保$PM_{2.5}$和臭氧浓度“双控双减”。全面完成中央生态环境保护督察反馈问题整改。

三、高起点谋划乡村振兴,激发现代化建设的“三农”活力

深入推进产业振兴。坚持以“乡村振兴先行市”建设为引领,高标准编制全域乡村振兴规划。落实“藏粮于地、藏粮于技”战略,严防耕地“非农化”“非粮化”,改造提升高标准农田2.1万亩,坚决扛起粮食稳产保供责任。以省级现代农业产业高质量发展示范园建设为抓手,强化农业龙头企业和农产品品牌培育,创成“中国肉脯之乡”,新增泰州市级以上农业龙头企业4家、绿色有机农产品5个,绿色优质农产品比重稳定在80%以上。深入推进农文旅融合,开工建设季市美食文化街区,举办靖江旅游节等主题活动,带动特色农产品销售,提高消费支撑能力。

深入推进镇村建设。大力推进农村人居环境整治提升,统筹开展村庄清洁、绿化美化等工作,新建、完善农田林网2000亩以上,建成省级生态宜居美丽示范镇1个、示范村8个以上。加快推进马桥、孤山农民集中居住点建设,有序改善农民住房条件。启动实施省农村公路示范创建工作,建设示范道路110公里。深入实施“邮乐购”村村通工程,建成“靖善靖美·交邮驿站”10个。推动农村厕所革命与生活污水治理有效衔接,新(改)建农村户厕2800户以上,污水处理设施运转率达90%以上。

深入推进强村富民。更大力度盘活农村闲置、低效集体资产,积极发展“飞地经济”、服务经济等新型经济形态,推动村集体经营性收入50万元以上的行政村占比达85%以上。构建更加紧密的利益联结机制,通过保底分红、股份合作等多种形式,让农民分享更多产业增值收益。推进农产品出村进城工程,有序扩大地产时蔬销售品种和规模,拓宽农民增收渠道。健全防止返贫动态监测和帮扶机制,强化帮扶资产运营及收益监管。实施乡村振兴人才强基计划,培育农村创业导师、乡村振兴技艺师等各类人才150人以上,加快壮大“新农人”群体。

四、高标准增进民生福祉,展现现代化建设的幸福温度

着力拓宽就业创业渠道。持续打造“乐业马洲”品牌,积极做好高校毕业生、流动失业人员、退役军人、残疾人等重点群体就业工作,既解决企业用工缺口,又为城市带来宝贵的人口增量。举办各类线上线下招聘会100场以上,新增市场化就业1万人以上、扶持创业4000人以上,确保零就业家庭动态清零。统筹整合培训资源,全年开展职业技能培训1万人次以上。建立重点企业用工服务保障机制,为企业招引高层次人才350人以上,培育高技能人才1500人以上。

深入实施健康靖江行动。建成投用市公共卫生中心、城北医院,启动东兴医院建设,新增省级重点专科、特色科室4个以上,人民医院争创三甲医院。深入实施基层医疗卫生机构能力提升项目,让群众在“家门口”享受优质医疗服务。国家卫生镇实现全覆盖,争创省级健康城市。认真落实新阶段疫情防控各项举措,保障好群众的就医用药,重点抓好老年人和患基础性疾病群体的防控,着力保健康、防重症。完善“医保驿站”功能,高标准建成4个“15分钟医保服务圈”省级示范点,医保公共服务实现村(社区)全覆盖。

大力发展教育文体事业。启动斜桥中学异地新建项目,完成生祠小学、永益幼儿园等5所学校建设。实施中小学高品质实验室建设项目,持续提升教育装备水平。推动省靖中“高品质示范高中”创建,教学水平保持泰州领先。支持省靖中专校建设“靖江工匠学院”、创成“省中职领航学校”。启动“5155强师工程”,引进高层次教育人才30名以上,培养骨干教师、新增名特优教师分别达100名和10名以上。深入推进文体惠民行动,办好靖江文艺节等活动,丰富群众文化生活。均衡布局公共体育设施,积极营造全民健身浓厚氛围。

切实优化“一老一小”保障。

推行“机构＋社区＋居家”链式养老服务模式,实施特殊困难老年人家庭“原居养老”提升行动,基本建成城北护理院,因地制宜发展高端养老服务业态,新增护理型床位300张以上。加快建设省靖中专校托育实训基地,新增泰州市级以上普惠托育机构3家以上,争创全国婴幼儿照护服务示范城市。健全社会救助体系,完善失能、重病、老年独居等群体主动发现、动态监测、定期探访等机制,落实特殊困难群体关爱帮扶“一揽子”政策。

五、高效能推进社会治理,夯实现代化建设的稳定根基

*全面提升本质安全水平。*完成自建房安全隐患排查,持续推进分类整治、销号管理,基本完成行政村集体土地上有安全隐患的农村房屋整治工作。完成市政道路脱空检测维修,有效防范道路塌陷隐患。集中开展商场市场、高层建筑、群租房、“多合一”场所消防安全整治提升行动,提高防灾减灾救灾和突发公共事件处置能力。常态化开展建筑施工、危化品、船舶修造等重点行业领域安全整治,加强电化学储能电站等新业态安全监管,推动安全生产形势持续稳定向好。

*全面提升数字治理水平。*统筹推进数字政府、数字社会、数字城乡、数字经济建设,积极争取省、泰州数字应用建设试点。拓展“一件事一次办”服务领域,进一步提高在线办理率,更大范围实现“一网通办”。推行政务服务“掌上办”,确保10项以上应用接入“苏服办”移动端。深入推进“精网微格”工程,整合人口、房屋、消防等数据资源,建设全市统一的网格化社会治理平台,全面提升网格化治理效能。编制数据共享目录清单,不断充实数据资源管理“一本账”,为全面推进数智赋能行动夯实基础。

*全面提升风险防范水平。*扎实推进信访矛盾和风险隐患排查化解,妥善解决群众合理诉求。持续开展社区“五美驿站”创建,推行积分治理和“全科社工”服务,推动社会治理向末端延伸。健全扫黑除恶长效机制,建成市社区矫正中心,严厉打击各类违法犯罪行为,努力建设更高水平“平安靖江”。

三、加强政府自身建设

党的二十大吹响了全面建设社会主义现代化国家、全面推进中华民族伟大复兴的奋进号角。新形势、新任务对政府工作提出了新的更高要求。我们将持续加强自身建设,努力建设人民满意的政府。

*在政治建设上体现更高标准。*坚持不懈用习近平新时代中国特色社会主义思想凝心铸魂,深刻领悟“两个确立”的决定性意义和实践要求,不断增强“四个意识”、坚定“四个自信”、做到“两个维护”。把学习贯彻党的二十大精神作为首要政治任务,在全面学习、全面把握、全面落实上下功夫,切实用党的最新理论成果武装头脑、指导实践。深刻领会“三个务必”的谆谆教导,以高度的政治自觉,推动中央和省市委各项决策部署落地生根、取得实效。

*在依法行政上推出更实举措。*以省法治政府建设示范市创建为抓手,全面加强依法行政工作。严格落实民主集中制,健全重大行政决策跟踪反馈和评估机制,不断提高决策科学化、民主化水平。深化基层综合行政执法体制改革,加强行政复议、行政应诉、执法监督等工作。高标准做好“八五”普法中期考核,争创全国普法先进市。主动接受人大法律监督、工作监督和政协民主监督,高质量办好人大代表建议和政协委员提案。

*在真抓实干上展现更大作为。*围绕重大项目、重要事项、重点工程,健全领导靠前指挥、专班协调推进、全程督查通报等机制。发扬敢于斗争、善于斗争精神,强化比学赶超、勇争一流氛围,确保各项工作纵向比有提升、横向比有进位。坚持民之所向、政之所为,切实解决好群众的急难愁盼。

*在廉洁自律上落实更严要求。*自觉扛起全面从严治党主体责任,扎实推进政府系统党风廉政建设。严格落实中央八项规定及其实施细则精神,驰而不息纠治“四风”。坚持以收定支,从严控制各类支出,确保有限财力真正用到关键处。持续加强国有企业投融资领域监管,健全内审和风险防控机制,严防投资风险、经营风险、廉政风险。聚焦资金密集、资源富集领域,持续加强审计监督,扎紧扎牢制度笼子,不断营造风清气正的政务环境。

各位代表,实干成就梦想,奋斗创造未来。让我们更加紧密地团结在以习近平同志为核心的党中央周围,在中共靖江市委的坚强领导下,知重负重勇担当、唯实唯勤抓落实,在新征程上全面推进中国式现代化靖江新实践,不断开创靖江更加美好的未来!

重要文件目录

市委文件

表 58

文　　号	文　　件　　标　　题	发文日期
靖委〔2022〕15 号	关于表彰 2021 年度靖江市“产才融合”先进集体、先进个人和十佳实践案例的决定	2022-01-28
靖委〔2022〕17 号	关于表彰 2021 年度平安建设、法治建设、信访工作先进集体和先进个人的决定	2022-03-01
靖委〔2022〕19 号	关于成立中共靖江市委人才工作领导小组的通知	2022-04-29
靖委〔2022〕23 号	关于 2021 年度改革创新奖获奖名单的通报	2022-05-19
靖委〔2022〕26 号	关于表彰 2021 年度工业十强企业、工业三十强企业和税收贡献先进工业企业的决定	2022-06-15
靖委〔2022〕35 号	关于表彰 2021 年度立功嘉奖人员的决定	2022-06-23
靖委〔2022〕39 号	关于表彰 2021 年度“慈善之星”先进集体和先进个人的决定	2022-08-01
靖委〔2022〕47 号	关于调整中共靖江市委考核工作委员会成员的通知	2022-08-19
靖委〔2022〕71 号	关于授予杨建忠等 10 名同志靖江市首届“红烛奖”的决定	2022-08-26
靖委〔2022〕78 号	关于成立靖江市委科技创新委员会的通知	2022-10-11
靖委〔2022〕97 号	关于成立靖江市全民国防教育工作领导小组的通知	2022-12-13
靖委〔2022〕102 号	关于省十四届人大代表候选人推荐人酝酿推荐情况的报告	2022-12-25
靖委〔2022〕103 号	关于十三届省政协委员人选推荐人选酝酿推荐情况的报告	2022-12-25
靖发〔2022〕1 号	关于赋予开发区市级审批权限的意见	2022-01-28
靖发〔2022〕3 号	印发《“靖江服务项目建设”行动计划实施方案》的通知	2022-01-28
靖发〔2022〕13 号	印发《中共靖江市委常委会 2022 年工作要点》的通知	2022-04-08

续表 58

文　　号	文　　件　　标　　题	发文日期
靖发〔2022〕15 号	印发《关于进一步砥砺广大干部在新征程上奋力担当作为的行动方案》的通知	2022-04-12
靖发〔2022〕16 号	印发《关于 2022 年全面推进乡村振兴重点工作的实施意见》的通知	2022-04-15
靖发〔2022〕18 号	印发《关于建立落实党管人才原则六项机制的意见》的通知	2022-05-25
靖发〔2022〕19 号	印发《关于推进新时代人才强市建设打造高水平产才融合样板区的意见》的通知	2022-05-25
靖发〔2022〕22 号	印发《关于加强优秀年轻干部培养选拔工作的实施意见》的通知	2022-07-12
靖发〔2022〕26 号	中共靖江市委关于深入学习宣传贯彻党的二十大精神的通知	2022-11-22

市人大常委会文件

表 59

文　　号	文　　件　　标　　题	发文日期
靖人大〔2022〕5 号	关于印发《靖江市人民代表大会常务委员会关于开展第八个五年法治宣传教育的决议》通知	2022-01-07
靖人大〔2022〕13 号	关于印发靖江市人大常委会 2022 年度工作要点和议题安排的通知	2022-01-28
靖人大〔2022〕28 号	关于印发《靖江市人民代表大会常务委员会关于讨论决定重大事项的规定》的通知	2022-10-08
靖人大〔2022〕31 号	关于印发《靖江市人民代表大会常务委员会人事任免办法》的通知	2022-12-08

市政府文件

表 60

文　　号	文　　件　　标　　题	发文日期
靖政发〔2022〕35 号	《市政府关于印发靖江市市级财政专项资金管理办法的通知》	2022-06-10
靖政发〔2022〕42 号	《市政府关于靖江市经营性自建房等既有建筑安全隐患再排查再整治专项行动工作方案的通知》	2022-07-04

续表 60

文　　号	文　　件　　标　　题	发文日期
靖政发〔2022〕43 号	《市政府关于加强全市城镇防治违法建设工作的意见》	2022-07-07
靖政发〔2022〕60 号	《市政府关于公布 2022 年行政规范性文件清理目录的通知》	2022-08-31

市政协文件

表 61

文　　号	文　　件　　标　　题	发文日期
靖协党组〔2022〕1 号	关于在十四届市政协委员中成立界别临时党支部的决定	2022-01-11
靖协党组〔2022〕3 号	关于调整市政协各专门委员会与市委、市政府对口联系部门的意见	2022-03-10
靖协发〔2022〕1 号	关于表彰奖励 2021 年度先进集体和先进个人的决定	2022-01-05
靖协发〔2022〕3 号	市政协 2022 年工作要点	2022-03-13
靖协发〔2022〕8 号	关于印发《政协靖江市委员会关于进一步加强和改进反映社情民意信息工作的意见》(修订案)的通知	2022-06-28

统计资料

2022 年靖江市概况一览表

表 62

指标名称	计量单位	2022 年	指标名称	计量单位	2022 年
一、行政区划			基层群众自治组织		
国家级经济开发区	个	1	居民委员会	个	76
省级经济开发区	个	1	村民委员会	个	181
街道办事处	个	1	村民小组	个	3336
乡级镇政府	个	8	居民小组	个	934

续表 62

指标名称	计量单位	2022 年	指标名称	计量单位	2022 年
二、土地			城镇化率	%	69.66
全市土地总面积	平方千米	655.58	人口密度(按户籍人口计算)	人 / 平方千米	973.5
陆地面积	平方千米	569.16	四、交通		
长江水域	平方千米	86.42	火车站数	个	1
三、人口			铁路里程	千米	23
总户数	户	207655	公路里程	千米	1377
户籍总人口	人	638204	等级公路	千米	1353
常住人口	万人	66.16	高速公路	千米	24
城镇人口	万人	46.09	一级公路	千米	195

2022 年靖江城市概况一览表

表 63

指标名称	计量单位	2022 年	指标名称	计量单位	2022 年
城市面积	平方千米	143	公园面积	公顷	232
建成区土地面积	平方千米	33.98	城市道路长度	千米	486.5
城市规划建设用地面积	平方千米	60.4	城市道路面积	万平方米	616.82
绿地与广场用地	平方千米	11.12	人行道面积	万平方米	72.8
城区人口	万人	20.66	年末实有公共汽车营运车辆	辆	231
城区暂住人口	万人	4.89	城市	辆	128
绿化覆盖面积	公顷	1758.82	年末实有公共汽车折合标台	标台	238
建成区	公顷	1508.68	城市	标台	145.5
绿地面积	公顷	1381.86	全年公共汽车客运总数	万人次	757.9
公园绿地面积	公顷	350.36	城市	万人次	298.52
公园个数	个	7	出租汽车数	辆	239

续表 63

指标名称	计量单位	2022 年	指标名称	计量单位	2022 年
出租车客运总量	万人	103.9	供气管道长度	千米	1596.83
自来水综合生产能力	万立方米 / 日	25	液化石油气供气总量	吨	4141
供水管道长度	千米	928	家庭用量	吨	3022
供水总量	万立方米	3049.07	家庭用液化石油气人口	万人	4.15
生活用水	万立方米	1690.62	城市排水管道长度	千米	805.74
用水人口	万人	25.55	污水管道长度	千米	594.3
天然气供气总量	万立方米	17624.96	生活垃圾清运量	吨	201586
家庭用量	万立方米	3016.98	生活垃圾处理量	吨	201586
家庭用天然气人口	万人	21.4	生活垃圾处理率	%	100

2022 年泰州三市一区主要统计指标对比一览表

表 64

指标名称	计量单位	兴化市		靖江市		泰兴市		姜堰区	
		2022 年	比上年增长（%）	2022 年	比上年增长（%）	2022 年	比上年增长（%）	2022 年	比上年增长（%）
年末常住人口	万人	112.28	–0.3	66.16	–0.5	99.02	–0.3	66.91	–0.3
年末户籍人口	万人	148.73	–1.4	63.82	–0.8	113.74	–0.8	71.94	–0.8
年平均常住人口	万人	112.47	–0.3	66.32	–0.1	99.19	–0.3	67.03	0.01
年平均户籍人口	万人	149.79	–1.3	64.08	–0.9	114.22	–0.9	72.23	–0.8
地区生产总值	亿元	1085.19	4.3	1226.18	5.3	1366.67	5.3	837.34	5.2
第一产业	亿元	148.47	2.2	27.30	3.3	75.18	1.8	52.49	1.8
第二产业	亿元	424.96	4.6	680.23	7.2	698.88	7.1	390.86	6.5
工业	亿元	299.97	5.3	477.29	5.4	590.89	6.7	297.41	5.1
第三产业	亿元	511.76	4.6	518.65	3.0	592.62	3.7	393.99	4.4

续表 64

指标名称	计量单位	兴化市		靖江市		泰兴市		姜堰区	
		2022 年	比上年增长(%)	2022 年	比上年增长(%)	2022 年	比上年增长(%)	2022 年	比上年增长(%)
人均地区生产总值(按常住人口计算)	元	96487	4.6	184902	5.4	137783	5.5	124929	5.1
固定资产投资完成额	亿元	378.01	16.6	459.41	24.5	738.49	9.5	356.35	21.7
房地产开发投资	亿元	54.91	-0.8	36.66	-16.7	29.51	-11.8	49.29	-19.5
公共财政预算收入	亿元	48.02	4.0	75.07	-1.2	90.01	-3.3	41.29	0.2
公共财政预算支出	亿元	129.02	3.3	103.44	-9.2	128.14	8.2	78.65	-2.7
农林牧渔业总产值(现价)	亿元	260.05	2.9	44.95	4.2	117.28	4.0	86.19	8.8
规模以上工业总产值	亿元	987.37	13.9	1611.16	14.3	2038.15	14.1	778.91	14.0
规模以上工业增加值	亿元	212.28	8.7	410.17	9.2	479.91	9.1	190.88	8.9
全社会用电量	亿千瓦时	82.46	6.7	52.04	4.3	95.26	8.1	41.32	10.2
工业用电量	亿千瓦时	59.53	4.2	34.65	0.4	73.15	7.5	27.26	9.8
社会消费品零售总额	亿元	315.36	6.8	248.55	2.2	326.73	0.9	189.44	-1.0
进出口总额	亿美元	11.25	5.4	43.08	22.2	61.78	2.3	19.17	8.8
出口	亿美元	10.42	4.3	30.64	7.1	39.03	5.7	18.33	15.9
实际外商直接投资	万美元	6095	-73.2	13561.00	-48.8	38522	-0.9	11944	-40.8
金融机构年末存款余额(人民币)	亿元	1350.86	9.9	1730.27	16.6	1687.65	11.6	1247.66	11.7
居民储蓄存款余额	亿元	1018.10	18.5	898.45	16.7	874.80	18.5	850.22	18.8
金融机构年末贷款余额(人民币)	亿元	1085.00	18.6	1487.83	13.2	1485.74	16.2	1114.73	20.1
城镇居民人均可支配收入	元	51154	5.2	60815.00	5.2	56312	5.0	56774	4.9

主题分析索引说明

1. 本索引主要采用主题分析法提取，部分则选用关键词。
2. 本索引按首字汉语拼音字母顺序排列。
3. 索引名称后的数字表示内容所在的页码，数字后面的 a 、b 、c 分别表示左栏、中栏、右栏。
4. 表格标题的索引后注有“表”字，图片后注有“图”字。
5. 彩页、大事记未作索引；文件选编、统计资料、附录等类目只索目题。

A

B

C

D

E

F

G

H

J

K

L

M

Y

Z